KB273289

맥북의 기타 프로 7 독학교실

Guitar **Pro**
7

맥북의 기타 프로 7 독학교실

김경태 지음

기타 프로는 많은 연주자, 작곡자, 편곡자들이 악보를 만들고 연습하는 데 사용하는 소프트웨어입니다. 워낙 많은 사람들이 사용하고 있기 때문에 거의 세계적인 표준으로 자리 잡은 프로그램이기도 합니다. 이렇게 사용자가 많은 프로그램들은 친절한 해설서나 교본 등이 있기 마련인데 웬일인지 기타 프로는 그렇지 못합니다. 국내, 해외 할 것 없이 웹에서 볼 수 있는 강좌들은 너무 단편적이고, 동영상 해설도 극히 일부 기능만 다루고 있습니다. 아마존, 구글을 모두 검색해봐도 기타 프로의 해설서나 교본은 찾아보기 어렵습니다.

기타 프로를 공부하는 과정에서 저 역시 이런 것들 때문에 어려움을 겪었고, 많은 시간을 낭비했습니다. 그래서 제대로 된 기타 프로 해설서를 써야겠다는 생각을 하고 1년 넘게 원고를 준비했습니다. 지난 일이긴 하지만 기타 프로 6 버전의 해설서 집필을 마치고 인쇄에 들어가려는 시점에서 기타 프로의 새 버전인 기타 프로 7이 출시되었습니다. 고민 끝에 완성된 기타 프로 6의 원고를 모두 파기하고 기타 프로

맥북의 기타 독학교실 카페

7의 원고를 새로 썼으며, 이런 과정을 통해 이 책이 세상에 빛을 보게 되었습니다.

이 책은 기타 프로 7 프로그램의 기능과 사용법에 대해 세상에서 가장 쉽고 친절하게 설명해놓은 해설서입니다. 기타 프로가 공식적으로 제공하는 사용자 가이드북에는 아예 담겨 있지 않거나, 설명이 미흡한 부분들에 대한 내용을 꼼꼼하게 보완해 수록했으며, 기타 프로의 모든 기능과 활용법을 챕터별로 자세히 담았습니다.

각 챕터별로 실습이나 예제가 필요한 부분에 대해서는 기타 프로로 예제 파일을 만들어서 제가 운영 중인 네이버 카페 [맥북의 기타 독학교실 http://cafe.naver.com/macdoc]에 올려두었습니다.

카페 메인 화면 왼쪽에 있는 메뉴 그룹에서 [**Guitar Pro 배우기**] 섹션을 보면 [**Guitar Pro 7 자료실**]이란 게시판이 있는데 여기서 예제 파일들을 내려받아 연습할 수 있습니다.

기타 프로 7 독학교실 게시판

[공지/출석체크]
- 출석체크 (끝말잇기)
- 카페 공지사항
- 모여라! 공동구매

[Guitar Pro 배우기]
- Guitar Pro 7 동영상
- Guitar Pro 7 자료실
- Guitar Pro 6 배우기
- Guitar Pro 질문방

교본 관련 질문방

- ■ 정모/번개 참가 신청

전체글보기

공지	[10/11 개강] 레슨 34기를 모집합니.. [14]	■ 매니저 맥북	2017/09/30
공지	'맥북의 기타 사용설명서' 교본 구.. [43]	■ 매니저 맥북	2017/02/28
공지	[상시 모집] ★★ 1:1 개인 레슨을 .. [59]	■ 매니저 맥북	2016/01/08
공지	"맥북의 기타 독학교실" 교본 구입 .. [331]	■ 매니저 맥북	2013/08/16
공지	[059] 기타 사려는데 추천 좀 해 주.. [244]	■ 매니저 맥북	2013/05/08
공지	[약도] 연습실 찾아 오는 길 (서초.. [4]	■ 매니저 맥북	2013/02/23
공지	[040] 기타 처음인데 무엇부터 해야.. [890]	■ 매니저 맥북	2012/09/05

또한 **[맥북의 기타 독학교실]** 카페에 개설되어 있는 **[Guitar Pro 7 동영상]**에서는 책에서 설명하는 내용들을 동영상으로 볼 수 있도록 프로그램 사용 설명 동영상을 만들어두었습니다. 책을 보면서 이 동영상들을 보면 누구나 어렵지 않게 프로그램의 사용법을 익힐 수 있습니다. 그리고 프로그램을 사용하거나 책을 보며 연습하는 도중에 막히거나 모르는 부분이 있으면 질문하고 답변을 구할 수 있도록 **[맥북의 기타 독학교실]** 카페에 **[Guitar Pro 질문방]**을 개설해놓았으니 여기에 질문을 올려주시면 빠르게 답변드리도록 하겠습니다.

이 책의 원고 집필 기간 내내 아버님이 병상에 계셨습니다. 아버지의 병상을 지키며 쓴 원고라 그런지 지금은 하늘에 계시는 아버지가 많이 생각납니다. 존경의 마음을 담아 이 책을 바칩니다.

2018년 새해에
맥북으로부터

Chapter 1

기타 프로 이해하기

기타 프로 시작하기

Chapter 3 · 전체 메뉴와 단축키

Chapter 4 · 기타 프로 사용하기

Chapter 5

유용한 도구들

기타 프로에서 작업하기

A 악보 사용하기

기타 프로로 연습하기

Chapter 8

mySongBook 사이트

1 기타 프로 이해하기

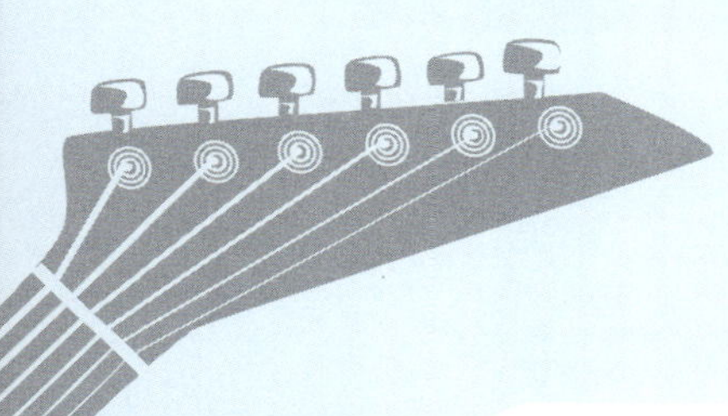

기타 프로란 무엇인가?

1 기타 프로 프로그램 소개

기타 프로는 기타 초심자나 전문 연주자 모두가 사용할 수 있는 훌륭한 작업 도구입니다. 이 프로그램을 통해 우리는 기타 연주 실력을 향상시킬 수 있고, 작곡도 할 수 있고, 내 연주에 반주로 사용할 백킹 트랙Backing track을 만들 수도 있습니다. 4현에서 8현까지의 현악기(기타, 베이스, 벤조, 만돌린 등)는 물론 오케스트라에 사용되는 모든 관악기, 현악기, 타악기, 건반악기도 지원합니다.

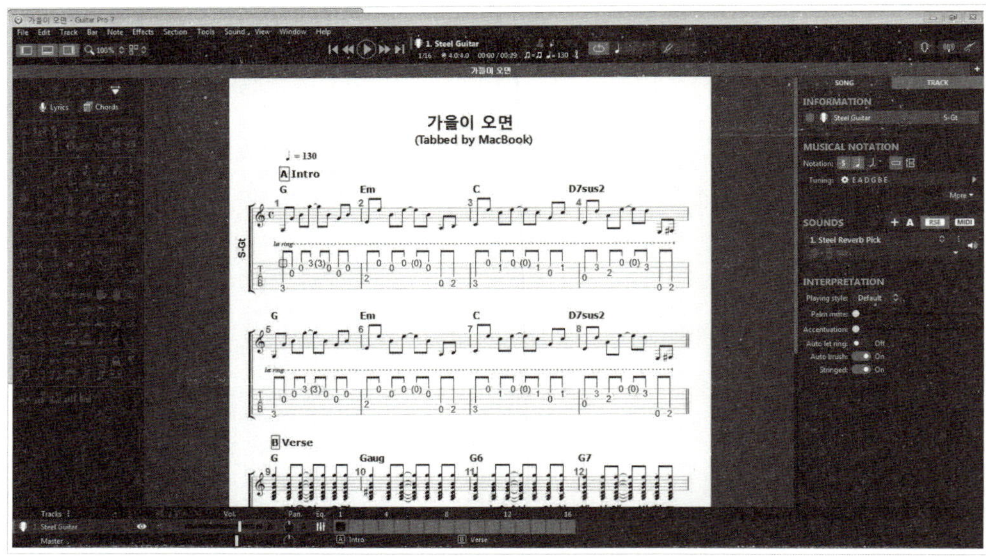

우리가 보는 기타 악보 중에는 일반적인 오선 악보도 있지만 다음 그림과 같이 운지 위치를 표시한 태블러처(Tablature, 타브) 악보가 함께 표기된 파일 형식의 악보도 있습니다. 이런 파일은 확장자가 gp3, gp4, gp5, gpx 등으로 되어 있는데 이런 파일을 만들거나 재생할 때 사용하는 프로그램이 바로 기타 프로입니다.

기타 프로는 주로 핑거스타일 연주나 밴드를 하는 분들이 많이 쓰지만 통기타 연주나 연습에도 매우 유용하게 사용할 수 있는 프로그램입니다.

기타 프로는 기타를 연습하는 연주자, 작곡이나 편곡을 하는 뮤지션, 원맨밴드one-man band를 운영하는 사람, 음악을 가르치는 선생님, MIDI 데이터를 다른 애플리케이션으로 보내기 위해 입출력 작업을 하는 사람 모두에게 매우 유용한 도구입니다. 사람들은 기타 프로의 다양한 기능과 쉬운 사용법에 감탄합니다. 특히 핵심 기능 중 하나인 타브 악보를 만들고 수정하는 작업에 있어서 기타 프로는 어떤 소프트웨어도 따라오지 못할 막강한 기능을 탑재하고 있습니다.

2 기타 프로를 만든 사람들

기타 프로는 프랑스 북부 릴리라는 지역에 위치하고 있는 아로바스 뮤직Arobas Music 이라는 회사에서 만든 프로그램입니다. 이 회사의 직원은 개발자, 뮤지션, 웹마스터를 포함해 현재 20명 정도입니다. 1997년에 만들어졌으며, 기타 프로 프로그램

소프트웨어의 제작과 판매, 그리고 기타 프로 악보 라이브러리인 [mySongBook.com]의 운영을 맡고 있습니다.

기타 프로는 워낙 유명한 프로그램이기 때문에 이미 많은 사람들이 사용하고 있지만 의외로 사용법을 자세히 설명해놓은 책이나 친절한 강좌 혹은 가이드북 등을 찾기는 어려운 상황입니다. 그래서 이 책을 통해 제대로 된 기타 프로 사용법을 알려드리려고 합니다.

기타 프로의 발전 역사

기타 프로는 2006년 시장에 처음 선보인 이후로 몇 차례에 걸쳐 중요한 버전 업데이트를 계속해 왔습니다.

1 기타 프로 3

기타 프로는 원래 타브 악보를 편집하는 에디터로 개발되었습니다.

2 기타 프로 4

이때부터 기타뿐만 아니라 다양한 악기를 사용해 악보를 만드는 악보 제작 도구로 발전하기 시작했습니다.

3 기타 프로 5(2005년 11월 출시)

악기 고유의 소리를 재현해주는 RSERealistic Sound Engine가 추가되었습니다.

4 기타 프로 5 for Mac(2006년 7월)

윈도우Windows 운영체제에서만 사용 가능하던 기타 프로는 5버전 출시 1년 후인 2006년에 애플의 운영체제인 Mac OS X에서 사용 가능한 제품을 출시합니다.

5 기타 프로 6(2010년 4월 출시)

기존의 기타 프로와는 완전히 다른 디자인과 기능을 지닌 기타 프로 6이 출시됩니다. 이때부터 리눅스Linux 운영체제에서도 기타 프로를 사용할 수 있게 되었습니다.

6 기타 프로 앱(2011년 2월 6일)

아이폰, 아이팟 터치, 아이패드에서 사용 가능한 최초의 포터블 버전이 출시되었습니다.

7 기타 프로 7(2017년 4월 6일)

기타 프로 6 출시 이후 6년 만에 선보이는 업그레이드 버전으로 인터페이스도 많이 개선되었고, 새로운 기능들이 여러 가지 추가되었습니다. 참고로 기타 프로 7부터는 리눅스 운영체제에 대한 지원이 중단되었습니다. 자세한 내용은 **[10. 기타 프로 7에서 달라진 기능]**을 참고하십시오.

기타 프로의 주요 기능

기타 프로는 많은 기타리스트들과 작곡자, 편곡자, 연주자들이 즐겨 사용하는 도구입니다. 이를 통해 곡을 연습하거나 작곡, 편곡 작업을 할 수 있습니다. 기타 프로의 주요 기능은 다음과 같습니다.

1 오선 악보와 타브 악보 읽기

기타 프로를 이용하면 여러 가지 형태의 악보를 읽고, 재생할 수 있습니다. 기타 프로는 일반적인 오선 악보는 물론 기타를 쉽게 연습할 수 있도록 만들어진 타브Tablature 형태의 기타용 악보, 스트럼 패턴만 표시한 슬래시Slash 악보 등 세 가지 유형의 악보를 재생합니다. 악보의 축소, 확대는 물론이고, 가상 기타와 가상 건반을 통해 손가락으로 어디를 눌러야 하는지 정확하게 알려줍니다.

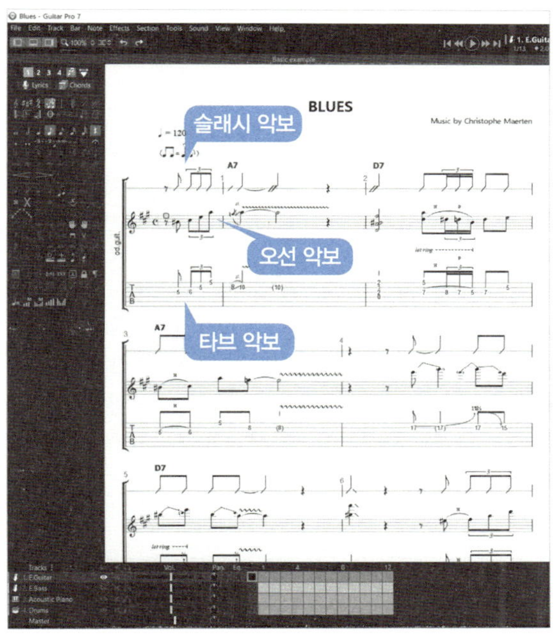

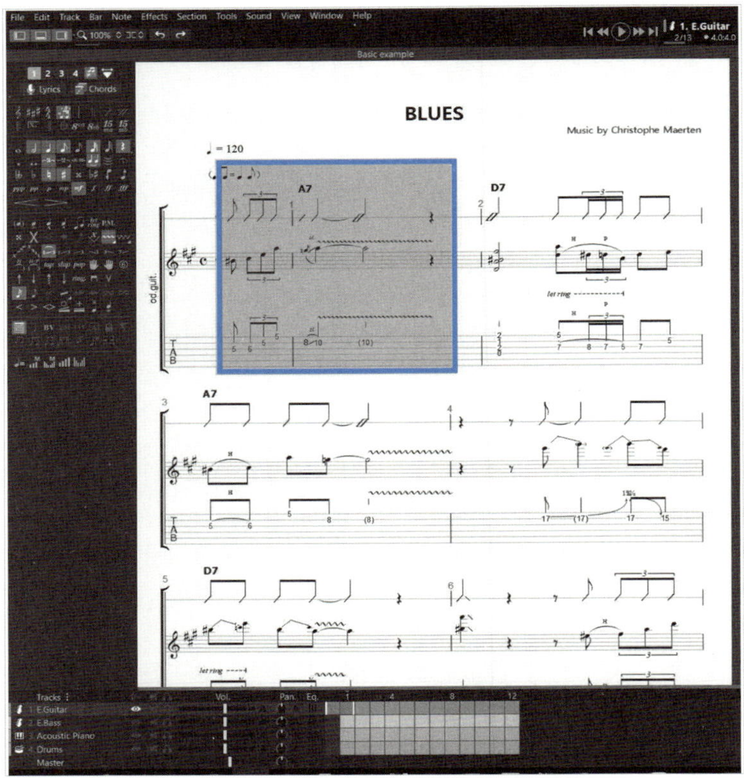

기타 프로는 기타 악보의 편집을 위한 오선 악보나 태블러처 악보의 편집기로도 사용이 가능합니다. 새로운 악보를 만드는 것은 물론 기존의 악보를 수정하거나 보완하는 작업도 가능합니다. 기타뿐만 아니라 베이스, 드럼, 건반악기, 관악기, 현악기 등 거의 모든 종류의 악기들을 위한 트랙도 지원하므로 여러 악기들의 악보를 멀티 트랙으로 구성해 전문적인 악보를 만들 수 있습니다. 키보드의 숫자 키, 마우스, 미디 악기 등 다양한 방법으로 악보에 음표를 쉽게 입력할 수 있습니다.

기타 프로는 작곡을 쉽게 만들어주는 코드와 스케일 도구를 제공합니다. 그리고 노래에 가사를 입력하거나 외부 미디 사운드를 캡처하는 기능도 제공합니다. 자체에 폴리포닉 튜너가 내장되어 있으며, 가상 건반과 가상 기타 등의 가상 악기도 제공합니다. 혼자서 모든 악기를 연주하는 원맨밴드를 하거나 곡을 작곡할 때에도 미디 데이터를 다른 프로그램으로 보낼 때에도 기타 프로는 유용한 도구로 활용됩니다. 또한 기타 프로의 기능은 다양할 뿐만 아니라 사용하기도 쉽습니다. 키보드 단축키를 활용하면 더욱 빠르게 악보 작업을 할 수 있습니다.

3 다양한 오디오 믹싱

기타 프로의 독특한 사운드 엔진은 200여 개의 사운드뱅크와 80개의 이펙트와 스튜디오에서 녹음한 앰프 모델링을 활용해서 1,000여 가지가 넘는 사운드를 만들어냅니다. 미리 만들어놓은 프리셋 사운드를 활용할 수도 있고, 자신의 독특한 사운드를 만들어서 사용할 수도 있습니다.

기타 프로가 기타(일렉, 어쿠스틱, 클래식, 6현, 12현 등), 베이스 기타(일렉, 어쿠스틱), 벤조, 만돌린 등의 현악기, 드럼 세트, 봉고, 콩가, 카바사, 마르카스, 쉐이커 등의 타악기, 피아노(어쿠스틱, 일렉, 오르간, 클라비넷, 신디 등), 그리고 오케스트라 악기(현악기, 목관악기, 금관악기, 플루트, 하프, 실로폰 등), 브라

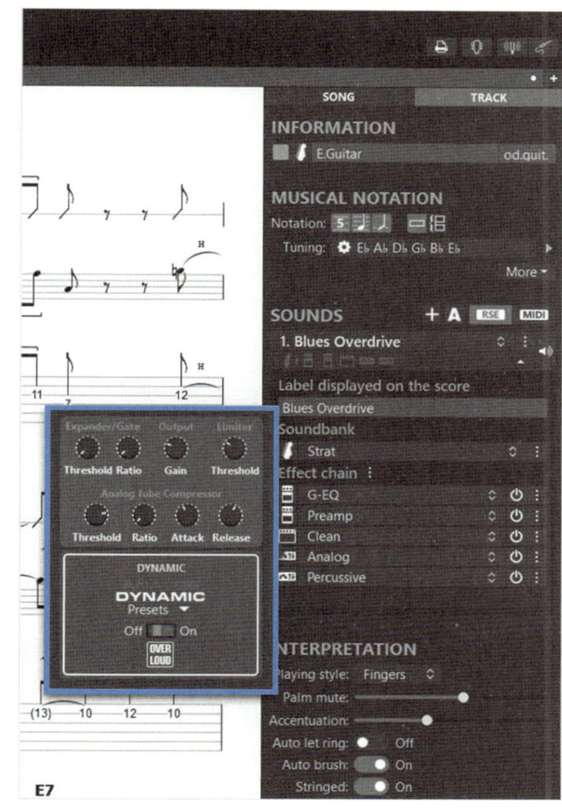

스가 많이 포함된 빅 밴드 악기에 이르기까지 다양한 악기를 지원합니다.

기타 프로는 실제 악기와 비슷한 소리를 내는 RSE를 통해 원음을 충실하게 재현합니다. 또 변칙 튜닝, 템포 변화, 초킹, 벤딩과 같은 연주 테크닉을 반영해 더욱 전문적인 음악을 만드는 데 도움을 줍니다. 그리고 일렉트릭 기타 등에서 사용하는 다양한 이펙트 체인을 통해 실제 연주와 유사한 사운드를 만들어냅니다.

4 실력 향상을 위한 연습 도구

기타 프로는 효과적인 연습을 위해 템포 변화, 구간 반복, 메트로놈 사운드, 코드표, 스케일 블록, 프렛보드 위치 등의 도구를 제공합니다. 특정 곡의 악보를 구매해 사용할 수도 있고, 부분 편집해 사용할 수도 있습니다. 또한 특정 악기 파트만 재생하거나 특정 악기를 뮤트시키는 기능도 제공합니다. 또한 악보상의 음표가 기타 혹은 건반 등의 악기 위에서 어느 위치인지를 시각적으로 보여주기 때문에 쉽게 연주법을 배울 수 있습니다.

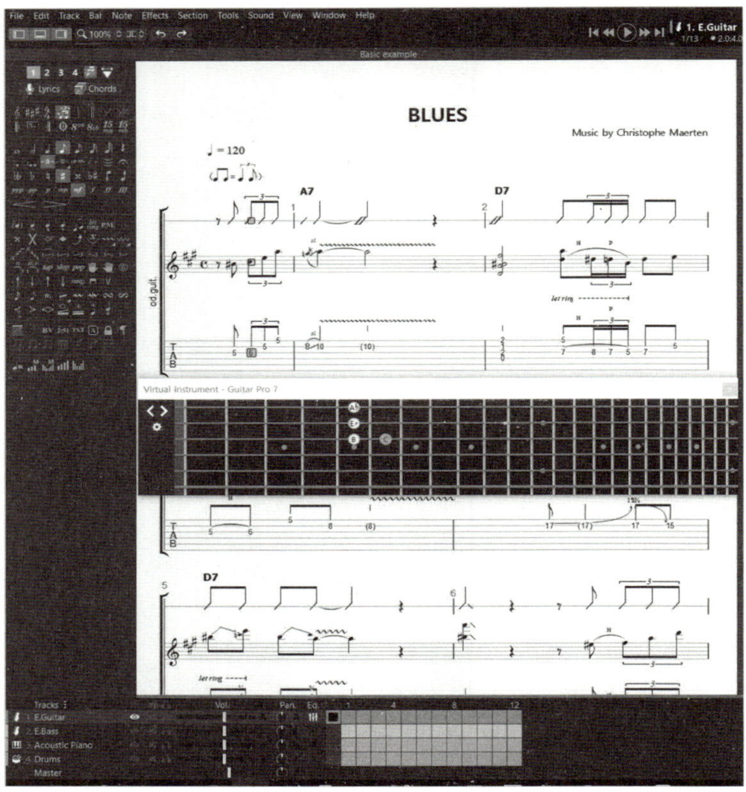

5 수많은 태블러처 악보 제공

기타 프로의 악보 형식은 태블러처 악보를 보기 위한 가장 보편적인 도구입니다. 타브 악보를 보여주는 거의 모든 온라인 사이트가 악보를 표시하기 위해 기타 프로를 사용합니다. 기타 프로 팀들이 운영하는 'mySongBook' 사이트에는 2,000개가 넘는 고품질의 태블러처 악보가 등록되어 있습니다. 이 악보에는 노래의 연주에 사용된 모든 악기가 각각의 독립된 트랙으로 저장되어 있습니다.

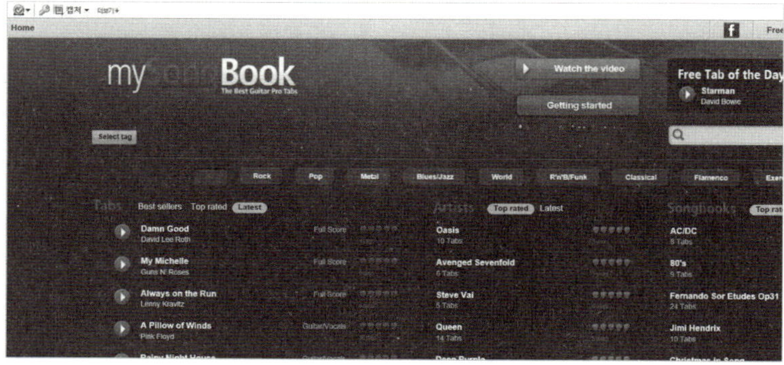

다양한 파일 형식 지원

기타 프로를 이용해서 만든 악보들은 종이로 출력할 수도 있고, 스마트폰이나 태블릿에 설치한 기타 프로 앱을 통해서도 읽을 수 있습니다. 파일을 이메일로 발송하거나 컴퓨터의 하드디스크에 저장할 수도 있습니다. 또한 기타 프로 형식뿐만 아니라 다음과 같은 다양한 포맷으로 변환해서 내보낼 수도 있고, 다른 사람과 쉽게 공유할 수 있습니다.

- 기타 프로 악보(gtp, gp3, gp4, gp5, gpx)
- PowerTab(PowerTab Import)
- TablEdit(TAblEdit Import)
- 미디(MIDI)
- ASCII(ASCII)
- MusicXML(MusicXML Import)
- 오디오 파일(Wav, MP3, WAV, OGG, FLAC, AIFF 등)
- 그림 파일(png)
- PDF 파일(pdf)

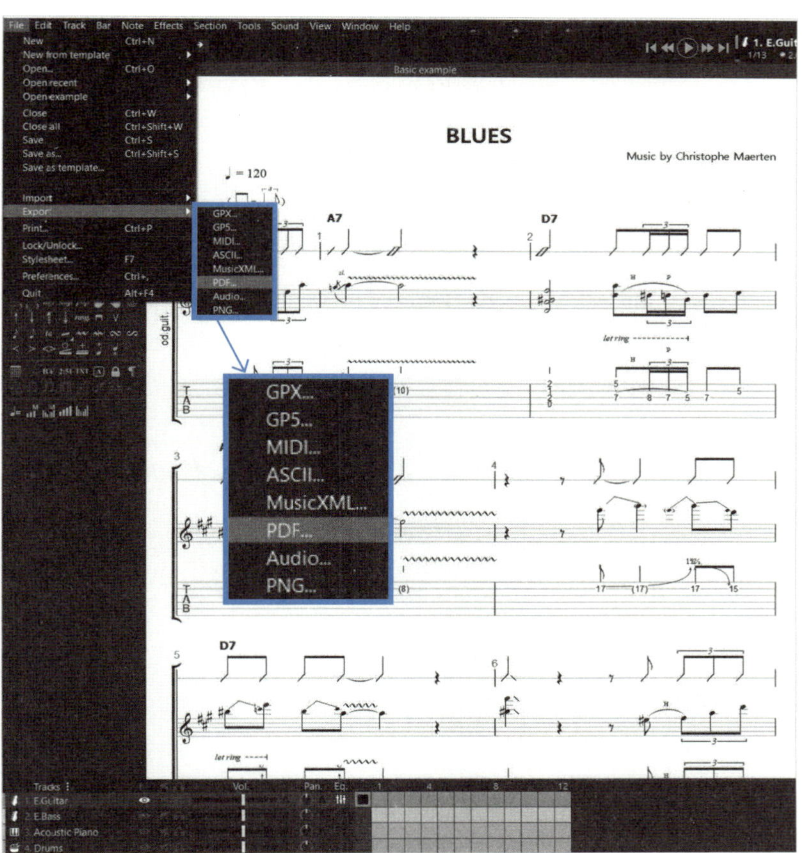

기타 프로의 장점

1 다양한 타브 악보 사용 가능

기타 프로의 파일 포맷은 이미 세계적인 표준으로 자리 잡고 있으므로 온라인상에서 기타 프로를 위해 만들어진 수많은 악보를 무료로 구할 수 있습니다. 또 많은 웹사이트 운영자, 아티스트, 음악 선생님, 기타 프로 사용자들이 거의 매일 새로운 악보를 만들어서 공유하고 있습니다. 기타 프로가 운영하는 mySongBook 사이트에 가면 2,000여 곡의 풀 밴드 악보를 다운받을 수 있습니다. 필요한 악보만 낱개로 구매할 수도 있고, 이용권 형태로 서비스를 이용할 수도 있습니다. mySongBook 사이트에서는 매일 한 곡씩 'Free tab of the day'라는 무료 악보 서비스를 제공하는데 이 악보들은 24시간 동안 누구나 무료로 사용할 수 있습니다.

mySongBook 사이트에 대한 자세한 설명은 챕터 8의 [mySongBook 사이트]편을 참고하세요.

2 다양한 언어 지원

기타 프로는 현재 독일어, 영어(미국), 스페인어, 프랑스어, 이탈리아어, 일본어, 포르투갈어, 러시아어, 스웨덴어, 중국어(중국), 중국어(대만) 등 11개국 언어까지만 지원합니다. 하지만 앞으로는 다음과 같은 언어들이 추가로 지원될 예정이며, 현재 번역 작업이 진행 중입니다. Danish, Dutch, Finnish, Hungarian, Korean, Norwegian, Polish, Romanian.

3 3대의 컴퓨터에 설치 가능

기타 프로는 집, 사무실, 작업실, 연습실 등 다양한 장소에서 작업하는 음악인들을 위해 하나의 라이선스로 최대 3대까지 서로 다른 컴퓨터 혹은 다른 운영체제에 설치해 사용할 수 있습니다. 하지만 라이선스는 싱글 라이선스이고 사용자 아이디도 하나만 등록 가능합니다.

4 다양한 운영체제 지원

기타 프로는 일반적인 윈도우 PC는 물론, 애플의 Mac 컴퓨터에도 설치해 사용할 수 있습니다. 참고로 기타 프로 7부터는 리눅스 운영체제에 대한 지원이 중단되었습니다.

5 모바일에서도 사용 가능

기타 프로는 스마트폰이나 태블릿 PC에서 사용할 수 있는 모바일 버전도 출시되어 있습니다. 스마트폰 앱에서도 타브 악보의 읽기와 쓰기, 저장, 연습 등이 가능합니다.

6 다양한 인터페이스 제공

기타 프로에서는 여러 개의 악보를 독립된 탭으로 열 수 있으며, 전체 화면으로 보기도 가능합니다. 한 번의 클릭으로 고전적인 재즈 스타일의 악보 구성도 가능하며, 기타의 경우, 벤딩, 슬라이드, 비브라토, 트릴 등 다양한 효과를 적용할 수 있고, 전문적인 음악 기호의 표시도 가능합니다. 경과 시간을 나타내는 타이머의 표시와 노래의 가사도 입력 가능합니다.

7 편리한 악보 인쇄

보유하고 있는 악보나 작성한 악보를 용지의 크기, 글꼴, 사이즈 등을 임의로 설정해 사용자가 원하는 형태의 악보로 인쇄할 수 있습니다. 특정 트랙의 악보만 별도로 출력할 수도 있습니다.

8 다양한 방법의 악보 재생

편집한 악보에 각 트랙별로 악기를 할당해 재생할 수 있고, 볼륨 조절, 코러스나 에코 등의 효과를 적용해 재생할 수도 있습니다. 6현 기타 외에도 4현짜리 베이스 기타, 12현 기타 등의 재생도 가능합니다.

CHAPTER

2

기타 프로 시작하기

Guitar
Pro

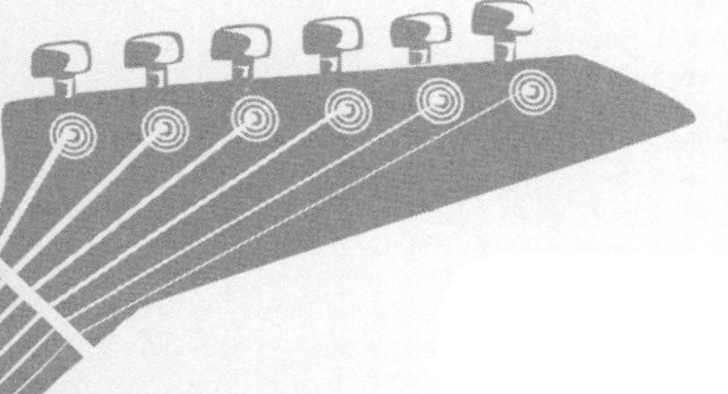

기타 프로 7 설치하기

시험판 설치하기

1 시험판(Trial version) 설치하기

기타 프로 공식 홈페이지 초기 화면에서 왼쪽에 보이는 **[Download Trial]** 버튼을 클릭합니다.

https://www.guitar-pro.com/en/index.php?pg=home

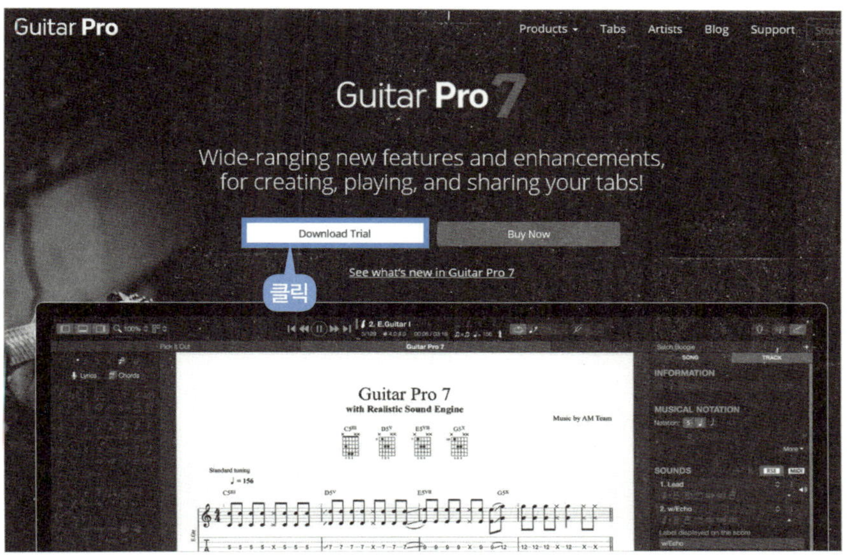

바뀐 화면의 가운데에 이메일 주소를 입력하고 **[Download]** 버튼을 누릅니다.

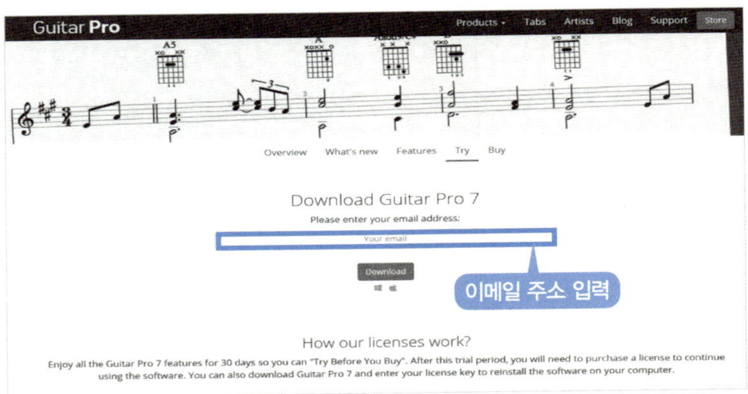

시험판을 내려받을 수 있는 주소 링크가 이메일로 발송됩니다. 이 링크에서 내려받은 **[guitar-pro-7-setup.exe]** 파일을 실행합니다. 그리고 기타 프로 7부터는 RSE 사운드뱅크가 내장되어 있어 따로 내려받을 필요가 없습니다.

2 정식 버전으로 업그레이드하기

먼저 시험판 버전을 내려받아서 사용했었다면 정식 버전으로 업그레이드 한 다음, 라이선스 번호를 입력하고 인증을 받아야 계속 사용할 수 있습니다.
정식 버전으로 업그레이드하려면 **[09. 프로그램 업데이트하기]**편을 참고하십시오.

정품 설치하기

1 윈도우에 설치하기

① 기타 프로 웹 사이트에서 설치하기

기타 프로 공식 홈페이지 초기 화면에서 오른쪽에 보이는 **[Buy Now]** 버튼을 클릭합니다.

https://www.guitar-pro.com/en/index.php?pg=home

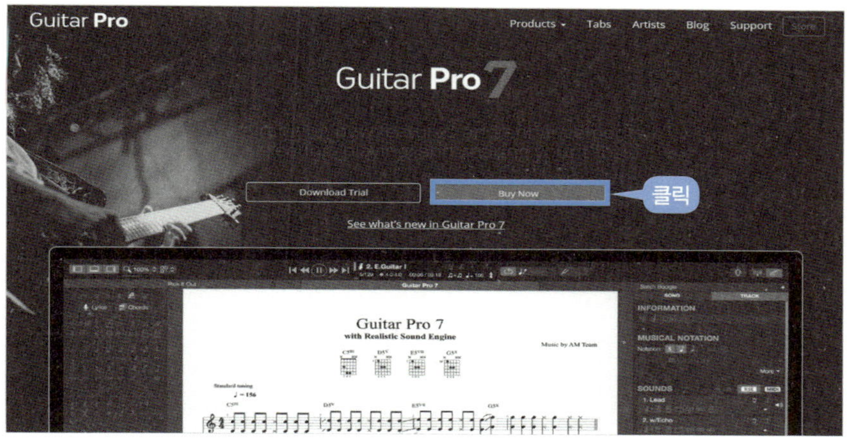

바뀐 화면의 왼쪽에 보이는 **[All-new complete version]**의 이미지를 클릭합니다.

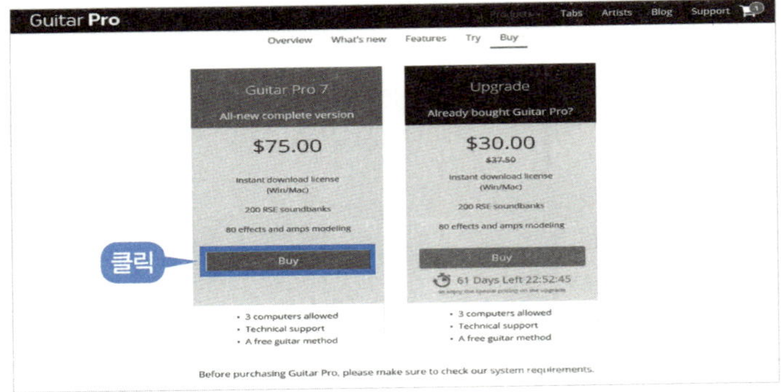

https://www.guitar-pro.com/en/index.php?pg=buy-guitar-pro

화면이 구매 창으로 바뀌면 오른쪽 아래에 있는 **[Proceed to secure checkout]** 버튼을
누릅니다.

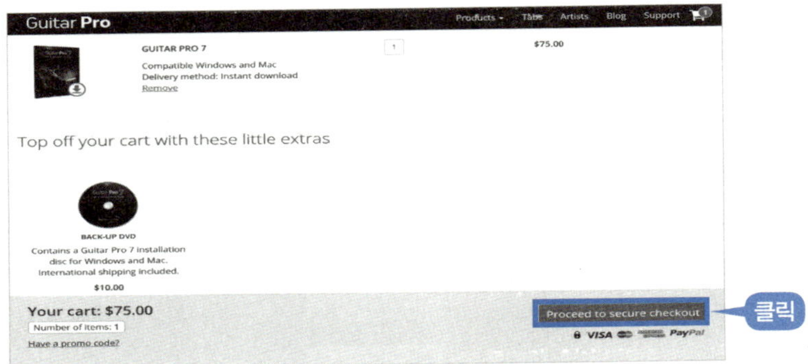

다시 화면이 **[License ownership informations]** 창으로 바뀌는데 여기서 이름, 주소, 이
메일 등의 정보를 입력하고 오른쪽 아래에 있는 **[Proceed to secure payment]** 버튼을
눌러 결제를 진행합니다.

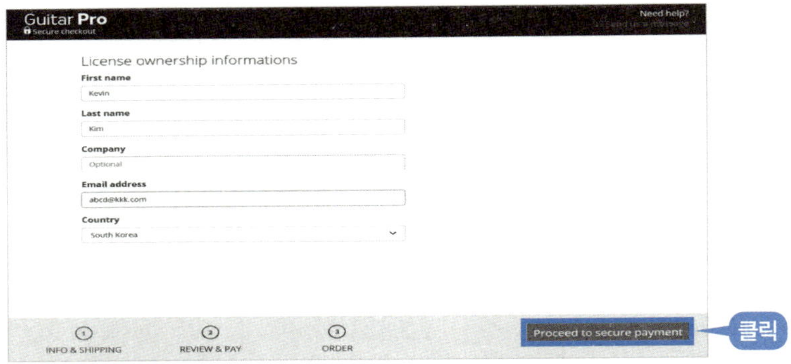

기타 프로 7을 온라인 버전으로 구입하면 프로그램 파일이 메일로 오는 것이 아니라 프로그램을 내려받을 수 있는 주소 링크와 User ID, Key ID가 이메일로 발송됩니다. 이 링크에서 제공된 ID를 입력하고 프로그램을 내려받으면 됩니다.

내려받은 [guitar-pro-7-setup.exe] 파일을 실행합니다. 기타 프로 7부터는 RSE 사운드 뱅크가 내장되어 있어 따로 내려받을 필요가 없습니다.

② 기타 프로 7 DVD-ROM으로 설치하기

기타 프로 7 DVD-ROM을 DVD 드라이브에 넣습니다. 셋업 프로그램이 자동으로 실행되지 않으면 [내 컴퓨터]를 더블클릭하고 다시 CD-ROM 드라이브를 더블클릭해서 [guitar-pro-7-setup.exe] 파일을 실행합니다.

2 MacOS X에 설치하기

① 기타 프로 웹 사이트에서 설치하기

기타 프로 공식 홈페이지 초기 화면에서 오른쪽에 보이는 [Buy Now] 버튼을 클릭합니다.

https://www.guitar-pro.com/en/index.php?pg=home

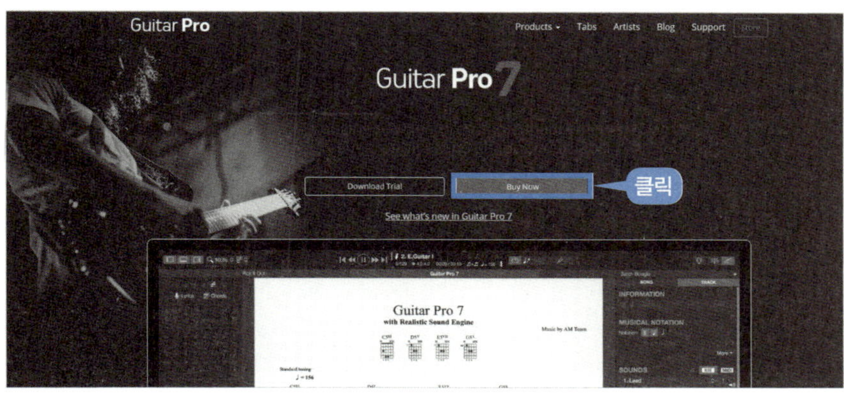

바뀐 화면의 왼쪽에 보이는 [All-new complete version]의 이미지를 클릭합니다.

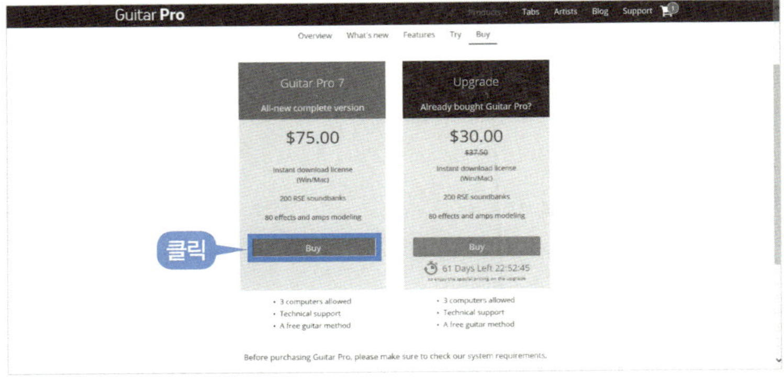

https://www.guitar-pro.com/en/index.php?pg=buy-guitar-pro

화면이 구매 창으로 바뀌면 오른쪽 아래에 **[Proceed to secure checkout]** 버튼을 누릅니다.

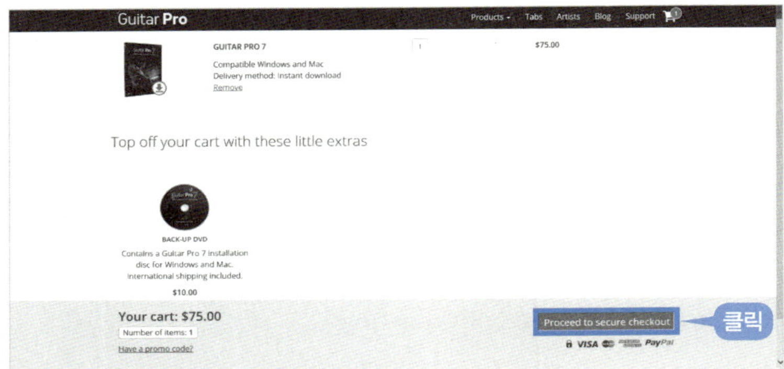

다시 화면이 **[License ownership informations]** 창으로 바뀌는데 여기서 이름, 주소, 이메일 등의 정보를 입력하고 오른쪽 아래에 있는 **[Proceed to secure payment]** 버튼을 눌러 결제를 진행합니다.

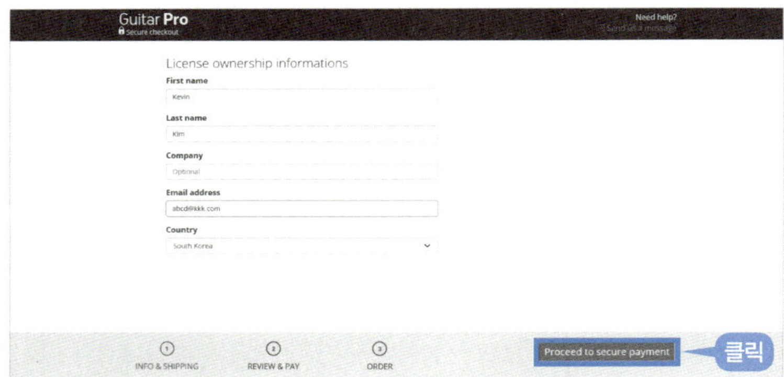

② 기타 프로 7 DVD-ROM으로 설치하기

기타 프로 7 DVD-ROM을 DVD 드라이브에
넣습니다. 데스크톱에 나타나는 DVD-ROM
드라이브를 더블클릭해서 [guitar-pro-7-
setup.pkg] 파일을 실행합니다.

기타 프로 7 DVD 팩

언어 설정하기

기타 프로는 세계인들이 함께 사용하는 글로벌 프로그램인 만큼 메뉴를 표시하는 다양한 언어 팩이 제공됩니다. 한글 언어 팩은 기타 프로 6부터 정식으로 지원되기 시작했습니다. 2018년 2월 현재 기타 프로는 아래와 같이 모두 12개국 언어의 메뉴를 지원합니다.

- **German**: 독일어
- **English**: 영어
- **Spanish**: 스페인어
- **French**: 프랑스어
- **Italian**: 이탈리아어
- **Japanese**: 일본어
- **Portuguese**: 포르투갈어
- **Polish**: 폴란드어
- **Russian**: 러시아어
- **Swedish**: 스웨덴어
- **Chinese**: 중국어
- **Chinese**: 대만어

> **참고**
>
> 참고로 언어 옵션 중에 [System Language]를 선택하면 일부 메뉴나 버튼들이 사용자의 컴퓨터 OS 언어로 표시됩니다. 예를 들어 한글 버전의 윈도우가 설치된 컴퓨터에서 기타 프로를 실행하면 [OK], [Cancel], [Apply] 등의 영어 버튼이 [확인], [취소], [적용] 등의 한글 버튼으로 표시됩니다. 한글 OS가 설치되어 있다고 해서 메뉴 전체가 한글로 표시되는 것은 아닙니다.

기타 프로의 공식 발표에 따르면 앞으로 한글을 포함해 다음과 같은 8개국 언어 팩이 추가로 지원될 예정이며, 현재 번역 작업이 진행 중입니다.
Danish, Dutch, Finnish, Hungarian, Korean, Norwegian, Polish, Romanian.

하지만 기타 프로의 메뉴 가운데는 한글보다 영문 이름이 사용자들에게 더 익숙하고 직관적인 경우도 적지 않습니다. 예를 들면 '효과'보다는 '이펙트(Effect)'가 음악 현장에서 더 많이 사용되는 익숙한 이름입니다. 때로는 '행수잉여음'과 같이 메뉴만 보고는 무슨 뜻인지 전혀 알 수 없는 한글 메뉴도 있습니다. 그래서 이 책의 설명은 영어 메뉴를 기준으로 진행합니다. 하지만 여전히 한글 메뉴가 더 편한 분도 있을 수 있어 한글 메뉴와 영문 메뉴를 비교한 조견표를 만들어놓았습니다. 비교해보면서 앞으로 이어지는 설명들을 보시기 바랍니다.

메뉴 디스플레이에 사용할 언어를 바꾸려면 다음과 같이 하십시오.

메뉴 그룹의 **[File] ▶ [Preferences]**를 클릭해서 **[Preferences(환경 설정)]** 창을 띄웁니다. **[Interface(인터페이스)]** 탭을 클릭하고, **[INTERFACE]** 섹션의 **[Language]** 항목에서 원하는 언어를 선택합니다.

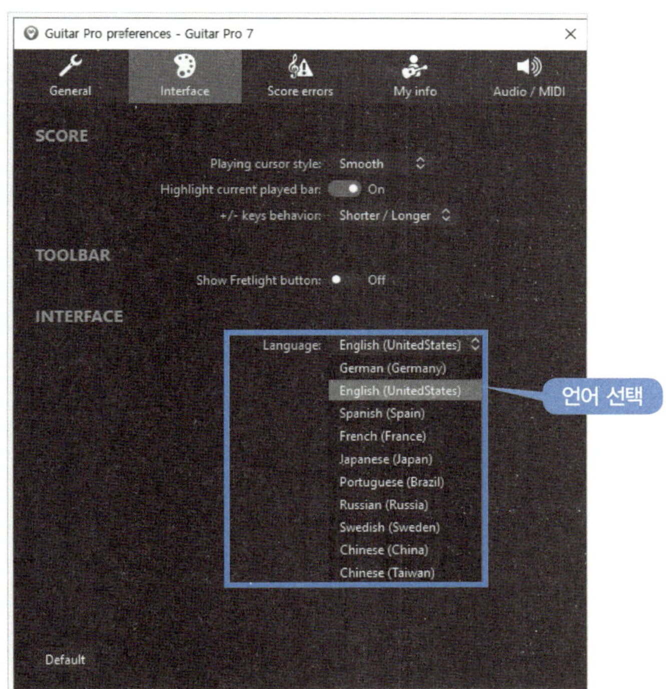

참고로 언어를 바꾼 다음에는 반드시 프로그램을 재실행해야 바뀐 언어가 적용됩니다.

환경 설정하기

환경 설정(Preferences)은 기타 프로의 기본적인 환경을 설정하는 곳으로, 다음과 같은 설정이 가능합니다. 환경 설정 창을 열려면 메뉴 그룹에서 **[File]** ▶ **[Preferences]**를 클릭합니다. 키보드 단축키는 F12 입니다.

 General(일반) 탭

① DOCUMENTS(도큐먼트) 섹션

- **[Default template for new documents]**: 기타 프로에서 새 파일을 만들 때 적용할 기본 템플릿을 설정합니다.

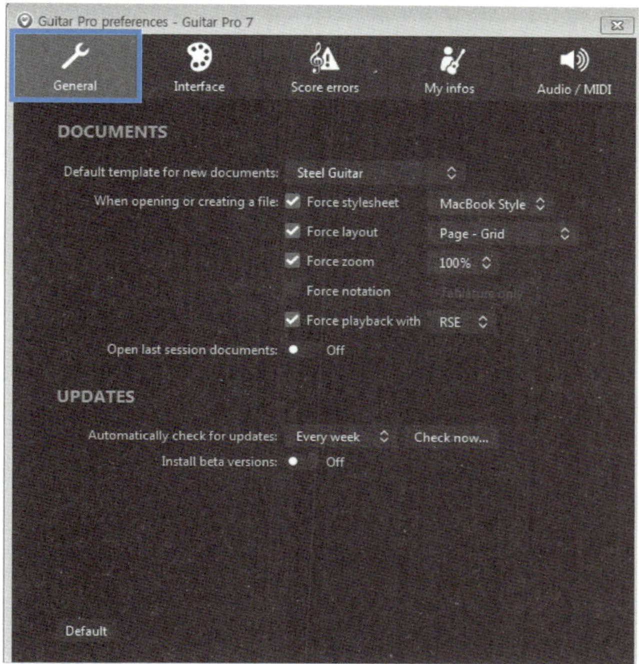

- **[When open or creating a file]**: 파일을 열거나 새로 만들 때 적용할 옵션을 설정합니다.
  - **Force stylesheet**: 적용할 스타일시트
  - **Force layout**: 적용할 레이아웃(수평, 수직, 양피지, 그리드 형 등)
  - **Force zoom**: 적용할 줌 확대 배율
  - **Force notation**: 적용할 악보 유형(오선 악보/태블러처 둘 중 하나 혹은 둘 다 선택도 가능)
  - **Force playback with**: 재생 사운드(MIDI/RSE 중 선택)
- **[Open last session documents]**: [On]으로 설정하면 프로그램을 실행할 때 마지막 종료 전에 열려 있던 파일들을 자동으로 다시 열어줍니다.

② UPDATES(업데이트) 섹션

- **[Automatically check for update]**: 프로그램 업데이트를 자동으로 확인하는 주기를 설정합니다.
  - **Never**: 자동으로 업데이트 여부를 확인하지 않습니다.

- **Every day**: 매일 업데이트 여부를 확인합니다.
    - **Every week**: 매주 업데이트 여부를 확인합니다.
    - **Every month**: 매월 업데이트 여부를 확인합니다.
- [Check now]: 이 버튼을 누르면 즉시 업데이트 존재 여부를 확인하고 결과를 알려줍니다. 업데이트가 존재할 때에는 업데이트를 받을 수 있는 링크가 자동으로 표시됩니다.
- [Install beta versions]: [On]으로 설정하면 차기 버전의 베타 버전이 공개될 때 자동으로 설치합니다.
- [Default]: 모든 환경 설정 값을 출시 초기의 원래 설정대로 되돌립니다.

2 Interface(인터페이스) 탭

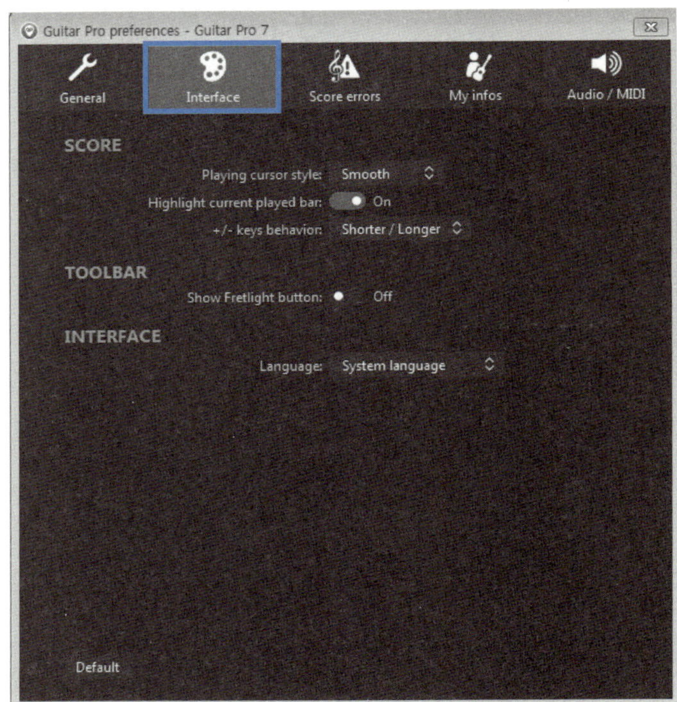

① SCORE(악보) 섹션
- [Playing cursor style]: 재생 시 커서가 움직이는 형태를 설정합니다.
    - **None**: 커서 감추기
    - **Smooth**: 부드럽게 진행하기
    - **Each note**: 음표 단위로 진행하기
    - **Metronome**: 메트로놈 틱에 맞춰 진행하기

- **[Highlight current played bar]**: [On]으로 설정하면 연주 중인 마디를 강조해 표시합니다.
- **[+/− keys behavior]**: 키보드로 음표 입력 시 ⊞를 짧은 박자로 줄이는데 사용하고, ⊟를 긴 박자로 늘리는데 사용하도록 설정하거나, 그 반대로 설정합니다.

② TOOLBAR(툴바) 섹션

- **[Show Fretlight button]**: [On]으로 설정하면 'Fretlight 기타'와 연결해 사용할 때 악보의 음표에 해당하는 기타 프렛에 불이 들어오게 설정합니다.

> 🎣 **참고**
>
> 'Fretlight 기타'는 악보에서 연주해야 할 지판 위치에 불이 들어오도록 만들어진 기타의 제품 명입니다. 자세한 사항은 다음 동영상을 참고하세요(https://youtu.be/CCdi9Ix_−y0).

③ Interface(인터페이스) 섹션

[Language]: 메뉴를 표시할 언어를 설정합니다.

- **System Language**: 컴퓨터 OS의 언어를 적용합니다. 예를 들어 한글 윈도우가 설치된 컴퓨터에서 기타 프로를 실행하면 확인, 취소, 적용 등이 한글로 표시됩니다.
- **German**: 독일어
- **English**: 영어
- **Spanish**: 스페인어
- **French**: 프랑스어
- **Italian**: 이탈리아어
- **Japanese**: 일본어
- **Portuguese**: 포르투갈어
- **Polish**: 폴란드어
- **Russian**: 러시아어
- **Swedish**: 스웨덴어
- **Chinese**: 중국어
- **Chinese**: 대만어

3 Score errors(악보 오류) 탭

SCORE ERRORS(악보 오류) 섹션

When errors are detected in your score, the symbols are displayed in red. Choose the errors to scan(악보에 오류가 발견되면 붉은색으로 표시합니다. 확인할 오

류를 체크하세요).

- **Note out of range**: 해당 트랙에 적용된 악기로 연주 못하는 음역대의 음표
- **Invalid tuplets**: 잘못된 잇단음표
- **Invalid HoPo**: 잘못된 해머링 온/풀링오프
- **Invalid bar length**: 마디에 맞지 않는 박자(부족, 초과)
- **Unreachable bar when playing**: 재생 시 연주 안 되는 박자
- **Force when creating a new file**: 위에서 설정한 기본 스타일시트를 새로 파일로 만들 때 적용합니다.
- **Force when opening a GPX file**: 위에서 설정한 기본 스타일시트를 파일로 불러 올 때 적용합니다.

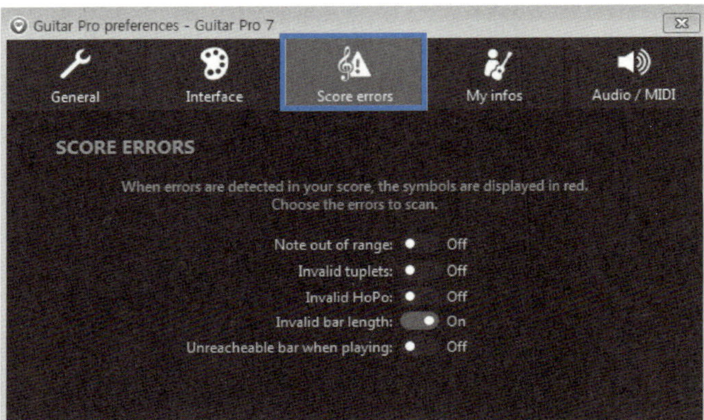

4 My infos(내 정보)

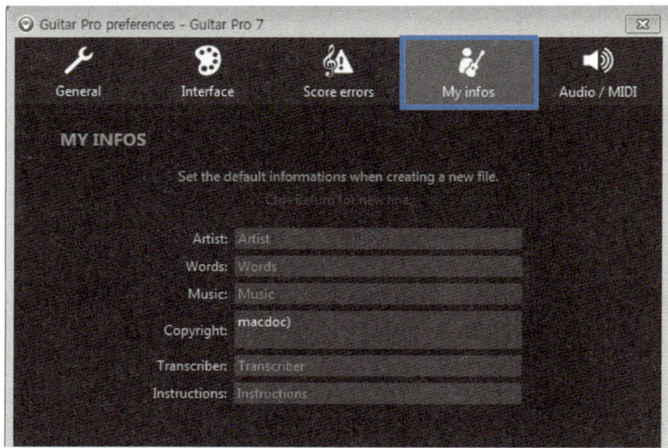

MY INFOS(내 정보) 섹션

Set the default information when creating a new file. Ctrl+Return for new line(새 파일을 만들 때 적용할 기본 값을 설정합니다. 다음 줄을 추가하려면 [Ctrl] + [Return] 을 누릅니다).

- **Artist**: 가수/연주자 이름
- **Words**: 작사가 이름
- **Music**: 작곡가 이름
- **Copyright**: 저작권 표시
- **Transcriber**: 악보를 만든 채보자 이름
- **Instructions**: 학교/음악학원 등의 기관 이름

5 Audio/MIDI(오디오/미디)

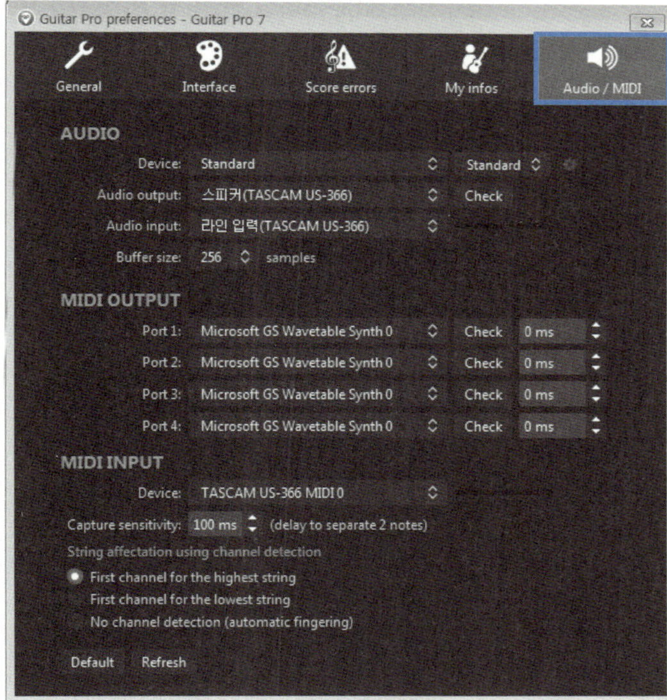

① AUDIO(오디오) 섹션

- [Device]
  - [Standard]: 기본 디바이스

- **[ASIO]**: ASIO를 지원하는 디바이스

참고

ASIO(Audio Stream Input/Output)는 소프트웨어와 사운드카드 간에 정보를 주고받을 때 레이턴시는 낮춰주고 해상도는 높여주는 디지털 오디오를 위한 프로토콜입니다.

- **[Audio output]**: 오디오 출력 장치
- **[Audio input]**: 오디오 입력 장치
- **[Buffer size]**: CPU에서 한 번에 처리되는 데이터의 크기로 32~1024까지 선택할 수 있습니다.

참고

버퍼는 데이터를 실어 나르는 트럭과 같은 것으로, 버퍼의 크기를 크게 잡을수록 한 번에 전송되는 데이터의 양이 늘어나기 때문에 데이터 전송 속도가 빨라지지만 반대로 버퍼에 지정한 양만큼의 데이터가 다 찰 때까지 기다리기 때문에 늦어질 수도 있습니다. 자신의 컴퓨터 사양에 맞춰 최적의 값을 조절해야 합니다.

② MIDI OUTPUT(미디 출력) 섹션

- **[Port 1~4]**: 미디 포트 1에서 4까지의 사운드를 출력할 장치를 설정합니다.
- **[Check]**: 미디 출력이 잘 되는지 미리 점검합니다.
- **[( )ms]**: 미디 출력 시에 약간의 지연Latency 현상이 나타날 때 ms(Milli Seconds, 1/1,000초) 단위로 조절합니다.

③ MIDI INPUT(미디 입력) 섹션

- **[Device]**: 입력에 사용할 미니 디바이스의 유형 설정
    - **[Standard]**: 표준 방식의 디바이스 사용
    - **[ASIO]**: ASIO 방식의 디바이스 사용
- **[Capture sensitivity(delay to separate 2 notes)]**: 두 음표 사이 간격이 얼마 이상일 때 분리된 두 개의 음으로 간주할지를 설정(기본 값: 100ms).
- **[String affectation using channel detection]**: 채널 탐색을 통한 줄 할당 방법 설정
    - **First channel for the highest string**: 가장 고음 줄에 가장 높은 채널 할당
    - **First channel for the lowest string**: 가장 저음 줄에 첫 번째 채널 할당
    - **No channel detection(automatic fingering)**: 채널 탐색 안 함(자동 핑거링)
- **[Default 버튼]**: 모든 설정을 기본 값으로 되돌립니다.
- **[Refresh 버튼]**: 방금 설정한 값을 적용시킵니다.

프로그램 업데이트하기

1 버전 확인하기

기타 프로 7은 별도로 비용을 지불하고 구매해서 사용해야 하는 상용 프로그램으로, 2017년 4월 6일에 첫 출시 이후 계속 업데이트가 진행 중입니다. 2018년 1월 현재 최신 버전은 [Version 7.0.8 Build 911]이며, 아직은 프로그램 발매 초기라서 지속적인 업데이트가 진행 중이고, 기타 프로 실행 시 업데이트 존재 여부를 자동으로 알려줍니다.

자신의 컴퓨터에 이미 기타 프로를 설치하신 분들은 메뉴 그룹에서 [Help ▶ Check for updates]를 클릭하면 팝업 창이 뜨고 여기서 자신의 컴퓨터에 설치된 버전에 대한 업데이트 여부를 볼 수 있습니다.

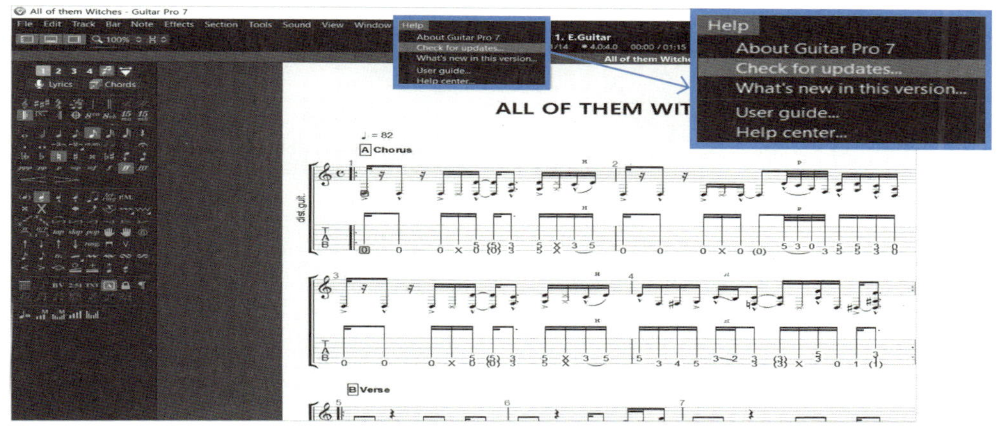

2 프로그램 업데이트 확인

만약 사용자가 기타 프로 6 정품을 보유하고 있고, 기타 프로 사이트에 사용자 등록을 마친 상태라면 정품 가격보다 훨씬 저렴한 업데이트 가격으로 업그레이드할 수 있습니다.

사용 가능한 업데이트 버전이 있는지 확인하려면 메뉴 그룹에서 [Help ▶ Check for updates]를 클릭합니다. 기타 프로는 기본적으로 매 일주일마다 업데이트 내용이 있는지 자동으로 확인합니다. 업데이트 내용이 있을 때에는 [Software Updates] 창에 해당 업데이트 내용이 표시됩니다. 업데이트 내용이 없고 현재 설치된 버전이 최신판이라면 [Software Updates] 창에 'YOU'RE UP-TO-DATE'라는 문구가 나타납니다.

업데이트 확인 주기를 변경하려면 메뉴 그룹에서 [File ▶ Preferences]를 클릭합니다. 환경 설정 창의 [General] 탭, [Updates] 섹션에 있는 [Automatically check for updates] 옵션에서 원하는 주기를 선택합니다.

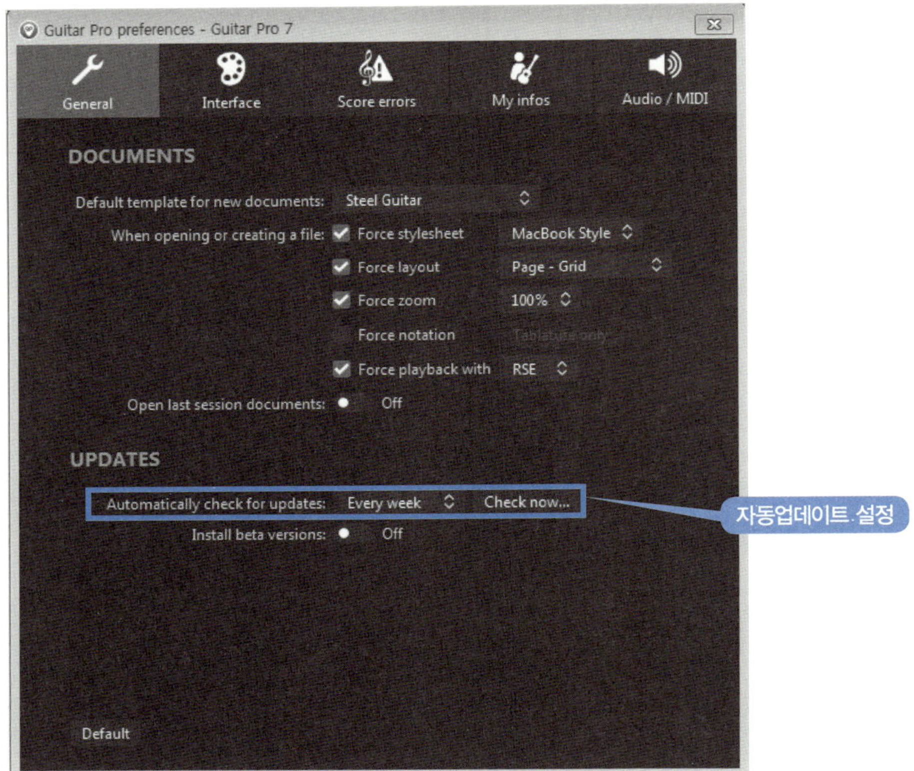

인터넷에 연결되어 있는 상태에서 [Check now] 버튼을 클릭하면 즉각적으로 업데이트 파일의 존재 여부를 확인합니다.

[Install bete versions]를 [On]으로 설정해놓으면 정식 버전이 출시되기 전에 나오는 베타 버전을 자동으로 설치합니다.

자동 업데이트 주기를 설정해놓으면 업데이트 버전이 있을 경우, 기타 프로 프로그램 실행 시 자동으로 업데이트 내용을 확인해서 표시해주고 내려받을 수 있는 링크가 제공됩니다. 온라인상의 토렌토 사이트 등에는 해킹된 기타 프로 프로그램이 많이 올라와 있지만 이 책에서는 해킹 버전의 설치에 관해서는 안내해드리지 않고, 카페 게시판에서도 질문을 받지 않으니 참고하시기 바랍니다.

B

기타 프로 7 둘러보기

Section 10 – 기타 프로 7에서 달라진 점
Section 11 – 기타 프로 7의 화면 구성

기타 프로 7에서 달라진 점

2017년 4월에 출시된 기타 프로 7은 2011년 2월에 출시된 기타 프로 6 앱 이후 6년 만에 선보이는 업그레이드 버전이고, 새로운 외형과 함께 많은 기능들이 추가되었습니다.

1 새로운 인터페이스

기타 프로 7의 새로운 인터페이스는 예전과 같이 여전히 사용자 친화적인 모습이지만 훨씬 현대적으로 바뀌었습니다. 자주 사용하는 기능들은 툴바의 형태로 제공하며, 곡과 트랙의 속성을 쉽게 설정할 수 있는 **[Inspector(인스펙터)]** 창이 새로 추가되었습니다.

2 성능과 사용 편리성

프로그램의 실행 초기 화면과 파일 불러오기가 개선되었고, 스크롤과 줌 기능도 더 부드럽고 자연스러워졌습니다. 또한 프로그램의 설치와 업데이트 과정도 많이 개선되었습니다.

3 고해상도

Full HD, 레티나 디스플레이, 터치식 스크린 등 점점 고해상도로 발전하는 사용자 모니터의 성능에 맞도록 프로그램의 해상도가 개선되었습니다.

4 악보 디자인의 품질

악보를 보여주는 디스플레이 엔진이 완전히 달라졌고, 더욱 사실적이고 전문적인 악보의 제작이 가능해졌습니다.

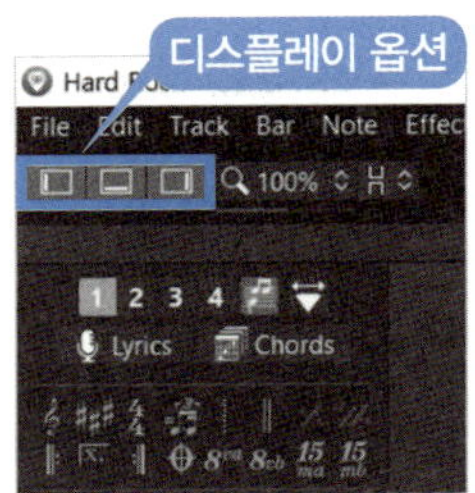

5 새로운 음악 기호

악보에 골프golpe, 픽 스크래이프pick scrape, 데드 슬랩dead slap 같은 다양한 연주 테크닉을 표시할 수 있습니다.

〈연주 테크닉 유투브에서 확인하기〉

- **골프(golpe)**

  https://www.youtube.com/watch?v=LRZZKfhDc_I

- **픽 스크래이프(pick scrape)**

  https://www.youtube.com/watch?v=Z8w1WarL6A4

- **데드 슬랩(dead slap)**

  https://www.youtube.com/watch?v=XqbxybR6Q6Y

또한 음표에 벤딩Bending 효과를 표시하는 방법도 개선이 되었으며, 다양한 악보 구성 요소 간의 충돌 현상도 개선되었습니다.

6 ## 모든 트랙에 타브 표시

기존에는 기타처럼 프렛을 가진 악기의 트랙에만 타브 악보를 표시할 수 있었지만 기타 프로 7에서는 피아노, 보컬, 드럼 악보 등에도 타브 트랙을 표시할 수 있습니다.

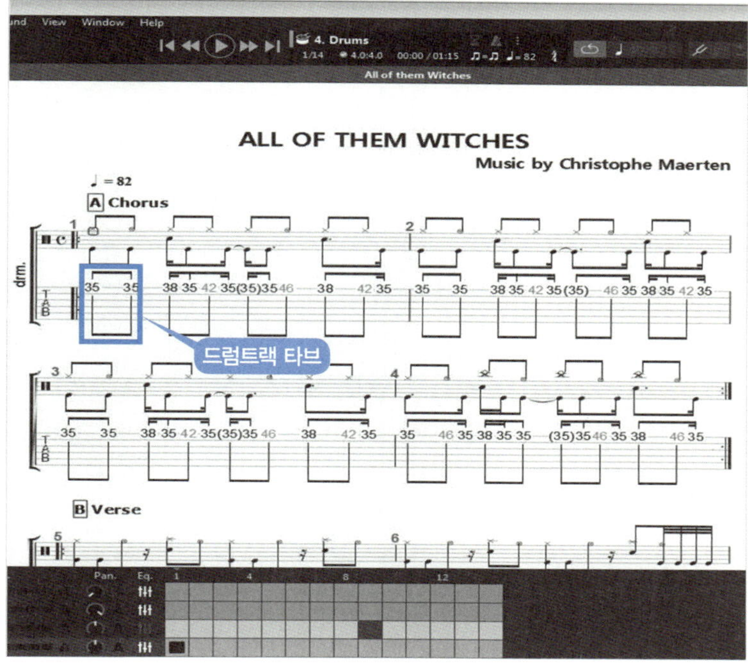

7 ## 기타 프로에 기타를 직접 연결

외장 사운드카드나 오디오 인터페이스를 기타 프로에 연결하고 기타를 꽂고 연주하면 내가 연주하는 기타 소리에, 그 트랙에 적용된 모든 이펙트들을 그대로 적용해 재현할 수 있습니다.

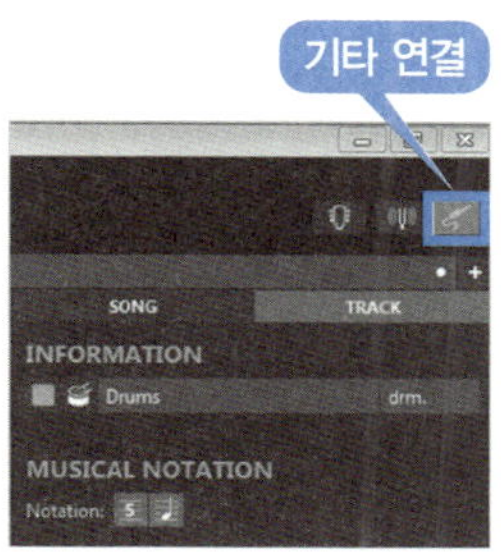

8 ## 폴리포닉 튜너(Polyphonic tuner)

한 줄 한 줄 탄현해가면서 튜닝하던 과거의 튜닝 방법과 달리 여섯 줄을 한 번에 스트럼하고 화면에 나타나는 시각적인 튜닝 그래프를 보면서 각각의 줄을 한꺼번에 튜닝할 수 있습니다.

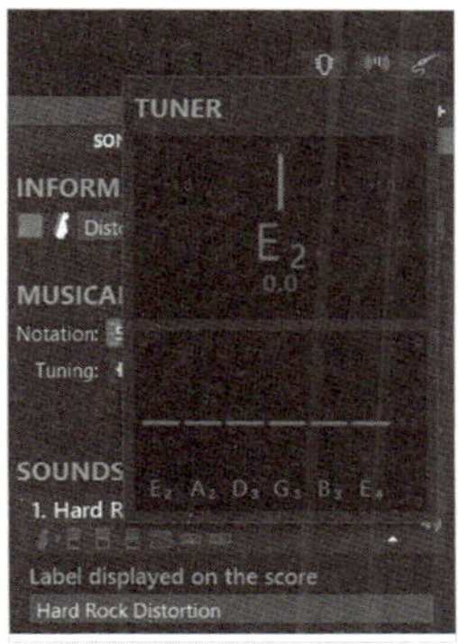

9 새로운 사운드뱅크

도브로dobro, 플라멩코Flamengo, 마누쉬manouche 같은 특이한 기타, 7현 나일론 기타, 전자 시타electric sitar, 프렛리스 베이스fretless bass, 재즈 더블베이스jazz double bass, 아코디언, 멜로트론mellotron, 하모니카, 백파이프bagpipe, 신규 신시사이저, 드럼 머신drum machines 등의 악기 소리를 재현해주는 사운드뱅크가 추가되었습니다.

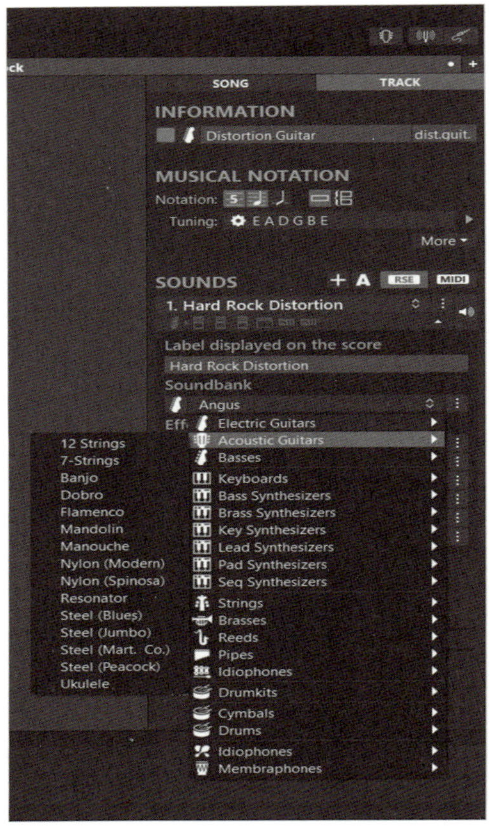

10 스테레오 사운드

모든 어쿠스틱 악기에 대해서 기타 프로의 사운드를 모노로 재생할지 스테레오로 재생할지 선택할 수 있습니다. 그리고 드럼 키트에 자동으로 특별한 효과를 적용할 수 있습니다.

11 쉬워진 오디오 설정

사운드뱅크와 이펙트 체인을 서로 결합해 만들어지는 1,000개가 넘는 프리셋 모드 중에서 원하는 사운드를 선택해 간단하게 적용할 수 있습니다.

12 MIDI/RSE의 믹싱

기타 프로를 이용해서 해당 트랙을 MIDI로 재생할지 RSE로 재생할지 설정할 수 있습니다. 또한 같은 파일 안에서 어느 트랙은 MIDI 톤으로, 어느 트랙은 RSE 톤으로 믹싱할 수도 있습니다.

13 가상 악기의 크기 조절

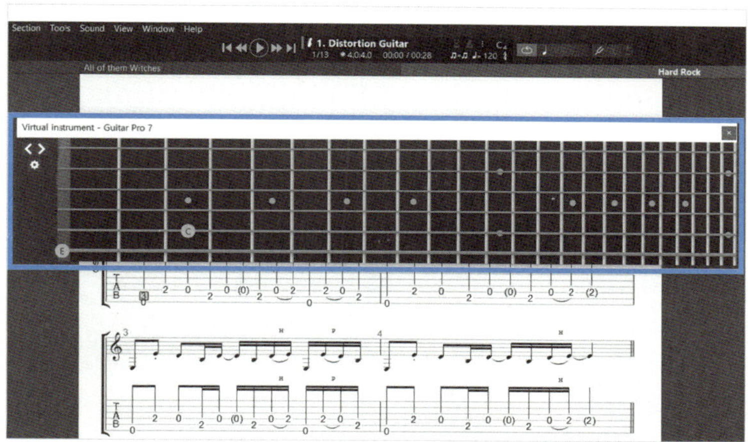

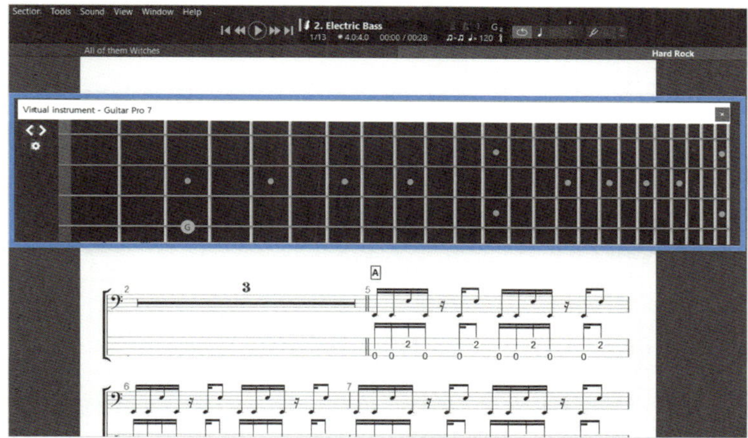

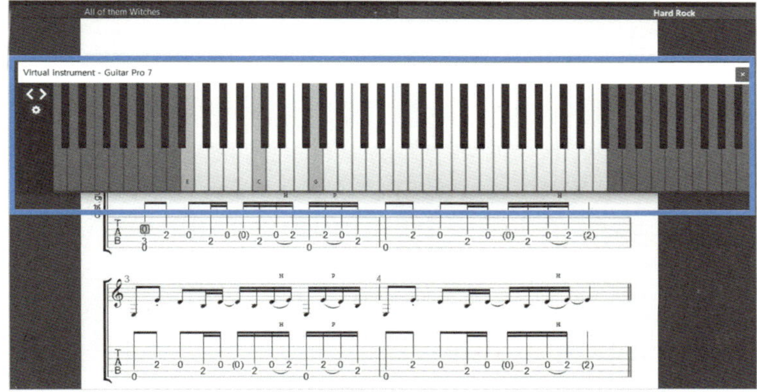

화면에 나타나는 기타, 베이스, 벤조, 피아노 등 가상 악기의 크기를 사용자가 원하는 대로
조절할 수 있습니다.

14 파일 잠그기

파일의 원본 제작자가 의도하지 않은 수정
이 생기지 않도록 파일을 잠글 수 있습니
다. 또한 다른 사람이 파일을 열거나 임의
대로 수정하지 못하도록 패스워드를 설정
할 수도 있습니다.

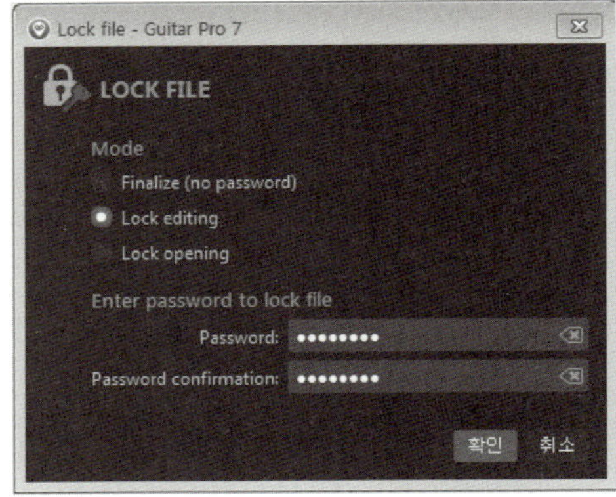

15 오디오 출력 유형 추가

RSE가 적용된 트랙의 소리를 파일로 내보내기 할 때 과거에는 웨이브(wav) 포맷으로만 출
력이 가능했지만 지금은 MP3, WAV, OGG, FLAC, AIFF 등의 다양한 포맷으로 출력이 가
능합니다. 또한 한 번의 조작으로 여러 트랙의 사운드를 각각 별개의 오디오 파일로 추출
할 수도 있습니다.

16 MIDI와 MusicXML 포맷

다른 음악 소프트웨어들과의 호환성을 높이기 위해 MIDI와 MusicXML 포맷의 파일들을
불러오거나 내보내는 기능이 개선되었습니다.

기타 프로 7의 화면 구성

기타 프로 7의 화면은 새로운 인터페이스로 구성되어 있습니다. 기존의 기타 프로가 지니고 있던 장점들을 모두 이어받은 것은 물론, 사용자들이 더 편리하게 사용할 수 있도록 개선되거나 추가된 기능도 많습니다. 그래서 이전 버전의 사용에 익숙한 분들은 적응하는 데 시간이 좀 걸릴 수도 있습니다.

기타 프로 7의 화면은 다음과 같이 일곱 개의 영역으로 나뉘어 있습니다.

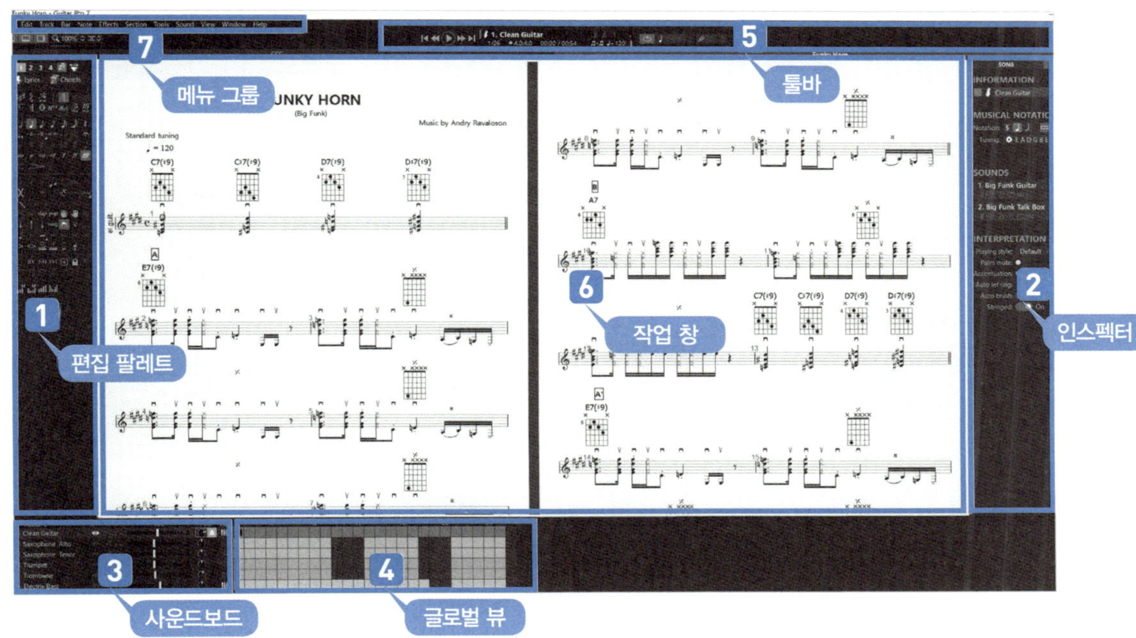

1 **편집 팔레트(The Edition Palette)**

기타 프로 화면의 왼쪽에 위치한 [편집 팔레트]에는 오선 악보, 타브 악보, 리듬 패턴을 표시하는 슬래시 악보를 만드는 데 필요한 모든 음악적 요소들의 심벌이 들어 있습니다. 기타 프로 7에서는 [편집 팔레트]를 숨기거나 나타나게 할 수 있는데, [편집 팔레트] 위쪽에 있는 아이콘 그룹에서 맨 왼쪽에 있는 [Show/Hide edition palette] 아이콘을 한 번 누르면 화면에서 [편집 팔레트]가 감춰지고, 다시 한 번 누르면 [편집 팔레트]가 나타납니다.

심벌을 적용하려면 하나의 특정 음표를 선택하거나 혹은 몇 개의 음표를 드래그해 선택한 다음, 음표에 적용하고 싶은 심벌을 클릭합니다. 벤딩과 같은 몇몇 심벌들을 클릭하면 세부 옵션을 설정하는 별도 창이 뜹니다. [편집 팔레트]에는 빠른 작업을 도와주는 여러 가지 아이콘이 6개의 섹션으로 나뉘어 들어 있으며 위에서부터 각 섹션의 기본적인 기능은 다음과 같습니다.

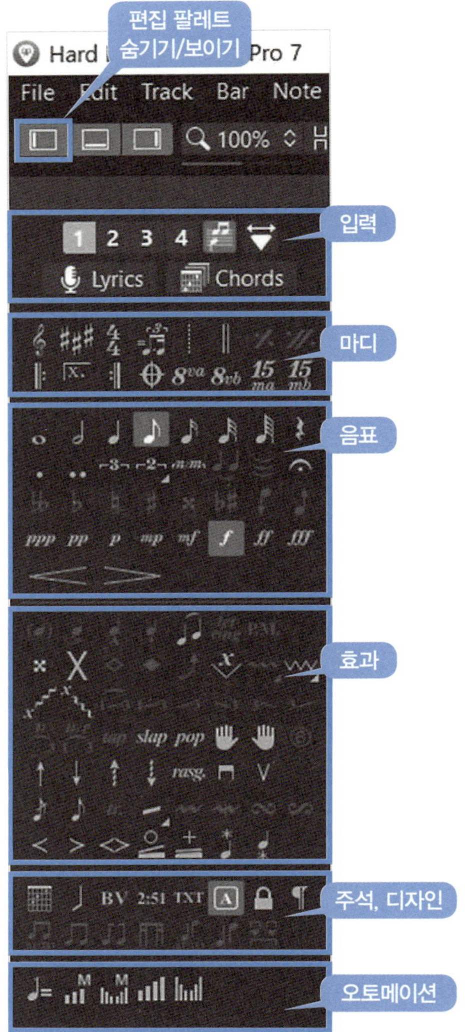

① 입력

노래의 성부voices, 디자인 모드, 가사 입력, 코드 입력을 위한 심벌입니다.

② 마디

음자리표, 조표, 박자, 도돌이표, 반복기호, 마디 구분 등 악보 전체 혹은 특정 마디에 적용되는 옵션을 설정하는 심벌입니다.

③ 음표

음표의 길이, 연결, 잇단음표 처리, 박자 늘림, 반음 처리, 음높이 조절, 셈여림표 등을 설정하는 심벌입니다.

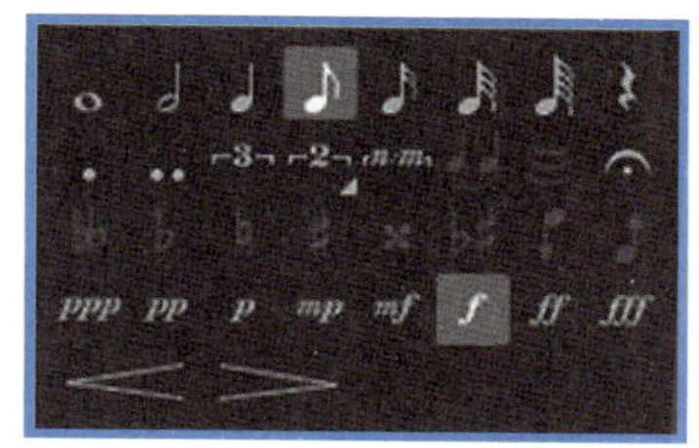

④ 효과

고스트 노트, 강세, 팜 뮤트, 데드 노트, 트레몰로, 슬라이딩, 해머링 온, 풀링 오프, 슬랩, 탭핑 등의 이펙트를 설정하는 심벌입니다.

⑤ 주석, 디자인

악보에 코드, 섹션, 텍스트, 타이머, 바레 코드 등의 입력 도구와, 음표를 묶거나 분리하는 설정, 음표 기둥의 방향 등을 설정하는 심벌입니다.

⑥ 오토메이션

악보 재생 시 템포, 볼륨, 팬의 값을 설정하는 심벌입니다.

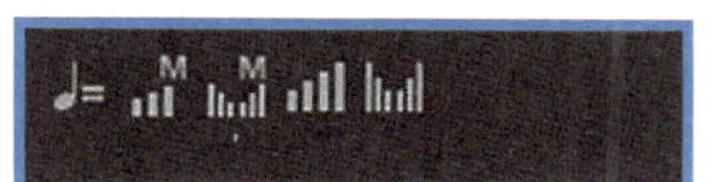

기타 프로 7의 작업 창 화면 오른쪽에 있는 인스펙터 창에는 두 개의 인스펙터가 들어 있습니다.

① 곡 인스펙터(The Song Inspector)

곡 인스펙터에는 다음과 같이 세 가지 항목을 설정하는 요소들이 들어 있습니다.

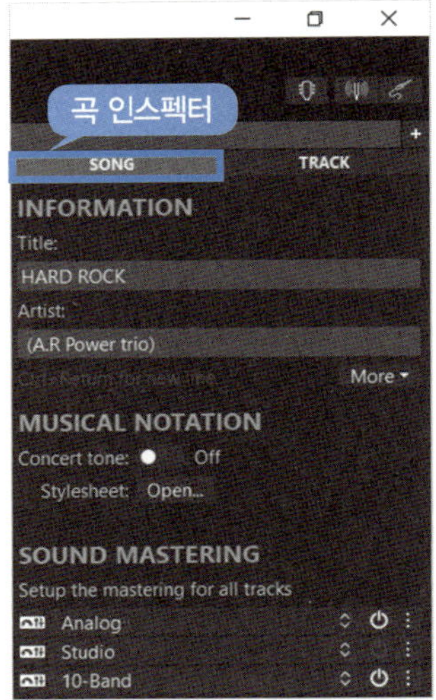

- **정보(INFORMATION) 섹션**: 곡명, 아티스트, 부제목, 앨범명, 작사자, 작곡자, 가수(연주자), 저작권, 악보 채보자, 공지사항, 기관명(학교, 학원 등) 등에 대한 곡 정보를 입력하는 곳입니다. [INFORMATION] 섹션 아래 있는 [More] 버튼을 누르면 입력 창의 항목이 더 많이 나타나고, [Less] 버튼을 누르면 입력 창이 줄어듭니다.
- **음악적 표기법(MUSICAL NOTATION) 섹션**: 콘서트 톤을 설정하거나 해제할 수 있고, 스타일시트 [Stylesheet] 글씨 옆에 있는 [Open] 버튼을 누르면 스타일시트 설정 창이 뜹니다.
- **사운드 마스터링(SOUND MASTERING) 섹션**: 악보를 재생하는데 아날로그 다이내믹, 공간 설정, 밴드 이퀄라이저 등의 최종 사운드 옵션을 설정하는 곳입니다.

② 트랙 인스펙터(The Track Inspector)

트랙 인스펙터에는 다음과 같이 세 가지 항목을 설정하는 요소들이 들어 있습니다.

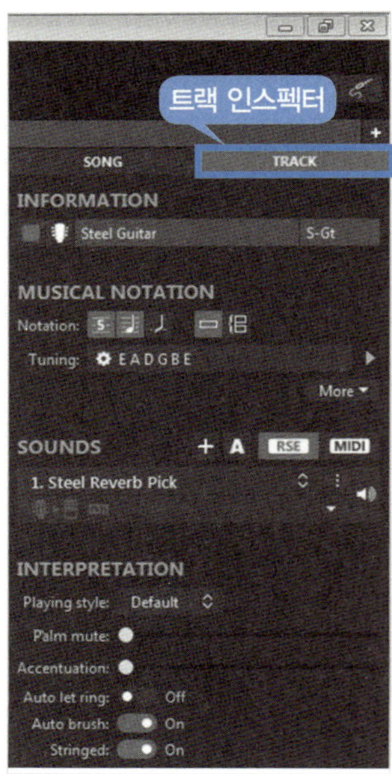

- **정보(INFORMATION) 섹션**: 트랙에 사용된 악기의 선택과 악기 이름을 기록하는 곳입니다.
- **음악적 표기법(MUSICAL NOTATION) 섹션**: 타브, 오선, 슬래시 악보 등 악보의 종류와 악보를 묶는 스태프 Staff의 종류, 조옮김과 옥타브를 설정하는 곳입니다.
- **사운드(SOUNDS) 섹션**: 트랙에 적용할 악기 소리, 자동화 설정, RSE, MIDI 사운드 선택 옵션을 설정하는 곳입니다. 사운드 이름 아래 있는 막대 칸 [Show/hide sound detail]을 클릭하면 해당 트랙에 적용된 사운드의 이름, 사운드뱅크, 트랙에 적용한 이펙트 체인 등의

정보를 보거나, 설정할 수 있는 곳입니다.

- **재생 옵션(INTERPRETATION)**: 트랙의 재생에 영향을 미칠 여러 가지 사운드의 옵션을 설정하는 곳입니다. 기타의 경우, 손으로 연주하는 소리, 픽으로 연주하는 소리를 구분해 설정 가능하며, 베이스 슬랩 테크닉 등도 설정 가능합니다. 이 외에도 팜 뮤트, 강약, 오토 렛 링Let Ring, 오토 브러시Auto Brush, 스트링 악기Stringed의 옵션을 설정하는 곳입니다.

3 사운드보드(Soundboard)

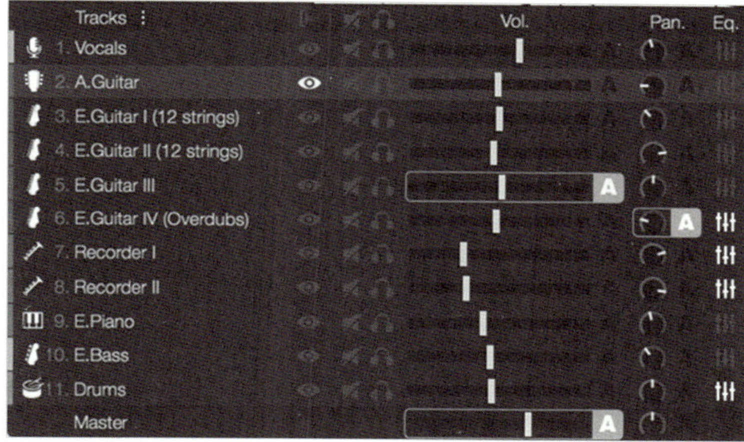

기타 프로의 트랙에 적용된 악기(혹은 트랙 이름), 트랙의 추가/제거, 트랙의 정보, 트랙의 위치 조절, 특정 트랙의 단독 재생, 특정 트랙의 무음 처리, 볼륨 조절, 좌우 패닝 조절, EQ 적용/해제를 컨트롤하는 노브나 버튼들이 모여 있고, 아래에는 전체 트랙을 한꺼번에 컨트롤하는 마스터 트랙이 위치합니다.

4 글로벌 뷰(Global View)

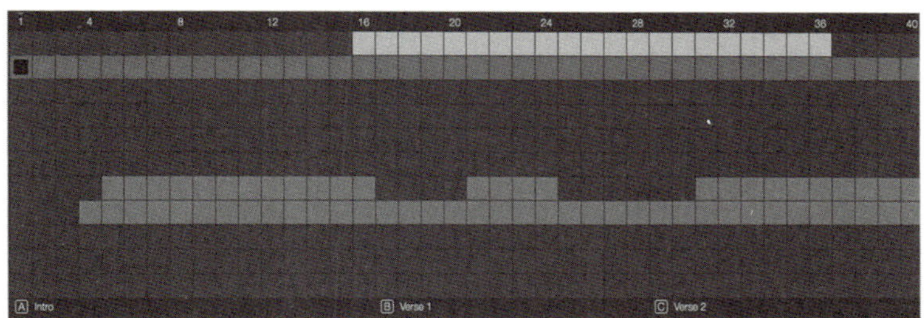

[글로벌 뷰]는 현재 재생되고 있는 악보의 트랙, 마디, 섹션 등에 대한 종합적인 정보를 시각적으로 보여주는 곳입니다. 각각의 색상은 트랙을, 네모 한 칸은 마디를 표시합니다. 네모 안에 검은 사각형 표시가 있는 곳이 현재 커서가 위치한 마디입니다. 트랙별로 색상을 달리 설정해 쉽게 구분할 수 있으며, [글로벌 뷰]의 네모 칸을 클릭하면 악보에서 해당 마디로 바로 이동됩니다. 또한 [글로벌 뷰]에서 여러 개의 마디를 마우스로 드래그해 선택하면 여러 마디를 손쉽게 복사하거나 붙여넣기 할 수 있습니다.

5 툴바(Toolbar)

기타 프로 화면의 위쪽에 자리한 툴바를 사용해 다음과 같은 작업을 할 수 있습니다.

- **화면 모드**: 창의 표시 여부, 화면을 보여주는 모드와 배율을 설정합니다.

- **재생 버튼**: 악보의 재생을 컨트롤하는 버튼들입니다.

- **재생 옵션**: 악기 이름, 메트로놈, 카운트 인, 현재 음 표시, 마디 상태 바, 잇단음 설정, BPM, 박자 등의 정보를 보여주며, 필요 시 변경도 가능합니다.

- **반복/속도/키 조절**: 구간 반복, 곡의 재생 속도 배율, 반복 시마다 재생 속도를 느리게 혹은 빠르게 자동으로 바꿔주는 스피드 설정

과 악보의 재생을 원하는 키Key만큼 높이거나 낮춰서 재생하는 옵션을 설정하는 곳입니다.

- **튜너, 가상 악기, 라인 입력**: 튜너, 가상 악기, 기타 프로에 외부 기타를 연결하는 등의 옵션을 설정합니다.

6 작업 창(Work Area)

화면의 가운데에 있으며 트랙 만들기, 음표 입력하기, 효과 설정하기 등 악보를 입력하거나 편집하는 작업이 이루어지는 곳입니다. 작업 창을 넓게 사용하려면 작업 창 위의 툴바 중 왼쪽에 있는 아이콘을 이용해서 작업 창 왼쪽의 **[편집 팔레트]**나 오른쪽의 **[인스펙터]** 창을 숨깁니다.

또한 작업 창의 위에는 현재 열려 있는 파일과 활성화된 파일의 파일 이름을 보여주는 문서 탭이 있습니다. 기타 프로에서는 8개 파일을 동시에 열어놓고 작업할 수 있습니다. 같은 곡의 여러 가지 버전 악보를 놓고 작업할 때 특히 유용하며, 서로 다른 파일 간의 복사/붙여넣기도 쉬워졌습니다. 기존 파일이 열려 있는 상태에서 새로운 파일을 또 열면 새로운 탭에 악보가 나타납니다. 파일 간의 이동은 마우스로 해당 탭의 이름을 클릭하거나, 키보드의 Tab 을 누릅니다. 메뉴 그룹의 **[View]**를 통해서도 선택할 수 있습니다.

7 메뉴 그룹

기타 프로에서 사용할 수 있는 기능들을 12개의 그룹별로 모아놓은 곳입니다. 해당 메뉴를 누르면 펼침 메뉴가 나타나고 원하는 기능을 선택해서 사용할 수 있습니다.

각각의 메뉴 그룹과 개별 메뉴에 대한 자세한 설명은 이후 이어지는 내용에서 확인할 수 있습니다.

악보와 음악 요소에 대한 이해

기타 프로의 악보 유형

1 악보의 종류

기타 프로를 이용하면 여러 가지 형태의 악보를 읽고, 재생할 수 있습니다. 기타 프로는 일반적인 오선 악보는 물론 기타를 쉽게 연습할 수 있도록 만들어진 타브Tablature 형태의 기타용 악보, 스트럼 패턴만 표시한 슬래시Slash 악보 등 세 가지 유형의 악보를 재생합니다.

● **슬래시 악보**: 기타, 우쿨렐레 등의 스트럼 패턴을 표시하는 악보입니다.

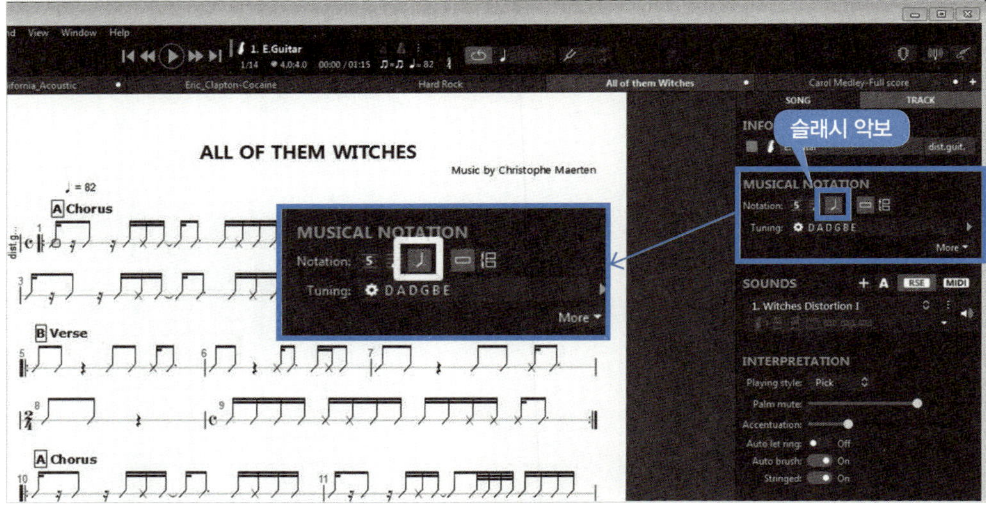

- **오선 악보**: 표준으로 사용하는 오선 악보입니다.

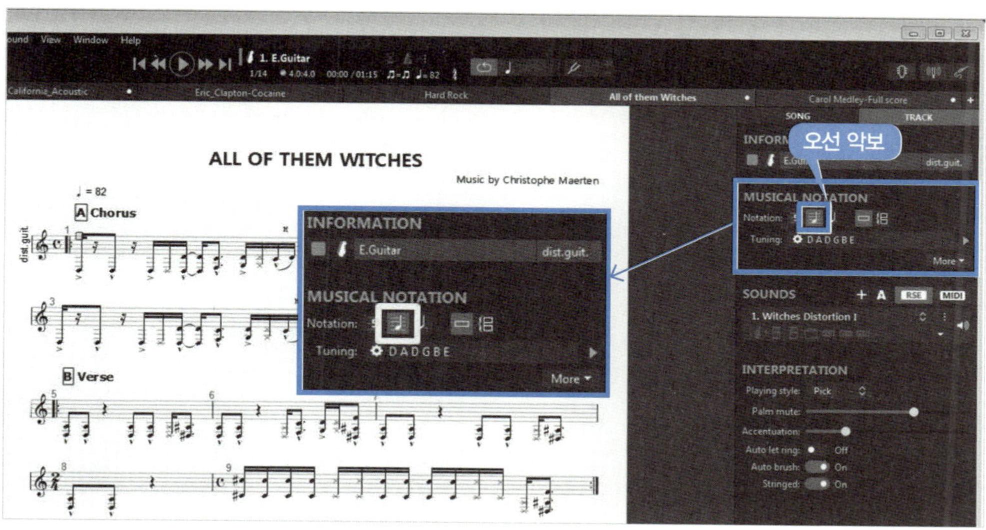

- **태블러처 악보**: 기타 등의 현악기에서 주로 사용하는 타브 악보입니다.

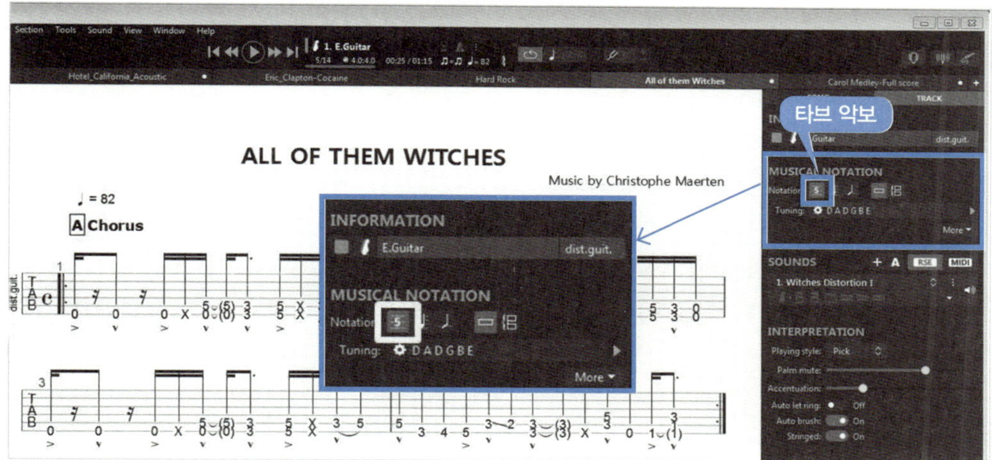

2 악보 유형 선택하기

악보 유형을 선택하려면 트랙 인스펙터 창의 **[MUSICAL NOTATION]** 섹션의 **[Notation]**
항목에서 표시를 원하는 악보 형태의 아이콘을 클릭해 활성화시킵니다. 아이콘 순서대로
슬래시 악보, 오선 악보, 태블러처 악보입니다.

악보 유형 오른쪽에 있는 아이콘은 피아노 등에서 사용
하는 왼손, 오른손 악보를 동시에 보여주는 옵션입니다.

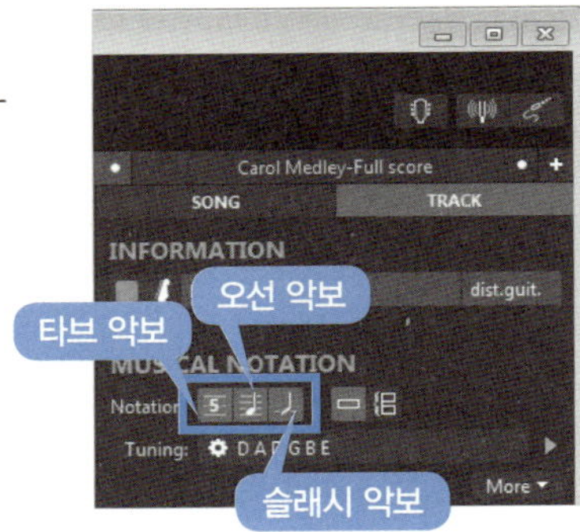

- **단일 보표(Single staff)**: 왼손 혹은 오른손 악보 하나
  만 단일 트랙으로 보여줍니다.
- **대보표(Grand staff)**: 왼손과 오른손 악보를 두 개의
  트랙으로 동시에 보여줍니다.

타브 악보에 대한 이해

타브란 태블러처의 줄임말로 기타 프로에서 사용하는 악보 유형 중 하나입니다. 기타 프로를 사용하면 태블러처(타브) 악보를 읽을 수도 있고 만들 수도 있습니다.

1 타브 악보의 기원

타브 악보는 이미 1300년대에 개발되어 르네상스, 바로크 시대에도 널리 사용되었던 기보법으로 현재는 록, 포크, 팝, 블루 글라스, 블루스 음악 등에서 널리 사용되며, 기타 쪽에서는 핑거 스타일을 연주하는 분들이 많이 사용하고, 우쿨렐레, 하모니카, 오르간, 오카리나 연주자들도 많이 사용합니다.

태블러처란 단어는 라틴어로 표를 뜻하는 'tabulatura'에서 왔으며, 6줄로 된 표에 숫자나 기호를 표기해놓은 형태의 악보를 말합니다. 영어로는 'tabulature' 혹은 'tablature'라고 표기하며, 보통은 'tab'라고 줄여서 많이 사용합니다. 'guitar tab', 'bass tab', 'organ tab' 이런 식으

로 연주되는 악기를 앞에 붙여 사용하기도 합니다. 타브 악보는 기타처럼 프렛이 있는 악기용 악보로 많이 사용되며, 음의 높낮이를 표기하는 오선 악보와는 달리 악기 위에서 어느 줄의 어느 프렛을 눌러야 하는지를 알려주는 악보입니다.

2 타브 악보 읽기

타브 악보는 기타나 베이스처럼 프렛 구분이 있는 악기로 연주되는 악보를 더 쉽게 읽도록 만들어진 형식입니다. 타브 악보는 음악적인 지식이 없거나 오선 악보를 읽을 수 없는 사람들도 빠르게 익힐 수 있으며 악보를 만드는 것도 그리 어렵지 않습니다. 다음 악보를 보십시오.

위에 있는 악보는 우리가 일반적으로 사용하는 오선 악보이고, 아래는 타브 악보입니다. 타브 악보는 기타의 여섯 줄을 여섯 개의 선으로 그려놓은 것으로 보는 방법은 코드표를 보는 방법과 비슷합니다. 여섯 줄 중에서 가장 아래 선이 가장 저음 현(6번 줄/낮은 E)이며, 맨 위 선이 가장 고음 현(1번 줄/높은 E)입니다. 이것은 기타를 연주할 때 연주자가 내려다보는 모습을 나타낸 것으로, 기타를 정면에서 보는 것과는 반대가 됩니다.

```
1 (E)--------------------------------
2 (B)-------------------------1----
3 (G)-----------------0-----------
4 (D)----------2-----------------
5 (A)----3-----------------------
6 (E)--------------------------------
```

각 선 위에 적힌 아라비아숫자는 그 줄에서 몇 번째 프렛을 눌러야 하는지를 뜻합니다. 위의 타브 악보는 '5번 줄 3프렛 ▶ 4번 줄 2프렛 ▶ 3번 줄 0프렛(개방 현) ▶ 2번 줄 1프렛'의 순서대로 탄현하라는 뜻입니다.

음표

기타 프로를 이용해서 악보를 만들려면 음표, 박자, 조에 대한 기본 지식이 필요합니다. 먼저 음표Notes에 대해 알아봅니다. 음표는 음의 길이와 높이를 지시하는 기호로 음의 길이는 음표의 종류로 표시하고, 높이는 오선 위에 위치로 나타냅니다.

1 민음표

음표에 점이나 묶음표 같은 것이 붙지 않은 음표를 말하며, 온음표로부터 64분 음표까지 사용됩니다. 민음표는 하나의 박자 길이를 1/2로 균등하게 나누어 사용하는 **[균등 분할]** 방식이 적용됩니다.

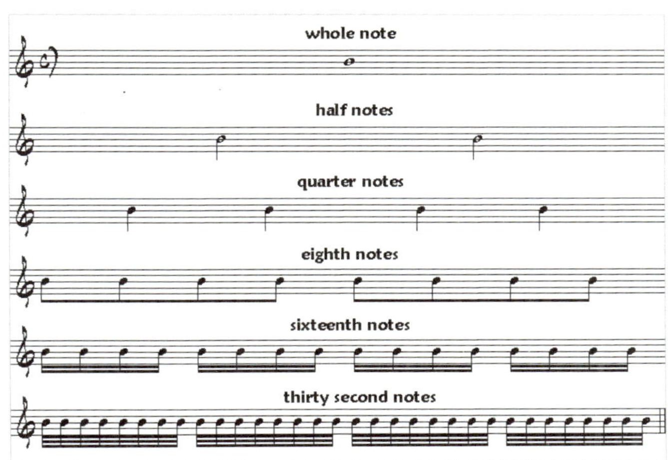

- **온음표(whole note)**: 기둥이 없는 흰색 타원형으로, 4박자에 해당합니다.
- **2분 음표(half note)**: 기둥이 있는 흰색 타원형으로, 온음표의 1/2 길이고, 2박자에 해당합니다.
- **4분 음표(quarter note)**: 기둥이 있는 검은색 타원형으로, 온음표의 1/4 길이고, 1박자에 해당합니다.
- **8분 음표(eighth note)**: 기둥과 하나의 꼬리가 달린 검은색 타원형으로, 온음표의 1/8 길이고, 1박자의 1/2박자에 해당합니다.
- **16분 음표(sixteen note)**: 기둥과 두 개의 꼬리가 달린 검은색 타원형으로, 온음표의 1/16 길이고, 4분 음표의 1/4박자에 해당합니다.
- **32분 음표(thirty-second note)**: 기둥과 세 개의 꼬리가 달린 검은색 타원형으로, 온음표의 1/32 길이고, 4분 음표의 1/8박자에 해당합니다.
- **64분 음표(sixty-fourth note)**: 기둥과 네 개의 꼬리가 달린 검은색 타원형으로, 온음표의 1/64 길이고, 4분 음표의 1/16박자에 해당합니다.

2 점음표(Dotted Note)

점음표는 민음표에 점이 붙은 음표를 말합니다.
- **점이 한 개 붙은 음표**: 원래 박자의 1/2만큼 더 긴 음표입니다. 예를 들어 4분 음표에 점을 하나 찍으면 1박+1/2박=1과 1/2박이 되어 원래 길이의 1.5배가 됩니다.
- **점이 두 개 붙은 음표**: 첫 번째 점은 원래 박자의 1/2을 뜻하고, 두 번째 점은 첫 번째 점의 1/2(원래 박자의 1/4)을 뜻합니다. 예를 들어 4분 음표에 점을 두 개 찍으면 1박+1/2박+1/2박의 1/2박(=1/4박)=1과 3/4박이 되어 원래 길이보다 1.75배가 됩니다.

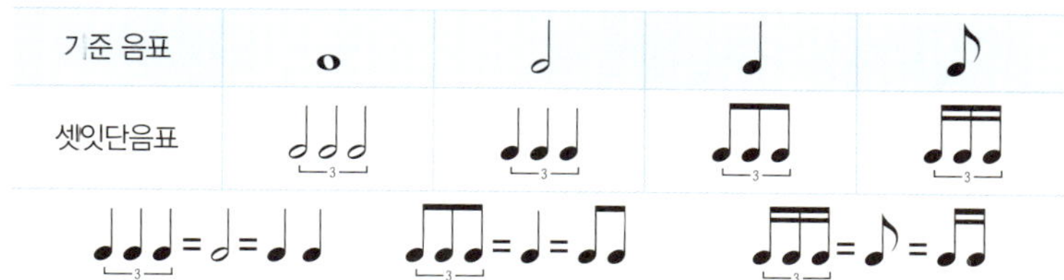

잇단음표는 일정한 박자를 지닌 같은 길이의 음표 여러 개를 묶어서 본래의 박자 길이와 다른 길이로 만들 때 사용합니다. 또한 잇단음표는 원래 2등분해야 할 음표를 3등분하거나, 4등분해야 할 음표를 5등분하는 등의 특수한 분할법에 의해 나눈 음표입니다. 예를 들어 1/2박자에 해당하는 8분 음표 3개를 잇단음표로 묶으면 한 박자 반이 아니라 1박자 길이가 됩니다.

잇단음표는 2분 음표, 4분 음표, 8분 음표, 16분 음표를 여러 개 묶어서 만듭니다. 그리고 기준 박을 몇 개로 나누는가에 따라 셋잇단음표, 이중 셋잇단음표, 다섯잇단음표, 여섯잇단음표, 일곱잇단음표 등으로 나뉩니다.

잇단음표에는 민음표를 나눈 것과 점음표를 나눈 두 가지 종류가 있습니다.

① 민음표를 나눈 잇단음표

민음표를 잇단음표로 나눌 때에는 나눈 박자의 음표 길이를 모두 합했을 때 기준이 되는 음표의 길이보다는 길어야 하고, 기준 음표의 2배 길이보다는 짧도록 분할 박자의 단위를 설정해야 합니다.

- **셋잇단음표**: 2등분해야 할 음표를 3등분한 것
- **다섯잇단음표**: 4등분해야 할 음표를 5등분한 것

- **여섯잇단음표**: 4등분해야 할 음표를 6등분한 것
- **일곱잇단음표**: 4등분해야 할 음표를 8등분한 것

② 점음표를 나눈 잇단음표

점음표를 잇단음표로 나눌 때에도 나눈 박자의 음표 길이를 모두 합했을 때 기준이 되는 음표의 길이보다는 길어야 하고, 기준 음표의 2배 길이보다는 짧도록 분할 박자의 단위를 설정해야 합니다.

- **둘잇단음표**: 3등분해야 할 음표를 2등분한 것
- **넷잇단음표**: 3등분해야 할 음표를 4등분한 것
- **다섯잇단음표**: 3등분해야 할 음표를 5등분한 것
- **일곱잇단음표**: 6등분해야 할 음표를 7등분한 것
- **여덟잇단음표**: 6등분해야 할 음표를 8등분한 것

이 중에서 주로 3, 5, 6 잇단음표가 많이 사용되며, 쇼팽의 피아노 곡 중에는 11잇단음표, 22잇단음표까지 등장하기도 합니다.

쇼팽 악보의 잇단음표

박자

음악에 사용되는 박자Time Signature는 한 마디 안에 몇 분 음표가 몇 개 들어가느냐를 분수의 형태로 표기합니다. 3/4박자의 경우, 분모 '4'는 4분 음표가 기준 박이라는 뜻이고, 분자 '3'은 한 마디에 4분 음표가 3개 들어간다는 뜻입니다.

박자는 어떤 리듬을 어떤 방법으로 사용하느냐에 따라 다음과 같이 여러 가지 유형으로 분류됩니다.

1 Simple: 2/4, 3/4, 4/4 등

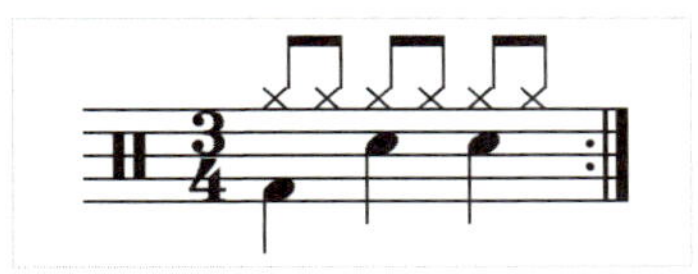

2 Compound: 9/8, 12/8 등

Complex: 5/4, 7/8 등

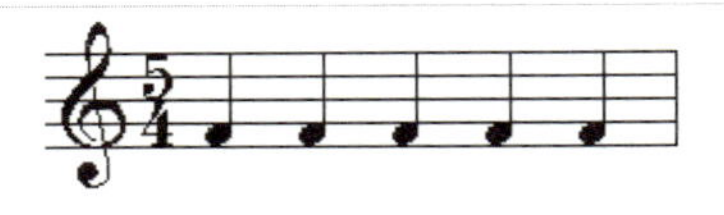

Mixed: 5/4 & 6/4 등

Additive: (3+2+3)/8 등

Fractional: 2½ 등

Irrational: 3/10, 5/24 등

일반적으로 가요나 팝 등에 사용되는 박자들은 다음과 같습니다.

Beat Value		Time Signatures				
$\flat.$	$\frac{3}{16}$		$\frac{6}{16}$			$\frac{12}{16}$
$\flat$	$\frac{2}{8}$ $\frac{3}{8}$ $\frac{4}{8}$	$\frac{5}{8}$ $\left(\frac{6}{8}\right)$ $\frac{7}{8}$				
$\flat.$	$\left(\frac{3}{8}\right)$		$\frac{6}{8}$		$\frac{9}{8}$	$\frac{12}{8}$
$\flat$	$\frac{2}{4}$ $\frac{3}{4}$ $\frac{4}{4}$	$\frac{5}{4}$	$\frac{7}{4}$			
$\flat.$	$\left(\frac{3}{4}\right)$		$\frac{6}{4}$		$\frac{9}{4}$	
$\flat$	$\frac{2}{2}$ $\frac{3}{2}$				$\frac{9}{2}$	
	Simple Time	Complex Time	Compound Time			

조

조Key Signature에 대해 기본 지식이 없는 분들은 **[맥북의 기타 독학교실]** 카페에서
조의 역할과 원리에 관한 기본 강좌를 먼저 보기 바랍니다.
http://cafe.naver.com/macdoc/46634

우리가 노래방에서 노래를 부르며 '키가 높다, 낮다' 할 때 사용하는 표현인 키가 바로 '조'입니
다. 키는 노래를 작곡한 작곡자가 결정하는 것입니다. 내가 이 노래를 이런 키로 만들겠다고 정

해놓은 것이지요. 키가 달라지면 근음도 달라지고, 음계(스케일)도 달라집니다.

조에는 크게 장조major와 단조minor가 있는데 같은 조표라도 단조일 때와 장조일 때 부르는 이름이 다릅니다.

또한 장조를 기준으로 장조의 근음보다 3도 아래의 근음을 지닌 단조는 스케일을 구성하는 음들이 같습니다. 예를 들어 C(도)를 근음으로 하는 C major(다장조)와 A(라)를 근음으로 하는 A minor(가단조)는 조표도 같은 조표를 사용하고 스케일의 구성 음도 모두 같습니다. 그래서 이런 두 개의 조를 '나란한 조'라고 부릅니다. 나란한 조의 조이름은 장조일 경우에는 왼쪽, 단조일 경우에는 오른쪽과 같습니다.

# 위치	장조(major)			단조(minor)		
	조 이름	근음	Key	조 이름	근음	Key
없음	다장조	도	C major	가단조	라	A minor
파	사장조	솔	G major	마단조	미	E minor
파, 도	라장조	레	D major	나단조	시	B minor
파, 도, 솔	가장조	라	A major	올림바단조	파#	F# minor
파, 도, 솔, 레	마장조	미	E major	올림다단조	도#	C# minor
파, 도, 솔, 레, 라	나장조	시	B major	올림사단조	솔#	G# minor
파, 도, 솔, 레, 라, 미	올림바장조	파#	F# major	올림라단조	레#	D# minor
파, 도, 솔, 레, 라, 미, 시	올림다장조	도#	C# major	올림가단조	라#	A# minor

템포

모든 음악에는 작곡자나 편곡자가 정해놓은 빠르기Tempo가 있습니다. 그리고 같은 음표라도 연주 길이는 다를 수 있습니다. 악보에서 각각의 음표를 얼마의 시간 길이로 연주할지를 직접 '초'로 표시하지는 않습니다. 대신 'BPMBeats per minute'이라는 단위를 사용합니다. 먼저 박자, 비트, BPM의 개념에 대해 설명하겠습니다.

1 박자(Meter)

박자는 한 마디 안에 어떤 기준 박의 음표를 몇 개 넣을 것인가 정하는 것입니다. 예를 들어 4/4박자는 한 마디 안에 기준 박인 4분 음표를 네 개 넣는 것을 뜻합니다.

2 비트(Beat)

비트란 노래를 이끌어가는 리듬의 기본이 되는 일종의 맥박 같은 것입니다. 모든 노래는 일정한 비트가 계속 반복되면서 진행됩니다. 비트에는 비트, 분할, 통합의 세 가지 레벨이 있습니다. 4/4박자를 기준으로 설명하겠습니다.

- **비트 레벨(Beat Level)**: 한 마디 안에서 이 노래의 기준 박인 4분 음표 단위로 네 번 카운트
- **분할 레벨(Division Level)**: 기준 박을 더 짧은 박자로 쪼개서 8분 음표 여덟 개 혹은 16분 음표 열여섯 개 단위로 카운트
- **통합 레벨(Multiple Level)**: 기준 박을 더 긴 박자로 합해서 한 마디에 온음표 한 개 혹은 2분 음표 두 개의 단위로 카운트

비트는 영어로 '때린다'는 뜻으로, 메트로놈을 기준으로 보면 한 마디에 메트로놈의 틱Tic 소리를 몇 번 넣을 것인가 결정하는 것이고, 기타 스트럼으로 말하자면 한 마디 안에서 연주자가 줄을 몇 번 건드리는가를 뜻합니다.

- **4비트**: 틱 틱 틱 틱
- **8비트**: 틱틱 틱틱 틱틱 틱틱
- **12비트**: 틱틱틱 틱틱틱 틱틱틱 틱틱틱
- **16비트**: 틱틱틱틱 틱틱틱틱 틱틱틱틱 틱틱틱틱

하지만 비트 수가 많다고 곡의 템포가 더 빠른 것은 아닙니다. 4비트를 빠르게 네 번 연주할 수도 있고, 8비트를 느리게 여덟 번 연주할 수도 있기 때문입니다. 그래서 곡의 빠르기는 비트가 아니라 BPM이 결정합니다.

3 BPM

곡의 빠르기는 BPM이란 단위를 사용해서 나타내는데, '그 박자의 기준 박을 1분 안에 몇 번 연주하는가?'를 뜻합니다. 예를 들어 4/4박자 곡인데 템포가 60BPM이라면 4/4박자의 기준 박인 4분 음표 한 개를 1분 동안 총 60번(1초에 한 번씩) 연주하는 빠르기입니다. 템포가 120BPM이라면 4분 음표 한 개를 1분 동안 총 120번(1초에 두 번씩) 연주하는 빠르기입니다. 그렇게 때문에 120BPM의 곡은 60BPM의 곡과 비교할 때 두 배 빠르게 연주되는 것입니다.

만약 60BPM의 곡을 8비트로 연주한다면 4분 음표 하나가 1초 길이였으니까 8비트에서는 그 절반인 0.5초마다 8분 음표 길이로 연주하면 됩니다. 16비트로 연주한다면 0.25초마다 16분 음표 길이로 연주합니다.

클래식 음악에서는 곡의 빠르기를 BPM 숫자가 아니라 미리 정해놓은 여러 가지 이름으로 부르는데, 각 이름의 뜻과 해당 BPM은 다음과 같습니다.

빠르기말	발음	의미	BPM
Larghissimo	라르기시모	아주 아주 느리게	24 이하
Grave	그라베	무겁고 느리게	25~45
Lento	렌토	느리게	45~60
Larghetto	라르게토	라르고보다 조금 빠르게	60~66
Adagio	아다지오	풍부한 표현으로 느리게	66~72
Adagietto	아다지에토	아다지오보다 조금 빠르게	72~76
Andante	안단테	걸음걸이 빠르기로	76~108
Andantino	안단티노	안단테보다 조금 빠르게	80~108
Moderato	모데라토	보통 빠르기로	108~120
Allegretto	알레그레토	조금 경쾌한 빠르기로	112~120
Allegro	알레그로	빠르고 경쾌하게	120~156
Vivace	비바체	쾌활하게	156~176
Presto	프레스토	성급히 빠르게	168~200
Allegrissimo	알레그리시모	매우 빠르게	172~176
Vivacissimo	비바치시모	쾌활하고 매우 빠르게	172~176
Presto	프레스토	매우 매우 빠르게	168~200
Prestissimo	프레스티시모	프레스토보다 빠르게	200 이상

D

기술 지원

온라인 기술 지원 활용하기

1 온라인으로 질문하기

기타 프로는 온라인에서 사용자들의 궁금증에 대해 답을 해줍니다. 기타 프로 홈페이지에 접속하면 기타 프로의 온라인 기술 지원을 이용할 수 있습니다.

기술 지원을 이용하려면 기타 프로 홈페이지 초기 화면에서 **[Support]** 탭을 클릭합니다.

이곳에서는 컴퓨터용 기타 프로 7, 모바일과 태블릿에서 사용할 수 있는 기타 프로 모바일 버전, 그리고 타브 악보 라이브러리인 [mySongBook Tabs Library] 등에 대해 자주 묻는 질문과 답변을 볼 수 있으며, 기술적 내용에 대해 풀이해놓은 [Promoted Articles] 페이지에도 접속할 수 있습니다.

기타 프로 7 그림 아래에 있는 [View] 버튼을 클릭합니다.

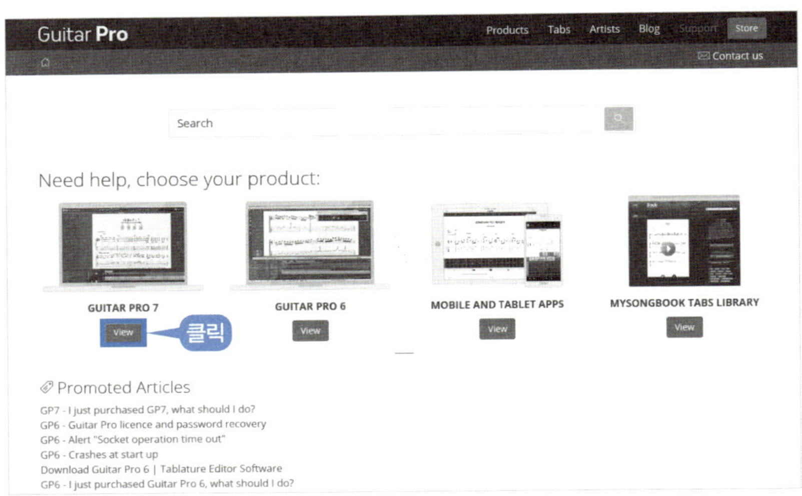

기본적인 질문들은 여기에 따로 정리되어 있습니다. 아직은 프로그램 발매 초기라서 많은 내용이 있지는 않지만 앞으로 계속 내용들이 추가될 것입니다.

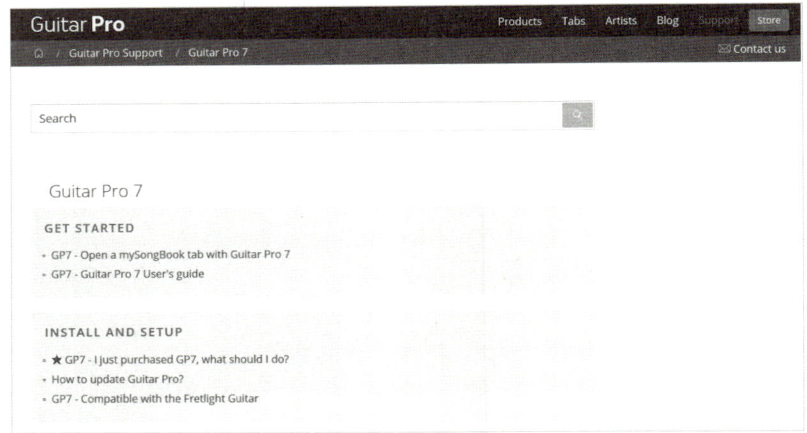

기존의 자료들에서 답을 구하지 못할 경우에는 [Support] 섹션에서 양식에 따라 질문을 작성해 보내면 답변을 들을 수 있습니다. 단, 이곳에서 기술 지원을 받으려면 반드시 기타 프로의 정식 구매 버전을 갖고 있어야 합니다.

2 질문 전 확인사항

기타 프로를 사용하다가 궁금한 점이 있으면 온라인 기술 지원 서비스를 이용합니다. 온라인 기술 지원에 문의하기 전에 반드시 다음 사항을 확인하십시오.

- **라이선스의 온라인 등록 여부**: 정품을 구입한 분들은 기타 프로 웹사이트(www.guitar-pro.com)에 들어가서 사용자 등록을 마쳐야 온라인 기술 지원 서비스를 이용할 수 있습니다.
- **최신 버전의 설치 완료 여부**: 내가 사용하는 버전이 기타 프로의 최신 버전인지 확인하십시오.
- **최신 버전의 사용자 가이드북 보유 여부**: 사이트에서 최신 버전의 사용자 가이드북을 내려받아 사용하십시오. 질문하기 전에 먼저 찾고 있는 내용이 가이드북에 들어 있는지 확인하시기 바랍니다. 가이드북에 없는 내용에 대해 알고 싶으면 기타 프로 웹사이트의 **[SUPPORT]** 섹션에 올라온 내용들을 확인해보십시오.

3 온라인에서 질문하기

만약 가이드북에도 없고 온라인 **[SUPPORT]**에도 없는 내용을 질문하려면 **[SUPPORT]** 섹션에 있는 이메일 모양의 **[CONTACT US]** 아이콘을 눌러 질문의 범주를 먼저 선택합니다.

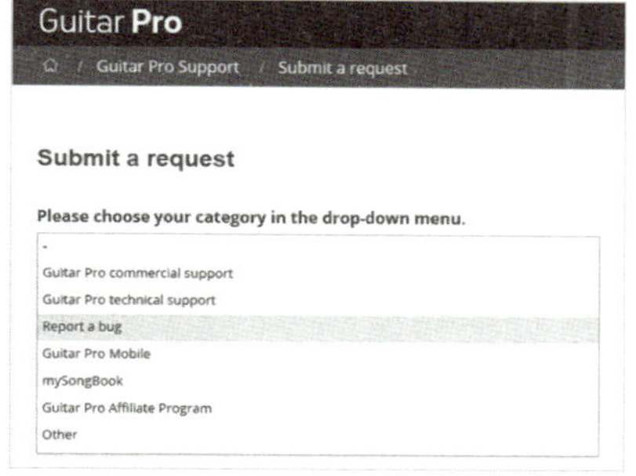

선택이 완료되면 이메일을 작성할 수 있는 양식이 나타납니다.

DVD 팩으로 구매하신 분들은 제품 구입 시 받은 패키지 안에 인터넷, 전화, 우편 등으로 추가적인 기술 지원을 받는 방법에 대해 자세히 안내되어 있으니 그것을 참고하시기 바랍니다.

> 기타 프로의 모든 버전에 대한 기술 지원은 해당 버전의 공급이 종료된 후로부터 1년까지만 유지됩니다.

기타 프로 7 사용자 가이드북

기타 프로는 프로그램의 사용법을 담은 PDF 버전의 간단한 사용자 가이드북을 제공합니다. 가이드북을 내려받으려면 기타 프로 홈페이지의 초기 화면에서 **[Support]** 탭을 클릭합니다.

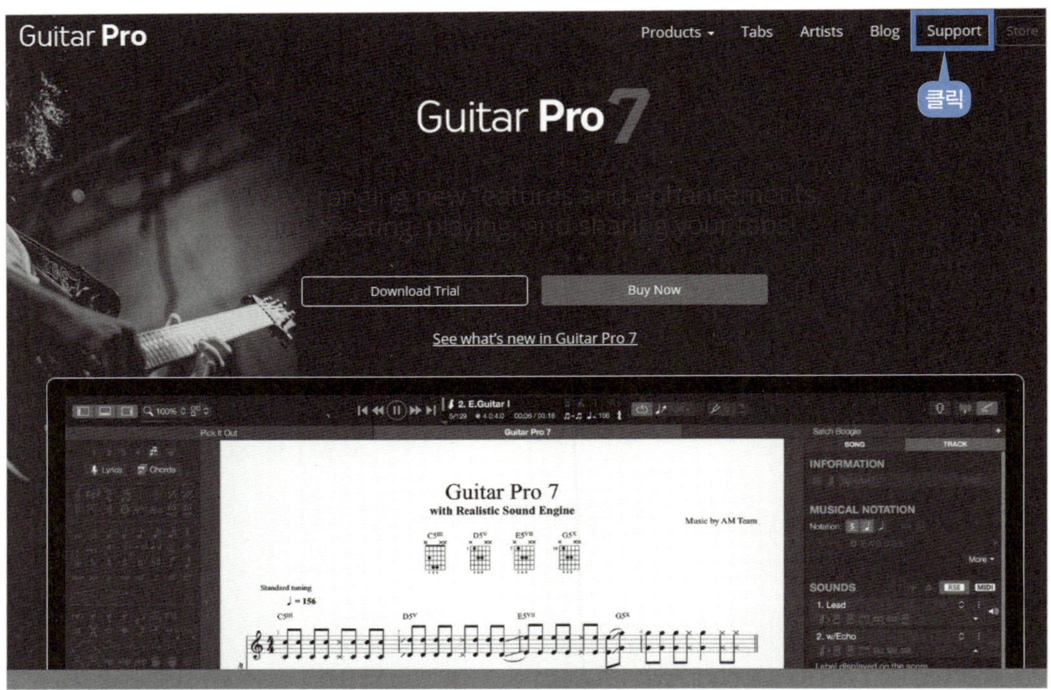

기타 프로 7 그림 아래에 있는 [View] 버튼을 클릭합니다.

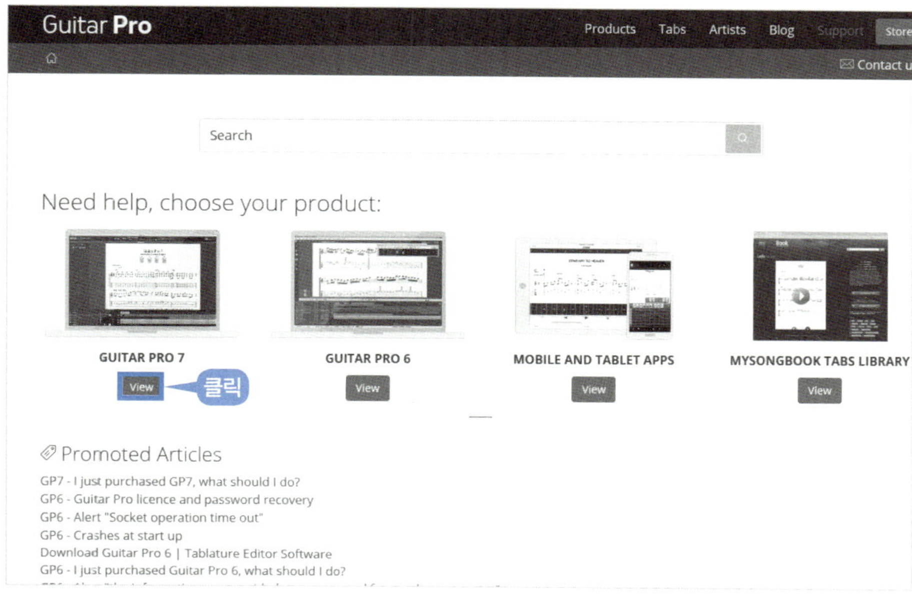

기타 프로 7과 관련된 자료들의 목록이 나타납니다.
여기서 [GP7–Guitar Pro 7 User's guide]를 클릭합니다.

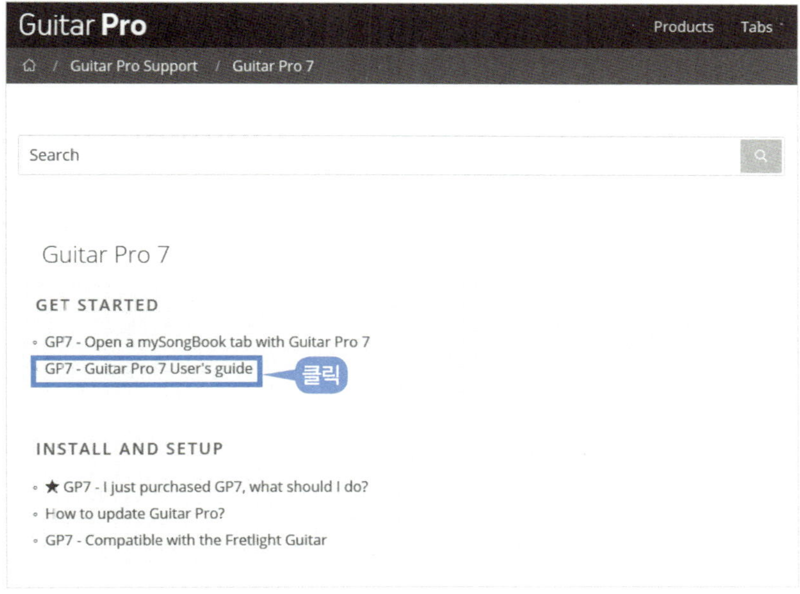

여기서 기타 프로가 제공하는 86쪽 분량의 가이드북을 내려받을 수 있습니다.

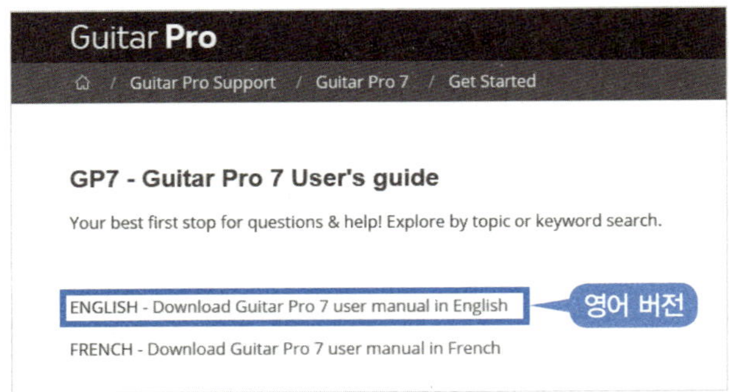

지금은 영어 버전과 프랑스어 버전만 제공되는데, 추가 지원 언어의 개발이 완료되는 시점에서 더 많은 언어 버전으로 가이드북이 제공될 예정입니다. 과거 기타 프로 6 버전에서는 한글 버전도 제공되었으니 이번에도 제공될 것으로 예상합니다.

이 가이드북을 보면 기타 프로 7의 기초적인 사용법은 어느 정도 학습이 가능합니다. 다만 기타 프로의 방대한 기능에 비해 가이드북은 기초적인 단계의 정보만 제공해주기 때문에 이것만으로 기타 프로의 기능을 다 이해하기는 어렵습니다. 또한 가이드북의 설명이 그리 자세하지도 않고 친절하지 않으며, 아예 다루지 않는 기능이나 주제도 너무 많다는 점은 아쉬운 부분입니다. 하지만 현재로서는 이것이 기타 프로 제작사에서 제공하는 유일한 공식 해설서이니 차분하게 한 번 읽어볼 가치는 충분합니다.

영문판 사용자 가이드북의 PDF 파일은 **[맥북의 기타 독학교실]** 카페에 있는 **[Guitar Pro 7 자료실]** 게시판에 첨부해드렸으니 참고하시기 바랍니다.

http://cafe.naver.com/macdoc/144300

> **참고**
>
> 기타 프로 블로그(Blog)
> 이곳에서 기타 프로 프로그램의 업데이트 정보를 확인하고, 기타 연주 테크닉에 대한 강좌를 공부하고, 기타 프로가 무상으로 제공하는 여러 가지 기타 리프(Riff)와 연주곡들에 대한 기타 프로 파일 등을 내려받을 수 있습니다.

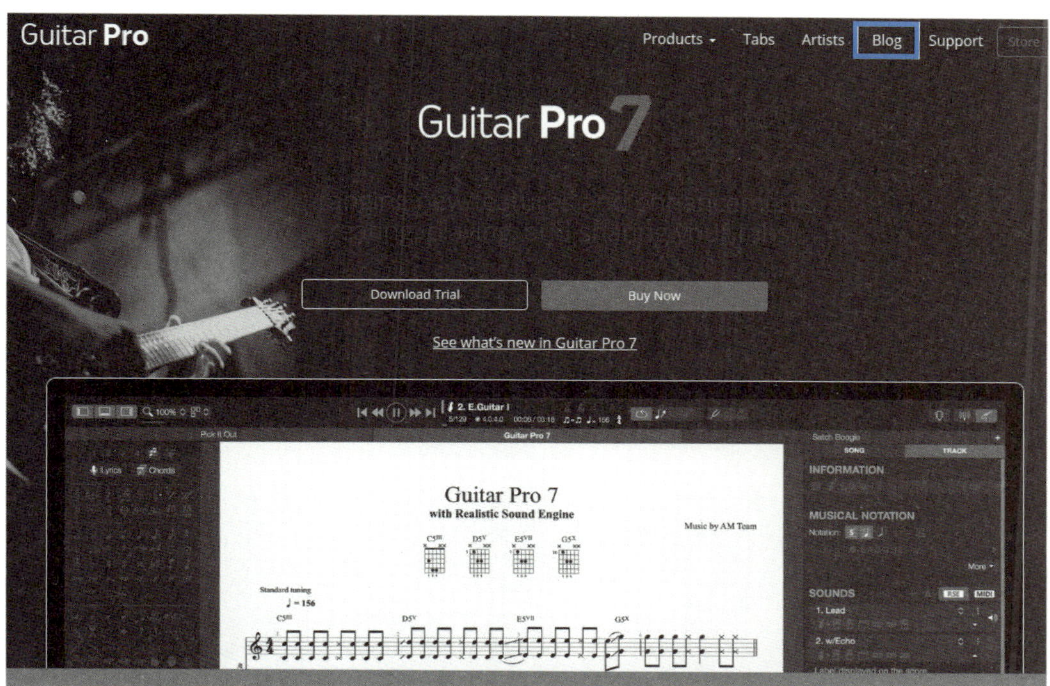

Guitar Pro
Products Tabs Artists Blog Support Store
Guitar Pro 7
Download Trial
Buy Now
See what's new in Guitar Pro 7
Guitar Pro 7
with Realistic Sound Engine
Music by AM Team
Standard tuning
♩ = 156
SONG   TRACK
INFORMATION
MUSICAL NOTATION
SOUNDS
1. Lead
2. w/Echo

3 / 전체 메뉴와 단축키

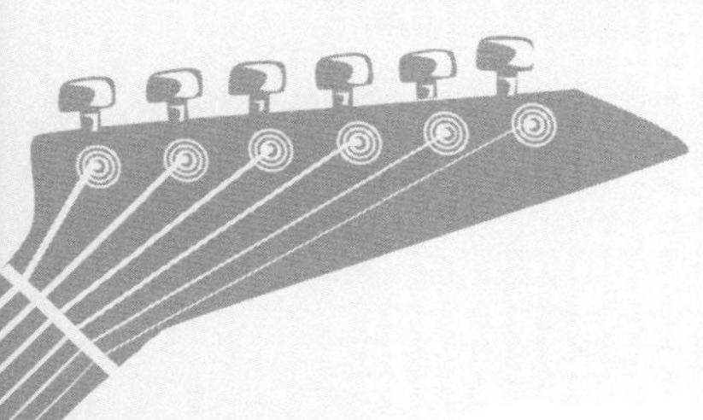

기타 프로 7의 메뉴 구조

기타 프로 7 버전에는 이전 버전에는 없던 새로운 기능들이 많이 추가되었습니다. 메뉴별로 세부적인 내용은 앞으로 이어지는 설명에서 자세히 다룰 것이지만 우선 전체 메뉴의 구조와 대략적인 기능을 알아두시면 프로그램을 이해하는데 도움이 될 것입니다.

1 메뉴 언어 선택하기

기타 프로는 세계인들이 함께 사용하는 글로벌 프로그램인 만큼 메뉴를 표시하는 다양한 언어 팩이 제공됩니다. 메뉴 디스플레이에 사용할 언어를 바꾸려면 다음과 같이 하십시오.

메뉴 그룹의 [File ▶ Preferences]를 클릭해서 [환경 설정] 창을 띄우고, [Interface] 탭을 클릭합니다.

[INTERFACE] 섹션의 [Language] 항목에서 원하는 언어를 선택합니다.

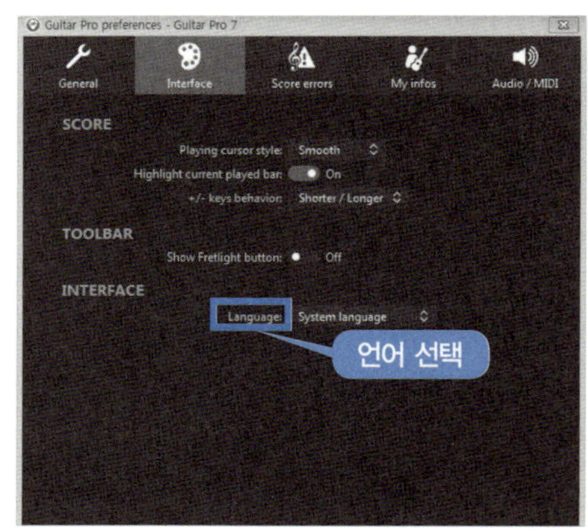

- **System Language**: 컴퓨터 OS의 언어를 적용합니다. 예를 들어 한글 윈도우가 설치된 컴퓨터에서 기타 프로를 실행하면 확인, 취소, 적용 등의 버튼들이 한글로 표시됩니다.
- **German**: 독일어
- **English**: 영어
- **Spanish**: 스페인어
- **French**: 프랑스어
- **Italian**: 이탈리아어
- **Japanese**: 일본어
- **Portuguese**: 포르투갈어
- **Polish**: 폴란드어
- **Russian**: 러시아어
- **Swedish**: 스웨덴어
- **Chinese**: 중국어
- **Chinese**: 대만어

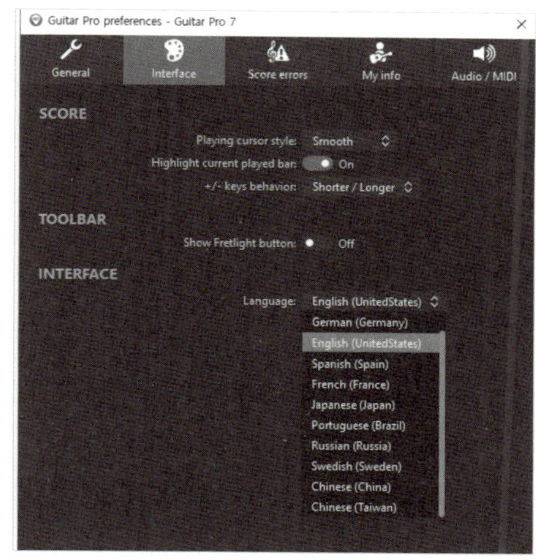

언어를 바꾼 다음에는 반드시 프로그램을 재실행해야 바뀐 언어가 적용이 됩니다.

2 메뉴 그룹

기타 프로 7의 메뉴는 다음과 같이 모두 12개의 그룹으로 구성되어 있으며, 각 메뉴에서 필요한 작업을 할 수 있습니다.

① 파일(File) 메뉴

새로운 악보를 만들거나, 기존 악보를 열거나 저장하거나 외부 파일을 가져오거나, 다른 형식으로 내보내거나 하는 등의 파일 작업과 악보의 정보와 형식을 설정하는 등의 메뉴가 들어 있습니다.

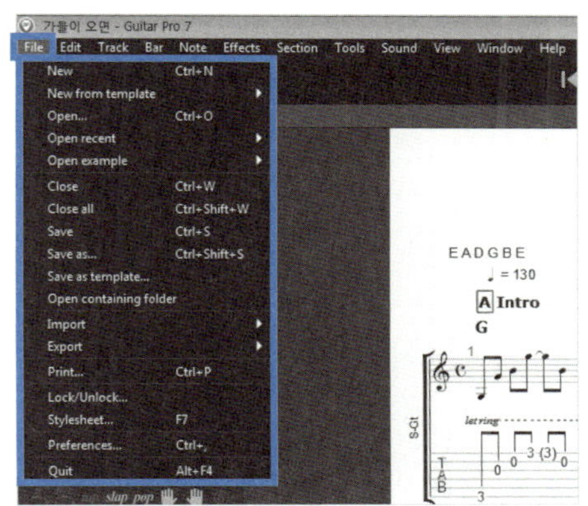

② 편집(Edit) 메뉴

실행 동작의 취소, 복사, 붙여넣기, 잘라내기,
멀티보이스, 위치 이동, 오토메이션, 사운드뱅
크의 변경 등 주로 악보를 수정하거나 편집할
때 사용하는 기능들이 모여 있습니다.

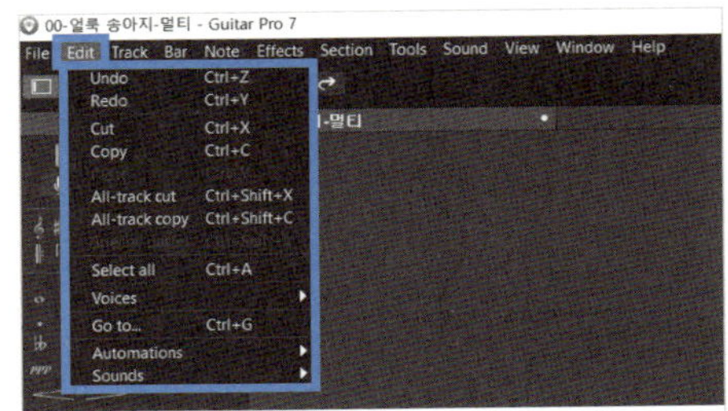

③ 트랙(Track) 메뉴

트랙을 추가하거나 삭제하는 기능, 트랙의 위
치를 올리거나 내리는 기능, 트랙의 속성을
설정하는 기능, 트랙을 선택하는 기능 등이
모여 있습니다.

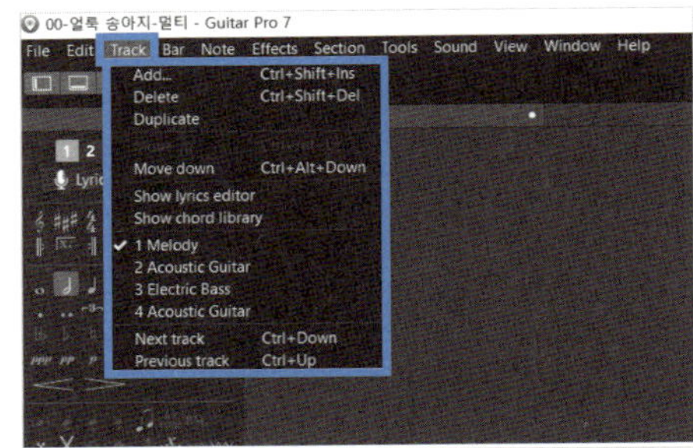

④ 마디(Bar) 메뉴

마디의 삽입과 기능, 음자리표, 조표, 박자기
호, 잇단음 패턴, 도돌이표, 반복기호, 다중
쉼표, 마디의 줄 바꿈 등의 기능이 들어 있습
니다.

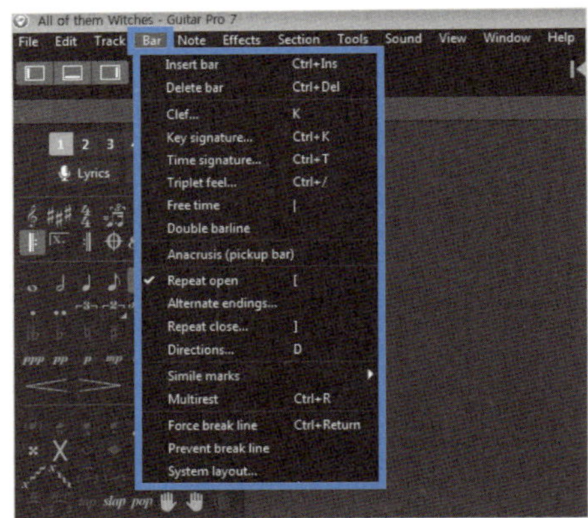

⑤ 음표(Note) 메뉴

음표의 삽입과 삭제, 음표의 연결, 스트럼, 아르페지오, 브러싱의 방향, 임시기호, 핑거링 기호, 코드, 텍스트, 타이머, 옥타브 표시 등의 기능이 들어 있습니다.

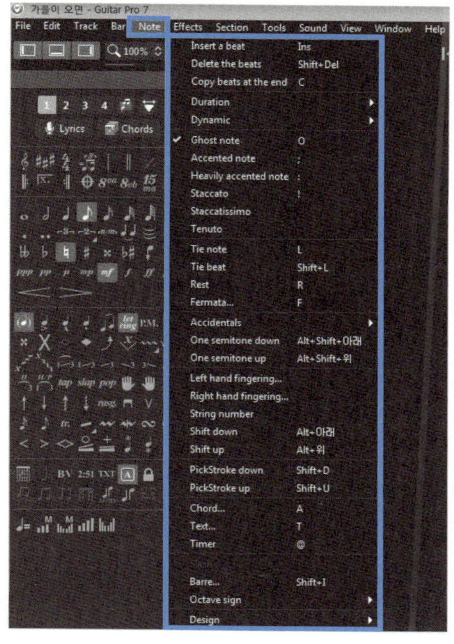

⑥ 효과(Effect) 메뉴

데드 노트, 그레이스 노트, 고스트 노트, 악센트 노트, 강한 악센트 노트, 스타카토, 스타카티시모, 테누토, 레가토, 렛 링, 내추럴 하모닉스, 인공 하모닉스, 벤딩, 트레몰로 암, 비브라토, 트레몰로 비브라토, 슬라이드, 해머링 온/풀링 오프, 왼손 태핑, 태핑, 슬랩, 팝, 트릴, 트레몰로, 팜 뮤트, 페이드인, 페이드아웃, 볼륨 스웰, 와와 열기/닫기 등 클래식, 어쿠스틱, 일렉, 베이스 등의 기타 연주에 사용되는 여러 가지 효과를 음표에 적용하는 기능이 들어 있습니다.

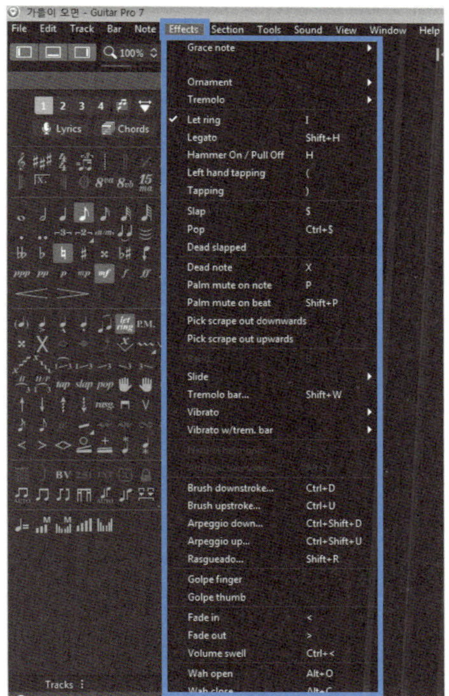

⑦ 섹션(Section) 메뉴

섹션을 추가하거나 삭제하는 기능, 다음 혹은
이전 섹션으로 이동하는 기능, 특정 섹션으
로 바로 이동하는 기능이 들어 있습니다.

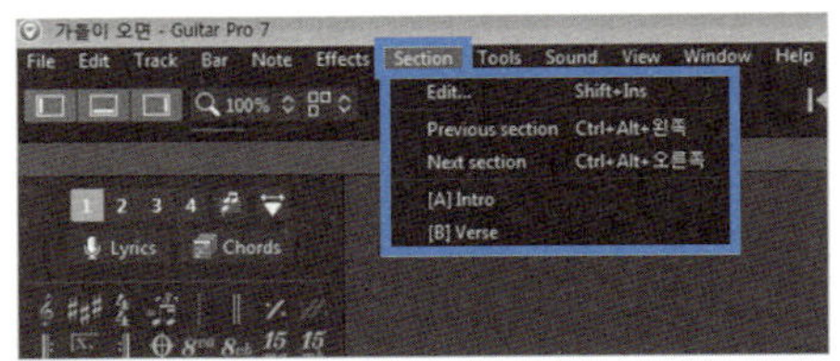

⑧ 도구(Tool) 메뉴

튜너, 스케일 엔진, 조옮김, 자동 핑거포지션,
렛 링, 팜 뮤트, 마디 확인과 정렬, 멀티보이스
의 교환 기능 등이 들어 있습니다.

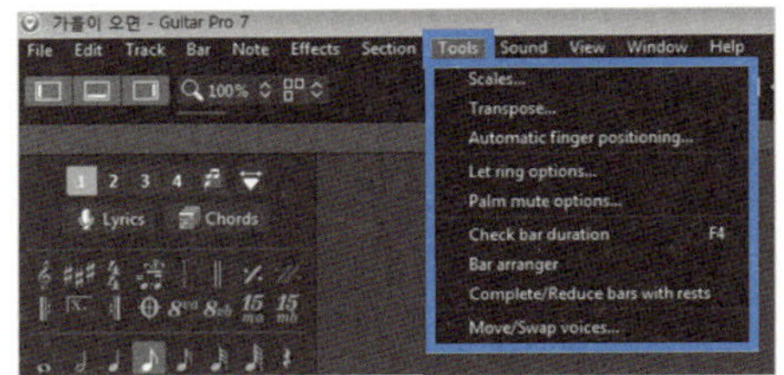

⑨ 소리(Sound) 메뉴

악보의 재생과 이동, 반복 재생과 속도 트레
이너, 메트로놈과 카운트 인, 템포, 미디 입력
활성화, RSE, 악보 재생하기, 오디오 설정 등
의 기능이 들어 있습니다.

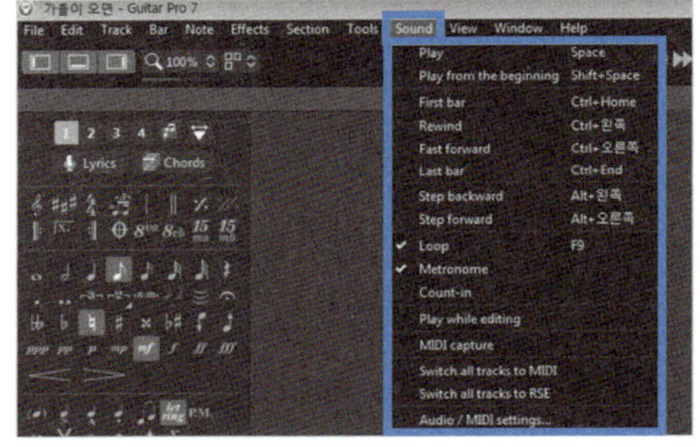

⑩ 보기(View) 메뉴

디자인 모드, 다중 트랙, 콘서트 피치, 페이지
설정, 디스플레이 모드, 브라우저 사용, 부드
러운 스크롤, 악기 섹션, 트랙 뷰 줄이기, 전
체 화면 보기 등의 기능이 들어 있습니다.

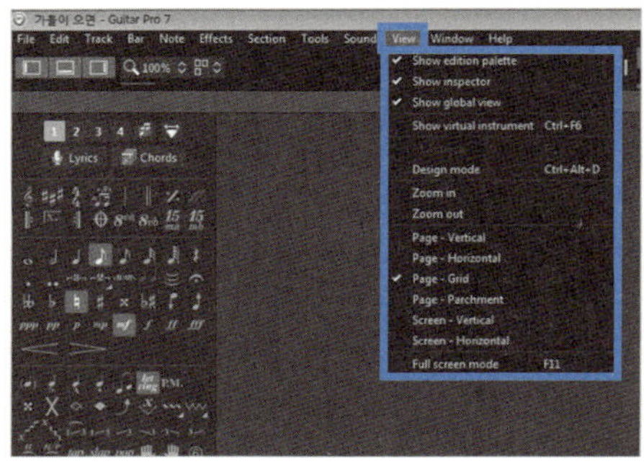

⑪ 창(Window) 메뉴

여러 개의 악보 탭이 열려 있을 때 다음 혹은 이전 탭으로 이동하는 기능이 들어 있습니다.

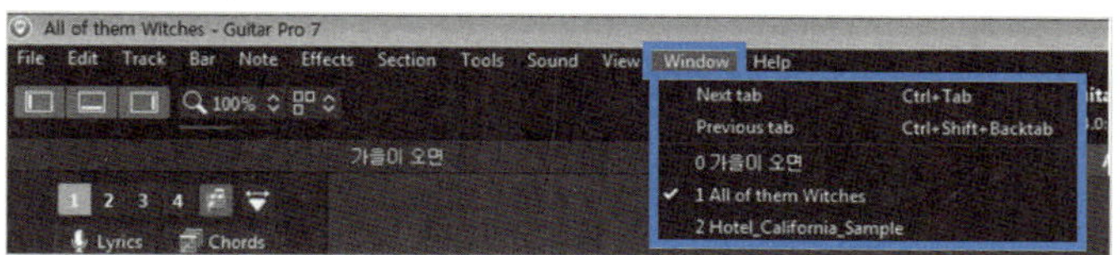

⑫ 도움말(Help) 메뉴

프로그램의 인증, 라이선스 동의, 도움말, 업데이트 확인, 기술 지원, 기타 프로 프로그램 정보 등의 기능이 들어 있습니다.

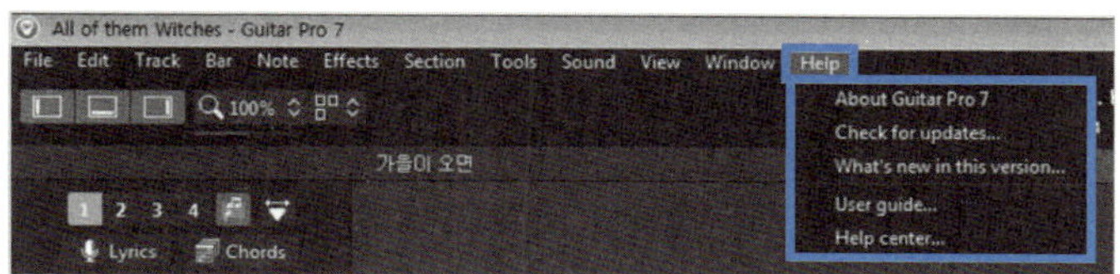

3 메뉴 개요

File	Edit	Track	Bar
새로 만들기	실행 취소/다시 실행	트랙 추가, 삭제, 복사하기	마디 삽입/삭제하기
파일 열고 닫고 저장하기	복사, 잘라내기, 붙여넣기	트랙 위치 이동하기	음자리표, 조표, 박자 설정
예제 파일 열기	보이스 설정하기	가사 창 보기	잇단음표 설정하기
외부 파일 가져오기/내보내기	자동화 설정하기	코드 라이브러리 보기	못갖춘마디 만들기
인쇄하기	사운드 설정하기	트랙 선택하기	반복기호 삽입하기
파일 잠그기/해제하기		아래/위 트랙으로 이동하기	마디 반복하기
스타일시트 설정하기			마디 줄 바꾸기/합치기
환경 설정하기			한 줄에 넣을 마디 수 정하기
끝내기			

Note	Effects	Section	Tools
박자 삽입, 삭제하기	꾸밈음, 트릴 설정하기	구역 설정 편집하기	스케일 활용하기
음표 길이, 셈여림 정하기	계속 울리게 만들기	구역 간 이동하기	이조 악기 설정하기
스타카토 설정하기	이어서 연주하기		운지 자동으로 할당하기
붙임줄 사용하기	해머링 온/풀링 오프		계속 울리게 설정하기
쉼표 입력하기	태핑 설정하기		팜뮤트 설정하기
반음 올리기/내리기	음 뮤트시키기		마디 길이 확인하기
핑거링 설정하기	픽으로 줄 긁기		마디 재구성하기
아랫줄로 이동하기(타브)	벤딩 설정하기		쉼표로 마디 조정하기
윗줄로 이동하기(타브)	슬라이딩 설정하기		보이스 이동/교환하기
피크 스토로크 설정하기	트레몰로 설정하기		
코드, 텍스트 타이머 삽입하기	하모닉스 설정하기		
음표를 슬래시로 바꾸기	스트럼 설정하기		
바레 표시하기	레스게아도 설정하기		
옥타브 높이기/낮추기	골프 설정하기		
음표 표기 방법 정하기	페이드인/아웃 설정하기		
	와와 이펙트 사용하기		

Sound	View	Window	Help
악보 재생하기	편집 팔레트 보기	다음 타브로 이동하기	기타 프로 정보 확인하기
처음부터 재생	인스펙터 보기	이전 타브로 이동하기	업데이터 확인하기
마디 간 이동하기	글로벌 뷰 보기	악보 선택하기	달라진 점 알아보기
앞으로(뒤로) 빨리 감기	가상악기 보기		사용자 가이드북 보기
구간 반복하기	멀티트랙으로 보기		기술 지원 요청하기
메트로놈 설정하기	디자인 모드로 바꾸기		
카운트 인 설정하기	작업 창 줌인/줌아웃 하기		
편집 중 음 재생하기	악보 가로/세로로 보기		
미디로 입력하기	그리드 형태로 보기		
모든 트랙 미디(RSE)로 전환	양피지처럼 이어서 보기		
오디오/미디 설정하기	화면 스크롤로 보기		
	전체 화면		

4 메뉴 설명

File Menu(영어)	단축키	파일 메뉴(한글)	기능
New	Ctrl + N	신규	새로운 악보를 만듭니다.
Nerw From Template ▶		템플릿에서 열기	템플릿을 활용해서 새 악보를 만듭니다.
Open	Ctrl + O	열기	기존 악보를 엽니다.
Open Recent ▶		최근 파일 열기	최근 열어본 파일들의 목록을 보여줍니다.
Open Example ▶		예제 열기	예제 파일을 엽니다.
Close	Ctrl + W	닫기	현재 악보를 닫습니다.
Close All	Ctrl + Shift + W	모두 닫기	열려 있는 모든 악보를 닫습니다.
Save	Ctrl + S	저장	현재 악보를 저장합니다.
Save As...	Ctrl + Shift + S	다른 이름으로 저장	현재 악보를 다른 파일 이름으로 저장합니다.
Save As Template...		다른 이름으로 틀 저장	현재 악보의 구조를 템플릿으로 저장합니다.
Open Containing Folder		현재 파일이 포함된 폴더 열기	현재 파일이 포함된 폴더를 엽니다.
Import ▶		가져오기	다른 형식의 파일을 기타 프로로 가져옵니다.
Midi		미디 가져오기	미디 악보를 가져옵니다.
Musicxml		MusicXML 가져오기	MusicXML 악보를 가져옵니다.
Ascii		ASCII 가져오기	ASCII 악보를 가져옵니다.
Tabledit		Tabledit 가져오기	Tabledit 악보를 가져옵니다.
Powertab		PowerTab 가져오기	PowerTab 악보를 가져옵니다.
Export ▶		내보내기	기타 프로 파일을 다른 형식으로 내보냅니다.
Gpx		GPX 파일로 내보내기	기타 프로 6용 GPX 파일로 내보냅니다.
Gp5			
Midi		미디 내보내기	미디 파일로 내보냅니다.

File Menu(영어)	단축키	파일 메뉴(한글)	기능
Ascii		ASCII 내보내기	ASCII 파일로 내보냅니다.
Musicxml		MusicXML 내보내기	MusicXML 파일로 내보냅니다.
Pdf		PDF 내보내기	PDF 파일로 내보냅니다.
Audio		오디오 내보내기	기타 프로 악보를 오디오 파일로 내보냅니다.
Png		PNG 내보내기	PNG 파일로 내보냅니다.
Print...	Ctrl + P	인쇄	악보를 인쇄합니다.
Lock/Unlock		파일 잠그기/해제하기	기타 프로 파일을 잠그거나 잠금을 해제합니다.
Stylesheet	F7	스타일시트	악보의 스타일을 설정합니다.
Preferences	Ctrl + ,	환경설정	Guitar Pro 프로그램의 환경을 설정합니다.
Quit	Alt + F4	끝내기	소프트웨어를 완전히 종료합니다.

Edit Menu(영어)	단축키	편집 메뉴(한글)	기능
Undo	Ctrl + Z	실행 취소	가장 최근 동작을 취소합니다.
Redo	Ctrl + Y	다시 실행	가장 최근 동작을 반복합니다.
Cut	Ctrl + X	잘라내기	하나 또는 여러 트랙에서 음이나 마디를 잘라냅니다.
Copy	Ctrl + C	복사	하나 또는 여러 트랙에서 음이나 마디를 복사합니다.
Paste	Ctrl + V	붙여넣기	복사한 음이나 마디를 트랙에 붙여넣습니다.
All Track Cut	Ctrl + Shift + X	다중 트랙 잘라내기	한 번에 마디 전체를 모든 트랙에서 잘라냅니다.
All Track Copy	Ctrl + Shift + C	다중 트랙 복사	한 번에 마디 전체를 모든 트랙에서 복사합니다.
Special Paste...	Ctrl + Shift + V	특수 붙여넣기	복사한 내용의 특수 붙여넣기를 위한 창을 엽니다.
Select All	Ctrl + A	전체 선택	활성화된 트랙의 모든 보이스의 음표를 선택합니다.

Edit Menu(영어)	단축키	편집 메뉴(한글)	기능
Voices ▶		보이스	여러 성부로 된 보이스를 선택합니다.
Edit Voice 1	Ctrl + 1	보이스 1	하나의 보이스 또는 다중 보이스 모드를 선택합니다.
Edit Voice 2	Ctrl + 2	보이스 2	
Edit Voice 3	Ctrl + 3	보이스 3	
Edit Voice 4	Ctrl + 4	보이스 4	
Multivoice Edition	Ctrl + M	전체 보이스	모든 보이스의 음표를 활성화시켜 표시합니다.
Go To ...	Ctrl + G	이동	선택한 마디로 이동을 위한 창을 엽니다.
Automations ▶		오토메이션	악보상에서 변화를 자동으로 설정합니다.
Edit Automation	F10	자동화	오토메이션 편집을 위해 오토메이션 창을 엽니다.
Insert Tempo Automation		템포 자동화	트랙에 템포 자동기능을 넣는 창을 엽니다.
Insert Master Volume Automation		마스터 볼륨 자동화	트랙에 마스터 볼륨 자동기능을 넣는 창을 엽니다.
Insert Master Pan Automation		마스터 팬 자동화	트랙에 마스터 팬 자동기능을 넣는 창을 엽니다.
Insert Track Volume Automation		트랙 볼륨 자동화	트랙에 볼륨 자동기능을 넣는 창을 엽니다.
Insert Track Pan Automation			트랙에 팬 자동기능을 넣는 창을 엽니다.
Sound ▶		사운드 변화	트랙에 기본 설정된 사운드에 변화를 줍니다.

Track Menu(영어)	단축키	트랙 메뉴(한글)	기능
Add...	Ctrl + Shift + Insert	추가	악보에 악기 또는 퍼커션 트랙을 추가합니다.
Delete		삭제	활성화된 트랙을 삭제합니다.
Duplicate		복제	활성화된 트랙을 복제합니다.

Track Menu(영어)	단축키	트랙 메뉴(한글)	기능
Move Up	Ctrl + Alt + ↑	위로 이동	활성화된 트랙을 목록 위로 이동합니다.
Move Down	Ctrl + Alt + ↓	아래로 이동	활성화된 트랙을 목록 아래로 이동합니다.
Show Lyrics Editor		가사 편집 창	가사 편집 창을 띄웁니다.
Show Chord Library		코드 라이브러리	코드 라이브러리 창을 띄웁니다.
Track Names		트랙 이름	현재 악보에 있는 트랙 이름들을 보여줍니다.
Next Track	Ctrl + ↓	다음 트랙으로	다음 트랙으로 이동합니다.
Previous Track	Ctrl + ↑	이전 트랙으로	이전 트랙으로 이동합니다.

Bar Menu(영어)	단축키	마디 메뉴(한글)	기능
Insert Bar	Ctrl + Insert	마디 삽입	현재 마디 앞에 새 마디를 삽입합니다.
Delete Bar	Ctrl + Delete	마디 삭제	선택한 마디를 삭제합니다.
Clef...	K	음자리표	음자리표 창을 엽니다.
Key Signature...	Ctrl + K	조표	조표 창을 엽니다.
Time Signature...	Ctrl + T	박자기호	박자기호 창을 엽니다.
Triplet Feel...	Ctrl + /	트리플렛 필	트리플렛 필(잇단음표 느낌) 창을 엽니다.
Free Time	|	카덴차	선택된 마디들을 프리타임으로 전환합니다.
Double Barline		다중 마디	현재 마디에 겹세로줄을 추가합니다.
Anacrusis(Pickup Bar)		행수잉여음	처음과 마지막 마디를 못갖춘마디로 만듭니다.
Repeat Open	[	도돌이표 열기	현재 마디에 도돌이표 시작을 추가합니다.
Alternate Endings...		대리 종결	현재 마디에 반복 섹션 숫자를 추가합니다.
Closing Repeat...	]	도돌이표 닫기	현재 마디에 도돌이표 종료를 추가합니다.

Bar Menu(영어)	단축키	마디 메뉴(한글)	기능
Directions...	D	연주 순서	지시기호를 추가합니다(코다...).
Simile Mark ▶		반복기호	악보에 반복기호를 삽입합니다.
Repeat One Bar		한 마디 반복	한 마디 반복기호를 넣습니다.
Repeat Two Bars		두 마디 반복	두 마디 반복기호를 넣습니다.
Multirest	Ctrl + R	다중 쉼표	여러 개의 쉼표 마디를 다중 쉼표로 표시합니다.
Force Break Line	Ctrl + ↵	Break Line 넣기	현재 마디 이후부터 강제로 줄을 나눕니다.
Prevent Break Line		Break Line 막기	현재 마디 이후의 마디를 윗줄로 끌어올립니다.
Syste m Layout...		시스템 레이아웃	한 줄에 표시할 마디 수를 결정합니다.

Note Menu(영어)	단축키	음표 메뉴(한글)	기능
Inserts A Beat	Insert	박자 삽입	선택한 박자를 삽입합니다.
Delete The Beats	Shift + Delete	박자 삭제	선택한 박자를 삭제합니다.
Copy Beats At The End	C	마지막 박자를 복사	선택한 박자를 마디 끝에 복사합니다.
Duration ▶		음표	활성화된 보이스의 음표 길이를 설정합니다.
Dynamic ▶		다이내믹	선택한 음표에 셈여림을 적용합니다.
Gohst Note	O	유령음	실제로 연주하지 않는 고스트 노트를 설정합니다.
Accented Note	;	악센트 노트	음표에 강세를 설정합니다.
Heavily Accented Note	:	강한 악센트 노트	음표에 더 강한 강세를 설정합니다.
Staccato	!	스타카토	음을 짧게 끊어서 연주합니다(원래 길이의 약 1/2).
Staccatissimo		스타카티시모	음을 더 짧게 끊어서 연주합니다(원래 길이의 약 1/4).
Tenuto		테누토	음표의 길이대로 끝까지 음가를 유지하여 연주합니다.

Note Menu(영어)	단축키	음표 메뉴(한글)	기능
Tie Note	L	타이 노트	이전 음표와 붙임줄로 연결합니다.
Tie Beat	Shift + L	타이 박자	이전 박자와 붙임줄로 연결합니다.
Rest	R	쉼표	선택한 음표(들)을 쉼표로 바꿉니다.
Fermata...	F	페르마타	박자의 길이를 실제 음표 길이보다 늘입니다.
Accidentals ▶		임시기호	선택된 임시기호를 음표에 추가합니다.
One Semi-tone Down	Alt + Shift + ↓	반음 내리기	선택된 음표를 반음 내립니다.
One Semi-tone Up	Alt + Shift + ↑	반음 올리기	선택된 음표를 반음 올립니다.
Left Hand Fingering...		왼손 핑거링	음표를 운지하는 왼손가락 번호를 설정합니다.
Right Hand Fingering...		오른손 핑거링	음표를 탄현하는 오른손가락 번호를 설정합니다.
String Number		스트링 번호	탄현할 줄 번호를 설정합니다.
Shift Down	Alt + ↓	내리기	타브 악보에서 음 위치를 아랫줄로 내립니다.
Shift Up	Alt + ↑	올리기	타브 악보에서 음 위치를 윗줄로 올립니다.
Pickstroke Down	Shift + D	피크스트로크 다운	아래 방향으로 피킹을 합니다.
Pickstroke Up	Shift + U	피크스트로크 업	위 방향으로 피킹을 합니다.
Chord...	A	코드	코드 다이어그램 생성기를 엽니다.
Text	T	텍스트	악보에 필요한 텍스트를 추가합니다.
Timer	@	타이머	처음부터 현재 커서 위치까지의 시간을 표시합니다.
Slash		슬래시	타브 악보에서 선택된 박자를 슬래시로 전환합니다.
Barre...	Shift + I	바레 코드	악보에서 바레 또는 세미-바레 표시를 편집합니다.
Octave Sign ▶		옥타브 표시	선택된 내용에 대해 옥타브를 변경하여 연주합니다.

Note Menu(영어)	단축키	음표 메뉴(한글)	기능
Design ▶		디자인	음표 기둥의 방향과 연결 등을 설정합니다.

Effects Menu(영어)	단축키	효과 메뉴(한글)	기능
Grace Note ▶		꾸밈음	음표 앞에 붙는 짧은 꾸밈음입니다.
Trill...	N	트릴	선택된 음에 트릴을 설정합니다.
Omament ▶		꾸밈음(Omament)	기준 음의 주변에 꾸밈음을 삽입합니다.
Tremolo ▶		트레몰로	선택된 음에 트레몰로 피킹 효과를 설정합니다.
Let Ring	I	울리게 하기	탄현한 음이 계속 울리게 유지합니다.
Legato	Shift + H	레가토	앞뒤 음을 이어지듯 붙여서 연주합니다.
Hammer On / Pull Off	H	해머링 온/풀링 오프	해머링 온/풀링 오프를 설정합니다.
Left Hand Tapping	(	왼손 태핑	왼손으로 줄을 두드리는 탭핑을 설정합니다.
Tapping	)	태핑	오른손으로 줄을 두드리는 탭핑을 설정합니다.
Slap	S	슬랩	베이스 기타의 슬랩 효과를 설정합니다.
Pop	P	팝	베이스 기타의 팝핑 효과를 설정합니다.
Dead Slap		데드 슬랩	베이스 기타의 데드 슬랩 효과를 설정합니다.
Dead Note	X	뮤트 음	해당 음표의 소리를 뮤트시키고 연주합니다.
Palm Mute On Note	P	손바닥 뮤트(단음)	선택된 음에 팜 뮤트를 설정합니다.
Palm Mute On Beat	Shift + P	손바닥 뮤트(화음)	선택된 박자에 팜 뮤트를 설정합니다.
Pick Scrape Out Downwards		하향 픽 스크레이프	낮은 프렛 방향으로 픽 스크레이프를 연주합니다.

Effects Menu(영어)	단축키	효과 메뉴(한글)	기능
Pick Scrape Out Upwards		상향 픽 스크래이프	높은 프렛 방향으로 픽 스크레이프를 연주합니다.
Bend...	B	벤딩	벤딩 효과를 설정합니다.
Slide ▶		슬라이드	6가지 종류의 슬라이드 효과를 설정합니다.
Tremolo Bar ...	Shift + W	트레몰로 바	트레몰로 암의 사용을 설정합니다.
Vibrato ▶		비브라토	비브라토를 설정합니다.
Vibrato W / Trem. Bar ▶		트레몰로 비브라토	일렉 기타의 트레몰로 암 사용을 설정합니다.
Natural Harmonic	Y	자연스런 하모닉스	자연(Natural) 하모닉스를 연주합니다.
Artificial Harmonic	Alt + Y	인위적인 하모닉스	인공(Artificial) 하모닉스를 연주합니다.
Brush Downstroke...	Ctrl + D	브러시 다운스트로크	아래 방향으로 내려칩니다.
Brush Upstroke...	Ctrl + U	브러시 업스트로크	위 방향으로 올려칩니다.
Arpeggio Down...	Ctrl + Shift + D	아르페지오 다운	아래 방향으로 아르페지오를 연주합니다.
Arpeggio Up...	Ctrl + Shift + U	아르페지오 업	위 방향으로 아르페지오를 연주합니다.
Rasgueado...	Shift + R	라스게아도	라스게아도를 설정합니다.
Golpe Finger		손가락 골프	손가락으로 연주하는 골프를 설정합니다.
Golpe Thumb		엄지 골프	엄지로 연주하는 골프를 설정합니다.
Fade In	⟨	페이드 인	서서히 커지는 소리를 설정합니다.
Fade Out	⟩	페이드 아웃	서서히 작아지는 소리를 설정합니다.
Volume Swell	Ctrl + ⟨	스웰 주법	페이드 인 후에 바로 페이드 아웃하는 효과입니다.
Wah Open	Alt + O	와와 열기	일렉 기타에서 사용하는 와와 이펙터를 엽니다.
Wah Close	Alt + C	와와 닫기	일렉 기타에서 사용하는 와와 이펙터를 닫습니다.

Section Menu(영어)	단축키	구역 메뉴(한글)	기능
Edit...	Shift + Insert	섹션 편집	섹션을 편집하는 창을 띄웁니다.
Previous Section	Ctrl + Alt + ←	이전 섹션으로	이전 섹션으로 이동합니다.
Next Section	Ctrl + Alt + →	다음 섹션으로	다음 섹션으로 이동합니다.

Tools Menu(영어)	단축키	도구 메뉴(한글)	기능
Scales...		스케일	스케일 엔진을 엽니다.
Transpose...		이조	하나 또는 모든 트랙을 조옮김 합니다.
Automatic Finger Positioning...		운지 자동화	선택된 음표들의 손가락 위치를 최적화합니다.
Let Ring Options...		울리게 하기 설정	탄현한 음을 계속 울리게 합니다.
Palm Mute Options...		손바닥 뮤트 설정	팜 뮤트를 설정합니다.
Check Bar Duration	F4	마디의 길이 확인	모든 트랙의 마디 길이를 확인합니다.
Bar Arranger		마디 배치 조정	현재 트랙의 마디 선을 재조정합니다.
Complete /Reduce Bars With Rests		마디의 박자수를 쉼표로 완성/감소	박자가 부족하거나 모자란 마디를 쉼표로 조정합니다.
Move / Swap Voices...		보이스 이동/교환	멀티 보이스의 위치를 이동하거나 교환합니다.

Sound Menu(영어)	단축키	사운드 메뉴(한글)	기능
Play	Space Bar	재생	현재 위치에서부터 악보를 재생합니다.
Play From The Beginning	Ctrl + Space Bar	처음 부분부터 재생	악보의 처음부터 재생합니다.
First Bar	Ctrl + Home	처음 마디	커서를 첫 마디의 첫 박자에 놓습니다.
Rewind	Ctrl + ←	이전 마디	커서를 이전 마디로 이동합니다.
Fast Forward	Ctrl + →	다음 마디	커서를 다음 마디의 첫 박자에 놓습니다.
Last Bar	Ctrl + End	마지막 마디	커서를 마지막 마디의 첫 박자에 놓습니다.

Sound Menu(영어)	단축키	사운드 메뉴(한글)	기능
Step Backward	Alt + ←	뒤로 빨리 감기	다음 마디로 커서를 이동합니다.
Step Forward	Alt + →	앞으로 빨리 감기	이전 마디로 커서를 이동합니다.
Loops	F9	반복 재생	구간 반복을 설정합니다.
Metronome		메트로놈	재생시 메트로놈 소리를 들려줍니다.
Countdown		카운트다운	재생 전에 한 마디의 카운트다운을 추가합니다.
Play Sound While Editing		편집 중 재생	편집 중에 입력되는 음의 소리를 들을 수 있습니다.
Midi Capture		미디 입력 활성	MIDI 입력을 활성 또는 비활성화합니다.
Switch All Tracks To MIDI		모든 트랙을 MIDI로 재생	모든 트랙을 MIDI로 재생합니다.
Switch All Tracks To RSE		모든 트랙을 RSE로 재생	모든 트랙을 RSE로 재생합니다.
Audio/MIDI Settings...		오디오/미디 설정	오디오와 미디의 설정 창을 엽니다.

View Menu(영어)	단축키	보기 메뉴(한글)	기능
Show Edition Palette		편집 팔레트	작업 창 왼쪽에 편집 팔레트를 표시합니다.
Show Inspector		인스펙터	작업 창 오른쪽에 인스펙터를 표시합니다.
Show Global View		글로벌 뷰	작업 창 아래에 글로벌 뷰를 표시합니다.
Show Virtual Instrument	Ctrl + F6	가상 악기	프렛보드, 키보드, 드럼 킷 등의 악기 패널을 엽니다.
Multitrack	F3	다중 트랙	다중 트랙 모드에서 디스플레이를 설정합니다.
Design Mode	Ctrl + Alt + D	디자인 모드	악보를 디자인 모드로 바꿉니다.
Zoom In		줌인	작업 창을 줌인하여 확대합니다.
Zoom Out		줌아웃	작업 창을 줌아웃하여 축소합니다.

View Menu(영어)	단축키	보기 메뉴(한글)	기능
Page – Vertical		페이지 – 세로	1 페이지 단위로 구분하여 수직 방향으로 보여줍니다.
Page – Horizontal		페이지 – 가로	1 페이지 단위로 구분하여 수평 방향으로 보여줍니다.
Page – Grid		페이지 – 그리드	여러 페이지의 악보를 격자로 구분하여 보여줍니다.
Page - Parchment		페이지 – 양피지	양피지처럼 페이지 구분 없이 연속으로 보여줍니다.
Screen – Vertical		수직 스크린 모드	디스플레이를 세로 스크롤 모드로 설정합니다.
Screen – Horizontal		수평 스크린 모드	디스플레이를 가로 스크롤 모드로 설정합니다.
Full Screen Mode	F11	전체 화면	디스플레이를 전체 화면 모드로 설정합니다.

Window Menu(영어)	단축키	창 메뉴(한글)	기능
Next Tab	Ctrl + Tab	다음 타브	여러 악보 탭이 열린 경우 다음 탭을 열어줍니다.
Previous Tab	Ctrl + Shift + Tab	이전 타브	여러 악보 탭이 열린 경우 이전 탭을 열어줍니다.
Tab Names		탭 이름	현재 열려 있는 악보 탭의 목록을 보여줍니다.

Help Menu(영어)	단축키	도움말 메뉴(한글)	기능
About Guitar Pro 7		기타 프로 정보	Guitar Pro 7에 대한 정보를 보여줍니다.
Check Updates...		업데이터 실행	Guitar Pro 7의 업데이트 존재 여부를 확인합니다.
What's New In This Virsion...		새로운 기능	Guitar Pro 7의 새로운 기능을 소개합니다.
User Guide...		사용자 가이드	Guitar Pro 7의 사용자 가이드 북을 내려받습니다.
Help Center...		도움말 센터	Guitar Pro 7의 도움말 센터로 연결합니다.

키보드 단축키

기타 프로뿐만 아니라 모든 프로그램을 능숙하게 다루는 파워 유저들의 공통된 특징 중 하나는 메뉴를 마우스로 일일이 누르는 대신 키보드 단축키를 많이 사용한다는 점입니다. 이유는 그것이 훨씬 작업의 속도와 효율성을 높여주기 때문입니다. 기타 프로에서 사용하는 키보드 단축키는 다음과 같습니다.

파일(File)		Windows	Mac
새로 만들기	New file	Ctrl + N	⌘ N
열기	Open	Ctrl + O	⌘ O
닫기	Close	Ctrl + W	⌘ W
모두 닫기	Close all	Ctrl + Shift + W	⌘ Shift W
저장	Save	Ctrl + S	⌘ S
다른 이름으로 저장	Save as	Ctrl + Shift + S	⌘ ⇧ S
스타일시트	Stylesheet	F7	F7
인쇄	Print	Ctrl + P	⌘ P
환경 설정	Preferences	Ctrl + ,	⌘
끝내기	Quit	Alt + F4	⌘ Q

편집(Editing)		Windows	Mac
실행 취소	Undo	Ctrl + Z	⌘ Z
다시 실행	Redo	Ctrl + Y	⌘ Y
잘라내기	Cut	Ctrl + X	⌘ X
복사	Copy	Ctrl + C	⌘ C
붙여넣기	Paste	Ctrl + V	⌘ V
다중 트랙 잘라내기	Cut multitrack	Ctrl + Shift + X	⌘ Shift X
다중 트랙 복사	Copy multitrack	Ctrl + Shift + C	⌘ Shift C
특수 붙여넣기	Special paste	Ctrl + Shift + V	⌘ Shift V
전체 선택	Select all	Ctrl + A	⌘ A
보이스 1/2/3/4	Voice 1/2/3/4	Ctrl + 1 / 2 / 3 / 4	⌘ 1 / 2 / 3 / 4
다중 보이스 편집	Multivoice editing	Ctrl + M	⌘ M
이동	Go to	Ctrl + G	⌘ G
자동기능 추가	Add an automation	F10	F10

트랙(Track)		Windows	Mac
추가	Add	Ctrl + Shift + Insert	⌘ Shift +
삭제	Erase	Ctrl + Shift + Delete	⌘ Shift −
위로 이동	Move up	Ctrl + Alt + ↑	⌘ ⌥ Shift
아래로 이등	Move down	Ctrl + Alt + ↓	⌘ ⌥ ↓
다음 트랙으로 이동	Next track	Ctrl + ↓	⌘ Shift
이전 트랙으로 이동	Previous track	Ctrl + ↑	⌘ ↓

마디(Bar)		Windows	Mac
마디 삽입	Insert bar	Ctrl + Insert	⌘ +
마디 삭제	Delete bar	Ctrl + Delete	⌘ −

마디(Bar)		Windows	Mac
음자리표	Clef	K	K
조표	Key signature	Ctrl + K	⌘ K
박자기호	Time signature	Ctrl + T	⌘ T
트리플랫 필	Triplet Feel	Ctrl + /	⌘ /
프리타임	Free time	|	|
도돌이표 열기	Repeat open	[	[
도돌이표 닫기	Repeat close	]	]
지시 기호	Direction	D	D
한 마디 반복	Repeat a bar	%	%
두 마디 반복	Repeat two bars	Ctrl + %	⌘ %
다중 쉼표	Multirest	Ctrl + R	⌘ R
줄나누기 시작(강제)	Force break line	Ctrl + ↵	⌘ ↵
줄나누기 해제(방지)	Prevent break line	&	&

음표(Notes)		Windows	Mac
비트 삽입	Insert a beat	Insert	+
비트 삭제	Delete the beats	Delete	−
마디 끝에 비트 복사	Copy beat at the end	C	C
온음에서 64분 음표까지	from whole to 64th note	+ / −	+ / −
점음표	Dotted note	. or *	. or *
이중 점음표	Double-dotted note	Ctrl + . or Ctrl + *	⌘ Shift + . or ⌘ Shift + *
셋잇단음표	Triplet	/	/
고스트 노트	Suggested note	O	O
악센트 노트	Accented note	;	;
강한 악센트 노트	Strongly accented note	:	:

음표(Notes)		Windows	Mac
스타카토	Staccato	!	!
타이(음)	Tie(note)	L	L
타이(박자)	Tie(beat)	Shift + L	Shift L
쉼표	Rest	R	R
페르마타	Fermata	F	F
더블 플랫	Double flat	Ctrl + Alt + 7	⌘ ⌥ 7
플랫	Flat	Ctrl + 7	⌘ 7
내추럴	Natural	Ctrl + 8	⌘ 8
샤프	Sharp	Ctrl + 9	⌘ 9
더블 샤프	Double sharp	Ctrl + Alt + 9	⌘ ⌥ 9
반음 표시법 변경	Change accidentals	Ctrl + Alt + 8	⌘ ⌥ 8
반음 내리기	Lower one semitone	Alt + Shift + ↓	⌥ +
반음 올리기	Raise one semitone	Alt + Shift + ↑	⌥ −
아래 줄로 이동	Move down(tab)	Alt + ↓	⌥ ↓
윗줄로 이동	Move up(tab)	Alt + ↑	⌥ Shift
피크스트로크 다운	Pickstroke down	Shift + D	Shift D
피크스트로크 업	Pickstroke up	Shift + U	Shift U
코드 삽입	Chord	A	A
텍스트 삽입	Text	T	T
타이머 삽입	Timer	@	@
바레	Held barré	Shift + I	Shift I

효과(Effects)		Windows	Mac
그레이스 노트(박자 이전)	Grace note (before the beat)	G	G
그레이스 노트(박자 위)	Grace note (on the beat)	Alt + G	⌥ G
트릴	Trill	N	N

효과(Effects)		Windows	Mac
렛 링	Let Ring	I	I
레가토	Legato	Shift H	Shift H
해머링 온/풀링 오프	Hammer On / Pull Off	H	H
왼손 탭핑	Left hand Tapping	(	(
탭핑	Tapping	)	)
슬랩	Slap	S	$
팝	Pop	Ctrl + S	⌘ S
데드 노트(뮤트 음)	Muffled note	X	X
팜 뮤트(음)	Palm Mute on the note	P	P
팜 뮤트 (박자)	Palm Mute on the beat	Ctrl + P	Shift P
벤딩	Bend	B	B
레가토 슬라이드	Legato slide	S	S
슬라이드 이동	Shift slide	Alt + S	⌥ S
트레몰로 암(비브라토)	Tremolor bar	Shift + W	Shift W
왼손 비브라토	Vibrato left hand(light)	V	V
와이드 비브라토	Vibrato left hand(heavy)	Alt + V	⌥ V
트레몰로 비브라토(약)	Vibrato right hand(light)	W	W
트레몰로 비브라토(강)	Vibrato right hand(heavy)	Alt + W	⌥ W
내추럴 하모닉스	Natural harmonic	Y	Y
인공 하모닉스	Artificial harmonic	Alt + Y	⌥ Y
브러시 다운스트로크	Brush down	Ctrl + D	⌘ D
브러시 업스트로크	Brush up	Ctrl + U	⌘ U
아르페지오 다운	Arpeggio down	Ctrl + Shift + D	⌘ Shift D
아르페지오 업	Arpeggio up	Ctrl + Shift + U	⌘ Shift U
라스게아도	Rasgueado	Shift + R	Shift R
페이드 인	Fade in	〈	〈
페이드 아웃	Fade out	〉	〉

효과(Effects)		Windows	Mac
볼륨 스웰	Volume Swell	Ctrl + ⟨ or Ctrl + ⟩	⌘ ⟨ or ⌘ ⟩
와우 열기	Wah open	Alt + O	⌥ O
와우 닫기	Wah closed	Alt + C	⌥ C

섹션(Section)		Windows	Mac
섹션 편집	Edit section	Shift + Insert	Shift +
이전 섹션	Previous section	Ctrl + Alt + ←	⌘ ⌥ ←
다음 섹션	Next section	Ctrl + Alt + →	⌘ ⌥ →

도구(Tools)		Windows	Mac
마디의 길이 확인	Check the bars' lengths	F4	F4

사운드(Sound)		Windows	Mac
재생	Play	Space Bar	Space Bar
처음부터 재생	Play from beginning	Ctrl + Space Bar	⌘ Space Bar
첫 마디	First bar	Ctrl + Home	⌘ ↖
이전 마디	Rewind	Ctrl + ←	⌘ ←
다음 마디	Fast forward	Ctrl + →	⌘ →
마지막 마디	Last bar	Ctrl + End	⌘ ↘
뒤로 한 단계 이동	Step backward	Alt + ←	⌥ ←
앞으로 한 단계 이동	Step forward	Alt + →	⌥ →
반복 재생	Loop	F9	F9
상대 속도	Relative Speed	Ctrl + F9	⌘ F9

보기(View)		Windows	Mac
가상 악기 불러오기	Show virtual instrument	Ctrl + F6	⌘ F6
다중 트랙	Multitrack	F3	F3
디자인 모드	Design mode	Ctrl + Alt + D	⌘ ⌥ D
전체 화면	Full screen	F11	⌥ ⌘ U

창(Window)		Windows	Mac
다음 악보로 이동	Next tab	Ctrl + Tab	⌘ }
이전 악보로 이동	Previous tab	Ctrl + Shift + Tab	⌘ {

이동과 선택(Cursor movement & Selection)		Windows	Mac
마디 처음으로 이동	Beginning of bar	Home	↖
마디 끝으로 이동	End of bar	End	↘
악보 처음으로 이동	Beginning of score	Alt + Home	⌥ ↖
악보 끝으로 이동	End of score	Alt + End	⌥ ↘
마디 끝까지 선택	Select to end of bar	Ctrl + Shift + →	⌘ →
마디 시작까지 선택	Select to beginning of bar	Ctrl + Shift + ←	⌘ ←
악보 끝까지 선택	Select to end of score	Ctrl + Shift + End	⌘ Shift Home
악보 시작까지 선택	Select to beginning of score	Ctrl + Shift + Home	⌘ Shift End

기타(Others)		Windows	Mac
스타일시트	Stylesheet	F7	F7

물론 여기 있는 단축키를 모두 외울 필요는 없습니다. 자신이 작업할 때 주로 많이 쓰는 기능들을 중심으로 외워 두었다가 사용하시기 바랍니다.

출력이 필요하시면 **[맥북의 기타 독학교실]** 카페 메인 화면 왼쪽에 있는 메뉴 그룹의 **[Guitar Pro 배우기]** 섹션에서 **[Guitar Pro 7 자료실]**이라는 게시판을 참고하세요. **[기타 프로 7 단축키]**라는 제목의 게시글 첨부 파일에 **[기타 프로 7 단축키.xlsx]**라는 엑셀 파일이 있습니다. 이 파일을 내려받아 출력하십시오.

http://cafe.naver.com/macdoc/145099

기타 프로 사용하기

Guitar
Pro

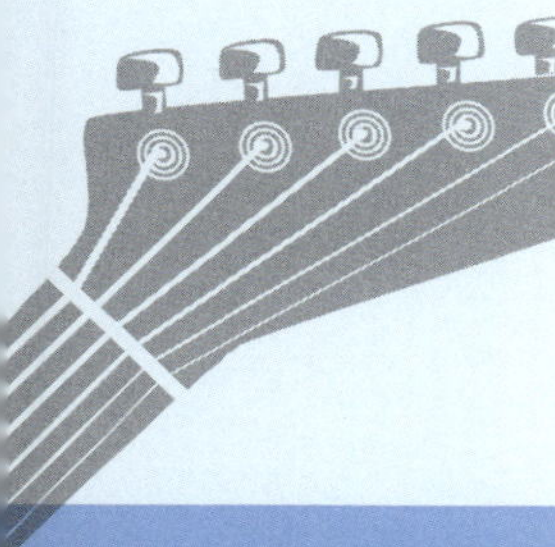

악보 만들기

Section
22

새 파일 만들기

기타 프로를 이용해서 악보를 만들려면 먼저 새 파일을 하나 만들어야 합니다. 파일을 만들고 나면 키보드, 마우스, 미디 장비 등 다양한 방법을 통해 악보에 음표를 입력할 수 있습니다. 각자 자신에게 익숙한 방법이나 맞는 방법을 선택해 사용하면 됩니다.

1 새 파일 만들기

기타 프로 프로그램 실행 시

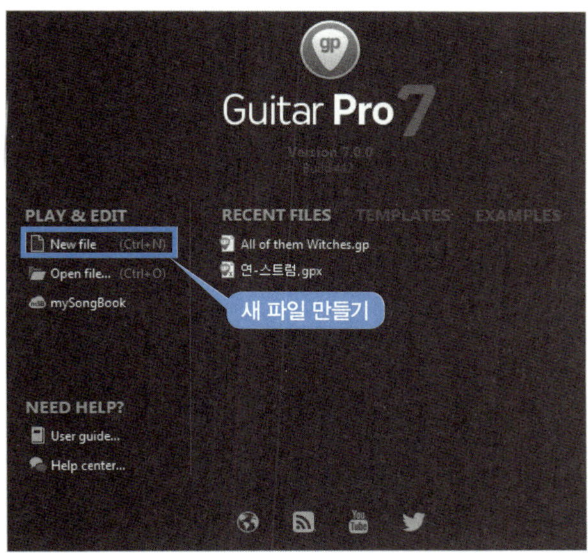

- 새 파일을 만들려면 프로그램 실행 초기 화면의 **[PLAY & EDIT]** 섹션에서 **[New File]**을 클릭합니다.
- 악기의 특성에 따라 미리 만들어져 있는 템플릿을 활용하려면 프로그램 실행 초기 화면의 **[TEMPLATES]** 섹션에서 원하는 템플릿을 선택합니다.

기타 프로 프로그램 실행 후

- 새 파일을 만들려면 메뉴 그룹에서 **[File ▶ New]**를 클릭합니다.
- 악기의 특성에 따라 미리 만들어져 있는 템플릿을 활용하려면 메뉴 그룹에서 **[File ▶ New from templates]**를 클릭해 원하는 템플릿을 선택합니다.
  키보드 단축키는 Ctrl + N 입니다.

2 악보 유형 선택하기

① 현악기용 악보

기타 프로는 기타 등의 현악기용으로 다음과 같이 세 가지 유형의 악보를 제공합니다.

- **슬래시 악보**: 기타, 우쿨렐레 등의 스트럼 패턴을 표시하는 악보입니다.
- **오선 악보**: 표준으로 사용하는 오선 악보입니다.
- **태블러처 악보**: 기타 등의 현악기에서 주로 사용하는 타브 악보입니다.

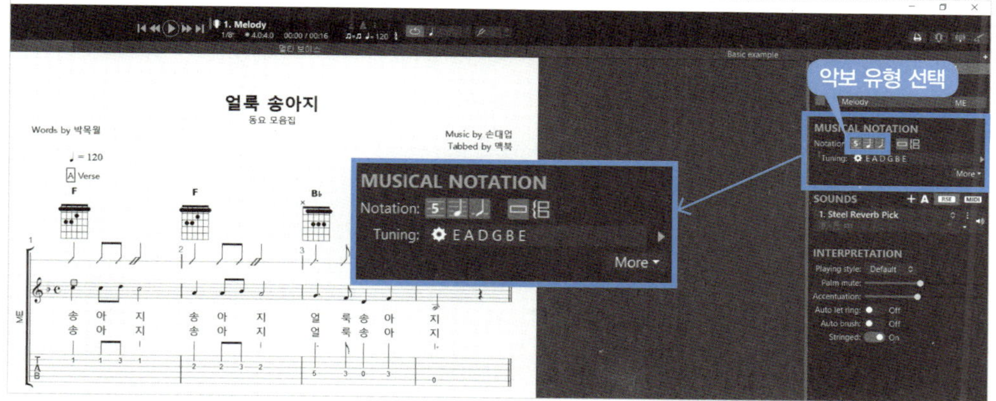

악보 유형을 선택하려면 작업 창 오른쪽에 있는 인스펙터 창의 **[TRACK]** 탭을 클릭하고, **[MUSICAL NOTATION]** 섹션에 있는 **[Notation]** 항목 중에서 악보에 표시하길 원하는 악보 형태의 아이콘을 클릭합니다. 아이콘은 왼쪽부터 순서대로 태블러처 악보, 오선 악보, 슬래시 악보입니다. 아이콘을 다시 클릭하면 해당 악보 유형을 보이지 않게 감출 수 있습니다.

② 피아노용 악보

피아노 악보의 경우에는 단일 보표와 대보표를 선택할 수 있습니다.

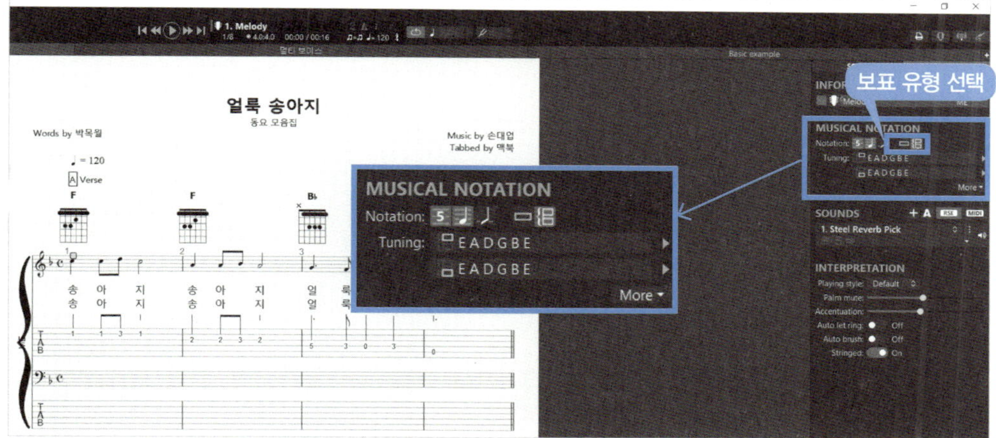

- **단일 보표**Single staff: 왼손 혹은 오른손 악보 하나만 단일 트랙으로 보여줍니다.
- **대보표**Grand staff: 왼손과 오른손 악보를 두 개의 트랙으로 동시에 보여줍니다.

현악기용 악보 유형을 선택하려면 작업 창 오른쪽에 있는 인스펙터 창에서 **[TRACK]** 탭을 클릭하고, **[MUSICAL NOTATION]** 섹션에 있는 **[Notation]** 항목 중에서 피아노 악보를 표시할 악보 형태의 아이콘을 클릭합니다.

③ 악보의 연결

기타 프로에서 음표를 입력할 때는 주로 두 가지 방식의 악보를 사용하는데 하나는 오선 악보고, 다른 하나는 태블러처 악보입니다. 두 악보는 서로 연결이 되어 있으며, 어느 악보에 입력하든지 기타 프로는 다른 악보에도 자동으로 같은 음표를 만들어줍니다. 예를 들어 오선 악보 어떤 음표를 삽입하면 자동으로 아래의 타브 악보에서 그 위치에 해당하는 줄의 프렛을 숫자로 표시해줍니다. 반대로 타브 악보 어느 줄에 해당 프렛의 숫자를 입력하면 자동적으로 오선 악보에 그 음표를 입력해줍니다.

편집 도중에 두 가지 유형의 악보 사이를 오가면서 편안한 방법으로 음표를 입력할 수도 있습니다. 타브 악보와 오선 악보를 동시에 열어놓고 작업할 때 Tab 을 누르면 두 악보 사이를 이동할 수 있습니다. 피아노용 큰 보표Grand Staff의 경우에도 Tab 을 눌러 왼손 악보와 오른손 악보 사이를 이동할 수 있습니다.

템플릿으로 악보 만들기

1 템플릿이란?

템플릿은 사용자들이 악보를 빠르고 쉽게 만들 수 있도록 악보의 기본적인 형식들을 미리 담아놓은 일종의 양식 틀 같은 것입니다. 기타 프로가 제공하는 템플릿 중에서 선택할 수도 있고, 사용자가 원하는 템플릿을 만들어서 사용할 수도 있습니다. 또는 기존 템플릿을 일부 수정해서 저장했다가 나중에 이 템플릿을 다시 불러와 사용할 수도 있습니다.

기타 프로는 [Empty(default)] 템플릿을 포함해 모두 23가지의 템플릿을 제공하는데, 템플릿에는 사용하는 악기, 튜닝 옵션, 트랙 이름, 트랙 사운드 등의 기본 값들이 이미 설정되어 있습니다.

2 기본 템플릿 열기

기타 프로에서 새로운 파일을 만들려면 먼저 템플릿을 열어야 합니다. 메뉴 그룹에서 [File ▶ New from template]을 클릭하고 펼침 목록에 나타나는 23개의 템플릿 중에서 원하는 것을 클릭합니다.

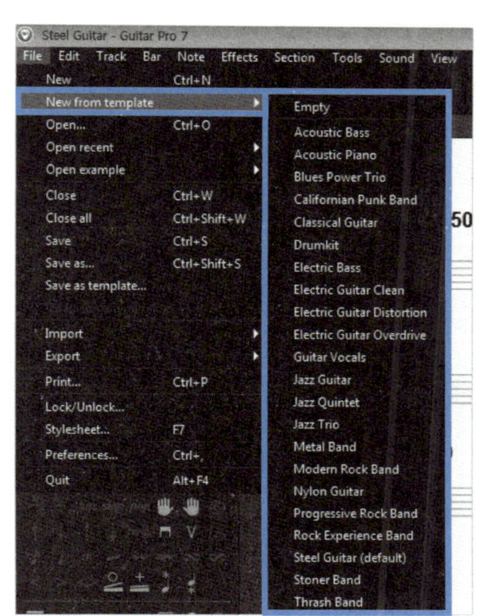

또는 기타 프로 실행 때 보이는 'welcome to Guitar Pro 7' 화면에서 [TEMPLATE] 탭을 클릭해 선택할 수도 있습니다.

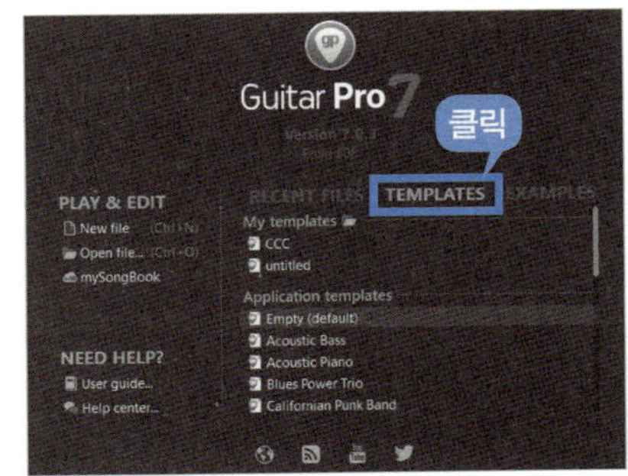

템플릿을 선택하면 해당 악기의 특성에 맞는 악보 양식이 나타나고, 악보를 다 만들고 나서 재생할 때도 그 악기의 성격에 맞도록 미리 설정된 사운드뱅크와 이펙트 체인이 적용됩니다. 예를 들어 [Metal band] 템플릿을 선택하면 일반적인 메탈 밴드의 악기 구성에 맞춰 보컬, 기타 1, 기타 2, 기타 3, 베이스 기타, 드럼 등 여섯 개의 트랙이 자동으로 만들어지고, 각 악기의 특색에 맞는 사운드뱅크와 이펙트 체인의 세팅이 이루어집니다.

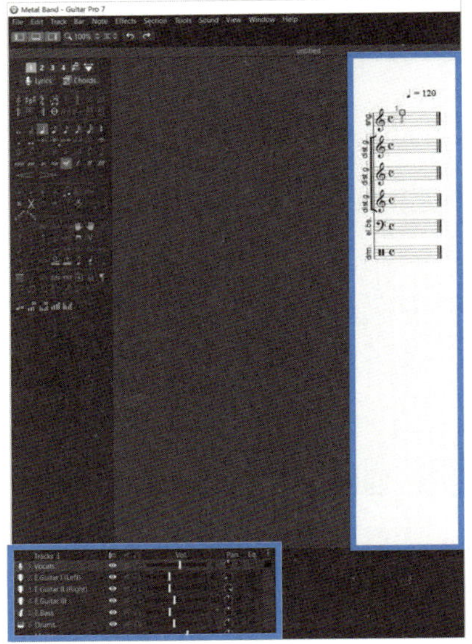

③ 곡 정보(Song Information) 입력하기

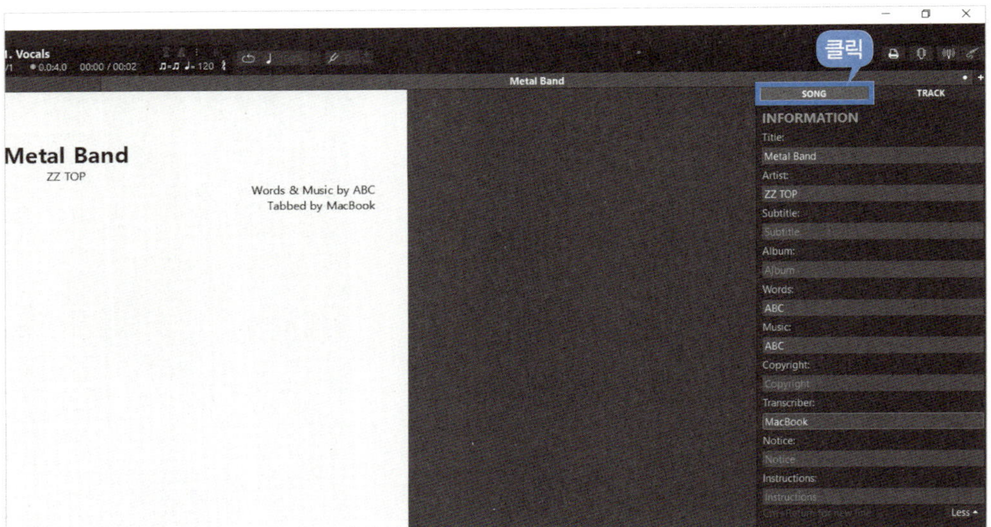

메뉴 그룹에서 [File ▶ New from template]을 클릭해 템플릿을 연 다음, 작업 창 오른쪽에 있는 [Inspector] 그룹에서 [SONG] 탭을 클릭해 곡의 기본 정보를 입력합니다. 곡 정보에 대한 입력을 마치고 [OK] 버튼을 누르면 악보에 다음과 같이 입력한 정보들이 표시됩니다. [SONG] 탭의 항목 중 어느 필드인가를 빈칸으로 비워두면 그 정보는 악보상에 나타나지 않습니다.

참고로 악보에 표기되는 정보의 글꼴, 크기 등은 [File ▶ Stylesheet]에서 설정한 모양대로 나타납니다. 스타일시트에 관한 자세한 설명은 [50. 스타일시트 설정하기]편을 참고하세요.

4 템플릿 저장하기

하나의 악보를 작업한 후에 그 곡의 악기 구성, 트랙 구성, 이펙트, 사운드뱅크, 기본 악보 정보 등을 템플릿 파일로 저장해놓으면 비슷한 형식의 새 파일을 만들 때 일일이 다시 지정하거나 따로 입력하지 않고 다시 불러서 사용할 수 있습니다. 이렇게 하면 설정해놓은 항목들이 자동으로 나타나기 때문에 편리하게 작업할 수 있습니다.

예를 들어 4개의 트랙으로 구성된 [Rock Band] 템플릿에서 몇 가지 항목을 수정한 다음, 이 템플릿을 저장해보겠습니다.

● **튜닝 옵션**: 인스펙터 창의 [Track] 탭에 있는 [TUNING] 옵션에서 기본 튜닝 대신 [Drop D] 튜닝으로 변경합니다.

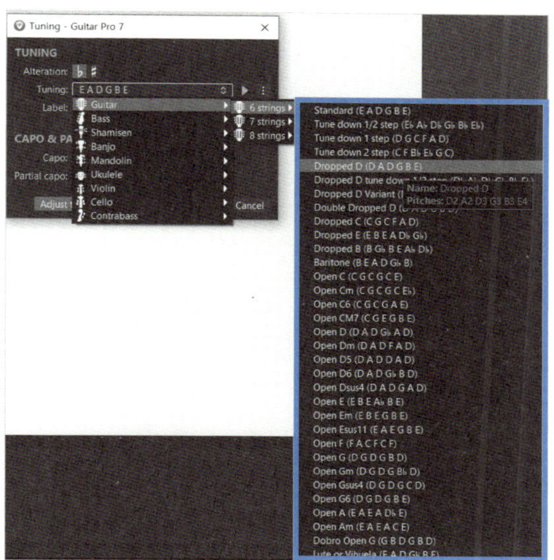

- 채보자: 인스펙터 창의 [Song] 탭에서 [Transcriber(채보자)] 항목에 '홍길동'이라 적습니다.

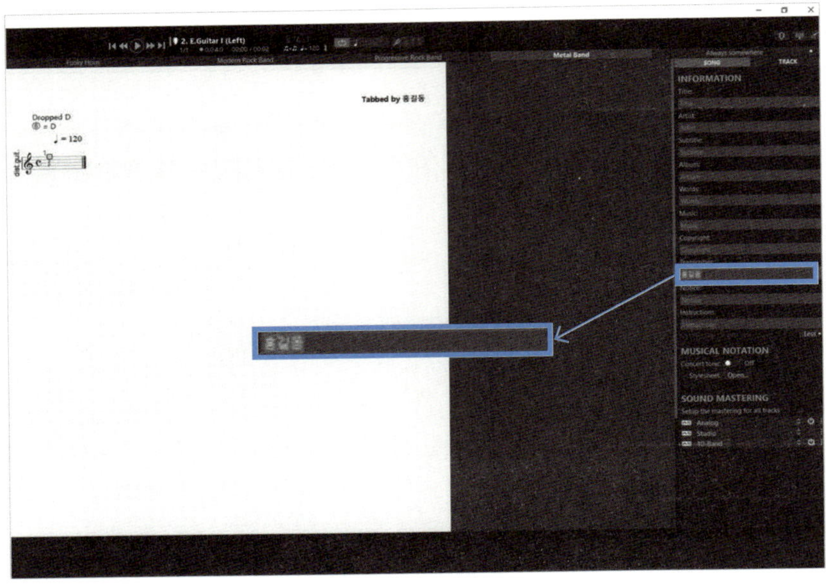

변경이 끝나면 메뉴 그룹에서 [File ▶ Save As Template]을 클릭하고 파일 저장 창에서 [Band Score-Drop_D.gpt]라는 이름으로 저장합니다. 템플릿 파일 이름은 자신이 원하는 대로 정하면 됩니다.

이렇게 하면 사용자가 만든 템플릿이 기타 프로에 저장됩니다.

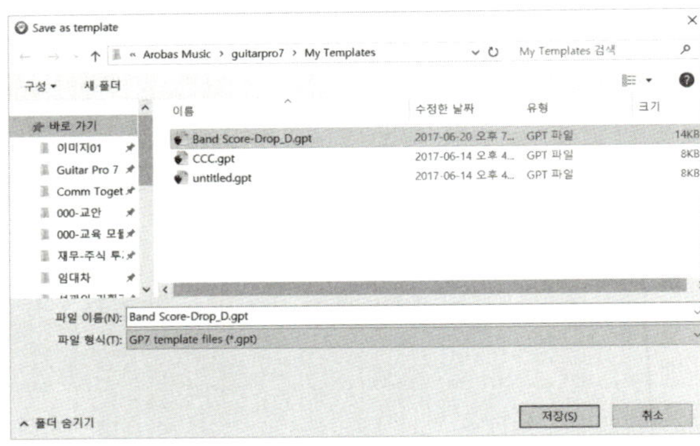

5 저장한 템플릿 사용하기

사용자가 저장해놓은 템플릿을 다시 불러서 사용할 수 있습니다. 메뉴 그룹에서 [File ▶ New from template]을 클릭하면 [Empty(default)] 템플릿 항목 바로 아래에 사용자가 저장해놓은 템플릿 목록들이 나타납니다. 또 그 아래 칸에는 [Manage my template...]이라는 항목이 보이는데 이것을 클릭하면 사용자 템플릿이 저장되어 있는 폴더가 열립니다. 여기서 템플릿 이름을 수정하거나, 템플릿을 삭제할 수 있습니다.

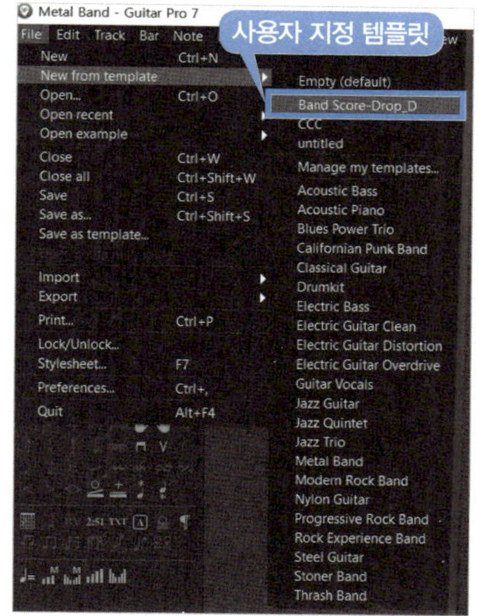

사전에 저장해놓은 템플릿이 없다면 사용자 템플릿 목록과 [Manage my template...] 항목이 나타나지 않습니다.

예를 들어 이전에 저장해놓은 [Band Score-Drop D.gpt]라는 템플릿을 선택하면 내가 미리 설정해놓은 악기 구성, 트랙 구성, 이펙트, 사운드뱅크, 기본 악보정보 등이 자동으로 반영되기 때문에 이런 설정을 다시 할 필요가 없습니다.

6 샘플 파일 불러오기

템플릿을 불러서 작업하는 것 말고도 기타 프로가 제공하는 샘플 파일을 활용해 악보 작업을 할 수도 있습니다. 샘플 파일을 불러오려면 메뉴 그룹에서 [File ▶ Open example]을 클릭합니다. 모두 21개의 샘플 악보 파일이 들어 있는데 여기서 원하는 악보를 선택합니다.

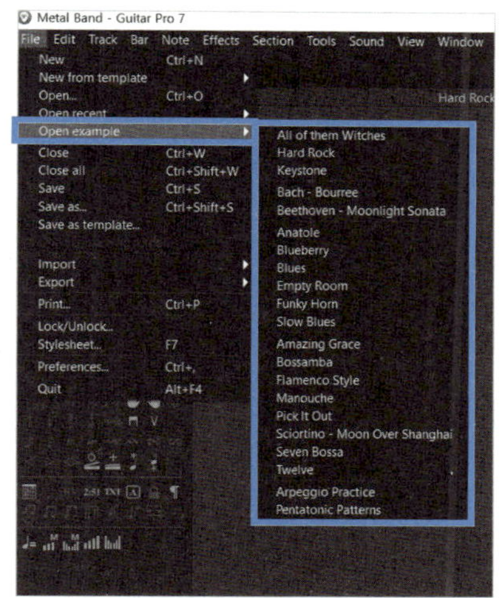

샘플 악보에서 악보 내용을 다 지운 다음, 메뉴 그룹에서 [File ▶ Save As Template]을 클릭하고 파일 이름을 저장합니다. 이렇게 저장한 다음, 다시 메뉴 그룹에서 [File ▶ New from template]을 클릭하면 [Empty(default)] 템플릿 항목 바로 아래에 사용자가 저장해놓은 템플릿 목록들이 나타납니다. 이 중 하나를 클릭하면 사용자가 저장해놓은 템플릿을 다시 불러서 사용할 수 있습니다.

악보 설정하기

음자리표 설정하기

1 음자리표란?

은자리표는 악보상에 표시된 음의 실제 음높이가 얼마인지를 나타내주는 음악 기호입니다. 그에 따라 그 악보로 표시 가능한 가장 낮은 음과 가장 높은 음, 즉 음역대가 정해집니다. 음자리표는 우리가 잘 아는 높은음자리표 말고도 낮은음자리표, 가온음자리표 등의 여러 가지 종류가 있습니다. 음자리표의 이름과 악보상의 표기는 다음과 같습니다.

이 중에서 가장 널리 사용되는 높은음자리표, 낮은음자리표, 가온음자리표에 대해 살펴보겠습니다. 나머지 음자리표는 클래식 음악인 성악이나 오케스트라의 악보에서 주로 사용되기 때문에 여기서는 다루지 않겠습니다.

① 높은음자리표(G clef)

오선 악보의 아래에서 두 번째 줄(음자리표가 시작하는 꼬리표 위치)
이 기준음이 되는 음자리표이며, 피아노에서는 피아노 뚜껑의 열쇠 구
멍 위치에 자리한 '가온 다(Middle C/C4)' 위의 G4(솔) 음에 해당합
니다.

기타, 노래, 피아노의 오른손 악보 등 중간 음역대와 높은 음역대의 음표를 적을 때 주로
사용합니다. 비교적 넓은 음역대를 가지고 있는 관악기(플루트·오보에·클라리넷·트럼펫
등) 악보에도 사용합니다.

② 낮은음자리표(F clef)

오선 악보의 위에서 두 번째 줄(낮은음자리표의 점 두 개 사이에 놓
인 줄)이 기준음이 되는 음자리표이며, 그 위치의 음이 피아노 건반을
기준으로 가온 다(Middle C/C4) 아래의 F3(파) 음에 해당합니다. 기
타에서는 베이스 기타 등 중간 음역대와 낮은 음역대의 악보 음을 적
는 데 사용합니다. 음의 높이가 비교적 높지 않고, 음역대가 넓은 악기

(첼로·더블베이스·바순·트롬본 등)나 피아노의 왼손 혹은 성악 보컬 중 베이스의 음을 적
을 때 주로 사용합니다.

③ 가온음자리표(C clef)

오선 악보 위에서 가온음자
리표의 가운데 뾰족한 부분
이 가리키는 줄(세 번째 줄)이
기준음이 되는 음자리표이며,
이 자리가 피아노 건반에서
'가온 다(Middle C/C4)' 음에

해당합니다. 뾰족한 부분이 오선 악보 중 어느 위치에 있느냐에 따라 음자리표의 이름과
음높이가 달라집니다.

- **소프라노 음자리표**Soprano clef: 뾰족한 부분이 아래에서부터 첫 번째 줄에 위치하는 음
  자리표입니다. 피아노 등의 건반악기 오른손 악보를 표기하는데 사용하며, 보컬에서는
  소프라노의 악보로 사용합니다.

- **메조소프라노 음자리표**Mezzo-soprano clef: 뾰족한 부분이 아래에서부터 두 번째 줄에 위치하는 음자리표입니다.
- **알토 음자리표**Alto Clef: 뾰족한 부분이 아래에서부터 세 번째 줄에 위치하는 음자리표로, 주로 비올라 악보에 사용되기 때문에 비올라 음자리표라고 부르기도 합니다. Viola, Viola da gamba, Alto trombone, Mandola의 악보로 사용되고, 보컬은 Countertenor의 악보에 사용됩니다.
- **테너 음자리표**Tenor clef: 뾰족한 부분이 아래에서부터 네 번째 줄에 위치하는 음자리표로, 바순, 첼로, 더블베이스, 트럼본 등의 고음역대를 표시하는데 사용하며, 보컬은 테너에서 사용합니다.
- **바리톤 음자리표**Baritone clef: 뾰족한 부분이 아래에서부터 다섯 번째 줄에 위치하는 음자리표입니다.

3 많이 사용하는 음자리표

특히 많이 사용되는 것은 높은음자리표, 낮은음자리표, 알토 가온음자리표, 테너 가온음자리표 4가지이며 어쿠스틱 기타 악보에서는 거의 높은음자리표와 낮은음자리표 정도만 사용합니다.

기타 프로는 트랙에 사용된 악기가 무엇이냐에 따라 자동적으로 그에 맞는 음자리표를 자동으로 설정합니다. 음자리표는 **[편집 팔레트]**에서 높은음자리표 모양의 아이콘을 클릭해 수동으로 설정할 수도 있습니다.

4 음자리표 설정하기

음자리표는 오선 기보법에서 어떤 줄의 음표가 실제로 어떤 음을 나타내는지를 설정하는 음악 기호입니다. 높은음자리표, 낮은음자리표, 가온음자리표 등이 있으며, 기타 프로는 네 종류의 음자리표를 제공합니다.

음자리표를 설정하려면 **[편집 팔레트]**의 가장 앞에 있는 높은음자리표 모양의 아이콘을 클릭합니다. 악보 위에 음자리표를 설정하는 **[Clef]** 창이 나타납니다.

창 안에 있는 항목들의 기능은 다음과 같습니다.

- **[Clef]**: 음자리표를 설정하려면 **[Clef]**의 펼침 목록을 클릭해 기타 프로가 제공하는 네 가지 음자리표 가운데 원하는 음자리표를 선택합니다.

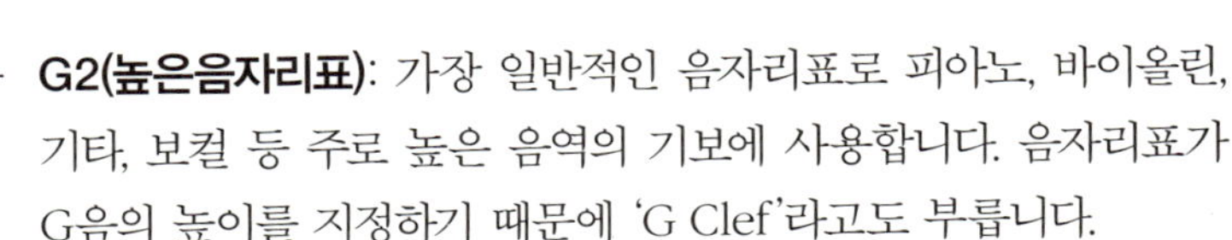

- **G2(높은음자리표)**: 가장 일반적인 음자리표로 피아노, 바이올린, 기타, 보컬 등 주로 높은 음역의 기보에 사용합니다. 음자리표가 G음의 높이를 지정하기 때문에 'G Clef'라고도 부릅니다.

- **F4(낮은음자리표)**: 낮은 음역의 기보에 사용하며, 현악기에서는 첼로, 콘트라베이스, 일렉트릭 베이스, 관악기에서는 트롬본, 튜바 등에 주로 사용합니다. 또한 고음 지정이 없는 타악기의 기보에도 사용합니다. 음자리표가 F음 높이를 지정하기 때문에 'F Clef'라고도 부릅니다.

- **C3(가온음자리표/알토표)**: 중간 음역의 기보에 사용하며, 음자리표의 위치에 따라서 소프라노표, 알토표, 테너표의 세 가지가 존재하는데 기타 프로에서는 알토와 테너표를 제공합니다. 음자리표가 C음의 높이를 지정하기 때문에 'C Clef'이라고도 부릅니다. 현악기 중에서는 비올라의 기보에 고정으로 사용합니다.

- **C4(가온음자리표/테너표)**: C3보다 조금 높은 음역대의 기보에 사용하며, 테너표라고 부릅니다. 음자리표가 C음의 높이를 지정하기 때문에 'C Clef'라고도 부릅니다.

- **[Octave]**: 악보에 표기된 음들을 실제 어떤 옥타브로 연주할지 설정합니다. 아주 높은 음이나 낮은 음을 악보로 표기할 때 악보의 표기된 음보나 높게 혹은 낮게 연주하라는 뜻으로 옥타브 설정을 사용합니다. 이 기능은 어쿠스틱이나 일렉트릭 기타의 악보에서는 거의 사용되지 않습니다. 각 설정 값의 뜻은 다음과 같습니다.

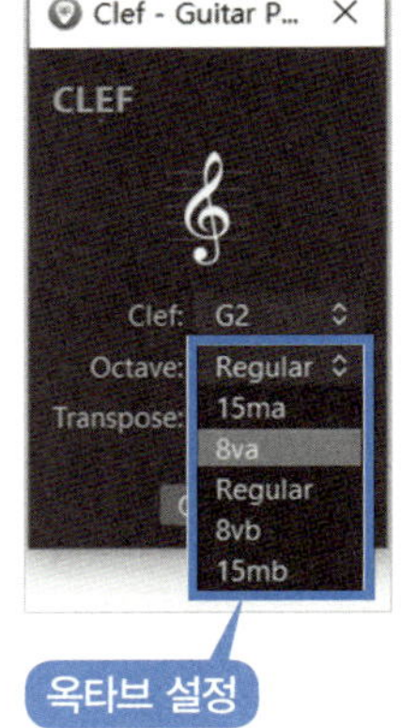

- **[두 옥타브 높게(15ma)]**: 악보에 쓰인 것보다 2옥타브 높게 연주하라는 뜻입니다. 이 항목을 클릭하면 악보에 음표가 2옥타브 낮게 이동되며, 작은 15ma 기호가 추가됩니다.

- **[한 옥타브 높게(8va)]**: 악보에 쓰인 것보다 1옥타브 높게 연주하라는 뜻입니다. 이 항목을 클릭하면 악보에 음표가 1옥타브 낮게 이동되며, 작은 8va 기호가 추가됩니다.

- **[Regular]**: 악보에 표기된 음높이 그대로 연주합니다. 특별한 경우가 아니면 **[Regular]** 항목을 클릭하면 악보에 표기된 음대로 연주하고, 재생됩니다.

- **[한 옥타브 낮게(8vb)]**: 악보에 쓰인 것보다 1옥타브 낮게 연주하라는 뜻입니다. 이 항목을 클릭하면 악보에 음표가 1옥타브 높게 이동되며, 작은 8vb 기호가 추가됩니다.

- **[두 옥타브 높게(15mb)]**: 악보에 쓰인 것보다 2옥타브 낮게 연주하라는 뜻입니다. 이 항목을 클릭하면 악보에 음표가 2옥타브 높게 이동되며, 작은 15mb 기호가 추가됩니다.

[**Transpose**] 옵션을 [**On**]으로 설정하면 음자리표를 바꿀 때 바뀐 음자리표의 음높이에 맞게 기존 음들이 자동으로 조옮김이 되고, 체크를 하지 않으면 음이 이동하지 않고 제자리에 머물게 됩니다.

주의할 점은 음자리표를 바꾸었을 때 자동 조옮김을 [**On**]으로 설정하지 않으면 경우에 따라서는 해당 음자리표의 악보에서 표기할 수 없는 음이 생기게 되고 이 경우 기타 프로는 경고 메시지를 내보내고, 해당 음을 표시하지 않습니다.

조표 설정하기

악보에 조표를 적용하지 않으면 음높이를 표시할 때 반음으로 표시해야 할 음표가 많아져서 악보가 복잡해지고 보기도 어렵기 때문에 반드시 곡에 맞는 조를 설정해주어야 합니다. 조표에 대한 기본 지식이 없는 분들은 카페의 조표 관련 강좌를 먼저 보시기 바랍니다.

http://cafe.naver.com/macdoc/46634

악보에 조표를 설정하려면 **[편집 팔레트]**에서 조표 기호를 클릭해 **[KEY SIGNATURE]** 창을 엽니다. 메뉴 그룹에서는 **[Bar ▶ Key signature]**를 클릭합니다. 키보드 단축키는 Ctrl + K 입니다.

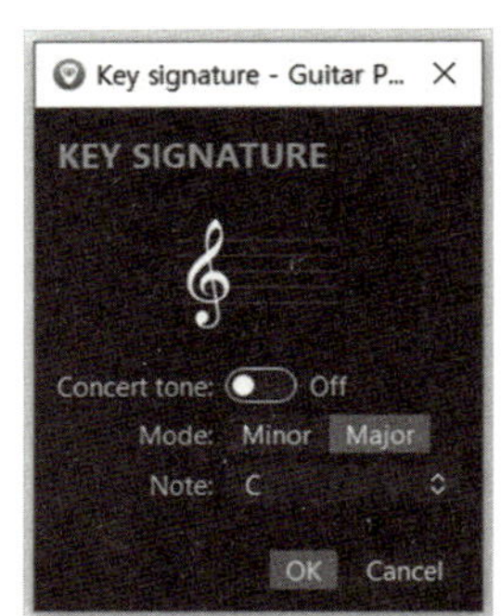

[KEY SIGNATURE] 창에서 다음 사항들을 설정합니다.

- **콘서트 톤(Concert tone)**: 콘서트 톤은 오케스트라와 같이 서로 조가 다른 여러 가지 악기를 함께 연주하는 경우. 실제 악기의 키와 상관없이 모든 악보를 귀에 들리는 음높이로 표시하게 만드는 옵션입니다. 오케스트라의 지휘자가 아니라면 거의 사용할 일이 없는 옵션입니다. 평소에는 **[Off]**로 설정하면 됩니다.

- **모드(Mode)**: 곡의 모드가 장조major인지 단조minor인지를 확인하고 알맞은 모드를 선

택합니다.

- **Note(기준음)**: 기준음의 음높이를 설정합니다. 조를 정확하게 모르는 경우에는 기본 값인 **[C major]** 키로 설정합니다.

동요 **[얼룩 송아지]**를 예로 들어 설명하겠습니다.

❶ **[얼룩 송아지]**는 장조 곡이므로 **[Major]**를 선택합니다.
❷ 이 노래의 조는 바장조(F)이므로 펼침 목록에서 **[F(b)]**을 선택합니다. 앞에 있는 대문자 알파벳은 조 이름을 뜻하고, 괄호 안의 기호는 악보에 표시될 조 기호를 뜻합니다.

조 설정이 끝났으면 **[OK]**를 클릭합니다. 조표 설정이 끝나면 악보상에 이렇게 조표가 표시됩니다.

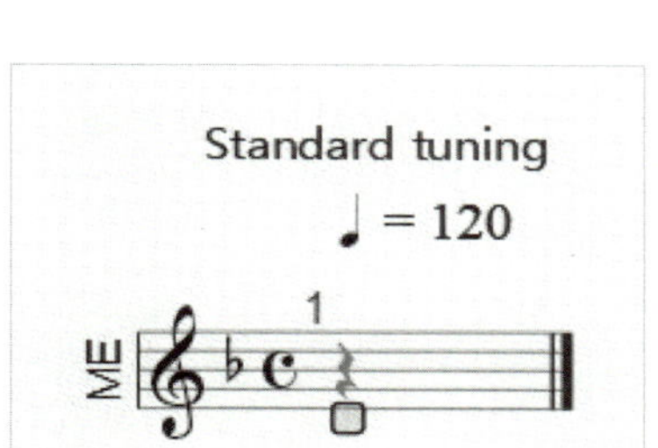

박자 설정하기

1 박자기호의 뜻

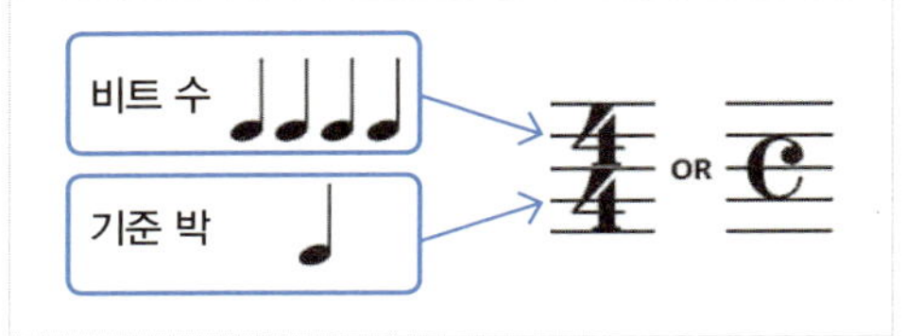

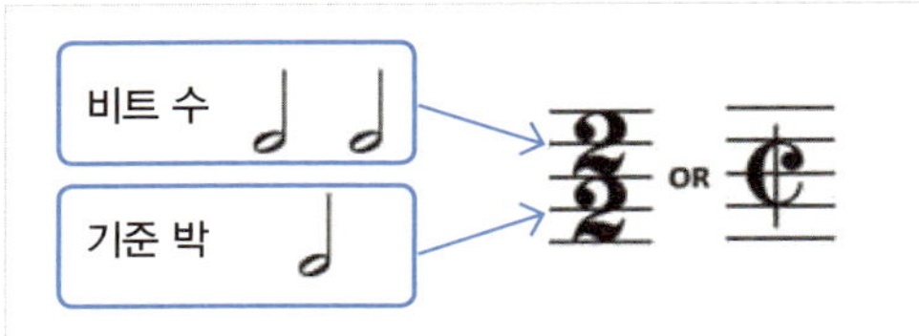

음악에서 박자는 한 마디 안에 몇 비트가 들어가고 한 비트를 구성하는 기준음의 길이가 얼마인가를 뜻합니다. 박자는 분수의 형태로 표현하는데 4/4박자는 한 마디 안에 4분 음표(분모)가 4개(분자) 들어간다는 뜻이고, 2/2박자는 한 마디 안에 2분 음표(분모)가 2개(분자) 들어간다는 뜻입니다.

2 박자의 종류

자주 사용하는 박자들의 비트와 구성 가능한 박자는 다음과 같습니다. 그 외에도 작곡자의 의도에 따라 마디 안에서 기준 박을 더 잘게 나누어 사용하기도 합니다.

박자 표기	표기	한 마디 기준 박	분할 박
Simple Duple	$\frac{2}{4}$	♩ ♩	
Compound Duple	$\frac{6}{8}$	♩. ♩.	
Simple Triple	$\frac{3}{4}$	♩ ♩ ♩	
Compound Triple	$\frac{9}{8}$	♩. ♩. ♩.	
Simple Quadruple	$\frac{4}{4}$	♩ ♩ ♩ ♩	
Compound Quadruple	$\frac{12}{8}$	♩. ♩. ♩. ♩.	

③ 박자 설정하기

박자를 적용하려면 [4/4]라고 표시된 박자 아이콘을 클릭해 박자 입력 창을 엽니다. 메뉴 그룹에서는 [Bar ▶ Time Signature]를 클릭합니다. 키보드 단축키는 Ctrl + T 입니다.

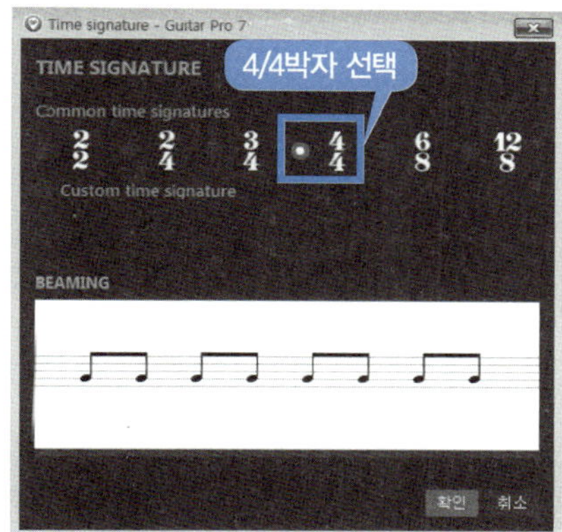

① [TIME SIGNATURE] 섹션

- **Common type signatures**: 2/2, 2/4, 3/4, 4/4, 6/8, 12/8박자 등 자주 사용하는 박자들은 해당 박자 앞에 동그라미를 클릭해 손쉽게 박자를 설정할 수 있습니다. 기본 값은 4/4박자로 설정되어 있습니다.

> ✂ 참고
>
> 4/4박자는 보통 4/4라는 분수 표기 대신 [C]라는 영어 기호로 표시하기도 합니다. 이렇게 표시하려면 [Stylesheet]의 [Notation] 탭 안에 있는 [SYMBOLS] 그룹에서 [Alternate representation "C" for 4/4 and 2/2 signatures] 항목에 체크해야 합니다. 반대로 체크를 해제하면 악보에서 4/4 혹은 2/2로 표시됩니다.

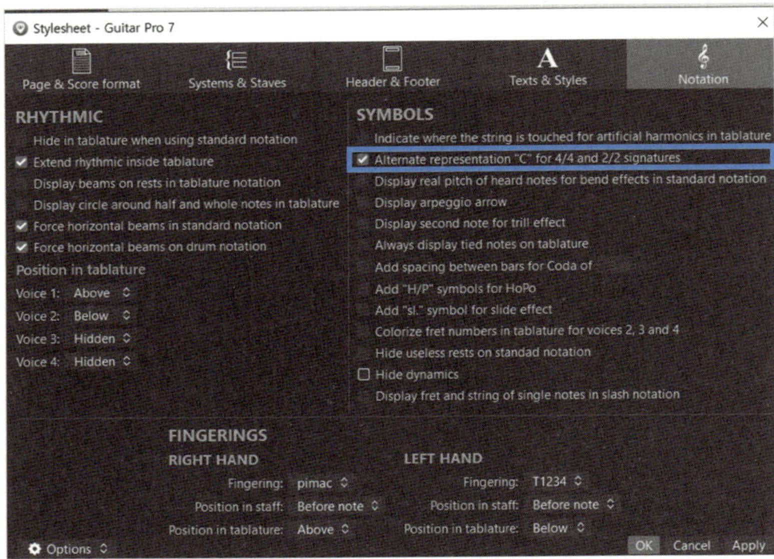

- **Custom time signature**: 사용자가 임의로 박자를 설정할 때 사용합니다. 두 개의 버튼 중 위는 박자의 분자, 아래는 박자의 분모를 설정합니다. 예를 들어 3/8박자를 설정하려면 위는 3, 아래는 8로 설정합니다.

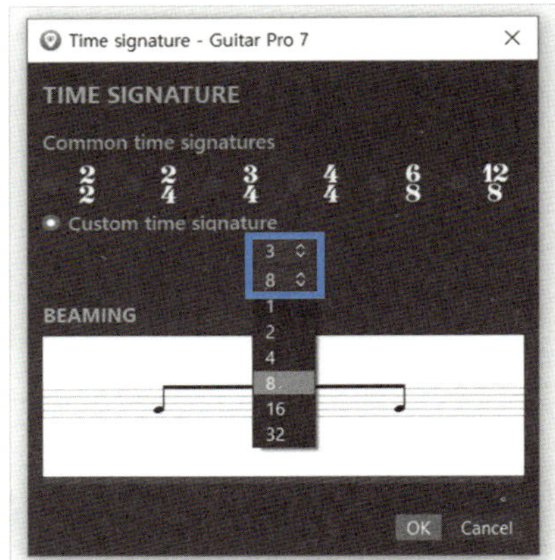

② [BEAMING] 섹션

음표 줄기 표시 방법을 바꾸려면 **[4/4]**라고 표시된 박자 아이콘을 클릭해 **[Time signature(박자 입력)]** 창을 엽니다. 메뉴 그룹에서는 **[Bar ▶ Time Signature]**를 클릭합니다. 키보드 단축키는 Ctrl + T 입니다.

[Time signature] 창의 아래에는 [BEAMING] 섹션이 있습니다. 'BEAMING'이란 음표의 줄기를 연결하는 방법을 말합니다. 박자를 설정하고 나면 자동으로 그 박자에 맞는 기본 음표들의 연결 방법이 'BEAMING' 창에 표시됩니다.

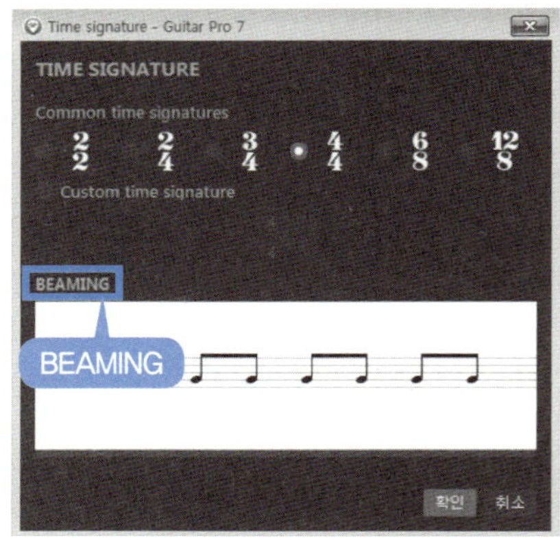

음표들의 연결 방법을 사용자가 원하는 대로 바꿀 수도 있습니다. 음표 연결 방법을 바꾸려면 음표들의 연결선 가운데 진한 색으로 표시된 곳에 마우스를 올립니다. 연결선의 색이 흐리게 변하는데 이때 클릭하면 연결선의 모양이 끊어집니다. 반대로 연결선이 없는 빈 부분에 마우스를 올리고 클릭하면 새로운 연결선을 만들 수도 있습니다.

[OK]를 클릭해 계속 진행합니다.

③ 중간에 박자 바꾸기

한 곡의 노래는 보통 하나의 박자로 이뤄지기 때문에 박자기호를 노래의 첫 마디에 한 번만 표시하면 되는데, 경우에 따라서는 노래 중간에서 박자가 바뀌기도 합니다. 이럴 때는 그 위치에서 다시 박자를 설정해야 합니다.

바꾸고자 하는 위치에 커서를 놓고 [편집 팔레트]에서 [4/4]라고 표시된 박자 아이콘을 클릭해 박자 입력 창을 엽니다. 메뉴 그룹에서는 [Bar ▶ Time Signature]를 클릭합니다. 키보드 단축키는 Ctrl + T 입니다.

원하는 박자를 설정합니다. 설정이 끝나면 박자가 바뀌는 마디에 새로운 박자 표시가 나타납니다.

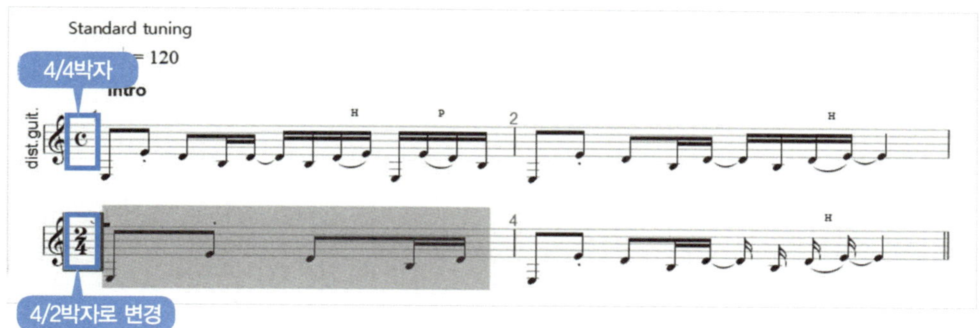

한번 바뀐 박자는 다음에 다른 박자가 설정되기 전까지는 계속 그 박자가 적용됩니다. 중간에 잠깐 박자를 바꾸었다가 다시 원래 박자로 돌아오려면 돌아오는 위치에서 박자 설정을 다시 해야 합니다.

리듬 패턴 설정하기

1 균등 분할 리듬과 비균등 분할 리듬

기타 스트럼의 리듬 패턴은 보통 한 마디 안의 박자들을 1/2 혹은 1/4 등과 같이 균등하게 나누는 균등 분할 방식을 이용해서 만듭니다. 예를 들어 4비트로 연주하려면 한 마디 안에서 다운 스트럼을 네 번 하고, 8비트로 연주하려면 다운 스트럼과 업 스트럼을 같은 길이로 번갈아가면서 여덟 번 연주합니다. 이런 분할 방식을 균등하게 쪼갠다는 뜻으로 '균등 분할'이라고 부릅니다. 이를 악보로 표시하면 다음과 같습니다.

그런데 리듬 패턴 중에는 다운-업 스트럼의 길이가 같지 않은 리듬이 있습니다. 이 리듬을 연주하면 마치 절뚝거리며 걷는 것과 같은 느낌이 들기 때문에 '셔플Shuffle'이라고 부릅니다. 영어로 'Shuffle'은 '절뚝거리며 걷다'라는 뜻입니다. 셔플은 1930년대 미국의 재즈 음악에서 발전한 리듬 패턴으로, 박자를 균등하게 나누는 것만으로는 곡의 다양한 표현과 변화를 줄 수 없기 때문에 작곡자들이 비균등 분할 리듬을 사용한 것이 시작입니다. 예를 들면 다음과 같은 리듬이 비균등 분할 리듬입니다.

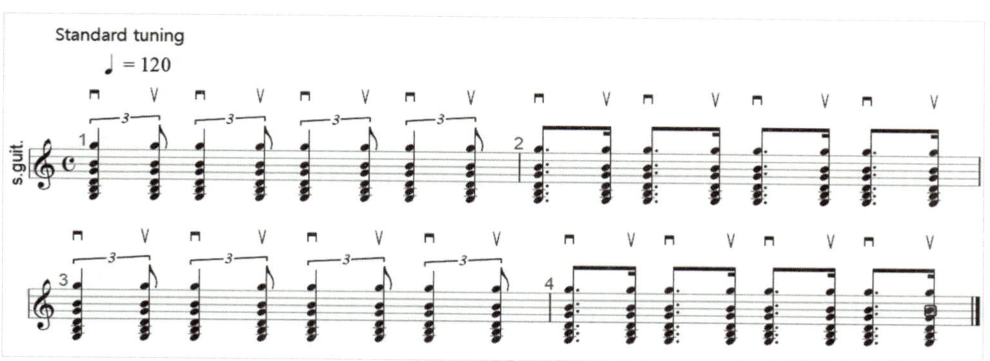

2 셔플 스트럼 설정하기

기타 프로는 다양한 셔플 리듬을 설정할 수 있도록 다음과 같이 여섯 가지의 비균등 분할 패턴을 제공합니다. 셔플 리듬을 설정하려면 [편집 팔레트]에서 [Triplet Feel] 아이콘을 클릭합니다. [Triplet Feel] 창이 뜨고, 여러 가지 셔플 리듬이 나타납니다. 각 리듬의 뜻은 다음과 같습니다.

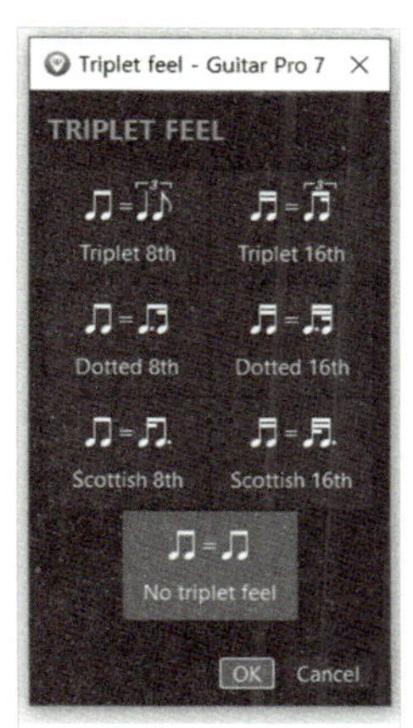

- **Triplet 8th**: 악보상의 8분 음표 두 개를 1박 셋잇단음표 중 가운데 리듬이 하나 없는 2:1 비율로 재생합니다.
- **Triplet 16th**: 악보상의 16분 음표 두 개를 0.5박 셋잇단음표 중 가운데 리듬이 하나 없는 2:1 비율로 재생합니다.
- **Dotted 8th**: 악보상의 8분 음표 두 개를 점8분 음표와 16분 음표, 즉 3:1 비율로 재생합니다.
- **Dotted 16th**: 악보상의 16분 음표 두 개를 점16분 음표와 32분 음표, 즉 3:1 비율로 재생합니다.
- **Scottish 8th**: 악보상의 8분 음표 두 개를 16분 음표와 점8분 음표, 즉 1:3 비율로 재생합니다.
- **Scottish 16th**: 악보상의 16분 음표 두 개를 32분 음표와 점16분 음표, 즉 1:3 비율로 재생합니다.

- **No Triplet feel**: 악보상의 8분 음표 두 개를 Triplet 느낌 없이 균등 분할 비율로 재생합니다.

3 악보상의 표기

만약 [Triplet Feel] 기능을 사용하지 않고 비균등 분할 리듬을 악보에 나타내려면 모든 음표들을 잇단음표 기호로 묶어서 표시해야 할 것입니다. 악보를 입력하기도 힘들고 보기에도 지저분해 보입니다. 이럴 때 [Triplet Feel] 설정을 활용하면 일일이 셋잇단음표 표시를 하지 않고도 악보를 만들 수 있고, 셔플 느낌으로 재생할 수 있습니다. 이렇게 하면 악보 입력이 더 쉬워지고, 보기에도 깔끔한 악보가 만들어집니다.

[Triplet Feel]을 설정하고 나면 악보의 첫머리에 설정한 [Triplet Feel] 패턴이 표시됩니다.

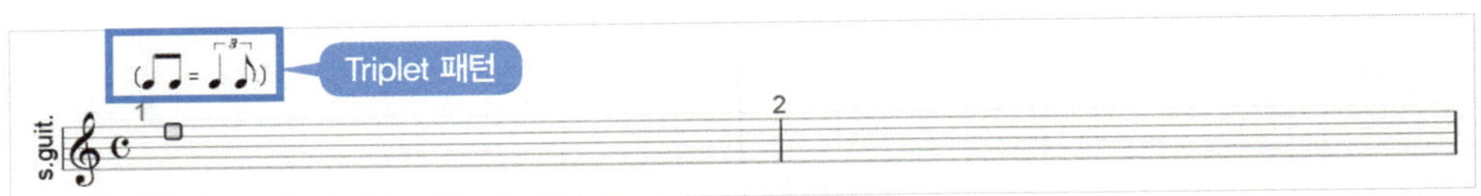

그리고 스트럼 패턴을 입력할 때 굳이 음표들을 2:1 혹은 3:1의 길이로 일일이 설정하지 않고, 8분 음표 두 개 혹은 16분 음표 두 개로 입력합니다.

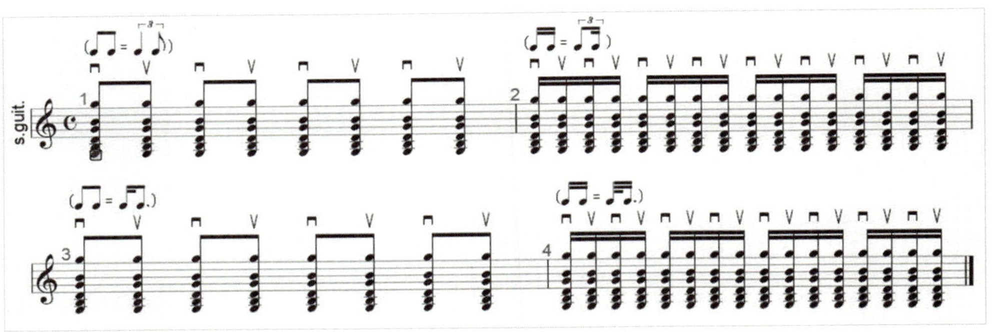

이렇게 입력한 다음, 재생해보면 설정한 [Triplet Feel] 비율대로 재생되는 것을 확인할 수 있습니다. 이런 방법을 통해 기타 프로는 셔플 리듬을 간단하게 입력하고 표기할 수 있도록 도와줍니다.

> ✂ 참고
>
> 악보의 특정 마디에서 [Triplet Feel] 패턴을 설정하거나, 기존의 [Triplet Feel] 패턴과 다른 패턴을 새로 지정하면 그 마디부터 바뀐 리듬 패턴대로 재생됩니다.

이조 악기 설정하기

1 이조(移調, transposition)

이조는 어떤 곡을 연주하기 쉽도록 악곡 전체의 조를 바꿔서 음높이를 높이거나 낮추는 것을 말합니다. 우리말로는 '조옮김'이라고 부릅니다. 왜 이런 조옮김이 필요할까요? 오케스트라에서 사용하는 대부분의 금관악기나 목관악기들은 저마다 크기, 구조, 관의 길이 등이 다르고, 그에 따라 악기마다 기준음이 달라집니다.

악보를 보고 연주할 때 가장 쉽게 운지할 수 있는 키는 반음이 하나도 붙지 않은 'C'입니다. 하지만 예전에 악기를 만들던 장인들은 그 악기가 지닌 고유의 음색을 표현하기 위해 굳이 'C' 키의 악기 구조를 고집하지 않았습니다. 또한 색소폰처럼 같은 계열의 악기지만 악기의 모양과 크기가 달라서 기준음이 각기 다른 악기도 있습니다. 이런 악기들을 위한 기보를 하다 보면 악보상에 반음 올림, 반음 내림, 제자리표 등의 임시표들이 많이 등장하게 되어 악보를 읽기가 어려워집니다. 그래서 기준음이 다른 악기에서 음악이 그 악기에게 요구하는 최상의 소리를 내면서도, 연주자가 쉽게 악보를 읽고 편하게 운지할 수 있도록 만들기 위해 조옮김을 사용하는 것입니다.

조옮김을 하더라도 전체적인 음높이만 변할 뿐, 각 음 사이의 상대적인 음정 관계는 변하지 않습니다.

2 이조 악기의 기보

이조(조옮김) 악기란 악보에 나타난 음을 그대로 연주하면 실제의 음과 다르게 나오는 악기로 대부분의 금관악기와 목관악기들이 이에 속합니다. 클라리넷, 트럼펫, 호른, 색소폰 같은 악기는 실음과 기보음이 다릅니다. 보통 클라리넷과 트럼펫은 Bb조, 호른은 F조, 색소폰은 테너가 Bb, 알토가 Eb 등으로 조옮김이 되어 있습니다. 예를 들어 Bb조의 색소폰으로 악보에 있는 '도' 음을 불면 실제론 'C'가 아니라 'Bb'음이 납니다. 그래서 보통 오케스트라에서 사용하는 파트 악보에는 'in Bb', 'in Eb'처럼 조옮김을 표시합니다. 한편 피콜로나 더블베이스처럼 음역대가 아주 높거나 낮은 악기들의 악보를 그릴 때에는 실제 음보다 한 옥타브 낮게 혹은 높게 기보합니다.

예를 들어 C조로 구성된 악보에서 C키의 악기에 비해 반음 두 개(장2도)만큼 낮은 기준음을 가진 Bb조의 테너 색소폰이 Bb음을 내야 한다고 가정해보겠습니다. 만약 악보에 Bb으로 적혀 있다면 테너 색소폰은 그에 따라 Bb의 운지를 할 것이고 실제로는 그보다 반음 두 개가 낮은 Ab음이 들릴 것입니다. 따라서 악보가 원하는 제대로 된 음을 내려면 악보를 악기의 기준음에 맞춰 조절해서 적어야 합니다. 즉 C조 음악을 Bb조 악기로 연주하려면 원래 조인 C보다 장2도만큼 위로 조옮김을 해 D조로 악보를 적어야 합니다.

3 기타 프로에서의 조옮김 악기 설정하기

트럼펫이나 색소폰 같은 조옮김 악기의 경우에도 트랙 인스펙터의 [MUSICAL NOTATION] 섹션에 있는 조옮김 조성Transposition tonality에서 'C Played as' 항목에 있는 스크롤 메뉴에서 조옮김을 원하는 키를 선택하면 쉽게 조를 옮길 수 있습니다. 예를 들어 Eb조의 알토 색소폰을 위한 악보를 만드는 순서를 보겠습니다.

❶ 메뉴 그룹의 [Track]에서 [Add]를 클릭합니다.
❷ [ADD TRACK] 설정 창이 나타납니다.
❸ [INSTRUMENT] 섹션에서 [ORCHESTRA] 그룹을 클릭합니다.
❹ 다시 왼쪽 칸의 악기 유형에서 [Wind(관악기)]를 클릭합니다.
❺ 오른쪽 악기 이름 칸에서 [Saxophone]을 선택합니다.
❻ 색소폰을 선택하면 기본 값으로 알토 색소폰이 설정됩니다.
❼ [Create] 버튼을 눌러 트랙을 새로 만듭니다.

❽ 악보에 알토 색소폰을 위한 트랙이 하나 만들어집니다.

❾ 악기가 C키보다 반음 3개 높은 Eb키(C-C#-D-Eb)이므로 반대로 조표는 C키보다 반음 3개가 낮은 A(C-Bb-Bb-A)키로 자동 설정됩니다.

❿ 트랙 인스펙터 창의 [MUSICAL NOTATION] 섹션의 [transposition tonality]를 보면 'C Played as' 항목에 'Eb'으로 자동 설정된 것을 알 수 있습니다.

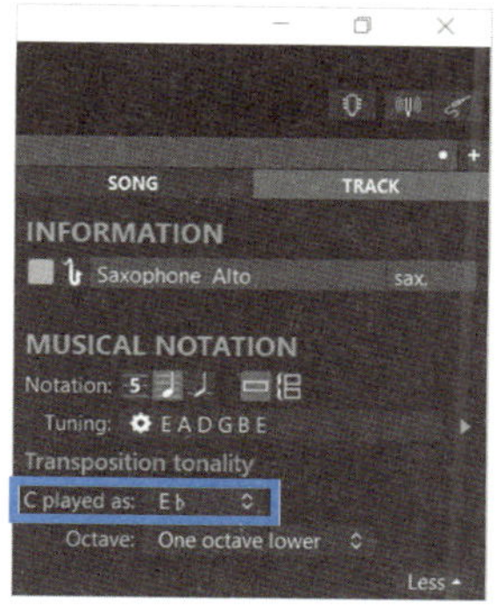

이런 방법으로 기보하면 조옮김 악기들을 위한 악보에 임시표가 많이 붙지 않아 간결하면서도 연주하기 편한 악보가 만들어집니다. 참고로 콘서트 톤을 설정한 경우에는 이것이 조옮김 설정보다 우선해 적용됩니다. 따라서 조옮김 조성은 콘서트 톤을 설정하지 않은 경우에만 작용합니다.

④ 조옮김이 된 악기를 위한 설정

기타의 튜닝을 정 튜닝이 아니라 변칙 튜닝(예: 하프다운 튜닝)한 경우라도 정 튜닝 상태라고 가정하고 악보를 볼 수 있다면 연주하기가 훨씬 쉬울 것입니다. 이렇게 하려면 [Transposition tonality(조성 바꾸기)] 기능을 사용해서 음표들을 이조시켜야 하는데, 이조를 시킨다고 음의 실제 높이(Pitch)가 변하는 것이 아니라 탄현했을 때 들리는 음높이가 악보의 표기와 달라질 뿐입니다. 악보 안에서 조옮김이 된 기타의 음표를 설정하는 방법은 스타일시트 설정 창의 [System and staves(시스템과 스타브)] 탭에 있는 [STAVES] 항목에서 [Capo and translated impact standard notation] 옵션을 어떻게 설정했는가에 따라 달라집니다.

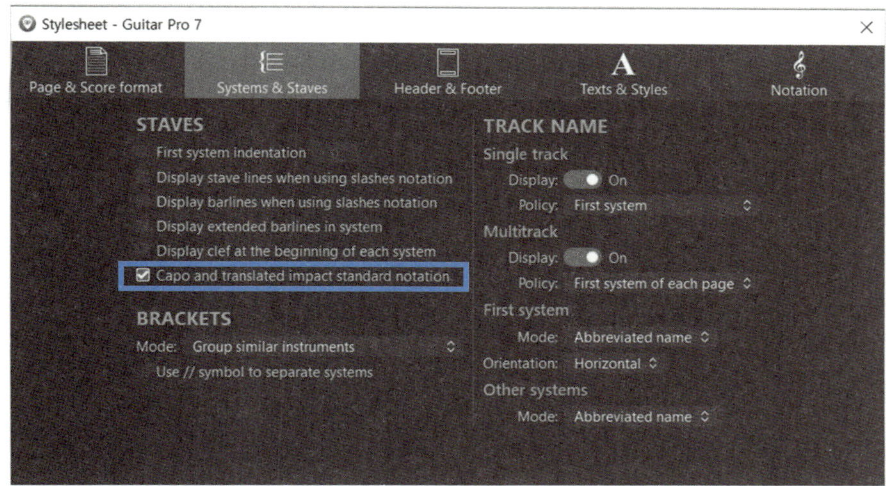

옵션을 선택했을 때와 해제했을 때 두 가지 시나리오로 구분해 살펴보겠습니다.

예제 1. 옵션에 체크를 한 경우

[Capo and translated impact standard notation] 옵션에 체크를 하면 음표는 그 음표가 소리 나는 실제 음높이를 반영합니다. 만약 악보에 보컬 트랙과 기타 트랙이 있다면 두 트랙 모두에 영향을 미칩니다. 이럴 경우, 양쪽 트랙에 모두 조 설정을 바꿔주어야 합니다.

원래 키가 C키였다면 튜닝을 모두 반음씩 낮췄기 때문에 새로운 키는 B키가 되어야 할 것입니다. 하지만 기타 트랙의 음표들을 정 튜닝 때처럼 취급하고 연주하려는 경우에는 이렇게 조를 바꾸어놓으면 악보를 보기가 어려워집니다. 대부분의 연주자들은 정 튜닝 상태의 악보를 보며 연주하는데 더 익숙해져 있기 때문에 악보에 E음이 보이면 6번 줄의 개방 현으로 연주하려고 할 것입니다. 하지만 튜닝이 정 튜닝이 아니라 하프다운 튜닝 상태라면 E음을 내기 위해 6번 줄의 개방 현 대신 6번 줄의 1프렛인 F음을 연주해야 합니다. 이런 방법보다는 익숙한 습관대로 정 튜닝 때처럼 악보를 보고 연주하는 것이 더 편할 것입니다.

예제 2. 옵션에 체크를 해제한 경우

옵션에 체크를 해제하면 카포의 설정이나 변칙 튜닝의 설정 값만큼을 보상하기 위해 기타 프로는 자동적으로 기타 트랙에 조옮김을 반영합니다. 이렇게 되면 악보상의 음표는 실제 음높이와 다르게 표시되지만 연주자들은 정 튜닝 때처럼 악보를 보고 연주하면 되기 때문에 연주가 훨씬 쉬워집니다.

보컬 트랙은 B키로 설정해놓고, 기타 트랙만 조옮김 설정을 하면 기타 악보를 읽기가 훨씬 수월해지며, 무의식중에 악보를 잘못 연주하는 사고를 미연에 방지할 수 있습니다.

트랙 인스펙터의 조옮김 조성Transposition tonality 항목을 보면 C음을 B로 연주하라고 옵션이 바뀐 것을 확인할 수 있습니다.

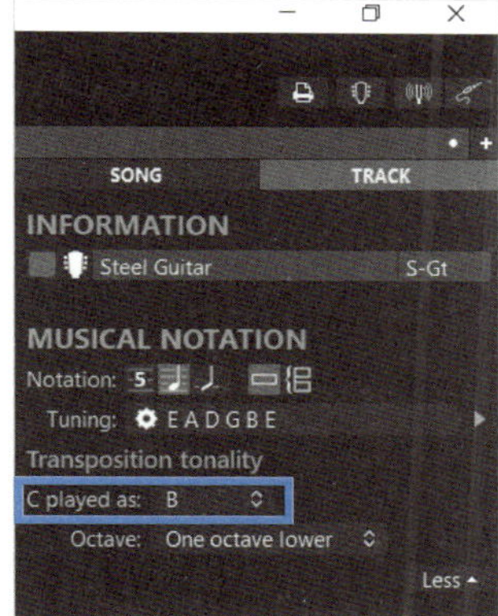

5 기타 악보에서 옥타브 설정하기

트랙 인스펙터 창의 [MUSICAL NOTATION] 섹션에서 [transposition tonality]를 보면 [Octave]라는 옵션이 보입니다.

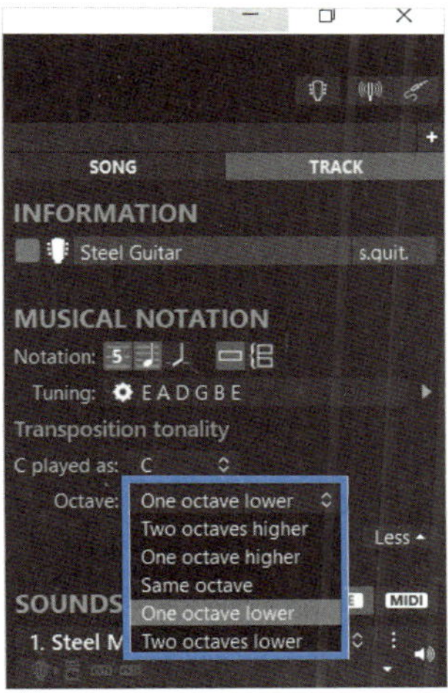

기타 트랙의 경우에는 이 옵션에서 **[One octave lower]**가 기본 값으로 설정됩니다. 악보상에 표시된 음보다 한 옥타브 낮게 재생된다는 뜻입니다.

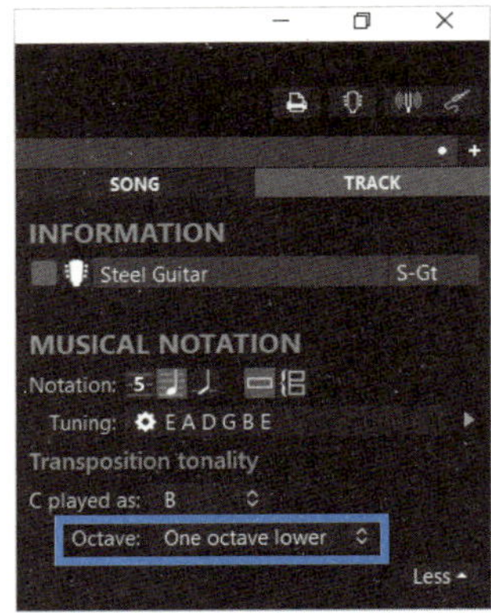

이 기능을 이해하려면 피아노의 음과 오선 악보 사이의 관계를 알아야 합니다. 모든 악기는 그 악기로 연주할 수 있는 일정한 음역대를 지니고 있습니다. 피아노, 베이스 기타, 기타의 음역대는 다음 그림과 같습니다.

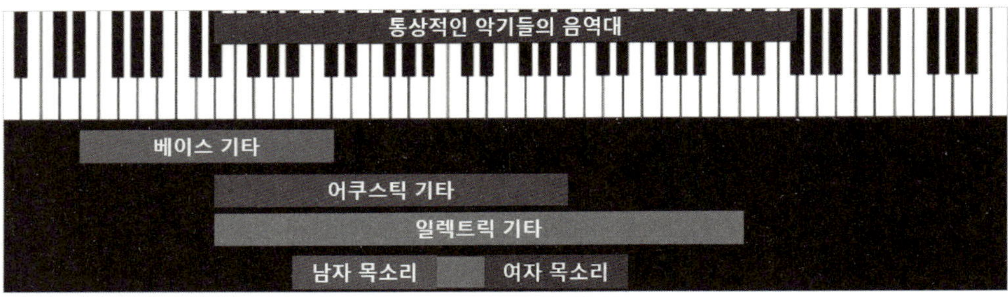

대부분의 현대 피아노는 88개의 건반으로 구성되며, A0에서 C8까지 약 7옥타브가 넘는 음역대를 커버합니다. 이 중에서 가운데(피아노 뚜껑의 열쇠 구멍이 있는 위치)에 있는 '도' 음을 'Middle C(C4=가온 다)'라고 부릅니다. 이 음의 위치를 오선 악보 위에서 표기하면 다음과 같습니다.

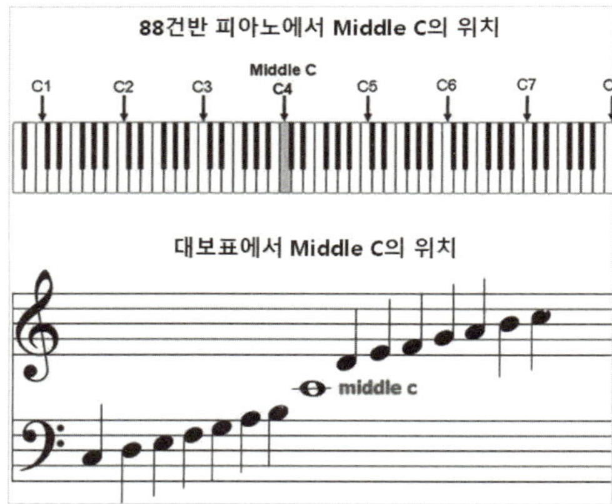

그럼 기타에서는 어디가 'Middle C'의 위치일까요? 2번 줄의 1프렛이 'Middle C'의 위치입니다.

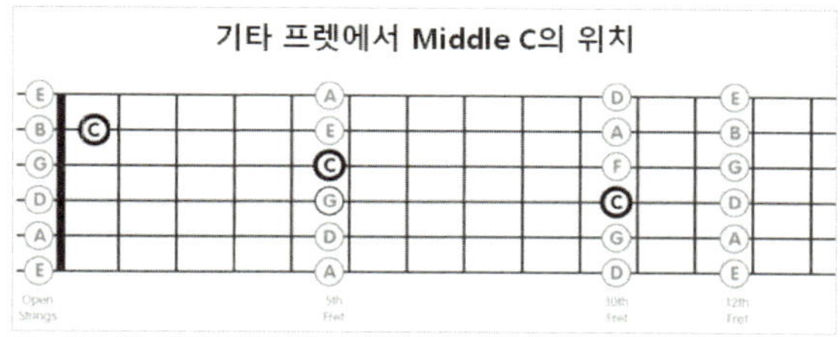

이 음을 기타로 연주한다면 2번 줄 1프렛에 있는 '높은 도'에 해당합니다. 하지만 실제 연주곡에서는 'Middle C' 이하의 음들이 많이 등장하므로 이렇게 악보를 만들면 보기가 불편해집니다. 그래서 기타 프로는 'Middle C' 위치에 있어야 할 음을 악보를 기입할 때는 실제 음보다 한 옥타브 높게 기입하고 기록된 음을 재생을 할 때는 반대로 [한 옥타브 낮은 음(One Octave Lower)]으로 재생하는 것을 기본 값으로 정해놓았습니다.

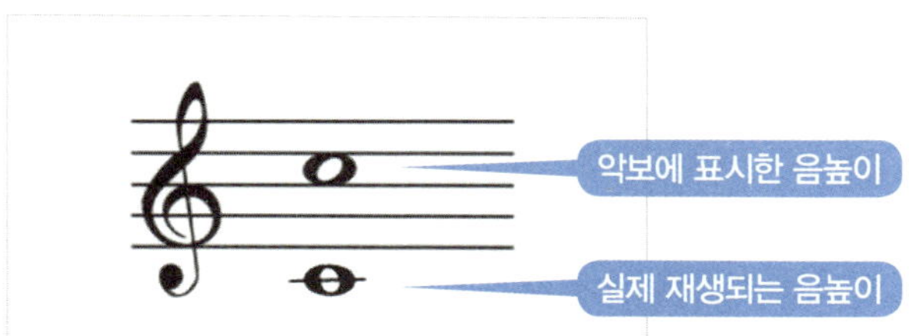

이런 방법으로 악보의 표기를 좀 더 보기 좋은 형태로 만들어줍니다. 이 옵션은 'Middle C' 음을 어느 옥타브로 재생할지 설정합니다.

물론 피아노나 키보드 같은 악기 트랙에서는 'One Octave Lower' 옵션이 자동 적용되지 않고 'Same octave' 옵션이 적용되어 실제 음높이대로 입력하고 그대로 재생합니다.

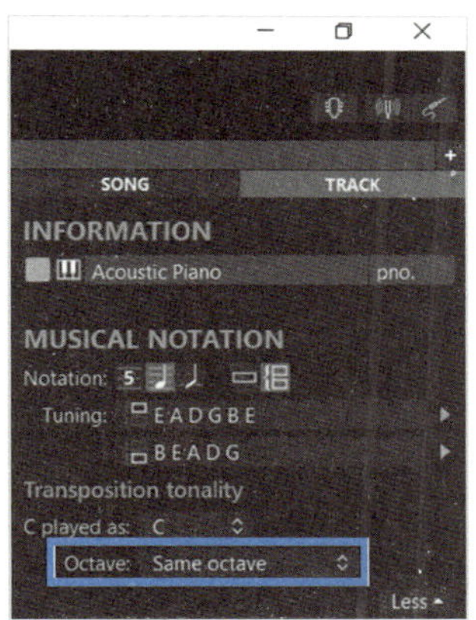

또한 기타를 정 튜닝이 아닌 상태로 튜닝했을 때도 조옮김 기능을 사용할 수 있습니다. 예를 들어 모든 음을 반음씩 낮춘 하프다운 튜닝으로 조율했다면 전체 음이 반음씩 떨어져 있을 것입니다. 때문에 정 튜닝 시 익숙했던 포지션 마크를 기준으로 음을 찾기가 어려워집니다. 이럴 경우, 정 튜닝 때처럼 악기를 설정해놓으면 음을 찾기가 쉬워질 것입니다. 이렇게 하려면 하프다운된 음을 정 튜닝의 음으로 조옮김시키는 것이 필요합니다. 'C Played as' 항목에서 반음 낮은 'B'를 선택합니다.

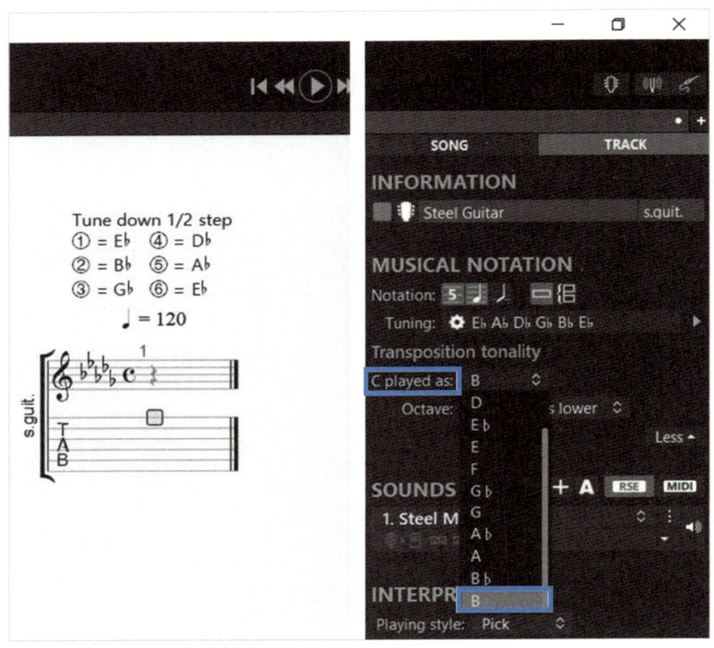

튜닝/카포 설정하기

기타 프로에서는 연주자가 원하는 다양한 종류의 튜닝을 설정하고 사용할 수 있습니다. 기본 설정은 정 튜닝이지만 인스펙터 창에서 원하는 튜닝을 쉽게 설정할 수 있습니다. 기타 프로에서 정한 튜닝 옵션은 코드, 스케일, 튜너 등에 모두 자동으로 반영되기 때문에 편리하게 사용할 수 있습니다. 또한 카포를 사용해 코드를 바꾸거나, 음을 높일 수도 있습니다.

1 튜닝 설정하기

튜닝을 설정하려면 인스펙터 창의 [Track] 탭에서 [Musical notation] 섹션의 [Tuning 이름] 부분을 클릭해 튜닝 설정 창을 띄웁니다. 기본적으로는 모든 트랙에 정 튜닝 (E-A-D-G-B-E)이 적용됩니다. 튜닝 설정 창 각 항목의 이름과 역할은 다음과 같습니다.

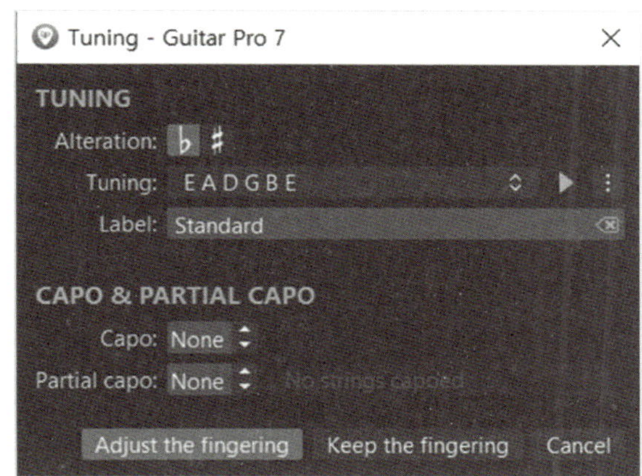

- **[Alteration(b, # 표기 방법)]**: 반음에 해당하는 튜닝 음들을 샤프(#)로 표기할지, 플랫 (b)으로 표기할지 설정합니다.
- **[Tuning(튜닝 목록)]**: 각 악기별로 기본 정 튜닝을 포함한 다양한 변칙 튜닝 목록을 보여줍니다.

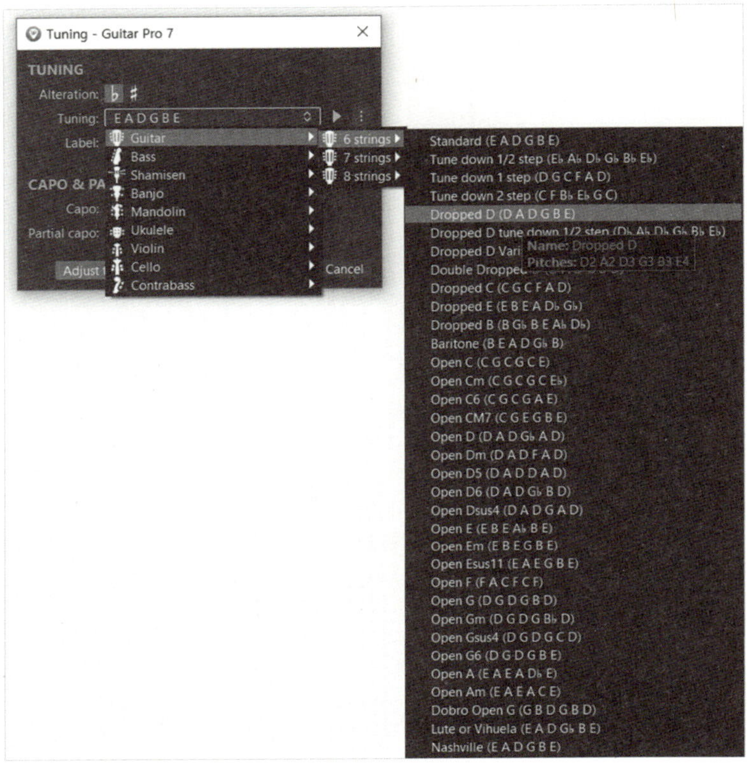

- **재생Play 버튼**: 삼각형 모양의 버튼을 누르면 현재 튜닝의 소리를 들려줍니다.
- **기준음**: 점선 모양을 클릭하면 줄별로 기준음을 지정하는 창이 나타납니다.

- 위에 아래위 화살표를 클릭하면 전체 줄 이름들이 반음씩 높아지거나 낮아집니다.
- 위에 있는 삼각형 모양의 재생 버튼을 클릭하면 모든 줄의 소리를 차례로 들려줍니다.
- 각 줄에 있는 화살표를 클릭하면 반음씩 음을 높이거나 낮출

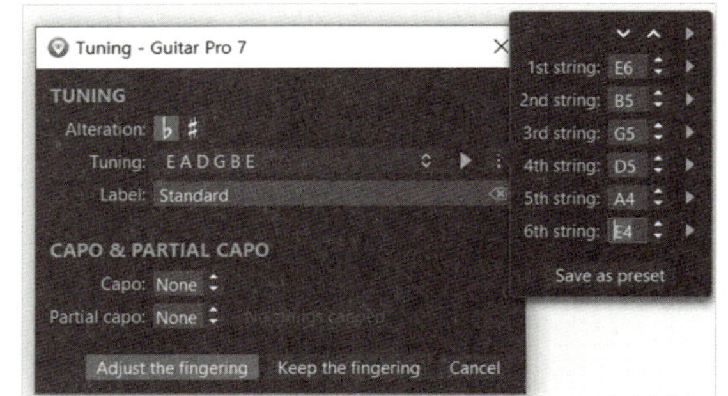

수도 있습니다.

- 튜닝 이름 칸에 직접 음을 입력할 수도 있습니다.
- 줄 이름 옆에 있는 삼각형 아이콘을 누르면 해당 줄의 소리를 들려줍니다.
- 이렇게 설정한 튜닝을 나중에 다시 사용하려면 [Save as preset] 버튼을 눌러 이름을 지정하고 저장합니다. 저장한 튜닝 옵션은 튜닝 리스트 맨 아래쪽에 나타납니다.

- [Label(레이블)]: 선택한 튜닝의 이름을 정합니다. 기타 프로가 제공하는 이름 외에 사용자가 따로 이름을 만들 수도 있습니다.

2 카포 설정하기

카포를 설정하려면 인스펙터 창의 [Track] 탭에서 [Musical notation] 섹션의 [Tuning 이름] 부분을 클릭해 튜닝 설정 창을 띄웁니다. 카포 설정은 튜닝 설정 창 아래 있는 [Capo & Partial capo] 섹션에서 설정합니다.

[Capo & Partial capo] 섹션

- [Capo(카포 위치)]: 카포를 체결할 프렛 위치를 설정합니다.
- [Partial capo(부분 카포)]: 부분 카포를 체결할 프렛 위치를 설정합니다.
- [Strings(줄)]: 부분 카포를 사용할 줄을 지정합니다.
- [Adjust the fingering(운지 보정)]: 바뀐 튜닝에 따라 원래의 운지를 자동으로 바꿉니다.

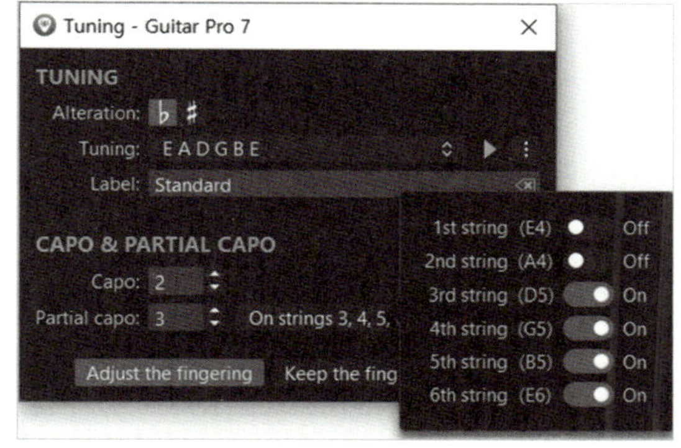

- [Keep the fingering(운지 고정)]: 튜닝 모드에 상관없이 기존의 운지를 그대로 유지합니다.

3 변칙 튜닝 사용하기

기타 프로는 커서가 위치한 트랙에 대해서만 설정된 튜닝을 적용합니다. 다시 말해 트랙별로 다른 튜닝을 적용할 수도 있다는 뜻입니다. 특정 트랙에 기본 튜닝이 아닌 변칙 튜닝을 사용하고 싶을 때에는 튜닝 설정 창의 [Tuning] 옵션을 사용합니다.

기타 프로는 다음과 같이 기타에서 자주 사용하는 다양한 변칙 튜닝의 옵션을 제공합니다. 다음 예시는 쇠줄을 장착한 어쿠스틱 스틸 기타와 나일론 줄을 장착한 클래식 기타를 두 개의 트랙으로 만들고, 어쿠스틱 기타에는 정 튜닝, 클래식 기타에는 6번 줄을 E가 아니라 D로 반음 두 개만큼 다운시킨 'Drop D' 튜닝을 적용시킨 것입니다.

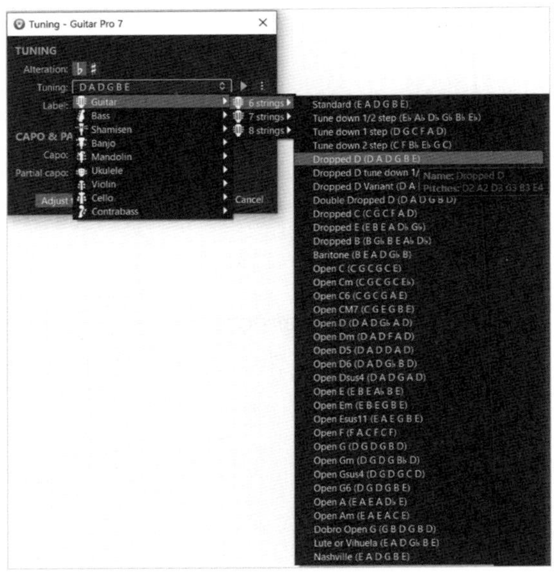

다음은 기타 프로가 제공하는 변칙 튜닝 리스트입니다.

트랙 만들기

1 트랙의 개념

기타 프로에서 새 파일을 만들면 기본적으로 하나의 트랙이 만들어집니다. 트랙이란 하나의 악기가 들어 있는 독립된 방으로, 하나의 악보 안에는 여러 개의 트랙이 있을 수 있습니다. 예를 들어 다음 예제와 같이 일렉트릭 기타, 베이스 기타, 피아노, 드럼의 구성으로 이루어진 블루스 밴드의 악보를 만들려면 악기별로 각기 다른 독립된 트랙에 악보를 기록해야 하므로 4개의 트랙이 필요합니다.

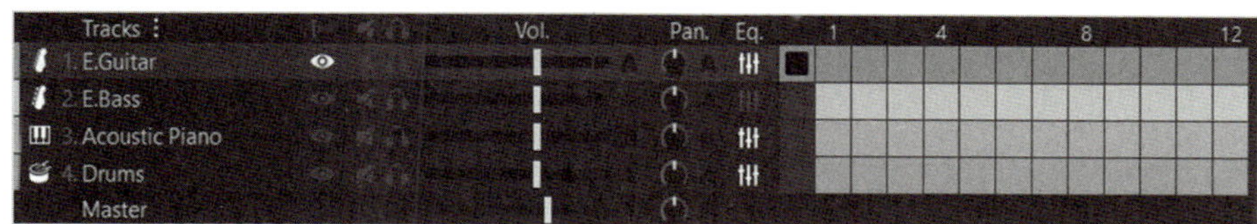

또한 트랙에 사용할 악기를 선택하는 순간 자동으로 그 악기의 악보 표기에 적합한 보표(Staff)가 만들어집니다. 예를 들어 피아노를 선택하면 대보표Grand staff, 기타를 선택하면 타브 보표가 자동으로 생성됩니다. 또 각 보표가 표기할 수 있는 음역대도 자동으로 설정되고, 음역대를 벗어나는 음은 붉은색으로 표시되어 사용자가 알 수 있게 해줍니다(**[50. 스타일시트 설정하기]**편 참조). 그리고 컴퓨터의 사양이 뒷받침 되는 한 무한대의 트랙을 추가로 생성할 수 있습니다.

② 트랙 메뉴

메뉴 그룹에서 [Track] 탭을 클릭하면 트랙 관련 메뉴들이 펼침 메뉴로 나타납니다. 이 메뉴 그룹에서 트랙을 추가, 삭제, 복사할 수 있으며, 트랙의 위치를 아래, 위로 이동할 수도 있으며, 가사 입력 창과 코드 입력 창을 띄울 수도 있습니다. 현재 작업 중인 파일에 들어 있는 트랙의 리스트도 보면서 원하는 트랙을 클릭해 활성화시킬 수도 있습니다. 또한 다음 트랙 혹은 이전 트랙으로 이동도 가능합니다.

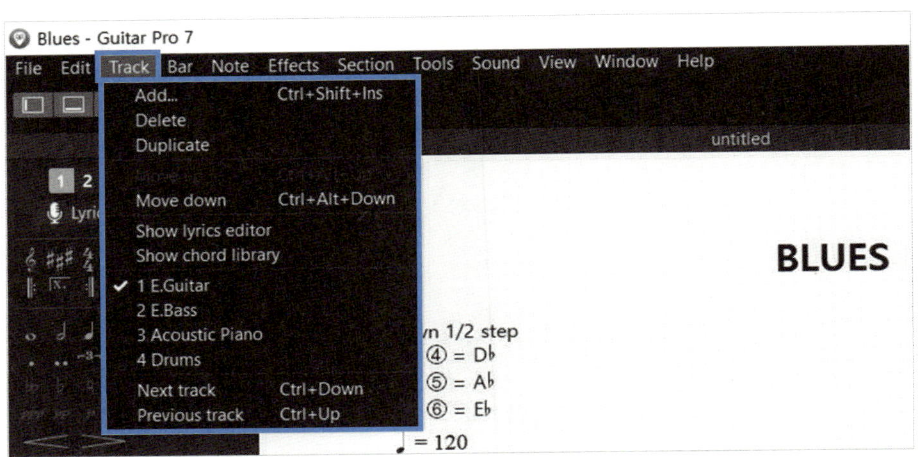

③ 트랙 추가하기

새로운 트랙을 추가하려면, 메뉴 그룹에서 [Track ▶ Add]를 클릭합니다. 또는 작업 창의 아래 왼쪽에 있는 사운드보드의 트랙 이름 위에서 오른쪽 마우스를 클릭해도 트랙을 추가, 삭제, 복사할 수 있습니다.

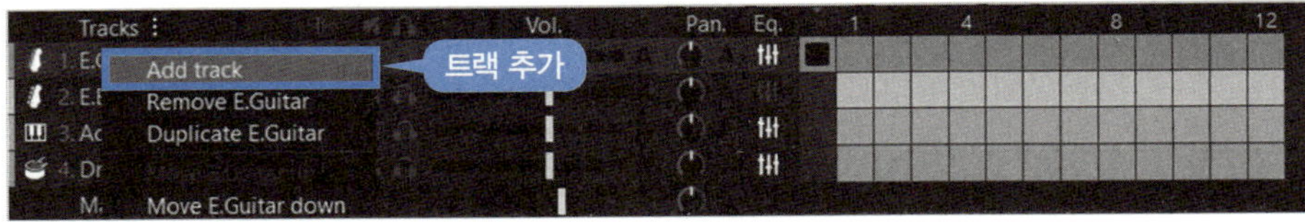

④ 싱글/멀티 트랙 보기

기타 프로에서 싱글 트랙은 파일 하나에 하나의 트랙만 있는 것을 말하고, 멀티 트랙은 둘 이상의 트랙이 있는 것을 말합니다. 기존에 트랙이 있는 상태에서 트랙을 추가하면 제일 밑에 새로운 트랙이 하나 추가되고, 자동으로 그 트랙이 활성화됩니다. 하지만 멀티 트랙 악보라 할지라도 트랙 보기가 싱글 모드인 경우에는 활성화된 하나의 트랙 외에는 보이지 않습니다. 이럴 때에는 작업 창 아래에 있는 **[사운드 툴바]**에서 **[Multitrack]** 아이콘을 한 번 눌러 줍니다. 이 아이콘을 다시 누르면 싱글 트랙 보기 모드로 전환됩니다. 키보드 단축키는 F3 입니다.

5 악기 선택하기

트랙을 추가하면 자동으로 트랙 창이 뜹니다. **[Instrument]** 섹션에서 사용할 악기를 선택합니다.

악기 선택 창은 크게 현악기(Stringed), 오케스트라 악기, 드럼, MIDI 네 그룹으로 나뉘어 있으며, 각 악기 그룹마다 다양한 악기가 들어 있습니다.

① Stringed(현악기) 그룹

- **Acoustic Guitar**: 어쿠스틱 기타를 선택합니다.
    - Steel
    - 12-String
    - Nylon
    - Resonator

- **Electric Guitar**: 일렉트릭 기타를 선택합니다.
    - Overdrive
    - Distortion
    - Clean
    - Jazz
    - 12-String
    - Sitar

- **Bass**: 베이스 기타를 선택합니다.
    - Acoustic
    - Electric
    - Fretless

- Synth

- Upright

- **Others**: 기타 이외의 현악기를 선택합니다.
  - Ukulele

  - Benjo

  - Mandolin

② Orchestra(오케스트라) 그룹

- **Keyboard**: 건반악기를 선택합니다.
  - Acoustic Piano

  - Electric Piano

  - Organ

  - Harpsichord

  - Accordion

- **Synth**: 신시사이저를 선택합니다.
  - Brass

  - Key

  - Lead

  - Bass

  - Sequencer

- **Strings**: 현악기를 선택합니다.
  - Violin

  - Viola

  - Cello

  - Contrabass

  - Harp

- **Wind**: 관악기를 선택합니다.
  - Harmonica

  - Trumpet

  - Trombone

- Tuba
- Saxophone
- Clarinet
- Bassoon
- Flute
- Bass Clarinet
- Contrabassoon
- English Horn
- French Horn
- Oboe
- Recorder
- Piccolo
- Bagpipe

- **Other**: 기타 악기와 보컬 트랙을 선택합니다.
  - Celesta
  - Vibraphone
  - Xylophone
  - Singer

악기 그룹을 선택한 다음 아래 나타나는 펼침 목록에서 악기의 세부 설정을 선택합니다. 예를 들어 나일론 줄을 장착한 클래식 기타를 선택하려면 [Acoustic Guitar ▶ Nylon]을 차례로 선택합니다.

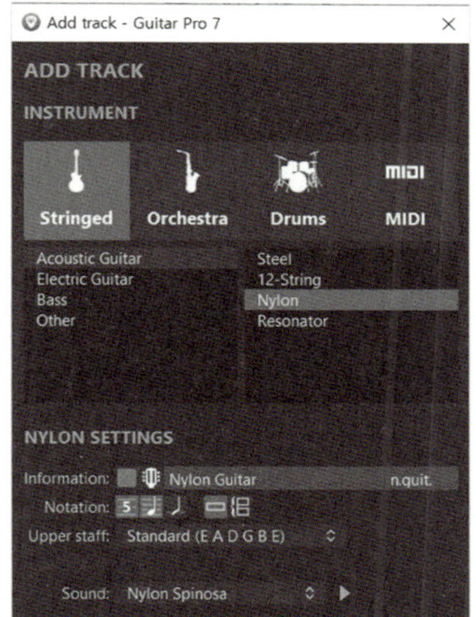

③ Drum(드럼) 그룹

- **Drums**: 타악기 중 북 종류를 선택합니다.
  - Drumkit
  - Bongos & Congas
  - Kit Samba
  - Kit Africa
  - Kit Latino

- **Idiophone[체명(體鳴) 악기]**: 타악기 중 몸체를 울려서 소리를 내는 북 이외의 악기를 선택합니다.

- 2 Hands Marcas
- Agogo
- Bell Tree
- Cabasa
- Castanets
- Clavas
- Cowbell
- Guiro
- Hand Clap
- Jingle Bell
- Reverse Cymbal
- Shaker
- Vibraslap
- Whistle
- Woodblock
- Triangle

- **Membranophone[막명(膜鳴) 악기]**: 틀에 팽팽하게 당겨진 막을 치거나 문지르거나 두드려서 소리를 내는 악기를 선택합니다.
  - Bongos
  - Congas
  - Cuica
  - Melodic Tom
  - Surdo
  - Synth Drum
  - Taiko
  - Tembourine
  - Timbale

④ MIDI 그룹

GM(General MIDI)에서 사용하는 128가지의 뱅크(악기)를 선택합니다. 악기 번호는 000~127을 사용하기도 하고, 001~128을 사용하기도 하는데 기타 프로에서는 전자의 표기법을 따르고 있습니다.

- **Piano**
    - 000 Acoustic Grand Piano
    - 001 Bright Acoustic Piano
    - 002 Electric Grand Piano
    - 003 Honky-tonk Piano
    - 004 Rhodes Piano
    - 005 Chorused Piano
    - 006 Harpsichord
    - 007 Clavinet

- **Chromatic Percussion**
    - 008 Celesta
    - 009 Glockenspiel
    - 010 Music Box
    - 011 Vibraphone
    - 012 Marimba
    - 013 Xylophone
    - 014 Tubular Bells
    - 015 Dulcimer

- **Organ**
    - 016 Hammond Organ
    - 017 Percussive Organ
    - 018 Rock Organ
    - 019 Church Organ
    - 020 Reed Organ
    - 021 Accordion
    - 022 Harmonica
    - 023 Tango Accordion

- **Guitar**
    - 024 Acoustic Guitar(nylon)
    - 025 Acoustic Guitar(steel)
    - 026 Electric Guitar(jazz)
    - 027 Electric Guitar(clean)

- 028 Electric Guitar(muted)
- 029 Overdriven Guitar
- 030 Distortion Guitar
- 031 Guitar harmonics

● **Bass**
- 032 Acoustic Bass
- 033 Electric Bass(finger)
- 034 Electric Bass(pick)
- 035 Fretless Bass
- 036 Slap Bass 1
- 037 Slap Bass 2
- 038 Synth Bass 1
- 039 Synth Bass 2

● **Strings**
- 040 Violin
- 041 Viola
- 042 Cello
- 043 Contrabass
- 044 Tremolo Strings
- 045 Pizzicato Strings
- 046 Orchestral Harp
- 047 Timpani

● **Ensemble**
- 048 String Ensemble 1
- 049 String Ensemble 2
- 050 SynthStrings 1
- 051 SynthStrings 2
- 052 Choir Aahs
- 053 Voice Oohs
- 054 Synth Voice
- 055 Orchestra Hit

- ● **Brass**
  - – 056 Trumpet
  - – 057 Trombone
  - – 058 Tuba
  - – 059 Muted Trumpet
  - – 060 French Horn
  - – 061 Brass Section
  - – 062 SynthBrass 1
  - – 063 SynthBrass 2

- ● **Reed**
  - – 064 Soprano Sax
  - – 065 Alto Sax
  - – 066 Tenor Sax
  - – 067 Baritone Sax
  - – 068 Oboe
  - – 069 English Horn
  - – 070 Bassoon
  - – 071 Clarinet

- ● **Pipe**
  - – 072 Piccolo
  - – 073 Flute
  - – 074 Recorder
  - – 075 Pan Flute
  - – 076 Blown Bottle
  - – 077 Shakuhachi
  - – 078 Whistle
  - – 079 Ocarina

- ● **Synth Lead**
  - – 080 Lead 1(square)
  - – 081 Lead 2(sawtooth)
  - – 082 Lead 3(calliope)
  - – 083 Lead 4(chiff)

- 084 Lead 5(charang)

- 085 Lead 6(voice)

- 086 Lead 7(fifths)

- 087 Lead 8(bass + lead)

● **Synth Pad**

- 088 Pad 1(new age)

- 089 Pad 2(warm)

- 090 Pad 3(polysynth)

- 091 Pad 4(choir)

- 092 Pad 5(bowed)

- 093 Pad 6(metallic)

- 094 Pad 7(halo)

- 095 Pad 8(sweep)

● **Synth Effects**

- 096 FX 1(rain)

- 097 FX 2(soundtrack)

- 098 FX 3(crystal)

- 099 FX 4(atmosphere)

- 100 FX 5(brightness)

- 101 FX 6(goblins)

- 102 FX 7(echoes)

- 103 FX 8(sci-fi)

● **Ethnic**

- 104 Sitar

- 105 Banjo

- 106 Shamisen

- 107 Koto

- 108 Kalimba

- 109 Bag pipe

- 110 Fiddle

- 111 Shanai

- **Percussive**
    - 112 Tinkle Bell
    - 113 Agogo
    - 114 Steel Drums
    - 115 Woodblock
    - 116 Taiko Drum
    - 117 Melodic Tom
    - 118 Synth Drum
    - 119 Reverse Cymbal

- **Sound Effects**
    - 120 Guitar Fret Noise
    - 121 Breath Noise
    - 122 Seashore
    - 123 Bird Tweet
    - 124 Telephone Ring
    - 125 Helicopter
    - 126 Applause
    - 127 Gunshot

- **Drums**
    - Drumkit

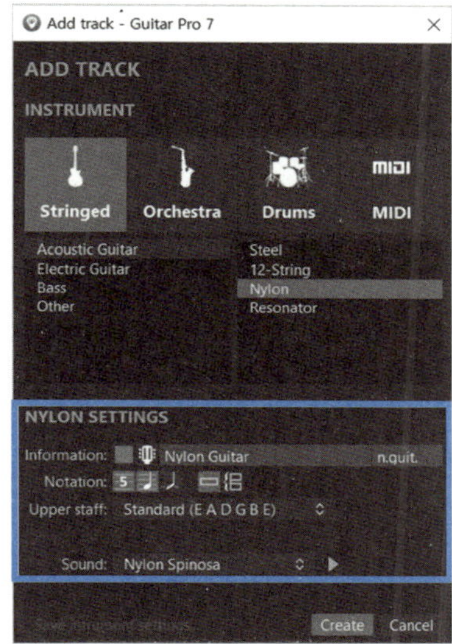

[INSTRUMENT] 섹션에서 악기 그룹과 악기를 선택하면 아래 부분에 **[악기 이름 +SETTINGS]** 섹션이 표시됩니다. 이곳에서 다음과 같은 옵션들을 설정합니다.

- **[Information]**: **[글로벌 뷰]**에 표시할 트랙 색상, 악기 아이콘, 악기 이름 풀 네임, 악기 이름 약어
- **[Notation]**: 태블러처, 오선, 슬래시 악보 중 표시하고 싶은 악보를 선택하고, 건반악기의 경우, 왼손 혹은 오른손 악보 하나만 단일 트랙으로 보여주는 단일 보표로 만들지, 왼손과 오른손 악보를 두 개의 트랙으로 동시에 보여주는 대보표로 만들지 설정합니다.
- **[Upper Staff]**: 단일 보표의 경우에는 해당 트랙의 튜닝을, 대보표일 경우에는 오른손 악보의 튜닝을 설정합니다.
- **[Lower Staff]**: 대보표에서 왼손 악보의 튜닝을 설정합니다(단일 보표의 경우에는 이 옵션이 활성화되지 않습니다).

- **[Sound]**: 현재 선택한 악기의 사운드를 설정합니다. 오른쪽에 있는 삼각형 버튼을 누르면 선택한 악기의 소리를 미리 들어볼 수 있습니다.
- **[Save instrument settings…]**: 사용자가 기본 옵션 중에서 뭔가를 수정한 경우에는 이 버튼을 클릭해 현재의 설정을 저장했다가 다시 사용할 수 있습니다.

설정이 모두 끝나면 **[Create]** 버튼을 눌러 트랙 설정을 완료합니다. 이제 기타 프로에 새로운 트랙이 나타납니다.

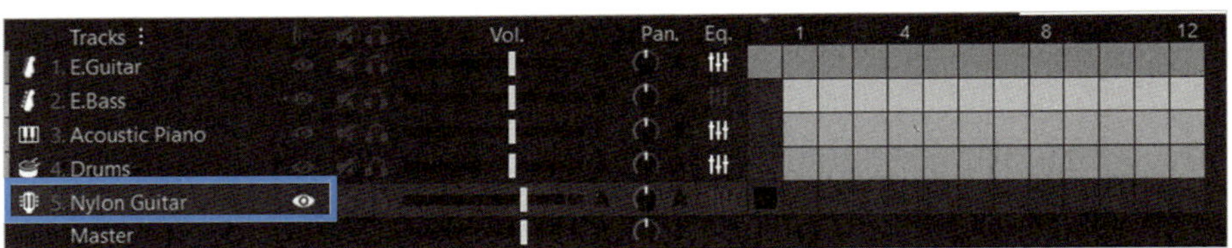

 참고

트랙 설정은 작업 창의 오른쪽에 있는 트랙 인스펙터 창에서도 쉽게 확인하고 수정할 수 있습니다.

트랙 속성 설정하기

1 트랙 속성(Track Properties)이란?

각 트랙은 악기의 특징에 맞는 독특한 속성을 지니게 되며 이를 [**트랙 속성**]이라고 부릅니다. 기타 프로는 작업자가 트랙을 만들면서 그 트랙에 사용할 악기를 선택하면 그 악기에 적합한 트랙 속성을 자동으로 만들어줍니다. 한편 해당 악기가 커버할 수 있는 음역대를 자동 감지해 대역을 벗어난 음표는 빨간색으로 나타냅니다. 물론 작업자가 원하는 대로 사운드, 튜닝, 재생 옵션을 바꿀 수도 있습니다.

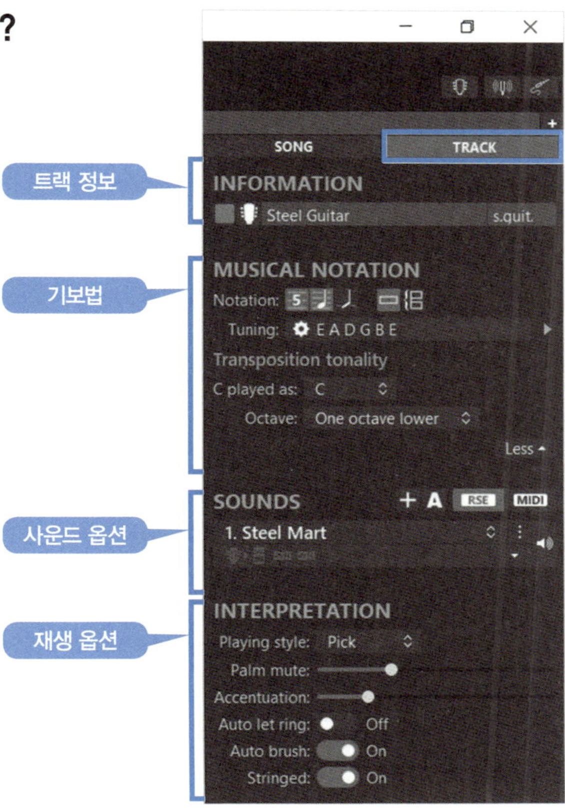

2 트랙 인스펙터를 활용해서 설정하기

작업 창 오른쪽에 있는 **[Inspector]** 창의 **[Track]** 탭에서 트랙의 속성을 설정할 수 있습니다.
트랙 인스펙터는 다음과 같이 4개의 섹션으로 구성됩니다.

- **INFORMATION(트랙 정보)**
- **MUSICAL NOTATION(기보법)**
- **SOUNDS(사운드 옵션)**
- **INTERPRETATION(재생 옵션)**

각 섹션에 대해 자세하게 알아봅니다.

① [INFORMATION(트랙 정보)] 섹션

이 섹션에서 트랙 표시 색상, 악기 아이콘, 트랙 이
름, 줄임말 등을 지정할 수 있습니다.

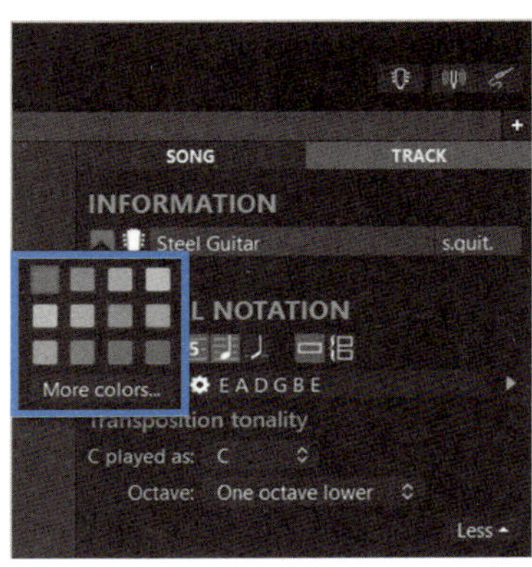

- **트랙 색상**: **[글로벌 뷰]**에서 해당 트랙을 나타낼
  색상을 선택합니다. 트랙별로 다른 색상으로 지
  정하면 나중에 **[글로벌 뷰]**에서 구분해 보기가 쉽
  습니다.

- **트랙 악기 아이콘**: 트랙에 사용된 악기를 아이콘
  으로 보여줍니다. 악기 아이콘은 작업 창 아래에
  있는 사운드보드의 트랙 이름 앞에 표시됩니다.

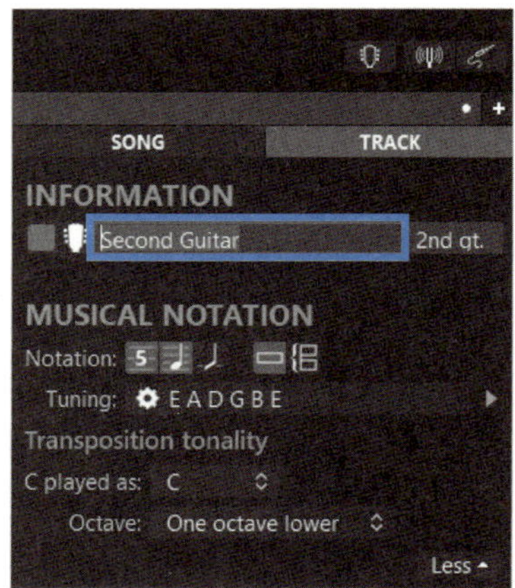

- **트랙 이름**: 트랙의 **[풀 네임(Full Name)]**을 입력하
  는 곳입니다. 악기를 선택하면 자동으로 만들어
  지는데, 사용자가 원하는 이름으로 바꿀 수도 있
  습니다. 트랙 이름은 작업 창 아래에 있는 사운드
  보드에 풀 네임으로 표시됩니다.

- **트랙 줄임말**: 트랙의 **[줄임 이름(Short Name)]**이
  란 트랙의 이름을 짧게 줄인 약어로, 여기에서 입
  력한 줄임 이름이 악보에서 해당 트랙의 시작 부
  분에 표시됩니다.

② **[MUSICAL NOTATION(기보법)] 섹션**

작업 창에 나타내고 싶은 악보의 종류와 단일
보표, 대보표의 설정, 튜닝 등을 선택합니다.

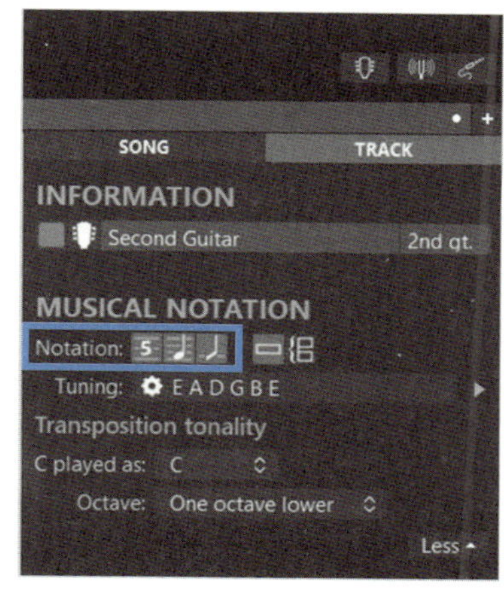

- **[Notation(악보)]**: 악보의 형태를 선택합니다. 세
  개의 아이콘이 있으며 왼쪽부터 타브 악보, 표준
  오선 악보, 슬래시 악보입니다. 선택을 하면 아이
  콘이 파란색으로 바뀌고 해당 악보가 표시됩니
  다. 다시 클릭하면 선택이 해제되고 작업 창에 해
  당 악보가 보이지 않습니다.

- **[Staff(보표)]**: 건반악기의 악보를 왼손(혹은 오른
  손) 악보 하나만 보여주는 단일 보표로 표시할
  지, 왼손과 오른손 악보를 두 개의 트랙으로 동시
  에 보여주는 대보표로 표시할지 선택합니다.

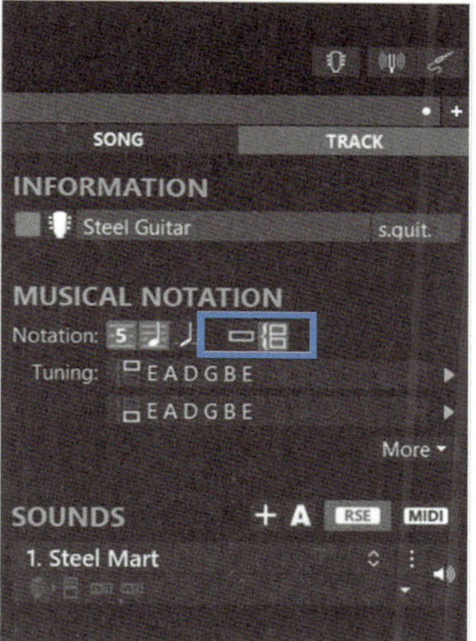

- **[Tuning(튜닝)]**: 튜닝 설정을 바꾸고 싶다면 튜닝
  음이 적혀 있는 칸을 클릭해 튜닝 설정 창을 띄
  웁니다. 반음을 b, # 중 어느 것으로 표시할지 선
  택하고, 원하는 튜닝을 선택합니다. 튜닝 이름 옆
  에 있는 삼각형 버튼을 누르면 각 줄의 음을 미
  리 들어볼 수 있습니다. 또한 이 창에서 카포에
  대한 설정도 할 수 있습니다. 튜닝에 대한 자세한
  설명은 **[73. 폴리포닉 튜너 사용하기]**편을 참고하
  세요.

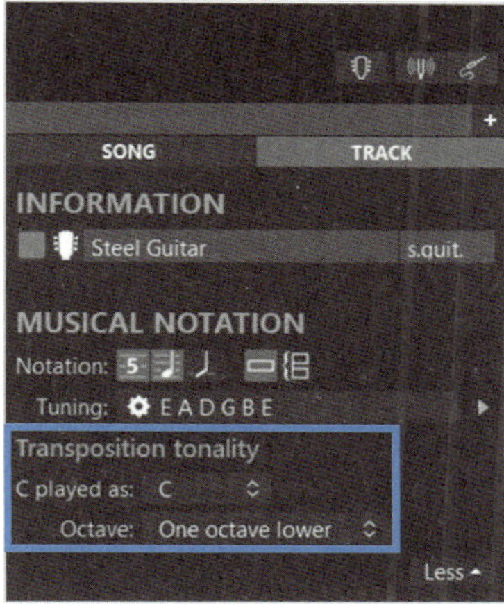

[More] 버튼을 누르면 조옮김 조성(transposition Tonality)을 설정할 수 있습니다.

- **[C Played as]**: 악보상의 C(도)음을 설정한 음으로 소리를 바꿔서 재생합니다.
- **[Octave]**: 악보상의 음과 같은 옥타브로 재생, 혹은 1~2옥타브 높거나 낮게 재생하는 옵션을 설정합니다.

③ [SOUNDS(사운드 옵션)] 섹션

트랙에 사용할 악기 소리, 악보상에 표기할 사운 드 이름, 사운드뱅크, 이펙트 체인 등을 설정합니 다. 같은 트랙에도 다른 악기를 추가로 설정할 수 도 있고, 자동화를 통해 중간에 소리를 바꿀 수 도 있습니다. 악보의 재생을 RSE로 할 것인지, MIDI로 할 것인지 설정합니다.

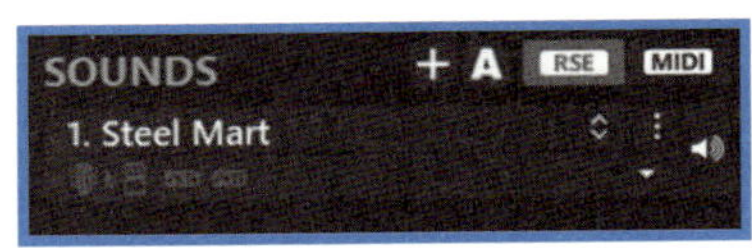

사운드 이름 아래에 희미한 아이콘이 있는 부분 을 클릭하면 악보상에 표시할 악기의 이름(Label displayed on the score), 사운드뱅크 선택 메뉴, 이펙트 체인 설정 섹션이 나타납니다.
사운드 설정에 대한 자세한 설명은 **[64. 사운드 설정하기]**편을 참고하세요.

④ [INTERPRETATION(재생 옵션)] 섹션

트랙에 사용된 악기의 연주 스타일을 설정하고, 팜 뮤트(Palm mute), 강세 적용(Accentuation), 자동으로 렛 링 적용(Auto let ring), 자동 브러 시(Autobrush), 현악기 설정(Stringed) 등의 연 주 테크닉 설정을 적용합니다.

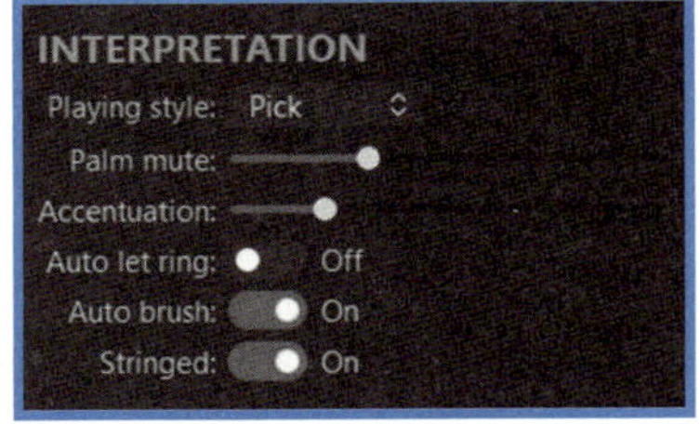

- **[연주 스타일(Playing style)]**: Pick(픽 사용), Finger(손가락 사용), Picking(픽킹), Bass Slap(베이스 슬랩) 등의 연주 스타일을 설정합니다.
- **[팜 뮤트(Palm mute)]**: 기타 브리지 부근에 오른손의 손날 부분을 가볍게 대서 여섯 줄 을 모두 막은 상태로 연주해 음의 높이는 살아 있지만 여음이 들리지 않도록 만드는 테 크닉입니다. 기타 줄을 덮은 손을 기타 넥 쪽으로 가져갈수록 뮤트 효과가 더 분명해집 니다. 슬라이더를 마우스로 잡고 움직이면 팜 뮤트의 강도를 조절할 수 있습니다.
- **[강세(Accentuation)]**: 이 옵션은 마디 안에서 특정 음표의 강세를 설정합니다. 슬라이

더를 마우스로 잡고 움직이면 강세의 강도를 조절할 수 있습니다.

- **[자동 렛 링(Auto let ring)]**: 이 옵션을 **[On]**으로 설정하면 음표의 실제 길이에 상관없이 탄현한 음이 일정 시간 동안 계속 울리면서 공명이 일어나게 만듭니다. 예를 들어 아르페지오 악보를 만들 때 자동 렛 링 옵션을 사용하면 재생 시 연주가 끊이지 않고 계속 울리게 만들어줍니다.
- **[자동 브러시(Auto Brush)]**: 이 옵션을 **[On]**으로 설정하면 픽으로 기타를 스트럼하는 것과 같은 사운드가 만들어집니다.
- **[현악기로 간주(Stringed)]**: 이 옵션을 **[On]**으로 설정하면 기타 프로 7에게 그 트랙에 적용된 악기를 현악기로 인식하게 만듭니다. 다시 말해 같은 음높이를 가진 복수의 음들이 동시에 연주될 수 있습니다. 이 옵션을 선택하지 않으면 자동으로 피아노 모드로 설정됩니다. 스트링 모드는 이펙트에도 영향을 미칩니다. 스트링 모드에서 같은 음높이를 가진 복수의 음을 다른 음으로 간주하고 구분하지만 다른 모드에서는 피치가 다른 음만 다른 음으로 구분됩니다. 또한 스트링 모드에서는 같은 줄에서 다른 음을 연주하려면 'Let ring(계속 울리기)' 옵션이 작동하지 않습니다. 그렇게 만들려면 스트링 옵션을 해제해야 합니다.

3 사운드보드를 활용한 트랙 속성 관리

작업 창 아래 왼쪽에 있는 사운드보드에는 각 트랙에 적용된 악기, 트랙 이름, 볼륨, 팬, 이퀄라이저 등과 같은 오디오 속성이 표시됩니다. 각 트랙

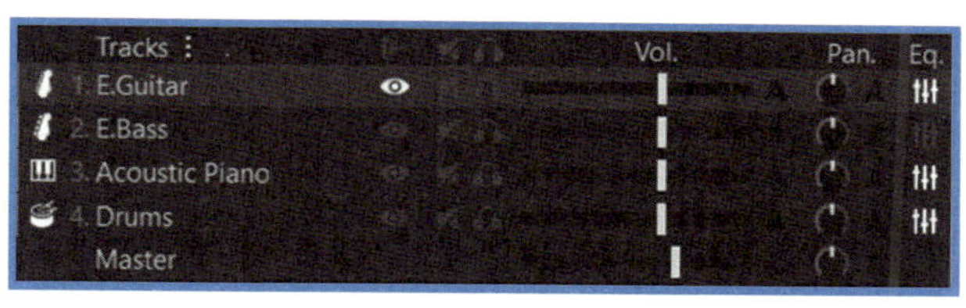

에 적용된 악기에 따라 기본 속성이 설정되어 있지만 필요하다면 사용자가 원하는 대로 변화를 줄 수 있습니다.

① 트랙 추가/삭제/복사/이동하기

- **트랙 추가**: 아무 트랙 이름 위에서 오른쪽 마우스를 클릭한 다음, 펼침 목록에서 **[Add track]**을 클릭합니다. 추가된 트랙은 사운드보드 창의 가장 아래쪽에 자동으로 배치됩니다.

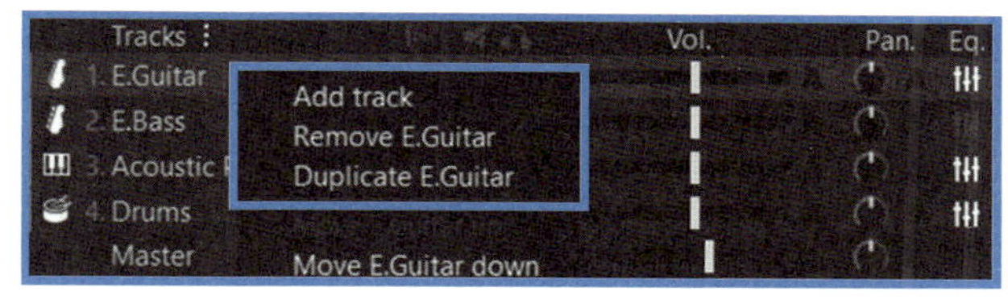

- **트랙 삭제**: 삭제하려는 트랙의 이름 위에서 오른쪽 마우스를 클릭한 다음, 펼침 목록에서 **[Remove (악기 이름)]**을 클릭합니다.

- **트랙 복사**: 복사하려는 트랙 이름 위에서 오른쪽 마우스를 클릭한 다음, **[Duplicate (악기 이름)]**을 클릭합니다. 추가된 트랙은 사운드보드 창의 가장 아래쪽에 자동으로 배치됩니다.
- **트랙 순서 바꾸기**: 트랙의 순서를 바꾸고 싶으면 해당 트랙 위에서 오른쪽 마우스를 클릭한 다음, **[Move (악기 이름) up]** 혹은 **[Move (악기 이름) down]**을 누릅니다. 한 번 클릭할 때마다 한 단계씩 위 혹은 아래로 이동합니다.

>
>
> 악기와 트랙 이름은 작업 창 오른쪽에 있는 [Inspector] 창의 [Track] 탭에서 지정 혹은 수정할 수 있습니다.

② Visibility(트랙 보이기/숨기기)

악보상에서 특정 트랙을 보이게 하거나 숨길 수 있습니다. 트랙 이름 옆에 있는 눈동자 모양의 아이콘을 클릭하면 해당 트랙이 보이거나 숨겨집니다. 사운드보드의 눈동자 아이콘 맨 위에 보면 **[Switch single track/multitrack(싱글 트랙 보기/멀티 트랙 보기)]** 아이콘이 있는데, 이것을 클릭하면 한 트랙만 보이게 할 수도 있고 여러 트랙이 동시에 보이게 할 수 있습니다.

- **싱글 트랙 모드**: 싱글 트랙 모드에서 눈동자 아이콘을 누르면 해당 트랙의 눈동자에 불이 들어오고 그 악보만 나타나고 나머지 악보는 비활성화됩니다.

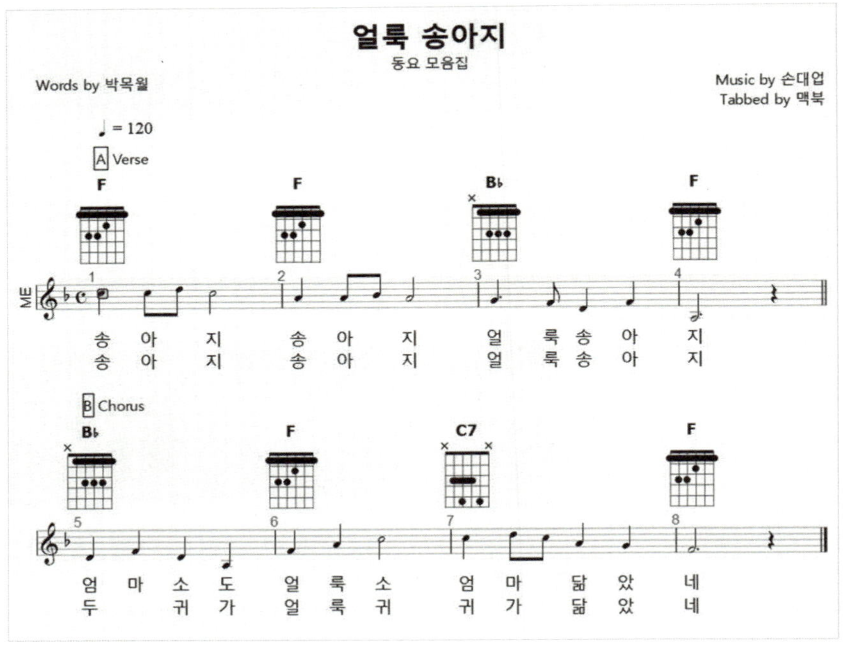

- **멀티 트랙 모드**: 멀티 트랙 모드에서는 눈동자를 클릭해서 활성화시킨 트랙들만 악보에 나타납니다. 이 기능을 활용하면 5개의 트랙으로 구성된 악보에서 2개 혹은 3개의 트랙만 활성화시켜서 볼 수 있습니다.

③ Mute(무음 처리)

사운드보드에서 스피커 모양의 아이콘을 통해 해당 트랙의 소리가 들리지 않도록 무음 처리Mute할 수 있습니다. 한 번 클릭할 때마다 그 트랙의 음이 소거되거나 살아납니다.

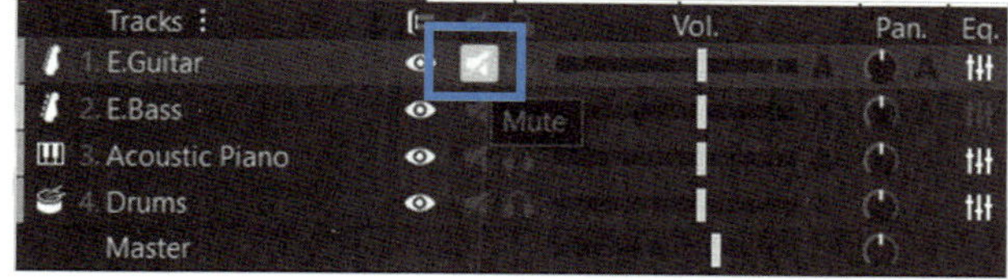

④ Solo(단독 재생)

사운드보드에서 헤드폰 모양의 아이콘은 [솔로(Solo)] 기능을 수행합니다. 이 아이콘을 클릭하면 그 트랙만 단독 재생되고 나머지 트랙의 소리는 모두 소거됩니다. 물론 한 개 혹은 여러 개의 트랙을 동시에 재생하거나, 하나 또는 여러 트랙을 동시에 뮤트할 수도 있습니다.

여러 트랙으로 구성된 악보에서 1~2개의 트랙만 듣고 싶을 땐 솔로 옵션을 사용하는 것이 더욱 빠릅니다. 하지만 1~2개 트랙을 뮤트하고 그 트랙에 해당하는 사운드를 자신이

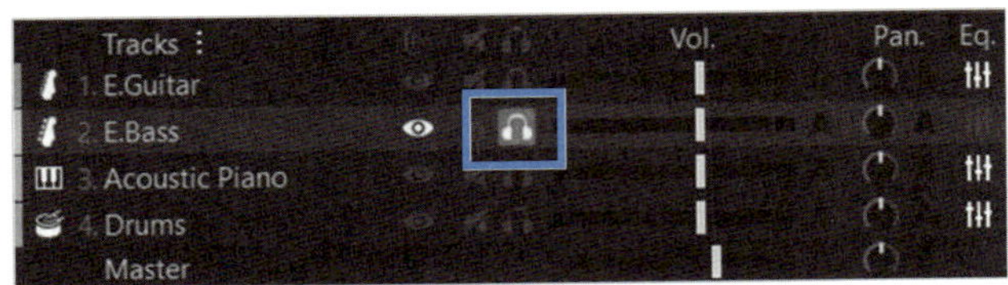

직접 연주하려고 할 때는 뮤트 옵션을 쓰는 것이 편합니다. 단, 어느 트랙을 뮤트시켜놓으면 기타 프로의 재생 사운드를 오디오 파일로 추출할 때 해당 트랙 소리는 추출되지 않습니다.

⑤ Volume(볼륨 조절)

각 트랙의 볼륨은 재생 중에 소리를 들으면서 볼륨 슬라이더를 이용해 조절할 수 있습니다. 단, 자동 볼륨(Volume Automation)을 적용한 트랙은 볼륨 슬라이더로 볼륨을 조절할 수 없습니다.

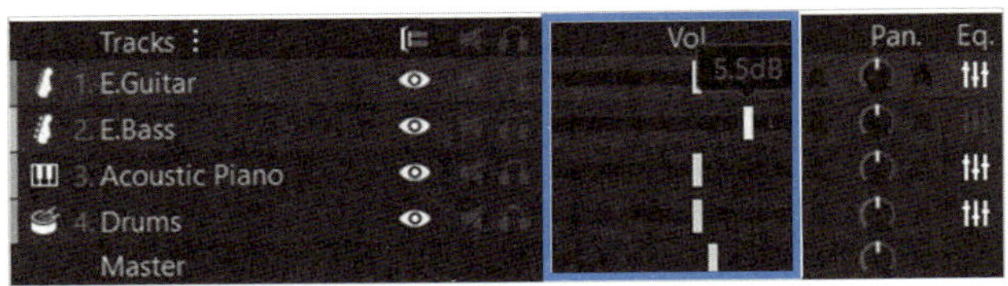

다음 그림의 볼륨 슬라이더 오른쪽의 [A] 문자가 트랙 1처럼 회색으로 비활성화되어 있으면 수동 볼륨 조절이 가능한 상태고, 트랙 2처럼 초록 바탕에 흰 글씨로 [A]라고 표시된다면 그 트랙에 이미 볼륨 자동화가 설정되어 있는 것입니다. 자동화가 설정된 트랙의 볼륨을 조절하려면 우선적으로 볼륨 자동화 설정을 해제해야 합니다. 자세한 사항은 **[40. 속도, 볼륨, 좌우 패닝 바꾸기]**편을 참고하세요.

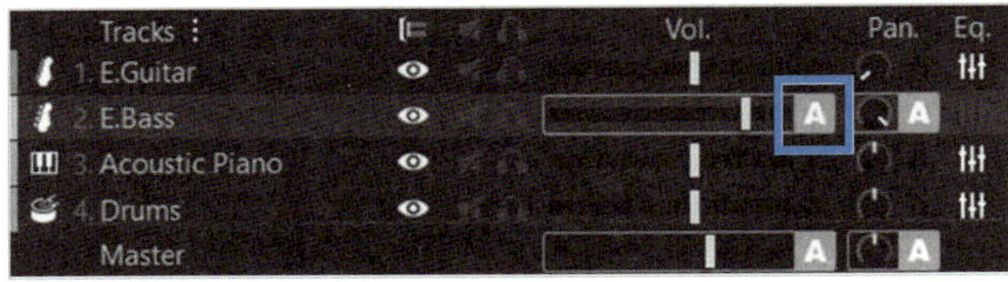

⑥ Pan(패닝)

[Pan]은 좌우 볼륨의 밸런스를 조절하는 패닝 효과를 설정하는 노브(Knob)입니다. 마우스로 둥근 노브를 클릭해 잡고 좌우로 움직이면 좌우 패닝 효과를 설정할 수 있습니다. 예를 들어 이 기능을 사용해 일렉트릭 기타의 노브를 왼쪽 끝까지 돌리고 베이스

기타의 노브를 오른쪽 끝까지 돌리면 왼쪽에서는 일렉트릭 기타, 오른쪽에서는 베이스 기타 소리가 나도록 설정할 수 있습니다.

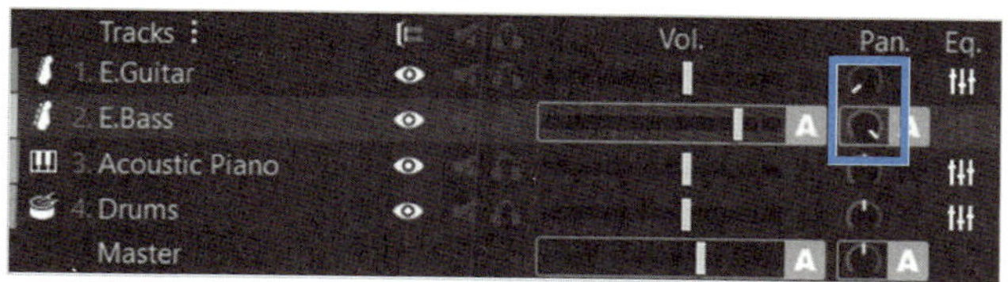

팬 자동화Pan Automation가 적용되면 팬 노브 옆에 있는 [A] 글자가 초록 바탕에 흰 글씨로 표시되고, 팬 노브로 좌우 패닝을 조절할 수 없습니다.
팬 자동화에 대한 자세한 설명은 **[40. 속도, 볼륨, 좌우 패닝 바꾸기]**편을 참고하세요.

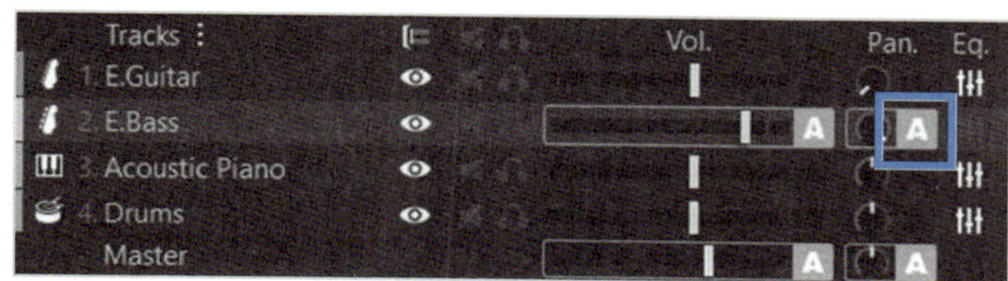

⑦ Equalizer(이퀄라이저)

이퀄라이저는 각 주파수 대역별로 소리의 음역대 범위와 볼륨을 조절하는 기능을 수행합니다. 이퀄라이저 아이콘을 클릭하면 값을 설정하는 팝업 창이 나타납니다. 기타 프로에서는 Low(저음), Low Midium(낮은 중음), Midium(중음), High Midium(높은 중음), High(고음) 등 5개의 밴드에 대해 각각 볼륨 크기(db)와 커팅하는 주파수의 수치(Hz) 등을 설정할 수 있습니다. 이퀄라이저 기능 역시 재생 중에 소리를 들어가면서 조절할 수 있습니다.

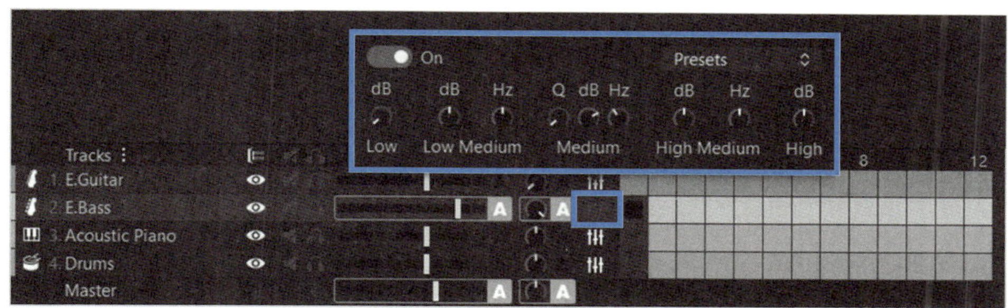

[Presets]을 클릭하면 각 악기별로 미리 만들어놓은 이퀄라이저 설정을 불러와서 트랙에 적용할 수 있습니다. [On] 버튼은 설정한 이퀄라이저 값을 활성화 혹은 비활성화시키는 버튼입니다.

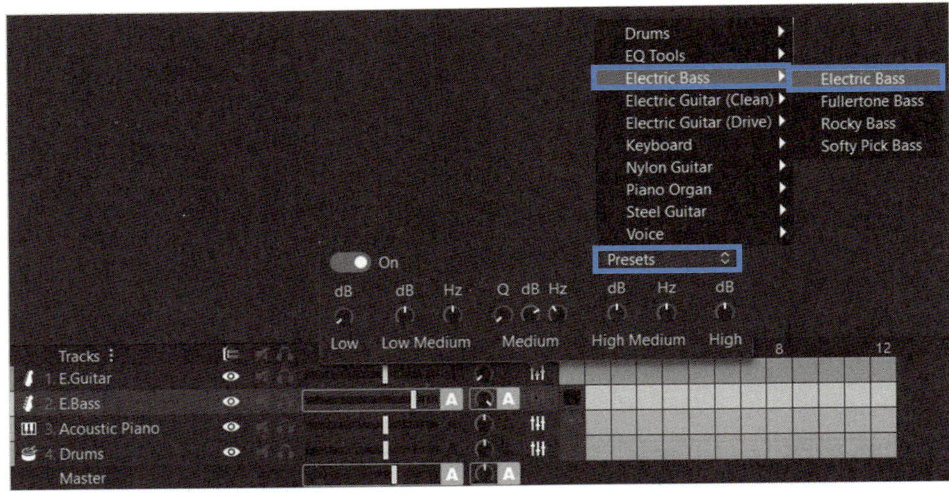

트랙을 재생시킨 상태에서 트랙 인스펙터 창의 **[SOUNDS]** 섹션에서 사운드뱅크의 악기를 바꿔가며 어떤 소리를 사용할지 결정할 수 있습니다.

C

마디 관리하기

마디 설정하기

Section 32

1 기타 프로의 마디

마디는 그 곡의 박자표에서 정해놓은 박자를 기준으로 필요한 박자만큼의 음표를 기입할 수 있게 만들어진 공간입니다. 기타 프로의 모든 트랙에는 최소 1개 이상의 마디가 있어야 합니다. 트랙이 여러 개일 경우, 각 트랙의 마디들은 서로 연결되어 있으며, 같은 숫자만큼의 마디로 구성되어야 합니다. 예를 들어 기타 트랙과 피아노 트랙이 들어 있는 악보에서 기타 트랙이 100마디로 구성된다면 피아노 트랙도 100마디로 구성되어야 합니다. 또한 기타 트랙에 마디를 하나 추가하면 자동으로 피아노 트랙에도 같은 위치에 마디가 하나 삽입됩니다. 마디를 삭제할 때에도 마찬가지입니다. 이런 방법을 통해서 악보의 일관성을 유지할 수 있으며, 재생 시에도 트랙 간의 조화가 만들어집니다.

2 마디 삽입/삭제하기

기타 프로의 모든 트랙은 독립적으로 작동하기도 하지만 동시에 서로 연결되어 있기도 합니다. 그래서 모든 트랙은 항상 같은 숫자의 마디를 갖고 있어야 합니다. 예를 들어 100마디로 구성된 기타 트랙에 한 마디로 구성된 드럼 패턴이 동일하게 계속 반복된다고 할 때, 드럼 트랙을 1마디만 만들어서 이를 계속 반복 재생시켜 기타 트랙 100마디를 커버하게 만들 수는 없다는 뜻입니다. 이럴 때에는 **[복사/붙여넣기]**를 사용해서 100마디를 채워주거나, 마디의 **[반복기호(repeat symbols)]**를 활용해서 드럼 트랙의 100마디를 모두 설정해야 합니다.

같은 이유로 새로운 마디를 삽입할 때나 기존 마디를 삭제할 때에도 모든 트랙에서 커서가 위치한 곳에 마디가 삽입되거나 삭제됩니다. 마디를 삽입하려면 삽입하려는 위치에 커서를 놓고 키보드에서 Ctrl + Insert 를 누릅니다. 반대로 기존의 마디를 삭제하려면 삭제하려는 마디에 커서를 놓고 Ctrl + Delete 를 누릅니다. 메뉴 그룹에서는 **[Bar]** ▶ **[Insert Bar / Delete Bar]**를 클릭합니다.

> 기타 프로 악보상에서 마디를 삽입하거나 삭제하면 모든 트랙에서 같은 위치에 있는 마디들이 동시에 추가되거나 삭제됩니다.

3 마디 선 입력하기

기타 프로는 설정된 박자와 마디의 위치에 따라 자동으로 마디를 인식하고, 마디를 구분하는 마디 선을 관리합니다. 기타 프로에서는 상황에 따라서 다음과 같이 여섯 가지의 마디 선을 지정해 사용할 수 있습니다.

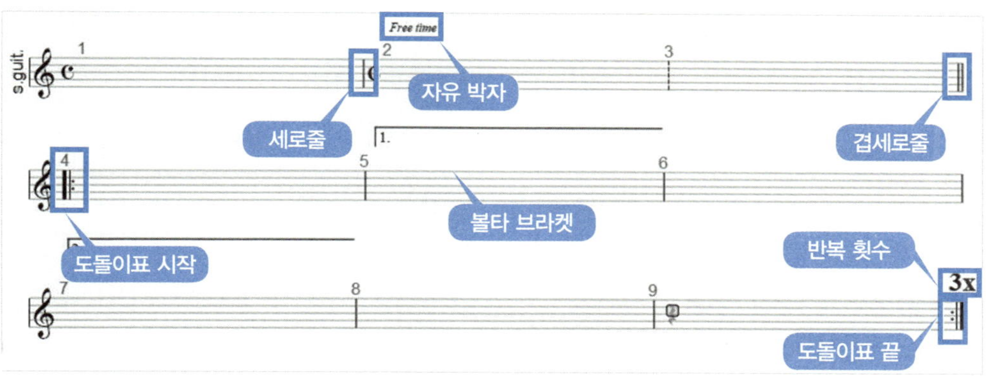

- **Single barline(세로줄)**: 기타 프로에서 마디를 구분하는 기본 선은 한 줄로 된 세로줄입니다. 마디에 음표를 입력하기 위해 커서를 이동시킬 때 해당 마디에 필요한 박자가 모두 채워지기 전까지는 계속 같은 마디 안에서 이동하지만, 박자가 모두 채워지면 커서가 자동으로 다음 마디로 이동하면서 세로줄이 만들어집니다.
- **Double barline(겹세로줄)**: 겹세로줄은 표준 세로줄보다 한 줄이 더 많은 마디 선으로 곡의 파트가 바뀌거나, 조표가 달라지거나, 악보상에서 중요한 변화가 있을 때 사용합니다. 사용자가 섹션을 지정하거나 조표를 바꾸는 경우 자동으로 겹세로줄이 만들어집니다. 또 다음의 경우처럼 악보에서 중요한 변화라고 생각되는 부분에서 악보를 보는 사람들에게 주의를 전달하기 위해 사용자가 임의로 겹세로줄을 넣을 수도 있습니다.

- 곡 중간에서 리듬 패턴이 바뀔 때
- 곡 중간에서 박자가 바뀔 때
- 곡 중간에서 템포가 바뀔 때
- 절 부분이 끝나고 후렴구나 코러스가 시작될 때
- 노래가 끝나고 간주나 후주가 시작될 때
- Dal segno(D.S.) 혹은 Da capo(D.C.)와 같은 반복기호가 나타날 때 등

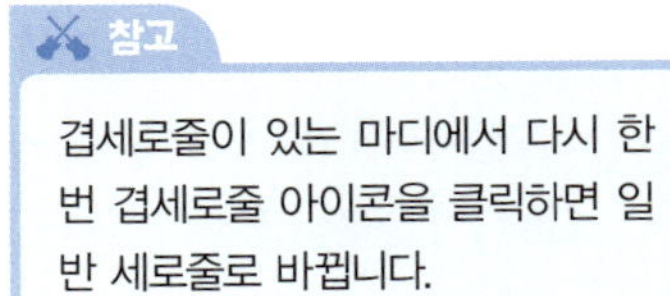

- **Free time(자유 박자)**: 곡에 따라서는 일정한 박자를 규정하지 않고 연주자나 지휘자의 재량에 따라 자유 박자로 연주하는 부분이 있습니다. 이럴 때에는 해당 마디에 점선 세로줄을 넣어 자유 박자 마디임을 표시합니다. 해당 마디의 박자가 자유 길이로 연주하는 마디라면 마디 바를 **[Free time]** 바로 지정할 수 있습니다.
- **Repeat open(도돌이표 시작)**: 곡에서 일정 부분을 반복할 때 반복이 시작되는 마디를 표시합니다.
- **Volta Braket(볼타 브라킷)**: 처음 연주 때에는 1번 부분을 연주하고, 도돌이표를 만나 반복을 할 때는 1번 부분을 건너 뛰고 2번 부분부터 연주합니다.
- **Repeat close(도돌이표 끝)**: 곡에서 일정 부분을 반복할 때 반복이 끝나는 부분을 표시합니다.

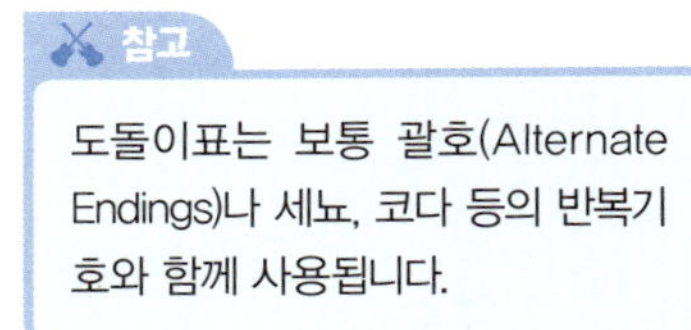

- **굵은 겹세로줄**: 곡이 끝나는 마지막 마디에서는 두 개의 세로선 중에서 오른쪽 선이 더 굵은 겹세로줄이 자동으로 만들어집니다.

4 툴바에서 마디 상태 확인하기

기타 프로는 작업 창 위쪽에 위치한 툴바의 트랙 이름 아래에 곡의 전체 마디 수와 현재 커서가 위치한 마디의 위치, 그리고 현재 마디에 입력된 박자의 길이와 그 마디가 갖춰야 할 전체 박자의 숫자를 실시간으로 표시합니다.

① 전체 마디 수와 현재 마디 위치 표시하기

먼저 맨 앞에 있는 숫자는 곡의 전체 마디 수와 현재 커서가 위치한 마디의 위치를 표시합니다. **[20/50]**으로 표시된다면 전체 곡의 마디 수는 50마디고 현재 커서가 스무 번째 마디에 있다는 뜻입니다. 마디를 표시하는 숫자 부분을 더블클릭하면 특정 마디 혹은 특정 섹션으로 바로 이동할 수 있는 **[Go to]** 창이 나타납니다. 여기서 마디나 섹션을 지정하면 해당 위치로 바로 이동할 수 있습니다.

또한 마디 숫자 아래에는 전체 마디 중에 현재 커서가 어느 정도 위치에 있는가를 시각
적으로 보여주는 파란색 바가 표시됩니다.

② 마디에 필요한 박자 수 표시하기

툴바의 트랙 이름 아래에 [2.0:4.0]으로 표시된 두 번째 숫자들은 박자 수를 나타냅니
다. 앞의 숫자는 현재 그 마디에 입력된 박자 수를 나타내고, 뒤의 숫자는 그 마디를 완
성하는데 필요한 박자 수를 나타냅니다. 예를 들어 4/4박자 곡에서 한 마디에 필요한
4분 음표 네 개가 모두 채워지면 [4.0:4.0]으로 숫자가 표시되고, 박자가 모두 채워졌다
는 뜻으로 초록색 체크 표시가 나타납니다.

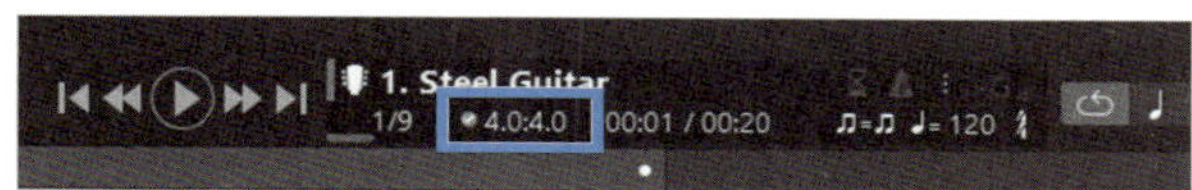

하지만 4박자 마디에서 3박자만 채워져서 [3.0:4.0]처럼 박자가 모자라거나, 반대로 4박
자 마디에 5박자 길이의 음표가 입력되어 [5.0:4.0]처럼 박자가 넘칠 때에는 문제가 발생
했다는 뜻으로 숫자 앞에 빨간 느낌표의 경고 표시가 나타납니다.

이때 커서를 빨간 느낌표 위에 올려보면 팝업 창이 뜨면서 어떤 성부(voice)에 박자가
모자라거나 넘치는지를 알려줍니다. 다음 예제에서는 첫 번째 성부가 너무 길다고 메시
지를 보여주고 있습니다.

한편 마디는 있는데 아무런 음표나 쉼표가 없이 비어 있다면 [0.0:4.0]처럼 표시되고, 숫자 앞에 노란색 느낌표가 나타나고, 아래에 [Bar current duration/Bar is empty(현재 마디 길이/마디가 비어 있음]이란 문구가 표시됩니다.

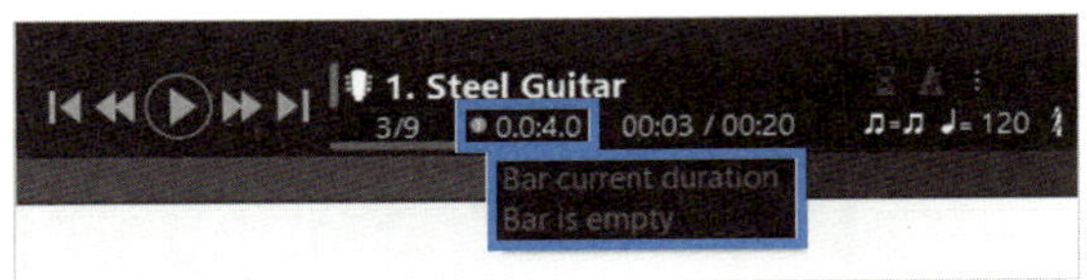

③ 마디 오류 표시하기

현재 편집 중인 마디의 음표가 박자를 다 채우지 못했는데 다음 마디로 커서를 이동시키거나, 어느 마디에 필요한 박자보다 많은 음표를 입력한 채로 다음 마디로 커서를 옮기면 기타 프로는 해당 마디의 오선 줄과 타브 악보의 여섯 줄을 빨간색으로 표시해 작업자에게 박자가 틀렸다는 경고 메시지를 보여줍니다.

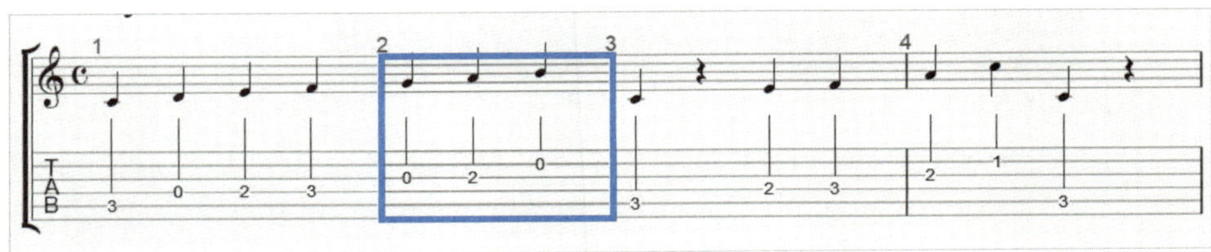

편집 중에 마디의 오류가 발견될 경우, 자동으로 붉은색으로 표시하게 만들려면 메뉴 그룹에서 [File] ▶ [Preferences]를 클릭하고, [Preference] 설정 창의 [SCORE ERRORS] 섹션에 있는 [Invalid bar length] 옵션을 [On]으로 설정해놓아야 합니다. 그렇지 않으면 박자 길이가 틀린 마디가 발견되어도 기타 프로는 아무런 경고 메시지도 내보내지 않고 그냥 악보를 입력하게 내버려둡니다.

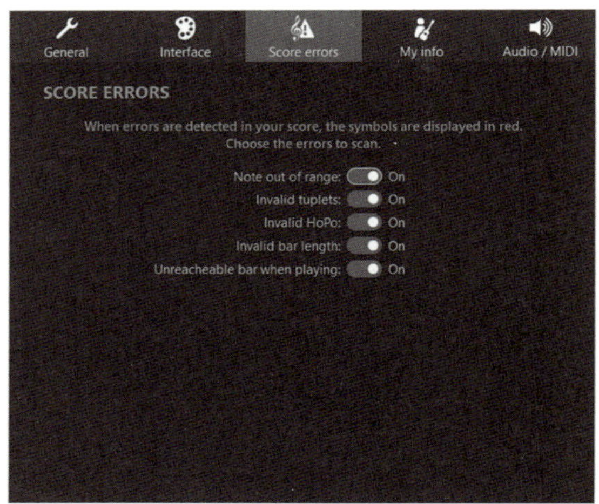

④ 마디 오류 자동으로 수정하기

기타 프로가 악보의 오류를 알려주면 사용자가 악보를 보면서 직접 박자를 수정하거나, 아니면 메뉴 그룹에서 **[Tool]** ▶ **[Bar Arranger]**를 클릭해 자동으로 박자를 수정할 수도 있습니다.

[Bar Arranger]를 클릭하면 기타 프로는 박자가 모자라는 마디에 대해서는 다음 마디에서 모자라는 박자만큼의 음표를 끌어와서 맞추고, 반대로 박자가 초과되는 마디에서는 초과되는 박자를 다음 마디로 넘겨서 조절합니다.

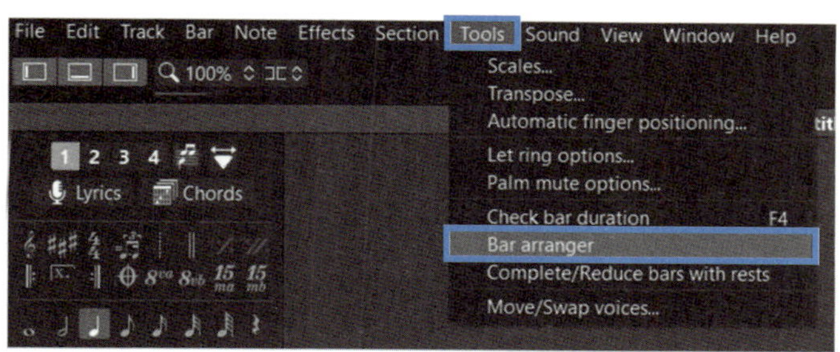

> ✂ **참고**
>
> [Bar Arranger] 기능을 활용해 자동으로 마디 설정을 조절하면 그 결과가 작업자의 의도와 다를 수도 있습니다. 이럴 때에는 수동으로 다시 조정해주어야 합니다.

5 경과 시간 표시하기

기타 프로는 기준 박과 곡의 BPM 속도에 따라 전체 악보 재생 시간을 자동으로 계산해 표시하고, 현재 커서 위치가 전체 시간 중에 어느 시간대에 해당하는지를 보여줍니다. 악보의 재생 시간은 마디의 박자 상태를 표시하는 숫자 옆에 분:초 단위로 표시되는데, 예를 들어 전체 곡의 재생 시간이 4분 30초고 현재 마디 위치가 01:20초라면 **[01:20 04:30]**로 표시됩니다. 또 곡의 진행 시간을 시각적으로 확인할 수 있도록 툴바 아래에 진행 시간에 따라 파란색 막대 바가 나타납니다.

6 **마디 수 자동 할당하기(System Layout)**

기타 프로는 기본적으로 악보에 들어 있는 음표나 쉼표의 개수에 따라서 한 줄(system)에 몇 개의 마디를 넣을 것인가를 자동으로 계산해 할당합니다. 하지만 작업자가 한 줄에 넣을 마디 숫자를 임의로 설정할 수도 있습니다. 전체 악보에 대해서 각 줄에 들어갈 마디 수를 한꺼번에 지정하려면 메뉴 그룹에서 [Bar ▶ System Layout]을 클릭합니다.

[SCORE SYSTEM LAYOUT] 창이 나타나는데 각 항목의 뜻은 다음과 같습니다.

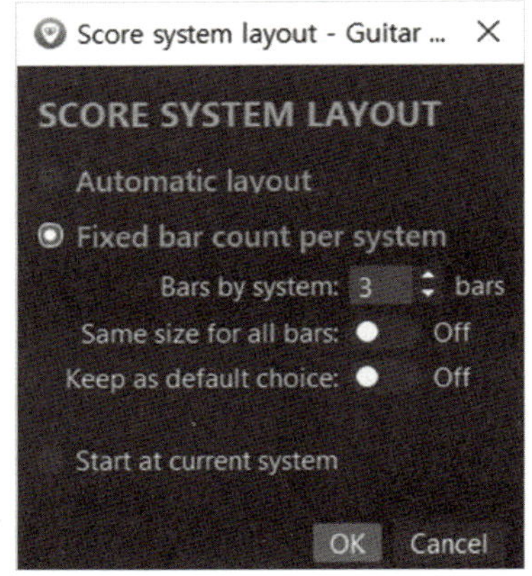

- **[자동 레이아웃(Automatic layout)]**: 기타 프로가 자동으로 악보의 상태에 맞는 레이아웃에 따라 마디를 설정합니다(기본 값).
- **[마디 수 고정(Fixed bar count per system)]**:
  - **[Bars per system(줄당 마디 수)]**: 사용자가 임의로 마디 수를 결정합니다. 숫자 창에 숫자를 직접 입력하거나 화살표를 클릭해 마디 수를 설정합니다.
  - **[Same size for all bars(전체 마디 너비 통일)]**: [On]으로 설정하면 모든 마디를 같은 넓이로 균일하게 설정합니다. 반대로 [Off]로 설정하면 음표가 많은 마디는 조금 넓게, 음표가 적은 마디는 조금 좁게 자동으로 조절됩니다.
  - **[기본 설정으로 유지(Keep as default choice)]**: 현재의 마디 레이아웃 설정을 기본 값으로 사용합니다.
- **[현재 줄부터 적용(Start at current system)]**: 이 항목에 체크를 하면 커서가 위치한 이전 줄까지는 영향을 받지 않고 현재 줄부터 새로운 설정이 적용됩니다.

  예를 들어 다음 악보처럼 한 줄에 4마디씩 들어 있는 악보가 있다고 가정해보겠습니다.

여기에 시스템 레이아웃에서 한 줄에 3마디씩으로 설정을 변경하면 다음과 같이 3마디씩으로 조절됩니다.

7 강제 줄 바꾸기(Force Line Break)

기타 프로는 마디의 음표 수에 따라 자동으로 마디를 구성하고, 한 줄에 넣을 마디 수를 알아서 결정합니다. 하지만 사용자가 원하는 마디 위치에서 수동으로 줄을 바꿀 수도 있습니다. 이렇게 하려면 메뉴 그룹에서 **[Bar]** ▶ **[Force Line Break]**를 클릭합니다. **[강제 줄 바꿈(Force Line Break)]** 기능은 현재 커서가 있는 마디를 그 줄의 오른쪽 끝 마디로 만들고 다음 마디를 다음 줄로 강제로 줄 바꿈 시킵니다. 키보드 단축키는 Ctrl + Enter 입니다.

예를 들어 다음 악보처럼 첫 줄에 4마디가 들어 있는 상태에서 4째 마디부터는 다음 줄에 보여주고 싶을 때는 3번째 마디 아무 음표 위에 커서를 위치시킨 다음, **[강제 줄 바꿈(Force Line Break)]**을 적용합니다.

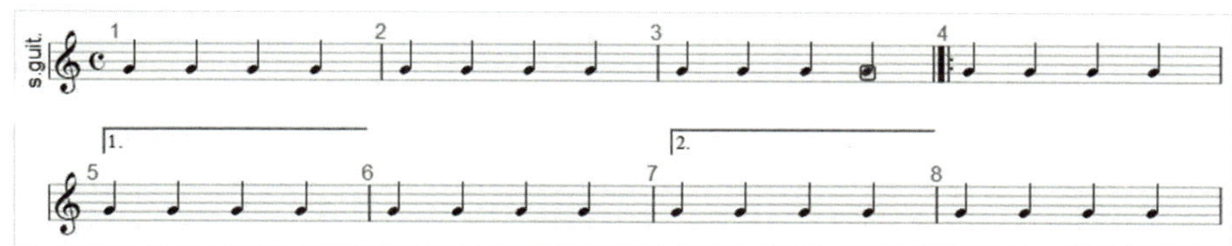

그러면 다음과 같이 3번째 마디에서 줄이 바뀌고 4번째 마디부터는 다음 줄에 표시됩니다.

악보의 마지막 마디에서 다음과 같이 마디 수가 모자라 중간에서 악보가 끝나는 경우에도 악보를 깔끔하게 정리하기 위해 **[강제 줄 바꿈]** 기능을 사용합니다. 곡의 마지막 마디 위에 커서를 놓고 **[강제 줄 바꿈(Force Line Break)]**을 적용하면 다음과 같이 마지막 마디가 해당 줄의 오른쪽 끝까지를 꽉 채우면서 악보의 마무리가 깔끔하게 정리됩니다.

참고로 이 기능은 페이지 모두가 **[Page – Vertical]**이나 **[Page – Parchment]** 모드일 때만 작동합니다.

8 줄 바꿈 방지하기(Prevent Line Break)

[줄 바꿈 방지(Prevent Line Break)] 기능은 강제 줄 바꿈 기능의 반대라고 생각하면 됩니다. 즉 현재 그 줄의 끝 마디가 끝 마디가 되지 않도록 다음 줄에서 한 마디를 끌어올려서 현재 마디의 뒤에 붙이는 기능입니다. 줄 바꿈 방지를 적용하려면 마지막 현재 줄의 마지막 마디 위에 커서를 위치시키고 메뉴 그룹에서 **[Bar]** ▶ **[Prevent Line Break]**를 클릭합니다. 그러면 해당 마디의 다음 줄에 있는 첫 마디가 윗줄로 이동하면서 아래처럼 원래 커서가 있던 마디 다음에서 줄이 바뀌는 것을 방지해줍니다. 이 기능은 아랫줄의 첫 마디를 윗줄로 이동시킬 때 사용합니다.

단, 메뉴 그룹에서 **[Bar]** ▶ **[System Layout]**을 클릭하고 수동으로 레이아웃을 지정하면 설정한 마디 레이아웃이 다시 초기화됩니다.

9 쉼표로 채우기

마디에 음표를 채워넣는 과정에서 다음과 같이 마디를 음표로 다 채우지 않고 나머지 박자를 모두 쉼표로 처리할 때가 있습니다. 혹은 마디에 들어갈 박자 수를 초과해 쉼표가 너무 많이 입력된 경우도 있습니다.

이럴 때 자동으로 마디를 쉼표로 채워주거나, 넘치는 쉼표를 자동으로 제거해주는 기능이 **[Complete/Reduce bar with rests]**입니다. 이 작업을 하려면 악보의 아무 위치에나 커서를 놓고 메뉴 그룹에서 **[Tool] ▶ [Complete/Reduce bar with rests]**를 클릭합니다. 악보의 처음부터 끝까지 마디들을 모두 검색해 박자가 모자라는 마디는 쉼표로 마디를 채우고, 박자가 넘치는 마디에서는 쉼표를 제거해 박자를 맞춥니다.

10 마디 자동으로 정렬하기(Bar Arranger)

복잡한 악보를 작업하면서 박자 수를 잘 모르거나 어느 마디에서 오류가 발생했는지 잘 모를 때에는 **[마디 자동 정렬(Bar Arranger)]** 기능을 활용합니다. 이 기능을 사용하려면 메뉴 그룹에서 **[Tool] ▶ [Bar Arranger]**를 클릭합니다.

다음 예제처럼 박자가 맞지 않는 악보가 있다고 가정해보겠습니다.

이 악보에 **[Bar Arranger]** 기능을 적용하면 다음과 같이 박자가 모자라는 마디는 다음 마디에서 음표나 쉼표를 끌어다 맞추고, 박자가 넘치는 마디에서는 음표나 쉼표를 다음 마디로 넘기는 방법으로 마디를 정렬합니다.

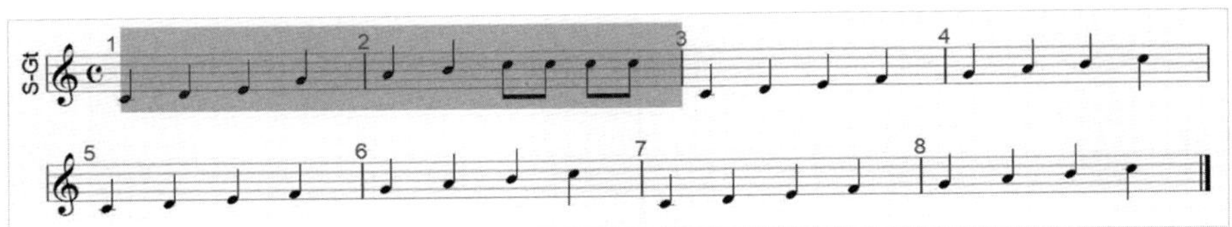

다중 쉼표 사용하기

악보 중의 어느 부분에서 여러 마디의 쉼표가 연속될 때 '다중 쉼표' 기능을 이용하면 악보를 간결하게 만들 수 있습니다.

1 다중 쉼표(Multirest)란?

노래나 연주 곡 중에서 어느 특정 악기가 여러 마디 동안 연주를 쉬고 기다리는 부분이 있을 수 있습니다. 예를 들어 다음 악보처럼 두 마디를 연주하고, 네 마디를 쉬었다가 다시 연주를 시작하는 경우입니다. 이처럼 여러 마디의 쉼표가 연속되는 것을 '다중 쉼표'라고 부릅니다.

이럴 때 연주를 쉬는 네 마디를 각각 온쉼표 네 마디로 표기할 수도 있지만 그렇게 하면 악보가 길어집니다. 그래서 기타 프로는 여러 마디의 쉼표를 한 마디로 묶어서 표시하는

[다중 쉼표(Multirest)]라는 기능을 제공합니다.

2 다중 쉼표 만들기

악보에 다중 쉼표를 적용하는 방법은 두 가지가 있습니다.

① 여러 마디의 쉼표를 다중 쉼표로 나타내기

예를 들어 한 마디 전체를 쉬는 온쉼표가 네 마디 계속된다고 할 때 보통은 위 악보처럼 온쉼표 마디를 네 개 연속 입력할 것입니다. 이렇게 기존에 쉼표가 여러 마디 입력된 것을 다중 쉼표 한 마디로 압축할 수 있습니다. 여러 마디로 구분되어 입력된 쉼표가 있는 아무 마디에나 커서를 놓고 메뉴 그룹에서 **[Bar]** ▶ **[Multirest]**를 클릭합니다. 키보드 단축키는 Ctrl + R 입니다. 네 마디로 나뉘어 있던 쉼표 마디가 하나로 합해지고 마디 수를 나타내는 숫자 '4'가 마디 위에 표시됩니다.

② 악보를 입력하면서 다중 쉼표 만들기

다중 쉼표가 들어갈 마디에 커서를 놓고, 메뉴 그룹에서 **[Bar** ▶ **Multirest]**를 클릭합니다. 키보드 단축키는 Ctrl + R 입니다. 이 상태에서 키보드의 오른쪽 화살표를 누르면 계속 숫자가 변하면서 표시된 숫자만큼의 쉼표 마디를 만들어줍니다. 화살표 대신 Ctrl + Insert 를 눌러도 됩니다.

③ 다중 쉼표의 마디 수 줄이기

반대로 다중 쉼표가 적용된 마디에서 쉬는 마디 수를 줄일 수도 있습니다. 다중 쉼표가 적용된 마디에서 Ctrl + Delete 를 누르면 한 번 누를 때마다 마디를 표시하는 숫자가 하나씩 줄어듭니다. 단, Ctrl + Delete 를 누르면 한 번 누를 때마다 다중 쉼표 마디수가 줄어들면서 커서의 위치가 이전 마디로 자동 이동되기 때문에 여러 마디를 삭제하려면 커서를 다시 다중 쉼표 위치로 가져와야 합니다. 커서를 계속 이동시키는 것이 번거롭다면 메뉴 그룹에서 **[Bar]** ▶ **[Multirest]**의 선택을 해제해 다중 쉼표 마디를 푼 상태에서 필요한 마디만큼을 마우스로 드래그해 삭제하면 됩니다.

디자인 모드 사용하기

기타 프로에서는 마우스를 이용해서 어느 특정 마디의 넓이를 넓히거나 좁힐 수도 있고, 각각의 줄(시스템)에 들어갈 마디 수도 마음대로 늘리거나 줄일 수 있습니다. 마디 구성을 디자인한다는 뜻에서 이 기능을 **[Design mode(디자인 모드)]**라고 부릅니다. 디자인 모드를 적용하려면 **[편집 팔레트]**의 맨 위쪽에서 오른쪽 끝에 있는 삼각형 모양의 아이콘을 클릭합니다.

메뉴 그룹에서는 **[View−Design mode]**를 클릭합니다. 키보드 단축키는 Ctrl + Alt + D 입니다. **[Design mode]** 아이콘을 누르면 악보의 각 마디 선 위에 작은 파란색 삼각형과 양쪽 화살표 기호가 나타나고, 마디 줄의 오른쪽 끝에는 O, +, − 버튼이 나타납니다.

마디 줄의 오른쪽 끝에 있는 O, +, - 버튼을 통해 한 줄에 나타나는 마디 수를 늘리거나 줄일 수 있습니다. O 버튼은 해당 줄의 모든 마디 넓이를 동일하게 만들어주고, +(플러스) 버튼은 해당 줄의 마디 수를 늘려줍니다. 한 줄에 더 많은 마디를 넣고 싶을 때 이 버튼을 사용합니다. 반대로 -(마이너스) 버튼은 해당 줄의 마디 수를 줄여줍니다. 악보에 음표가 많아서 보기 어려울 때 이 버튼을 눌러서 마디 수를 줄여줍니다. 한 번 누를 때마다 한 마디씩 늘어나거나 줄어듭니다.

또한 마디 구분 선 위에 나타나는 파란 삼각형 마크를 클릭한 채로 마우스를 좌우로 움직이면 마디 구분 선이 이동하면서 마디의 넓이를 넓게 혹은 좁게 조절해줍니다. 이 기능은 같은 줄 안에서 음표가 많은 마디의 간격을 넓히고 음표가 적은 마디의 간격을 줄이는데 사용합니다.

참고로 싱글 트랙 모드에서 각 트랙별로 마디 간격을 다르게 조절하더라도 여러 트랙 보기 모드로 전환하면 모든 트랙의 마디 간격이 모두 동일하게 재조정됩니다.

못갖춘마디 만들기

1 갖춘마디와 못갖춘마디

모든 곡에는 3/4박자, 4/4박자 등과 같은 박자라는 개념이 적용됩니다. 한 마디 안에 몇 분 음표가 몇 개 들어가느냐를 정하는 것입니다. 3/4박자라면 한 마디에 4분 음표가 세 개 들어 있어야 하는데 이를 갖춘마디라고 부릅니다. 하지만 작곡자들이 곡에 변화를 주거나 강약의 리듬을 바꾸기 위해서 특정 마디에 일부러 필요한 박자를 채우지 않은 마디를 만들기도 하는데 이를 못갖춘마디라고 부릅니다.

2 Anacrusis(행수잉여음/Pickup bar)

가끔 작곡가들이 박자가 꽉 찬 첫 마디를 시작하기 전에 음표가 조금 모자라는 못갖춘마디를 가미하는 경우가 있습니다. 듣는 사람들에게 첫 강세 비트가 시작되기 전에 하나 혹은 몇 개의 음표들로 가볍게 시작해서 준비를 시키는 것입니다. 보통 노래의 시작 부분인 첫 마디에 못갖춘마디를 사용하는 경우가 많은데 이를 가리켜 'Anacrusis(아나크루시스)'라고 부릅니다. 영어로는 한두 박자만 픽업해서 만든 마디라는 뜻으로 'pickup bar'라고 부릅니다. 우리말로는 '행수잉여음(行首剩餘音)'이라고 부르는데 악보 행의 첫머리에 있는 여분의 음이라는 뜻입니다.

박자가 다 차지 않은 못갖춘마디가 발견되면 기타 프로는 마디가 완결되지 않았다는 오류 표시를 보여줍니다. 그래서 악보에 못갖춘마디를 그리려면 해당 마디에서 다음과 같이 작업해야 합니다. 우리가 잘 아는 〈Happy birthday to you〉를 예로 설명해보겠습니다. 첫 마디는 3박 중 1박만 들어 있는 못갖춘마디이고, 나머지 마디는 3박자가 다 들어 있는 갖춘마디입니다. 당연히 기타 프로는 마디의 완결성에 문제가 있다고 판단해 자동으로 해당 마디를 붉은색으로 표시합니다.

보통 이런 악보를 그릴 때 1박 길이의 음표 앞에 쉼표를 2박자 넣어 마디를 정리합니다. 하지만 아나크루시스(Anacrusis)를 악보로 표기할 때는 모자란 박자만큼 쉼표를 채우지 않아도 됩니다. 박자가 다 차지 않은 '아나크루시스(Anacrusis)'를 입력하려면 메뉴 그룹에서 **[Bar]** ▶ **[Anacrusis(pickup bar)]**를 클릭합니다. 그럼 다음과 같이 박자가 모자라지만 오류로 표시되지 않고 정상적으로 표시됩니다.

'아나크루시스(Anacrusis)'는 악곡의 첫 마디에서만 작동하기 때문에 노래의 마디 중간에서 못갖춘마디를 넣으려면 박자 길에 맞춰 박자 설정을 다시 해야 합니다. 예를 들어 4/4박자 노래에서 마디 중간에 2박자짜리 한 마디를 만들고 싶다면 그 마디에서 박자를 2/4박자로 바꾸어야 합니다. 그리고 다음 마디에서 다시 4/4박자로 박자를 설정합니다.

음표 입력하기

오선 악보 입력하기

1 음표 입력하기

오선 악보에 음표를 입력하려면 먼저 악보 위에서 음표가 있어야 할 위치로 커서를 이동시켜야 합니다. 커서를 이동시키려면 다음의 방법을 사용합니다.

- 키보드에서 화살표를 누릅니다.
  - 왼쪽 화살표: 이전 위치로 이동
  - 오른쪽 화살표: 다음 위치로 이동
  - 위 화살표: 오선 악보의 윗줄이나 위 칸으로 이동
  - 아래 화살표: 오선 악보의 아랫줄이나 아래 칸으로 이동

- 마우스로 원하는 위치를 클릭합니다.

커서가 위치한 곳에 노란 네모 모양이 표시되고 희미하게 쉼표 기호가 나타납니다. 단, 멀티보이스를 사용하는 경우에는 보이스가 무엇이냐에 따라 네모의 색이 노랑, 초록, 빨강, 보라색으로 다르게 표시됩니다.

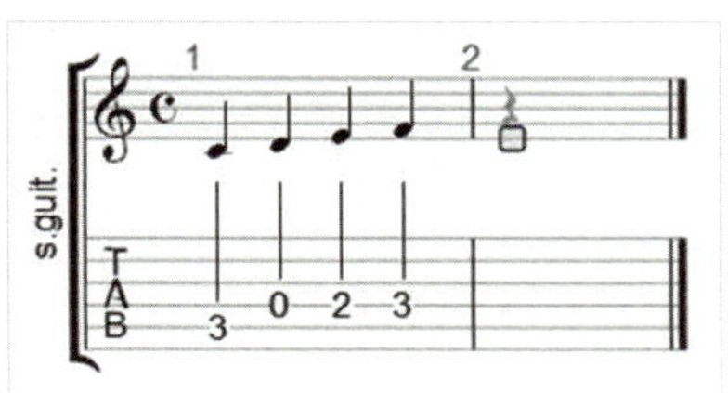

멀티보이스에 대한 자세한 설명은 **[45. 멀티보이스 만들기]**편을 참고하세요.
여기서 키보드의 Enter 를 치면 해당 위치에 음표가 하나 삽입됩니다.

> **참고**
>
> 악보 위에서 여러 지점을 이동하면서 작업할 때 어느 위치를 클릭하는 것만으로 음표가 입력된다면 오히려 불편할 것입니다. 그래서 기타 프로는 사용자가 악보상의 어느 위치를 클릭하면 그곳에 커서를 이동시켜줄 뿐, 그 동작만으로 음표를 입력하지는 않습니다.

2 음표 길이 바꾸기

입력되는 음표의 길이는 **[편집 팔레트]**에서 선택된 음표의 길이대로 입력됩니다. 음표의 길이를 바꾸고 싶다면 다음의 방법을 사용합니다.

- **[편집 팔레트]**에서 원하는 길이의 음표 아이콘을 클릭합니다.
- 키보드에서 + 혹은 − 를 누릅니다. + 를 누르면 음표의 길이가 한 단위씩 짧아지고, − 를 누르면 반대로 음표의 길이가 한 단위씩 길어집니다. 예를 들어 4분 음표를 입력한 상태에서 + 를 한 번 누르면 8분 음표, 두 번 누르면 16분 음표로 바뀝니다. 반대로 8분 음표를 입력한 상태에서 − 를 한 번 누르면 4분 음표, 두 번 누르면 2분 음표로 길이가 바뀝니다.

> **참고**
>
> 음표를 입력하는 작업은 매우 자주 하는 일이므로 키보드 단축키를 사용해서 입력하는 방법을 익혀놓으면 작업 속도와 효율이 획기적으로 높아집니다.

3 쉼표 입력하기

오선 악보에 쉼표를 입력하려면 먼저 쉼표가 있어야 할 위치로 커서를 이동시켜야 합니다. 커서를 이동시키려면 다음의 방법을 사용합니다.

- 키보드에서 화살표를 누릅니다.
  - 왼쪽 화살표: 이전 위치로 이동
  - 오른쪽 화살표: 다음 위치로 이동
  - 위 화살표: 오선 악보의 윗줄이나 위 칸으로 이동
  - 아래 화살표: 오선 악보의 아랫줄이나 아래 칸으로 이동

- 마우스로 원하는 위치를 클릭합니다.

커서가 위치한 곳에 노란 네모 모양이 표시되고 희미하게 쉼표 기호가 나타납니다. 단, 멀티보이스를 사용하는 경우에는 보이스가 무엇이냐에 따라 네모의 색이 노랑, 초록, 빨강, 보라색으로 다르게 표시됩니다. 여기서 키보드의 Insert 를 치면 해당 위치에 쉼표가 하나 삽입됩니다.

멀티보이스에 대한 자세한 설명은 [45. 멀티보이스 만들기]편을 참고하세요.

입력되는 쉼표의 길이는 [편집 팔레트]에서 선택된 음표의 길이대로 입력됩니다. 쉼표의 길이를 바꾸고 싶다면 다음의 방법을 사용합니다.

- [편집 팔레트]에서 원하는 길이의 음표 아이콘을 클릭한 다음, 쉼표 아이콘을 한 번 더 누릅니다.
- 키보드에서 + 혹은 − 를 누릅니다. + 를 누르면 쉼표의 길이가 한 단위씩 짧아지고, − 를 누르면 반대로 쉼표의 길이가 한 단위씩 길어집니다. 예를 들어 4분 쉼표를 입력한 상태에서 + 를 한 번 누르면 8분 쉼표, 두 번 누르면 16분 쉼표로 바뀝니다. 반대로 8분 쉼표를 입력한 상태에서 − 를 한 번 누르면 4분 쉼표, 두 번 누르면 2분 쉼표로 길이가 바뀝니다.

키보드에서 Enter 를 눌러 음표를 먼저 입력한 다음, [편집 팔레트]에서 쉼표 아이콘을 한 번 더 누르면 음표가 쉼표로 바뀝니다. 단, 음표가 없는 위치에서 키보드의 R 을 누르면 커서가 위치한 직전의 음표 또는 쉼표와 똑같은 길이의 쉼표가 하나 삽입됩니다.

4 음표 삭제하기

이미 입력된 음표 위에 커서를 놓고 키보드의 Delete 를 누르면 해당 위치의 음표가 삭제되고 자동으로 그 위치에 같은 길이의 쉼표가 표시됩니다. 여기서 다시 한 번 Delete 를 누르면 쉼표가 삭제되고 커서는 삭제된 쉼표의 다음 음표로 이동합니다. 삭제된 쉼표가 악보의 마지막 쉼표인 경우에는 삭제 후 이전 음표나 쉼표의 자리로 이동합니다.

5 연주 가능한 음역대

기타 프로는 트랙에 적용한 악기가 무엇이냐에 따라 자동으로 그 악기가 연주할 수 있는 음역대를 감지하고 관리합니다. 사용자가 해당 악기의 음역대보다 낮거나 높은 음을 입력하면 기타 프로는 타브 악보에 붉은색으로 숫자를 표시합니다. 이렇게 음역대를 벗어난 음표들은 악보에 표시할 수는 있지만 실제로 연주할 수 없는 음이니 이런 부분이 나타나면 악보를 수정해야 합니다.

타브 악보 입력하기

1 음표 입력하기

타브 악보에 음표를 입력하려면 먼저 음표가 있어야 할 위치로 커서를 이동시켜야 합니다.
커서를 이동시키려면 다음의 방법을 사용합니다.

- 키보드에서 화살표를 누릅니다.
  - 왼쪽 화살표: 이전 위치로 이동
  - 오른쪽 화살표: 다음 위치로 이동
  - 위 화살표: 오선 악보의 윗줄이나 위 칸으로 이동
  - 아래 화살표: 오선 악보의 아랫줄이나 아래 칸으로 이동

- 마우스로 원하는 위치를 클릭합니다.

타브 악보상의 커서가 위치한 곳에 노란 네모 모
양이 표시되고 희미하게 쉼표 기호가 나타납니다.
단, 멀티보이스를 사용하는 경우에는 보이스가 무
엇이냐에 따라 네모의 색이 노랑, 초록, 빨강, 보라
색으로 다르게 표시됩니다. 커서가 위치한 타브 악
보의 줄에서 프렛 번호에 해당하는 숫자를 입력하

면 오선 악보의 해당 위치에 음표가 하나 삽입됩니다.

멀티보이스에 대한 자세한 설명은 **[45. 멀티보이스 만들기]**편을 참고하세요.

악보 위에서 여러 지점을 이동하면서 작업할 때 어느 위치를 클릭하는 것만으로 음표가 입력된다면 오히려 불편할 것입니다. 그래서 기타 프로는 사용자가 악보상의 어느 위치를 클릭하면 그곳에 커서를 이동시켜줄 뿐, 그 동작만으로 음표를 입력하지는 않습니다.

2 음표 길이 바꾸기

입력되는 음표의 길이는 **[편집 팔레트]**에서 선택된 음표의 길이대로 입력됩니다. 음표의 길이를 바꾸고 싶다면 다음의 방법을 사용합니다.

- **[편집 팔레트]**에서 원하는 길이의 음표 아이콘을 클릭합니다.
- 키보드에서 ⊞ 혹은 ⊟ 를 누릅니다. ⊞ 를 누르면 음표의 길이가 한 단위씩 짧아지고, ⊟ 를 누르면 반대로 음표의 길이가 한 단위씩 길어집니다. 예를 들어 4분 음표를 입력한 상태에서 ⊞ 를 한 번 누르면 8분 음표, 두 번 누르면 16분 음표로 바뀝니다. 반대로 8분 음표를 입력한 상태에서 ⊟ 를 한 번 누르면 4분 음표, 두 번 누르면 2분 음표로 길이가 바뀝니다. 이런 식으로 온음표에서 64분 음표까지 조절이 가능합니다.

음표를 입력하는 작업은 매우 자주 하는 일이므로 키보드 단축키를 사용해서 입력하는 방법을 익혀놓으면 작업 속도와 효율이 획기적으로 높아집니다.

3 쉼표 입력하기

타브 악보에는 쉼표가 따로 표시되지 않습니다. 다만 타브 악보를 만드는 과정에서 쉼표를 입력하면 타브 악보상에서는 해당 위치가 빈 칸으로 표시되고, 오선 악보에는 쉼표가 삽입됩니다. 타브 악보 작업 중에 쉼표를 입력하려면 먼저 악보 위에서 쉼표가 있어야 할 위치로 커서를 이동시켜야 합니다. 커서를 이동시키려면 다음의 방법을 사용합니다.

- 키보드에서 화살표를 누릅니다.
  - 왼쪽 화살표: 이전 위치로 이동
  - 오른쪽 화살표: 다음 위치로 이동
  - 위 화살표: 오선 악보의 윗줄이나 위 칸으로 이동
  - 아래 화살표: 오선 악보의 아랫줄이나 아래 칸으로 이동

- 마우스로 원하는 위치를 클릭합니다.

커서가 위치한 곳에 노란 네모 모양이 표시됩니다. 단, 멀티보이스를 사용하는 경우에는 보이스가 무엇이냐에 따라 네모의 색이 노랑, 초록, 빨강, 보라색으로 다르게 표시됩니다. 타브 악보 위에서 키보드의 Insert 를 치면 타브 악보에는 해당 위치가 빈 칸으로 표시되고, 오선 악보에는 쉼표가 하나 삽입됩니다. 단, 그 위치에 이미 음표나 쉼표가 있는 경우에는 기존 음표나 쉼표가 한 자리씩 뒤로 물러나고 그 자리에 쉼표가 삽입됩니다.
입력되는 쉼표의 길이는 **[편집 팔레트]**에서 선택된 음표의 길이대로 입력됩니다. 쉼표의 길이를 바꾸고 싶다면 다음의 방법을 사용합니다.

- **[편집 팔레트]**에서 원하는 길이의 음표 아이콘을 클릭한 다음, 쉼표 아이콘을 한 번 더 누릅니다.
- 키보드에서 + 혹은 − 를 누릅니다. + 를 누르면 쉼표의 길이가 한 단위씩 짧아지고, − 를 누르면 반대로 쉼표의 길이가 한 단위씩 길어집니다. 예를 들어 4분 쉼표를 입력한 상태에서 + 를 한 번 누르면 8분 쉼표, 두 번 누르면 16분 쉼표로 바뀝니다. 반대로 8분 쉼표를 입력한 상태에서 − 를 한 번 누르면 4분 쉼표, 두 번 누르면 2분 쉼표로 길이가 바뀝니다. 이런 식으로 온쉼표에서 64분 쉼표까지 조절이 가능합니다.

키보드에서 프렛 번호에 해당하는 숫자를 눌러 음표를 먼저 입력한 다음, **[편집 팔레트]**에서 쉼표 아이콘을 누르면 오선 악보에는 쉼표가 입력되고 타브 악보에서는 숫자가 사라지고 빈 칸이 만들어집니다. 또는 키보드에서 프렛 번호에 해당하는 숫자를 눌러 음표를 먼저 입력한 다음, 다시 키보드에서 쉼표(Rest)의 첫 글자인 R 을 누르면 음표가 쉼표로 바뀝니다. 단, 음표가 없는 위치에서 키보드의 R 을 누르면 커서가 위치한 직전의 음표 또는 쉼표와 똑같은 길이의 쉼표가 하나 삽입됩니다.

４ 음표 삭제하기

타브 악보에서 이미 입력된 숫자 위에 커서를 놓고 키보드의 Delete 를 누르면 해당 위치의 숫자가 삭제되고 자동으로 그 위치에 빈 칸이 만들어집니다. 오선 악보에는 쉼표가 만들어집니다. 빈 칸 위치에서 다시 한 번 Delete 를 누르면 쉼표가 삭제되고 커서는 삭제된 빈 칸의 다음 음표로 이동합니다. 삭제된 빈 칸이 악보의 마지막 빈 칸인 경우에는 삭제 후 이전 음표나 쉼표(빈 칸)의 자리로 이동합니다.

5 연주 가능한 음역대

기타 프로는 트랙에 적용한 악기가 무엇이냐에 따라 자동으로 그 악기가 연주할 수 있는 음역대를 감지하고 관리합니다. 사용자가 해당 악기의 음역대보다 낮거나 높은 음을 입력하면 기타 프로는 타브 악보에 붉은색으로 숫자를 표시합니다. 이렇게 음역대를 벗어난 음표들은 악보에 표시할 수는 있지만 실제로 연주할 수 없는 음이니 이런 부분이 나타나면 악보를 수정해야 합니다.

악보 만들기

지금까지 익힌 내용을 활용해 악보를 만들어보겠습니다. 다음 악보는 기타 프로를 이용해서 만든 **[얼룩 송아지]**의 악보입니다.

커서를 오선 악보의 해당 위치에 놓고 Enter 를 쳐서 음표를 입력하고 편집 팔레트의 음표 아이콘을 이용해서 박자 길이를 설정합니다. 다음 음표를 입력하려면 키보드에서 오른쪽 화살표를

클릭합니다. 다시 같은 방법으로 다음 음표들을 입력합니다. 타브 악보에서는 해당 줄 위에 프렛 위치를 숫자로 입력하면 오선 악보에 음표가 입력됩니다. 이런 방법으로 다음 예제처럼 한 마디만 입력해보십시오.

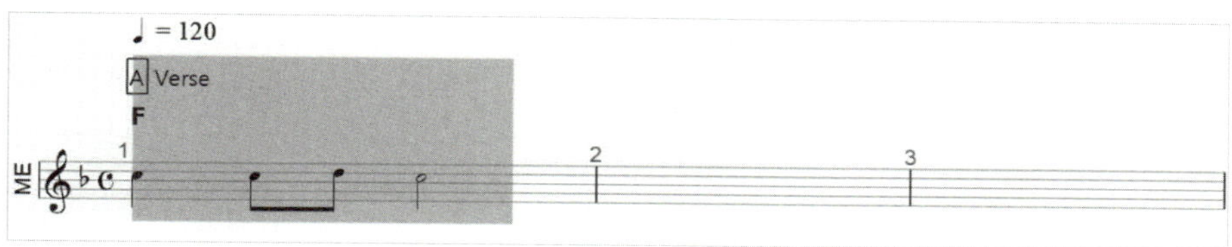

1 음표 박자 길이 적용하기

아직은 음높이만 정하고 음표의 박자 길이는 반영하지 않은 상태입니다. 음표의 길이는 입력 시 바로 적용할 수도 있고, 입력을 마치고 한꺼번에 조절할 수도 있습니다. 첫 마디인 '송아-지' 부분은 4분 음표-8분 음표-8분 음표-4분 음표 길이로 구성되므로 두 번째와 세 번째 음표를 4분 음표에서 8분 음표로 바꿔주어야 합니다.

4분 음표 두 개를 마우스로 드래그해 범위를 잡은 다음, 왼쪽 음표 섹션에서 8분 음표를 클릭하면 4분 음표가 8분 음표로 바뀝니다. 음표 아이콘을 클릭하는 대신 키보드의 숫자 패드를 사용할 수도 있습니다. ﹢를 누르면 음표의 박자가 한 단계 짧아지고, 반대로 ﹣를 누르면 한 단계 길어집니다.

2 쉼표 입력하기

악보상에 쉼표를 넣어야 하는 경우도 있습니다. 예제의 **[얼룩 송아지]**에도 4, 8마디에 쉼표가 있습니다. 쉼표를 입력하려면 해당 위치에 커서를 놓고 음표 섹션 창에서 쉼표의 길이를 먼저 클릭한 다음, 오른쪽 끝에 **[쉼표 아이콘]**을 클릭하면 됩니다.

3 음표 지우기/삽입하기

이런 방법으로 간단하게 타브 악보를 만들 수 있습니다. 예제로 사용하고 있는 **[얼룩 송아지]**를 타브 악보로 한 번 만들어보시기 바랍니다.

4 박자 길이 정하기

해당 음표의 박자 길이를 정합니다. 음표의 길이를 정하는 방법은 두 가지가 있습니다.

① 키보드를 이용하는 방법

키보드 위에서 숫자 패드(키보드 오른쪽에 숫자만 모아놓은 곳) 혹은 Enter 위에 있는 +를 누르면 한 번 누를 때마다 음표의 길이가 짧아집니다. 예를 들어 2분 음표 위에 커서를 위치한 상태로 +를 누르면 4분 음표로, 다시 한 번 누르면 8분 음표로 변합니다. 반대로 음표의 길이를 늘릴 때에는 −를 누르면 됩니다.

점음표를 입력할 때는 키보드의 . 혹은 *를 누르면 됩니다. 반대로 점음표 상태에서 한 번 더 누르면 점이 사라집니다. 겹점음표를 입력할 때는 키보드의 Ctrl + .를 누릅니다.

② [편집 팔레트]를 이용하는 방법

해당 음표 위에 커서를 놓고 [편집 팔레트]에서 원하는 길이의 음표를 클릭합니다. 클릭하는 음표의 길이대로 음표의 박자가 바뀝니다. 점음표나 겹점음표를 입력하려면 먼저 음표를 클릭하고 이어서 점 혹은 겹점 아이콘을 클릭합니다. 음표의 점 혹은 겹점을 없애려면 점 혹은 겹점 아이콘을 다시 한 번 클릭합니다.

예제 악보의 경우, 첫 음이 [도]이므로 커서를 그 위치로 이동시킨 다음, Enter 를 눌러 음표를 입력합니다. 이런 방법으로 나머지 음표들도 차례로 입력합니다.

5 입력 위치의 이동

- 악보상의 어느 위치를 클릭하면, 커서가 그 위치로 바로 이동하고 그곳에 음표를 입력할 수 있습니다.
- 오선 악보 위에서 윗줄 혹은 아랫줄로 움직이려면 키보드의 위아래 화살표를 사용합니다.
- 좌우로 움직일 때는 키보드의 좌우 화살표를 사용합니다.

6 입력된 음표의 음높이 변경

이미 입력된 어느 음표 위에서 Alt + Shift + ↑를 누르면 한 번 누를 때마다 현재 음보다 반음씩 높아지고, Alt + Shift + ↓를 누르면 한 번 누를 때마다 현재 음보다 반음씩 낮아집니다. 해당 음의 음높이를 바꾸고 싶을 때 이 기능을 사용합니다. 현재 음이 개방 현을 뜻하는 [0] 위치에 있을 때에는 그 줄에서 더 이상 내려갈 곳이 없으므로 자동으로 커서를 그보다 굵은 줄(낮은 줄)로 이동시켜서 해당 음을 입력합니다.

7 입력된 음표의 줄 위치 변경

이미 입력된 어느 음표의 음높이는 그대로 두고 기타 줄의 위치만 바꾸고 싶을 때에는 해당 음표 위에서 Alt + ↑/↓ 를 누르면 타브 악보에서의 위치가 현재 줄보다 아래 혹은 윗줄로 이동됩니다. 이 경우 오선 악보의 위치와 음높이는 변하지 않습니다. 기타에서 해당 음을 다른 줄에서 운지하고 싶을 때 이 기능을 사용합니다.

8 기타 음표 입력 옵션

① 악보 사이의 이동

타브 악보와 오선 악보를 모두 열어놓고 작업하는 경우, Tab 을 누르면 두 악보 사이를 이동할 수 있습니다. 피아노용 큰 보표(Grand Staff)의 경우에는 Tab 을 눌러 왼손 악보와 오른손 악보 사이를 이동할 수 있습니다.

② 음표의 삽입과 삭제

이미 입력된 음표를 삭제할 때는 키보드의 Delete 를 누르고, 현재 커서 위치에 새 음표를 삽입할 때에는 Insert 를 누릅니다.

③ 악보 위에서의 표시

슬래시 악보, 오선 악보, 타브 악보를 동시에 열어놓고 작업할 때에는 어느 음표에 커서를 위치시키면 그 부분은 노란색으로 표시되고, 다른 악보에 있는 해당 위치의 음표는 회색으로 표시되어 확인하기 쉽게 만들어줍니다. 오선 악보 이외에 타브 악보나 슬래시 악보를 표시하려면 작업 창 오른쪽에 있는 인스펙터 창에서 [Track] 탭을 클릭하고, [MUSICAL NOTATION]의 [notation] 탭에 있는 [악보 선택] 아이콘을 클릭합니다.

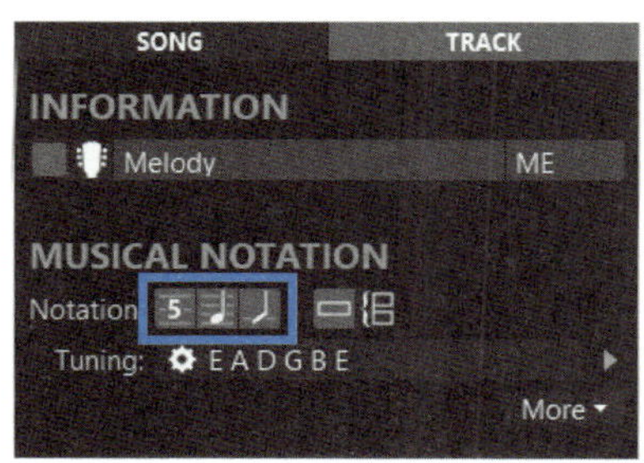

미디 장비로 입력하기

컴퓨터에 연결되는 미디용 마스터 키보드나 미디용 기타가 있는 경우에는 마스터 키보드나 기타에서 연주하는 음들을 기타 프로 악보에 바로 입력할 수 있습니다.

1 미디 설정하기

미디 장비로 음표를 입력하려면 먼저 메뉴 그룹에서 [Sound] ▶ [Audio/MIDI settings]를 클릭합니다. 작업 창에 다음과 같은 미디 입력 창이 나타납니다.

메뉴 그룹에서 [File] ▶ [Preferences]를 클릭해 [Preferences] 창을 띄우고 [Audio/MIDI] 탭을 클릭해도 됩니다.

[MIDI OUTPUT] 섹션에서 미디 사운드를 출력할 포트를 설정하고, [MIDI INPUT] 섹션에서 미디 장비

MIDI device가 연결되어 있는 사운드카드나 오디오 인터페이스를 선택합니다.

설정이 끝나면 메뉴 그룹에서 [Sound ▶ MIDI capture]를 클릭하고, 컴퓨터에 연결된 미디 악기를 연주합니다. 사용자가 연주하는 음높이와 박자 길이에 따라 기타 프로 악보에 자동으로 음표가 입력됩니다.

2 입력 음 구분하기

사람이 직접 연주하는 음을 캡처하다 보면 기타 프로가 음과 음 사이의 구분을 잘 못하는 경우가 생길 수 있습니다. 이럴 때에는 [Preferences] 창의 [Audio/MIDI] 탭에 있는 [MIDI INPUT] 섹션에서 [Capture sensitivity]의 값을 조절합니다. 이 값은 입력되는 두 음 사이의 간격이 얼마 이상일 때 분리된 두 개의 음으로 간주할지 설정합니다(기본 값: 100ms). 값을 적게 설정할수록 미디 악기의 입력 신호를 더 짧은 단위로 구분해서 입력을 받습니다.

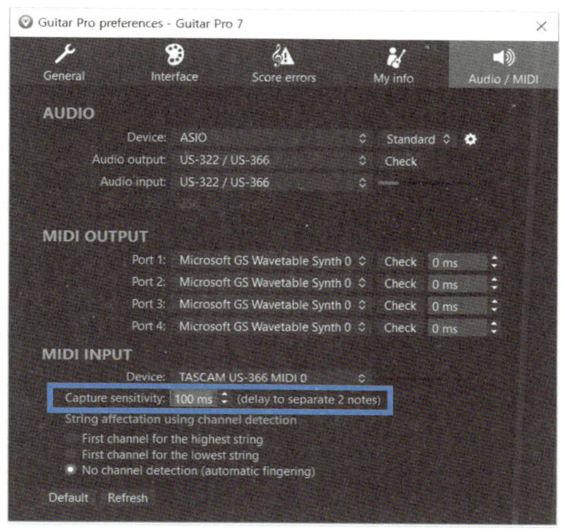

3 줄에 채널 할당하기

여러 개의 채널을 사용해서 입력할 때 어느 채널에 할당할지 결정할 수 있습니다. 채널에 줄을 할당하려면 [Preferences] 창의 [Audio/MIDI] 탭에 있는 [MIDI INPUT] 섹션에서 [String affectation using channel detection(채널 탐색을 통한 줄 할당)] 옵션을 설정합니다.

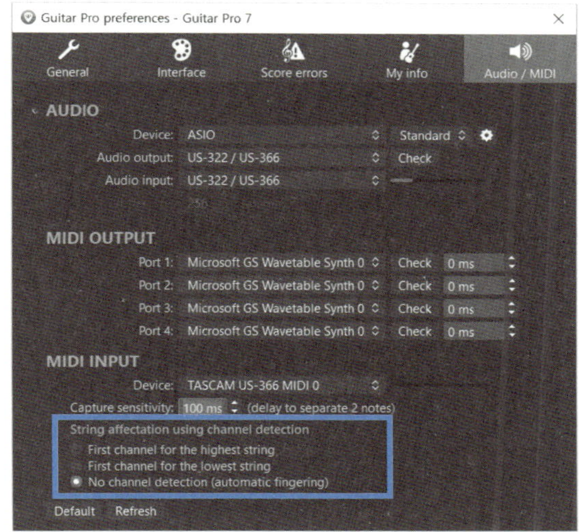

- **First channel for the highest string**: 가장 고음 줄(1번 줄)에 첫 번째 채널 할당
- **First channel for the lowest string**: 가장 저음 줄(6번 줄)에 첫 번째 채널 할당
- **No channel detection(automatic fingering)**: 채널 탐색 안 함(자동 핑거링 사용)

4 줄마다 다른 트랙 사용하기

하나의 트랙 안에서 기타의 여섯 줄마다 다른 미디 트랙을 사용하게 만들려면 트랙 인스펙터 창의 [SOUND] 섹션 글자 옆에 있는 [MIDI] 버튼을 클릭한 다음, [MIDI SETTINGS] 섹션에서 [Force 11-16] 옵션을 [On]으로 설정합니다. 이렇게 설정하면 기타의 여러 줄에 동시에 벤딩 효과를 주는 등의 사운드를 재생할 수 있습니다.

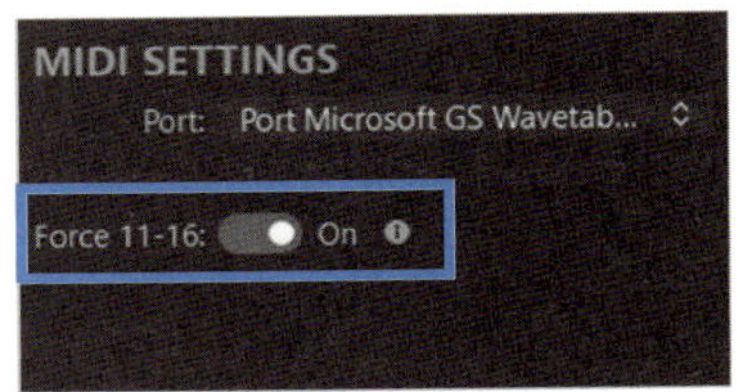

> **참고**
>
> 미디 설정에 관한 자세한 내용은 [08. 환경 설정하기]편이나, [58. 미디 사운드 다루기]편을 참고하세요.

속도, 볼륨, 좌우 패닝 바꾸기

기타 프로에서는 악보의 전체 마스터 트랙이나 특정 트랙에서 곡 도
중에 템포, 볼륨, 좌우 패닝 등에 변화를 설정할 수 있습니다. 이런
변화를 '이벤트Event'라고 부르며, 이런 이벤트의 변화를 미리 설정해
놓으면 악보를 재생할 때 그 시점에 도달하면 적용한 이벤트가 자동
으로 실행되게 만들 수 있습니다. 이를 기타 프로에서는 오토메이션
Automation이라고 부릅니다.

1 이벤트 종류 선택하기

트랙에 오토메이션 이벤트를 삽입하려면 **[편집 팔레트]**의 맨
아래에 위치한 오토메이션 아이콘 중 하나를 클릭합니다. 메뉴
그룹에서는 **[Edit]** ▶ **[Automations]** ▶ **[Edit Automations]**
을 클릭하거나, 필요한 오토메이션 유형을 클릭해도 됩니다. 키
보드 단축키는 F10 입니다.

[편집 팔레트] 맨 아래에 다섯 개의 오토메이션 아이콘이 있으
며, 아이콘 위에 **[M]**자가 표시된 것은 마스터 트랙을 뜻하며,
여기서 설정하면 전체 트랙에 모두 적용됩니다. 반면 **[M]**자 표
시가 없는 나머지는 해당 트랙에만 적용됩니다. 어느 아이콘을

선택하든 [Automation Editor] 창 안에 있는 [TYPE] 섹션에서 템포, 볼륨, 팬 중 원하는 오토메이션 항목을 선택해 작업할 수도 있습니다.

각각의 오토메이션 아이콘은 다음과 같은 기능을 수행합니다.

- **[Insert Tempo Automation(템포 삽입)]**: 전체 트랙의 곡 빠르기를 설정합니다. 곡의 빠르기는 모든 트랙에 동시에 적용되기 때문에 트랙별로 템포를 설정할 수는 없습니다.
- **[Insert Master Volume Automation(마스터 볼륨 삽입)]**: 전체 트랙의 볼륨을 설정합니다.
- **[Insert Master Pan Automation(마스터 팬 삽입)]**: 전체 트랙의 패닝 효과를 설정합니다.
- **[Insert Track Volume Automation(트랙 볼륨 삽입)]**: 특정 트랙의 볼륨을 설정합니다.
- **[Track Pan Automation(트랙 팬 삽입)]**: 특정 트랙의 패닝 효과를 설정합니다.

참고로 인스펙터 창의 트랙 탭에서 [Sound] 섹션에 있는 [A]라고 적힌 오토메이션 아이콘은 곡 도중에 사운드의 효과나 악기 소리 등을 바꾸는 것이므로, 여기서 말하는 오토메이션과는 다른 기능입니다.

2 템포 오토메이션

노래의 특정 위치부터 기존의 빠르기와 다른 빠르기로 템포를 변경시키고자 할 때 사용합니다.

① 설정 창의 항목과 기능

템포 오토메이션 창의 각 항목은 다음과 같은 기능을 수행합니다.

[POINT SETTINGS] 섹션

- **[Label(레이블)]**: 적용할 리듬의 패턴 이름을 설정합니다. 여기서 선택한 이름이 악보 첫 머리에 곡의 템포를 표시하는 숫자 앞에 텍스트로 표시됩니다. 기존 목록에 있는 것을 선택할 수도 있고, 사용자가 원하는 이름을 직접 입력할 수도 있습니다(예, 발라드, 록 등).

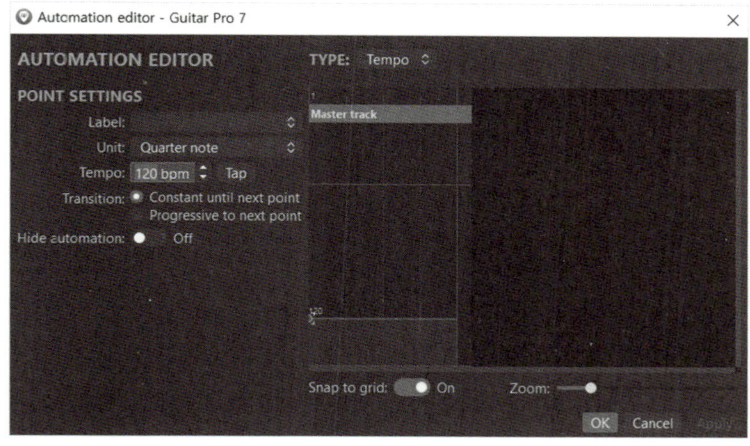

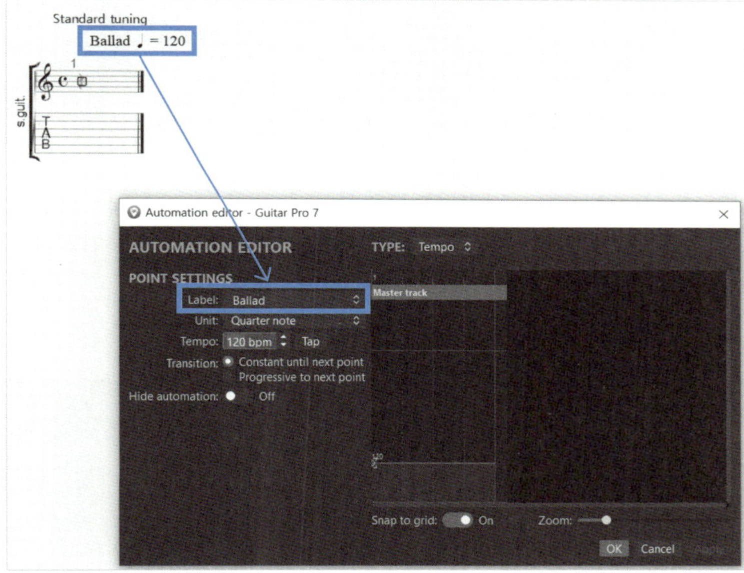

- **[Unit(기준 박)]**: 템포를 결정하는 기준 박의 음표 길이를 설정합니다. 보통 'Quarter note(4분 음표)'를 기준 박으로 많이 사용합니다.
  - **Eight note**: 8분 음표를 기준 박으로 사용합니다.
  - **Quarter note**: 4분 음표를 기준 박으로 사용합니다.
  - **Dotted Quarter note**: 점4분 음표를 기준 박으로 사용합니다.
  - **Half note**: 2분 음표를 기준 박으로 사용합니다.
  - **Dotted half note**: 점2분 음표를 기준 박으로 사용합니다.
- **[BPM(템포)]**: 적용할 곡의 빠르기 값을 BPM_{Beats Per Minute} 단위로 설정합니다.
- **[Tap(템포 측정기)]**: 원하는 템포에 맞춰 마우스로 탭 버튼을 일정한 간격으로 계속 클릭하면 그 빠르기가 BPM으로 얼마나 되는지를 측정해줍니다.

- **[Transition(변화 적용)]:**
  - **[Constant unit until next point(일시에 변화)]**: 템포에 변화가 생기는 시점에 순간적으로 바뀐 템포를 적용하고, 그 템포를 다음 속도 변화 포인트까지 그대로 유지합니다. 자세한 사용법은 **[41. 곡 중간에서 템포 바꾸기]**편을 참고하세요.

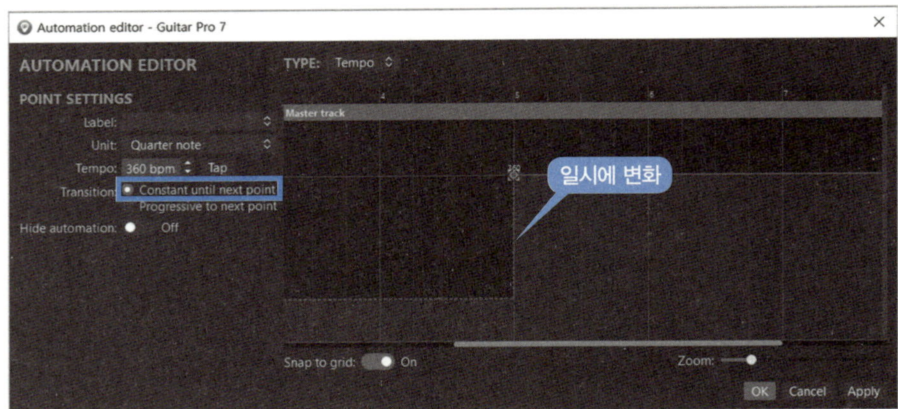

  - **[Progressive to next point(점진적으로 변화)]**: 현재 위치에서 새로운 속도로 바뀌는 다음 포인트까지 점진적으로 빠르기를 변화시킵니다. 자세한 사용법은 **[41. 곡 중간에서 템포 바꾸기]**편을 참고하세요.

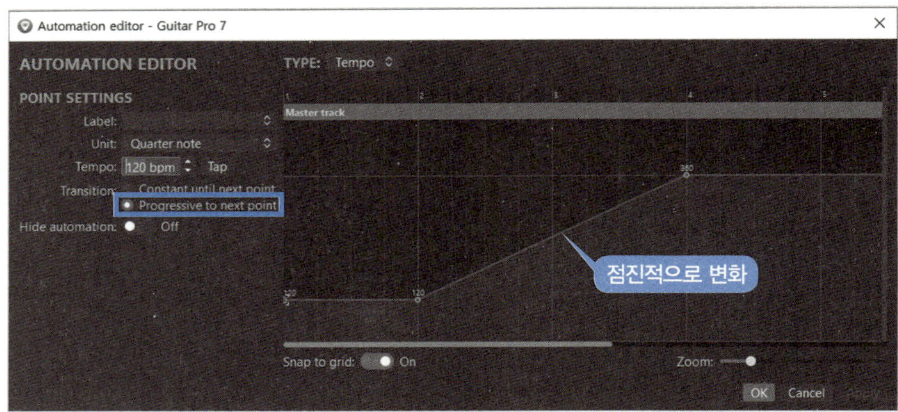

[TYPE] 섹션

- **[Hide automation(악보에서 감추기)]**: 이 옵션을 **[Off]**로 설정하면 악보 첫머리에 템포가 표시되고, **[On]**으로 설정하면 표시되지 않습니다.
- **[TYPE(유형)]**: 적용할 오토메이션의 종류를 선택합니다.

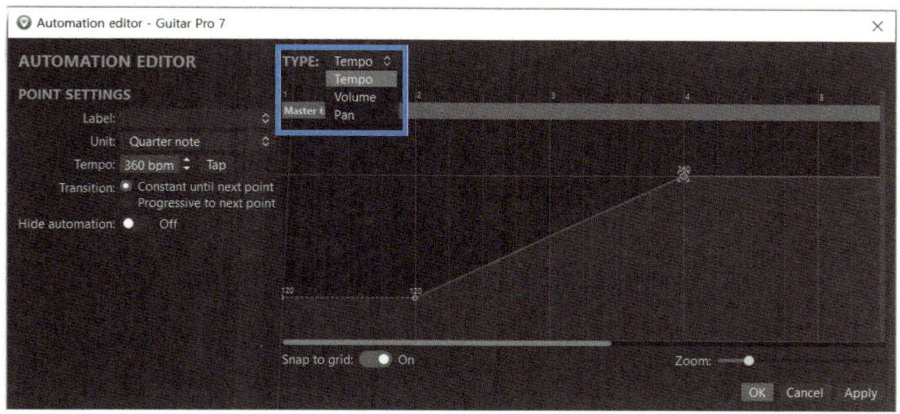

- **[Tempo(템포)]**: 빠르기를 조절합니다.
- **[Volume(볼륨)]**: 볼륨을 조절합니다.
- **[Pan(패닝)]**: 좌우 패닝을 조절합니다.

- **트랙 이름**: 현재 작업 중인 트랙의 이름을 보여줍니다.
- **마디 구분 선**: 마디 단위의 구분선을 굵은 실선으로 표시합니다.
- **박자 구분 선**: 박자 단위의 구분선을 가는 점선으로 표시합니다.
- **템포 표시 선**: 현재 설정된 템포의 값을 시각적으로 보여줍니다.
- **[Snap to grid(구분 선에 맞추기)]**: 템포를 조절하기 위해 마우스로 템포 선 위의 특정 지점을 클릭한 다음, 움직일 때 마디나 박자 선 근처에 가면 마치 자석에 붙듯이 선에 맞게 '턱' 하고 붙습니다.
- **[Zoom(줌)]**: 슬라이더 핸들을 잡고 좌우로 움직이면 템포 창의 마디 간격이 넓게 혹은 좁게 조절됩니다.

3 볼륨 오토메이션

볼륨 오토메이션은 마스터 트랙 전체의 볼륨을 설정하는 것과 특정 트랙 하나만 설정하는 두 가지 방법이 있습니다. 설정하는 방법은 템포 오토메이션과 거의 같습니다.

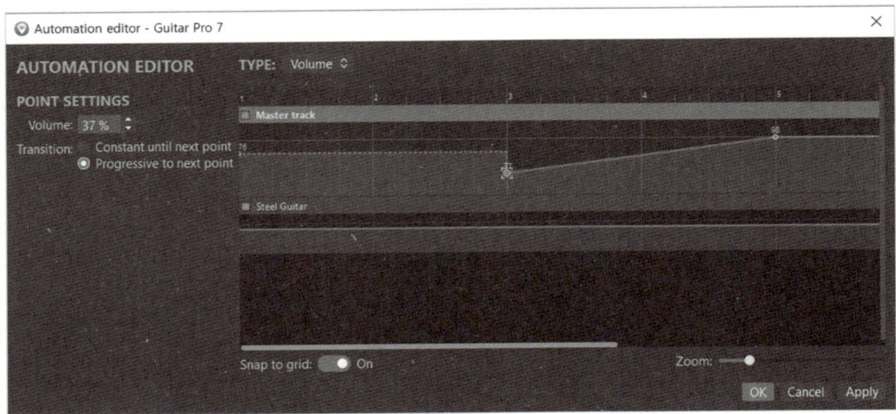

4 팬 오토메이션

팬Pan이란 'Panoramic'의 약자로 좌우 볼륨의 밸런스 조절을 말합니다. 팬 설정 창의 사용법도 템포 창의 사용법과 비슷합니다.

① 팬 오토메이션 설정하기

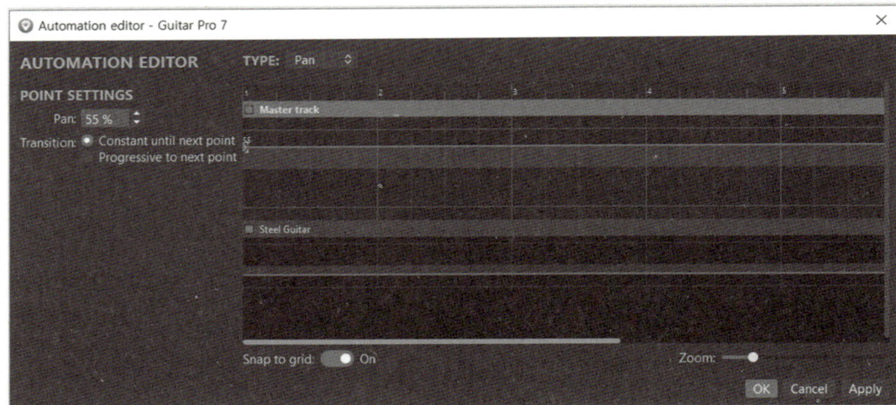

- 기본 값은 좌우 어느 쪽에도 치우치지 않는 중간 값입니다. 설정 창에서 세로 방향으로 가운데 지점에 붉은 줄로 표시됩니다.
- 팬 값은 좌우에 적용되는 숫자로 조절하는데 +100%에서 -100%까지의 값으로 설정합니다. + 값은 오른쪽에서 소리가 나고, - 값은 왼쪽에서 소리가 납니다.
- 붉은 줄 위에서 어느 지점을 클릭한 채로 위아래로 움직이면 선이 이동하면서 붉은 면으로 처리됩니다. 붉은 선을 위로 올리면 오른쪽으로 팬이 설정되고, 반대로 아래로 내리면 왼쪽으로 팬이 설정됩니다.

- [Constant unit until next point]를 선택하면 팬 설정의 변화가 생기는 시점에 순간
  적으로 바뀐 팬이 적용되고, 그 값이 다음 변화가 나타날 때까지 계속 유지됩니다.
- [Progressive to next point]를 선택하면 이전의 팬 설정에서 변경된 팬 설정까지
  점진적으로 팬의 밸런스를 변화시킵니다.

② 이동 팬 효과 만들기

좌우 사운드가 분리된 스테레오 채널에서 기타 소리가 왼쪽에서 시작해 오른쪽으로 이
동하는 효과 등을 적용할 때 '이동 팬Pan' 효과를 사용합니다. 기준 선에서 아래로 내
리면 왼쪽에서 소리가 나고 위로 올리면 오른쪽에서 소리가 납니다. 예를 들어 1마디
에서 5마디로 진행하는 동안 소리가 왼쪽에서 시작해 오른쪽으로, 오른쪽에서 시작해
100%를 설정하고, 5마디에서 +100%를 설정한 다음, [Progressive to next point] 옵
션을 적용하면 1마디에서 4마디로 진행하는 동안 소리가 왼쪽에서 점차 오른쪽으로 이
동하는 효과를 연출할 수 있습니다. 다음으로 속도가 변하는 5마디 위치에 커서를 놓
고 [Automation editor] 창을 열어서 [Transition] 옵션 중에서 [Constant unit until
next point]에 체크를 합니다. [OK] 버튼을 누르면 해당 위치에서부터 새로 설정한 속
도로 재생됩니다.

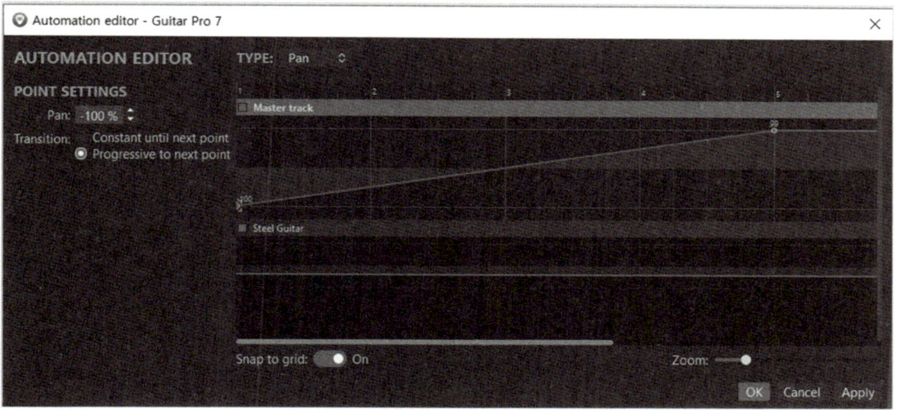

③ 팬 좌우 분리 효과

좌우 사운드가 분리된 스테레오 채널에서 서로 다른 악기 소리가 나도록 만들려면 '분
리 팬Pan' 효과를 사용합니다. 예를 들면 기타 트랙은 기준 선에서 아래로 내려 왼쪽에
서 소리가 나게 만들고, 베이스 트랙은 위로 올려서 오른쪽에서 소리가 나도록 설정할
수 있습니다.

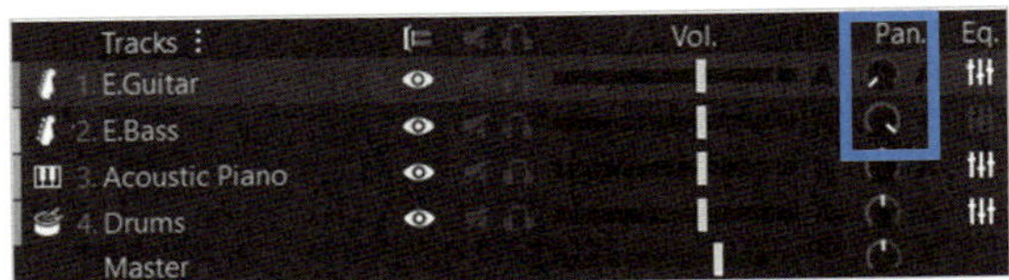

사운드의 좌우 분리 설정은 사운드보드 영역에 있는 팬 노브를 좌우로 조정해서 연출할 수도 있습니다. 예를 들어 기타 솔로 트랙이 두 개 있고, 각각의 트랙을 좌우 스피커에서 따로 분리되어 소리가 나게 하고 싶다면 다음과 같이 설정합니다. 먼저 기타 트랙의 팬 노브를 왼쪽 끝까지 돌려 스피커 왼쪽에서만 소리가 나게 만들고, 베이스 트랙의 팬 노브는 오른쪽 끝까지 돌려서 스피커 오른쪽에서만 소리가 나게 만듭니다.

곡 중간에서 템포 바꾸기

대부분의 곡들은 처음부터 끝까지 일정한 템포로 연주되지만, 곡 중에는 중간에 템포가 바뀌는 곡들이 있습니다. 기타 프로는 이런 설정을 할 수 있는 기능을 제공합니다.

1 일정한 속도로 설정하기

곡의 처음부터 끝까지 일정한 속도로 연주하려면 다음과 같이 작업합니다.

- 악보의 첫 마디 첫 박자에 커서를 위치시킵니다.
- **[편집 팔레트]**에서 [Tempo Automation] 아이콘을 클릭해 [Tempo editor] 창을 띄웁니다. 작업 창 위쪽에 있는 **[툴바]**에서 [♩=100]이라고 표시된 아이콘을 눌러도 됩니다.

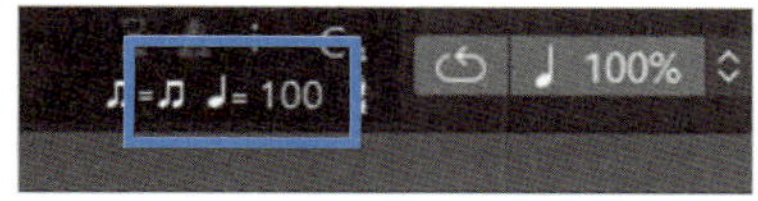

- **[POINT SETTINGS]** 섹션의 **[Label]** 항목에서 작업하려는 곡의 장르를 선택합니다. 이 레이블은 악보 첫머리의 BPM 숫자 앞에 텍스트로 표시됩니다. 하지만 악보를 보는 사람들에게 전반적인 곡의 분위기가 어떤 장르라는 정보를 줄 뿐, 레이블을 무엇으로 선택하느냐에 따라 리듬, 템포, 기준 박이 달라지는 것은 아닙니다.

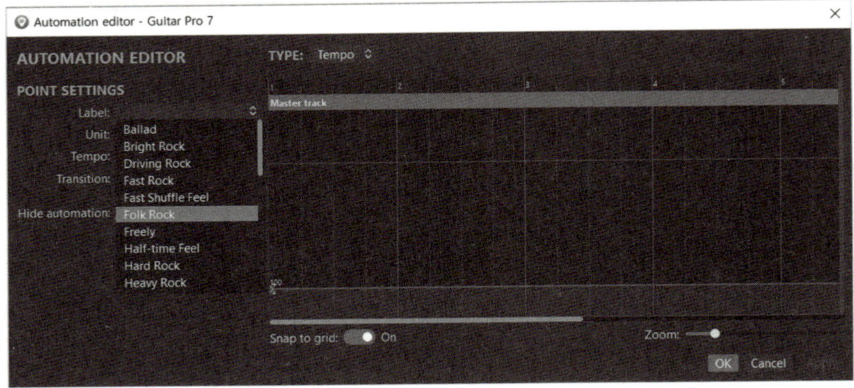

- **[Unit]** 항목에서 기준 박을 설정합니다.
  - **Eight note**: 8분 음표를 기준 박으로 사용합니다.
  - **Quarter note**: 4분 음표를 기준 박으로 사용합니다.
  - **Dotted Quarter note**: 점4분 음표를 기준 박으로 사용합니다.
  - **Half note**: 2분 음표를 기준 박으로 사용합니다.
  - **Dotted half note**: 점2분 음표를 기준 박으로 사용합니다.

보통의 경우에는 **[Quater note(4분 음표)]**를 기준 박으로 설정하면 됩니다.

- **[Tempo]** 칸에 원하는 BPM 숫자를 입력합니다(아래위 화살표를 눌러도 됩니다). **[Quarter note(4분 음표)]** 100BPM은 **[Eight note(8분 음표)]** 200BPM과 빠르기가 같고, **[Half note(2분 음표)]** 50BPM과 빠르기가 같습니다. 한편 설정 창 오른쪽에 있는 영역에서 설정을 하려면 변경할 위치에 있는 파란색 실선을 클릭합니다. 그 위치에 사각형 테두리가 만들어지고, 현재 템포가 숫자로 표시됩니다. 템포를 바꾸고 싶다면 사각형을 마우스로 잡고 상하로 움직입니다. 템포를 변경하는 위치를 바꾸고 싶다면 사각형 지점을 마우스로 잡고 좌우로 움직입니다.

2 중간에 속도 바꾸기

곡 중간에 템포를 바꾸는 데는 두 가지 유형이 있습니다. 첫째는 특정 지점부터 속도가 일시에 바뀌는 경우고, 둘째는 일정 구간에 걸쳐 서서히 속도가 변하는 것입니다. 이런 속도 변화를 설정하는 방법에 대해 알아봅니다.

① 일시에 속도 바꾸기

특정 지점부터 속도를 일시에 바꾸려면 다음과 같이 작업합니다.

예를 들어 1마디에서 4마디까지는 120BPM으로 재생하다가 5마디부터 360BPM으로 재생하려면 먼저 1마디에서 120BPM의 속도를 설정합니다. 다음으로 속도가 변하는

5마디 위치에 커서를 놓고 [Automation editor] 창을 열어서 [Transition] 옵션 중에
서 [Constant unit until next point]에 체크를 합니다. [OK] 버튼을 누르면 해당 위치
에서부터 새로 설정한 속도로 재생됩니다.

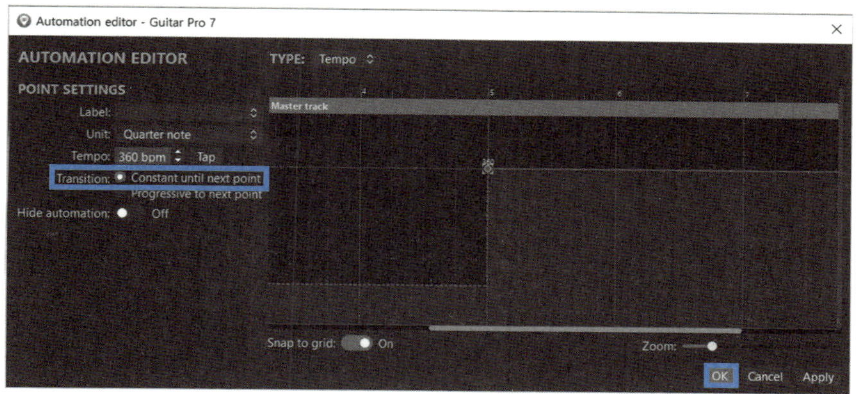

[Automation editor] 창의 세로축은 속도를 나타내고, 가로축은 마디와 박자를 나타냅
니다. 파란색 선을 클릭하고 움직이거나 원하는 마디, 원하는 박자를 클릭하고 움직여
서 설정할 수도 있습니다. 또는 설정 창의 [Tempo] 항목에서 직접 속도를 숫자로 입력
하거나 아래위 화살표를 클릭해 선택해도 됩니다.

중간에 속도를 바꾸면 악보상에 바뀌는 위치에 템포가 표시되어 연주자들에게 빠르기
가 바뀐다는 사실을 알려줍니다.

② 점진적으로 속도 바꾸기

[Progressive to next point(다음 지점까지 점진적으로 변화)] 옵션은 A지점에서 B지점
으로 진행하면서 점진적으로 서서히 템포를 바꾸려고 할 때 사용합니다.

예를 들어 1마디에서 2마디까지는 120BPM으로 재생하다가 2마디부터 5마디에 이르
기까지 서서히 360BPM까지 속도를 변화시키는 설정을 해보겠습니다. 먼저 악보의 2마
디에 커서를 놓고 [Automation editor] 창을 엽니다. 설정 창의 그래프를 보면 1마디
와 2마디가 점선으로 연결되고 2마디 위치에도 '120'이라는 숫자가 나타납니다. 여기서
[Progressive to next point] 옵션을 선택합니다.

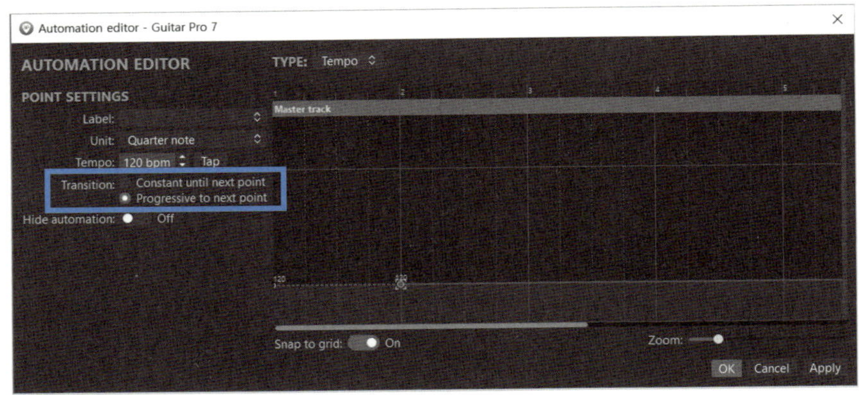

이어서 속도 변화가 끝나는 5마디 위치에 있는 파란색 선을 클릭합니다. 파란색 선 위에 사각형 표시가 생기고 현재 속도인 '120'이 표시됩니다. 그 지점을 마우스로 클릭한 채로 위쪽으로 드래그해 숫자가 360이 될 때까지 이동합니다. 설정 창의 왼쪽에 있는 템포 입력 창에 '360'이라고 숫자를 직접 입력해도 됩니다.

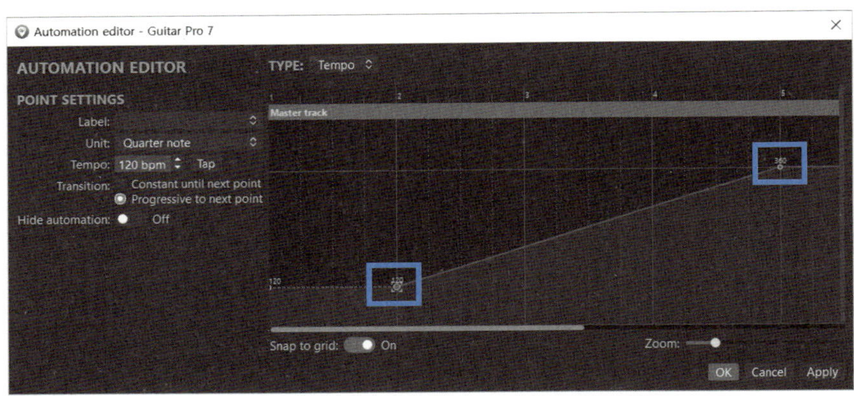

[OK] 버튼을 누르면 2마디에서 120BPM으로 시작해서 5마디까지 가는 동안 360BPM까지 속도가 변화됩니다. 악보에는 변화가 시작되는 2마디에 120BPM이 표시되고 5마디에는 360BPM이 표시됩니다. 또한 서서히 속도가 가속된다는 뜻으로 [accel(accelerate)]이라고 표시되어 연주자들에게 주의를 전달해줍니다.

섹션 설정하기

1 섹션(Section)이란?

섹션이란 전주, 노래, 후렴구, 간주, 브리지, 후주 등과 같이 악곡의 구성을 구분하기 위해 사용하는 일종의 영역 표시입니다. 기타 프로는 악보 위에 이런 섹션을 구분하는 표식과 섹션 이름을 넣을 수 있는 기능을 제공합니다. 이를 통해 사용자들은 악보의 어느 곳에서나 원하는 섹션으로 바로 이동할 수 있습니다. 섹션을 설정하면 악보에 섹션 기호가 표시되고, 작업 창 아래에 있는 마스터 트랙의 [글로벌 뷰]에도 표시됩니다.

2 섹션 추가하기

악보 위에서 섹션을 구분하고 표시하려면 다음과 같이 진행합
니다.
섹션을 표시할 위치의 음표에 커서를 위치시키고 **[편집 팔레
트]**에서 **[섹션]** 아이콘을 클릭합니다.

메뉴 그룹에서는 [Sections] ▶ [Insert]를 클릭합니다. 키보드
단축키는 Shift + Insert 입니다. 섹션 창이 나타나고 여기
서 섹션의 기호와 이름을 입력할 수 있습니다.

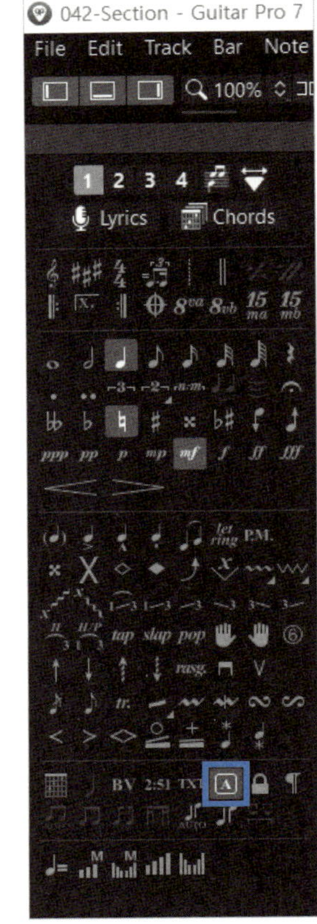

- [Letter]: 섹션을 표시하는 기호를 선택하는 창입니다. A~Z,
  A'~Z'까지 총 48개의 섹션 기호를 선택할 수 있습니다.
- [Section Name]: 섹션의 이름을 입력하는 곳입니다. 미리
  만들어져 있는 이름 중에서 선택해도 되고, 입력 창에 내
  가 원하는 이름을 직접 입력할 수도 있습니다.
  - **Intro(인트로)**: 전주
  - **Verse(절)**: 노래가 시작되는 절
  - **Chorus(코러스)**: 후렴구
  - **Bridge(브릿지)**: 악곡과 악곡을 연결하는 전환 부분
  - **Solo(솔로)**: 간주 등의 멜로디 부분
  - **Outro(아웃트로)**: 곡이 끝나는 마무리 부분

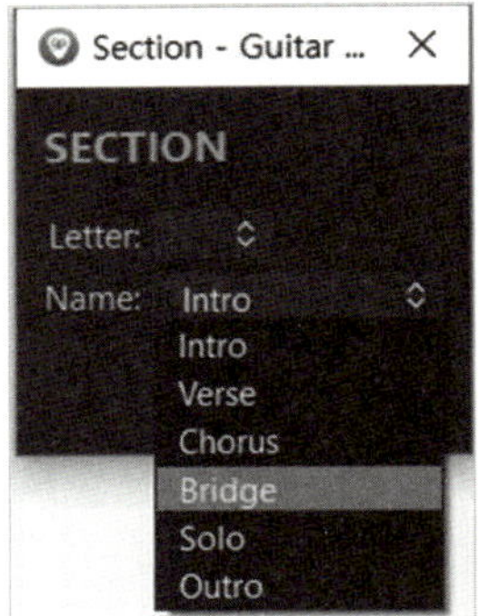

입력이 끝나고 **[OK]** 버튼을 누르면 입력한 내용대로 악보 위
에 섹션 기호와 이름이 나타납니다. 다른 부분에 추가로 섹션
을 설정하려면 해당 위치에 커서를 놓고 같은 방법으로 다음
섹션을 설정합니다.

> 섹션을 표시할 때에는 기호만 사용해도 되고, 기호 없이 섹션 이름만 사용해도 되고, 두 가지 모두를 사용해도 됩니다.

3 섹션 사이의 이동

트랙에 두 개 이상의 섹션이 있는 경우, 섹션 사이를 자유롭게 오갈 수 있습니다. 악보상에서 특정 섹션으로 이동하려면 다음 네 가지 방법 중 하나를 사용합니다.

- **키보드**: Ctrl + Alt + → 를 누르면 다음 섹션으로 이동하고, Ctrl + Alt + ← 를 누르면 이전 섹션으로 바로 이동합니다.
- **메뉴 그룹-1**: [Sections] ▶ [Previous section] 또는 [Sections] ▶ [Next section]을 클릭하거나, [Section] 메뉴 그룹 아래에 나타나는 섹션 이름을 클릭하면 해당 섹션으로 바로 이동합니다.

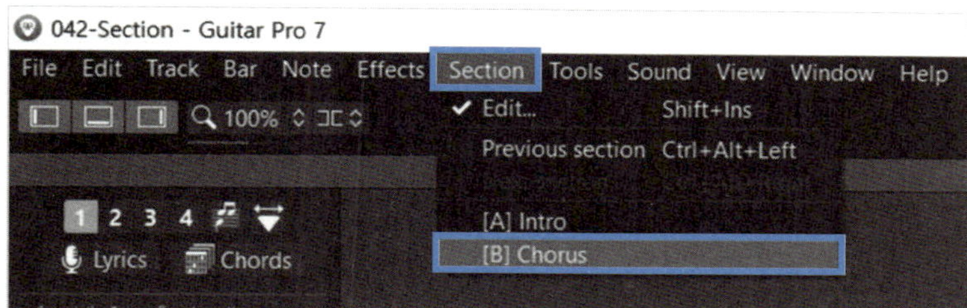

- **메뉴 그룹-2**: [Edit] ▶ [Go to]를 클릭하고 나타나는 창의 [Go to section] 항목에서 원하는 섹션 기호를 선택하면 해당 섹션으로 바로 이동합니다.

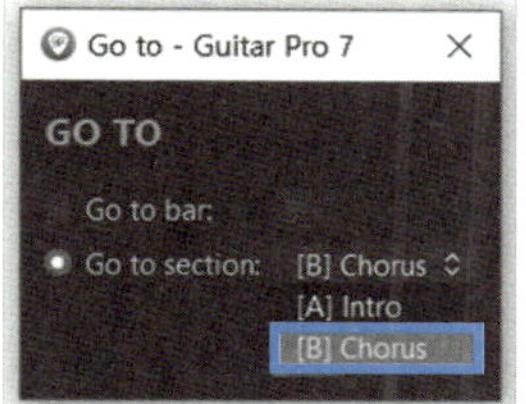

- **글로벌 뷰**: 작업 창 아래에 있는 마스터 트랙의 **[글로벌 뷰]**에 표시되는 섹션 기호를 클릭하면 해당 섹션으로 바로 이동합니다.

섹션 표시

단일 트랙에서 복사하기, 붙여넣기, 잘라내기

기타 프로에서는 특정 부분의 음표나 마디를 복사하거나 붙여넣거나 잘라낼 수 있습니다. 이를 통해 반복되는 악보를 쉽게 만들 수 있고 A 트랙의 내용을 쉽게 B 트랙이나 C 트랙으로 복사 혹은 이동할 수 있습니다.

1 복사하기

악보의 어느 부분을 복사하려면 먼저 복사할 부분을 선택해야 합니다. 악보 위에서 필요한 구간을 마우스로 드래그합니다. 한 음표만 복사하려면 커서를 그 음표 위에 놓기만 해도 됩니다.

메뉴 그룹에서는 **[Edit]** ▶ **[Copy]**를 클릭합니다. 키보드 단축키는 Ctrl + C 입니다.

마디 전체를 선택하려면 해당 마디 위에서 마우스를 더블클릭합니다. 선택한 마디의 모든 음표와 쉼표들이 한 번에 선택되면서 범위로 지정됩니다.

2 붙여넣기

복사한 내용을 붙여넣을 곳에 커서를 위치시키고 [붙여넣기 Ctrl + V]를 합니다. 새로운 마디를 만들어 붙여넣을 수도 있고, 빈 마디에 붙여넣을 수도 있고, 기존 마디 사이나 기존 음 사이에 끼워넣을 수도 있고, 기존 음표 위에 덮어씌울 수도 있습니다.

- **새로운 마디를 만들어 붙여넣기**: 악보 입력 도중 새로운 마디를 만들어 붙여넣기를 하려면 먼저 키보드의 오른쪽 화살표를 눌러서 새로운 마디를 만든 다음, 새 마디 위에 커서를 놓고 Ctrl + V로 붙여넣습니다. 멀티 트랙 악보의 경우, 어느 한 트랙에 마디를 삽입하면 모든 트랙의 같은 위치에 빈 마디가 삽입됩니다. 주의할 점은 세 마디를 복사해서 비어 있는 마지막 한 마디에 붙여넣기를 하면 기타 프로는 자동으로 우선 비어 있는 한 마디를 채우고, 나머지 두 마디는 새로 마디를 만들어서 붙여넣습니다.

- **기존 마디 사이에 새로운 마디를 만들어 붙여넣기**: 입력 도중 기존의 마디들 사이에 새로운 마디를 만들어 붙여넣기를 하려면 먼저 새 마디를 만들 위치에 커서를 놓고 Ctrl + Insert 를 눌러 빈 마디를 하나 만든 다음, Ctrl + V로 붙여넣습니다. 멀티 트랙 악보에서 어느 한 트랙에 마디를 삽입하면 모든 트랙의 같은 위치에 빈 마디가 삽입됩니다. 주의할 점은 멀티 트랙 악보의 경우, 어느 한 트랙에서 Ctrl + Insert 를 눌러 마디를 삽입하면 모든 트랙의 같은 자리에 마디가 삽입됩니다. 만약 50마디로 구성된 악보에서 어느 한 트랙에만 10마디를 빈 마디로 만들려면 먼저 10마디에서 50마디까지 선택한 다음, 복사를 하고 커서를 11마디로 옮겨놓고 붙여넣기를 합니다. 마지막으로 10마디의 내용을 지워 마디를 비웁니다.

- **현재 커서 위치에 끼워 넣기**: 기존 악보의 마디 중간에 복사한 내용을 붙여넣으려면 붙여넣을 곳에 커서를 위치시키고 [붙여넣기(Ctrl + V)]를 누릅니다. 커서가 있는 위치에 복사한 내용들이 삽입되고 기존 내용은 뒤로 밀려납니다. 단, 새로운 내용을 붙여넣었을 때 기타 프로가 마디를 자동으로 재구성해주지는 않으므로 붙여넣은 후에 마디의 구성에 대해 확인해야 합니다.

- **기존 내용들을 복사한 내용으로 덮어씌우기**: 이렇게 하려면 복사한 내용으로 덮어씌울 음표나 구간을 마우스로 드래그합니다. 한 음표를 대체하려고 할 때는 그 음표 위에서 마우스를 아래위로 길게 드래그하면 됩니다. 그런 다음 [붙여넣기(Ctrl + V)]를 누르면 선택한 구간의 내용들이 복사한 내용으로 덮어씌워집니다.

3 삭제하기

악보상의 특정 음표나 쉼표 하나를 삭제하려면 삭제할 음표나 쉼표 위에 커서를 놓고 키보드의 Delete 를 누릅니다. 음표를 삭제하면 그 자리에 자동으로 쉼표가 나타나고, 쉼표를 삭제하면 쉼표가 없어지면서 다음 음표나 쉼표가 앞으로 당겨집니다. 마디의 가장 마지막에 있는 음표나 쉼표를 삭제하면 커서가 자동으로 다음 마디로 이동합니다. 다시 말해 앞마디의 음표들을 삭제한다고 해서 다음 마디의 음표들이 앞의 마디로 자동 당겨지지는 않는다는 것입니다.

코드처럼 한 위치에 여러 개의 음표가 있는 경우, 음표 하나만 삭제하려면 지우려는 음표 위치에서 아래위 화살표를 이용해서 해당 음표 위에 커서를 놓고 Delete 를 누릅니다. 코드 음 전체를 삭제하려면 해당 위치에서 마우스를 아래위로 길게 드래그해 선택한 다음, Delete 를 누릅니다.

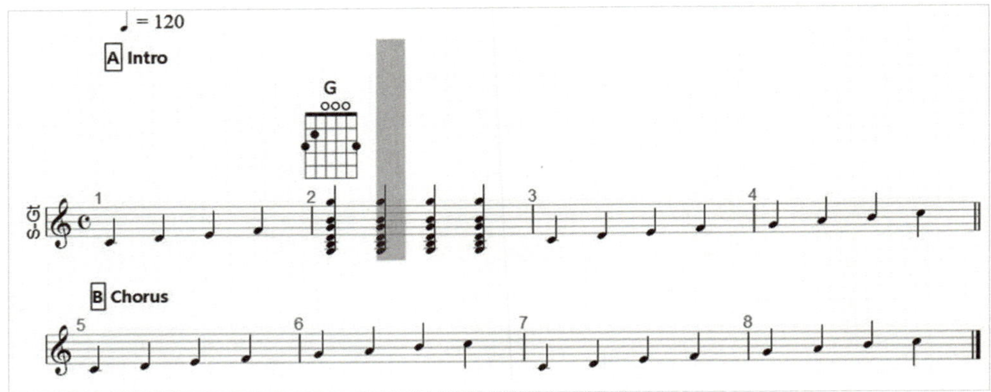

4 잘라내기

삭제하기와 잘라내기의 차이점은 삭제하기는 그냥 내용을 지우는 것으로 작업이 종료되지만 잘라내기를 하면 잘라낸 내용이 컴퓨터의 임시 저장소인 클립보드에 저장되므로 다른 곳에다 붙여넣기를 할 수 있다는 점입니다. 악보의 일부를 잘라내려면 잘라낼 부분을 마우스로 드래그한 다음, 키보드에서 Ctrl + X 를 누릅니다. 메뉴 그룹에서는 [Edit] ▶ [Cut]을 클릭합니다. 그런 다음 잘라낸 내용을 붙여넣을 위치에 커서를 놓고 붙여넣기를 하면 잘라낸 내용들이 그 위치로 이동되어 붙여집니다.

삭제하기와 마찬가지로 마디 안에 있는 어떤 음표나 쉼표를 잘라내면 그 자리에 있던 음표나 쉼표가 없어지고 다음 음표나 쉼표가 자동으로 당겨집니다. 하지만 마디의 가장 마지막에 있는 음표나 쉼표를 잘라내면 다음 마디의 음표나 쉼표가 현재 마디로 당겨지는 것이

아니라 커서가 자동으로 다음 마디로 이동합니다. 다시 말해 음표나 쉼표의 당김 효과는
같은 마디 안에서만 작동합니다.

5 멀티보이스의 복사하기/붙여넣기

멀티보이스Multi-voice가 적용된 악보의 경우에는 멀티보이스 전체를 복사하기/붙여넣기를
할 수도 있고 어느 특정 보이스의 음표만 가져올 수도 있습니다. 일부 특정 보이스만 가져
오려면 **[편집 팔레트]** 위에 있는 **[보이스 선택]** 버튼 중에서 필요한 보이스 번호를 클릭한 다
음, 해당 보이스의 음을 복사합니다. 모든 보이스의 음들을 다 복사하려면 마찬가지로 작
업 창 아래에 있는 보이스 선택 버튼 중에서 **[Multi-voice Edition]** 버튼을 누른 다음, 복
사합니다.

6 다른 트랙으로의 복사하기/붙여넣기

기타 프로에서는 트랙의 악기가 무엇이냐에 상관없이 마디의 일부를 복사해 다른 트랙에
붙여넣기를 할 수 있습니다. 예를 들면 기타 트랙에 있는 악보를 복사해 피아노 트랙에 붙
여넣을 수도 있다는 것입니다. 트랙의 음자리표나 조표 등이 서로 다를 경우에는 붙여넣을
트랙의 설정에 맞춰 자동으로 변환됩니다. 단, 음높이가 따로 없는 퍼커션 트랙에 있는 마
디를 악기 트랙으로 복사하거나, 그 반대의 작업은 불가하므로 이런 시도를 하면 기타 프
로가 경고 메시지를 띄웁니다.

7 글로벌 뷰 이용하기

만약 여러 마디를 한꺼번에 복사하고자 하는 경우에는 악보에서 복사할 범위를 드래그해
선택하는 대신 작업 창 아래에 있는 **[글로벌 뷰(Global View)]**에서 필요한 마디에 해당하

는 사각형들을 마우스로 드래그해 선택하면 빠르고 편하게 선택할 수 있습니다. 단, **[글로벌 뷰]**에서 서로 인접하지 않은 마디는 복사할 수 없습니다.

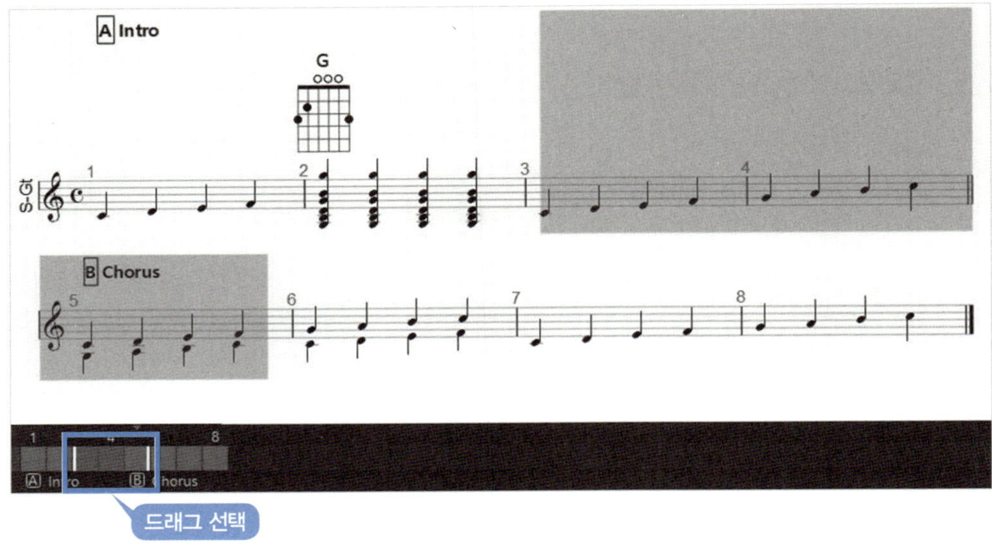

멀티 트랙에서 복사하기, 붙여넣기, 잘라내기

멀티 트랙 악보에서 복사하기, 붙여넣기, 잘라내기 작업을 할 때에는 싱글 트랙에서 작업할 때와 다른 설정이 필요합니다.

1 멀티 트랙 복사하기

멀티 트랙으로 구성된 악보에서 어느 한 트랙 위에서 복사할 범위를 선택하고 복사하면 해당 트랙의 내용만 복사됩니다. 만약 그 마디와 같은 위치에 있는 다른 트랙들의 내용까지 모두 복사하려면 복사할 부분을 드래그해 선택한 다음, 오른쪽 마우스를 눌러 나타나는 팝업 메뉴에서 **[All-track copy]**를 클릭합니다.

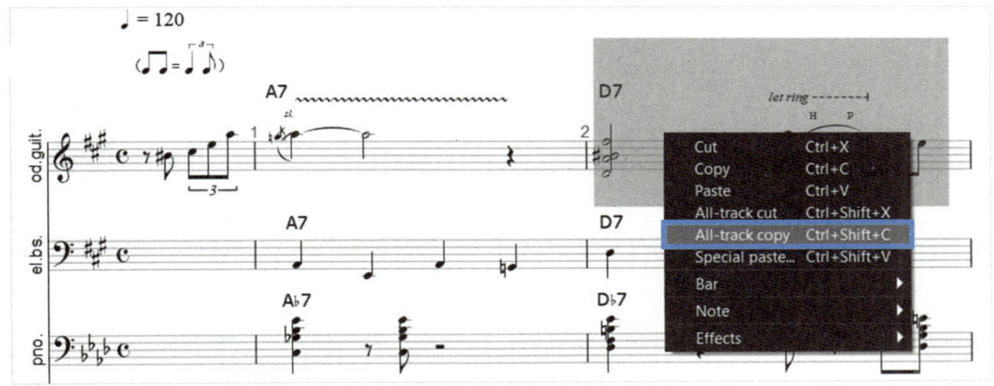

키보드 단축키는 Ctrl + Shift + C 입니다. 이렇게 하면 해당 마디의 모든 트랙이 한꺼
번에 복사됩니다. 그런 다음 원하는 위치에 커서를 놓고 Ctrl + V 를 누르면 모든 트랙이
한꺼번에 붙여넣기가 됩니다.

참고

기타 프로에서는 5개의 트랙으로 구성된 악보에서 2개 혹은 3개 등 일부 트랙만 선별적으로 복사하거나 붙여
넣을 수는 없습니다. 이렇게 하려면 개별 트랙별로 따로 작업을 해야 합니다. 또한 복사한 멀티 트랙의 내용을
현재 악보와 트랙 구성이 다른 악보 파일에 붙여넣기 할 수 없습니다. 다시 말해, [All-track copy] 기능은 복
사한 트랙과 트랙 구성이 완전히 같은 곳에만 붙여넣기를 할 수 있습니다.

2 멀티 트랙 잘라내기

멀티 트랙으로 구성된 악보의 어느 한 트랙 위에서 잘라낼 범위를 선택하고 잘라내면 해당
트랙의 내용만 잘라집니다. 만약 그 마디와 같은 위치에 있는 다른 트랙들의 내용까지 모
두 자르려면 자를 부분을 드래그해 선택한 다음, 오른쪽 마우스를 눌러 나타나는 팝업 메
뉴에서 [All-track cut]을 클릭합니다.

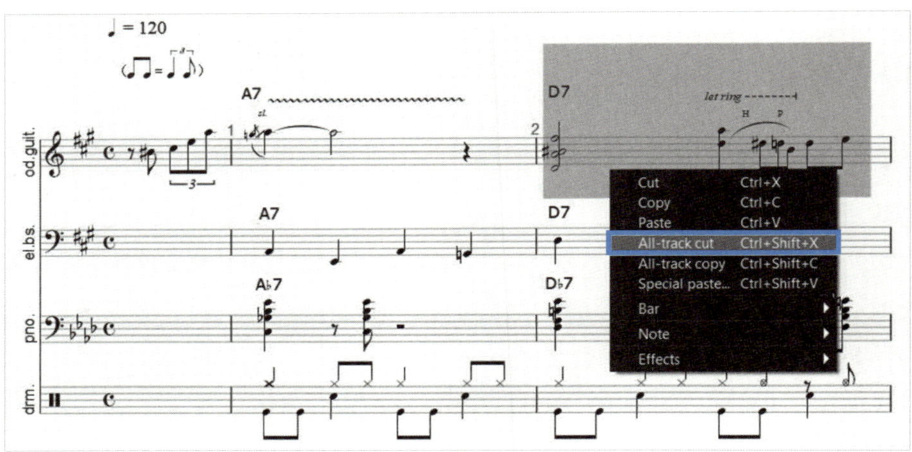

키보드 단축키는 Ctrl + Shift + X 입니다. 이렇게 하면 해당 마디의 모든 트랙이 한꺼
번에 잘라집니다. 그런 다음 원하는 위치에 커서를 놓고 Ctrl + V 를 누르면 잘라온 모든
트랙이 한꺼번에 붙여넣기 됩니다.

- **[Simple Paste(일반 붙여넣기)]**

  일반 붙여넣기는 복사하기나 잘라내기를 통해 컴퓨터의 클립보드에 임시로 저장한 내용을 현재의 커서 위치에 붙여넣는 기능입니다. 기타 프로는 별도의 설정을 하지 않으면 모든 복사하기와 붙여넣기를 일반 모드로 수행합니다.

- **[Special Paste(특수 붙여넣기)]**

  기타 프로에서 복사하기와 붙여넣기의 기본 값은 컴퓨터의 클립보드에 복사된 음표나 쉼표들을 커서가 놓인 위치에 그대로 붙여넣는 것입니다. 하지만 복사하기와 붙여넣기 작업을 할 때 여러 가지 옵션을 적용할 수 있습니다. 예를 들어 악보의 특정 마디를 복사해 옮길 때 음표뿐 아니라 그 마디에 적용된 코드, 타이머, 텍스트, 오토메이션, 섹션 기호 등의 요소들까지 한꺼번에 복사해 붙여넣기할 수 있습니다. 복사를 한 다음, 오른쪽 마우스를 누르면 팝업 메뉴가 나타나는데 여기서 **[Special Paste]**를 선택합니다. 화면에 **[Special Paste]** 설정 창이 뜨는데 기능은 다음과 같습니다.

[MODE] 섹션

❶ **[Number of pastes(붙여넣을 횟수)]**: 복사한 내용을 붙여넣을 횟수를 설정합니다. '3'으로 설정하면 복사한 내용이 세 번 연속 붙여넣기 됩니다.

❷ **[Insert clipboard in current bar(현재 마디에 끼워 넣기)]**: 이 항목은 복사한 내용을 기존 내용 위에 덮어씌울지, 아니면 기존 내용을 뒤로 밀고 끼워넣을지 선택하는 옵션입니다.

  - **[Off]**로 설정한 경우: 예를 들어 마디 1의 내용을 복사해서 마디 3에 붙여넣으면 원

래 마디 3의 내용들 위에 복사해온 내용을 덮어씌웁니다.
- [On]으로 설정한 경우: 예를 들어 마디 1의 내용을 복사해서 마디 3에 붙여넣으면 원
  래 마디 3의 내용들을 뒤로 미루고 복사해온 내용을 끼워넣습니다.

[ATTRIBUTE TO PASTE] 섹션

❶ [Chords(코드)]: 이 옵션을 [On]으로 설정하면 붙여넣기를 할 때 코드도 함께 붙여넣
  습니다. 예를 들어 첫 마디를 복사해서 두 번째 마디에 그냥 붙여넣으면 음표만 복사
  되지만 [Special Paste] 창에서 [Chords]에 체크하고 붙여넣으면 코드 이름까지 복사
  됩니다.

❷ [Texts(텍스트)]: 이 옵션을 [On]으로 설정하면 해당 악보 위에 있는 텍스트 정보까지
  붙여넣기를 합니다.

❸ [Timers(타이머)]: 이 옵션을 [On]으로 설정하면 악보 위의 타이머 정보를 붙여넣습니다.

❹ [Automations(오토메이션)]: 이 옵션을 [On]으로 설정하면 해당 악보 부분의 오토메이
  션 설정까지 붙여넣습니다.

❺ [Sections(섹션)]: 이 옵션을 [On]으로 설정하면 해당 악보 부분의 섹션 구분과 섹션
  기호까지 붙여넣습니다.

4 팝업 메뉴

기타 프로 악보 위에서 음표나 마디를 선택하고 오른쪽 마우스를 누르면 팝업 메뉴가 나
타납니다. 여기서 복사하기/잘라내기/붙여넣기의 옵션을 설정할 수 있습니다. 또한 마디,
음표, 이펙트 등에 대한 설정도 이 팝업 메뉴 안에서 선택해 작업할 수 있습니다.

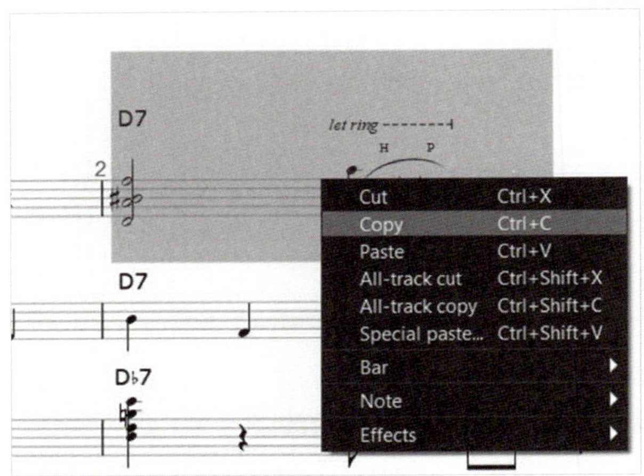

기타 프로에서는 같은 트랙의 어느 마디에서 다른 마디로, 멀티 트랙의 한 트랙에서 다른 트랙으로, 혹은 하나의 파일에서 다른 파일로 복사하기/잘라내기/붙여넣기를 할 수 있습니다. 그리고 트랙의 음자리표나 조가 서로 다른 경우 기타 프로는 음표를 자동으로 조옮김합니다.

단, 음높이가 따로 없는 퍼커션 트랙에 있는 마디를 악기 트랙으로 복사하거나, 그 반대의 작업은 불가하므로 이런 시도를 하면 기타 프로가 다음과 같은 경고 메시지를 띄웁니다.

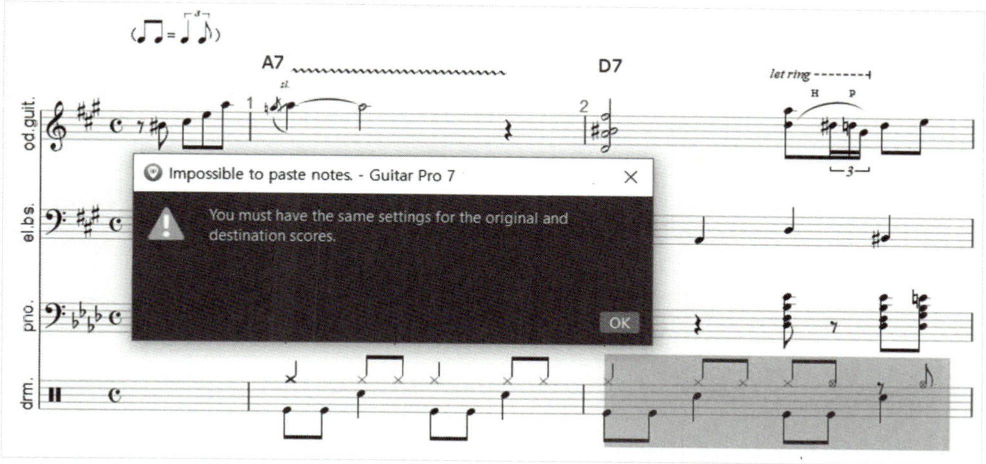

멀티보이스 만들기

1 보이스(Voice)란?

보이스란 합창을 부르는 여러 명의 가수들이 내는 목소리, 혹은 협주하는 여러 대의 기타가 내는 각각의 소리를 뜻하며, 우리말로는 성부(聲部)라고 부릅니다. 악보 작업을 하다 보면 같은 트랙 안에 들어 있는 특정 파트에서만 다른 박자나 음높이를 가진 음표를 넣을 경우가 있습니다. 예를 들어 100마디로 구성된 보컬 트랙에서 50~60마디에만 코러스가 들어간다고 생각해보십시오. 물론 코러스 트랙을 별도로 만들어도 되지만 그렇게 하면 트랙이 많아지고 코러스 트랙의 나머지 마디들은 아무것도 들어 있지 않은 빈 마디로 남게 됩니다. 핑거스타일 연주곡의 악보에서도 엄지로 베이스음을 탄현하고, 나머지 손가락으로 멜로디 라인을 연주한다고 생각해보십시오. 이때도 베이스 트랙과 멜로디 라인 트랙을 별도로 만들 수도 있지만 이것을 하나의 트랙에 표시할 수도 있습니다.

이렇게 하면 악보를 알아보기가 더 쉬워지고 전체 악보도 더 간단해집니다. 이럴 때 사용하는 기능이 멀티보이스Multi Voice입니다.

2 멀티보이스 만들기

기타 프로는 하나의 트랙에 서로 다른 4개의 보이스를 동시에 입력할 수 있습니다. 각 보이스는 나머지 3개의 보이스와 완전히 독립적으로 입력되고 재생됩니다. **[편집 팔레트]**의 맨 위쪽에 보이는 1, 2, 3, 4 숫자 버튼이 각각의 보이스를 선택하는 버튼입니다.

예를 들어 보이스 1에 기본 멜로디를 넣고, 보이스 2에 화음을 넣어보겠습니다. 우선 1번 버튼을 누른 다음 멜로디를 입력합니다. 이어서 2번 버튼을 눌러 보이스 2를 활성화시킵니다. 이 경우 1번 보이스로 입력된 멜로디는 희미하게 표시됩니다. 한 마디에 화음을 구성하는 2분 음표 2개씩을 넣습니다. 마디 안에서 해당되는 박자 위치에 보이스 2 음표가 표시됩니다. 물론 이 경우에도 보이스 1의 음표들은 희미하게 처리됩니다. 이런 방법으로 4개의 서로 다른 보이스를 하나의 트랙에 입력할 수 있습니다.

3 멀티보이스 보기

기타 프로에서는 활성화된 보이스는 진하게 보이고 나머지 보이스는 희미하게 보이는 것이 기본 값입니다. 전체 보이스를 모두 진하게 보이도록 만들려면 1, 2, 3, 4 버튼 오른쪽에 있는 **[Multi-Voice Edition]** 버튼을 누릅니다. 키보드 단축키는 Ctrl + M 입니다. 다시 누르면 해당 보이스 하나만 진하게 표시합니다.

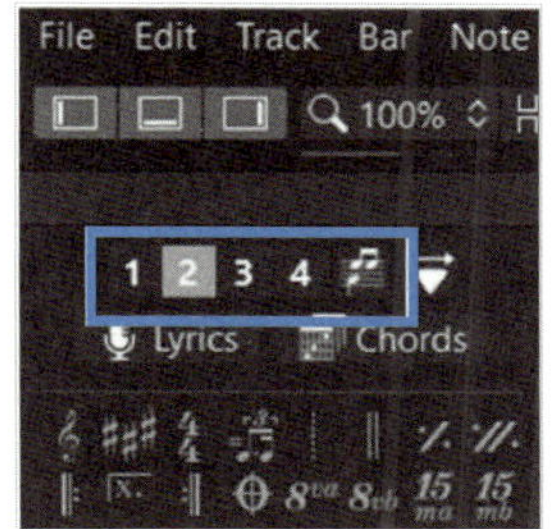

4 **보이스 위치 이동하기**

현재 활성화된 보이스의 음표를 다른 보이스 위치로 이동하거나, 복사하거나, 다른 보이스와 위치를 바꿀 수도 있습니다. 보이스의 위치를 이동하려면 먼저 이동시킬 보이스의 음표나 쉼표들을 마우스로 드래그해 선택합니다. 그런 다음 메뉴 그룹에서 [Tools] ▶ [Move/Swap Voices]를 클릭하면 보이스를 재구성하는 창이 나타납니다. 여기서 원하는 옵션을 선택해 보이스를 재구성할 수 있습니다.

- **Move voice to**: 선택한 보이스를 다른 보이스로 이동합니다.
- **Copy voice to**: 선택한 음표를 다른 보이스에 복사합니다.
- **Swap with voice**: 선택한 보이스를 다른 보이스와 서로 자리바꿈을 합니다.

음악 요소 입력하기

음악 기호 입력하기

기타 프로에서는 악보를 표기하는데 필요한 다양한 음악 기호들을 제공합니다. 악보 작업에서 가장 많이 사용하는 기호들은 대부분 **[편집 팔레트]**에 아이콘 형태로 담겨 있으며, 이를 통해 더 정확하고 전문적인 악보 제작이 가능합니다. **[편집 팔레트]**는 여섯 개의 그룹으로 나뉘는데 이를 유니버스Universe라고 부릅니다. 여섯 개의 유니버스는 다음과 같습니다.

- 입력 유니버스
- 마디 유니버스
- 음표 유니버스
- 효과 유니버스
- 주석과 디자인 유니버스
- 오토메이션 유니버스

각 유니버스에 대한 자세한 설명은 해당 기능을 설명해놓은 내용을 참고하세요.

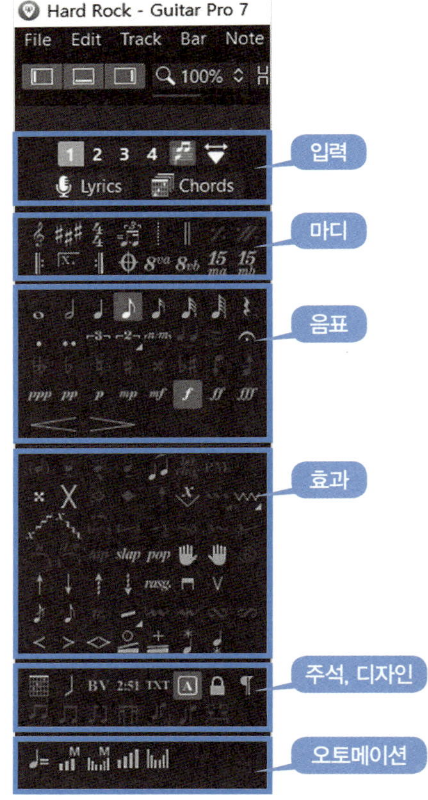

1 **입력 유니버스(보이스, 가사, 사용자 코드 등)**

악보 작업에서 자주 사용하는 아이콘들을 따로 모아놓은 곳입니다. 각각의 아이콘 기능은 다음과 같습니다.

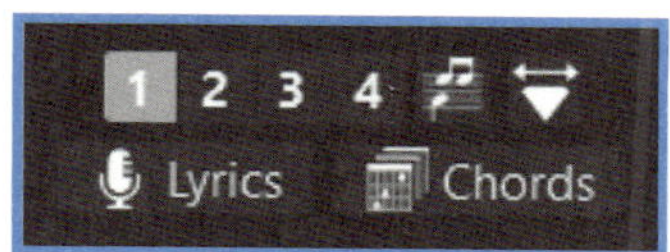

- **[Voice(보이스) 선택]**: 같은 비트에 여러 가지 다른 음표를 입력할 때 사용합니다. 기타 프로에서는 보이스 1에서 보이스 4까지 모두 네 개의 서로 다른 성부를 하나의 악보에 표시할 수 있습니다. 하나의 보이스를 선택하면 다른 보이스들은 악보상에서 희미하게 표시됩니다. 해당 성부에 음표를 입력하거나 수정하려면 해당 성부의 숫자 아이콘을 눌러야 합니다. 베이스와 멜로디 라인을 함께 연주하는 핑거스타일 악보나, 화음이 들어가는 듀엣, 합창 악보 등을 제작할 때 사용합니다. 보이스에 대한 자세한 설명은 **[45. 멀티보이스 만들기]**편을 참고하세요.
- **[Multivoice(멀티보이스)]**: 여러 가지 성부가 함께 들어 있는 악보에서 어느 성부를 희미하게 표시하지 않고 모든 성부를 동시에 보여줄 때 사용합니다.
- **[Design mode(디자인 모드)]**: 악보에서 마디의 간격을 임의로 조절하거나, 한 줄에 표시할 마디 수를 늘리거나 줄일 때 사용합니다. 자세한 설명은 **[34. 디자인 모드 사용하기]**편을 참고하세요.
- **[Lyrics(가사)]**: 노래에 가사를 입력하는 창입니다. 자세한 설명은 **[47. 가사 입력하기]**편을 참고하세요.
- **[Chord(코드)]**: 사용자가 만든 코드를 저장하거나, 저장한 코드를 불러서 사용하는 곳입니다. 자세한 설명은 **[55. 코드 입력하기]**편을 참고하세요.

2 **마디 유니버스**

전체 마디 혹은 특정 마디에 적용되는 여러 가지 옵션들을 설정하는 곳입니다.

- **[Clef(음자리표)]**: 오선 기보법에서 어떤 줄의 음표가 어떤 음을 나타내는지 설정하는 곳입니다. 높은음자리표, 낮은음자리표, 가온음자리표 등이 있습니다. 기타 프로는 4종류의 음자리표를 제공합니다.
  - **G2(높은음자리표)**: 가장 일반적인 음자리표로 피아노, 바이올린, 기타, 보컬 등 주로 높은 음역의 기보에 사용합니다. 음자리표가 G음의 높이를 지정하기 때문에 'G Clef'라고도 부릅니다.
  - **F4(낮은음자리표)**: 낮은 음역의 기보에 사용하며, 현악기에서는 첼로, 콘트라베이스,

일렉트릭 베이스, 관악기에서는 트롬본, 튜바 등에 주로 사용합니다. 또한 고음 지정이 없는 타악기의 기보에도 사용합니다. 음자리표가 F음의 높이를 지정하기 때문에 'F Clef'라고도 부릅니다.

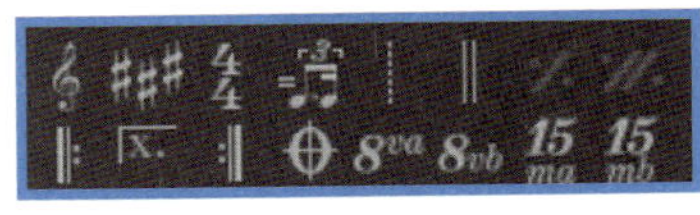

- **C3(가온음자리표/알토표)**: 중간 음역의 기보에 사용하며, 음자리표의 위치에 따라서 소프라노표, 알토표, 테너표 세 가지가 존재하는데 기타 프로에서는 알토와 테너표를 제공합니다. 음자리표가 C음의 높이를 지정하기 때문에 'C Clef'라고도 부릅니다. 현악기 중에서는 비올라의 기보에 고정으로 사용합니다.

- **C4(가온음자리표/테너표)**: C3보다 조금 높은 음역대의 기보에 사용하며, 테너표라고 부릅니다. 음자리표가 C음의 높이를 지정하기 때문에 'C Clef'라고도 부릅니다.

- **[Key Signature(조표)]**: 조표는 어떤 음표들이 반음 올림/내림의 적용을 받는지 알려줍니다.

- **[Time Signature(박자기호)]**: 박자기호는 한 마디를 구성하는 박자의 길이를 가리킵니다. 분모는 기준 박, 분자는 한 마디에 있는 기준 박의 비트 수를 알려줍니다.

- **[Triplet Feel(트리플렛 필)]**: 곡의 특정 부분을 3잇단음으로 연주하는 것을 뜻합니다. 기타 프로에서는 여러 가지 패턴의 셋잇단음 모티프motifs를 제공합니다.

- **[Free time(프리타임)]**: 곡의 기본 리듬과 템포에 상관없이 자유롭게 연주하는 마디입니다. 마디 구분 선은 점선으로 나타나며 박자기호는 괄호 안에 적어넣습니다.

- **[Double bar-lines(겹세로줄)]**: 겹세로줄은 악보에서 단락이나 박자의 변화 또는 다른 큰 변화가 생길 때 연주자에게 주의를 환기시키기 위해 사용합니다. 기타 프로는 박자가 변하면 자동적으로 겹세로줄을 삽입합니다.

- **[Single repeat sign(한 마디 반복기호)]**: 현재 마디 직전의 한 마디를 그대로 반복해야 하는 것을 뜻합니다.

- **[Double repeat sign(두 마디 반복기호)]**: 현재 마디 직전의 두 마디를 그대로 반복해야 하는 것을 뜻합니다.

- **[Repeat open(도돌이표 시작)]**: 이 기호는 도돌이표를 만났을 때 반복을 시작하는 마디의 위치를 나타냅니다. 반복을 시작할 마디를 따로 설정하지 않으면 기타 프로는 해당 트랙의 가장 첫 마디부터 자동으로 반복합니다.

- **[Repetitions(반복)]**: 도돌이표에 의해서 반복할 때 반복 횟수별로 연주해야 할 마디가 어디인가를 나타냅니다.

- **[Repeat close(도돌이표 종료)]**: 이 기호를 만나면 이전 도돌이표 시작 기호 위치로 이동해 연주합니다. 도돌이표 설정 대화창에서 원하는 반복 횟수를 지정할 수 있습니다.

- **[Directions(지시 기호)]**: 반복되는 악보를 간단하게 만들기 위해 Coda(코다), Double Coda(더블 코다), Segno(세뇨), Segno Segno(더블 세뇨), Fine(피네) 기호와 11개의 다른 종류 코다 건너뛰기 기호를 추가할 수 있습니다.

- **8va(한 옥타브 높게)**: 악보에 쓰인 것보다 1옥타브 높게 연주하라는 것을 뜻합니다. 이 아이콘을 클릭하면 악보에 음표가 1옥타브 낮게 이동되며, 작은 8va 기호가 추가됩니다.
- **8vb(한 옥타브 낮게)**: 악보에 쓰인 것보다 1옥타브 낮게 연주하라는 것을 뜻합니다. 이 아이콘을 클릭하면 악보에 음표가 1옥타브 높게 이동되며, 작은 8vb 기호가 추가됩니다.
- **15ma(두 옥타브 높게)**: 악보에 쓰인 것보다 2옥타브 높게 연주하라는 것을 뜻합니다. 이 아이콘을 클릭하면 악보에 음표가 2옥타브 낮게 이동되며, 작은 15ma 기호가 추가됩니다.
- **15mb(두 옥타브 높게)**: 악보에 쓰인 것보다 2옥타브 낮게 연주하라는 것을 뜻합니다. 이 아이콘을 클릭하면 악보에 음표가 2옥타브 높게 이동되며, 작은 15mb 기호가 추가됩니다.

3 음표 유니버스

음표 유니버스에는 음표의 길이, 점음표, 잇단음표, 붙임줄, 박자 늘림, 반음 올리기, 반음 내리기, 셈여림표 등의 옵션을 설정하는 아이콘들이 들어 있습니다.

- **온음표**: 한 마디를 꽉 채우는 4박자 길이의 음표입니다.
- **2분 음표**: 온음표의 1/2 길이로, 2박자를 뜻합니다.
- **4분 음표**: 온음표의 1/4 길이로, 1박자를 뜻합니다.
- **8분 음표**: 온음표의 1/8 길이로, 1/2박자를 뜻합니다.
- **16분 음표**: 온음표의 1/16 길이로, 1/4박자를 뜻합니다.
- **32분 음표**: 온음표의 1/32 길이로, 1/8박자를 뜻합니다.
- **64분 음표**: 온음표의 1/64 길이로, 1/16박자를 뜻합니다.
- **쉼표**: 쉼표도 온쉼표부터 64분 쉼표까지 설정할 수 있습니다. 음표의 길이를 먼저 선택한 후에 쉼표 아이콘을 누르면 그 박자 길이만큼의 쉼표로 바뀝니다.
- **점음표**: 점을 하나 찍으면 원래 음표보다 1/2박자가 추가됩니다.
- **겹점음표**: 점을 두 개 찍으면 첫 번째 점은 원래 박자의 1/2, 두 번째 점은 첫 번째 점 박자의 다시 1/2이 됩니다.
- **셋잇단음표**: 같은 길이의 음표 세 개를 모으고 음표 위에 숫자 3을 적어서 원래 박자의 길이와 다른 박자로 연주하는 방법을 설정합니다([14. 음표]편 참고).
- **둘잇단음표**: 같은 길이의 음표 두 개를 모으고 음표 위에 숫자 2를 적어서 원래 박

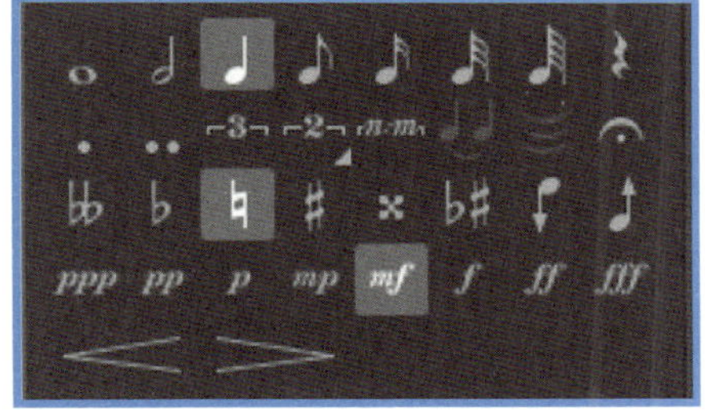

자의 길이와 다른 박자로 연주하는 방법을 설정합니다([14. 음표]편 참고).

- **비례 잇단음표**: 몇 개의 음표를 묶어서 몇 박자로 연주하라고 임의대로 설정합니다.
- **[Ties(타이)]**: 우리말로는 붙임줄이라고 하며, 해당 위치의 음표를 바로 전의 음표와 연결해 하나의 음처럼 연주합니다. 앞 음표의 길이가 뒤에 타이로 연결된 음표의 길이만큼 늘어납니다. 주로 음표를 연결할 때 사용합니다.
- **[Multiple ties(멀티플 타이)]**: 코드의 구성 음처럼 여러 개의 음들을 같은 음높이를 지닌 이전 음들과 연결해 앞 코드의 박자를 늘려줍니다. 주로 코드를 연결할 때 사용합니다.
- **[Fermata(페르마타)]**: 홀드hold 또는 멈춤pause이라고도 부르며, 지휘자나 연주자의 재량에 따라 특정 박자를 늦추거나 잠시 멈추는 것을 말합니다.
- **[♭♭(더블플랫)]**: 해당 음표를 반음 두 개만큼 내립니다.
- **[♭(플랫)]**: 해당 음표를 반음 한 개만큼 내립니다.
- **[♮(제자리표)]**: 해당 음표에 적용된 반음을 제자리로 돌립니다.
- **[♯(샤프)]**: 해당 음표를 반음 한 개만큼 올립니다.
- **[♯♯(더블샤프)]**: 해당 음표를 반음 두 개만큼 올립니다.
- **[Enharmonic(이명동음)]**: '♯'으로 표시된 음을 'b'으로 혹은 'b'으로 표시된 음을 '♯'으로 바꾸어 표시합니다(예, C# ▶ Db으로 변경/Eb을 D#로 변경).
- **반음 내리기**: 해당 음을 반음 내립니다.
- **반음 올리기**: 해당 음을 반음 올립니다.
- **아주 여리게(ppp)**
- **매우 여리게(pp)**
- **여리게(p)**
- **조금 여리게(mp)**
- **조금 세게(mf)**
- **세게(f)**
- **매우 세게(ff)**
- **아주 세게(fff)**
- **점점 세게(Crescendo)**: 마디 안에서 점점 크게 연주합니다(셈여림표의 뜻 참고).
- **점점 여리게(Decrescendo)**: 마디 안에서 점점 작게 연주합니다(셈여림표의 뜻 참고).

4 효과 유니버스

효과 유니버스에는 고스트 노트, 강세, 스타카토, 팜 뮤트, 데드 노트, 트레몰로, 슬라이딩, 해머링 온, 풀링 오프, 슬랩, 탭핑 등 여러 가지 연주의 테크닉과 관련된 항목을 설정하는 아이콘이 들어 있습니다.

- [Ghost note(고스트 노트)]: 고스트 노트는 일종의 페인트Feint 음표로 원래 음표의 소리보다 작고 희미한 소리로 재생됩니다. 타브 악보에서는 둥근 괄호 안에 숫자로 표시됩니다.

- [Accented note(악센트 노트)]: 고스트 노트와는 반대로 악센트 노트는 다른 음표보다 큰 소리로 재생됩니다. 스트럼의 강세를 표시할 때도 사용합니다.

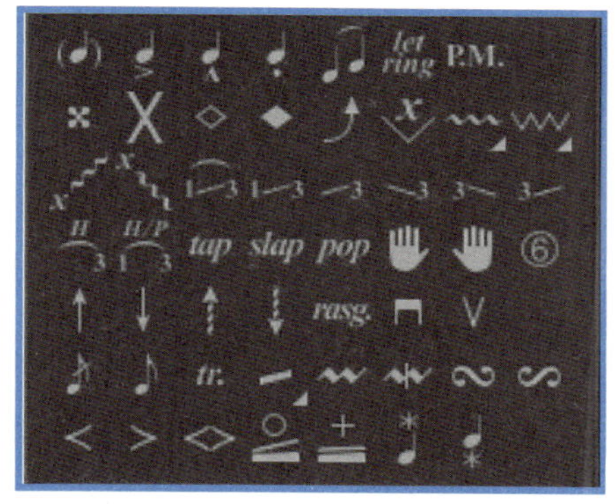

- [Heavily accented notes(강한 악센트 노트)]: 악센트 음표보다 더 큰 소리로 재생됩니다.

- [Staccato(스타카토)]: 해당 음표를 원래 음표의 길이에 상관없이 매우 짧게 끊어서 여음 없이 재생합니다.

- [Legato(레가토)]: 레가토는 여러 음표를 최대한 부드럽게 연결해 끊임없이 이어서 연주하라는 것입니다. 이 효과는 기타에서는 가능하지 않으므로, 해머링 온과 풀링 오프로 대체해 연주합니다.

- [Let Ring(렛 링)]: 렛 링 옵션은 탄현한 음의 여음이 원래 음표 길이에 상관없이 끊이지 않고 계속 울리도록 유지시킵니다. 주로 아르페지오 연주 시 사용됩니다. 메뉴 그룹에서는 [Tools] ▶ [Let ring options]를 클릭합니다.

- [Palm Mute(팜 뮤트)]: 손바닥으로 줄을 반 정도 뮤트시킨 상태로 연주합니다.

- [Dead note(데드 노트)]: 데드 노트는 짧고 매우 희미한 음으로 기타에서는 특정 리듬 효과를 주기 위해 사용됩니다. 기타에서 데드 노트를 연주할 때는 오른손의 손날 부분을 브리지 근처의 줄 위에 가볍게 올려놓은 상태에서 연주합니다.

- [Dead Slap(데드 슬랩)]: 베이스 기타에서 데드 슬랩을 연주할 때 사용합니다.

- [Natural harmonic(내추럴 하모닉스)]: 내추럴 하모닉스는 개방 현 연주 시 왼손을 프렛 위로 가볍게 댔다가 오른손으로 탄현하는 동시에 현에서 떼며 공명 소리를 만드는 테크닉입니다. 5, 7, 12프렛의 하모닉스가 자주 사용됩니다.

- [Artificial harmonics(인공 하모닉스)]: 5, 7, 12프렛처럼 프렛의 위치 때문에 자연스럽게 만들어지는 내추럴 하모닉스와는 달리 인위적으로 하모닉스 효과를 만들어내는 테크닉입니다. 인공 하모닉스에는 몇 가지 방법이 있습니다.

  - A.H.(Artificial Harmonic, 인공 하모닉스): 왼손으로 일반 운지 때처럼 프렛을 누르고 그 위치로부터 5, 7, 12프렛 위치를 오른손 검지로 살짝 대고 오른손 엄지로 탄현하면서 동시에 떼는 테크닉입니다. 오른손으로 운지와 탄현을 동시에 해야 하기 때문에 구사하기 어려울 수 있습니다.

  - T.H.(Tapped Harmonic, 탭핑 하모닉스): 탭핑 하모닉스는 인위적인 하모닉스 몇

프렛 위를 빠르게 두들겨서 구사하는 것입니다.

- **P.H.(Pinch Harmonic, 피킹 하모닉스)**: 피킹 하모닉스는 피크로 이루어지며, 피크를 잡고 있는 엄지손가락을 줄에 살짝 대며 피킹 연주하는 것을 포함하고 있습니다. 이 하모닉스는 디스토션 이펙트와 함께 사용할 때 가장 소리가 잘 납니다.

- **S.H.(Semi Harmonic, 세미 하모닉스)**: 세미 하모닉스는 피킹 하모닉스와 거의 비슷하지만, 하모닉스 소리와 현의 음(피킹 음)을 동시에 내서 유지하는 것이 차이점입니다.

- **[Bend(벤딩)]**: 벤딩(초킹) 효과는 프렛을 누르고 있는 왼손 손가락을 위아래로 흔들면서 음의 피치를 변화시키는 것입니다. **[Bend]**를 적용하면 벤딩 설정 창이 뜹니다. 여기서 포인트를 조절해 원하는 벤딩 효과를 정확하게 구현할 수 있도록 합니다. 오디오 재생 시 자연스러운 벤딩 사운드를 만들려면 음표들을 타이ties로 연결하는 게 좋습니다. 벤딩에는 여러 종류가 있고, 벤딩의 범위는 원음 위치를 '0'으로 할 때 반음 단위로 설정할 수 있으며, 반음 1개(1/2)에서 반음 6개(3)까지 적용 가능합니다.

  설정한 벤딩 값은 태블러처에서 숫자로 표시됩니다.

- **[Tremolo Bar(트레몰로 바)]**: 트레몰로 바는 일렉트릭 기타에서 비브라토를 만들어낼 때 사용하는 장치입니다. 유명한 일렉트릭 기타 제조사인 미국의 펜더Fender사가 처음 개발했고, 지금은 많은 기타에서 사용되고 있습니다. Tremolo bar는 tremolo arm, vibrato bar, whammy bars 등 여러 가지 이름으로 불립니다(이 기능을 하는 장치를 '트레몰로 바'라고 부르지만 실은 트레몰로가 아니라 비브라토의 효과를 만드는 것입니다). 원리는 기타의 줄이 연결되어 있는 브리지에 바를 장착해 누르면 음이 내려가고 당기면 음이 올라가게 만드는 것입니다. 트레몰로 바 아이콘을 클릭하면 설정 창이 뜨는데 여기서 비브라토 유형과 포인트를 설정할 수 있습니다. 비브라토 유형은 다음과 같습니다.

- **[Left-Hand Vibrato(왼손 비브라토)]**: 운지를 하고 있는 왼손을 흔들어서 만드는 비브라토 효과를 연출합니다.

- **[Wide Vibrato, Tremolo Bar(트레몰로 바를 이용한 와이드 비브라토)]**: 트레몰로 바를 계속 눌렀다 풀었다 하면서 만드는 폭이 큰 비브라토를 연출합니다.

- **[Pick Scrape out upward(상향 픽 스크래이프)]**: 일렉트릭 기타에서 픽의 옆면으로 낮은 프렛에서 높은 프렛으로 저음부의 줄을 문질러서 내는 소리입니다.

- **[Pick Scrape out downward(하향 픽 스크래이프)]**: 일렉트릭 기타에서 픽의 옆면으로 높은 프렛에서 낮은 프렛으로 저음부의 줄을 문질러서 내는 소리입니다.

- **[Legato Slide(레가토 슬라이드)]**: 슬라이딩은 줄을 누르고 있는 왼손 손가락을 프렛 위로 미끄러지듯 움직여서 음을 연주하는 것을 뜻합니다. 첫 음을 탄현하고 그대로 두 번째 음까지 손가락을 밀어올립니다. 두 번째 음은 탄현하지 않습니다.

- **[Shift Slide(시프트 슬라이드)]**: 첫 음을 탄현하고 그대로 두 번째 음까지 손가락을 밀

어올린 다음, 두 번째 음을 탄현합니다.

- **[Slide in from below(아래에서 올라오는 슬라이드)]**: 낮은 프렛에서 시작해 슬라이딩으로 악보의 음까지 올라옵니다(첫 음은 명확하게 탄현하지 않습니다).
- **[Slide in from above(위에서 내려오는 슬라이드)]**: 높은 프렛에서 시작해 슬라이딩으로 악보의 음까지 내려옵니다(첫 음은 명확하게 탄현하지 않습니다).
- **[Slide out downward(하향 슬라이드 아웃)]**: 첫 음을 탄현하고 아래쪽으로 슬라이딩시킵니다(마지막 음은 명확하게 탄현하지 않습니다).
- **[Slide out upward(상향 슬라이드 아웃)]**: 첫 음을 탄현하고 위쪽으로 슬라이딩시킵니다(마지막 음은 명확하게 탄현하지 않습니다).
- **[Left hand Tapping(왼손 태핑)]**: 탄현은 하지 않고 왼손 손가락으로 줄을 타격하듯 소리 내어 연주하는 것을 나타냅니다.
- **[Hammer-On/Pull-Off(해머링 온/ 풀링 오프)]**: 해머링 온(HO)/풀링 오프(PO)는 같은 줄에서 연주하는 두 음 사이의 변화입니다. 첫 음은 정상적으로 탄현하지만 두 번째 음은 탄현하지 않습니다. 해머링 온은 두 번째 음을 왼손 손가락으로 망치로 두드리듯 탄현해 소리 내는 테크닉입니다. 풀링 오프는 첫 번째 음을 정상적으로 탄현하고 두 번째 음은 첫 번째 음을 눌렀던 왼손 손가락으로 줄을 뜯어내듯 연주하며 소리를 내는 테크닉입니다. 기타 프로는 첫째, 둘째 음의 음높이에 따라서 자동으로 해머링 온을 사용할지 풀링 오프를 사용할지 결정합니다. 스타일시트Stylesheet에서 악보상에 H/P를 어떻게 표시할지, 보일지 감출지 설정할 수 있습니다. 여러 개의 해머링 온과 풀링 오프를 연결하면 이어서 연주하는 레가토 테크닉을 구사할 수 있습니다.
- **[Tapping(태핑)]**: 태핑은 해당 프렛의 음을 오른손 손가락, 왼손 손가락, 양 손가락으로 두들겨서 연주하는 테크닉입니다. 오른손으로 줄을 직접 탄현하지는 않습니다. 태핑을 적용하면 **[T]** 기호가 태블러처 위에 표시됩니다.
- **[Slap bass(슬랩 베이스)]**: 슬랩 효과(https://www.youtube.com/watch?v=jjIz-8qHI7Y)는 오른손 엄지손가락으로 줄을 때리면서 동시에 손목을 돌려주어 타악기와 같은 음을 얻는 것입니다. 슬랩 효과는 주로 팝핑 효과와 함께 사용됩니다. 
- **[Pop bass(팝 베이스)]**: 팝핑 효과는 오른손 검지로 고음 현 중의 하나를 뜯어내듯 강하게 튕겨주는 것을 말합니다. 팝핑 효과는 주로 슬랩 효과가 먼저 나온 후에 이어서 나옵니다.
- **[Left-Hand Fingering(왼손 핑거링)]**: 왼손 핑거링은 프렛보드에서 어떤 손가락으로 줄을 누를지 알려줍니다. 손가락 모양이 보이는 창을 띄워서 사용할 손가락을 지정하면 악보에 사용할 손가락 번호가 나타납니다. 오선 악보에서는 음표 앞에 표시되며, 태블러처에서는 음표 아래에 표시됩니다.
- **[Right-Hand Fingering(오른손 핑거링)]**: 오른손 핑거링은 어떤 손가락이 줄을 튕기는

지 알려줍니다. 손가락 모양이 보이는 창을 띄워서 사용할 손가락을 지정하면 악보에 사용할 손가락 번호가 나타납니다. 오선 악보에서는 음표 앞에 표시되며, 태블러처에서는 음표 아래에 표시됩니다.

- **[String Number(스트링 번호)]**: 해당 음표 위에서 이 아이콘을 누르면 오선 악보에 줄 번호가 표시됩니다.

- **[Brush downstroke(브러시 다운 스트로크)]**: 브러시는 스트럼 연주 시 줄을 순차적으로 문지르듯 연주하는 것을 말합니다. 브러시 설정 창에서 브러시 속도와 브러시가 끝나는 위치를 설정할 수 있습니다. 브러시 다운은 위에서 아래로 브러시하는 것입니다.

- **[Brush upstroke(브러시 업 스트로크)]**: 브러시 업은 아래에서 위로 브러시하는 것입니다.

- **[Arpeggio down(아르페지오 다운)]**: 아르페지오는 줄을 순차적으로 나누어 연주하는 것을 말합니다. 아르페지오 다운은 위에서 아래로 연주합니다.

- **[Arpeggio up(아르페지오 업)]**: 아르페지오 업은 아래에서 위로 연주합니다.

- **[Rasgueado(라스게아도)]**: 스패니시 기타나 플라멩코 기타에서 자주 사용되는 오른손 테크닉입니다. 기타 프로는 18가지의 라스게아도 패턴을 제공합니다. 악보에서는 코드 아래에 라스게아도 마크를 표시합니다.

- **[Pickstroke down(픽 스트로크 다운)]**: 픽으로 줄을 탄현하는 것을 말합니다. 다운은 아래 방향으로 스트럼합니다.

- **[Pickstroke up(픽 스트로크 업)]**: 픽으로 줄을 탄현하는 것을 말합니다. 업은 위 방향으로 스트럼합니다.

- **[Grace-note before the beat(박자가 없는 그레이스 노트)]**: 그레이스 노트는 다른 음표를 장식하기 위해 그 음표 앞에서 연주하는 매우 짧은 음입니다. 기타 프로에서는 각 현마다 그레이스 노트를 추가할 수 있습니다. 하지만 여러 개의 그레이스 노트를 같은 줄에 설정하는 것은 불가능합니다. 박자 전 그레이스 노트는 그레이스 노트의 음가가 박자의 길이와 리듬에 포함되지 않는 것입니다.

- **[Grace-note on the beat(박자가 있는 그레이스 노트)]**: 박자 위의 그레이스 노트는 그레이스 노트의 음가가 박자의 길이와 리듬에 포함되는 것입니다. 이 옵션을 선택하면 그레이스 노트 다음에 나오는 음의 재생이 살짝 지연됩니다.

- **[Trill(트릴)]**: 트릴 효과(https://www.youtube.com/watch?v=CpZSkQqTxoI)는 해머링 온과 풀링 오프를 연속적으로 반복해 같은 줄에 있는 두 음을 번갈아 내는 것입니다. 트릴의 첫 번째 음은 악보상에 표기하고 두 번째 음은 트릴 창에서 선택할 수 있습니다. 또한 트릴의 반복 속도도 설정할 수 있습니다. 이런 표기법을 사용하면 두 번째 음을 악보에 표시할 필요가 없기 때문에 악보가 간결해집니다.

- **[Tremolo Picking(트레몰로 픽킹)]**: 트레몰로 픽킹 효과는 같은 음을 픽으로 반복해

아래위로 탄현하면서 계속적으로 매우 빠르게 연주하는 것을 말합니다. 트릴과 마찬가지로, 이 효과도 하나의 음표로만 표시합니다.

- **[Upper Mordent(상향 모르덴트)]**: 기준음 ▶ 기준음보다 2도 높은 음 ▶ 기준음을 빠르게 연주하는 장식음입니다.

- **[Lower Mordent(하향 모르덴트)]**: 기준음 ▶ 기준음보다 반음 낮은 음 ▶ 기준음을 빠르게 연주하는 장식음입니다.

- **[Turn(회음)]**: 회음은 이탈리어로 '그루페토(gruppetto, 작은 그룹을 뜻함)'라고 합니다. 4개의 음으로 구성된 멜로디 라인의 형식을 가지는 일종의 꾸밈음으로, 기준음 옆의 두 음을 꾸밈음으로 사용하면서 기준음을 드러나게 합니다. 회음을 적용하면 기준음보다 온음 높은 음 ▶ 기준음 ▶ 기준음보다 반음 낮은 음 ▶ 기준음의 순서로 연주됩니다.

- **[Inverted turn(역회음)]**: 원리는 회음과 같지만 연주 순서가 다릅니다. 역회음은 기준음보다 반음 낮은 음 ▶ 기준음 ▶ 기준음보다 온음 높은 음 ▶ 기준음의 순서로 연주됩니다.

- **[Fade in(페이드인)]**: 일렉트릭 기타의 볼륨 노브를 사용해 서서히 음량을 높이는 효과입니다.

- **[Fade out(페이드아웃)]**: 일렉트릭 기타의 볼륨 노브를 사용해 서서히 음량을 줄이는 효과입니다.

- **[Volume swell(볼륨 스웰)]**: 볼륨 노브를 사용해 서서히 높였다 즉시 줄이는 효과입니다.

- **[Wah open(와와 열기)]**: 와와 페달(https://www.youtube.com/watch?v=zAQx1RAXLqs)을 여는 옵션입니다. 와와 이펙터는 일렉 기타에서 사용하는 이펙트 페달의 일종입니다. 와와 페달을 밟아서 닫았다 열었다 하면 독특한 사운드가 만들어집니다. 페달 열기Opened/닫기 Closed의 옵션을 번갈아 사용할 수 있으며 이 효과를 적용하면 악보에 이렇게 표시됩니다. 단, 와와 이펙트를 적용하려면 먼저 RSE를 사용해야 하고, 이펙트 섹션에서, 필터 그룹에서 와와 이펙트 체인을 선택해야만 재생 시 와와 효과가 나타납니다.

- **[Wah Close(와와 닫기)]**: 와와 페달을 닫는 옵션입니다.

- **[Golpe(손가락 골프)]**: 연주 도중 손가락으로 기타 바디를 때리는 일종의 퍼커션 테크닉입니다(https://www.youtube.com/watch?v=h7U_ooUeyKs). 손가락 골프를 적용하면 악보의 음표 위에 별표(*)가 표시됩니다.

- **[Golpe Thumb(엄지 골프)]**: 연주 도중 엄지로 기타 바디를 때리는 일종의 퍼커션 테크닉입니다. 엄지 골프를 적용하면 악보의 음표 아래에 별표(*)가 표시됩니다.

악보에 주석을 달거나, 악보의 표현과 구성에 관한 작업을 하는 곳입니다.

- **[Chords(코드)]**: 악보에 코드를 만들어 넣는 기능입니다. 자세한 사항은 **[55. 코드 입력하기]**편을 참고하세요.
- **[Slashes(슬래시)]**: 스트럼 패턴 등을 표시하기 위해 음표의 박자 길이만을 가져와 기호로 보여줍니다. 악보의 리듬 패턴을 표시할 때 매우 유용합니다.
- **[Extended Barre(바레, 세하)]**: 악보의 특정 부분에서 바레를 만들어 연주해야 할 때 사용합니다. 전체 줄을 다 누르는 전체 바레Full barre와 몇 개의 줄만 누르는 부분 바레 Semi-barre를 선택할 수 있습니다. 이 기법은 특히 클래식 기타에서 많이 사용되며 '세하ceja'라고도 불립니다. 바레는 악보 위에 표시됩니다.
- **[Timer(타이머)]**: 현재 위치가 곡의 처음부터 카운트했을 때 시간상으로 어느 지점인지 '분:초' 단위로 알려줍니다.
- **[Text(텍스트)]**: 악보의 특정 부분에 텍스트로 된 주석을 달고 싶을 때 사용합니다. 텍스트 아이콘을 누르면 텍스트 입력 창이 나타나는데 여기에 입력을 하면 악보에 주석이 표시됩니다.
- **[Section(섹션)]**: 섹션은 악보상의 특정 부분으로 바로 갈 수 있도록 미리 설정해두는 일종의 마커 같은 것입니다. 자세한 사용법은 **[42. 섹션 설정하기]**편을 참고하세요.
- **[Prevent Line Break(줄 나누기 방지)]**: 현재 커서가 위치한 마디가 포함되어 있는 라인의 마지막 마디에서 줄이 바뀌지 않도록 다음 줄에서 한 마디를 끌어올리는 기능입니다. 자세한 사용법은 **[32. 마디 설정하기]**편을 참고하세요.
- **[Force Line Break(강제 줄 나누기)]**: 줄 나누기 방지 기능과 반대로 현재 커서가 위치한 마디를 그 줄의 마지막 마디로 만들고 다음 마디부터는 다음 줄에 표시하는 기능입니다. 자세한 사용법은 **[32. 마디 설정하기]**편을 참고하세요.
- **[Automatic Beams(자동 음표 연결꼬리)]**: 음표의 꼬리는 한 음씩 분리했을 때는 Flag라고 부르고, 연결했을 때는 Beam이라고 부릅니다. 이 기능은 음표의 연결꼬리를 박자의 길이와 구성에 따라 자동 설정합니다.
- **[Force Beams(음표 연결)]**: 복수의 특정 음표들을 하나의 가지로 묶습니다.
- **[Break Beams(음표 분리)]**: 가지로 묶인 복수의 음들을 분리합니다.
- **[Break Secondary Beams(둘째 연결선 분리)]**: 16분 음표 이상의 음표에서 첫 번째 가지는 연결 상태로 둔 채 두 번째 가지만 분리합니다.
- **[Automatic Beams(자동 음표기둥 방향)]**: 음표의 높이에 따라 음표 기둥의 방향을 위 혹은 아래로 자동 설정합니다. 음표 기둥의 방향은 낱개 음표일 때와 묶음 음표일 때

다르게 표시될 수도 있으니 다양한 경우를 직접 확인해보세요.

- **[Invert Stems(음표기둥 방향 변경)]**: 입력된 기존의 음표 방향을 아래 혹은 위로 뒤집습니다.
- **[Force Tuplet Bracket(잇단음표 자동 연결)]**: 잇단음표로 만들어진 음표들의 연결을 재구성합니다. 어떤 음표들을 선택하고 적용하느냐에 따라 다양한 결과로 나타납니다.

6 오토메이션 유니버스

재생 시 빠르기, 볼륨, 좌우 패닝 등을 자동으로 조절하도록 설정하는 곳입니다.

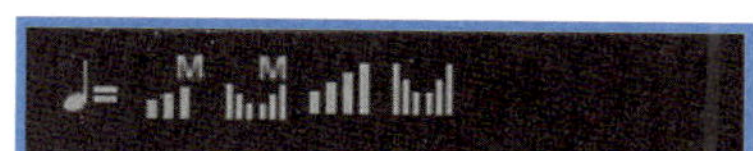

- **[Insert Tempo Automation(템포 삽입)]**: 필요한 포인트마다 곡의 빠르기를 설정합니다.
- **[Insert Master Volume Automation(마스터 볼륨 삽입)]**: 필요한 포인트마다 마스터 트랙의 볼륨을 설정합니다.
- **[Insert Master Pan Automation(마스터 팬 삽입)]**: 필요한 포인트마다 마스터 트랙의 패닝 효과를 설정합니다.
- **[Insert Track Volume Automation(트랙 볼륨 삽입)]**: 필요한 포인트마다 해당 트랙의 볼륨을 설정합니다.
- **[Track Pan Automation(트랙 팬 삽입)]**: 필요한 포인트마다 해당 트랙의 패닝 효과를 설정합니다.

가사 입력하기

가사가 있는 노래의 경우에는 악보에 가사를 추가할 수 있습니다. 단, 가사가 있다는 것은 부를 음표가 있다는 뜻이므로 악보에 가사를 입력하려면 먼저 음표가 만들어져 있어야 합니다. 음표가 없는 위치에는 가사를 입력할 수 없습니다.

1 트랙 선택하기

악보에 가사를 넣으려면 먼저 가사를 넣을 트랙을 선택하고, 가사 창에 가사를 입력해야 합니다. 가사 창에 입력한 가사는 기타 프로가 정한 구문 형식에 따라 자동으로 악보에 나타납니다. 일반적으로 가사는 노래의 멜로디가 음표로 입력되어 있는 보컬 트랙에 할당합니다. 물론 기타 스트럼 악보 등의 악기 트랙에도 가사를 입력할 수는 있지만 악기가 연주하는 멜로디와 노래의 멜로디는 리듬이나 박자가 다를 수 있기 때문에 이럴 때에는 입력되는 가사 하나하나를 다시 수동으로 조정해주어야 합니다.

2 가사 입력 창 띄우기

가사 입력 창은 왼쪽에 있는 [편집 팔레트] 위에 있는 [Lyrics]라는 아이콘을 눌러서 실행합니다. 메뉴 그룹에서는 [Track] ▶ [Show lyrics editor]를 클릭해 가사 입력 창을 띄울 수도 있습니다. 가사 입력 창에 있는 각 항목의 기능은 다음과 같습니다.

- **[Line(라인)]**: 1~5절까지 가사의 절을 설정합니다.
- **[From bar]**: 가사를 몇 번째 마디부터 적용할지 정합니다. 숫자 창에 원하는 마디 숫자를 입력할 수도 있고, 아래위 삼각형을 눌러서 가사 입력을 시작할 마디를 지정할 수도 있고, 원하는 시작 마디의 숫자를 직접 입력해도 됩니다. 이렇게 하면 굳이 가사가 없는 부분에 스페이스를 여러 개 입력할 필요가 없습니다.
- **[Visible(악보에 가사 표시)]**: 입력된 가사를 악보에서 보이거나 감춥니다.
- **[Enter lyrics(가사 입력 공간)]**: 가사 텍스트를 입력하는 공간입니다.
- **[되돌리기]**: 방금 작업한 내용을 이전으로 되돌립니다.
- **[다시 실행]**: 방금 되돌린 내용을 다시 실행합니다.
- **[복사하기]**: 가사의 일부를 복사합니다.
- **[붙여넣기]**: 복사한 가사를 붙여넣습니다.
- **[잘라내기]**: 선택한 범위의 가사를 잘라냅니다.
- **[Syntax/결합 방법 안내(음절 분리)]**: [Syntax]라는 글씨 위에 마우스를 올리면 가사에서 음절을 연결하고 분리하는 방법에 대한 안내가 팝업 창으로 나타납니다.

③ 기타 프로의 가사 입력 규칙

기타 프로에서 가사를 취급하는 방법은 크게 네 가지 경우입니다.

- **음절 사이에 빈 칸을 입력할 때**: 기타 프로는 기본적으로 음절 단위로 가사를 입력합니다. 음절이란  Space Bar 를 눌러 띄어쓰기 한 단위를 말합니다.

  - **한글의 입력**: 한글은 한 글자가 한 음절입니다. 예를 들어 '어머니'처럼 한 단어에 세 글자가 있을 때 글자 사이에 빈 칸을 만들지 않으면 세 글자가 모두 한 음표에 할당됩니다. 하지만 어머니 세 글자 사이에 각각 Space Bar 를 누르면 한 음표에 한 글자씩 할당됩니다.

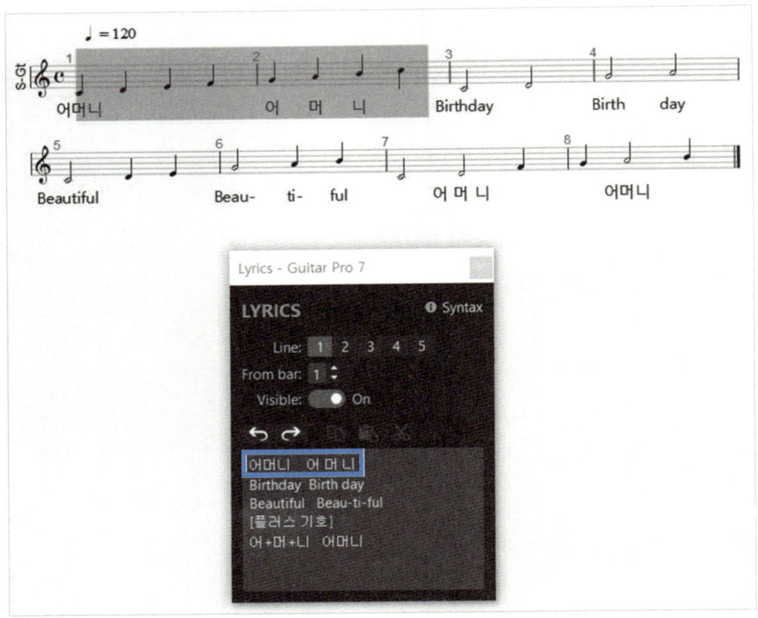

- **영어의 입력**: 영어는 한글과 언어 체계가 조금 다릅니다. 예를 들어 [birth·day]라는 단어처럼 한 단어가 두 음절(영어 사전에서 알파벳 사이에 점으로 구분된 것이 한 음절)로 구성되기도 하고, [King]이라는 단어처럼 음절은 '킹' 한 음절인데 여러 개의 알파벳으로 구성되기도 합니다. 노래에서도 한 단어가 여러 개의 음절로 나뉘어 여러 음표에 할당되는 경우가 많습니다. 그래서 [birthday]라는 단어를 그냥 입력하면 단어 전체가 한 음표에 할당됩니다. 한 단어를 여러 음표에 나누어 할당하려면 단어 중간의 음절이

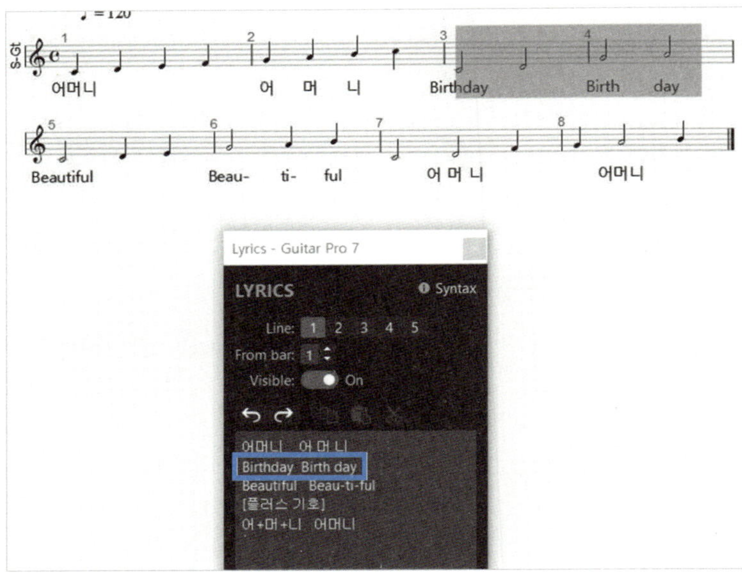

나뉘는 부분에서 Space Bar 를 눌러 빈 칸을 삽입해야 합니다. 영어는 보통 음절 단위로 가사를 나누며, 음절이 아닌 곳에서 함부로 빈 칸을 삽입하면 안 됩니다.

- **음절 사이에 하이픈(–) 기호를 넣을 때**: 한 단어가 여러 글자 혹은 여러 알파벳으로 이루어진 경우, 글자와 글자 사이에 하이픈을 넣으면 글자 옆에 하이픈이 표시되고, 자동으로 다음 글자는 다음 음표에 할당됩니다. 예를 들어 'Beautiful'이라는 가사를 세 음표에 나누어 할당하려면 'Beau-ti-ful'처럼 글자 사이에 하이픈을 넣어서 구분합니다. 이렇게 하면 악보를 보는 사람들이 그 음절들이 한 단어임을 쉽게 알 수 있습니다. 특히 이 기능은 한 단어가 여러 개의 알파벳으로 구성되고, 몇 개의 알파벳이 모여 하나의 음절을 이루는 영어 가사에서는 유용하게 사용됩니다. 다음 예제를 참고하세요.

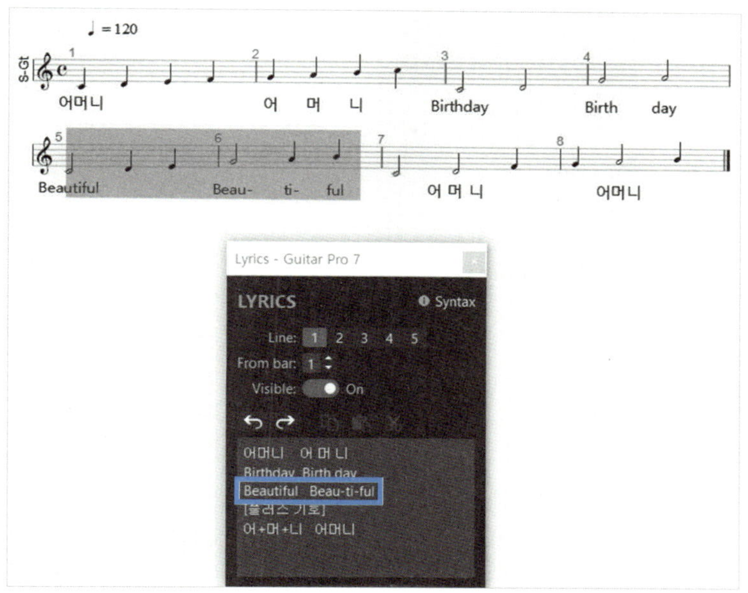

- **음절 사이에 플러스(+) 기호를 넣을 때**: 한글의 경우, 여러 글자 혹은 여러 단어를 한 음표에 할당하고 싶으면 글자와 글자, 단어와 단어 사이에 플러스(+) 기호를 삽입합니다. 예를 들어 '어머니'라는 가사에서 '어머' 두 글자를 한 음표에 할당하려면 '어+머'로 입력합니다. 영어 단어의 경우에도 알파벳, 음절, 단어 등을 분리하고 싶지 않을 때에는 알파벳, 음절, 단어 사이에 플러스(+) 기호를 삽입합니다. 그러면 다음 예제처럼 여러 글자나 단어가 한 음표에 할당됩니다.

- **글자를 대괄호 속에 묶을 때**: 글자를 **[1절]** 등과 같이 대괄호 속에 묶으면 가사 창에서는 보이지만 악보에서는 보이지 않습니다. 가사 작업을 하면서 사용자가 확인할 수 있는 주석을 달고 싶을 때 사용합니다.

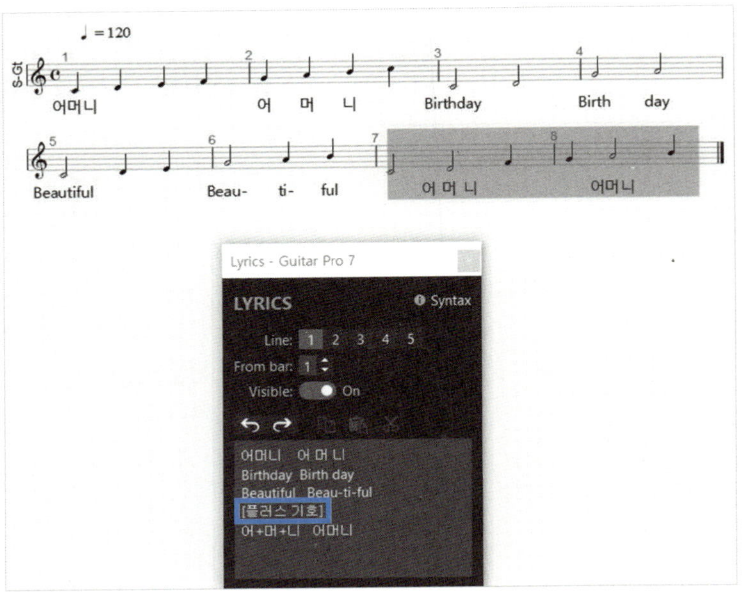

4 한글 가사 입력하기

- **가사 띄어쓰기 설정하기**

    한글 가사를 입력하려면 입력 창에 가사 텍스트를 복사해서 붙여넣어도 되고, 직접 입

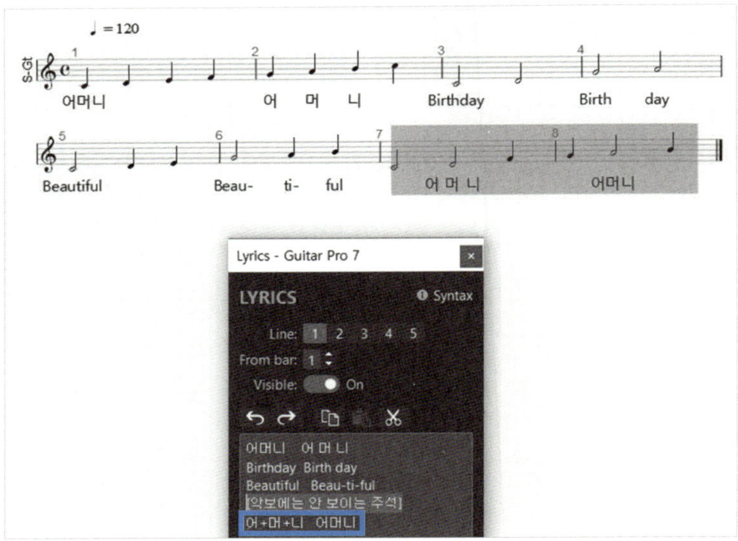

력해도 됩니다. 그런데 기타 프로는 띄어쓰기로 구분되는 음절 단위로 가사를 음표에 할당하고, 음원 사이트나 인터넷에 있는 가사는 단어 단위로 띄어쓰기가 되어 있기 때문에 그런 가사 텍스트를 그대로 붙여넣으면 다음과 같이 가사와 음표의 싱크가 맞지 않게 됩니다.

이럴 때에는 가사를 입력 창에 붙여놓고 난 후에 음표에 맞게 음절을 조절하는 작업을 해주어야 합니다. 한글 가사의 경우, 기타 프로는 기본적으로 음표 하나에 한 글자씩의 가사를 할당하며, [Space Bar]를 한 번 누를 때마다 자동으로 다음 음표로 글자가 할당됩니다. 즉 음절과 음절 사이에는 항상 빈 칸이 하나 이상 있어야 한다는 뜻입니다. 글자 사이에 빈 칸을 하나씩 만들면 다음과 같이 입력됩니다.

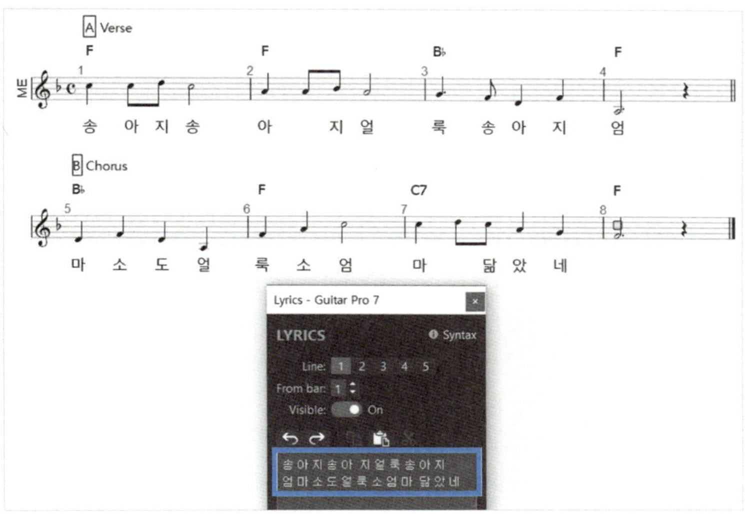

● **음표에 가사 비우기**

다음의 예제처럼 음표는 '도-도-레-미' 네 개인데 가사는 '송아지'처럼 3음절인 경우 어느 음표에는 가사를 넣지 않고 비워두어야 합니다. 이럴 때에는 가사를 비우고 싶은 음표 위치에서 Space Bar 를 한 번 더 눌러 빈 칸을 입력할 수 있습니다.

한글 가사의 경우, 빈 음절에 하이픈을 넣어 연결된 단어임을 표시하고 싶다면 앞의 글자 다음에 Space Bar 를 두 번 누르고 하이픈(-)을 입력하면 다음 악보처럼 가사가 없는 음표 위치에 하이픈이 입력됩니다. 이렇게 하면 악보를 보는 사람들이 그 음절들이 한 단어임을 쉽게 알 수 있습니다.

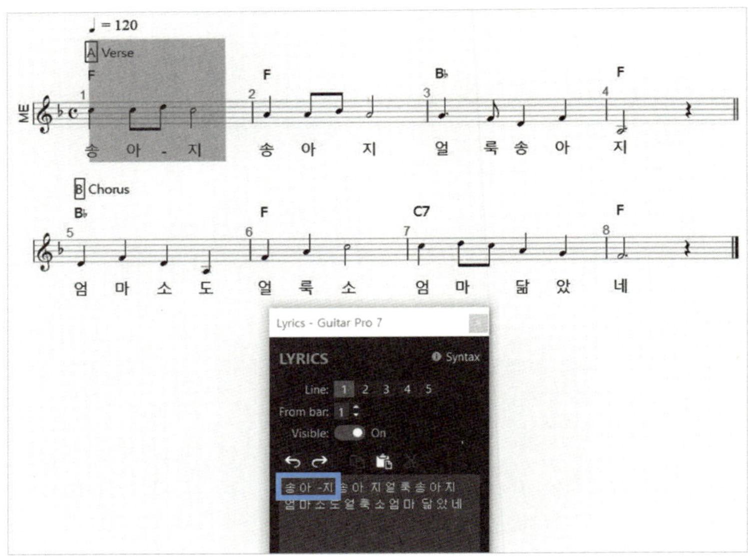

5 영어 가사 입력하기

영어 가사를 입력할 때도 입력 창에 가사 텍스트를 붙여넣거나 직접 입력합니다. 한글과
마찬가지로 영어에서도 기타 프로는 기본적으로 음표 하나에 한 글자씩의 가사를 할당하
며, [Space Bar]를 한 번 누를 때마다 자동으로 다음 음표로 글자가 할당됩니다. 즉 음절
과 음절 사이에는 항상 빈 칸이 하나 이상 있어야 한다는 뜻입니다. 영어 가사도 단어 단
위로 띄어쓰기가 되어 있습니다. 기타 프로는 영어 가사의 경우에도 한글과 같이 하나의
음절을 하나의 음표에 할당합니다. 하지만 영어 가사는 한글과 조금 다른 점이 있습니다.
한 단어가 여러 음절(영어 사전에서 알파벳 사이에 점으로 구분된 것이 한 음절입니다)로
구성되는 경우도 있고, 한 음절이 여러 개의 알파벳으로 구성되는 경우도 있기 때문에 한
글과는 다른 방법으로 가사를 입력해야 합니다.

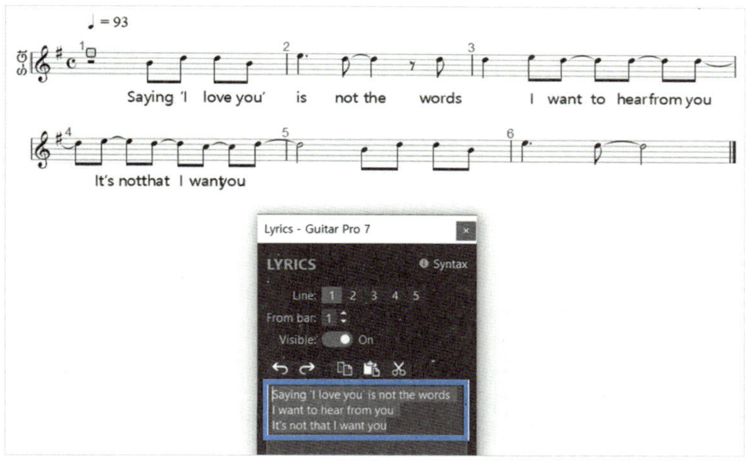

예제를 보겠습니다. 이 악보는 익스트림(Extreme)의 〈모어 댄 워즈(More than words)〉
의 첫 부분입니다. 이 노래의 가사를 그대로 입력 창에 붙여넣으면 다음과 같이 가사와 음
표의 싱크가 맞지 않게 됩니다.

그래서 가사를 입력 창에 붙여넣은 후에 [Space Bar]를 눌러 빈 칸을 삽입해 음표에 맞
게 음절을 조절하는 작업을 해주어야 합니다. 물론 'Saying'처럼 단어는 하나인데 이것을
두 개 이상의 음표에 나누어 할당하려면 'Say'와 'ing' 사이에도 빈 칸을 삽입해야 합니다.

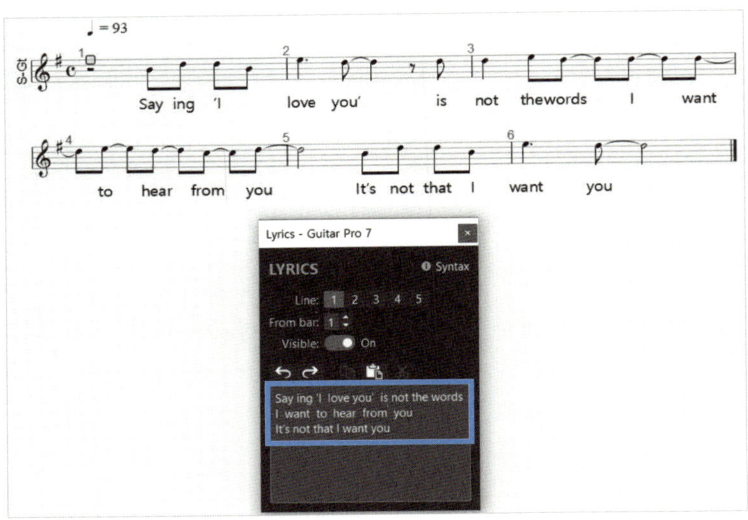

영어 가사의 경우, 여러 음절로 구성된 한 단어를 여러 음표에 나누어 입력하고 싶다면 음절이 나눠지는 위치에 하이픈(–)을 입력하면 다음 악보처럼 가사가 음표별로 나뉘어 할당됩니다. 이렇게 하면 악보를 보는 사람들이 그 음절들이 한 단어임을 쉽게 알 수 있습니다.

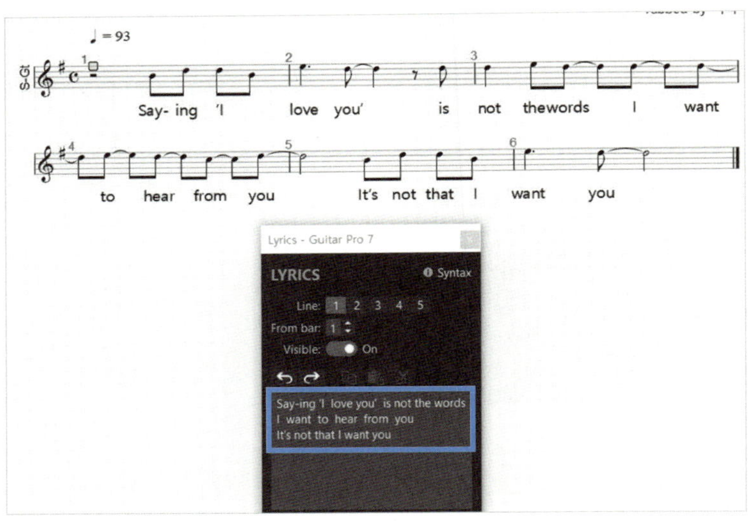

> ✖ 참고
>
> 영어에서도 한글의 경우와 마찬가지로 가사 입력 창에서 Enter 를 눌러 줄을 바꾸면 Space Bar 하나가 입력된 것으로 간주되어 Space Bar 로 띄어쓰기를 하지 않아도 자동으로 다음 음표에 가사를 할당합니다.

 악보에 가사 표시하기/숨기기

트랙에 가사를 입력했다 해도 악보에는 나타나지 않고 단지 참고 자료로만 사용할 수도 있습니다. 이렇게 하려면 가사 입력 창에서 [Visible] 항목을 [Off]로 설정합니다. 다시 클릭해 [On]으로 설정하면 악보상에 가사가 나타납니다.

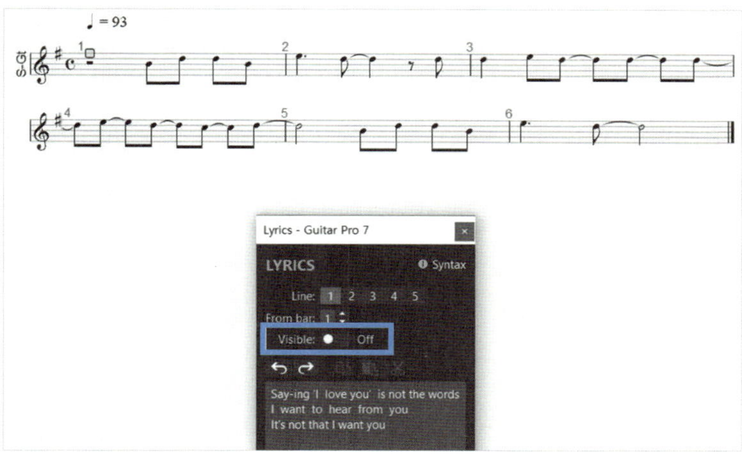

 가사의 절 구분하기

기타 프로는 하나의 멜로디에 최대 5개(5절)까지의 가사를 입력할 수 있습니다. 멜로디는 같고 가사만 다른 2절, 3절을 입력할 때 이 기능을 사용합니다. 1부터 5까지의 숫자는 각각 1절부터 5절까지의 가사를 뜻하며, 각자 별도의 입력 창을 갖고 있습니다. '1'을 누른 다음, 1절 가사 창에 1절 가사를 입력하고, 다시 '2'를 눌러 2절 가사 창에 2절을 입력합니다.

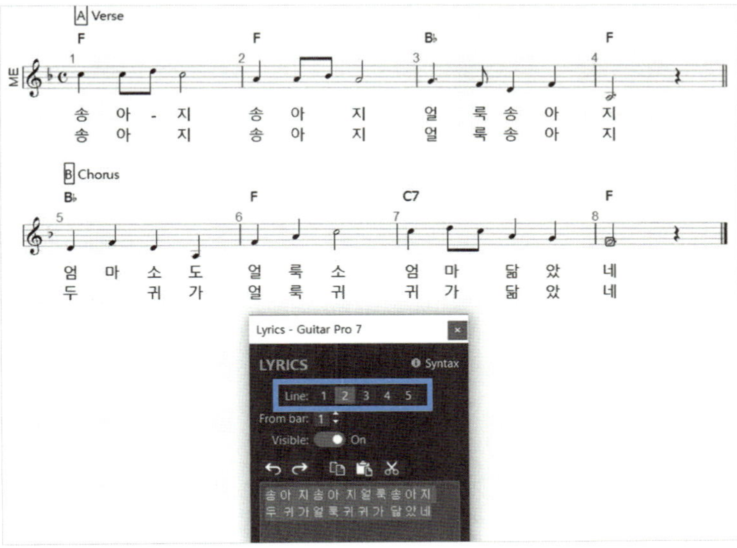

가사 시작 마디(The First Bar)

기타 프로의 가사 입력 창에 가사를 입력하면 악보의 첫 마디인 1마디부터 가사가 할당되는 것이 기본 값입니다. 하지만 노래에 전주가 있는 경우, 가사가 1마디부터 시작되지 않고 5마디 혹은 9마디 등에서 시작할 수 있습니다. 만약 일반적인 가사 입력 방법으로 가사를 넣는다면 가사가 시작되는 마디 이전에 있는 모든 음표 위치에서 Space Bar 를 눌러 가사가 있는 마디까지 계속 빈 칸을 입력해야 할 것입니다. 이런 불편함을 없애기 위해 있는 기능이 **[From bar]** 옵션입니다. 입력 창의 첫 줄에 가사를 입력해놓고 **[From bar]** 옵션에서 가사가 시작되는 첫 마디를 숫자로 지정할 수 있습니다. 예를 들어 5마디에서부터 노래가 시작된다면 버튼을 눌러 숫자를 '5'로 설정합니다.

[From bar] 옵션은 1~5절을 입력 창에서 따로 설정할 수도 있습니다. 이런 방법을 통해 기타 프로는 가사 입력 창에 불필요한 공백을 없애줍니다.

스트럼 패턴 입력하기

어쿠스틱이나 일렉트릭 기타의 악보에서는 멜로디뿐 아니라 스트럼 패턴을 기록하는 경우가 많습니다. 기타 프로는 스트럼, 뮤트, 브러싱 등의 연주 테크닉, 강세, 헛스트럼의 표기 등 다양한 기능을 지원합니다. 악보에 스트럼 패턴을 입력하려면 다음과 같이 따라 하세요.

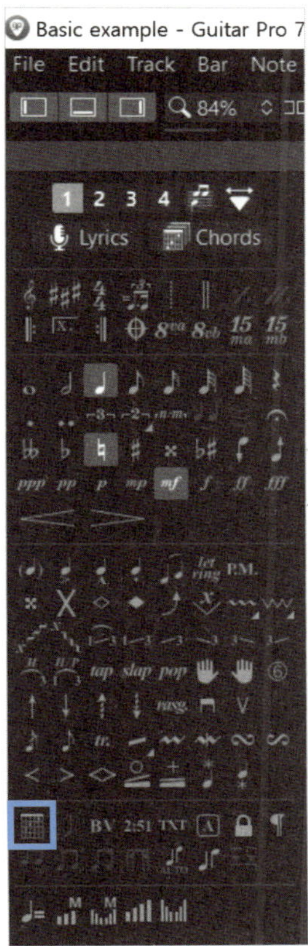

1 코드 입력하기

스트럼이란 코드를 잡고 여러 줄을 동시에 탄현하는 것을 말합니다. 그래서 스트럼 패턴을 입력하려면 먼저 코드를 입력해야 합니다. 코드 입력을 위해 **[편집 팔레트]**에서 **[코드]** 아이콘을 누릅니다.

메뉴 그룹에서는 [Note] ▶ [Chords]를 클릭합니다. 키보드 단축키는 A 입니다. 작업 창에 코드를 입력할 수 있는 코드 설정 창이 나타납니다. 코드 입력 창에서 제공하는 기능들을 활용해 코드를 찾거나 만든 다음, [OK]를 누르면 악보에 코드가 입력됩니다.

코드 입력 창에 대한 자세한 설명은 [55. 코드 입력하기]편을 참고하세요.

2 코드 복사하기

보통 음악에서는 한 곡 안에서 같은 코드가 여러 번 반복해 등장합니다. 그리고 한 마디 안에서도 같은 코드의 구성 음들을 여러 번 스트럼합니다. 이렇게 같은 코드가 반복되는 경우에는 코드의 음표들을 복사해 사용할 수 있습니다.

먼저 복사할 코드 음표들을 마우스로 드래그해 선택한 다음, Ctrl + C 를 눌러 복사합니다. 코드를 붙여넣을 위치에 커서를 놓고 Ctrl + V 를 눌러 복사해온 내용을 붙여넣습니다. 예를 들어 G코드의 8비트 스트럼을 만들려면 8분 음표로 구성된 G코드 구성 음들을 하나 만든 다음, Ctrl + C 를 눌러서 복사하고 코드를 붙여넣을 위치에 커서를 놓고 Ctrl + V 를 7번 누릅니다. 기타 프로는 연속적으로 음표를 붙여넣을 경우 자동으로 커서의 위치를 한 비트씩 이동시켜줍니다.

G코드의 8비트 스트럼을 한 마디 만든 다음, 다른 위치에서 같은 코드의 같은 스트럼 패턴 한 마디를 만들려면 마디 전체를 복사해 붙여넣습니다.

3 코드의 음표 길이 조절하기

코드 음표들의 박자 길이를 조절하는 방법은 음표의 길이를 조절하는 방법과 같습니다. [편집 팔레트]의 [음표] 아이콘 중에서 바꾸고자 하는 음표 길이의 아이콘을 클릭하거나, 키패드에서 + , − 를 이용해서 길이를 늘리거나 줄입니다. 예를 들어 8분 음표 길이의 스트럼 비트를 4분 음표 길이의 스트럼 비트로 바꾸려면 8분 음표 코드가 있는 위치에 커서를 놓고 [편집 팔레트]에서 [4분 음표] 아이콘을 클릭하거나, 키패드에서는 − 를 한 번 클릭합니다.

> **참고**
>
> 하나의 코드를 구성하고 있는 음표들은 모두 길이가 같기 때문에 코드를 구성하는 음표들의 박자 길이를 바꾸기 위해 해당 코드의 음표 전체를 드래그해 선택할 필요는 없습니다.

반대로 8분 음표 하나의 길이로 된 스트럼 비트를 16분 음표 길이의 스트럼 두 개로 쪼개려면 먼저 8분 음표 코드가 있는 위치에 커서를 놓고 [편집 팔레트]에서 [16분 음표] 아이콘을 클릭합니다. 키패드에서는 + 를 한 번 클릭합니다. 이렇게 해서 8분 음표 코드를 16분 음표 코드로 바꾼 다음, 16분 음표 코드를 하나 복사해서 붙여넣으면 됩니다.

혹은 8분 음표 하나의 길이로 된 스트럼 비트를 하나 복사해 붙여넣은 다음, 두 개의 8분 음표 스트럼 비트를 마우스로 드래그해 선택하고 이것을 16분 음표 비트로 바꾸어도 됩니다.

음표나 마디의 복사하기/붙여넣기에 대한 자세한 설명은 **[43. 단일 트랙에서 복사하기, 붙여넣기, 잘라내기]**, **[44. 멀티 트랙에서 복사하기, 붙여넣기, 잘라내기]**편을 참고하세요.

4 헛스트럼 설정하기

기타 스트럼 중에는 줄을 탄현하지 않고 손만 움직이는 헛스트럼 방식이 있습니다. 스트럼 패턴 중에서 어느 비트를 헛스트럼으로 설정하려면 헛스트럼을 설정하려는 코드 위치와 바로 직전의 코드 위치를 마우스로 드래그해 선택한 후에 **[편집 팔레트]**에서 **[Tie beat]** 아이콘을 클릭합니다.

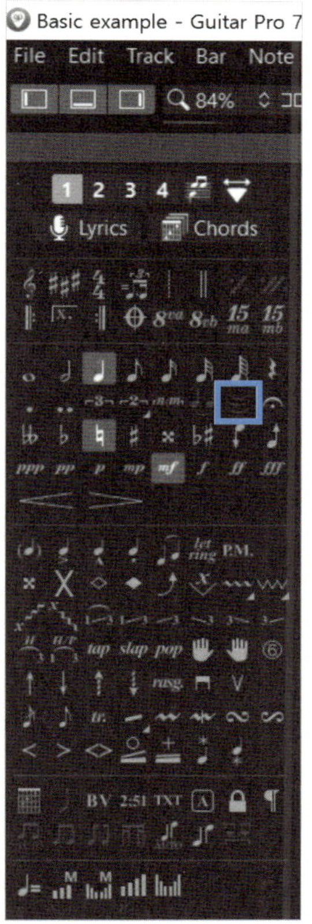

코드와 코드 사이에 붙임줄이 만들어지고 뒤에 있는 스트럼은 헛스트럼으로 설정됩니다. 타브 악보상에서 헛스트럼 부분은 음표의 프렛 위치 숫자가 괄호 안에 표시됩니다.

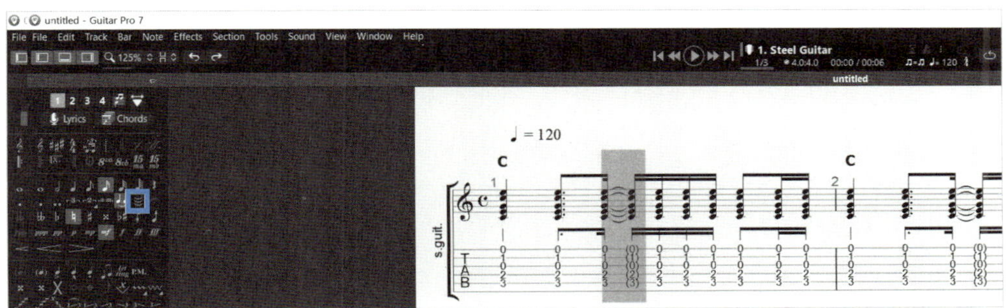

메뉴 그룹에서는 [Note] ▶ [Tie beat]를 클릭합니다. 키보드 단축키는 Shift + L 입니다.

코드 음표 중 어느 한 음에 커서를 놓고 [편집 팔레트]에서 [Tie beat] 아이콘이 아니라 [Tie note] 아이콘을 클릭하면 코드의 음표 전체가 붙임줄로 이어지는 것이 아니라 코드 구성 음 중에서 한 음만 붙임줄로 이어집니다.

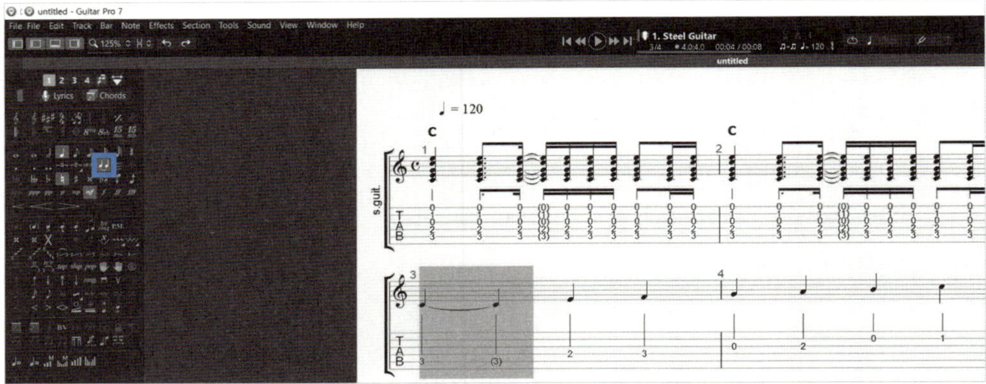

5 스트럼 방향 표시

기타의 스트럼에는 아래 방향으로 내려치는 다운 스트럼과 위 방향으로 올려치는 업 스트럼이 있습니다. 리듬 패턴에 따라 업-다운 패턴이 달라지는데, 기타 프로에서 이런 스트럼 방향을 구분해 표시할 수 있습니다.

스트럼 방향을 설정할 코드 위치에 커서를 놓고 **[편집 팔레트]**에서 **[⊓(Pickstoke down)]** 아이콘 혹은 **[∨(Pickstoke up)]** 아이콘을 누릅니다.

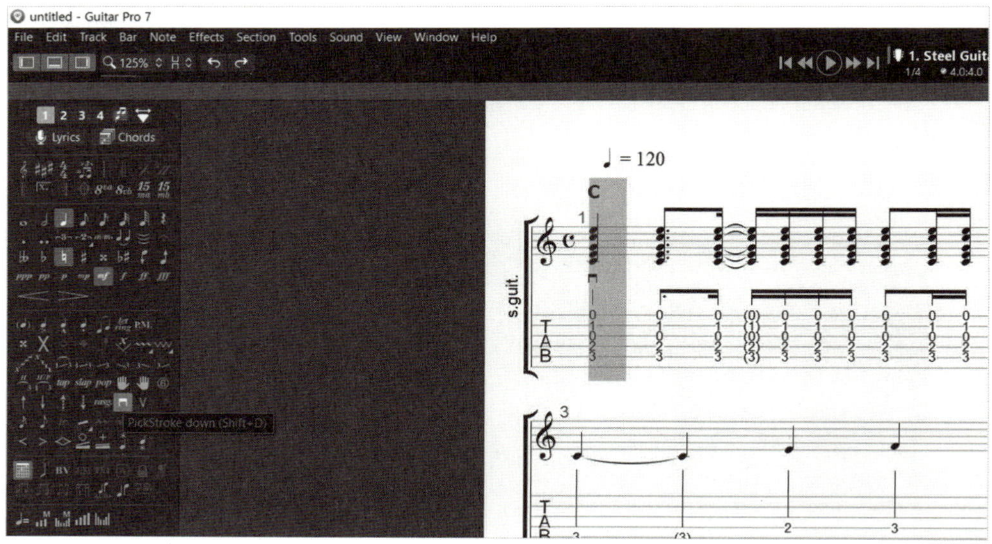

메뉴 그룹에서는 [Note] ▶ [Pickstoke down] 혹은 [Note] ▶ [Pickstoke up]을 클릭합니다. 키보드 단축키는 Shift + D 혹은 Shift + U 입니다.

> **참고**
>
> 스트럼 방향을 설정할 때는 코드의 음표 전체를 선택하거나 코드의 구성 음 위에 커서를 놓지 않아도 됩니다. 그 비트의 아무 위치에나 커서를 놓고 설정하면 전체 코드에 스트럼 방향이 설정됩니다.

이미 어느 박자에 스트럼 방향이 적용된 상태에서 같은 방향 아이콘을 다시 누르면 스트럼 방향 표시가 사라지고, 이미 입력된 방향과 다른 방향 아이콘을 누르면 스트럼 방향 표시가 바뀝니다.

6 슬래시 악보 표시

기타 프로는 해당 박자의 음높이는 표시하지 않고 스트럼 패턴의 박자 길이만 기호로 보여주는 슬래시 악보를 제공합니다. 슬래시 악보를 표시하려면 인스펙터 창에서 **[Slash]** 아이콘을 클릭합니다.

다음 그림처럼 음높이를 제외하고 박자 길이와 스트럼 방향만 표시되는 슬래시 악보가 표시됩니다.

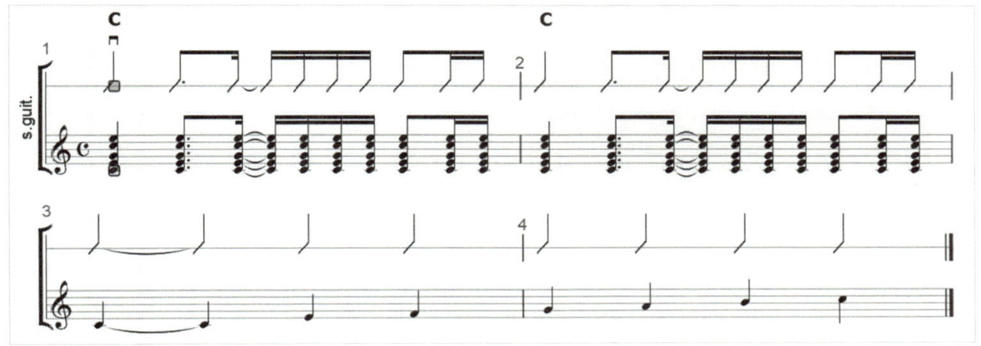

기타의 스트럼 연주 테크닉 중에는 여섯 줄을 순차적으로 긁어서 '드르르르르륵' 같은 느낌을 내는 브러시 주법이 있습니다. 이 주법을 적용하려면 적용할 음표를 마우스로 드래그해 선택한 후 **[편집 팔레트]**에서 [Brush downstroke] 혹은 [Brush upstroke]를 클릭합니다.

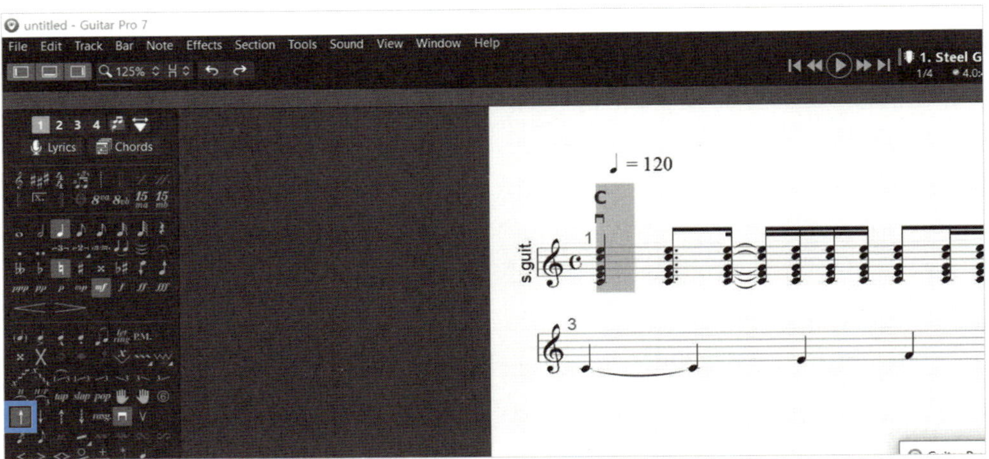

브러시 속도와 길이를 설정하는 설정 창이 나타나는데 여기에서 브러시의 길이와 박자, 브러시가 만들어지는 타이밍 등을 설정합니다. 각 항목의 뜻과 사용법은 다음과 같습니다.

- **[Duration]**: 브러시 스트럼의 박자 길이를 설정합니다. 슬라이딩 바를 움직여 길이를 설정하면 그 길이만큼의 브러시 스트럼이 만들어집니다. 왼쪽 짧은 음표 쪽으로 움직일수록 브러시가 빠르고 짧게 표현되고, 오른쪽 음표 쪽으로 움직일수록 브러시가 느리고 길게 표현됩니다. 단, 브러시 스트럼의 길이를 원래 음표의 길이보다 길게 설정할 수는 없습니다.

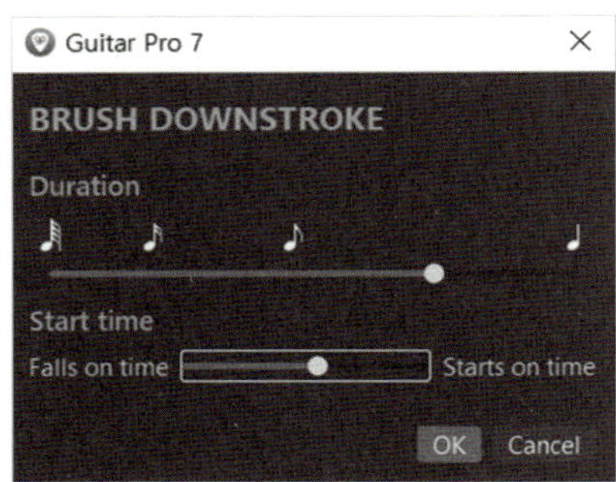

- **[Start time]**: 이 옵션은 브러시 스트럼의 시작 위치를 세밀하게 조절합니다.
  - **[Falls on time]**: 해당 박자가 시작되기 이전부터 브러시를 시작하고 해당 박자의 위치에서 이미 브러시 동작이 마무리되는 설정입니다. 이렇게 하면 해당 박자 부분을 약간 당겨서 연주하는 것과 같은 느낌을 표현할 수 있습니다.
  - **[Starts on time]**: 해당 박자가 시작되는 위치에서부터 브러시를 시작하는 설정입니다. 이렇게 하면 해당 박자 부분을 약간 밀어서 지연시켜 연주하는 것과 같은 느낌을 표현할 수 있습니다. 이런 방법으로 기타 프로는 스트럼을 밀고 당기는 미세한 그루브Groove 느낌까지 표현할 수 있도록 도와줍니다.

드럼 사운드 만들기

1 드럼의 구성

드럼 트랙은 악보에 드럼이나 퍼커션의 사운드를 입힐 때 사용하는 기능입니다. 드럼 트랙을 만들려면 우선 드럼이라는 악기의 구성에 대해 알고 있어야 합니다. 드럼 세트의 구성은 연주자에 따라 다양한 방식으로 이뤄지지만 기본 세트는 다음과 같습니다.

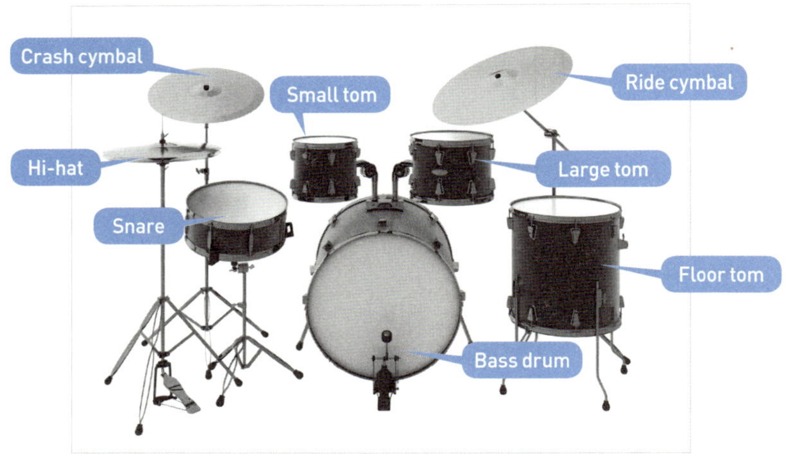

드럼 세트의 구성과 사운드를 잘 모르시는 분들은 다음 동영상을 참고하시기 바랍니다. https://youtu.be/9Mb-NQ2koWA

2 드럼 트랙 추가하기

악보에 드럼 사운드를 넣으려면 먼저 드럼 트랙을 만들어야 합니다. 다음과 같이 따라 하세요.

- 메뉴 그룹에서 [Track] ▶ [Add]를 클릭합니다. 키보드 단축키는 Ctrl + Shift + Insert 입니다. 작업 창 아래에 있는 사운드보드 그룹의 아무 트랙 위에서 오른쪽 마우스를 클릭해 [Add track]을 선택해도 됩니다.

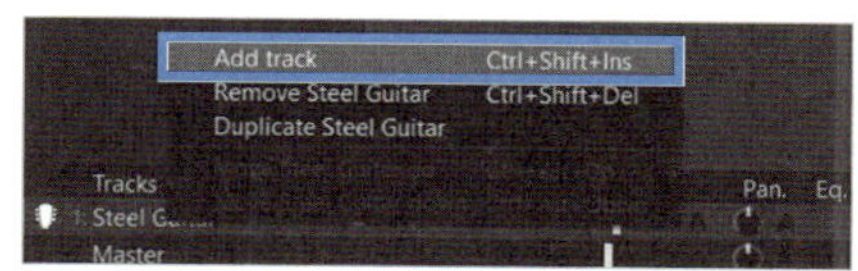

- 트랙을 추가하면 화면에 [ADD TRACK] 설정 창이 나타납니다. 설정 창에서 드럼 아이콘을 클릭하고, [Drums] ▶ [Drumkit]을 차례로 선택합니다.

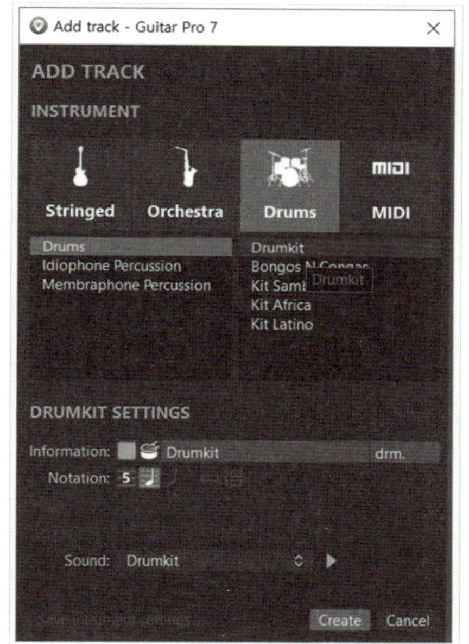

- 악보에 드럼 트랙이 하나 만들어집니다.

3 가상 드럼 불러오기

드럼 트랙에 드럼 사운드를 입력하려면 기타 프로 악보에 드럼 소리를 만들어 넣을 수 있
도록 해주는 가상 악기를 불러와야 합니다. 기타 프로에서는 킥, 스네어, 톰톰, 하이햇, 라
이드, 차이나, 크래시, 카우벨 등 24가지 드럼 세트의 소리를 입력하고 재생할 수 있습니다.
가상 드럼을 불러오려면 다음과 같이 따라 하세요.

- 드럼 트랙에서 드럼 사운드를 넣을 비트 위에 커서를 놓습니다.
- 메뉴 그룹에서 [View] ▶ [Show virtual Instrument]를 클릭해 가상 드럼을 띄웁니다.
  키보드 단축키는 Ctrl + F6 입니다.
  참고로 현재 커서가 위치한 트랙이 드럼 트랙이 아니면 가상 악기를 불러왔을 때 드럼 설
  정 창이 나타나지 않고 트랙의 악기 종류에 따라 가상 기타나 가상 건반이 나타납니다.

가상 드럼 설정 창에 있는 각 항목의 뜻과 사용법은 다음과 같습니다.

- **이동 버튼**: 악보 위에서 커서 위치를 이전 혹은 다음 비트로 이동시킵니다.
- **옵션**: 가상 기타나 가상 건반에서 표시 옵션을 선택하는 버튼입니다. 가상 드럼에서는
  사용하지 않습니다.
- **드럼 종류**: 킥, 스네어, 톰톰, 하이햇, 라이드, 차이나, 크래시, 카우벨 등 24가지 드럼 세
  트의 소리를 선택합니다.
- 현재 선택한 드럼 악기와 연관이 있는 같은 계열의 드럼 악기들 위에 숫자가 표시되고,

그 숫자를 눌러서 해당 사운드를 쉽고 빠르게 입력할 수 있습니다.

- **악기 이름**: 현재 선택한 드럼 악기의 이름을 보여줍니다.
- **미디 번호**: 미디 작업을 할 때 해당 악기가 미디 번호로 몇 번인가를 알려줍니다. 미디 입력에 대한 자세한 설명은 **[39. 미디 장비로 입력하기]**, **[58. 미디 사운드 다루기]**편을 참고하세요.

4 드럼 사운드 입력하기

가상 드럼을 이용해서 드럼 트랙에 드럼 사운드를 입력하려면 다음과 같이 따라 하세요.

- 드럼 트랙에서 드럼 사운드를 넣을 비트 위에 커서를 놓습니다.
- 메뉴 그룹에서 **[View]** ▶ **[Show virtual Instrument]**를 클릭해 가상 드럼을 띄웁니다. 키보드 단축키는 Ctrl + F6 입니다.
- 드럼 사운드 설정 창의 24가지 드럼 사운드 중에서 필요한 소리에 해당하는 기호를 클릭해 악보에 해당 드럼 소리를 입력합니다. 같은 커서 위치에서 입력한 드럼 사운드를 다시 클릭하면 그 소리가 삭제됩니다.
- 설정 창 위에 있는 **[〈], [〉]** (좌우 화살표)를 누르면 커서가 다음 박자나 이전 박자로 이동합니다.

> **참고**
>
> 24가지 사운드 중 어느 한 가지 소리를 선택하면 그 소리와 연관이 있는 같은 계열의 드럼 소리 기호 위에 사각형 숫자가 나타납니다. 키보드에서 그 숫자들을 누르면 해당 사운드들을 쉽고 빠르게 입력할 수 있습니다. 예를 들어 스네어 사운드를 입력하기 위해 스네어 기호를 클릭하면 다음과 같이 기호 위에 1, 2, 3 숫자가 표시됩니다.

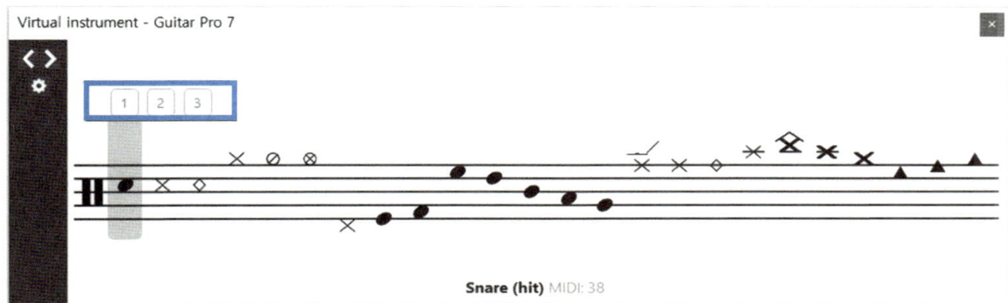

- 1 [Snare(hit)]: 스네어의 북을 드럼 스틱으로 치는 소리
- 2 [Snare(side stick)]: 스네어의 북이 아니라 금속 테두리 부분을 치는 소리
- 3 [Snare(rim shot)]: 스네어의 금속 테두리와 북을 동시에 치는 '림 샷Rim shot' 소리

키보드에서 이 숫자들을 입력하면 숫자에 해당하는 드럼 소리가 악보에 추가됩니다.
드럼은 같은 음표 위치에서 베이스, 하이햇, 스네어, 심벌 등 여러 악기를 동시에 연주할 수
있기 때문에 같은 음표 위치에서 여러 개의 드럼 사운드를 중첩해 입력할 수 있습니다.

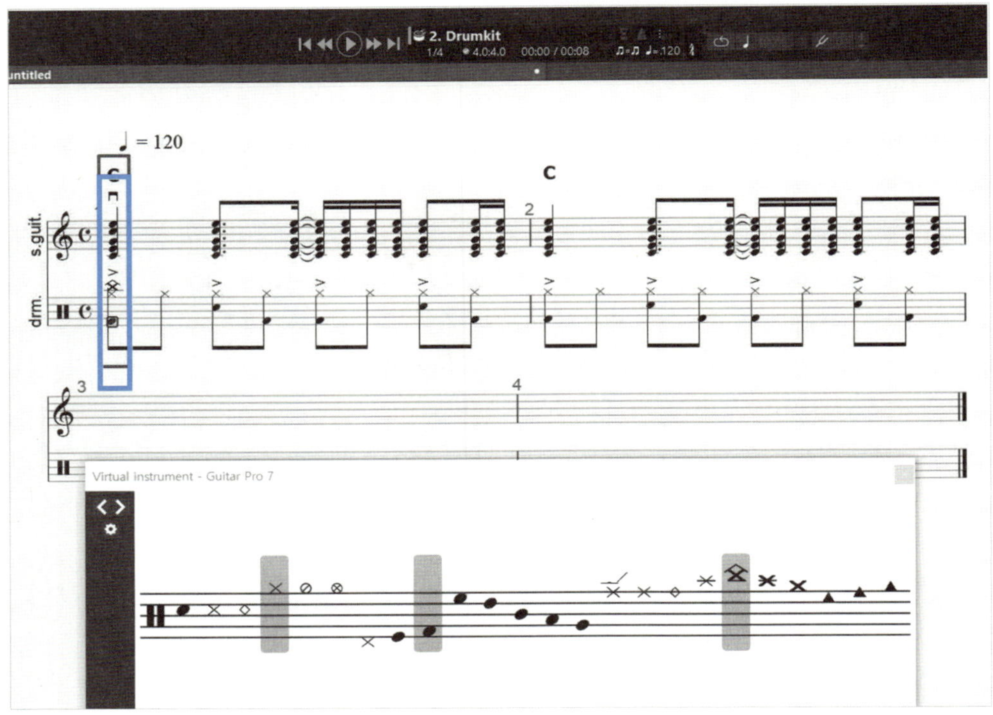

5 반복기호 입력하기

드럼은 악기의 특성상 일정 마디 동안 똑같은 패턴이 반복
되는 경우가 많기 때문에 일일이 악보를 그리는 대신 특정
마디를 계속 반복하도록 악보를 간단하게 표기할 수 있습니
다. 드럼이 연주되는 기본 패턴 마디를 만든 다음, **[편집 팔레
트]**에 있는 **[한 마디 반복기호(Repeat one bar)]** 아이콘을
필요한 마디 수만큼 클릭해 입력합니다. 드럼이 두 마디가
한 세트를 이루는 두 마디 패턴으로 반복되는 경우에는 **[두
마디 반복기호(Repeat two bars)]** 아이콘을 누릅니다. 키보
드에서는 한 마디 반복은 **[Shift+%]**, 두 마디 반복은 Ctrl
+ Shift + % 를 누릅니다.

6 타브 악보에서 드럼 사운드 입력하기

보통 드럼 악보는 오선 악보 위 음높이에 따라 드럼 세트의 각 파트들을 표시해 기보합니다. 하지만 기타 프로에서는 오선 악보가 아니라 타브 악보에서도 드럼 악보를 입력할 수 있습니다. 드럼 트랙의 타브 악보 위에 커서를 놓고 각각의 드럼 사운드에 할당된 미디 번호를 입력하면 해당 드럼 사운드가 입력됩니다.

드럼 사운드의 미디 번호는 드럼 가상 악기 창에서 원하는 기호 위에 마우스를 올리면 아래에 나타나는 드럼 세트의 이름 옆에 희미한 글씨로 [MIDI:36]처럼 적혀 있습니다. 타브 악보에서 그 숫자를 입력하면 악보에 그 번호에 해당하는 드럼 사운드가 입력됩니다.

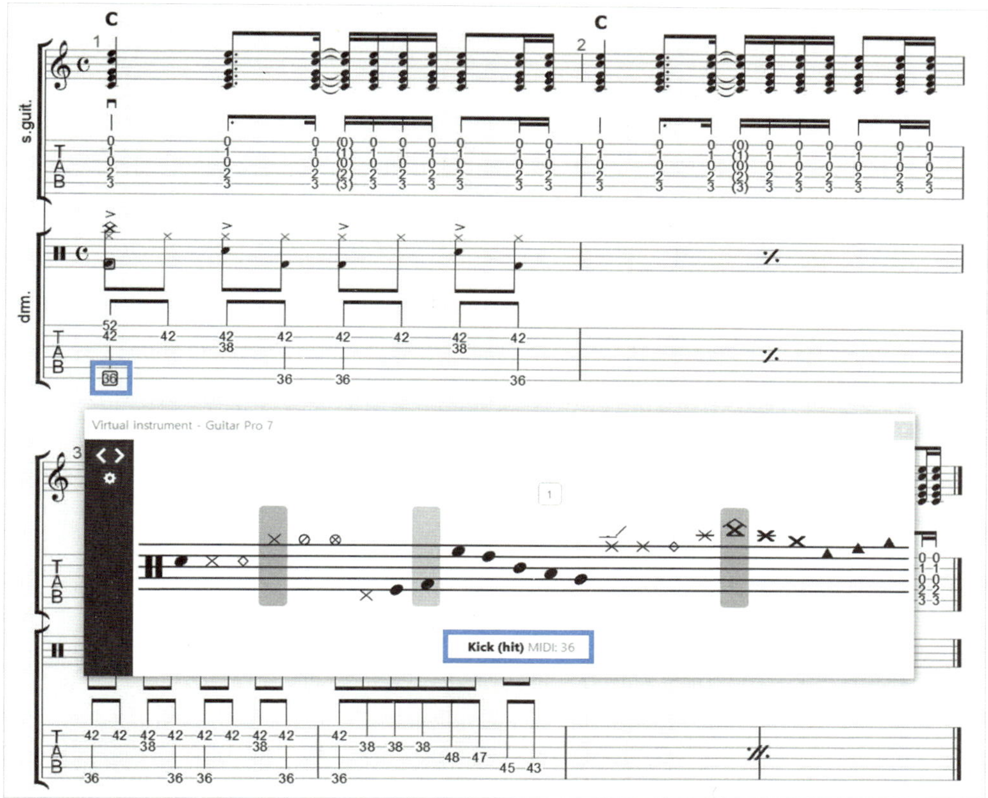

기타 프로에서 드럼 사운드를 만들어 넣으려면 먼저 드럼의 기본 구성과 사운드에 대해 알아야 합니다. 드럼에 대한 기초 지식이 없는 분들은 메뉴 그룹에서 [File] ▶ [Open example]을 클릭하고 파일을 선택한 다음, 그 파일의 드럼 트랙에 들어 있는 드럼 사운드를 들어보고 비슷한 것을 복사해서 사용해도 됩니다.

CHAPTER
5
유용한
도구들

Guitar
Pro

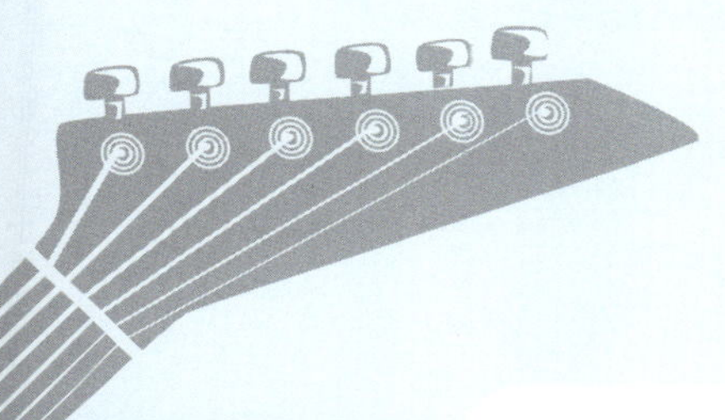

스타일시트 설정하기

1 스타일시트란?

기타 프로를 이용해 악보를 만들거나 있는 악보를 이용해 연습할 때 악보의 표시를 사용자가 원하는 형태로 설정하거나 변경하고 싶은 경우가 생깁니다. 스타일시트는 악보의 전반적인 모양과 형식을 사용자가 원하는 대로 지정하는 일종의 외형 틀입니다. 악보의 종류와 내용에 따라 적합한 스타일을 적용할 수 있으며, 다른 사람이 만든 악보의 스타일이 마음에 들지 않을 경우에는 언제든지 내가 원하는 스타일로 바꿀 수 있습니다.

2 스타일시트 설정하기

스타일시트Stylesheet를 작성하려면 먼저 스타일시트 창을 띄워야 합니다. 메뉴 그룹에서 [file] ▶ [Stylesheet]를 클릭합니다. 키보드 단축키는 F7 입니다.

① 기본 설정 사용하기

기타 프로는 스타일 구성에 익숙하지 않은 사용자들을 위해 [Rock Style(록 스타일)], [Classic style(클래식 스타일)], [Jazz style(재즈 스타일)], 세 가지 기본 설정 옵션을 제공합니다. 이 중 한 가지 옵션을 선택하면 악보의 [Page & Score Format(페이지와 악보 양식)], [Systems & Staves(시스템과 오선 악보)], [Header & Footer(머리글과 바닥글)], [Texts & Styles(텍스트와 스타일)], [Notation(악보 표기)], 다섯 가지 스타일 옵션

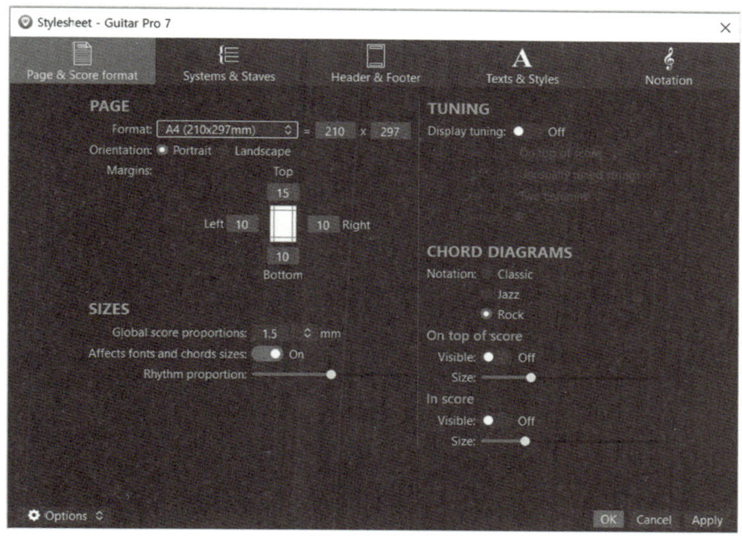

이 자동으로 설정됩니다. 스타일시트 설정에 익숙하지 않거나 아주 기본적인 스타일만
으로도 충분한 사용자는 이 옵션을 사용하면 됩니다.

② 스타일시트에서 설정하기

기타 프로가 제공하는 기본 스타일 옵션을 사용하려면 스타일시트 창의 왼쪽 아래에
있는 [Option] 버튼을 클릭하고 펼침 목록에서 세 가지 기본 스타일 중 하나를 선택합
니다.

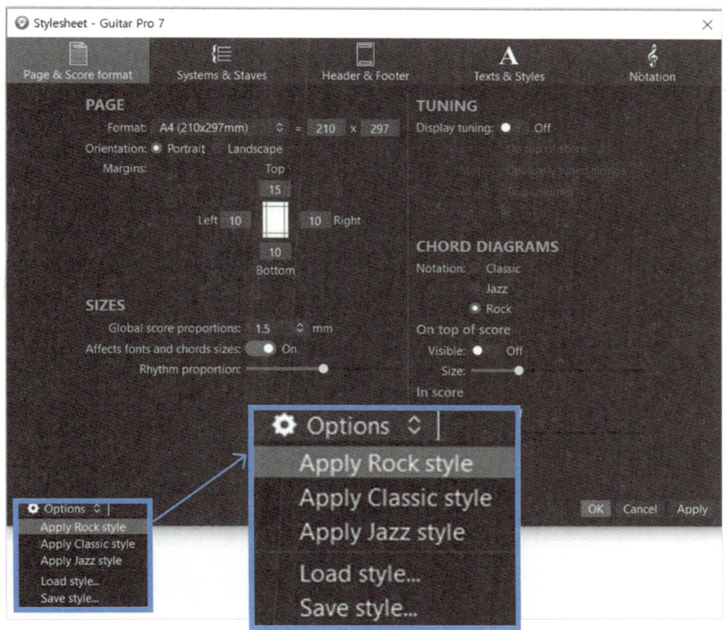

- **[Apply Rock Style(록 스타일)]**: 일반적인 가요, 팝 등에서 사용하는 악보 형식입니다. 현대 음악에서 가장 널리 사용되는 악보 형식이기도 합니다.

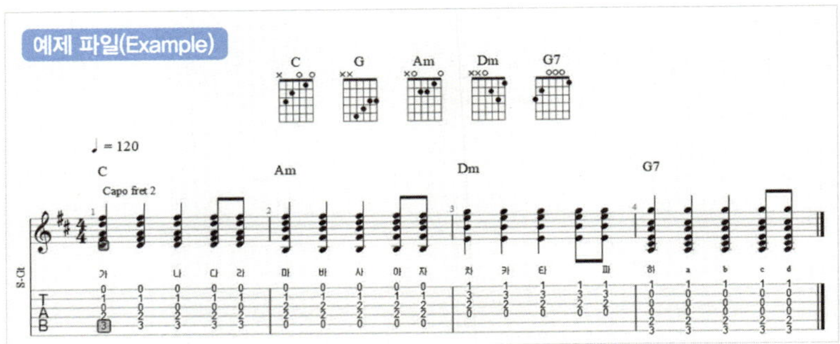

- **[Apply Classic style(클래식 스타일)]**: 클래식 음악에서 사용하는 악보 형식입니다. 클래식 스타일은 클래식 음악의 기보에 사용하는 표준 방식의 악보와 같은 느낌입니다. 폰트는 영어 문서 작성에 많이 사용되는 'Arial, Times New Roman'과 같은 기본 글꼴을 사용합니다.

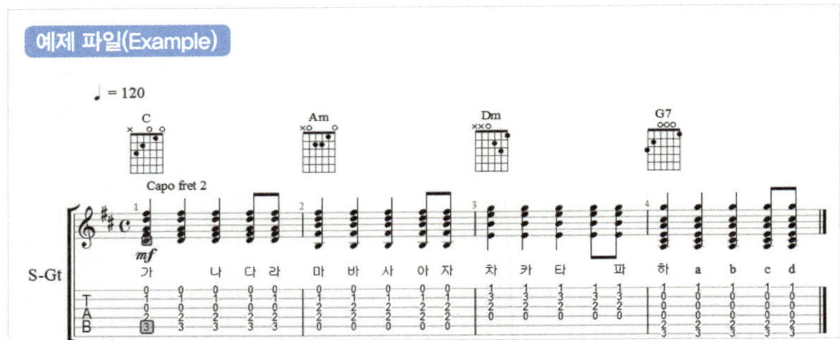

- **[Apply Jazz style(재즈 스타일)]**: 재즈 음악에서 사용하는 악보 형식입니다. 재즈 스타일은 손으로 그린 오래된 수기 악보와 같은 느낌입니다. 글꼴도 손 글씨 느낌이 나는 'AM Jazz Text'라는 글꼴을 사용합니다.

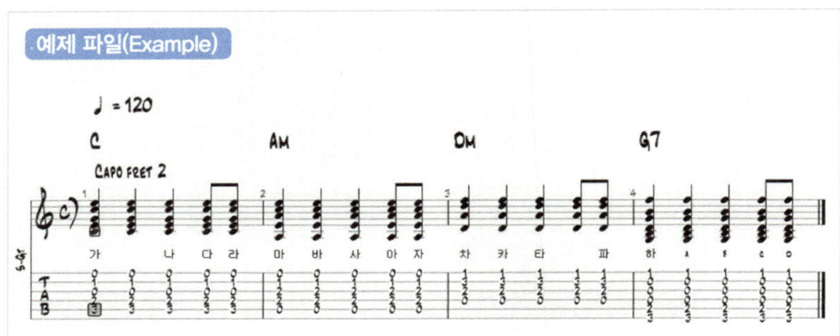

③ 환경 설정에서 설정하기

새로운 악보를 만들거나 열 때 항상 같은 스타일로 열게 만들고 싶으면 메뉴 그룹의 [File] ▶ [Preferences]를 클릭해 [기타 프로 Preferences] 창을 띄웁니다.

창이 나타나면 [General] 탭에 있는 [DOCUMENTS] 섹션에서 'When opening or creating file' 항목에서 [Force stylesheet(스타일 강제로 적용하기)] 항목에 체크를 하고, 오른쪽에 있는 펼침 목록 중에서 원하는 스타일을 선택합니다. 사용자가 만들어서 저장해놓은 스타일시트가 있다면 그것도 펼침 목록에 나타납니다.

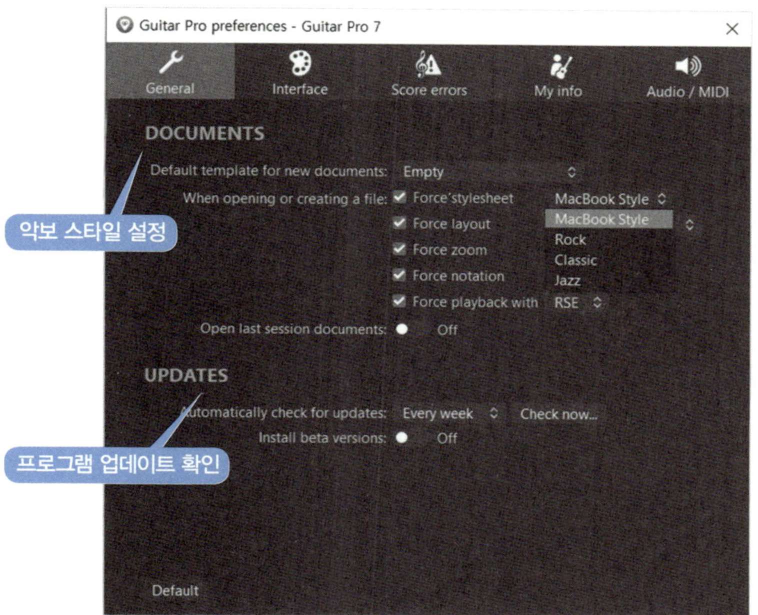

3 스타일 저장하기/불러오기

새로 악보를 만들 경우 재즈 스타일보다는 클래식 스타일을 조금 더 많이 사용합니다. 하지만 이런 기본 스타일들은 영어를 기준으로 설정되어 있으며, 이 스타일에서 사용하는 Arial, Times New Roman과 같은 영문 글꼴들은 한글을 지원하지 않기 때문에 위의 기본 스타일 적용 예제에서 보듯이 한글로 작성된 악보상의 내용들은 굴림체 같은 글꼴로 표시됩니다. 그래서 사용자가 별도로 글꼴이나 악보의 표시 형태를 바꾸는 작업이 필요할 수도 있습니다. 다음 그림은 제가 많이 사용하는 사용자 지정 스타일을 적용한 모습니다.

일단 하나의 스타일을 적용한 후에도 마음에 들지 않는다면 그중 일부 옵션을 내가 원하는 대로 변경할 수 있습니다. 이렇게 수정한 새로운 설정 값들을 스타일 파일로 저장할 수도 있고, 다시 불러서 작업 중인 악보에 그 스타일을 적용할 수도 있습니다. 스타일시트 설정 창의 오른쪽 아래에 있는 **[Option]** 버튼을 누르면 스타일을 저장하거나 불러올 수 있습니다.

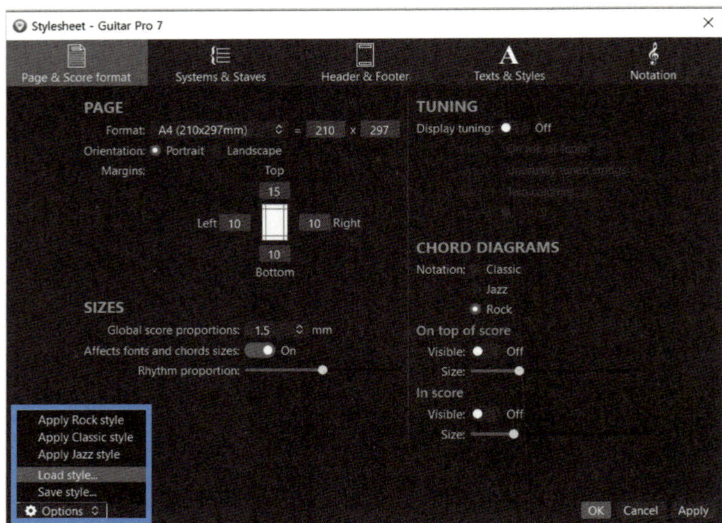

- **[Load style(불러오기)]**: 미리 만들어서 저장해놓은 스타일을 불러와 현재 악보에 적용합니다.
- **[Save style(저장하기)]**: 사용자가 수정하거나 새로 설정한 스타일을 파일로 저장합니다.

4 스타일시트의 탭

스타일시트 설정 창에는 모두 다섯 개의 탭이 있으며, 여기서 다음과 같은 내용을 설정합니다.

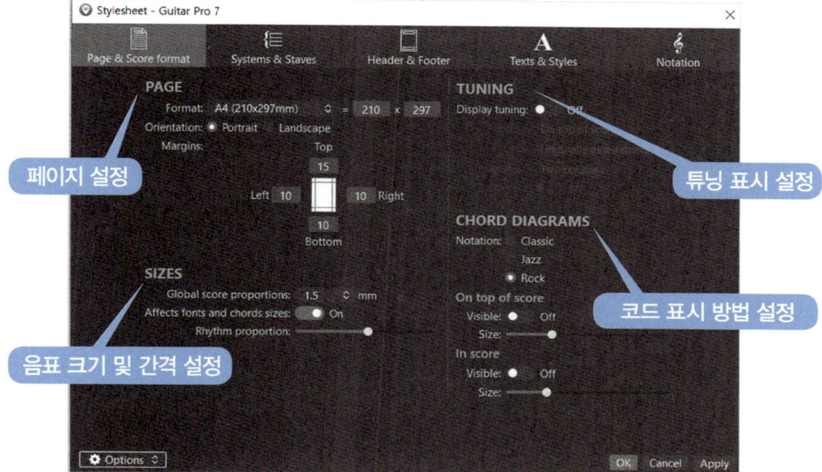

① Page & Score Format(악보의 페이지와 악보 양식)

악보의 페이지, 음표 사이즈와 간격, 튜닝, 코드 표시 방법 등을 설정합니다. 각 섹션별로 설명해보겠습니다.

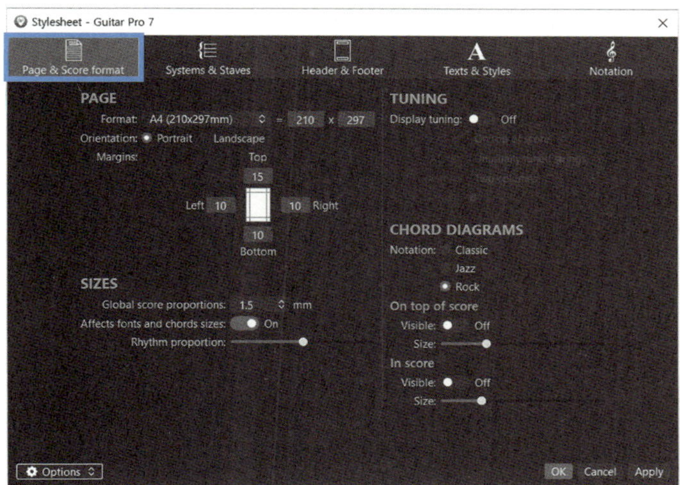

[PAGE] 섹션

페이지의 크기와 가로/세로 방향, 여백을 설정합니다.

- **[Format]**: 악보의 크기를 설정합니다. 펼침 목록을 클릭해서 미리 만들어져 있는 사이즈를 선택할 수도 있고, 사용자가 원하는 사이즈를 숫자 창에 입력해 설정할 수도 있습니다.
- **[Orientation(용지 방향)]**: **[PORTRAIT]**는 세로 방향 용지, **[LANDSCAPE]**는 가로 방향 용지로 설정됩니다.
- **[Margins(여백)]**: 용지와 악보 사이의 상하좌우 여백을 설정합니다.

[SIZES(음표 크기)] 섹션

음표의 크기와 음표 사이의 간격을 설정합니다.

- **[Global score propositions(전체적인 음표 비율)]**: 악보에 사용되는 음표의 크기와 음표 사이의 간격을 설정합니다. 숫자가 작으면 음표의 크기가 작아지고, 크면 음표의 크기도 커집니다.

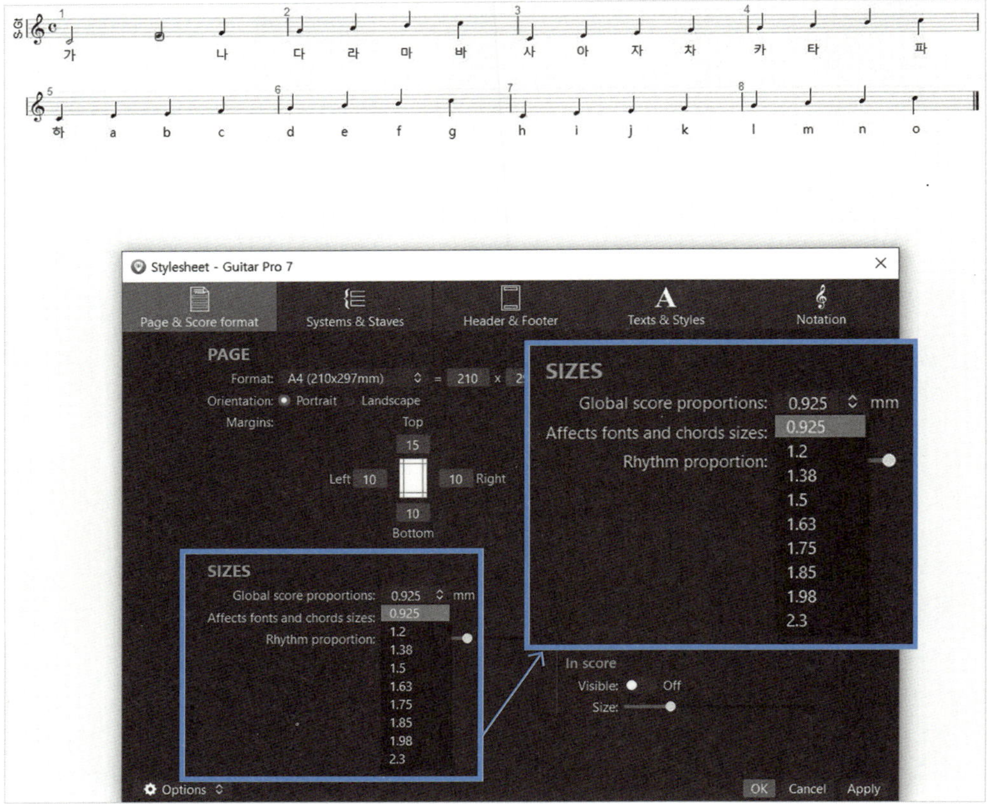

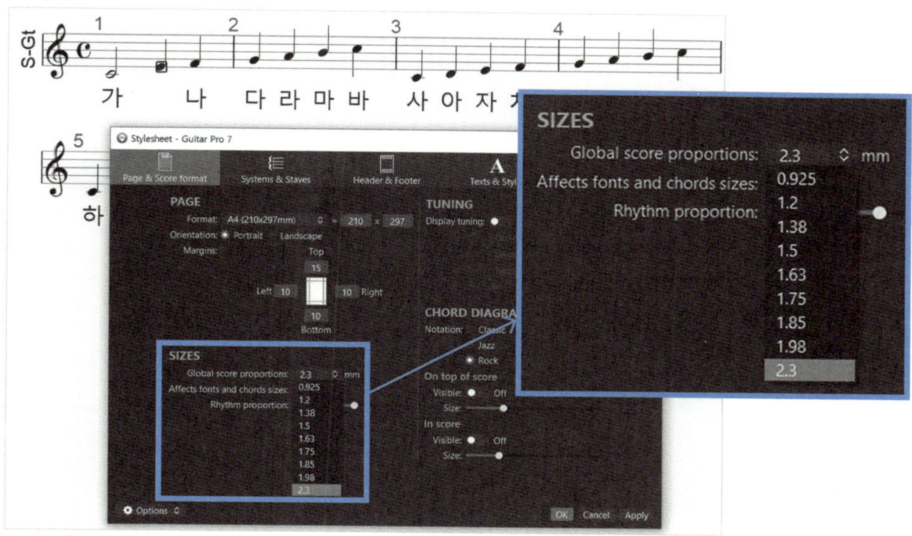

- **[Affects fonts and chord size(글꼴과 코드 크기와 동조)]**: 전체적인 음표 비율을 설정할 때 악보에 등장하는 글꼴과 코드 다이어그램의 크기를 함께 조절할지 설정합니다. **[On]**으로 설정하면 음표에 맞춰 크기가 자동 조절되고, **[Off]**로 설정하면 음표 크기의 영향을 받지 않습니다.

- **[Rhythm proportion(리듬 비율)]**: 리듬 패턴 기호를 나타날 때 원래 박자 길이에 맞춰 음표와 음표 사이의 간격을 설정할지 아니면 원래 박자 길이를 무시하고 표시할지 설정합니다. 슬라이더 핸들을 왼쪽으로 가져갈수록 실제 박자 간격을 무시하고 오른쪽으로 가져갈수록 실제 박자 길이에 비례해 표시합니다.

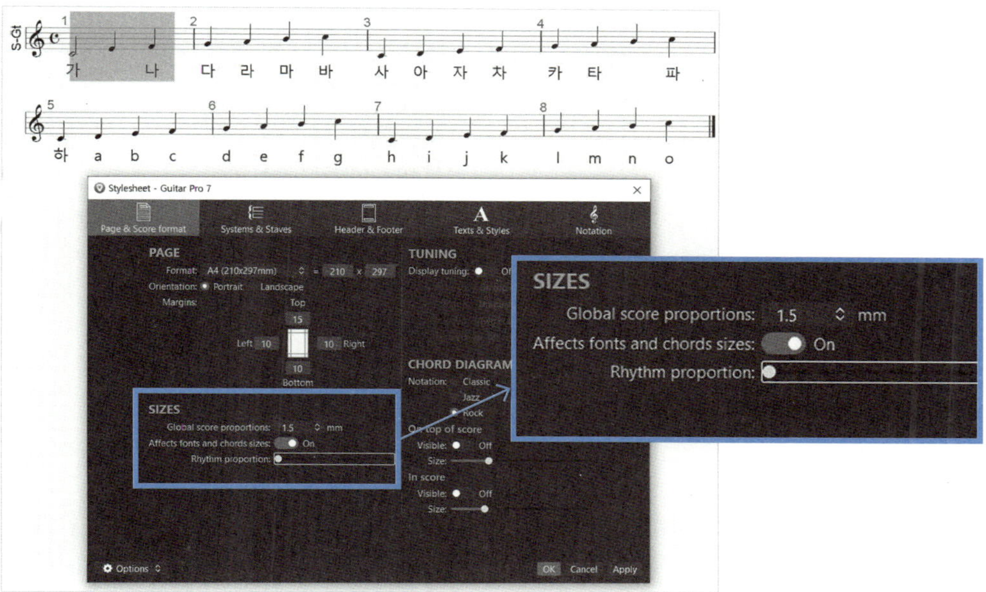

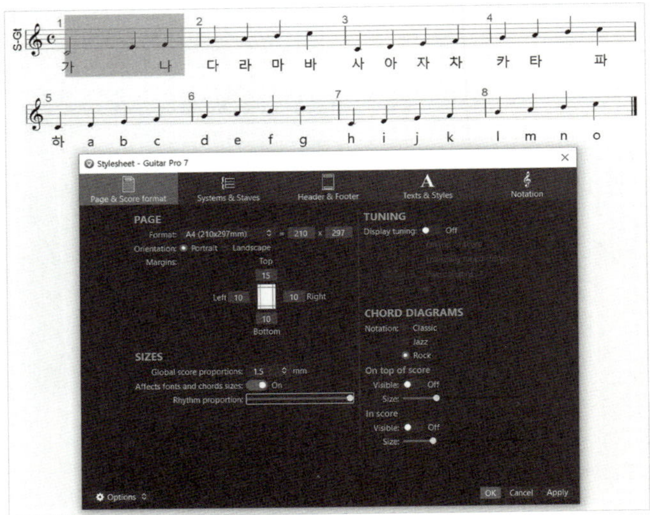

[TUNING(조율)] 섹션

튜닝 정보를 악보에 표시하는 방법을 설정합니다.

- **[Display tuning(튜닝 정보 표시)]**: [On]으로 설정하면 여러 가지 튜닝 값들이 악보에 표시됩니다.
- **[Position(표시 위치)]**: 튜닝 정보를 악보의 어느 위치에 표시할지 설정합니다.

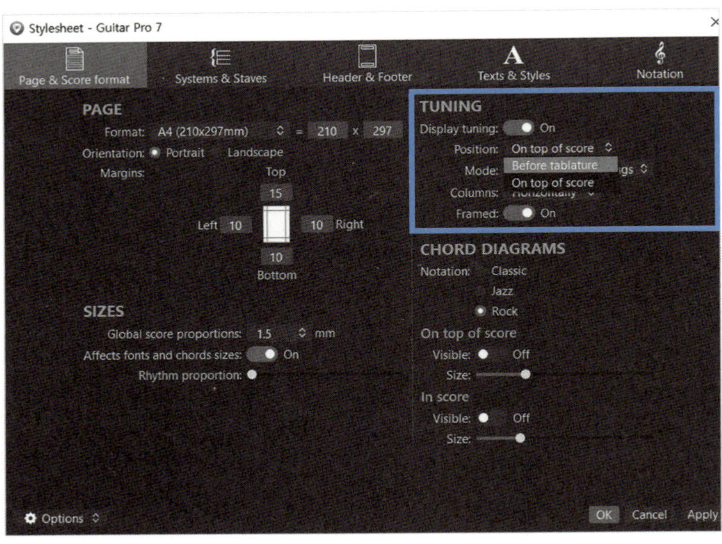

- **Before tablature(타브 악보 위에 표시)**: 타브 악보의 여섯 줄 앞에 각 줄의 튜닝 음이 표시됩니다. 이 옵션을 선택하면 [Mode]를 다음 두 가지 중 선택할 수 있습니다.

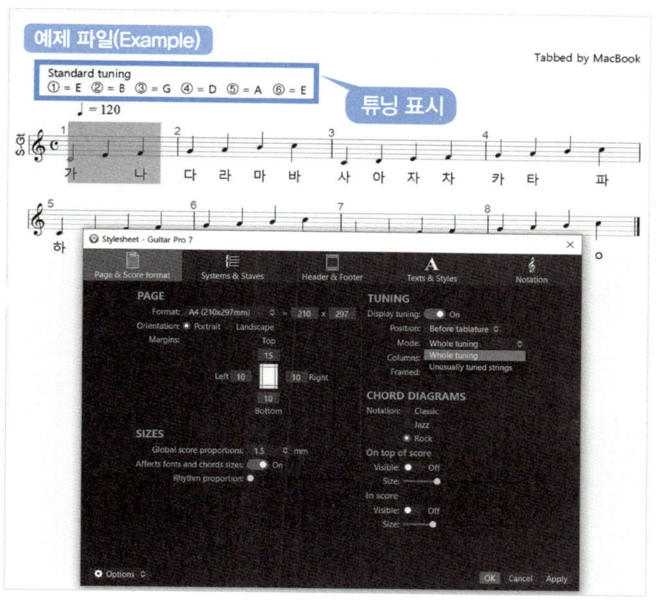

* **[Whole tuning]**: 전체 줄의 튜닝 음을 모두 타브 악보 앞에 표시합니다.
* **[Unusually tuned strings]**: 변칙 튜닝 된 줄의
  튜닝 음만 타브 악보 앞에 표시합니다.
  설정을 마치고 **[OK]** 버튼을 누르면 타브 악보 첫
  머리에 다음과 같이 튜닝 옵션이 표시됩니다.

참고

이 옵션을 선택하면 [Columns]와
[Framed] 옵션은 비활성화됩니다.

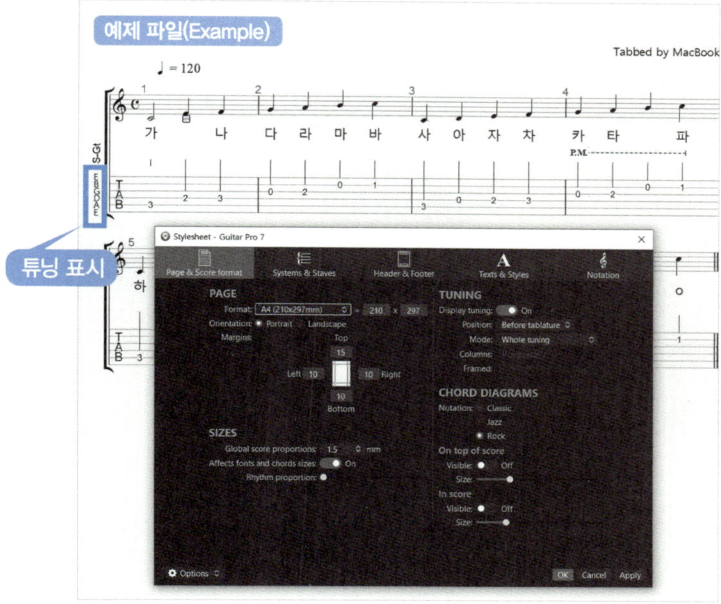

– **On top of score(오선 악보 위에 표시)**: 오선 악보가 시작되는 첫머리에 튜닝 정보가 표시됩니다. 이 옵션을 선택하면 [Mode], [Columns], [Framed] 옵션 모두가 활성화 됩니다.

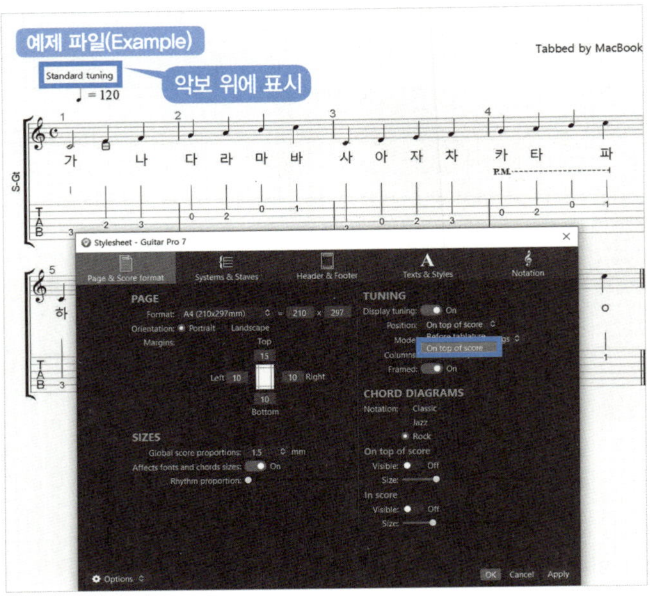

● **[Mode]**: 튜닝 정보를 어떤 형태로 표시할지 설정합니다.

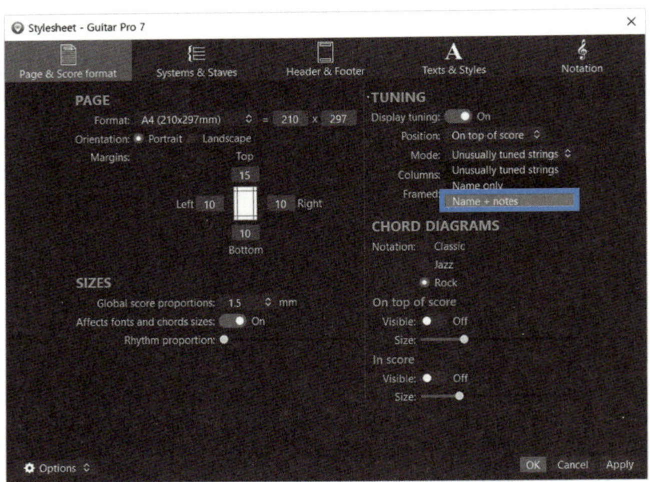

– **Unusually tuned strings**: 변칙 튜닝된 줄만 표시됩니다. 여섯 줄 모두가 정 튜닝 이면 튜닝 옵션이 표시되지 않습니다.

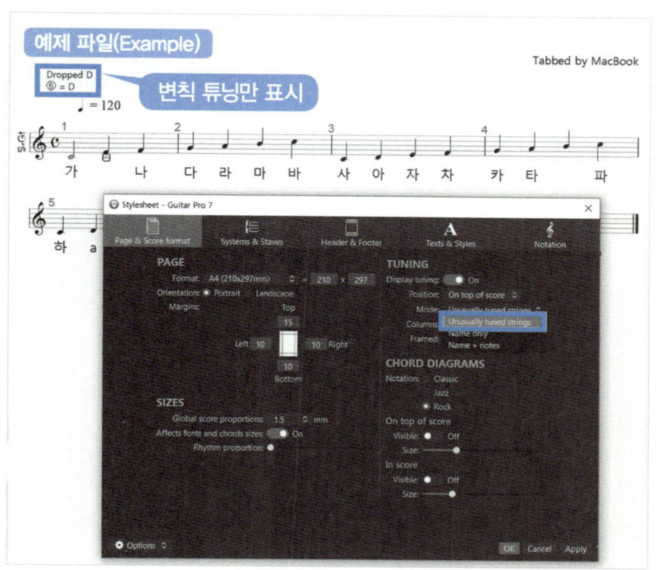

- **Name Only**: 튜닝 음은 표시하지 않고 튜닝의 이름만 표시합니다.

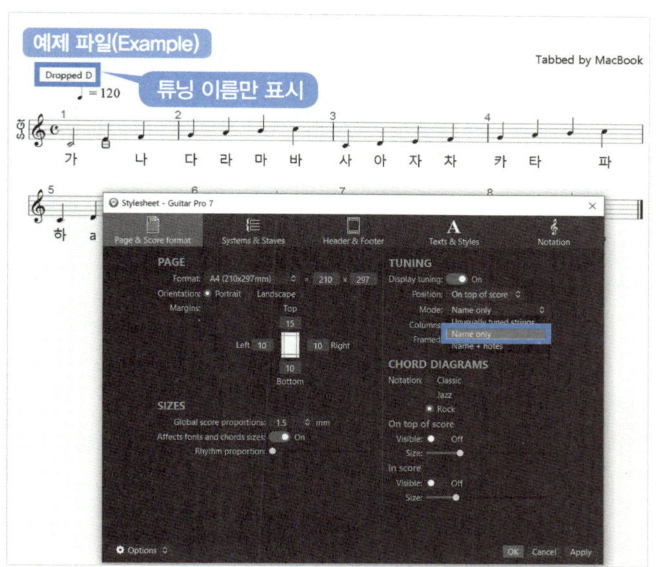

- **Name + Notes**: 튜닝 이름과 여섯 줄의 튜닝 음을 모두 표시합니다.

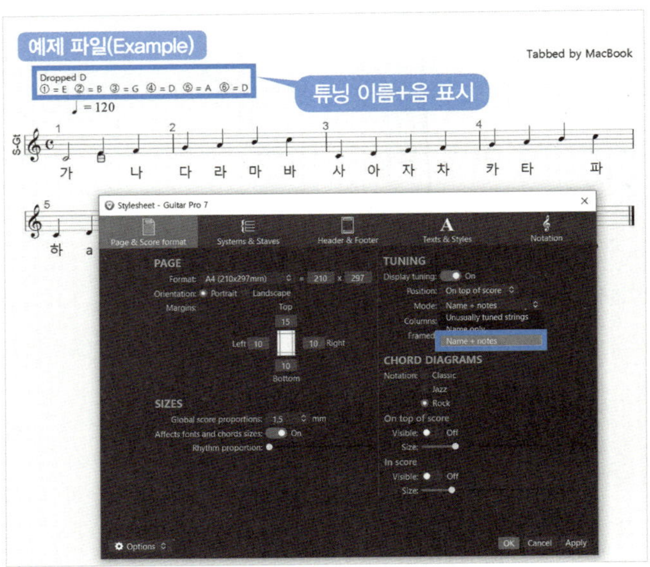

- **[Columns(열)]**: 튜닝 정보를 옆으로 길게 한 줄로 표시할지, 두 줄로 표시할지 설정합니다.

  - **Two Columns**: 튜닝 옵션을 두 줄로 표시합니다.

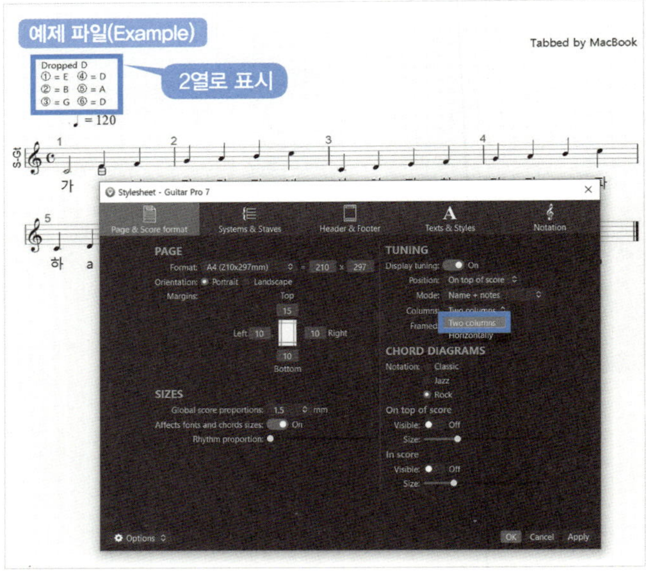

– **Horizontally**: 튜닝 옵션을 한 줄로 길게 표시합니다.

● **[Framed(상자 속에 표시하기)]**: 이 옵션을 **[On]**으로 설정하면 튜닝 정보가 사각형 틀 안에 표시되고, **[Off]**로 설정하면 틀 상자 없이 텍스트만 표시됩니다.

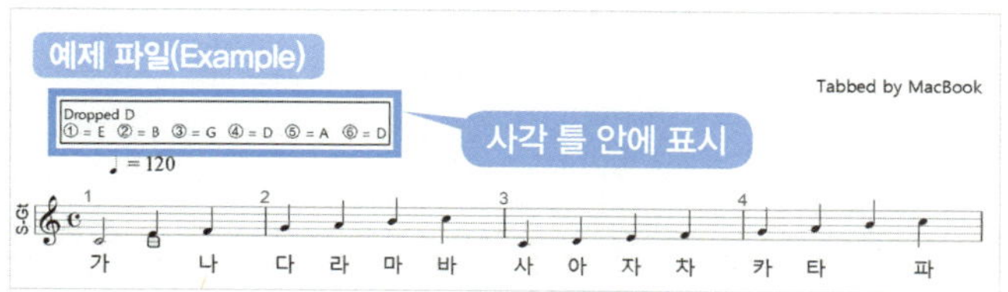

[CHORD DIAGRAM(코드표)] 섹션

코드표의 형태, 표시 위치, 표시 방법 등을 설정합니다.

● **[Notation(음표)]**: 록 스타일Rock Style, 클래식 스타일Classic style, 재즈 스타일Jazz style, 세 가지 기본 설정 옵션을 제공합니다.

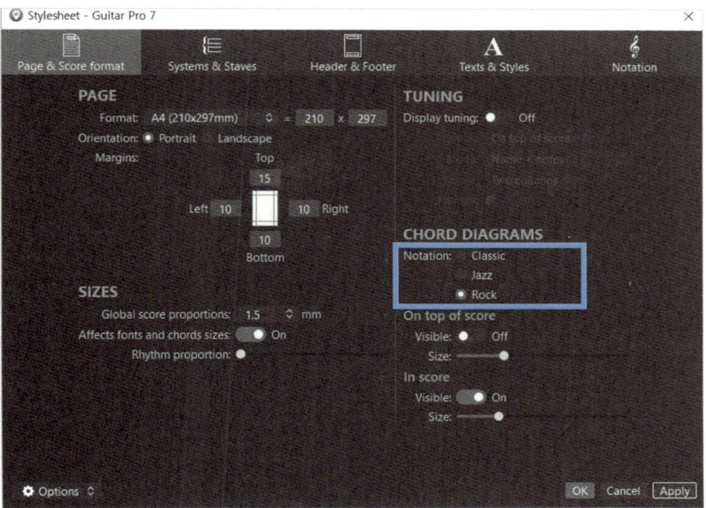

- **[On the top of score(악보 첫머리에)]**: 악보에 사용된 모든 코드의 코드표를 악보의 첫머리에 모아서 보여줍니다.
  - **Visible** 항목을 클릭해 **[On]**으로 설정하면 튜닝 정보가 보이고, **[Off]**로 설정하면 보이지 않습니다.
  - **Size(튜닝 정보 크기)**: 슬라이더를 마우스로 잡고 좌우로 움직이면 코드표의 크기가 바뀝니다.

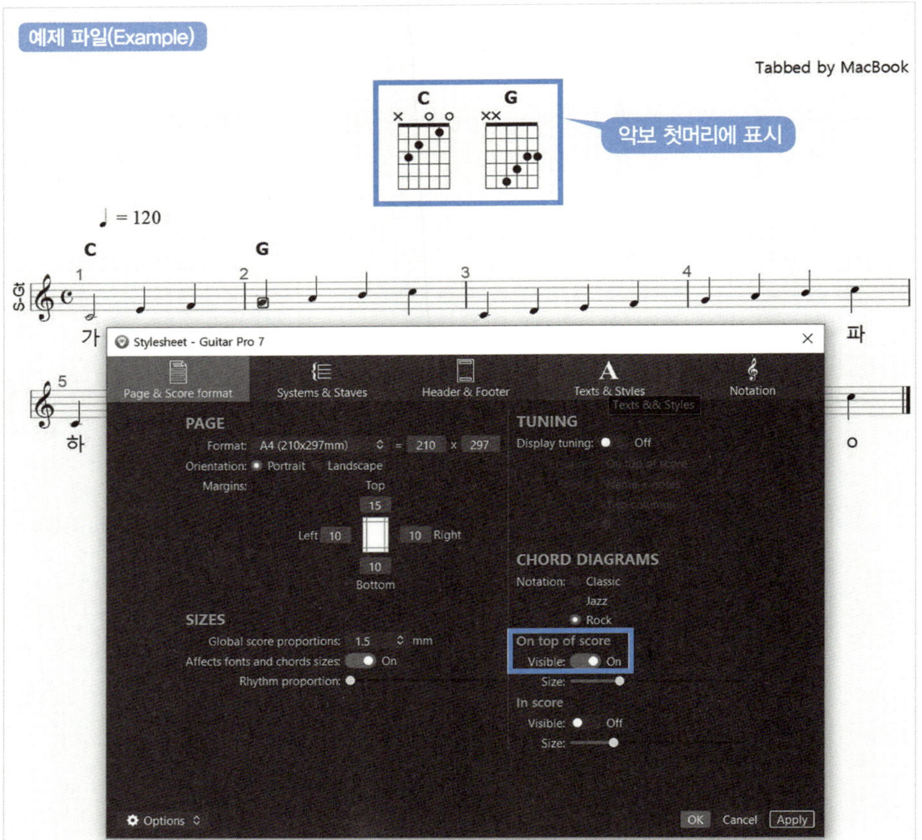

- **[In score(악보 안에)]**: 튜닝 정보를 악보에서 해당 코드가 나오는 위치에 보여줍니다.
  - **Visible** 항목을 클릭해 **[On]**으로 설정하면 튜닝 정보가 보이고, **[Off]**로 설정하면 보이지 않습니다.
  - **Size(튜닝 정보 크기)**: 슬라이더를 마우스로 잡고 좌우로 움직이면 코드표의 크기가 바뀝니다.

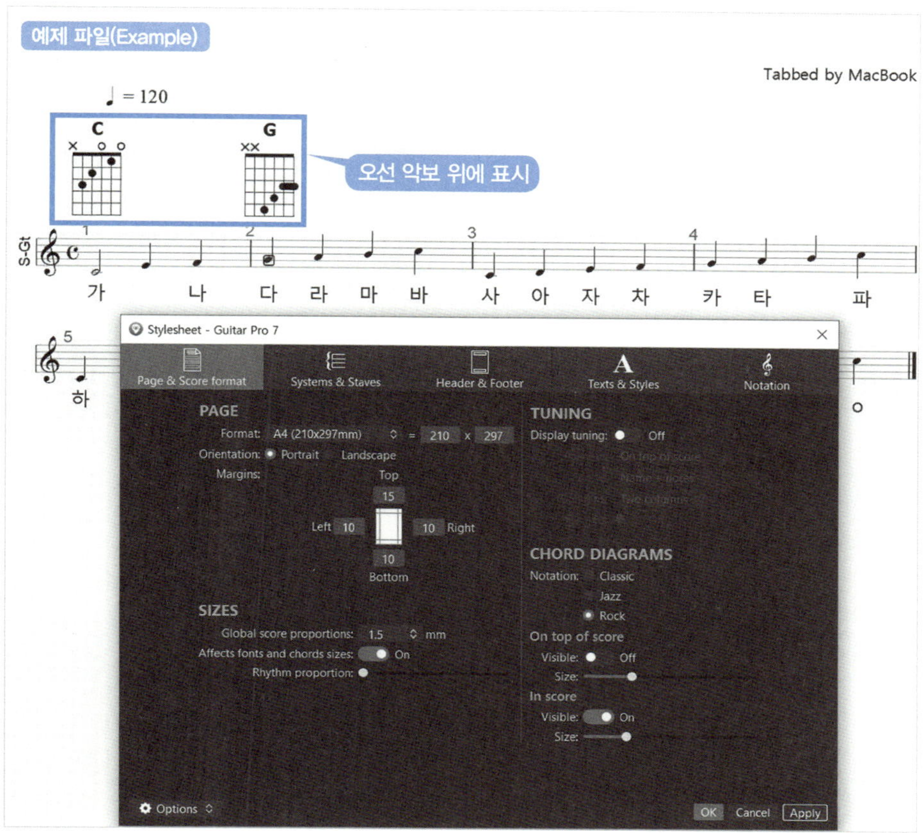

② Systems & Staves(시스템과 오선 악보)

음표의 표시 방법, 트랙 이름, 악보 묶음 브래킷 등을 정의합니다. 기타 프로에서 '시스템'이란 악보의 줄이 바뀌는 단위를 뜻합니다. 싱글 트랙으로 구성된 악보의 경우에는 한 줄이 하나의 시스템이 되고, 멀티 트랙 악보에서는 여러 트랙의 묶음이 하나의 시스템이 됩니다. 각 섹션별로 설명해보겠습니다.

[STAVES] 섹션

악보의 표시 방법을 설정합니다.

- **[First system indentation]**: 악보 첫 줄의 들여쓰기 값을 밀리미터(mm) 단위로 설정합니다.

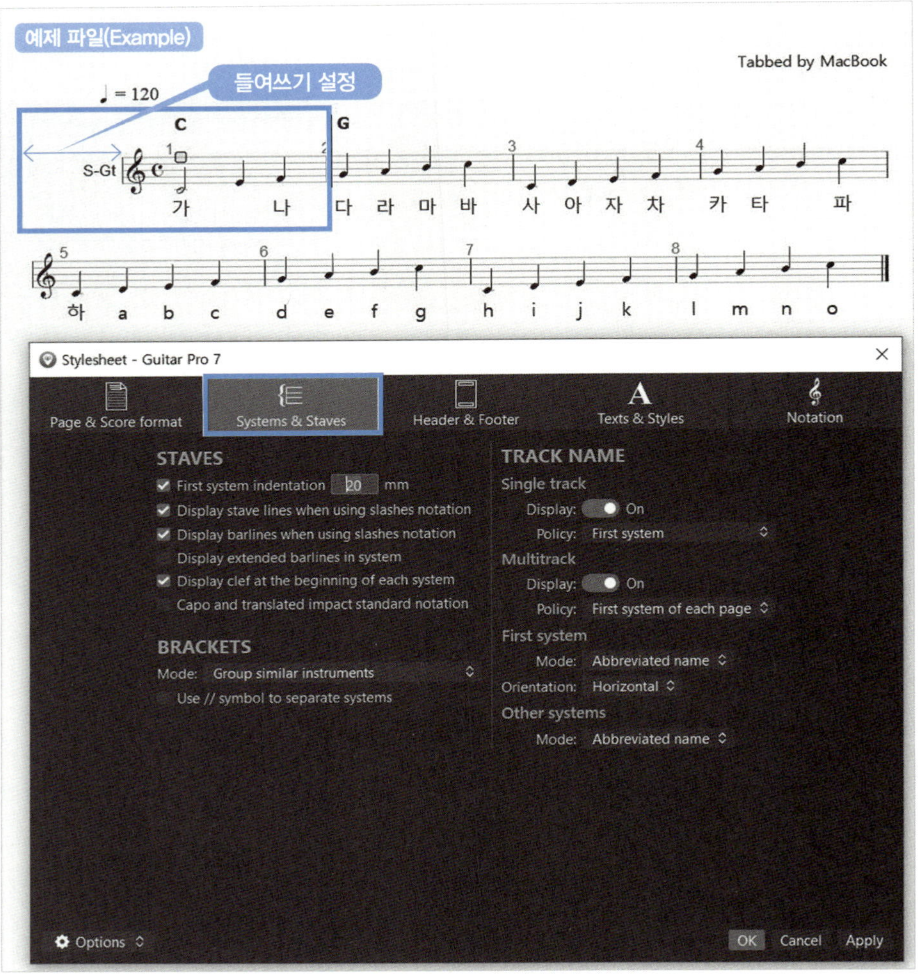

- **[Display stave lines when using slashes notation]**: 이 옵션을 선택하면 슬래시 악보에서 가로 수평선 줄을 표시합니다.

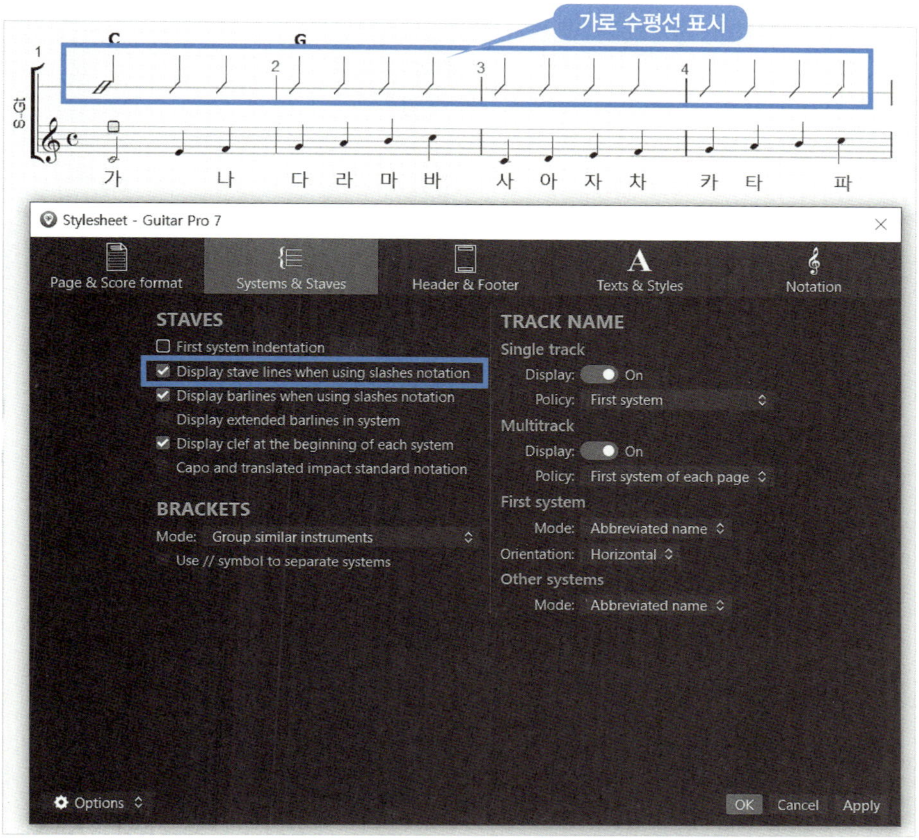

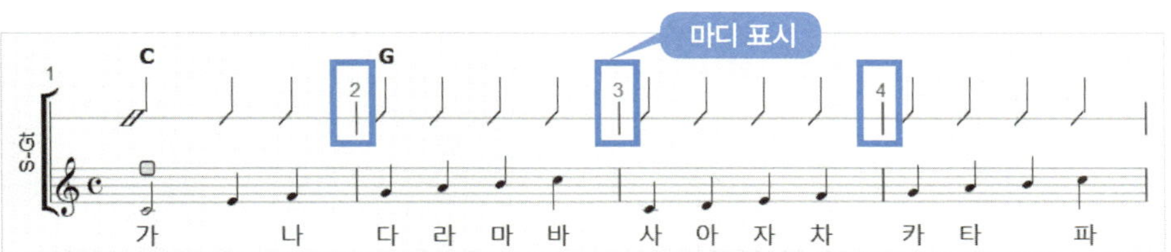

- **[Display bar lines when using slashes notation]**: 이 옵션을 선택하면 슬래시 악보에서 마디 구분 선을 표시합니다.

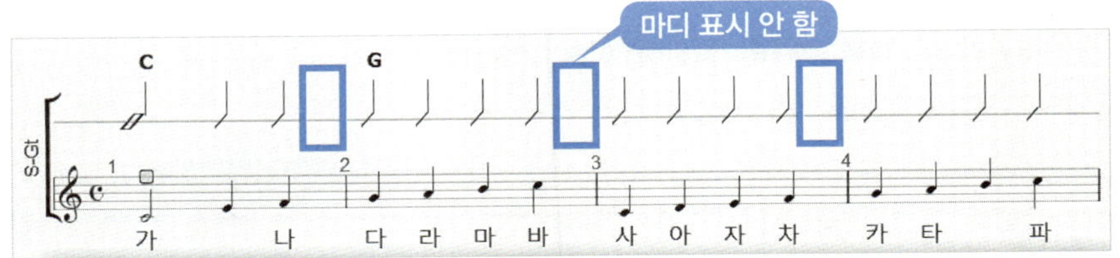

- **[Display extended bar lines in system]**: 이 옵션을 선택하면 슬래시, 오선, 타브 악보 중 두 개 이상을 함께 보거나 악보를 멀티 트랙으로 보는 경우, 마디 구분 선을 연장해 하나로 만들어주기 때문에 마디를 구분하기가 쉬워집니다.

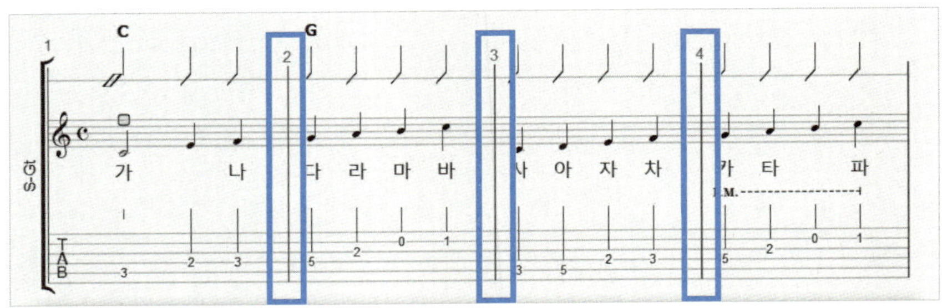

- **[Display clef at the beginning of each system]**: 이 옵션을 선택하면 음자리표를 모든 줄마다 표시하고, 선택을 해제하면 첫 번째 줄에만 표시하고 나머지 줄에는 표시하지 않습니다.

- **[Capo and translated impact standard notation]**: 이 옵션을 선택하면 카포를 사용할 때 악보의 조표와 음들을 그대로 둔 상태에서 재생되는 음만 카포를 체결한 만큼 높여줍니다. 예를 들어 이 옵션을 체크하고 다장조의 '도-레-미' 악보에 2카포를 체결하면 악보는 그대로 있고 재생할 때 카포를 체결한 만큼 음을 높여서 '레-미-파#'으로 재생합니다. 반면에 이 옵션의 선택을 해제하면 카포를 체결했을 때 현재 악보의 음높이가 재생되도록 악보의 조표와 음들을 카포를 체결한 만큼 낮춥니다. 예를 들어 이 옵션을 해제하고 다장조의 '도-레-미' 악보에 2카포를 체결하면 악보를 모두 두 음씩 낮춰서 '시b-도-레'로 재생합니다. 그리고 낮춰진 음만큼 조표도 '다(C)장조'에서 '나(Bb)장조'로 바뀝니다.

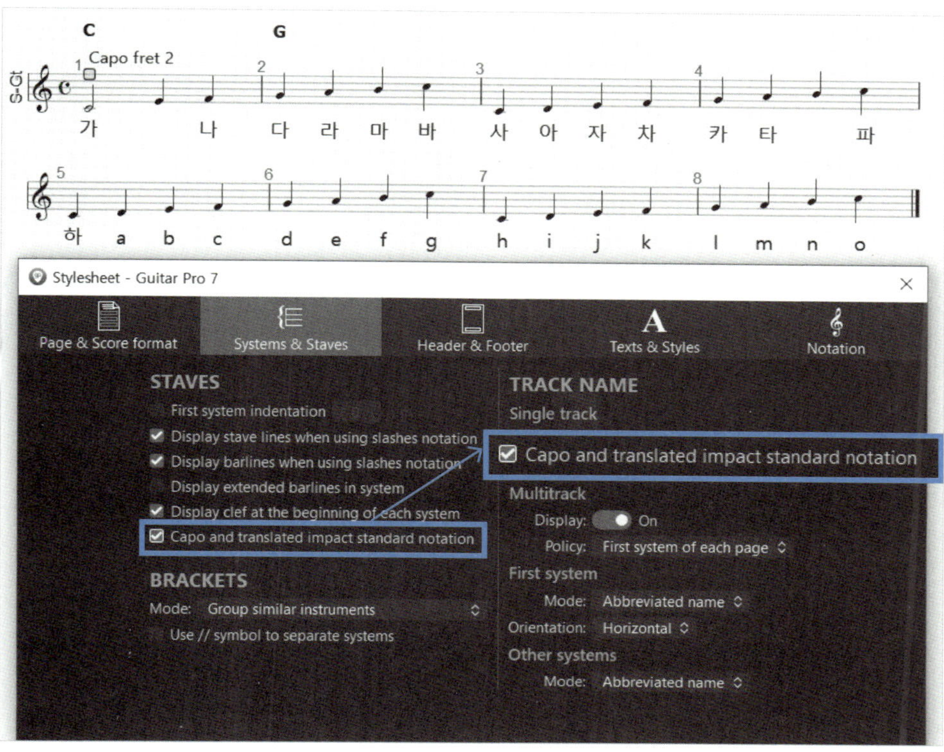

C
G
Capo fret 2
S-Gt
1   2   3   4
가   나 다 라 마 바   사 아 자 차   카 타   파
5   6   7   8
하 a b c   d e f g   h i j k   l m n o

Stylesheet - Guitar Pro 7
Page & Score format   Systems & Staves   Header & Footer   Texts & Styles   Notation
STAVES
First system indentation
Display stave lines when using slashes notation
Display barlines when using slashes notation
Display extended barlines in system
Display clef at the beginning of each system
Capo and translated impact standard notation
BRACKETS
Mode: Group similar instruments
Use // symbol to separate systems
TRACK NAME
Single track
Capo and translated impact standard notation
Multitrack
Display: On
Policy: First system of each page
First system
Mode: Abbreviated name
Orientation: Horizontal
Other systems
Mode: Abbreviated name

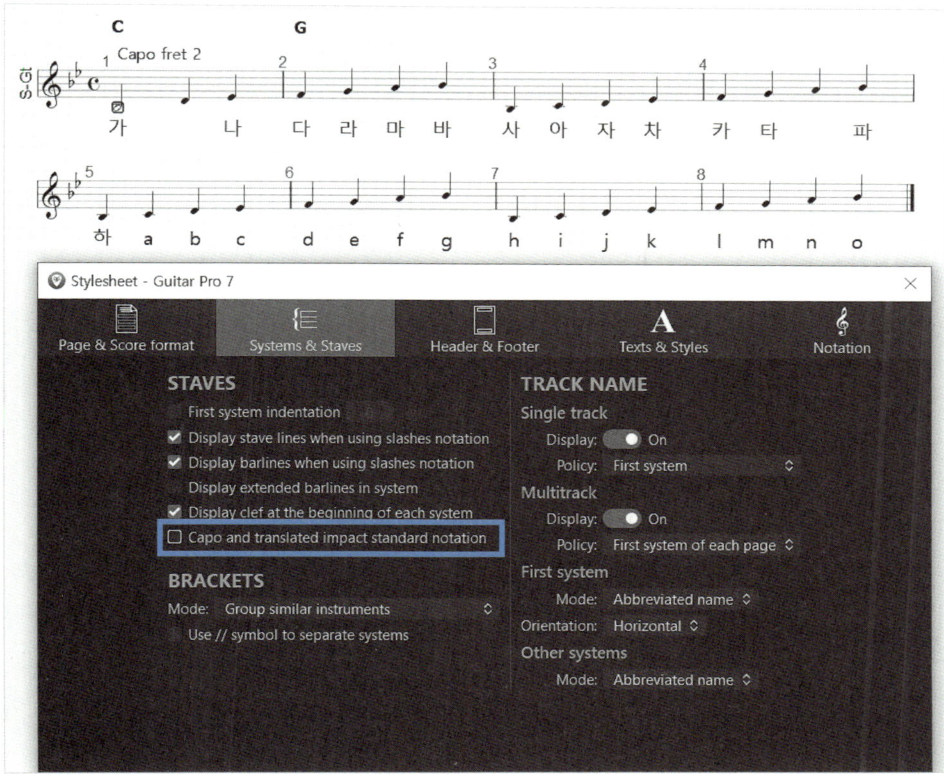

C
G
Capo fret 2
S-Gt
1   2   3   4
가   나 다 라 마 바   사 아 자 차   카 타   파
5   6   7   8
하 a b c   d e f g   h i j k   l m n o

Stylesheet - Guitar Pro 7
Page & Score format   Systems & Staves   Header & Footer   Texts & Styles   Notation
STAVES
First system indentation
Display stave lines when using slashes notation
Display barlines when using slashes notation
Display extended barlines in system
Display clef at the beginning of each system
Capo and translated impact standard notation
BRACKETS
Mode: Group similar instruments
Use // symbol to separate systems
TRACK NAME
Single track
Display: On
Policy: First system
Multitrack
Display: On
Policy: First system of each page
First system
Mode: Abbreviated name
Orientation: Horizontal
Other systems
Mode: Abbreviated name

[BRACKETS] 섹션

악보와 악보, 트랙과 트랙을 묶는 대괄호(브래킷) 사용 방법을 설정합니다.

- **[Mode]**: 브래킷을 묶는 단위를 설정합니다.
  - **Do not draw bracket**: 이 옵션을 선택하면 악보에 브래킷을 표시하지 않고 모든 트랙과 악보들을 독립적으로 표시합니다.

  - **Group tablature and standard notation**: 이 옵션을 선택하면 타브 악보와 오선 악보를 브래킷으로 묶어서 두 악보가 한 세트임을 알려줍니다.

  - **Group similar instrument**: 유사한 악기들끼리 자동으로 브래킷으로 묶어서 보여줍니다. 다음 그림의 경우, 같은 일렉 기타 계열의 악기인 오버드라이브 기타와 디스토션 기타가 브래킷으로 묶여 있습니다. 단, 이 옵션으로 유사한 악기들을 묶으려면 그 트랙들이 서로 인접해 있어야 합니다. 트랙의 위치를 위 혹은 아래로 이동시키려면 작업 창 아래쪽에 있는 사운드보드에서 해당 트랙 이름 위에 오른쪽 마우스를 클

릭하고 [Move (트랙 이름) track up/down]을 선택합니다.

- [Use//symbol to separate the systems]: 이 옵션에 체크를 하면 시스템과 시스템 사이에 [//] 마크가 표시되어 구분하기 쉽게 만들어줍니다.

[TRACK NAME] 섹션

트랙 이름을 표시하는 방법을 설정합니다. 싱글 트랙과 멀티 트랙, 첫 번째 시스템과 나머지 시스템을 각각 구분해 설정할 수 있습니다.

- [Single track] 섹션
  - Display: 이 옵션을 [On]으로 설정하면 트랙 이름이 악보에 나타납니다.
  - Policy
    * First system: 전체 악보 중 첫 번째 시스템에만 트랙 이름을 표시합니다.

* **First system of each page**: 각 페이지의 첫 번째 시스템에 트랙 이름을 표시합니다.
* **[All systems]**: 모든 시스템에 트랙 이름을 표시합니다.

- **[Multi track] 섹션**: 멀티 트랙의 경우에도 싱글 트랙과 같은 방법으로 옵션을 적용할 수 있습니다.
- **[First system] 섹션**: 첫 번째 시스템에 트랙 이름을 표시하는 방법을 설정합니다.
  - **Mode**: Full name(전체 이름), Abbreviated name(줄임말) 중 선택합니다.
    참고로 Full name(전체 이름) 옵션을 선택하더라도 악보상에 충분한 공간이 없으면 트랙 이름의 뒷부분은 잘려서 보이지 않을 수도 있습니다.

- **Orientation**: Horizontal(가로쓰기), Vertical(세로쓰기) 방향을 설정합니다. 트랙 이름이 긴 경우에 세로쓰기를 사용하면 악보 면적을 더 넓게 사용할 수 있습니다. 참고로 가로쓰기 모드를 선택하더라도 악보 앞에 충분한 공간이 없으면 세로쓰기로 표시됩니다. 악보 앞에 공간을 만들려면 [Stylesheet] ▶ [System & Staves] 탭 ▶ [STAVE] 섹션 ▶ [First system indentation] 항목에 체크하고 여백을 설정합니다.

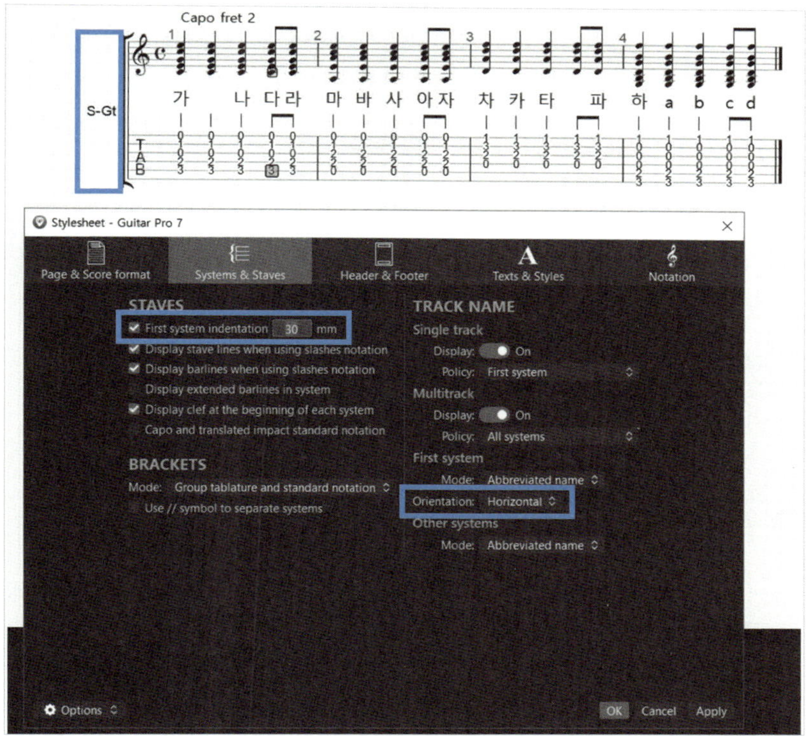

- **[Other systems]**: 첫 번째 시스템을 제외한 나머지 시스템에 트랙 이름을 표시하는 방법을 설정합니다.
  - **Mode**: Full name(전체 이름), Abbreviated name(줄임말) 중 선택합니다.
  - **Orientation**: Horizontal(가로쓰기), Vertical(세로쓰기) 방향을 설정합니다.

③ Header & Footer(머리글과 바닥글)

머리글, 바닥글에 표시할 항목, 글꼴과 글꼴 사이즈 등을 설정합니다. 여러 페이지로 구성된 악보의 경우에는 첫 페이지(First page)와 나머지 페이지(Other pages)의 표시를 다르게 설정할 수 있습니다. 두 개의 '%' 기호 사이에 들어 있는 항목은 **[Song Inspector]** 창에서 입력한 내용을 그대로 가져와서 표시합니다. 따라서 **[Song Inspector]** 창에 해당 내용을 입력하지 않고 빈 칸으로 남겨두면 여기서 체크를 해도 악보에 나타나지 않습니다. **[Word by %WORDS%]**에서 첫 번째 '%' 기호 앞에 있는 텍스트를 영어인 'Word by' 대신 '작사:'라고 우리말로 바꿀 수도 있습니다.

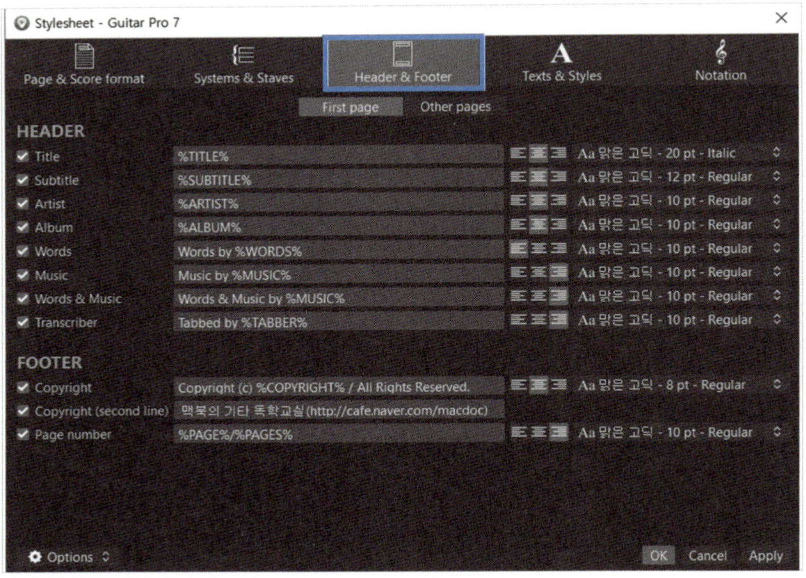

[First page] 탭에 있는 [HEADER] 섹션

악보의 위에 표시될 머리글 내용들을 설정합니다.

- [Title]: 제목을 표시할 서식, 줄맞춤, 글꼴의 종류와 크기 등
- [Sub title]: 제목 밑에 표시할 부제목
- [Artist]: 가수/연주자 이름
- [Album]: 곡이 수록된 앨범 이름
- [Words]: 작사자 이름
- [Music]: 작곡자 이름
- [Words & Music]: 작사자와 작곡자가 같은 사람일 경우에 사용
- [Transcriber]: 악보를 만든 채보자 이름

[First page] 탭의 [FOOTER] 섹션

악보의 아래 부분에 표시될 바닥글 내용들을 설정합니다.

- [Copyright]: 저작권 내용을 표시
- [Copyright(Second line)]: 저작권 표시를 두 줄로 할 경우, 둘째 줄에 기입할 내용
- [Page number]: 쪽 번호를 표시할 서식

[Other pages] 탭의 [DEFAULT] 섹션

악보의 위에 표시될 내용들을 설정합니다.

- [Header]: 악보의 위에 표시될 내용
- [Copyright]: 저작권 내용을 표시
- [Copyright(Second line)]: 저작권 표시를 두 줄로 할 경우, 둘째 줄에 기입할 내용
- [Footer]: 악보의 아래에 표시될 내용

[Other pages] 탭에 있는 [EVEN PAGES] 섹션

두 쪽 보기 모드로 악보를 펼쳤을 때 오른쪽에 있는 짝수 페이지에 표시될 내용들을 설정합니다. 이 옵션을 사용하면 두 쪽을 한 화면에 볼 때 양쪽 페이지의 머리글이나 바닥글을 서로 다르게 표시할 수도 있습니다.

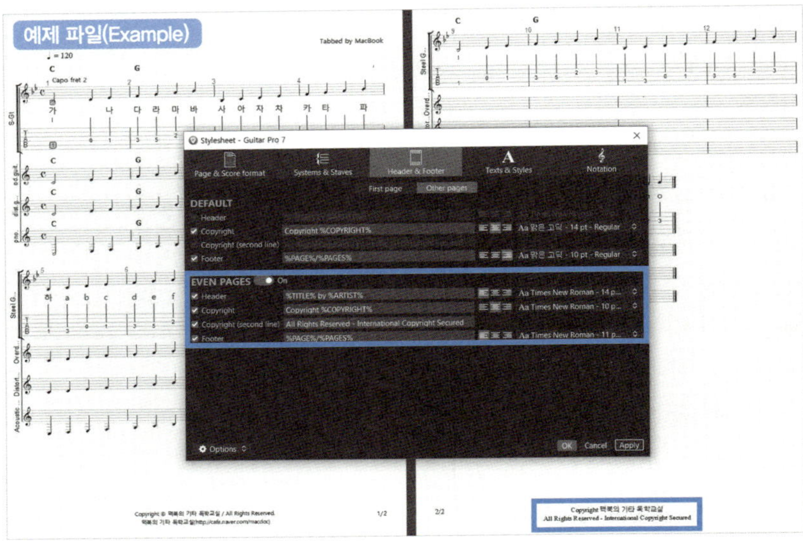

- **[ON/OFF 버튼]**: 두 쪽 보기 모드로 볼 경우, 오른쪽에 있는 짝수 페이지에 머리글과 바닥글을 표시할지 여부를 설정합니다. 홀수 페이지에 이런 정보들이 이미 표시되어 있다면 짝수 페이지에 굳이 반복해 적을 필요가 없을 수도 있습니다. 혹은 오른쪽과 왼쪽을 다른 내용으로 표시할 수도 있습니다. 이 옵션을 **[Off]**로 설정하면 아래에 있는 옵션들은 활성화되지 않습니다.
- **[Copyright]**: 저작권 내용을 표시
- **[Copyright(Second line)]**: 저작권 표시를 두 줄로 할 경우, 둘째 줄에 기입할 내용
- **[Footer]**: 악보의 아래에 표시될 내용

④ Texts & Styles(텍스트와 스타일)

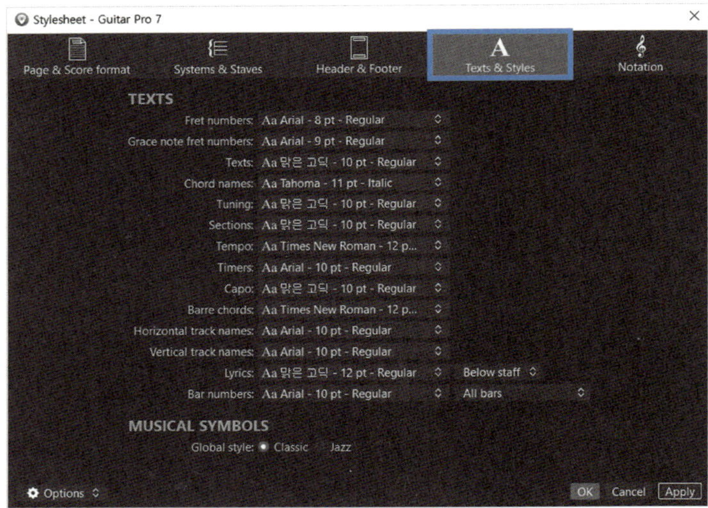

악보에 주석을 달거나 코멘트를 하는 각종 표기 사항에 대한 글꼴 서식과 스타일을 결정합니다.

[TEXTS] 섹션

여러 가지 표기 사항의 글꼴 서식을 결정합니다.

- **[Fret number]**: 타브 악보에서 프렛 위치를 표시하는 숫자의 글꼴
- **[Grace note fret number]**: 타브 악보에서 그레이스 노트의 프렛 위치를 표시하는 숫자의 글꼴
- **[Texts]**: 악보에 주석을 다는 텍스트의 글꼴
- **[Chord names]**: 코드 이름을 표시하는 글꼴
- **[Tuning]**: 튜닝을 표시하는 글꼴
- **[Section]**: 섹션을 표시하는 글꼴
- **[Tempo]**: 곡의 빠르기를 표시하는 글꼴
- **[Timer]**: 악보에서 특정 마디의 경과 시각을 표시하는 글꼴
- **[Capo]**: 카포의 설정에 대해 표시하는 글꼴
- **Barre chords**: 바레 코드에 대해 표시하는 글꼴
- **[Horizontal track names]**: 가로쓰기 트랙 이름을 표시하는 글꼴
- **[Vertical track names]**: 세로쓰기 트랙 이름을 표시하는 글꼴
- **[Lyrics]**: 노래의 가사를 표시하는 글꼴
    - **Above staff**: 가사를 악보의 음표 위에 표시합니다.
    - **Below staff**: 가사를 악보의 음표 아래에 표시합니다.
    - **Hide**: 가사를 악보상에서 숨깁니다.

- **[Bar numbers]**: 마디 번호를 표시하는 글꼴을 설정합니다.
    - **All bars**: 모든 마디에 마디 번호 표시

- **First bar of each staff**: 각 줄의 첫 마디에만 표시
- **Hide**: 마디 번호 숨기기

[MUSICAL SYMBOLS] 섹션

전반적인 악보 스타일을 설정합니다.

- [Global style]: 전반적인 악보 스타일을 설정합니다.
  - **Classic**: 클래식 스타일
  - **Jazz**: 재즈 스타일

⑤ 악보 표기(Notation)

리듬 기호, 음악 기호, 왼손/오른손 핑거링 등을 어떻게 표시할지 설정합니다.

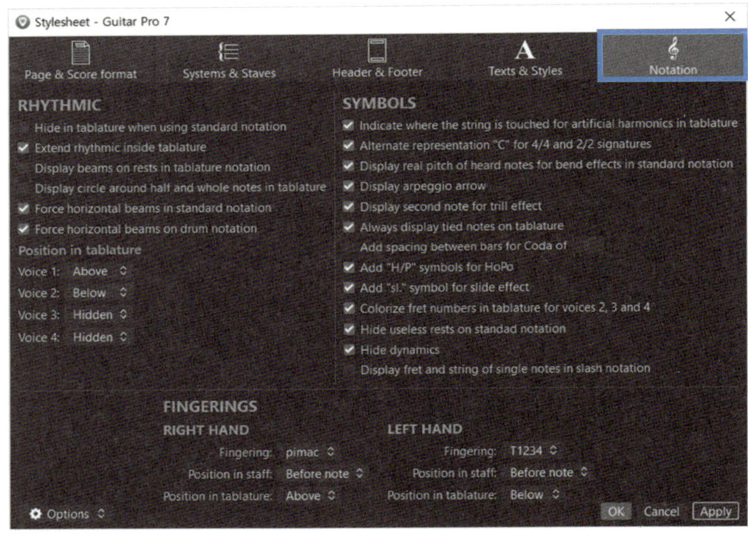

[Rhythmics]에서는 악보에서 박자 길이를 표시하는 방법을 설정합니다.

- [Hide in tablature when using standard notation]: 오선 악보를 사용할 때 타브 숫자 위에 음표 길이를 나타내는 세로막대 표시 여부를 설정합니다.
  - **체크**: 세로막대 표시 안 함
  - **체크 해제**: 세로막대 표시함

- **[Extended rhythmic inside tablature]**: 타브 악보에서 세로막대를 연장해 프렛 숫자를 연결할지 여부를 설정합니다(단, Hide in tablature when using standard notation 옵션을 체크 해제해 세로막대를 표시할 때만 작동합니다).
  - **체크**: 박자 길이를 나타내는 세로막대를 연장해 타브의 숫자와 연결
  - **체크 해제**: 박자 길이를 나타내는 세로막대를 연장하지 않고 타브의 숫자와 떨어뜨려서 표시

- **[Display beam on rest in tablature notation]**: 타브 악보에서 쉼표 위에 박자 길이를 나타내는 세로막대 표시 여부를 설정합니다.

- **체크**: 쉼표 위에 박자 길이를 나타내는 세로막대를 표시함
- **체크 해제**: 쉼표 위에 박자 길이를 나타내는 세로막대를 표시 안 함

- **[Display circle around half and whole notes in tablature]**: 타브 악보에서 2분 음표와 온음표에 해당하는 타브 숫자 위에 동그라미를 표시해 연주자에게 박자에 대한 주의를 전달할지 여부를 설정합니다.
  - **체크**: 2분 음표와 온음표 위치 숫자에 동그라미 표시함
  - **체크 해제**: 2분 음표와 온음표 위치 숫자에 동그라미 표시 안 함

- [Force horizontal beams in standard notation]: 오선 악보에서 음높이가 다른 음표들을 묶는 연결막대(Beam)를 음높이에 상관없이 모두 수평으로 표시할지 여부를 설정합니다.
  - **체크**: 음높이가 다른 음표들의 연결막대를 모두 수평으로 표시
  - **체크 해제**: 음높이가 다른 음표들의 연결막대를 음높이에 따라 사선으로 표시

- [Force horizontal beams on drum notation]: 드럼 악보에서 표시 높이가 다른 악기들을 묶는 연결막대(Beam)를 높이에 상관없이 모두 수평으로 표시할지 여부를 설정합니다.
  - **체크**: 표시 높이가 다른 악기들의 연결막대를 모두 수평으로 표시
  - **체크 해제**: 표시 높이가 다른 악기들의 연결막대를 높이에 따라 사선으로 표시

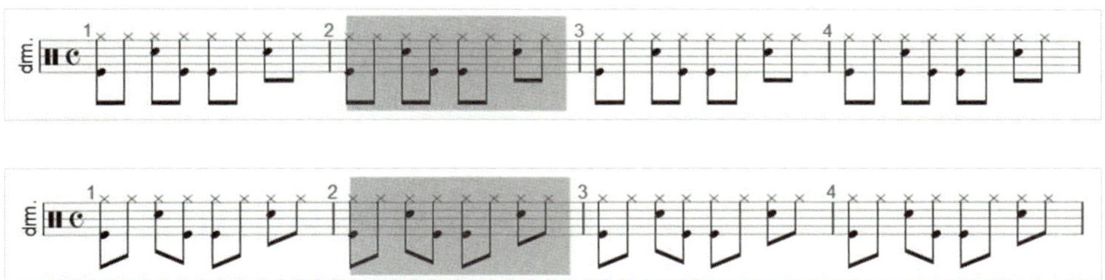

〈Position in tablature〉

- [Voice 1(2, 3, 4)]: 멀티보이스를 사용한 경우, 타브 악보에서 각 보이스별로 박자 길이를 나타내는 세로막대의 방향을 설정합니다.
  - **Above**: 프렛 숫자의 위쪽으로 세로막대 표시

- **Below**: 프렛 숫자의 아래쪽으로 세로막대 표시
- **Hide**: 세로막대 숨기기

[SYMBOLS] 섹션

여러 가지 음악 기호들의 표시 방법을 설정합니다.

- **[Indicate where the string is touched for artificial harmonics in tablature]**: 인공 하모닉스를 연주할 때 오른손으로 어느 프렛을 건드려야 하는지 표시합니다.

- **[Alternate representation "C" for 4/4 and 2/2 signatures]**: 4/4박자, 2/2박자를 "C"로 표시합니다.

- **[Display real pitch of heard notes for bend effects in standard notation]**: 오선 악보에서 벤딩했을 때 실제 들리는 음을 표시합니다.

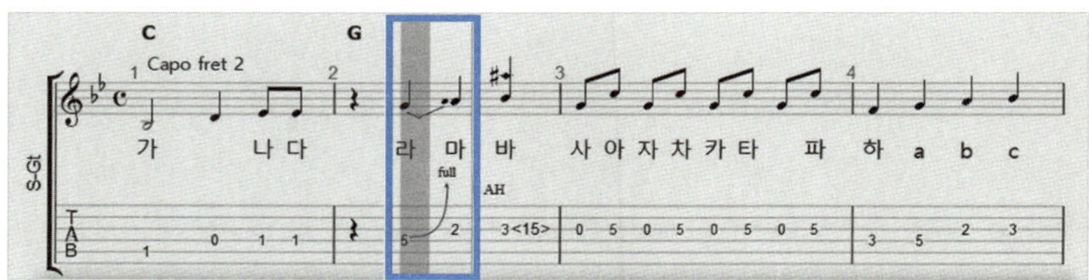

- **[Display arpeggio arrow]**: 아르페지오 방향을 표시합니다.

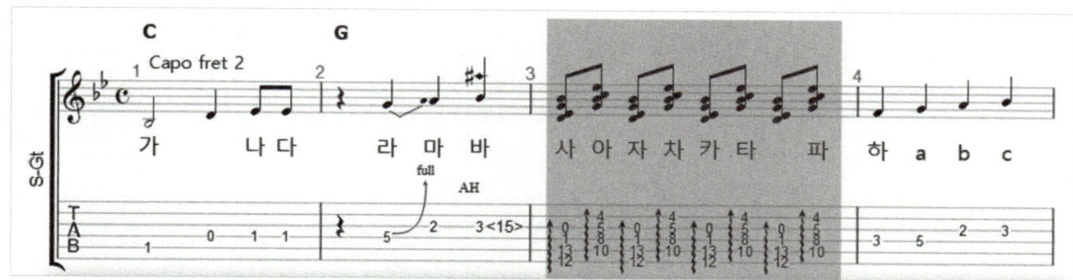

- **[Display second note for trill effect]**: 트릴 주법에서 두 번째 음을 표시합니다.

- **[Always display tied notes on tablature]**: 타브 악보에서 붙임줄로 연결된 음표의 표시 방법을 설정합니다.
  - **체크**: 붙임줄로 연결된 음표를 표시하되 숫자들을 괄호 안에 표시함
  - **체크 해제**: 붙임줄로 연결된 음표의 숫자들은 아예 타브에 표시하지 않음

- **[Add spacing between bars for Coda of ( ) mm]**: 악보에 코다(반복기호의 일종)를 넣을 때 코다가 적용되는 마디를 이전 마디와 얼마만큼 간격을 두고 떼어서 표시할지 mm 단위로 설정합니다(값이 커질수록 간격이 넓어집니다).

- **[Add "H/P" symbols for HoPo]**: 해머링 온은 'H', 풀링 오프는 'P'로 표시합니다.

- **[Add "sl." symbol for slide effect]**: 슬라이드 효과를 'sl.'로 표시합니다.

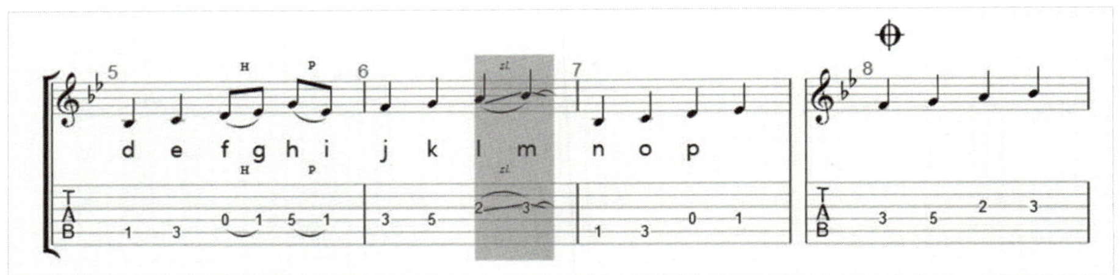

- **[Colorize fret numbers in tablature for voices 2, 3 and 4]**: 멀티보이스가 있는 경우, 타브 악보에서 2, 3, 4번 보이스의 프렛 번호를 각각 다른 색깔로 구분해 표시합니다.

- **[Hide useless rests on standard notation]**: 멀티보이스 악보의 경우, 비어 있는 마디들을 굳이 쉼표로 채우지 않아도 오류로 표시되지 않도록 쉼표들을 감추는 설정을 합니다.

- **[Hide dynamics]**: 피아노, 포르테 등의 셈여림표 감추기를 설정합니다.

- **[Display fret and string of single notes in slash notation]**: 슬래시 악보에서 연주해야 할 줄 번호와 프렛 번호를 표시합니다.

[FINGERING] 섹션

〈RIGHT HAND〉

- **[Fingering]**: 메뉴 그룹에서 **[Note]** ▶ **[Left(Right) hand fingering]**을 클릭하면 나타나는 오른손 핑거링 설정 창에서 오른손 손가락의 기호를 어떤 형식으로 표시할지 설정합니다.

  - pimac
  - pimax
  - pimae
  - timao

- **[Position in staff]**: 오선 악보에 오른손, 왼손의 핑거링에 사용하는 손가락 번호나 기호를 표시할 때 어느 위치에 표시할지 설정합니다.

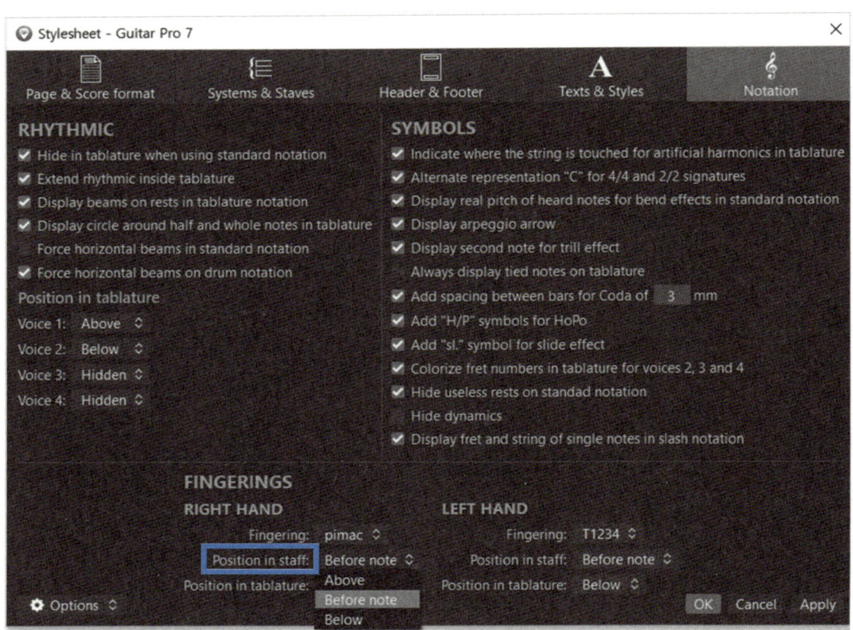

- **Above**: 음표 위에 표시
- **Before note**: 음표 앞에 표시
- **Below**: 음표 아래에 표시

- **[Position in tablature]**: 타브 악보에 오른손, 왼손의 핑거링에 사용하는 손가락 번호나 기호를 표시할 때 어느 위치에 표시할지 설정합니다(오선 악보와 타브 악보를 함께 띄울 때에는 오선 악보에만 표시가 되고, 타브 악보만 띄울 때에만 타브 악보에 손가락 번호가 표시됩니다).

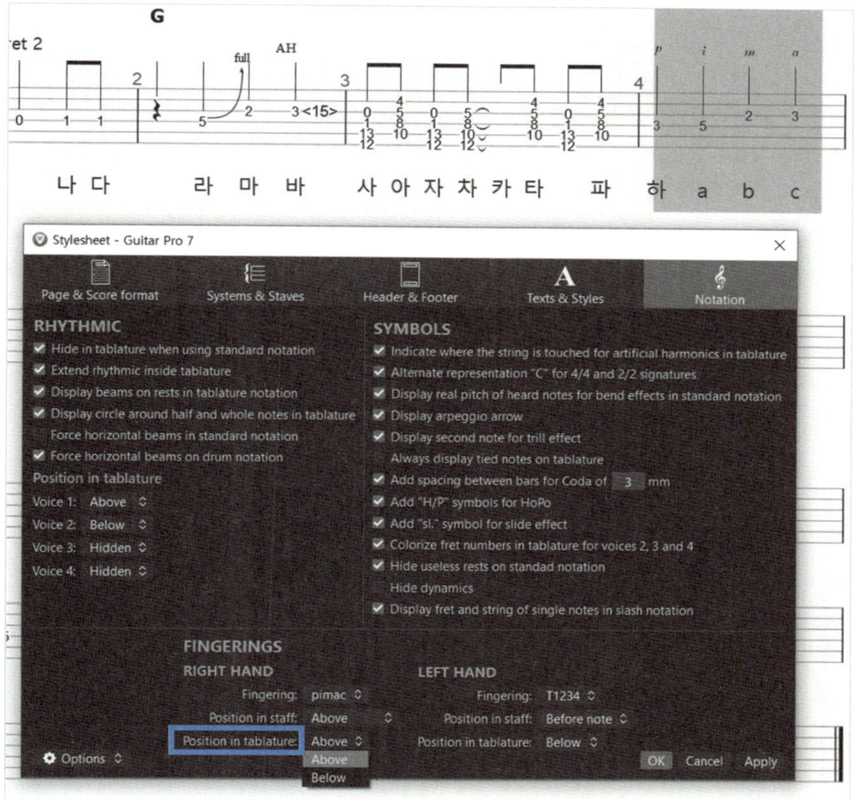

- **Above**: 음표 위에 표시
- **Before note**: 음표 앞에 표시
- **Below**: 음표 아래에 표시

〈LEFT HAND〉

- **[Fingering]**: 메뉴 그룹에서 [Note] ▶ [Left(Right) hand fingering]을 클릭하면 나타나는 왼손 핑거링 설정 창에서 왼손 손가락의 기호를 어떤 형식으로 표시할지 설정합니다.

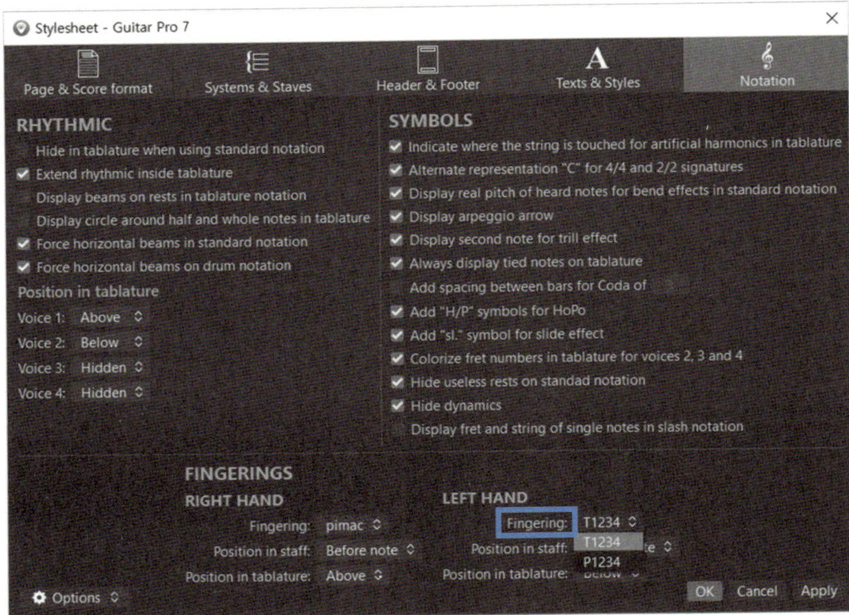

- **T1234**

- **P1234**

● **[Position in staff]**: 오선 악보에 왼손 핑거링에 사용하는 손가락 번호나 기호를 어느 위치에 표시할지 설정합니다.

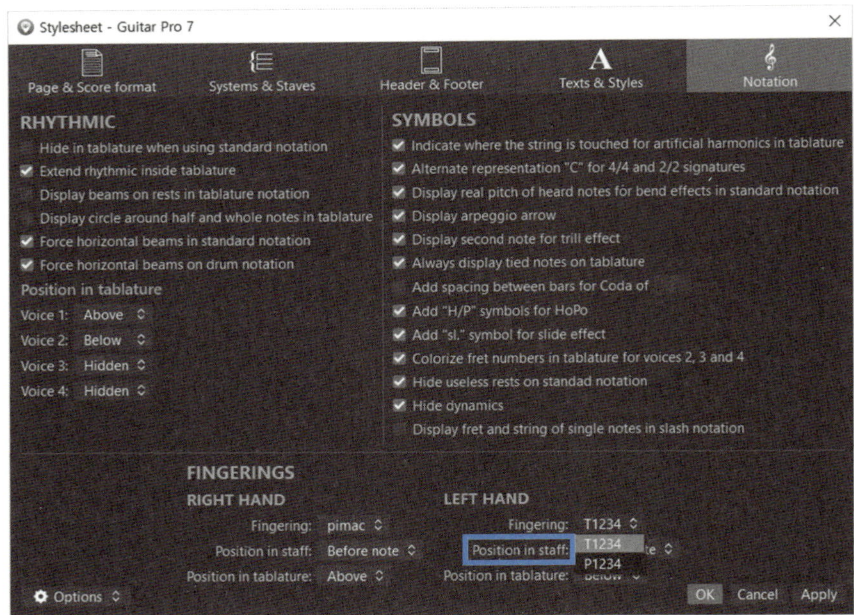

- **Above**: 음표 위에 표시
- **Before note**: 음표 앞에 표시
- **Below**: 음표 아래에 표시

● **[Position in tablature]**: 타브 악보에 왼손의 핑거링에 사용하는 손가락 번호나 기호를 어느 위치에 표시할지 설정합니다.

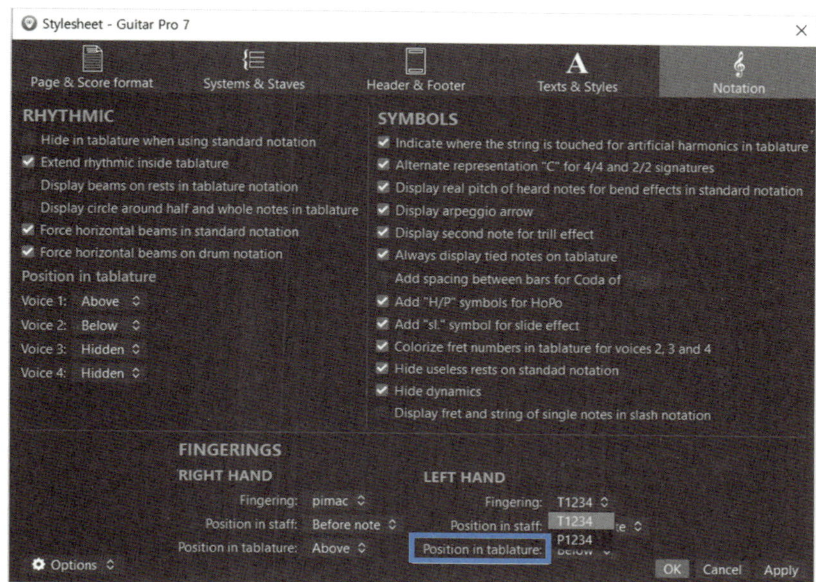

- **Above**: 음표 위에 표시
- **Before note**: 음표 앞에 표시
- **Below**: 음표 아래에 표시

음표 관련 마법사 도구 사용하기

기타 프로에는 악보 작업을 더 빠르게 할 수 있도록 도와주는 여러 가지 마법사 도구들이 있습니다. 마법사 도구들은 메뉴 그룹의 [Tools] 그룹 안에 들어 있습니다. 먼저 음표에 특별한 연주 효과를 적용하는 관련 마법사에 대해 알아봅니다. 작곡을 하거나, 트랙을 임포트한 후, 오선 기보에서 음표를 입력할 때, 태블러처 악보 등에서 마디나 운지 등을 최적의 상태로 정렬할 때 마법사 기능을 사용합니다. 마법사 도구를 활용하면 악보 입력 시간을 많이 절약할 수 있습니다.

1 음표 관련 마법사 도구

① 렛 링 설정하기

[Let Ring]은 영어로 '계속 울리게 하다'라는 뜻입니다. 특히 아르페지오 등의 연주 시 탄현 다음, 여음(서스테인)이 계속 울리도록 만드는 것을 말합니다. 이 옵션을 통해 탄현한 음들이 음표의 실제 길이보다 길게 계속 울리면서 소리가 이어지도록 만들 수 있습니다. [Let Ring]을 설정하려면 메뉴 그룹에서 [Tools] 탭을 클릭하고, 다시 [Let Ring Options]을 클릭합니다. [Let Ring Options] 설정 창이 뜨면 여기서 설정합니다.

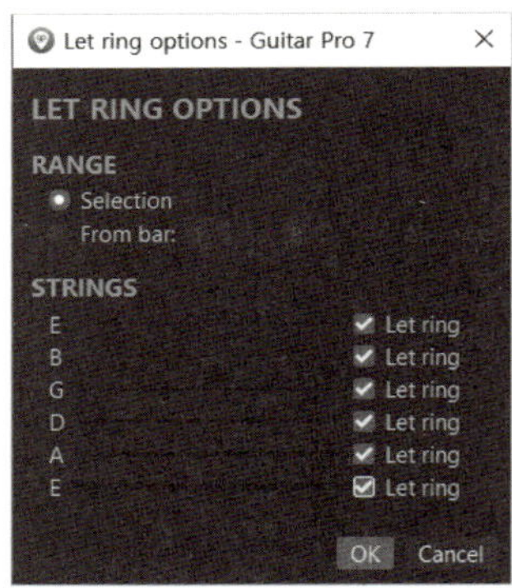

[RANGE 섹션]

옵션을 적용할 범위를 설정합니다.

- [Selection]: 선택한 음표에만 렛 링 옵션을 적용합니다.
- [From bar to bar]: 선택한 시작 마디와 끝 마디 구간에 렛 링 옵션을 적용합니다.
- [All voices]
  - **체크**: 멀티보이스 악보에서 전체 보이스에 렛 링 옵션을 적용합니다.
  - **체크 해제**: 현재 활성화된 보이스에만 렛 링 옵션을 적용합니다.

[STRINGS 섹션]

- 렛 링 옵션을 적용할 줄과 적용하지 않을 줄을 선택합니다. 줄 번호는 위로부터 1, 2, 3, 4, 5, 6번 줄 순서입니다.
  - **Unchanged**: 현재 상태를 변화시키지 않고 그대로 둡니다.
  - **Let ring**: 렛 링 옵션을 적용합니다.
  - **No Let ring**: 렛 링 옵션을 해제합니다. 예를 들어 3마디에서 4마디 구간에서 1, 2, 3, 4번 줄에 있는 모든 음표들에 렛 링 옵션을 적용하고 싶다면 렛 링 설정 창에서 원하는 시작 마디와 끝 마디를 설정하고, 1, 2, 3, 4번 줄의 [Unchanged] 글씨 앞에 있는 (-) 표시를 클릭합니다. [Unchanged] 글씨가 [Let ring]으로 바뀌고 1에서 4번 줄까지만 [Let ring] 옵션이 적용됩니다.

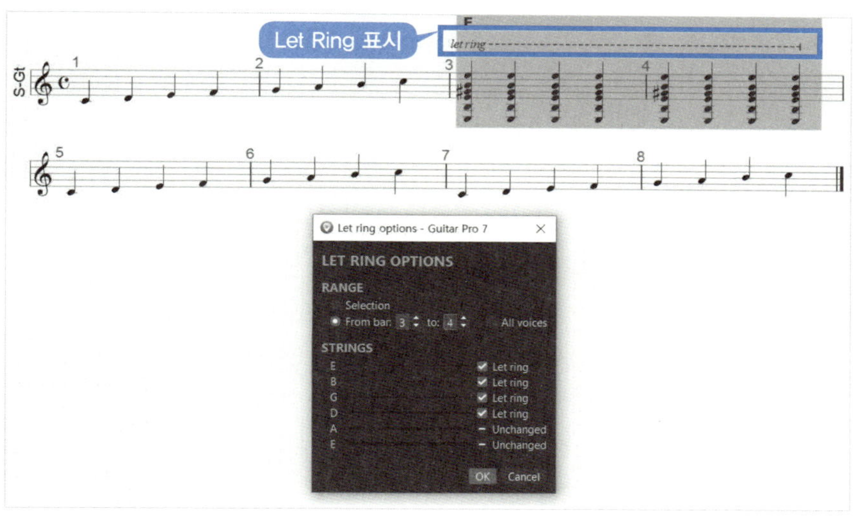

[Let Ring] 옵션을 적용하고 나면 악보에 [Let Ring]이라고 표시가 되고, [Let Ring] 옵션이 적용되는 구간의 음표들(구간) 위에 점선이 표시됩니다.

스트링 전체에 렛 링 옵션을 적용하려면 적용할 범위를 마우스로 드래그해 선택한 다음, [편집 팔레트]에 있는 [Let ring] 아이콘을 클릭해도 됩니다.

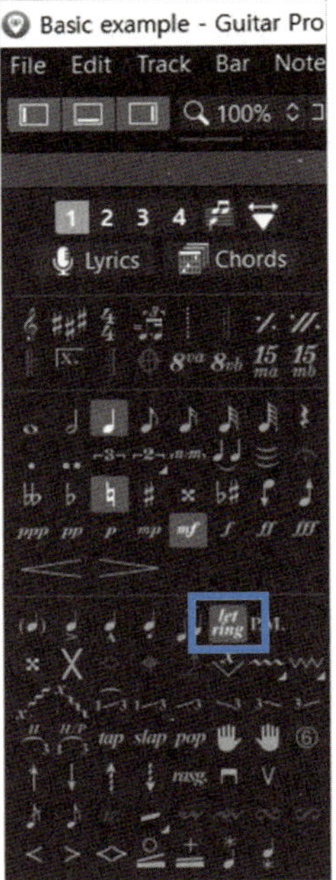

② 팜 뮤트 설정하기

팜 뮤트Palm Mute란 탄현한 음의 소리를 팜(Palm=손바닥)으로 반 정도 뮤트시켜서 음높이는 들리지만 여음(서스테인)이 없도록 연주하는 효과를 말합니다. 실제 연주에서는 기타 브리지 부근에 오른손의 손날 부분을 가볍게 대서 여섯 줄을 모두 막은 상태로 연주합니다.

[Palm Mute]를 설정하려면 메뉴 그룹에서 [Tools] 탭을 클릭하고, 다시 [Palm Mute Options]을 클릭합니다. [Palm Mute Options] 설정 창이 뜨면 설정합니다. 설정 창의 값을 정하는 방법은 [Let Ring] 옵션의 설정 방법과 같습니다.

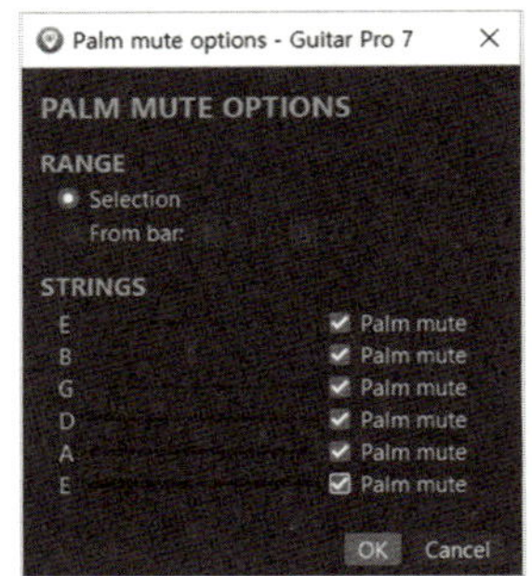

[RANGE 섹션]

옵션을 적용할 범위를 설정합니다.

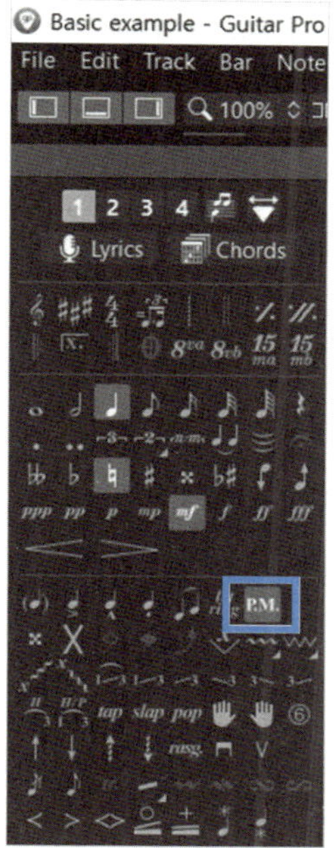

- **[Selection]**: 마우스로 드래그해 선택한 범위에만 팜 뮤트 옵션이 적용됩니다. 한 마디 안의 일부 음표 혹은 마디 중간부터 혹은 마디 중간까지만 팜 뮤트를 적용할 때 사용합니다.
- **[From bar to bar]**: 옵션을 적용할 시작 마디와 끝 마디를 선택합니다. 마디 단위로 팜 뮤트를 적용할 때 사용합니다.
- **[All voices]**: 여기에 체크를 하면 멀티보이스 악보에서 전체 보이스에 적용합니다. 체크를 하지 않으면 활성화된 보이스에만 옵션이 적용됩니다.

 참고

> 스트링 전체에 팜 뮤트 옵션을 적용하려면 적용할 범위를 마우스로 드래그해 선택한 다음, [편집 팔레트]에 있는 [Palm mute] 아이콘을 클릭해도 됩니다.

[STRINGS 섹션]

옵션을 적용할 스트링을 선택하고, 각 줄별로 옵션을 설정합니다. **[Palm Mute]** 옵션을 적용하고 나면 타브 악보에 **[P.M]**이라고 표시됩니다.

 참고

> 렛 링과 달리 팜 뮤트 옵션은 오선 악보에서는 표시되지 않습니다.

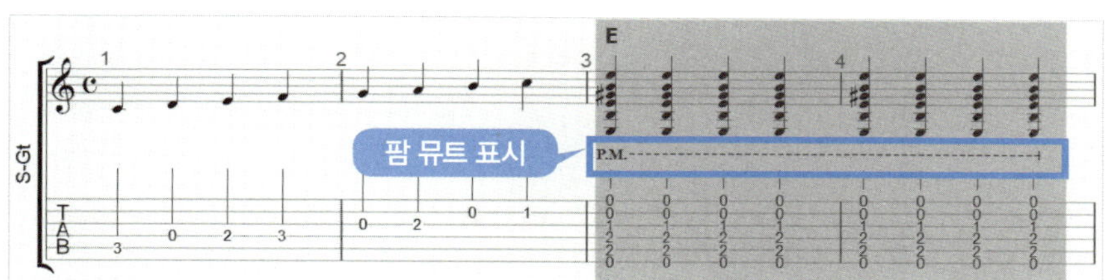

예를 들어 3마디에서 4마디 구간에서 4~6번 줄에만 **[Palm Mute]** 옵션을 적용하고 싶다면 **[Palm Mute]** 설정 창에서 적용할 구간을 마우스로 드래그해 선택하고, D, A, E 스트링의 **[Unchanged]** 글씨 앞에 있는 (−) 표시를 클릭합니다. **[Unchanged]** 글씨가 **[Palm Mute]**로 바뀌고 해당 줄에 **[Palm Mute]** 옵션이 적용됩니다.

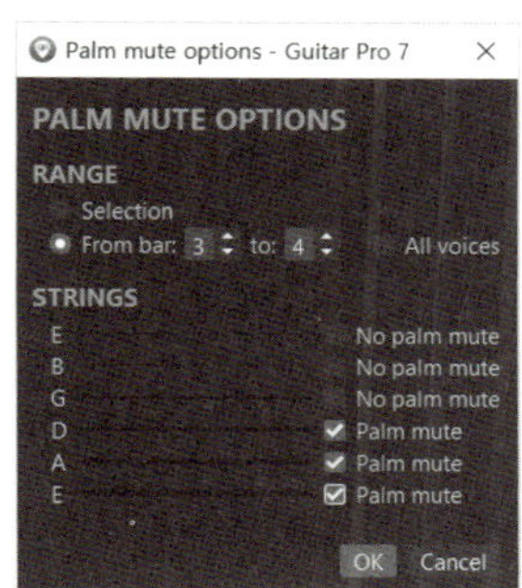

마디 구성 관련 마법사 도구

기타 프로는 설정된 박자에 따라서 자동적으로 마디를 인식하고 마디 구분 선을 관리합니다. 예를 들어 4/4박자의 악보에서 음표를 입력하면서 입력 커서를 오른쪽으로 이동시키면 한 마디의 완성에 필요한 4분 음표 4개 길이만큼의 박자가 모두 채워지기 전까지는 새로운 박자를 입력할 빈 칸을 만들고 입력을 기다립니다. 한편 한 마디 안에 필요한 4분 음표 4개 길이만큼의 박자가 모두 채워졌다면 입력 편집 커서를 오른쪽으로 움직일 때 기타 프로는 현재 마디를 마무리하는 마디 선을 하나 만들고 자동으로 다음 마디를 열어줍니다.

하지만 현재 편집 중인 마디의 음표가 박자에 맞지 않게 모자라는데 다음 마디로 커서를 이동시키거나 현재 마디에 박자보다 많은 음표를 초과해 입력한 채로 다음 마디로 커서를 옮기면 기타 프로는 해당 마디의 오선 줄과 타브 악보의 여섯 줄을 빨간색으로 표시해 작업자에게 박자가 틀렸다는 경고 메시지를 보여줍니다.

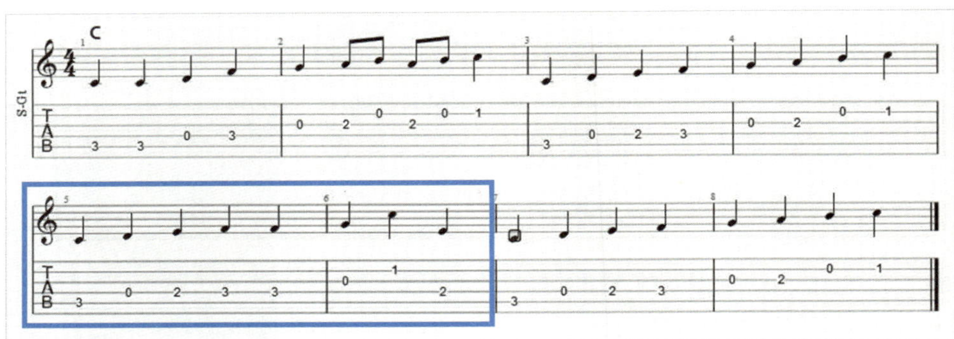

이럴 경우에 다음과 같은 방법으로 마디 구성을 확인하거나 수정할 수 있습니다.

1 마디 길이 확인하기[Check bar duration]

마법사 도구를 이용해서 마디 안에서 필요한 박자 길이가 잘 갖춰져 있는지 확인할 수 있습니다. 아무 마디에나 커서를 놓고 메뉴 그룹에서 [Tools] ▶ [Check bar duration]을 클릭하면 화면에 [Check bar duration] 창이 나타나고 마디 구성 확인 결과를 보여줍니다. 키보드 단축키는 F4 입니다.

마디 구성에 문제가 없을 때에는 [Verification completed. All bars are full.]이라는 메시지가 표시됩니다.

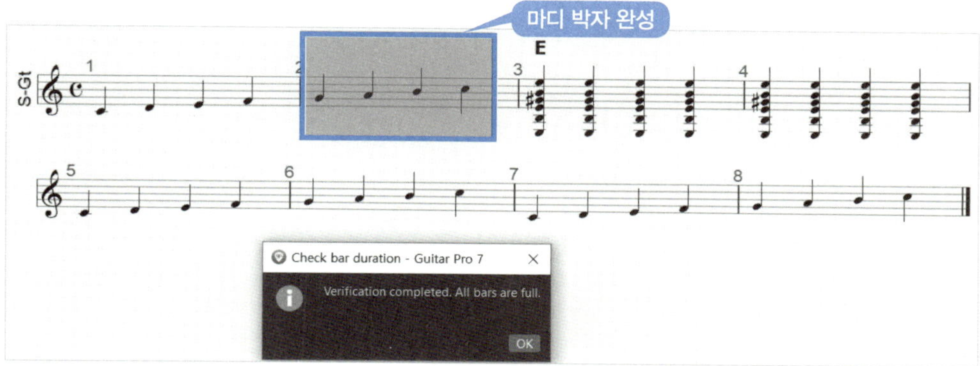

마디 구성에 문제가 있을 때에는 [Invalid duration bar 6 track 1 voice 1]처럼 마디 구성이 잘못된 마디의 마디 번호, 트랙 번호, 보이스 번호 등이 표시됩니다.

> ✂ 참고
>
> 기타 프로는 마디 구성을 확인할 때 첫 번째 트랙의 첫 번째 보이스, 첫 마디부터 검색을 시작합니다. 만약 첫 번째 트랙의 보이스 1에 문제가 없다면 다음으로 보이스 2를 검색합니다. 또 첫 번째 트랙의 모든 보이스에 대한 확인이 끝나면 자동으로 두 번째 트랙을 검사합니다. 이런 식으로 가장 먼저 문제가 발견된 마디에 관한 정보부터 표시하고, 문제가 된 부분을 수정하고 다시 확인하면 다음으로 문제가 발견된 마디에 관한 정보를 표시합니다.

2 마디 구성 정리하기[Bar Arranger]

마디 구성에 문제가 발견되면 악보를 보면서 직접 박자를 수정할 수도 있고, 메뉴 그룹에 있는 마법사 도구를 사용해 수정할 수도 있습니다. 마디 구성을 자동으로 정리하려면 아무 마디에나 커서를 놓고 메뉴 그룹에서 **[Tools]** ▶ **[Bar arranger]**를 클릭합니다. **[Bar Arranger]**를 클릭하면 기타 프로는 박자가 모자라는 마디에 대해서는 다음 마디에서 모자라는 박자만큼의 음표를 끌어와서 맞추고, 반대로 박자가 초과되는 마디에서는 초과되는 박자를 다음 마디로 넘겨서 조절합니다. 예를 들어 다음 악보의 경우에는 네 번째 마디에서 한 박자가 모자랍니다.

이 옵션을 적용하고 나면 마디 1로부터 검색해 앞마디에 부족한 박자만큼을 다음 마디에서 당겨와 마디를 채웁니다. 마지막 마디에서 박자가 모자라면 자동으로 쉼표를 입력합니다.

[Bar Arranger]를 활용해서 마디를 조절했을 경우, 그 결과가 작업자의 의도와 다를 수 있으므로, 이럴 때에는 수동으로 조절해야 합니다.

3 **쉼표를 이용한 마디의 완성/축소[Complete/Reduce Bars with Rests]**

[Bar Arranger]가 모자라는 박자는 다음 마디에서 끌어오고, 넘치는 박자는 다음 마디로 넘겨서 마디 길이를 조절하는 반면, [Complete/Reduce Bars with Rests] 도구는 특정 마디에서 모자라는 박자는 자동으로 쉼표로 채우고, 넘치는 마디에서는 쉼표를 제거해 마디를 정리합니다. 다음 악보의 마디 구성을 보면 5마디는 반 박자가 넘치고, 6마디는 한 박자 모자랍니다.

쉼표를 이용해서 마디를 정리하려면 메뉴 그룹에서 [Tools] ▶ [Complete/Reduce Bars with Rests]를 클릭합니다. 이 메뉴를 선택하면 마디에 박자가 부족하거나 아예 비어 있는 마디에 자동으로 쉼표를 추가해 마디를 완성합니다. 반대로 박자를 초과해 음표나 쉼표가 입력된 마디에서는 남는 박자만큼의 쉼표를 제거해 마디를 정렬합니다.

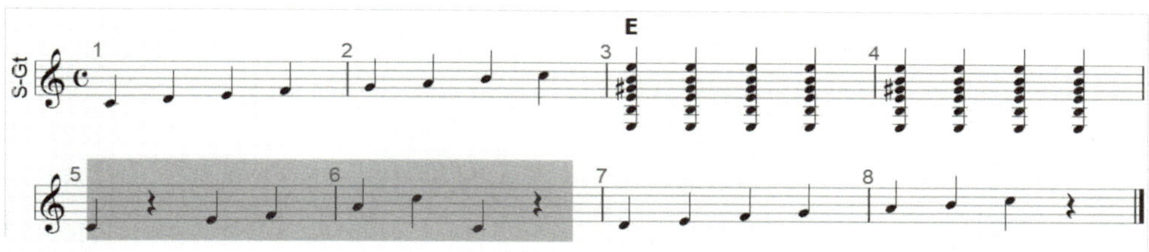

> ✂ **참고**
>
> [Tools] ▶ [Complete/Reduce Bars with Rests] 기능은 쉼표를 이용해 마디를 채우거나 줄이는 기능만을 수행하기 때문에 음표만 있는 마디는 이 옵션의 영향을 받지 않습니다. 또 이 기능은 마디의 마지막에 있는 쉼표를 제거하고, 마디의 끝에 쉼표를 추가하는 방법으로 작동합니다. 따라서 박자가 넘치더라도 마디 중간에 있는 쉼표를 제거하지는 않습니다.

위치 이동 마법사

1 손가락 위치 자동 조절하기

기타는 같은 음이 여러 포지션에서 나기 때문에 타브 악보를 만들 때 사용자가 설정한 위치가 실제로 운지하기에 어려운 위치가 될 수도 있습니다. 이럴 때 이 기능을 활용하면 음높이에 변화를 주지 않는 상태에서 타브 악보상의 줄과 프렛 위치를 좀 더 누르기 쉽고, 앞뒤 음표로 이어가기에도 편안하게 자동으로 바꿔줍니다.

다음 악보의 6마디 음표들을 보면 3번 줄 7, 9, 11, 12프렛 운지로 표기되어 있습니다. 해당음표의 앞, 뒤 음들과 위치를 비교해보면 지판 위에서 이동 거리도 많고, 한 줄에서만 연주하기 때문에 불편합니다.

이럴 때 메뉴 그룹에서 [Tools] ▶ [Automatic Finger Positioning]을 클릭하면 음높이에 변화를 주지 않는 상태에서 더 운지하기 쉽도록 줄과 프렛 위치를 자동으로 바꿔줍니다. 다음 악보를 보면 줄과 프렛들의 위치가 바뀌었습니다. 앞, 뒤 음들과의 이동 거리도 줄어들었고, 2번과 3번 두 줄을 사용하기 때문에 연주가 훨씬 쉬워집니다.

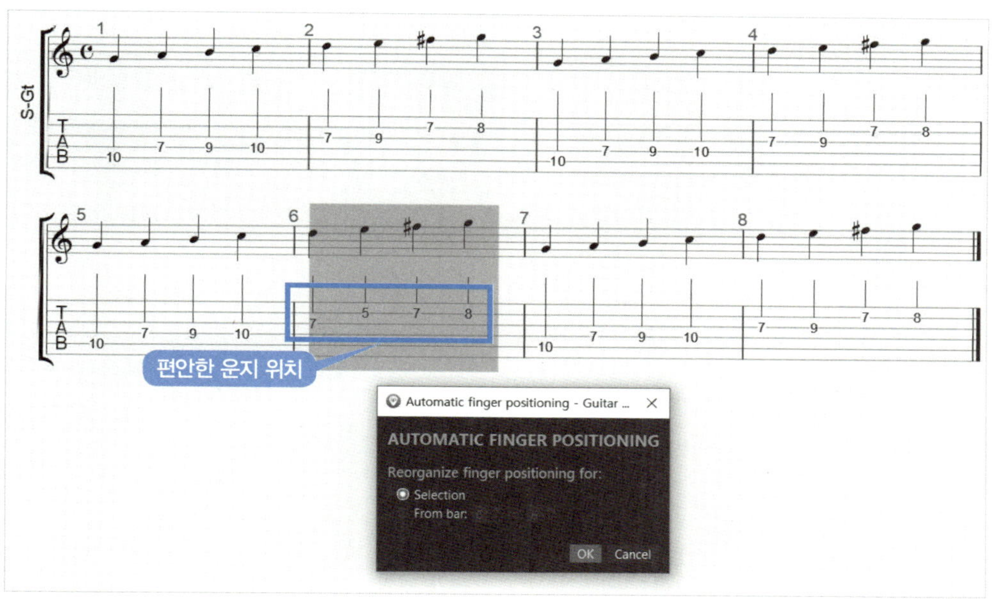

2 보이스 이동/교환(Move/Swap Voices)

이 옵션은 **[멀티보이스]** 트랙에서 보이스 간의 이동이나 교환을 설정합니다. 현재 활성화된 보이스의 음표를 다른 보이스 위치로 이동하거나, 복사하거나, 다른 보이스와 위치를 바꿀 수도 있습니다. 메뉴 그룹에서 **[Tools]** ▶ **[Move/Swap Voices]**를 클릭하면 보이스를 재구성하는 창이 나타납니다. 여기서 원하는 옵션을 선택해 보이스를 재구성할 수 있습니다. 멀티보이스에 대한 자세한 설명은 **[45. 멀티보이스 편집하기]**편을 참고하세요.

음높이 옮김 마법사

음높이 옮김(Transpose) 기능은 현재 트랙 혹은 전체 트랙에 대해서 곡 전체 혹은 일부 마디, 일부 음표에 대해 음을 올리거나 내리는 역할을 합니다. 이 기능을 사용하려면 먼저 악보에서 조옮김 할 부분을 마우스로 드래그해 선택합니다. 혹은 설정 창에서 원하는 구간을 선택해도 됩니다. 이어서 메뉴 그룹에서 [Tools] ▶ [Transpose]를 클릭하고 [Transposition] 설정 창에서 필요한 옵션을 설정합니다.

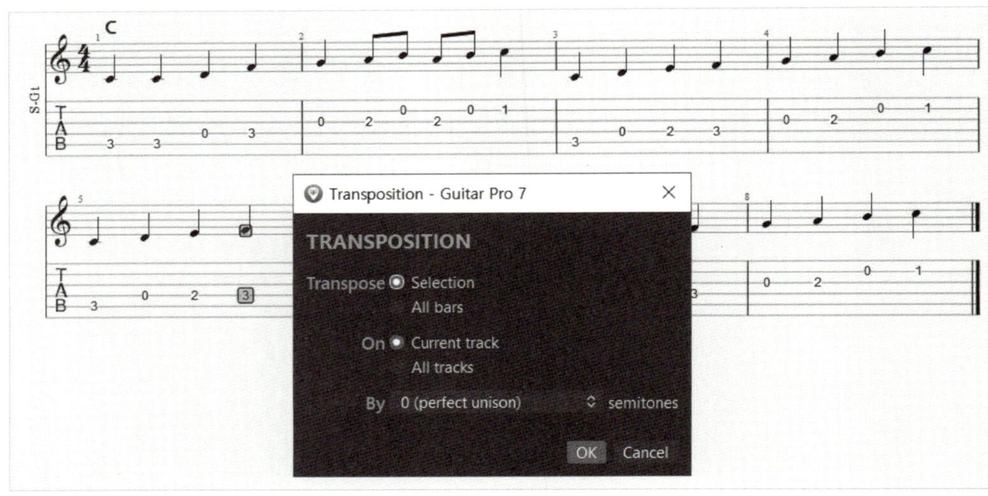

- [Transpose]: 조옮김 할 범위를 선택합니다.
    - **Selection**: 악보에서 드래그해 선택한 범위 내에서만 음높이 이동을 실행합니다.
    - **All bars**: 트랙 안에 있는 모든 마디에 대해 음높이 이동을 실행합니다.
- [On]: 음높이 이동을 적용할 트랙을 선택합니다.
    - **Current track**: 현재 커서가 위치한 트랙에서만 음높이 이동을 실행합니다.
    - **All track**: 악보 안의 모든 트랙에 대해 음높이 이동을 실행합니다.
- [By]: 음높이를 얼마만큼 이동시킬지 반음 단위로 설정합니다.
    예를 들어 첫 음이 '도'인 다음 악보에서 1~4마디만 반음 두 개만큼 올리는 음높이 이동을 적용해보겠습니다.

❶ 먼저 악보에서 조옮김 할 부분을 마우스로 드래그해 선택합니다.
❷ 이어서 메뉴 그룹에서 [Tools] ▶ [Transpose]를 클릭합니다.
❸ [Transposition] 설정 창에서 필요한 옵션을 설정합니다.
❹ [Transpose] 항목에서 [Selection]을 선택합니다.
❺ [On] 항목에서 [Current track]을 선택합니다.
❻ [By] 항목에서 [+2(major second)]를 선택합니다(반음 2개만큼(장2도) 올리는 설정입니다).
❼ [OK] 버튼을 누릅니다.

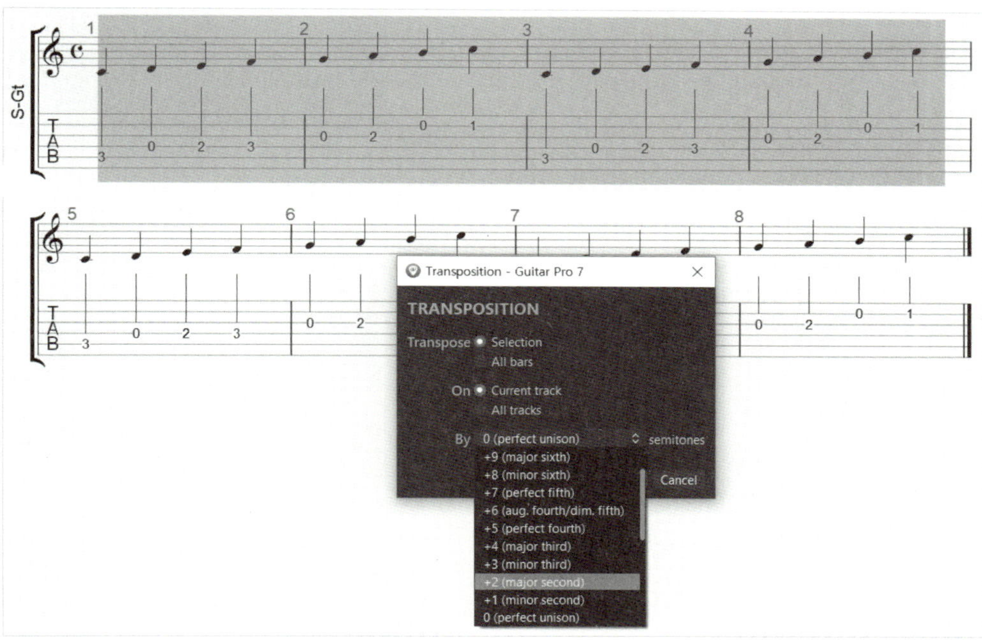

설정이 끝나면 첫 음이 '도'에서 반음 두 개만큼 올라간 '레'로 바뀐 것을 볼 수 있습니다. 나머지 모든 음표들도 반음 두 개만큼 음높이가 이동됩니다.

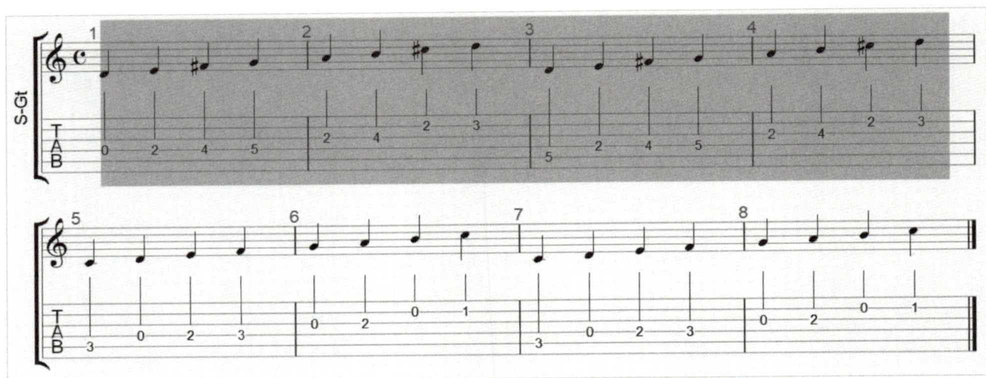

참고로 음높이 이동을 적용하면 악보상의 음들이 지정한 값만큼 올라가거나 내려가지만, 그렇다고 해서 조표나 코드까지 자동으로 바꿔주지는 않습니다.

단축키를 이용해서 음높이를 이동하려면 먼저 범위를 선택하고, 키보드에서 Alt + Shift + ↓ 혹은 Alt + Shift + ↑ 를 누릅니다. 한 번 누를 때마다 반음씩 올라가거나 내려갑니다.

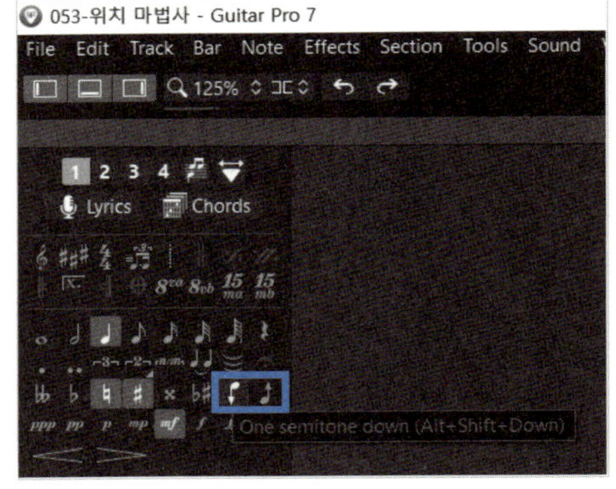

[편집 팔레트]의 [One semitone down] 아이콘이나 [One semitone up] 아이콘을 클릭해 음높이를 이동할 수도 있습니다.

코드 입력하기

기타 프로는 기타 연주자들이 직관적으로 코드를 선택하고, 악보에 입력하고, 저장할 수 있게 도와주는 훌륭한 도구인 **[코드]** 설정 창을 제공합니다. 이 기능을 활용하면 코드를 만들고, 악보상에 코드를 입력하는 작업은 물론, 특정 코드의 구성 음이나 운지법 등을 알아내고, 지금 운지한 음들이 어떤 코드인지도 확인할 수 있습니다.

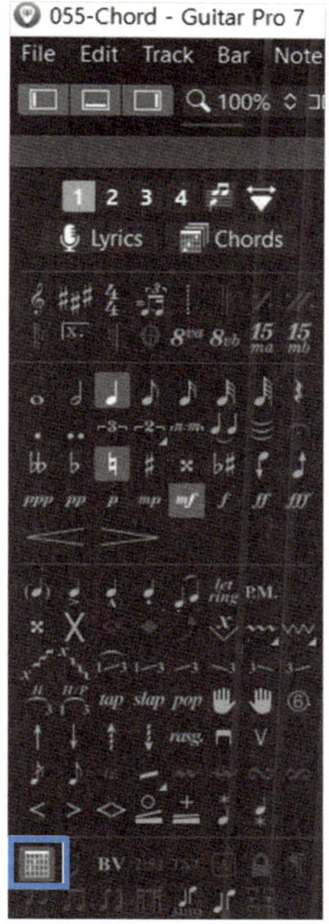

1 코드 창 띄우기

악보에 코드를 입력하려면 먼저 **[편집 팔레트]**에서 **[코드표]** 아이콘을 눌러 코드표 설정 창을 띄웁니다. 메뉴 그룹에서는 [Note] ▶ [Chord]를 클릭합니다. 키보드 단축키는 A 입니다.

음표를 입력하지 않은 상태에서 코드 설정 창을 띄우면 코드표가 빈 상태로 나타납니다. 하지만 음표가 입력된 위치에서 코드 설정 창을 띄우면 현재 입력된 음표들이 코드표에 나타나고 그 음표들로 이루어진 코드 이름을 자동으로 표시합니다.

 코드 설정 창 이해하기

코드 창은 여러 개의 영역으로 나뉘어 있으며 서로 연결되어 있기 때문에 코드 창이 코드를 만들어내는 방법과 원리를 이해하는 것이 필요합니다. 각 항목들의 뜻과 기능에 대해 하나씩 설명해 보겠습니다.

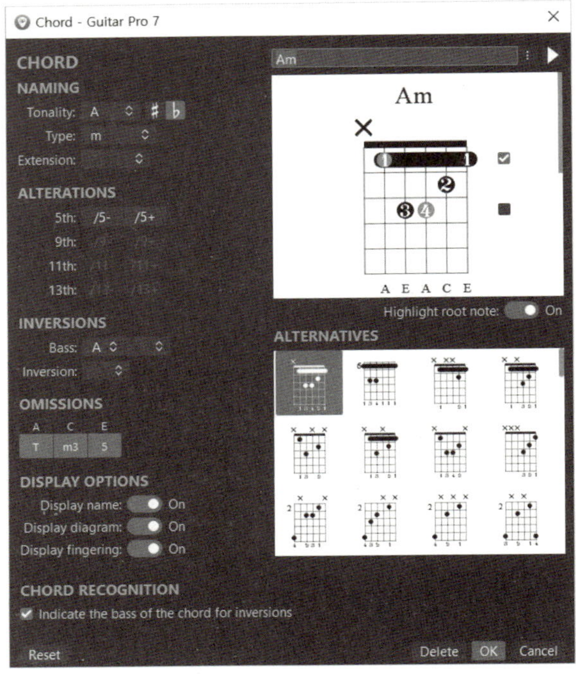

① [NAMING(이름)]

- **[Tonality(조)]**: C, Ab 등 코드의 근음을 선택합니다.

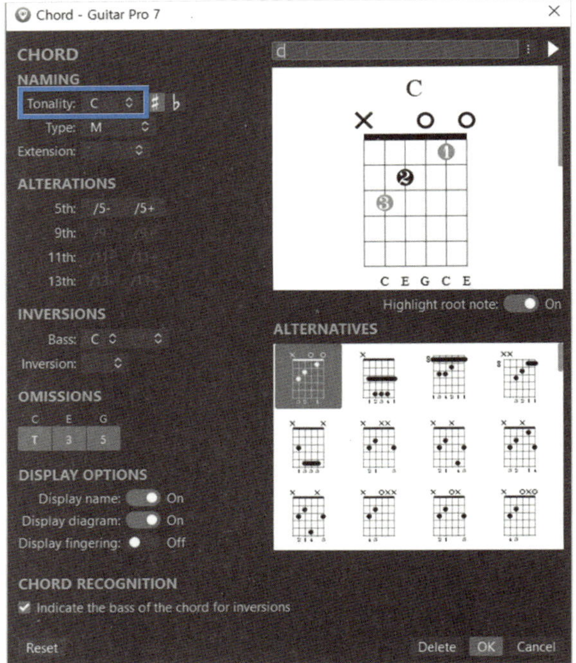

- **[#, b]**: 반음을 #(샤프)로 표시
  할지, b(플랫)으로 표시할지
  설정합니다. '#'로 설정하면 근
  음이 A#, C#처럼 표시되고, 'b'
  으로 설정하면 Bb, Db처럼
  표시됩니다.
- **[Type(코드의 유형)]**: m7,
  Sus4 같은 부 코드의 유형을
  선택합니다.

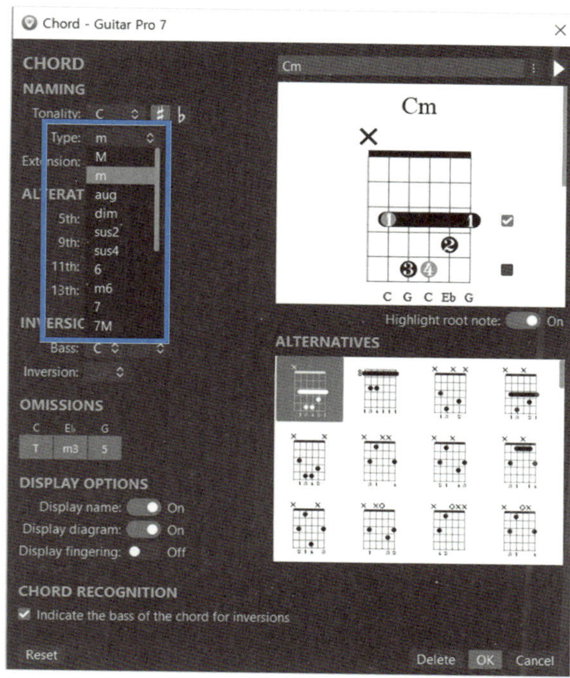

- **[Extensions(확장 코드)]**: 옥
  타브(8도)를 넘어가는 확장(텐
  션) 음을 선택합니다(add9, 9,
  add1, 11, add13, 13 등).

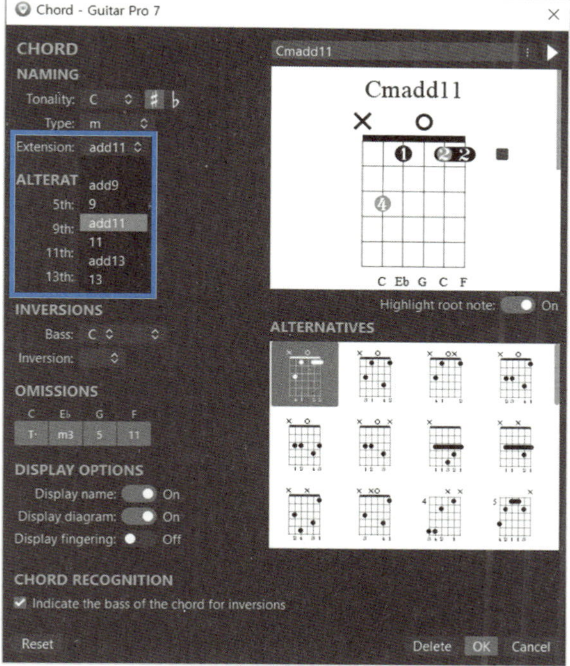

② **[ALTERATIONS(변화 화음)]**

변화 화음(Alterations)이란 코드의 원래 구성 음 중에서 한 음 또는 두 음을 반음 변화시켜서 만든 새로운 화음을 말합니다. 보통 5, 9, 11, 13도 음을 반음 내리거나 올려서 만들어지며, 코드 이름은 C7b9, Am13(#13)처럼 표시합니다. 여기서 어떤 구성 음을 반음 올리거나 내릴지 설정합니다.

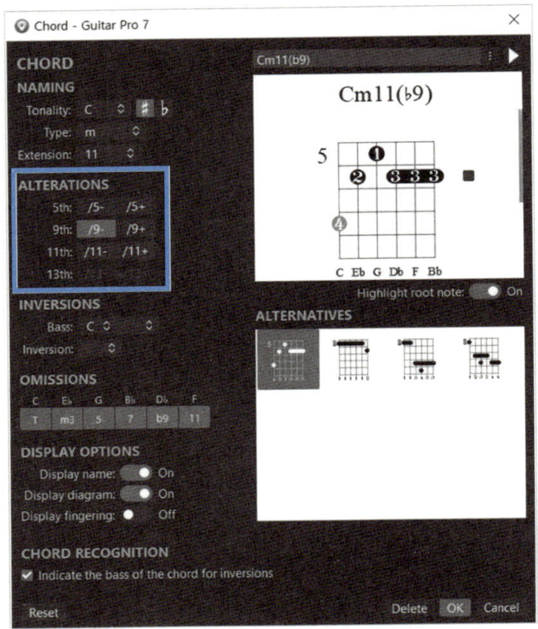

③ **[INVERSION(전이)]**

보통의 경우, 코드는 근음이 가장 낮은 위치에 깔려 있고 그 위에 3, 5, 7, 9, 11, 13도의 음들을 차례대로 쌓아 만듭니다. 하지만 화성학적인 목적에 따라 코드의 원래 근음 대신 그 코드의 구성 음 중 하나로 바꾸는 경우가 있는데

이를 전이Inversion 또는 자리바꿈이라합니다. 전이에 대한 자세한 내용은 네이버 카페 **[맥북의 기타 독학교실]**에 있는 다음 글을 참고하세요.
http://cafe.naver.com/macdoc/125190

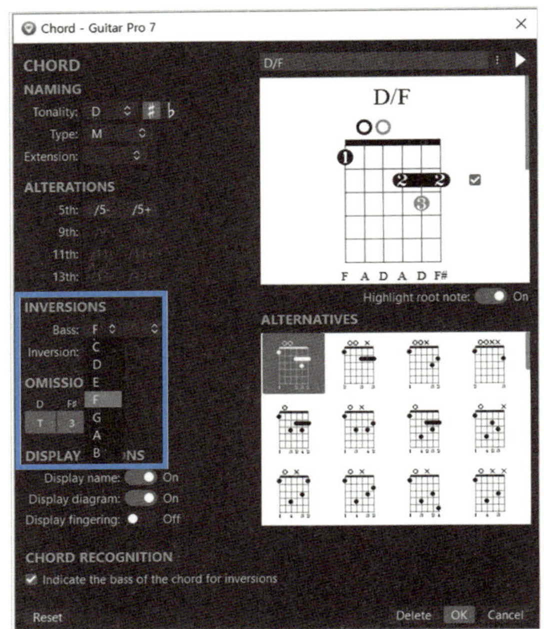

- **[Bass(근음)]**: 코드의 원래 근음 대신 바꾸려는 근음을 선택합니다. 선택한 음이 무엇인가에 따라 바로 아래에 있는 **[Inversion(전이)]** 항목에 자동으로 #1, #2 등의 전이 유형이 표시됩니다. 3화음이나 4화음 코드의 전이가 아닐 경우에는 표시되지 않습니다.

- **[#/b 선택]**: 분수 코드의 근음으로 Ab, A# 등의 반음 코드를 사용하려면 먼저 **[Bass(근음)]**를 선택하고 이어서 **[반음 선택]** 항목을 클릭합니다.

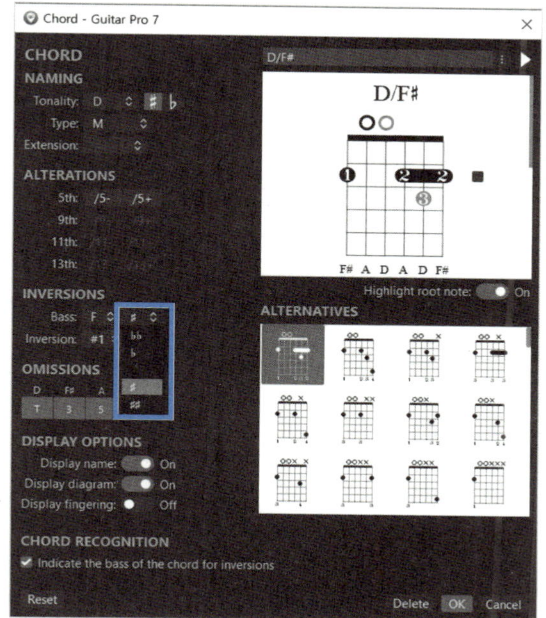

- **[Inversion(전이)]**: 반대로 **[Inversion(전이)]** 항목에서 #1(제1전이), #2(제2전이) 등 전이의 유형을 선택하면 위에 있는 **[Bass(근음)]**가 자동으로 바뀝니다.

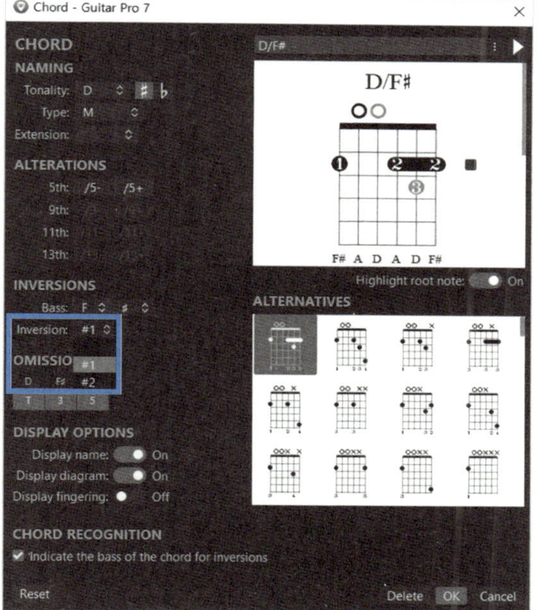

④ **[OMISSIONS(생략 음)]**

코드 구성 음 중에서 생략하고 싶은 음이 있을 때 이 항목에서 생략하려는 음을 클릭합니다. 예를 들어 C코드(구성 음 C, E, G) 구성 음 중에서 5도 음에 해당하는 G음을 생략하고 코드를 만들면 C(no3)라는 코드가 만들어집니다. 'no 3'란 3도 음이 'No(없다)'라는 뜻입니다.

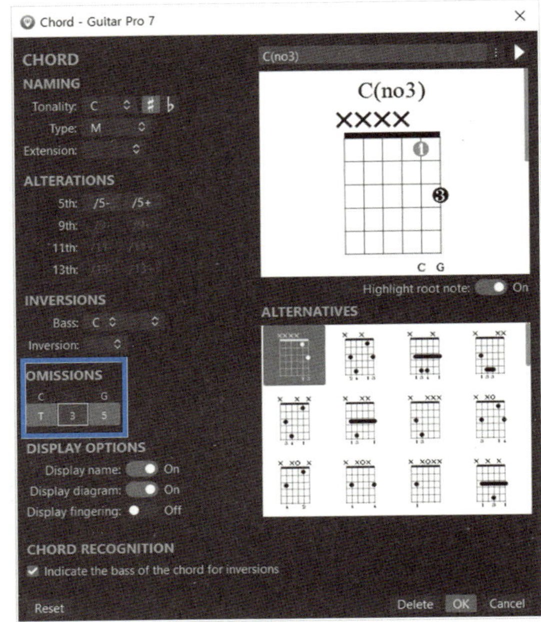

⑤ **[Display options(표시 옵션)]**

- **[Display name]**: 악보에 코드 이름을 표시할지 선택합니다.
- **[Display Diagram]**: 악보에 코드표를 보여줄지 선택합니다.
- **[Display Fingering]**: 코드표 밑에 운지하는 손가락 번호를 표시할지 선택합니다.

⑥ **[CHORD RECOGNITION]**

근음을 전이시켜서 분수 코드를 만든 경우, **[Indicate the bass of the chord for inversion]**을 체크하면 악보에 분수 코드를 표시할 때 'C/E'처럼 바뀐 근음을 표시하고, 체크를 해제하면 분수 코드를 만들었더라도 악보에는 그냥 'C'로 표시되어 바뀐 근음이 표시되지 않습니다.

- **코드 이름**: 현재 생성 중인 코드의 이름을 표시합니다. 코드 이름 칸에서 직접 코드 이름을 수정할 수도 있습니다.

- **다른 이름**: 이름 칸 옆에 있는 점선 표시를 누르면 현재 코드와 같은 구성 음을 가진 다른 코드들의 이름이 나타나고 선택을 하면 그 코드의 이름이 코드 이름 칸에 자동으로 입력됩니다.

- **코드 톤 미리듣기**: 코드 이름 입력 칸 오른쪽 끝에 있는 삼각형 표시를 누르면 현재 만들어진 코드의 음을 미리 들려줍니다.

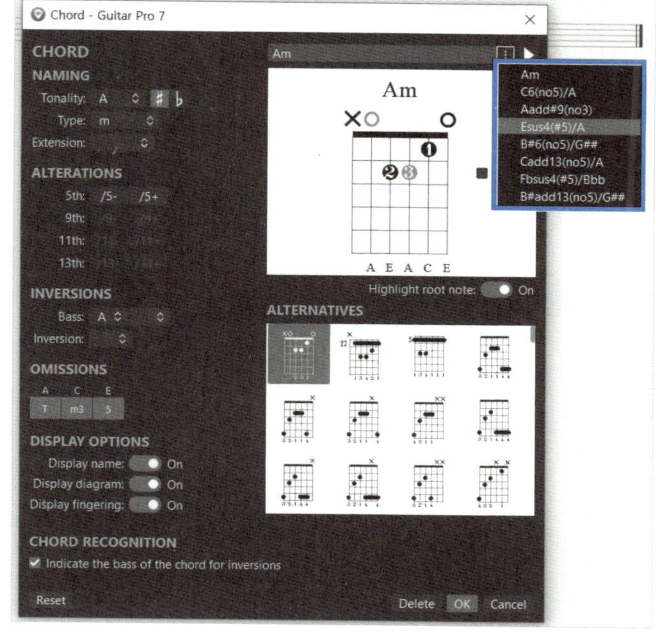

⑧ 코드표

- **코드표**: 현재 선택된 코드의 이름, 운지 위치, 근음, 탄현하는 음과 하지 않는 음, 각 줄의 음높이 등을 종합적으로 표시합니다.

- **[Highlight root note]**: 이 옵션을 [On]으로 설정하면 코드표에서 근음을 다른 운지 음들과 다른 색으로 강조해 표시합니다.

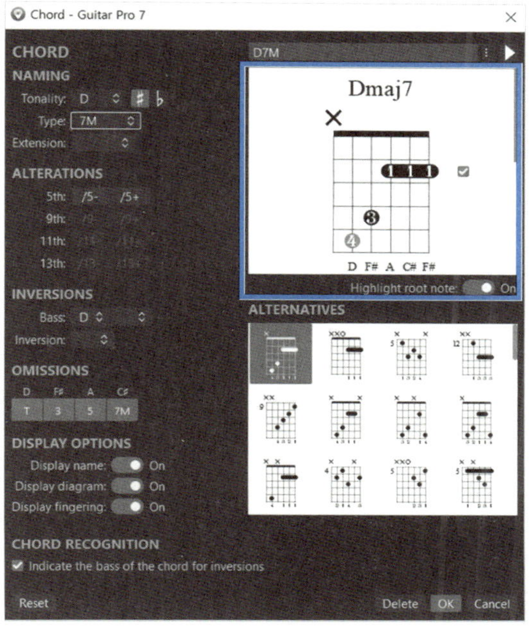

⑨ **[ALTERNATIVES(다른 운지)]**

현재 메인 코드표에 나타난 운지법 외에 다른 운지법을 보여줍니다. 대안 코드들은 많이 사용되는 모양이 먼저 보이고, 사용 빈도가 낮은 운지법들이 이어서 나타납니다. 여기서 원하는 운지법을 찾아 클릭하면 메인 코드표가 선택한 코드표 모양으로 바뀝니다. 물론 이 상태에서 코드 구성을 수동으로 바꿀 수도 있습니다.

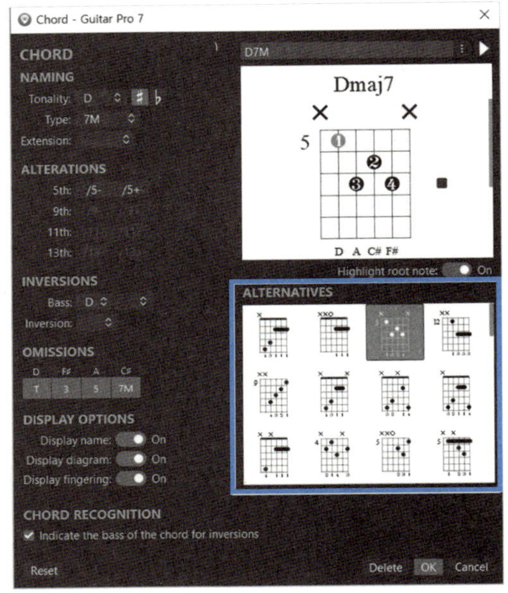

⑩ **[Reset(재설정)] 버튼**

현재 코드 창의 모든 변수들을 초기화합니다.

⑪ **[Delete(코드 삭제)] 버튼**

현재 위치에 입력되어 있는 코드를 삭제합니다.

⑫ **[OK] 버튼**

현재의 설정을 완료하고 악보에 코드를 표시합니다.

3 코드표 보는 방법

코드의 근음을 선택하면 창의 오른쪽 영역에 기본 코드표가 나타납니다. 코드표에는 코드 이름, 눌러야 할 줄과 누르지 않아야 할 줄, 근음의 위치, 누르는 위치, 손가락 번호, 코드 구성 음 등의 정보가 담겨 있습니다.

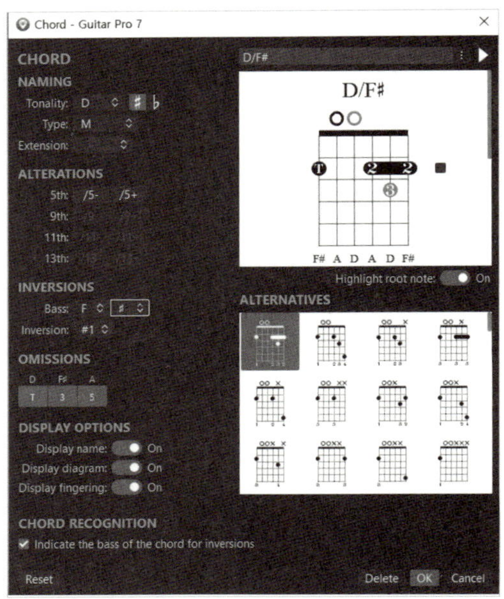

- **코드 이름 칸**: 현재 설정된 운지의 코드 이름이 표시됩니다.
- **다른 이름의 코드 목록**: 코드 이름 칸 옆에 있는 점선 표시를 누르면 현재 코드와 같은 구성 음을 가진 다른 코드들의 이름이 나타나고 선택을 하면 그 코드의 이름이 코드 이름 칸에 자동으로 입력됩니다.
- **T**: 'Thumb over'의 약자로 엄지를 넥 위로 넘겨서 잡는 것을 말합니다.
- **X**: 연주하지 않는 줄을 표시합니다.
- **O**: 개방 현으로 연주하는 줄을 표시합니다.
- **파란색 동그라미**: 지판 위에서 파란색으로 채운 동그라미는 해당 코드의 근음 위치를 표시합니다. 원 안에 있는 숫자는 운지하는 손가락 번호입니다. 근음이 개방 현에 있는 경우에는 속이 비어 있는 파란색 동그라미로 표시합니다.
- **검은색 동그라미**: 해당 코드의 구성 음 위치를 표시합니다. 원 안에 있는 숫자는 운지하는 손가락 번호입니다. 구성 음 중에서 개방 현 음이 있을 경우에는 속이 비어 있는 검은색 동그라미로 표시합니다.
- **바레 설정**: 네모 부분을 클릭하면 같은 프렛의 운지 위치들을 손가락 하나로 바레를 만들어 누르도록 설정됩니다. 다시 클릭하면 바레가 해제됩니다(바레 코드가 필요할 경우, 기타 프로는 자동으로 바레 코드 모양으로 보여줍니다).
- **프렛 이동**: 오른쪽 끝에 있는 스크롤바를 클릭하고 움직이면 코드표의 프렛 위치가 바뀌고 몇 프렛인지가 표시됩니다.
- **[Highlight root note]**: 이 옵션을 [On]으로 설정하면 코드표에서 근음에 해당하는 음들이 파란색 동그라미 안에 강조되어 표시됩니다.

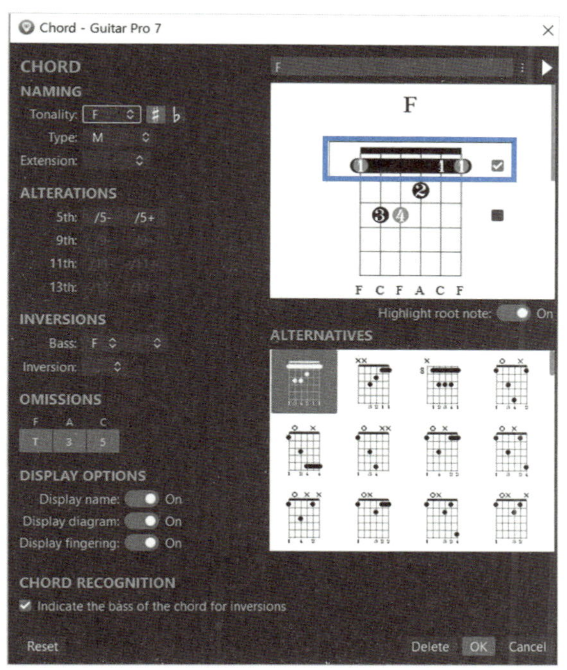

4 코드 표시 방법 일괄 설정하기

위에서 설명한 것처럼 코드 설정 창 안에 있는 **[Display options]**에서 악보상에 코드 이름, 코드표, 손가락 운지 번호 등을 표시할지 여부를 설정할 수 있습니다. 하지만 이 기능은 개별 코드별로 옵션을 설정하는 것입니다. 만약 전체 코드에 대한 표시 옵션을 한꺼번에 설정하려면 다음과 같이 하세요.

- 메뉴 그룹에서 **[File]** ▶ **[Stylesheet]**를 클릭해 스타일시트 창을 띄웁니다. 키보드 단축키는 F7 입니다.

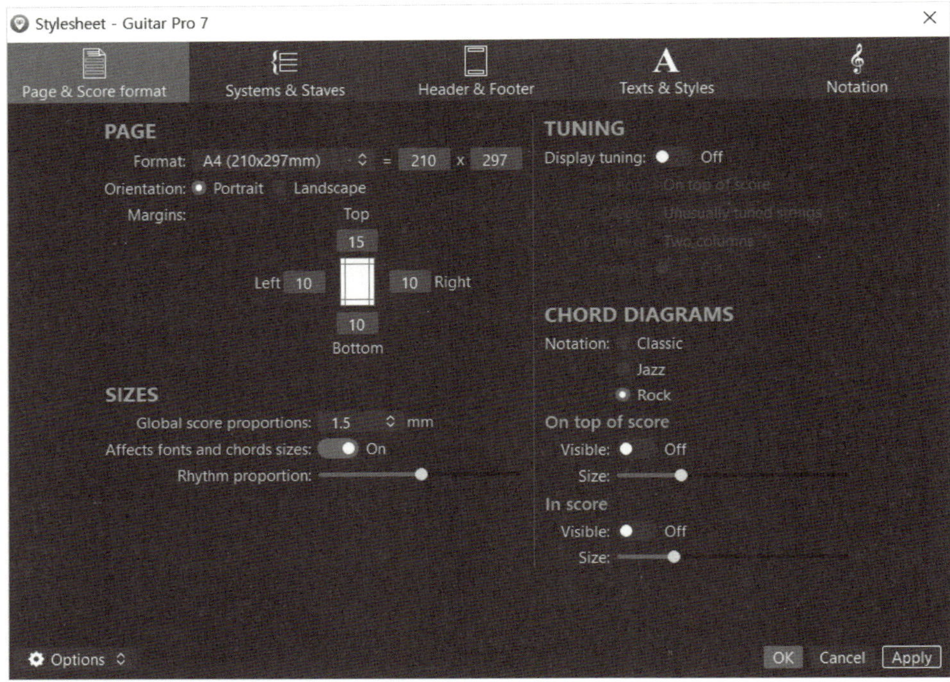

- 스타일시트 설정 창 안에 있는 **[Page & Score format]** 탭을 클릭합니다.
- **[CHORD DIAGRAMS]** 섹션에서 다음 항목들을 설정합니다.
  - **On top of score**: 악보의 첫머리에 사용되는 모든 코드들을 모아서 보여줍니다.
    - **Visible**: **[On]**으로 설정하면 표시하고, **[Off]**로 설정하면 표시하지 않습니다.
    - **Size**: 슬라이더를 조절해 악보상에 나타나는 코드의 크기를 설정합니다.

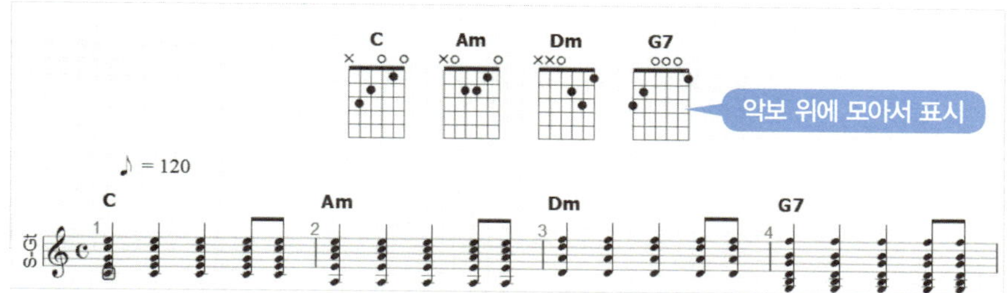

- [In score]: 악보의 음표 위에 그 위치에서 눌러야 할 코드를 보여줍니다.
  - **Visible**: [On]으로 설정하면 표시하고, [Off]로 설정하면 표시하지 않습니다.
  - **Size**: 슬라이더를 조절해 악보상에 나타나는 코드의 크기를 설정합니다.

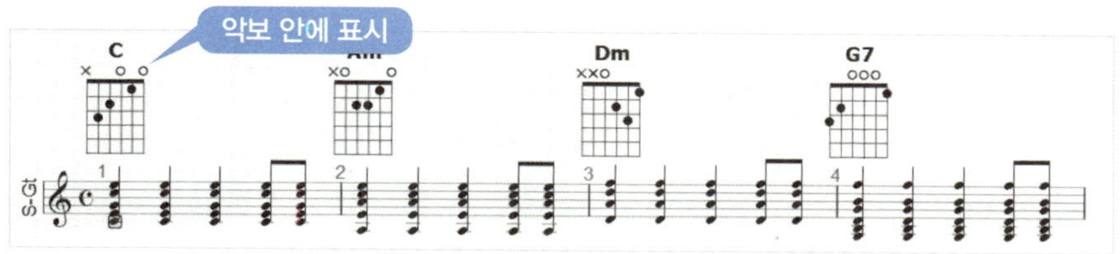

모든 설정을 마치고 [OK] 버튼을 선택한 코드의 이름과 코드표가 악보에 표시됩니다.

5 바레(Barre) 코드 설정/해제하기

오른쪽 그림의 코드표에서 길게 검은 막대로 표시된 것이 검지로 여러 줄을 누르는 바레 운지입니다. 이 코드의 경우에는 1번에서 5번 줄까지를 검지로 동시에 누르라는 뜻입니다. 바레 코드는 코드표 오른쪽에 있는 작은 네모 박스에 자동으로 체크가 표시됩니다.

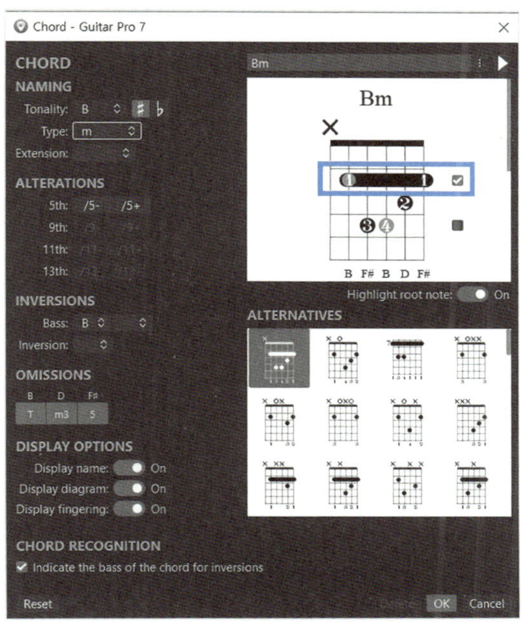

원래는 바를 이용해 운지하는 코드지만 바를 해제하고 개별 손가락으로 운지하도록 표시하고 싶을 때에는 바 체크를 클릭해 해제합니다.

체크를 해제하면 다음과 같이 바레 운지가 개별 손가락 운지로 바뀝니다.

6 운지 지점 변경하기

기타 프로가 제공하는 코드 운지법 이외의 다른 운지를 사용하려면 코드표의 지판 위에서 마우스를 클릭합니다. 코드표에서 특정 프렛을 클릭하면 그 지점에 새로운 운지가 추가되고, 이미 운지가 표시된 곳을 클릭하면 그 지점의 운지가 삭제됩니다.

개방 현 탄현을 표시하려면 코드 입력 창의 너트 위치 위에 [X]로 표시된 부분을 클릭합니다. [X] 모양이 [O] 모양으로 바뀌고 개방 현 탄현이 표시됩니다. [O] 모양을 다시 클릭하면 [X]로 바뀝니다.

7 손가락 번호 변경하기

코드표에서 파란색 동그라미는 해당 코드의 근음 위치를 표시합니다. 원 안에 있는 숫자는 운지하는 손가락 번호입니다. 검은색 동그라미는 해당 코드의 구성 음 위치를 표시합니다. 원 안에 있는 숫자는 운지하는 손가락 번호입니다.

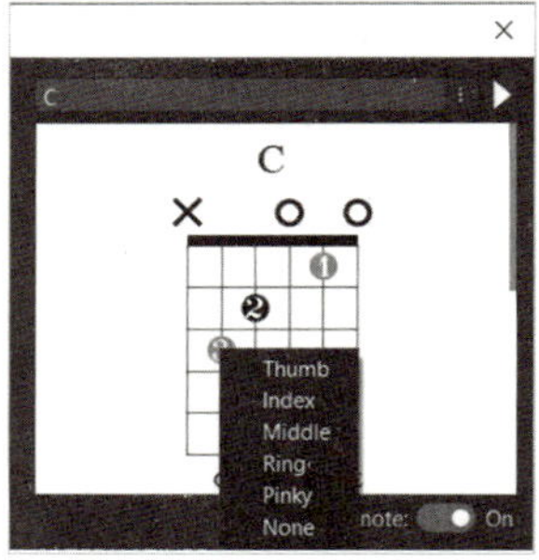

그런데 곡에 따라서는 운지하는 손가락을 바꿔야 할 경우가 있습니다. 이럴 때는 운지를 바꾸고 싶은 위치의 동그라미 위에 마우스를 대고 오른쪽을 버튼을 클릭합니다. 펼침 목록으로 다음과 같이 손가락 이름들이 나타나는데 여기서 운지를 원하는 손가락을 클릭하면 코드표에 있는 동그라미 속의 손가락 번호가 바뀝니다.

- **[Thumb]**: 엄지로 운지하는 'Thumb over'를 설정합니다. 코드표에서는 'T'로 표시됩니다.
- **[Index]**: 검지로 운지합니다. 코드표에서는 '1'로 표시됩니다.
- **[Middle]**: ○○로 운지합니다. 코드표에서는 '2'로 표시됩니다.
- **[Ring]**: 중지로 운지합니다. 코드표에서는 '3'으로 표시됩니다.
- **[Pinky]**: 소지로 운지합니다. 코드표에서는 '4'로 표시됩니다.
- **[None]**: 운지 위치만 표시하고 손가락 번호는 표시하지 않습니다.

참고로 코드표에서 한 지점의 손가락 번호를 바꾼다고 나머지 지점들의 손가락 번호까지 자동으로 바뀌지는 않으니 손가락 번호가 중복되지 않도록 확인해야 합니다.

8 코드명의 #/b 선택

D# 코드와 Eb 코드는 서로 이름은 다르지만 실제 같은 위치를 운지하는 같은 코드입니다. 만약 악보에서 D# 코드를 Eb으로 표기하고 싶거나, 반대로 Eb 코드를 D#로 표시하고 싶을 경우에는 코드 창의 **[Tonality]** 옆에 있는 **[b]**, **[#]** 버튼을 누르면 됩니다. 다음 예제처럼 #를 누르면 D#로 이름이 나오고, 'b'을 선택하면 Eb으로 표기됩니다. 하지만 이 두 코드는 구성 음이 똑같으므로 코드표에는 같은 모양으로 나옵니다.

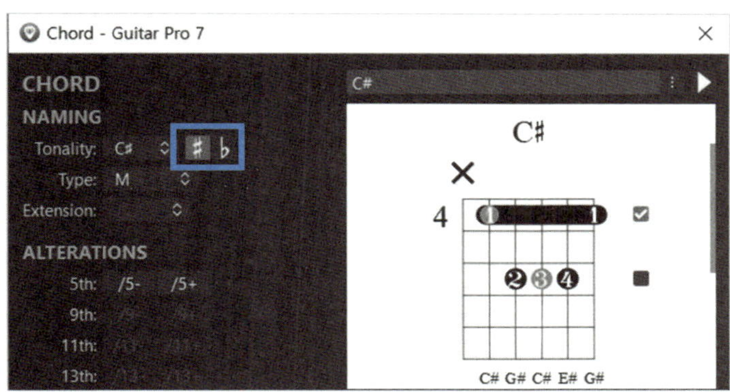

기타 프로를 사용해서 분수 코드를 입력할 수 있습니다. 분수 코드의 경우에는 먼저 앞의 코드를 설정하고, 이어서 코드 입력 창의 [INVERSIONS] 섹션에 있는 [Bass] 항목에서 새로운 근음을 선택하면 됩니다.

예를 들어 C9♭9/G 코드의 운지법을 찾는다고 가정해보겠습니다.

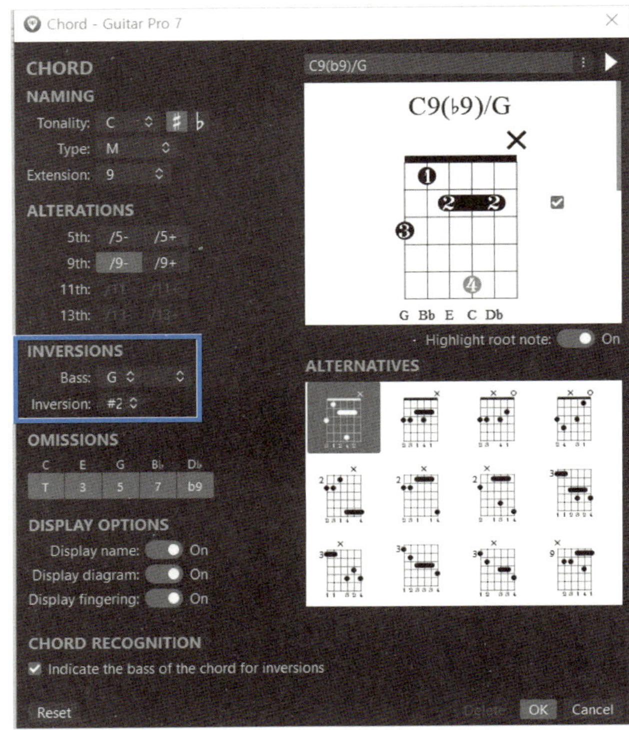

- [Tonality]: 'C' 선택(C를 근음으로 설정)
- [Type]: 'M(Major)' 선택(장조의 노래)
- [Extensions]: 숫자 '9' 선택(9도 음 추가)
- [Alterations]: '/9-' 선택(9도 음을 반음 낮춘다는 뜻)
- [Bass]: 'G' 선택(근음을 G로 바꾼다는 뜻)
- [Inversion]: #2(제2전이)로 자동 표시됨(제2전이를 사용했다는 뜻)

이렇게 입력하면 코드 설정 창의 코드표에 해당 코드의 운지법이 나타납니다. 가장 대표적인 운지법이 큰 창으로 표시되고, 그 아래에 해당 코드의 다른 운지법이 표시됩니다. 코드표를 살펴보면 가장 적합한 것을 선택합니다.

운지법이 마음에 들지 않으면 직접 수정할 수도 있습니다.

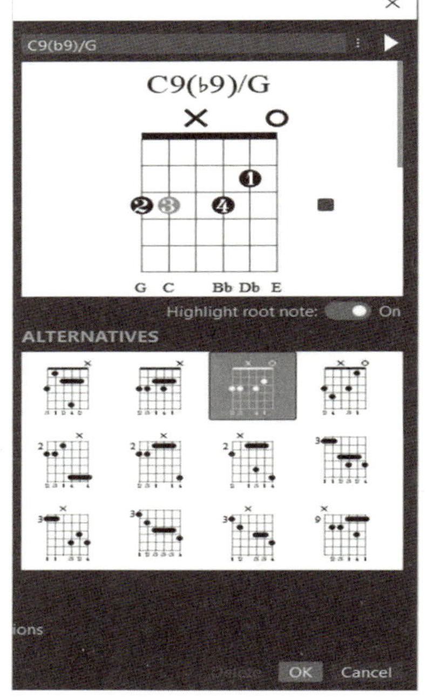

🔟 코드의 일부 구성 음 빼기

파워 코드 같은 경우, 코드의 구성 음 중 일부를 누르지 않는 경우가 있는데 이럴 때는 코드 구성 음 표시 창 아래에서 운지를 빼고 싶은 음의 번호를 클릭하면 됩니다. 예를 들어 C코드 구성 음인 T(Tonic, 근음/도), 3(3도 음/미), 5(5도 음/솔) 중에서 3도 음을 빼고 싶으면 숫자 '3'을 클릭합니다. 같은 위치를 다시 누르면 운지가 살아납니다. 이렇게 하면 코드 이름이 C5(C 코드에서 근음과 5도 음만 누른다는 뜻) 혹은 C(no3)(3도 음은 안 친다는 뜻)으로 바뀝니다.

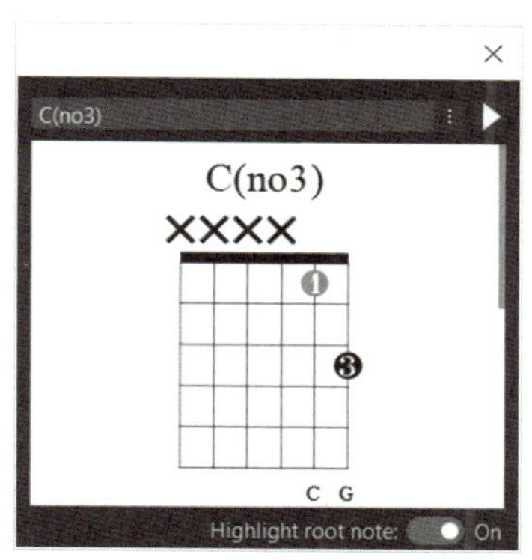

11 코드 라이브러리 활용하기

[코드 라이브러리]는 그 곡에서 사용된 모든 코드들을 한꺼번에 모아서 보여주는 일종의 코드 도서관 같은 곳입니다. 기타 프로에서 코드 작업을 하는 동안 입력되는 모든 코드는 [코드 라이브러리]에 자동으로 저장됩니다. 따라서 이전 위치에서 입력했던 코드들을 현재 위치에 다시 입력하려면 [코드 라이브러리]를 열어서 기존에 입력된 코드 중에서 선택하면 악보에 그 코드가 다시 입력됩니다.

[코드 라이브러리]를 사용하려면 다음과 같이 하세요.

- [편집 팔레트]의 맨 위쪽에 있는 [Chords Library] 아이콘을 클릭해 [CHORD DIAGRAM LIBRARY] 창을 엽니다. 참고로 편집 팔레트 아래쪽에 있는 [코드 생성] 아이콘과는 다른 아이콘이니 혼돈하지 마십시오.

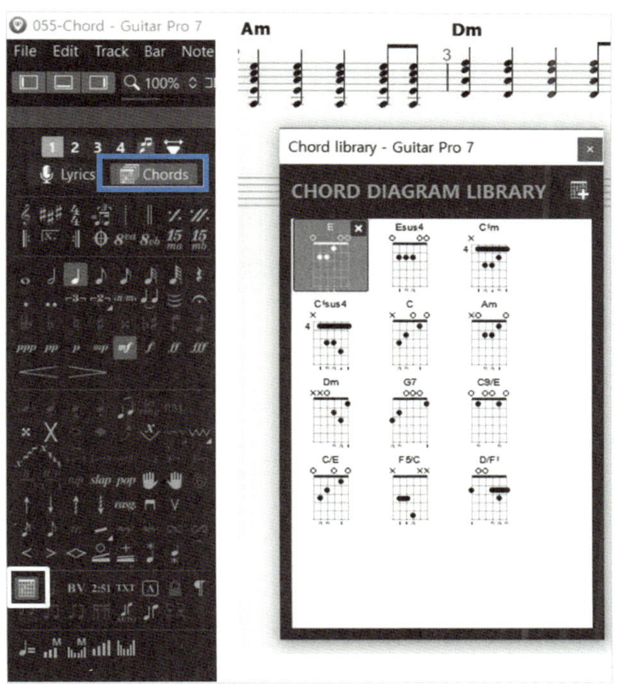

- [Chords Library] 창에서 [CHORD DIAGRAM LIBRARY]라는 글씨 오른쪽 위에 있는 ⊞를 눌러 코드 설정 창을 엽니다. 코드 설정 창에서 코드를 만드는 방법은 위에서 설명한 것과 같습니다.

- 코드를 만들고 악보에 입력하면 자동으로 **[코드 라이브러리]**에 그 코드가 입력됩니다.

- 악보의 이전 위치에서 한 번 입력했던 코드를 현재 위치에 다시 입력하려면 **[코드 라이브러리]**에 있는 코드를 클릭합니다. 코드표가 파란색으로 하이라이트되면서 코드가 악보에 입력됩니다. 다시 한 번 클릭하면 입력된 코드가 악보에서 제거됩니다.

- 코드표 위에 마우스를 올리면 오른쪽 위에 'X'표가 나타나는데, 이것을 클릭하면 해당 코드를 라이브러리에서 제거할 수 있습니다. 라이브러리에서 코드를 제거해도 악보 위에 있는 코드는 영향을 받지 않습니다.

> 코드 라이브러리는 파일 단위로 저장되기 때문에 A 파일에서 저장한 코드 라이브러리를 B 파일에서 불러와 사용할 수는 없습니다. 또 악보 위에서 코드를 입력했다가 삭제를 해도 코드 라이브러리에는 그 코드가 계속 남아 있습니다.

12 변칙 튜닝에서의 코드 표시 방법

기타 프로의 다른 모든 도구들과 마찬가지로 코드 창은 사용자가 해당 트랙에 설정한 튜닝 설정을 자동으로 반영해 코드를 보여줍니다. 따라서 어떠한 변칙 튜닝을 사용하든지 일반적인 코드 생성기들이 보여주지 못하는 변칙 튜닝을 반영한 코드의 모양과 운지법을 보여줍니다. 예를 들어 모든 줄의 음들을 반음씩 낮춘 'Half down 튜닝' 상태에서 'Am 코드'를 찾으면 다음과 같이 변칙 튜닝을 감안해 코드가 표시됩니다.

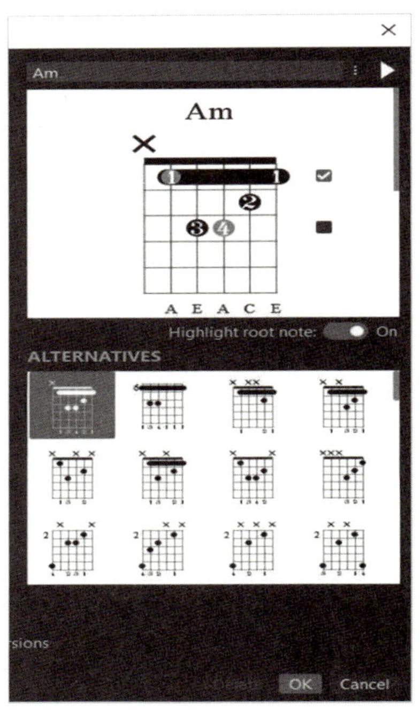

스케일 입력하기

기타 프로는 작곡을 하거나 솔로 애드리브 등을 만들 때 사용할 수 있는 스케일(Scale)의 구성
음들을 미리 보여주는 '스케일 엔진'이라는 기능을 제공합니다. 이를 통해 해당 스케일에 어울리
는 음들을 활용해 작곡을 할 수도 있고, 솔로 멜로디를 만들 수도 있습니다. 반대로 악보에 사용
된 음들을 선택하고 '스케일 찾기'를 실행하면 해당 음들과 가장 잘 어울리는 스케일이 무엇인지
도 알려줍니다. 기타 프로는 1,000개가 넘는 다양한 스케일 엔진을 탑재하고 있으므로 원하는
스케일을 선택해 사용하면 됩니다.

1 스케일 보기

1) 스케일 엔진 불러오기

스케일 엔진을 불러오려면 아래 두 가지 방법 중 하나를 사용합니다.

① 메뉴 사용하기

메뉴 그룹에서 [Tool] ▶ [Scales...]를 클릭합니다. 키보드 단축키는 Ctrl + F6 입니다.
트랙에 적용한 악기 종류에 따라 자동으로 가상 기타, 가상 건반, 가상 드럼이 나타나
고, 스케일을 설정할 수 있는 스케일 설정 창이 같이 나타납니다.

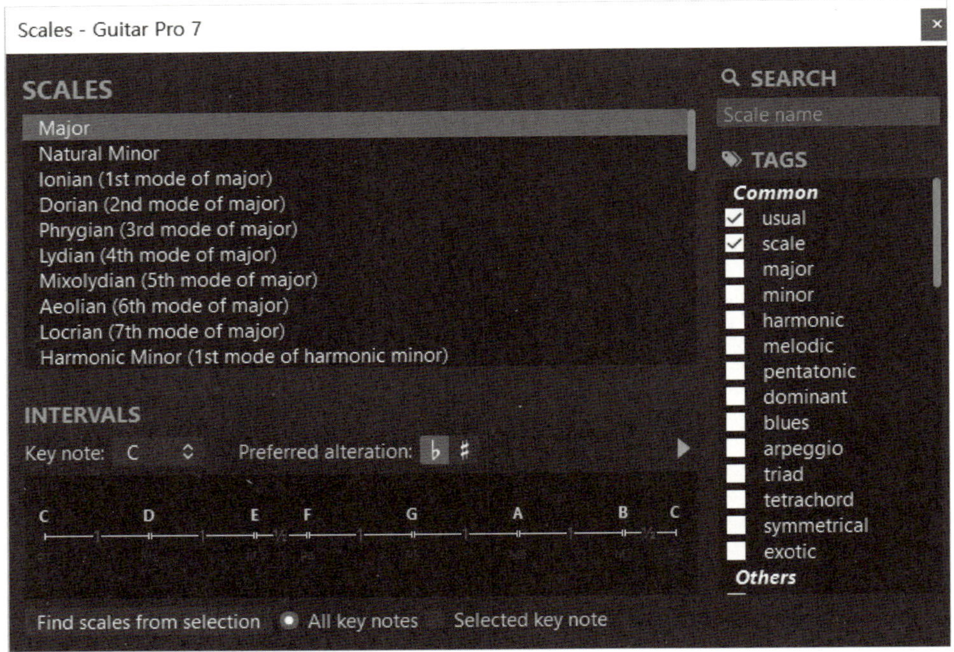

② 가상 악기에서 불러오기

먼저 가상 악기를 부른 다음, 다시 스케일 설정 창을 불러올 수도 있습니다. 가상 악기는 다음과 같이 세 가지 방법으로 불러올 수 있습니다.

- 키보드에서 [Ctrl] + [F6]을 누릅니다.
- 메뉴 그룹에서 [View] ▶ [Show Virtual instruments]를 클릭합니다.

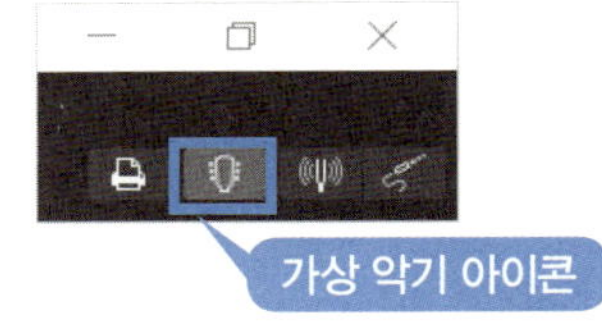

- 작업 창 위 오른쪽에 있는 기타 모양 아이콘 [(Show/hide virtual instruments)]를 클릭합니다.

현재 커서가 위치한 트랙이 어떤 악기 트랙이냐에 따라 자동으로 세 가지 종류의 가상 악기 중 하나가 나타납니다.

- **현악기 트랙**: 가상 기타가 나타납니다.

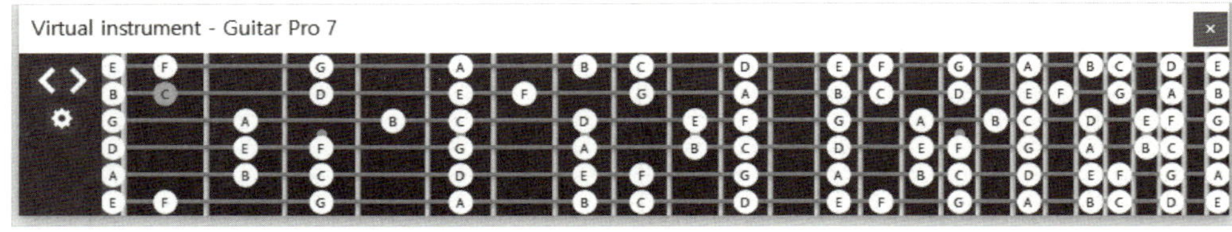

- **드럼 트랙**: 가상 드럼이 나타납니다.

- **건반악기, 관악기 트랙**: 가상 건반이 나타납니다.

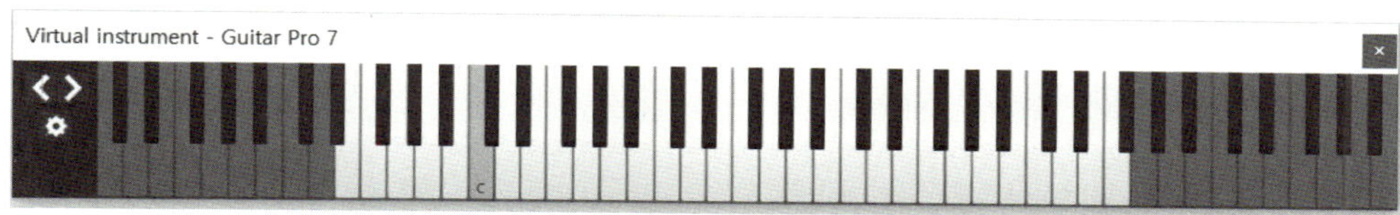

가상 악기 창 왼쪽에 있는 톱니바퀴 모양의 **[설정]** 아이콘을 클릭하면 **[Option]** 설정 창이
뜨는데 **[Instrument]** 항목에서 **[기타]** 아이콘을 클릭하면 건반악기 트랙에서 가상 기타를
불러올 수도 있고, **[피아노]** 아이콘을 클릭하면 현악기 트랙에서 가상 건반을 불러올 수도
있습니다.

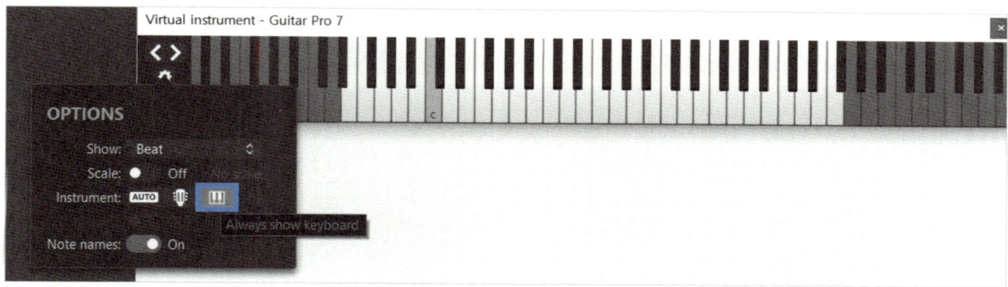

> **참고**
>
> 캐스터네츠, 트라이앵글처럼 몸체를 두드려 소리를 내는 체명 악기 트랙이나 젬베, 탬버린처럼 막을 두드려 소
> 리를 내는 막명 악기 트랙에서 가상 악기를 불러오면 다음과 같은 별도의 사운드 입력 도구가 제공됩니다.

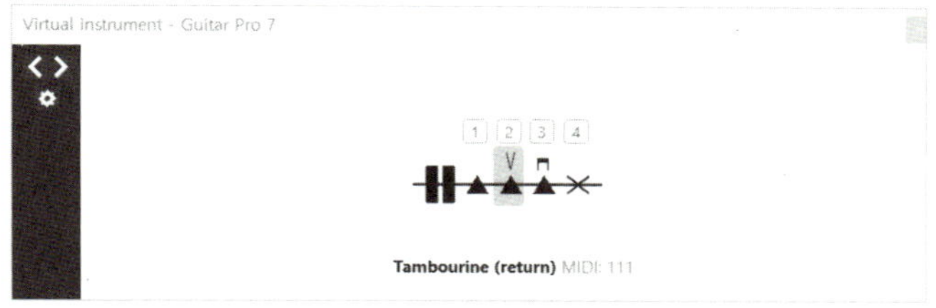

가상 악기가 나타나면 창의 왼쪽에 있는 톱니바퀴 모양의 옵션 버튼을 클릭해 **[Option]** 설정 창을 띄웁니다. **[Option]** 설정 창에서 **[Scale]** 항목을 **[On]**으로 설정하고 'Major'라 고 적힌 네모 박스를 클릭해 **[SCALES]** 창을 불러옵니다.

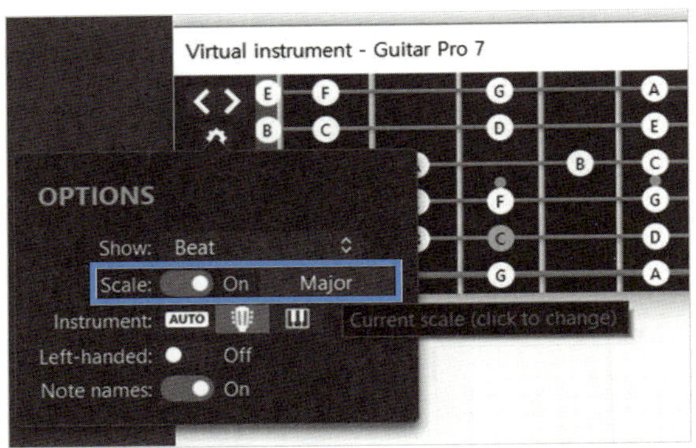

2) 스케일 설정하기

스케일 설정 창에서 1,000개 이상의 다양한 스케일을 선택하고 적용할 수 있습니다. 스 케일 창의 구성은 다음과 같습니다.

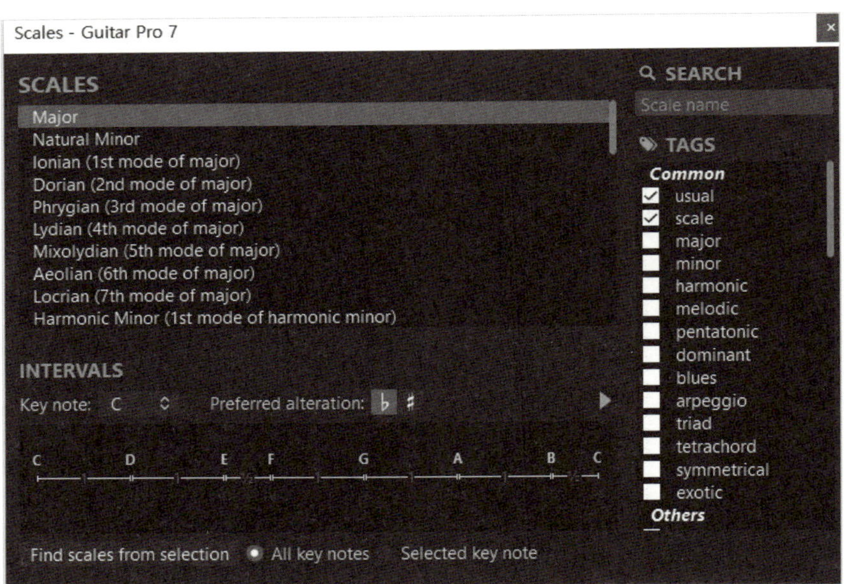

- **[SCALES(스케일)]**: 스케일 설정 창의 왼쪽 위쪽에 스케일의 이름들이 표시됩니다.
- **[INTERVALS(음정)]**: 선택한 스케일의 1도부터 8도까지 음들의 반음, 온음 간격을 표로 보여줍니다.
  - **Key note(근음)**: 스케일의 근음을 지정합니다.

- **Preferred alteration(#, b 표시)**: 반음에 해당하는 음들을 G#처럼 샤프(#)로 표시 할지, Ab처럼 플랫(b)으로 표시할지 지정합니다.
  - **재생**: 오른쪽에 있는 삼각형을 누르면 해당 스케일의 음들이 연주됩니다.
- **[SEARCH(검색)]**: 스케일 이름 중 일부 키워드를 입력하면 왼쪽의 스케일 목록에 해당 키워드와 관련된 스케일 목록들이 실시간으로 나타납니다.
- **[TAGS]**: 태그는 검색의 범위를 좁히기 위해 사용하는 일종의 필터 같은 것입니다. 예를 들어 **[SEARCH]** 창에 'Natural'을 입력하고, **[TAGS]** 옵션에서 'minor' 옵션을 선택하 면 왼쪽 스케일 창에 'Natural minor' 스케일이 나타납니다. **[Search]** 창을 비워놓고 태그 옵션만 선택할 수도 있습니다.
- **[Find scale from selection]**: 악보의 음표 중 일부를 선택한 다음, 이 옵션을 선택하 면 해당 음표들과 잘 어울리는 스케일을 찾아 표시해줍니다.

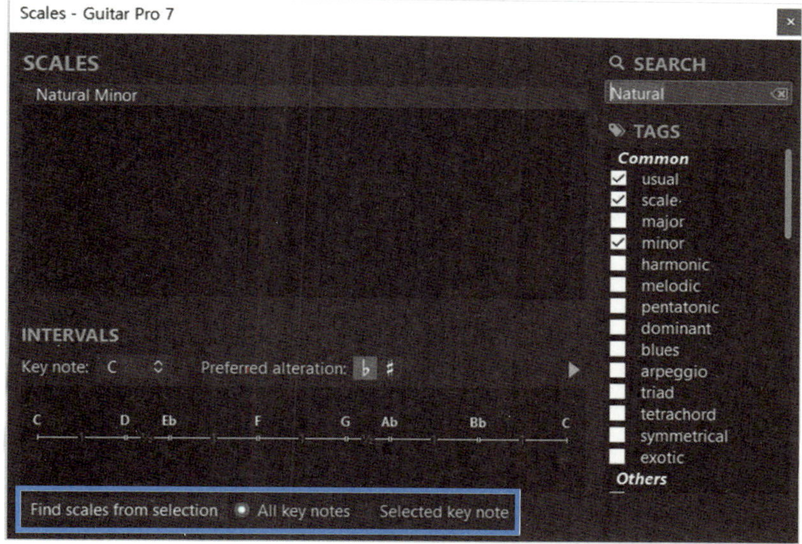

- **All key notes**: 근음에 상관없이 해당되는 스케일을 모두 보여줍니다.
  - **Selected key note**: **[INTERVALS]** 섹션의 **[Key note]** 항목에서 선택한 근음에 해 당하는 스케일만 선별해 보여줍니다.

3) Key note(근음) 정하기

[Key note]는 스케일의 근음을 설정하는 곳으로, 여기서 근음을 설정하면 **[INTERVALS]** 창에 스케일에 그 음을 근음으로 사용되는 음계들이 나타나고, 그 스케일에 해당하는 음들이 가상 악기 위에 모두 표시됩니다. 현재 커서 위치에 음표가 있는 경우에는 그 위치의 음들은 가상 악기 위에서 노란색으로 강조됩니다.

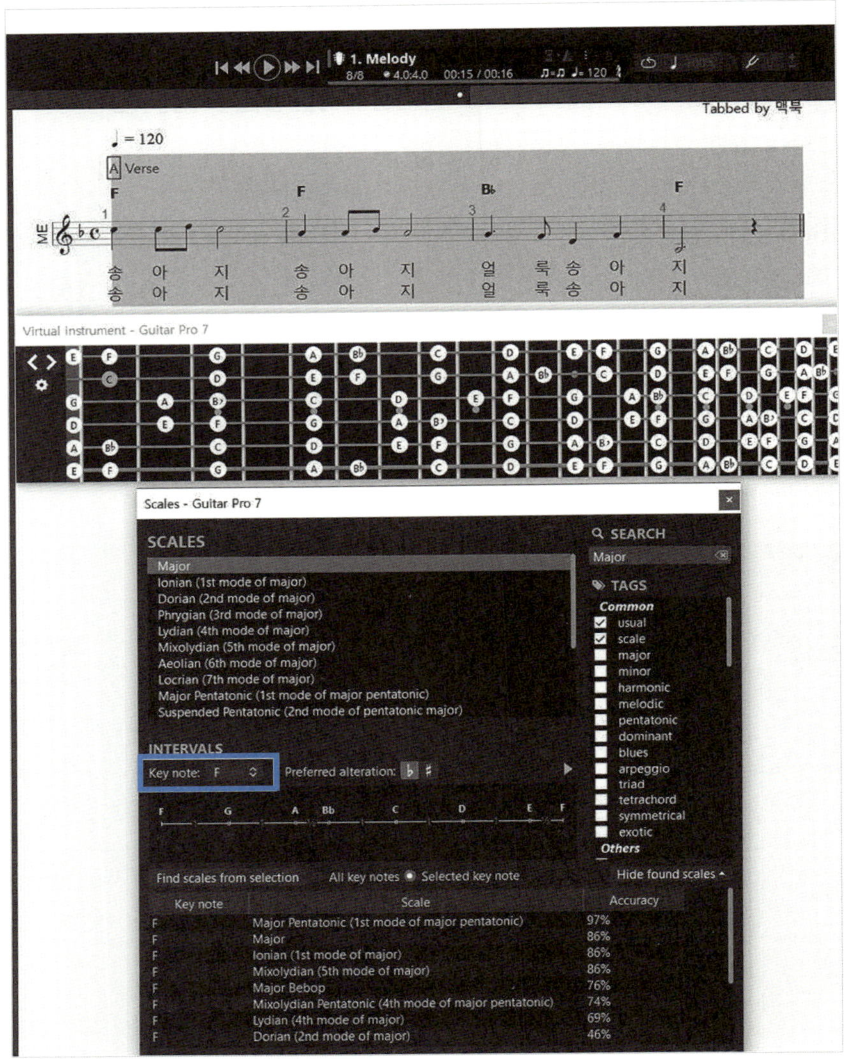

Key note	Scale	Accuracy
F	Major Pentatonic (1st mode of major pentatonic)	97%
F	Major	86%
F	Ionian (1st mode of major)	86%
F	Mixolydian (5th mode of major)	86%
F	Major Bebop	76%
F	Mixolydian Pentatonic (4th mode of major pentatonic)	74%
F	Lydian (4th mode of major)	69%
F	Dorian (2nd mode of major)	46%

예를 들어 [A] 음을 [Key note]로 선택하고, [Natural minor] 스케일을 선택하면 가상 건
반이나 가상 기타 위에 'A Natural minor' 스케일의 구성 음들이 악기 위에 표시됩니다.
이 표시된 음들을 보면서 음을 선택하면 스케일에 어긋나지 않는 음들을 선택해 음표들을
입력할 수 있습니다. 이런 스케일 기능은 작곡이나 솔로 멜로디를 만들 때에도 유용하게
사용됩니다. 또 스케일을 연습할 때에도 이런 가상 악기 창을 띄워놓고 가상 악기 위의 음
들을 눈으로 확인하면서 하면 효과적입니다.

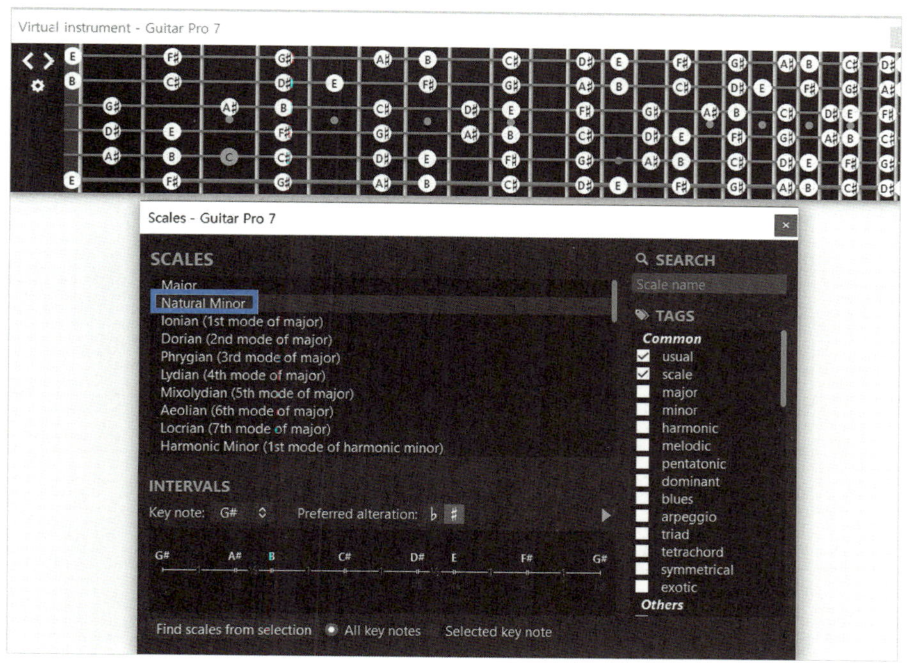

[Key note]가 반음일 경우에는 [Preferred alteration(#, b 표시)]에서 반음을 [#]로 표시할지 [b]으로 표시할지 정해야 합니다. 예를 들어 G#을 근음으로 사용할 때 [#]를 선택하면 스케일 안의 모든 반음들이 모두 '#'으로 표시됩니다. 반면에 [b]을 선택하면 G#이 Ab으로 자동으로 바뀌고 스케일 안의 반음들이 모두 'b'으로 표시됩니다.

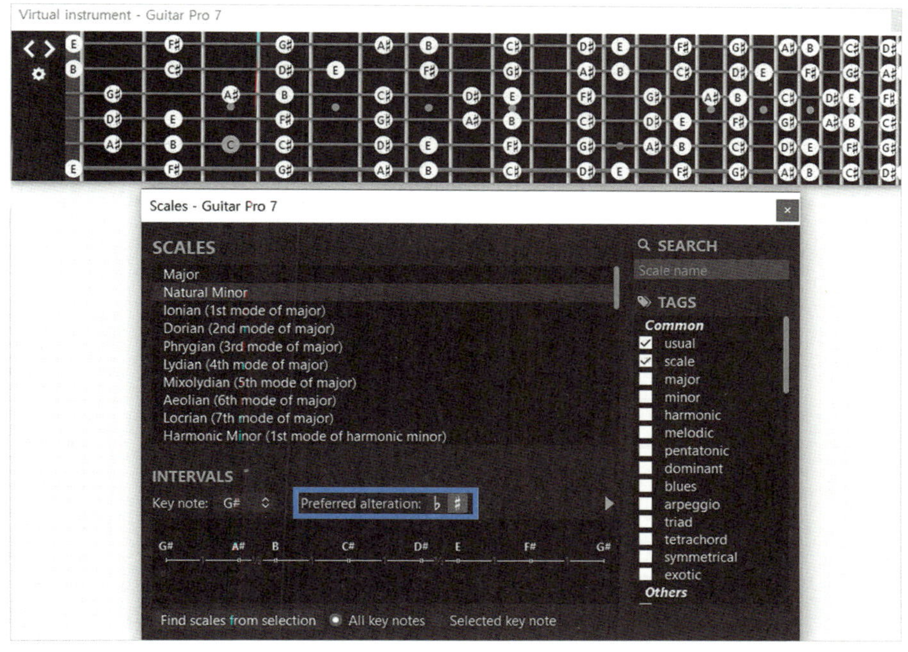

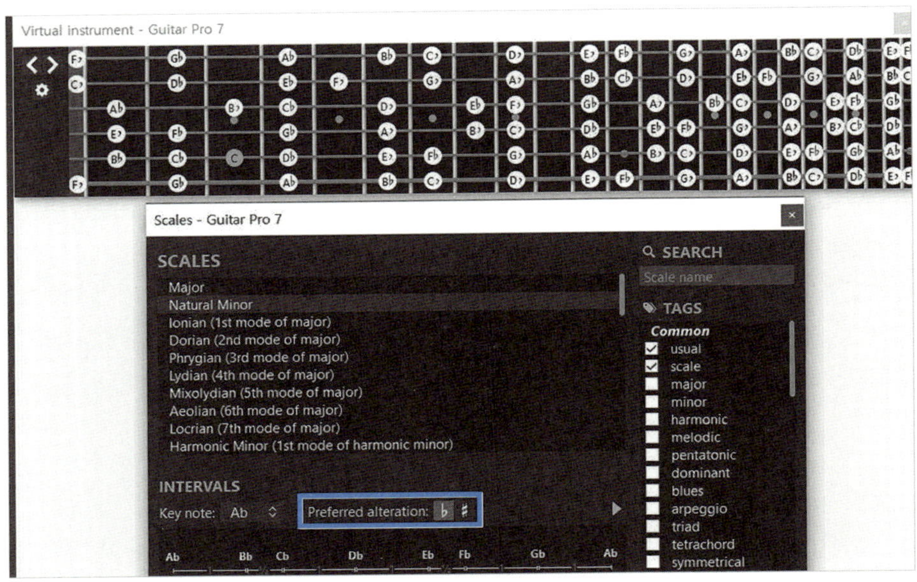

가상 악기 창의 가장자리를 클릭하고 드래그하면 가상 악기 창의 크기를 키우거나 줄일 수 있습니다.

2 악보에 사용된 스케일 분석하기

기타 프로의 스케일 엔진을 활용해 해당 곡에 어울리는 스케일이 무엇인지 찾을 수도 있습니다. 이 기능을 이용하려면 먼저 악보에서 특정 구간을 마우스로 드래그해 선택해야 합니다. 악보의 일부를 마우스로 드래그해 선택하고 스케일 창에서 **[Find scales from selection]** 버튼을 클릭하면 기타 프로는 그 음들에 톤과 가장 어울리는 스케일의 목록을 정확도 순서대로 보여줍니다.

예를 들어 **[F]** 키 노래인 **[얼룩 송아지]** 전체 마디를 구간으로 선택한 후, 어울리는 스케일을 찾아보겠습니다.

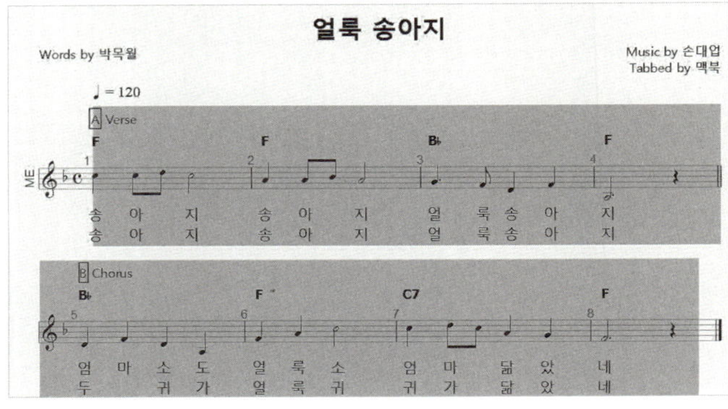

- 먼저 키보드에서 Ctrl + F6 으로 가상 악기를 띄웁니다.
- 가상 악기 창의 왼쪽에서 Option 버튼을 클릭합니다.
- 옵션 펼침 목록에서 [Scale] 항목을 [On]으로 설정합니다.
- [Major]라고 적힌 상자를 클릭해 스케일 설정 창을 띄웁니다.
- [INTERVALS] 섹션의 [Key note] 항목에서 이 곡의 조인 [F]를 선택합니다.
- [Find scale from selection] 버튼을 클릭합니다.
- 하단에 해당 범위의 음들과 가장 잘 어울리는 순서대로 스케일 목록이 나타나고, 이름 옆에 정확도를 퍼센트로 표시합니다.

이 악보의 경우에는 [Major Pentatonic] 스케일이 가장 잘 어울리는 것으로 나타났습니다. 이어서 [Major], [Ionian] 스케일 등도 잘 어울리는 것으로 분석되었습니다.

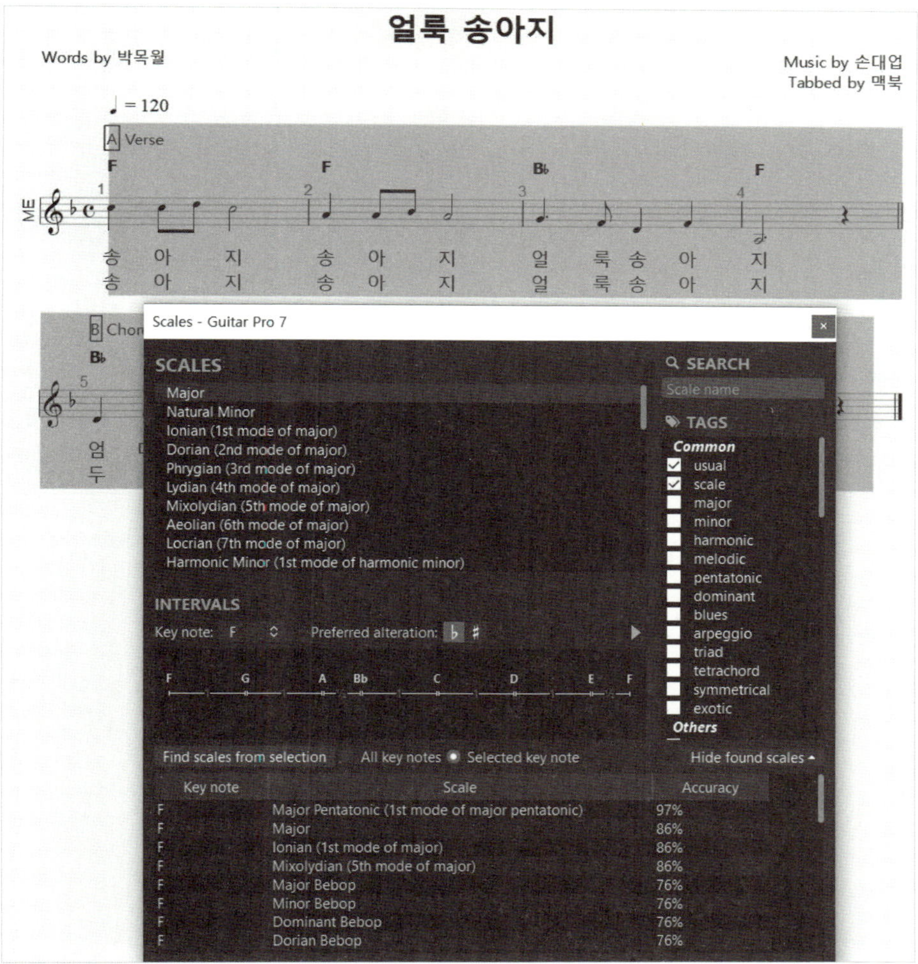

참고

옵션 가운데 [All key notes(모든 근음)]를 선택하면 모든 키의 스케일을 보여주고, [Selected key notes(선택한 근음)]를 선택하면 내가 [Key note]에서 설정한 음을 근음으로 사용하는 스케일 목록만 보여줍니다.

만약 이런 방법으로 찾은 스케일을 연주해봤을 때 노래와 잘 어울리지 않는다면 악보의 중간 어딘가에 기본 스케일에서 벗어난 톤의 변화가 있기 때문일 수 있습니다. 그런 경우에는 변화되는 부분이 어디인지 귀로 들으면서 찾아보고, 그 부분을 제외한 나머지 마디들을 선택해 스케일 분석의 범위를 좁혀보세요.

가상 악기로 입력하기

1 가상 악기란?

가상 악기Virtual instruments란 프로그램 안에서 기타 지판이나 피아노 건반을 보면서 음표를 입력할 수 있게 도와주고, 반대로 악보에 입력한 음이 실제 악기 위에서는 어느 위치인가를 시각적으로 보여주는 유용한 작업 도구입니다. 기타 프로는 가상 기타, 가상 건반, 가상 드럼 세 가지의 가상 악기를 제공합니다.

가상 기타나 건반 위에서 어느 위치에 마우스를 올리면 그 위치에 해당하는 음 이름이 가상 악기 위에 표시되고, 그 위치에서 왼쪽 마우스를 클릭하면 해당 음이 악보에 입력되고 커서는 제자리에 머뭅니다. 한편 오른쪽 마우스를 클릭하면 해당 음이 악보에 입력되고 커서가 자동으로 다음 비트로 이동합니다.

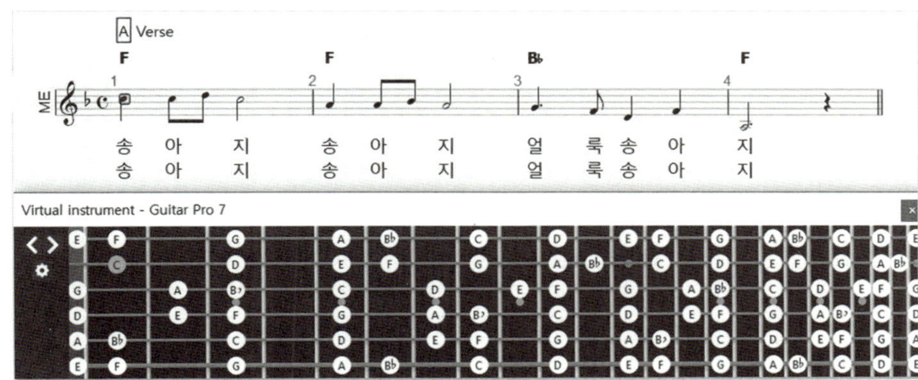

가상 악기 창의 위에 있는 좌우 화살표를 클릭해 악보상에서 커서의 위치를 이동할 수 있습니다. 또한 사용자들은 가상 악기를 통해 스케일을 확인하며 작업할 수 있습니다. 이렇게 가상 악기를 이용해서 악보를 만들거나, 작곡, 편곡 작업을 하거나, 지판이나 건반을 보면서 곡을 연습할 수 있습니다.

2 가상 악기 불러오기

가상 악기는 다음과 같이 세 가지 방법으로 불러올 수 있습니다.

- 키보드에서 Ctrl + F6 을 누릅니다.
- 메뉴 그룹에서 [View] ▶ [Show Virtual instruments]를 클릭합니다.
- 작업 창 위 오른쪽에 있는 기타 모양 아이콘 [(Show/hide virtual instruments)]를 클릭합니다.

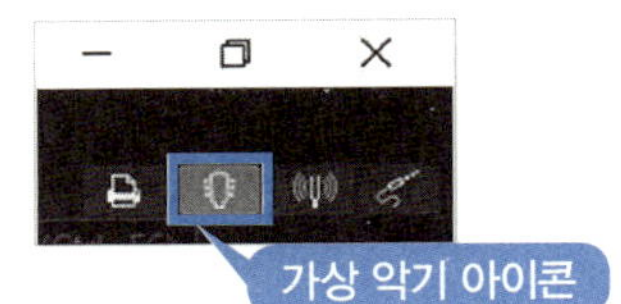

현재 커서가 위치한 트랙이 어떤 악기 트랙이냐에 따라 자동으로 세 가지 종류의 가상 악기 중 하나가 나타납니다. 예를 들어 기타, 베이스, 바이올린, 우쿨렐레, 벤조 등과 같이 프렛의 구분이 있는 현악기들은 자동으로 가상 기타, 그 외에 관악기, 건반악기 등 프렛의 구분이 없는 대부분의 악기 트랙에서는 가상 건반, 드럼 트랙에서는 가상 드럼이 나타납니다.
가상 악기 위에서 튜닝이나 카포 옵션은 인스펙터 창의 [TRACK] 탭에서 사용자가 설정한 내용대로 반영됩니다. 또한 여러 악기가 들어 있는 멀티 트랙 악보에서 다른 악기가 할당된 트랙을 선택하면 기타 프로는 즉시 그 트랙에 맞는 가상 악기로 바꿔서 표시합니다.
가상 기타의 줄 숫자(4현, 6현, 12현 등)는 트랙에 할당된 악기가 무엇이냐에 따라 자동으로 반영됩니다. 예를 들어 트랙에 할당된 악기가 4현 베이스 기타라면 가상 기타도 4현으로 표시됩니다.

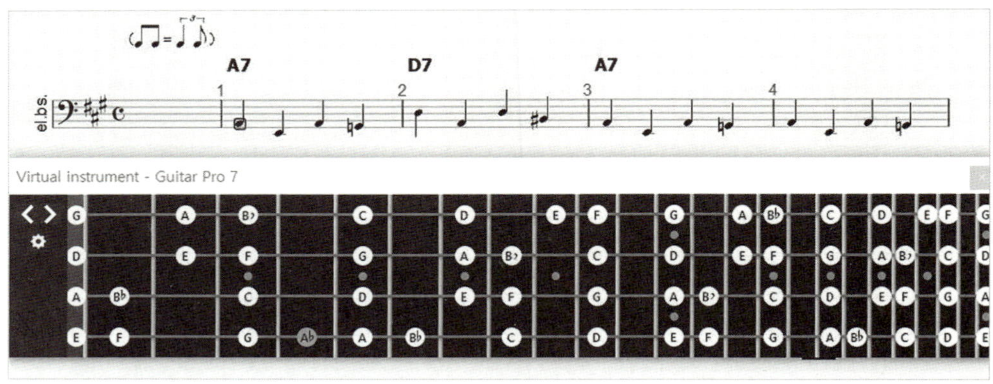

기타 프로 7부터는 가상 악기의 크기를 원하는 대로 확대하거나 축소할 수 있습니다. 가상 악기의 크기를 조절하려면 가상 악기 창의 외곽선을 마우스로 잡고 드래그합니다.

3 가상 악기의 옵션 설정하기

가상 악기 창의 왼쪽 끝에 있는 좌우 화살표를 클릭하면 악보상에서 음표의 위치가 하나씩 좌 혹은 우로 이동합니다. 톱니바퀴 모양의 **[Option]** 아이콘을 클릭하면 옵션 창이 나타나고, 여기서 가상 악기에 대한 다양한 옵션을 설정할 수 있습니다.

● **Show(보기)**

- **Beat**: 가상 악기 위에 선택한 박자에 해당하는 음을 노란색으로 강조해서 보여줍니다.

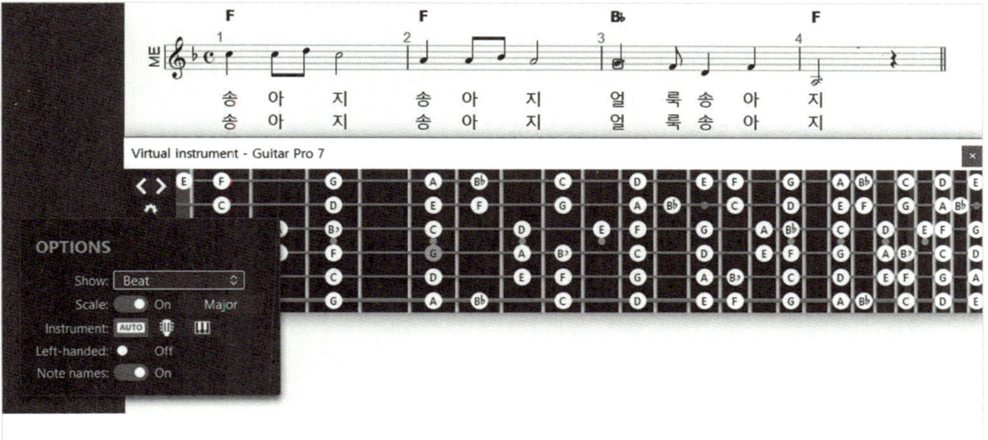

- **Beat + Next Beat**: 커서 위치의 박자와 다음 박자 두 개의 음을 가상 악기 위에 강조해 보여줍니다. 가상 기타의 경우에는 해당 스케일의 구성 음들을 흰색 동그라미로 표시합니다. 그리고 커서 위치의 음표는 노란색으로 채운 동그라미로 강조해 보여주고, 다음 박자의 음은 흰색에 노란 테두리를 가진 동그라미로 보여줍니다. 가상 건반의 경우에는 해당 스케일의 구성 음들을 흐린 노란색 건반으로 표시합니다. 그리고 커서 위치의 음표는 짙은 노란색 건반으로 강조해 보여주고, 다음 박자의 음은 흰색에 노란 테두리를 가진 동그라미로 보여줍니다. 이 옵션은 멜로디나 솔로 연주를 할 때 다음에 눌러야 할 위치가 어딘지 미리 보여주므로 유용하게 사용할 수 있습니다.

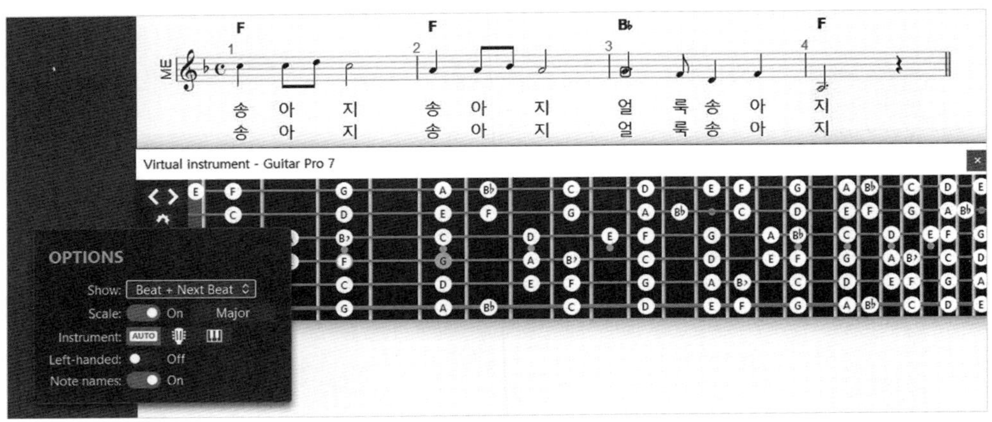

- **Beat + Bar**: 선택한 음표와 같은 마디 안에 있는 모든 음들의 위치를 보여줍니다. 커서 위치는 노란색으로 강조되고 나머지 마디 안의 음들은 노란 테두리를 가진 동그라미로 표시됩니다.

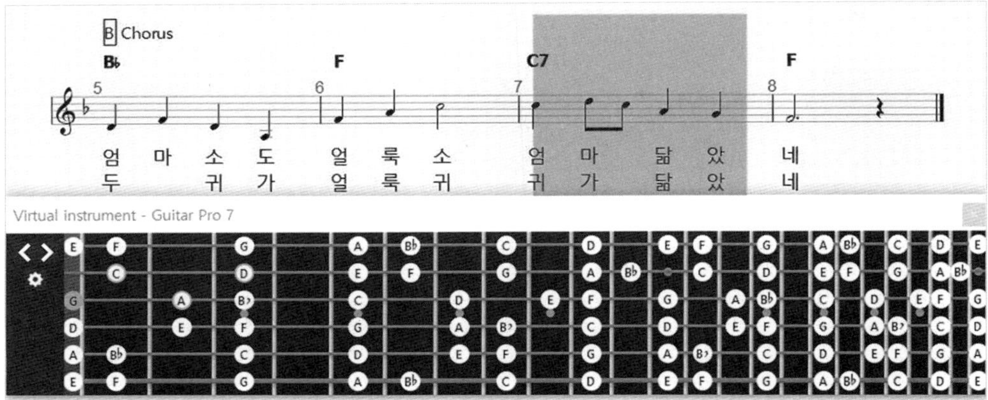

- **[Scale(스케일)]**: [Scale]을 [On]으로 설정하고 오른쪽에 있는 네모 박스를 클릭하면 스케일 창이 나타납니다. 여기서 원하는 스케일의 종류를 선택하면 그 스케일에 해당하는 음들이 가상 악기 위에 모두 표시되므로 스케일을 다 외우지 않아도 연주나 작곡에 도움을 받을 수 있습니다. 이를 이용해서 작곡, 편곡, 솔로 연주, 음표의 입력이나 연주 연습을 할 수 있습니다. 스케일에 대한 자세한 설명은 **[56. 스케일 입력하기]**편을 참고하세요.

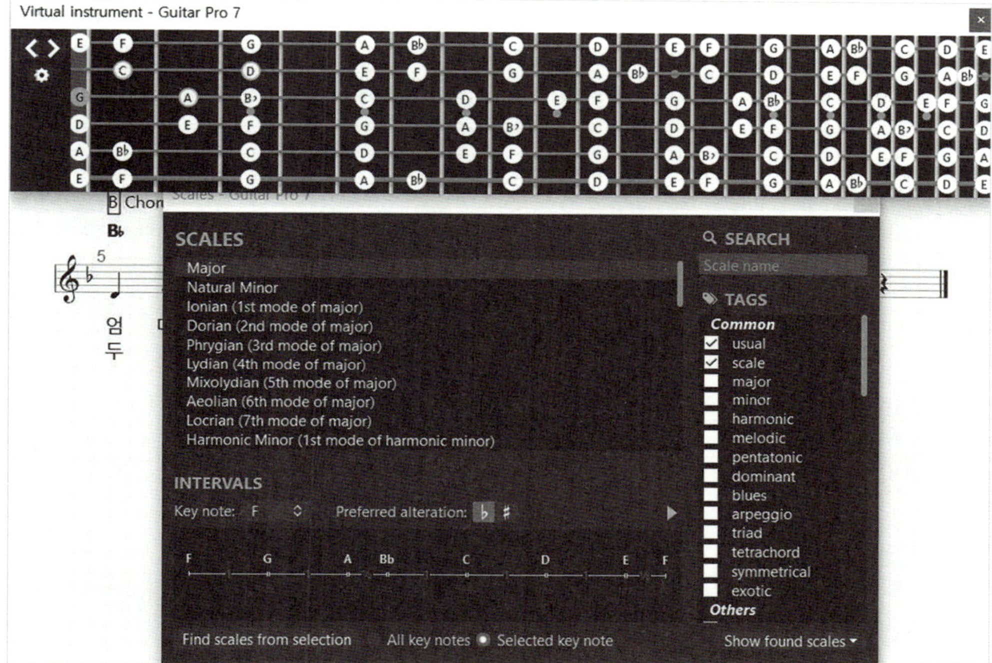

- **[Instrument(악기)]**: 가상 악기의 종류를 선택합니다.

- **Auto(자동)**: 이 옵션을 선택하면 트랙에 적용한 악기 종류에 따라 자동으로 가상 기타, 가상 건반, 가상 드럼이 나타납니다.
- **기타 아이콘**: 가상 악기를 가상 기타로 바꿔줍니다.
- **피아노 아이콘**: 가상 악기를 가상 건반으로 바꿔줍니다.

- **[Left-handed(왼손잡이용)]**: 이 옵션을 [On]으로 설정하면 가상 기타의 좌우가 바뀌면서 왼손잡이용 기타로 설정됩니다.

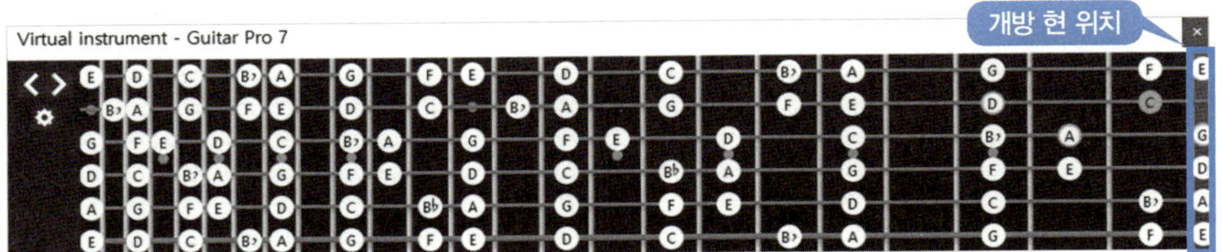

- **[Note names(음 이름)]**: 이 옵션을 [On]으로 설정하면 가상 악기 위에 음의 위치와 음 이름이 함께 표시되고, [Off]로 설정하면 음의 위치만 표시됩니다.

4 가상 악기로 음표 입력하기

사용자들은 가상 악기를 활용해서 원하는 음을 악보에 입력할 수 있고, 반대로 입력된 음이 악기 위에서 어느 위치에 해당하는지 확인할 수 있습니다. 또한 가상 악기 위에 마우스를 가져가면 그 위치의 음이 무엇인지 가상 악기 위에 표시되므로 편리하게 작업할 수 있습니다. 해당 음표의 위치가 악기 위에서 어디인지 확인하면서 음표를 입력할 수 있습니다.

① 음표 입력/삭제하기

음표를 입력하려면 가상 악기에서 원하는 지점을 클릭합니다. 한 번 클릭한 자리를 다시 클릭하면 그 음이 삭제됩니다. 반대로 가상 악기를 띄운 상태에서 악보상의 어느 위치를 클릭하거나, 음표가 입력된 위치로 커서를 가져가면 선택된 음표가 가상 악기 위에 자동으로 표시됩니다.

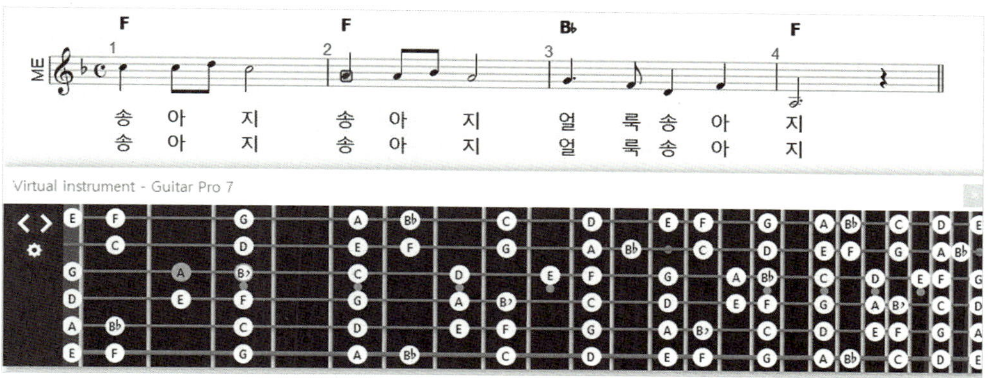

음표의 길이를 바꾸는 방법은 키보드를 이용해서 작업할 때와 같습니다.

② 입력 위치 이동하기

가상 악기의 왼쪽 끝에 있는 좌우 화살표를 클릭하면 악보상의 커서가 좌 혹은 우로 한 비트씩 이동합니다. 악보 위에서 이전 위치 혹은 다음 위치로 이동할 때 사용합니다. 이렇게 하면 컴퓨터 키보드 사용을 줄이고 마우스만으로도 음표를 입력할 수 있습니다.

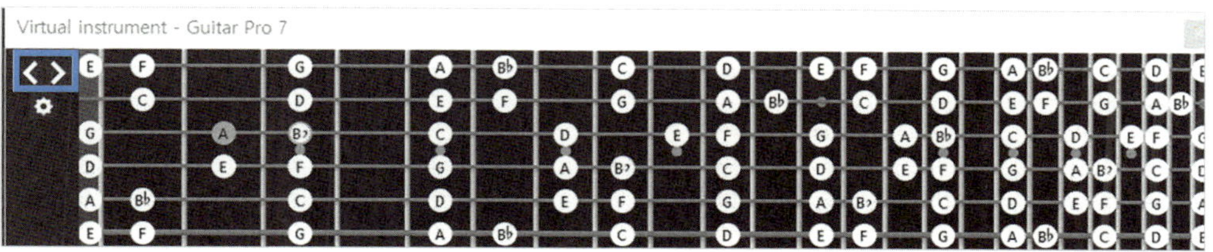

③ 같은 위치에 다른 음 입력하기

이동 버튼을 누르지 않고 한자리에서 계속 다른 음을 클릭하면 코드를 입력할 때처럼 같은 위치에 이중, 삼중으로 음이 쌓이며 입력됩니다.

④ 연속 음 입력하기

가상 악기 위의 어느 위치에서 오른쪽 마우스를 클릭하여 음표를 입력하면 해당 위치의 음이 악보에 입력되고 커서는 자동으로 악보상의 다음 비트로 이동하여 입력을 기다립니다. 이렇게 하면 이동 버튼을 사용하지 않고도 연속적으로 음표를 입력할 수 있습니다(이 기능은 가상 기타, 가상 건반에서 모두 사용할 수 없습니다).

Section
58

미디 사운드 다루기

1 미디란?

미디MIDI란 'Musical Instrument Digital Interface'의 첫 글자를 모아놓은 단어입니다. 1970년대 중반 이후 음악 장비들이 디지털로 바뀌면서, 같은 회사의 기기끼리는 연결되어 사용이 가능했지만 다른 회사 기기들 간에는 서로 다른 규격으로 생산되어 연결되지 않았습니다. 이러한 상황에서 시퀀셜 서킷Sequential Circuits 사의 데이브 스미스Dave Smith가 전자악기 제조사들에게 전자악기의 규격을 통일할 것을 제안했고, 그 후로 몇 개 회사들과 시퀀셜 서킷사의 연구진들의 협업으로 통일된 인터페이스 규격이 만들어졌습니다. 이것이 1983년 1월 NAMM(National Association of Music Merchants, 미국음악장비협회) 전시회에서 발표되었고, 이를 중심으로 미디가 발전해왔습니다.

미디는 디지털화되어 있는 음악적 정보들을 입력하거나 출력할 때 사용하는 일종의 공통 언어 프로토콜로 미디 파일 안에는 음표, 리듬, 박자, 빠르기, 악기 등 악보를 설명하는 여러 가지 정보들이 담겨 있습니다.
미디 장비는 크게 세 파트로 나뉩니다.

- **[Controller(미디 컨트롤러)]**: 미디 건반, 미디 기타처럼 연주 정보를 컴퓨터에 입력할 수 있는 입력 장치입니다.

- **[사운드모듈(혹은 미디 음원)]**: 컴퓨터의 소리를 사람이 들을 수 있게 만들어주는 출력 장치입니다.
- **[미디 인터페이스]**: 미디 악기와 컴퓨터를 연결해주는 연결 장치입니다.

음악이 만들어지는 순서를 보면, 먼저 미디 컨트롤러를 연주해서 연주 정보를 만들고, 이 것을 미디 인터페이스를 통해 컴퓨터로 보냅니다. 다시 컴퓨터가 이 디지털 정보를 출력 장치인 사운드모듈로 보내면 우리는 실제 악기 소리와 유사한 소리를 들을 수 있습니다.

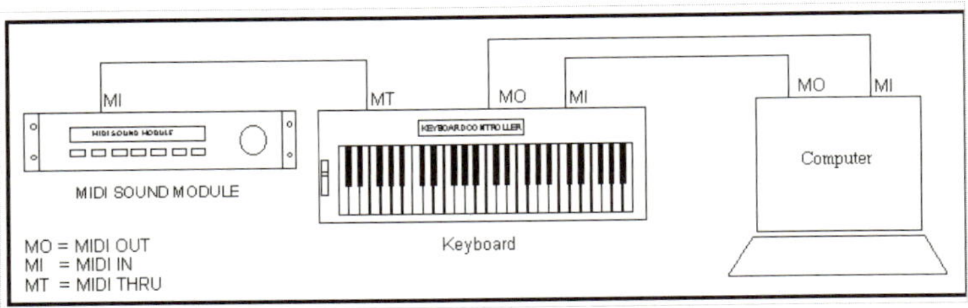

기타 프로는 이런 미디 장치를 통해 음표를 입력하거나, 기타 프로 파일의 정보를 사운드 모듈 등으로 내보낼 수 있는 미디 인터페이스를 지원합니다. 컴퓨터와 인터페이스 카드, 그 리고 미디 마스터 건반, 디지털 피아노, 신시사이저, 전자 키보드, 미디 기타처럼 미디를 지 원하는 악기를 갖고 있으면 그런 악기들과 기타 프로를 연결해서 연주, 악보 입력, 작곡, 편 곡 등의 작업을 손쉽게 할 수 있습니다.

2 미디 포트와 채널 설정하기

미디 정보는 미디 포트와 미디 채널을 통해 전달됩니다. 미 디 포트는 실제 미디 하드웨어와 연결되는 통로입니다. 하 나의 포트는 16개의 채널로 구성되어 있고, 채널마다 다른 미디 악기를 할당해 사용할 수 있습니다. 기타 프로는 총 4개의 미디 포트를 제공하고 포트당 16개씩의 채널이 제 공되므로 64가지의 서로 다른 악기 소리를 담을 수 있습 니다.

기타 프로에서는 컴퓨터와 연결된 미디 장비(마스터 키보 드, 미디 기타 등)를 통해 음표를 입력할 수 있습니다. 미디 장치를 통해 음표를 입력하려면 먼저 **[트랙 인스펙터]** 창의 **[SOUND]** 섹션에서 **[MIDI]** 탭을 클릭해 미디 모드로 전환 합니다.

미디 모드로 전환하면 **[트랙 인스펙터]** 창 아래쪽에 **[MIDI SETTINGS]** 섹션이 나타납니다. 여기서 미디 작업에 사용

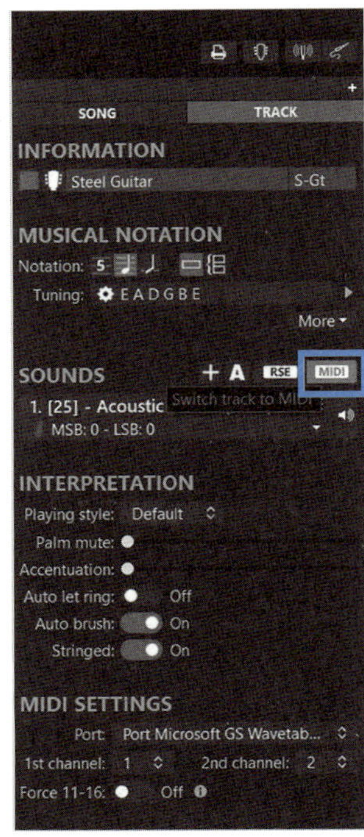

할 포트와 채널을 선택합니다. 기타 프로는 총 4개의 미디 포트와 16개의 채널을 제공합니다. 그리고 악보를 재생할 때 정교한 효과를 구현할 수 있도록 하나의 트랙에 두 개의 미디 채널 사용을 기본 값으로 설정해놓았습니다. 각 채널은 다른 채널과 독립적으로 운영됩니다.

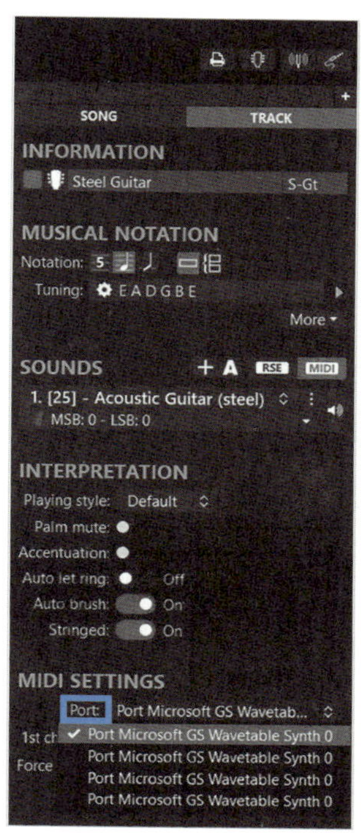

하지만 이런 방법으로 트랙별 두 개씩의 채널을 사용하다 보면 포트당 8개의 트랙밖에 커버할 수 없게 됩니다. 이렇게 되면 트랙이 아주 많은 복잡한 악보의 경우에는 같은 포트나 채널을 공유하는 트랙이 생길 수 있습니다. 포트와 채널을 공유하면 각 트랙의 오디오 속성(악기, 볼륨, 좌우 패닝 효과 등)들이 서로 연결되어 동시에 적용됩니다. 그래서 여러 개의 트랙을 사용하는 악보라면 트랙당 두 개가 아니라 하나의 채널을 사용하는 것이 좋습니다.

퍼커션 트랙은 미디 규칙에 따라 전통적으로 10번 채널에 할당됩니다.

기타의 경우, 하나의 트랙 안에서 기타의 여섯 줄이 각각 다른 채널을 사용하게 만들려면 트랙 인스펙터의 [MIDI SETTINGS] 섹션에서 [Force 11-16] 항목을 [On]으로 설정합니다. 이렇게 하면 동시에 기타의 여러 줄에 다른 벤딩 효과를 주는 소리 같은 것을 만들 수 있습니다.

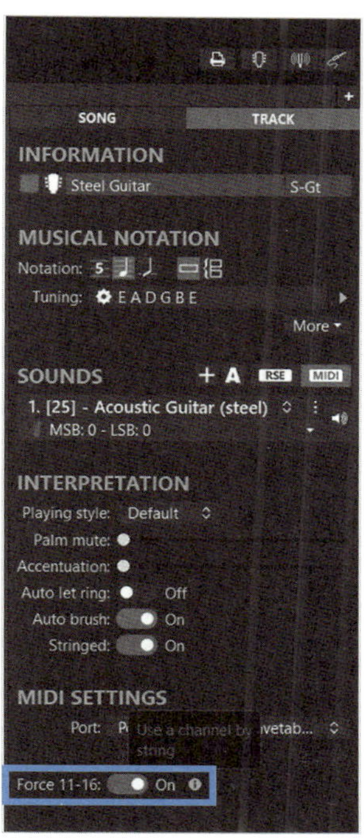

[트랙 인스펙터] 창의 [SOUND] 섹션에서 [MIDI] 탭을 클릭해 미디 모드로 전환하면 [MIDI SETTINGS] 섹션에
미디 포트와 채널을 설정하는 옵션이 나타나고 이를 통해 트랙에 사용할 포트와 채널을 설정할 수 있습니다.

3 미디 출력 설정하기

기타 프로에서는 동시에 4개의 미디 출력 포트를 사용할 수 있습니다. 그리고 각각의 포트
에 다른 미디 디바이스를 연결할 수 있습니다. 항상 가장 좋은 미디 디바이스를 포트 1번
에 연결하세요. 왜냐하면 기타 프로가 새로운 트랙을 만들 때 1번 포트가 기본 값으로 설
정되기 때문입니다.

악보를 미디 사운드로 재생하려면 메뉴 그룹에서 [Sound] ▶ [Switch all tracks to Midi]
를 클릭한 다음, 트랙 인스펙터에서 선택한 트랙에 적용할 미디 옵션을 정합니다. 또는 [트
랙 인스펙터] 창의 [SOUND] 탭에서 [MIDI] 탭을 클릭한 다음 적용할 미디 옵션을 선택해
도 됩니다.

악보를 재생할 때 미디 모드를 기본 값으로 사용하도록 설정할 수도 있습니다. 이렇게 하
려면 메뉴 그룹에서 [File] ▶ [Preferences]를 클릭하고, [General] 탭에 있는 [When
opening and create a file:] 항목에서 [Force playback with 미디]를 선택합니다.

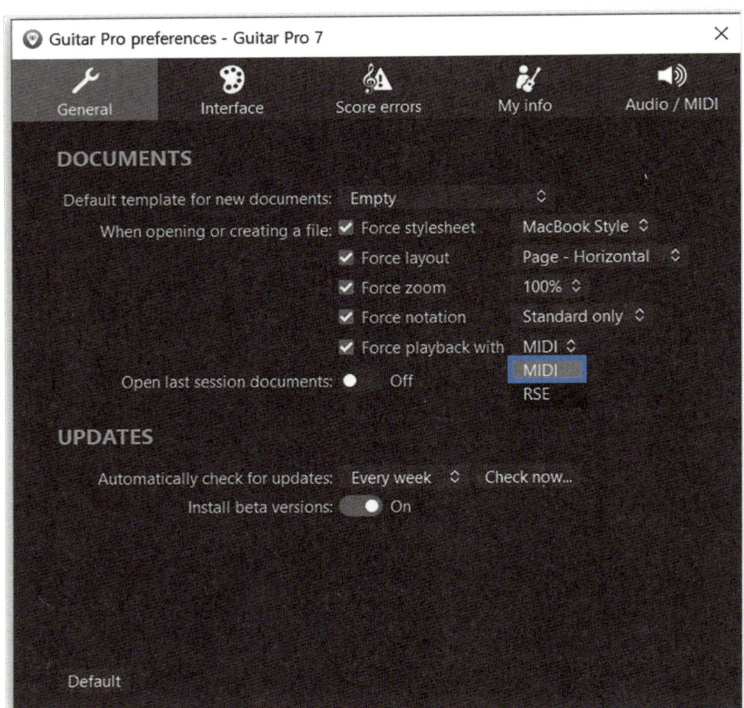

 참고

기타 프로의 사운드 적용은 트랙 단위로 설정되므로 어느 트랙은 미디 사운드로, 어느 트랙은 RSE 사운드로 재생하도록 설정할 수 있습니다.

기타 프로에서 작업하기

Guitar
Pro

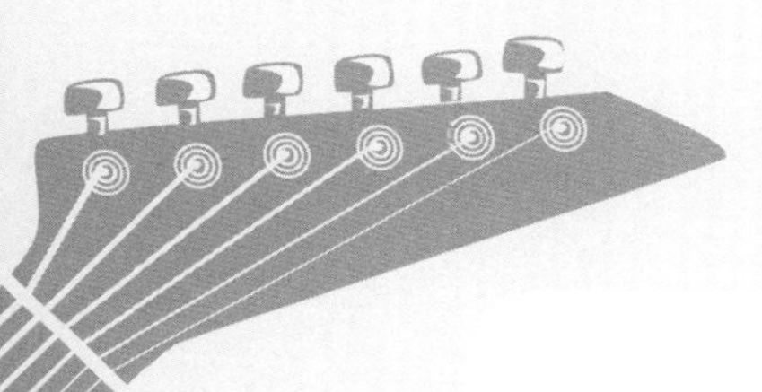

악보 사용하기

Section 59

파일 불러오기

기타 프로에서 악보를 만들거나, 만들어진 악보 파일을 재생하려면 먼저 기타 프로 파일을 불러와야 합니다. 기타 프로는 여러 버전의 프로그램이 있고, 버전마다 파일의 확장자가 조금 다릅니다. 또한 기타 프로는 다양한 확장자를 지닌 다른 파일들도 불러올 수 있습니다.

1 기타 프로의 확장자

기타 프로 7에서는 [*.GP]라는 파일 확장자를 사용합니다. 참고로 이전 버전에서는 다음과 같은 확장자가 사용됩니다.

- **GPT**: 기타 프로 1, 2 버전
- **GP3**: 기타 프로 3 버전
- **GP4**: 기타 프로 4 버전
- **GP5**: 기타 프로 5 버전
- **GPX**: 기타 프로 6 버전

기타 프로 7에서는 위에 열거한 모든 버전의 기타 프로 파일을 열 수 있습니다. 메뉴 그룹에서 **[File]** ▶ **[Open]**을 클릭해 파일을 불러오는 창을 띄웁니다. 가지고 있는 파일을 찾아 선택하고 **[OK]**를 누르면 악보가 열립니다.

다만, 상위 버전의 프로그램에서는 모든 하위 버전의 파일들을 불러올 수 있지만 하위 버전의 프로그램에서는 상위 버전에서 작성된 파일을 불러오지 못합니다. 만약 기타 프로 7 버전에서 작성한 파일을 기타 프로 6에서 열 수 있도록 하위 버전용으로 저장하려면 메뉴 그룹에서 **[File] ▶ [Export] ▶ [GPX...]**를 클릭하고 저장하세요.

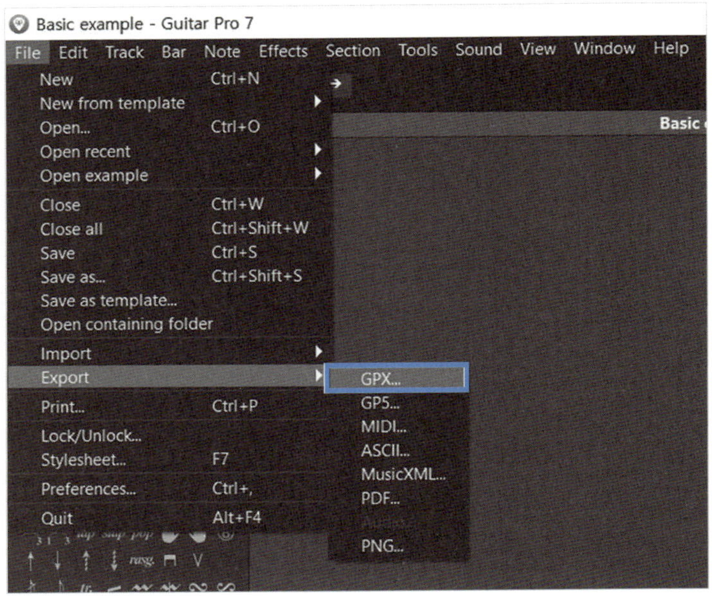

최근에 열었던 파일을 다시 열려면 **[File] ▶ [Open recent]**를 클릭합니다.

2 기타 프로에서 사용 가능한 파일 종류

기타 프로는 기타 프로 파일뿐 아니라 아래의 확장자를 가진 외부 파일들도 불러와서 작업할 수 있습니다.

- 기타 프로(.gpx)
- MIDI
- MusicXML
- TablEdit
- ASCII
- PowerTab

이런 확장자를 가진 파일을 기타 프로로 불러오려면 메뉴 그룹에서 **[File] ▶ [Import]**를 클릭하고 원하는 파일을 찾아 불러옵니다.

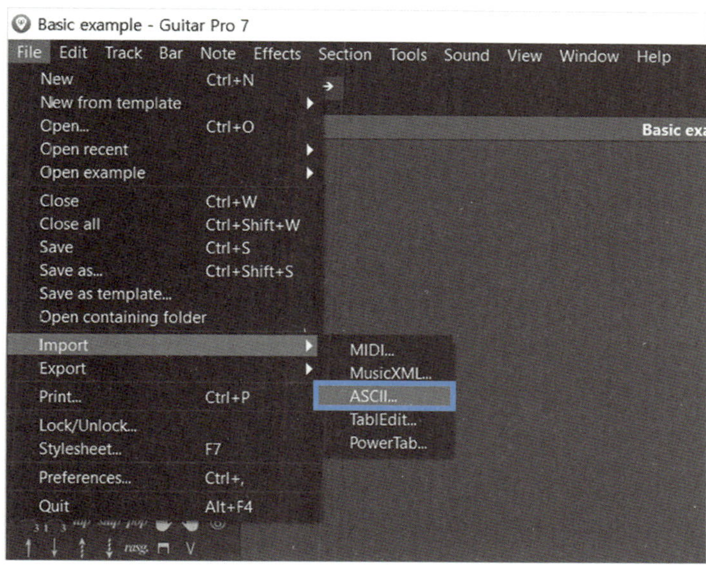

3 기타 프로 파일 찾기

인터넷을 조금만 검색해보면 기타 프로에서 재생 가능한 악보를 쉽게 찾을 수 있습니다. 파일을 내려받아서 컴퓨터에 저장해놓으면 **[File]** ▶ **[Open]** 메뉴를 통해 쉽게 불러올 수 있습니다.

기타 프로 파일 악보를 가장 많이 보유하고 있는 사이트는 'ultimate-guitar.com'입니다.

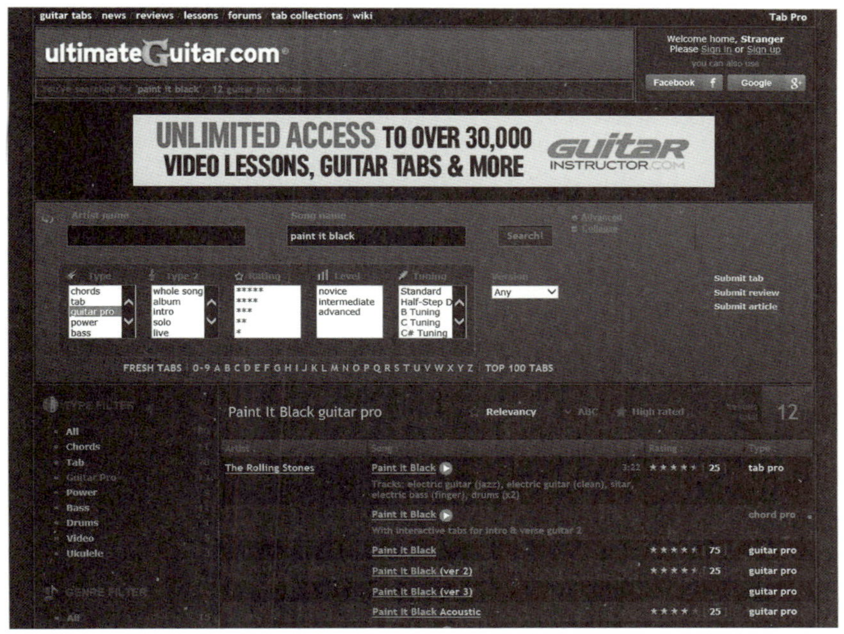

이 사이트에 가면 코드 악보, 타브 악보, 기타 프로 악보, 아스키 악보 등 다양한 악보를 찾을 수 있습니다. 다만 미국 사이트라서 팝, 록 등의 악보는 거의 없는 것이 없을 정도로 많지만 아쉽게도 가요 악보는 없습니다.

한편 완성도 높은 기타 프로 악보를 찾는다면 기타 프로를 만든 아로바스 뮤직에서 직접 운영하는 mySongBook 사이트에서 검색해보십시오. 기타 프로는 전문 뮤지션들이 직접 채보한 고품질의 기타 프로 악보를 제작해 판매합니다. 사이트는 'http://www.mySongBook.com'입니다.

mySongBook에 대한 자세한 설명은 **[78. mySongBook에서 악보 받기]**편을 참고하세요.

초기 버전의 기타 프로 6 프로그램에서는 파일 이름이 한글로 되어 있거나, 파일 경로에 한글 이름의 디렉터리가 하나라도 있으면 오류가 발생하고 파일이 열리지 않습니다. 즉 기타 프로 악보가 [C:\악보\ABC.gp5]처럼 디렉터리 이름에 한글이 들어 있거나, [C:\Score\가나다.gp5]처럼 파일 이름에 한글이 들어 있으면 안 됩니다. 이럴 경우에는 [C:\Scores\ABC.gp5]처럼 파일과 디렉터리 이름을 모두 영문으로 바꿔야 합니다. 이 문제는 기타 프로 6의 버그 패치 버전부터는 모두 해결되었습니다. 물론 기타 프로 7에서도 이런 문제는 발생하지 않습니다. 혹시 아직도 이런 문제가 나타나는 분들은 프로그램 버전을 업데이트하세요.

악보 위에서 이동하기

기타 프로 악보에서는 쉽게 한 위치에서 다른 위치로 이동할 수 있습니다. 특히 곡의 길이가 길거나, 구성 악기가 많은 밴드 악보 등은 페이지 수가 꽤 많기 때문에 악보의 한 위치에서 다른 위치로 빠르게 이동하기가 쉽지 않습니다. 그래서 기타 프로는 악보 위에서 특정 지점으로 이동하는 쉽고 다양한 방법을 제공합니다.

1 마우스 클릭하기

악보의 특정 지점을 클릭하면 편집 커서가 클릭한 위치로 이동합니다. 클릭한 위치에 노란색 사각형이 표시되고, 이 상태에서 재생을 하면 그 지점부터 재생됩니다. 또한 악보를 재생하는 도중에 다른 위치를 클릭하면 재생을 중지하지 않고 새로 지정한 지점부터 바로 재생됩니다.

2 [Soundboard] 이용하기

작업 창 아래의 [사운드보드]에서 이동하려는 트랙의 이름을 클릭하면 편집 커서가 현재 트랙에서 커서가 있었던 마디와 같은 마디의 첫 박자로 이동합니다. 예를 들어 A 트랙의 3마디 1박 위치에 커서가 있는 상태에서 [사운드보드] B 트랙을 클릭하면 B 트랙의 3마디 1박 위치로 커서가 이동합니다.

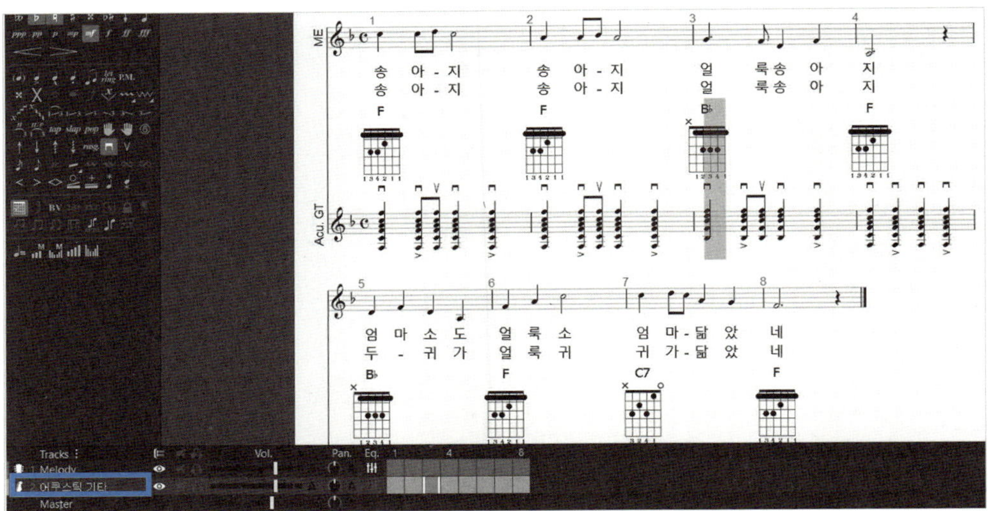

3 [Global View] 이용하기

특정 트랙의 특정 마디로 이동하려면, 작업 창 아래의 [글로벌 뷰]에서 원하는 트랙의 원하는 마디에 해당하는 네모 박스를 클릭합니다. 사용자가 섹션 기능을 이용해서 섹션을 만들면 그 지점에 일종의 이정표 같은 마커Markers가 삽입되고, [글로벌 뷰]의 마스터 트랙에 섹션 이름들이 나타납니다. 마우스로 섹션 이름을 클릭하면 섹션 사이를 빠르게 이동할 수 있습니다.

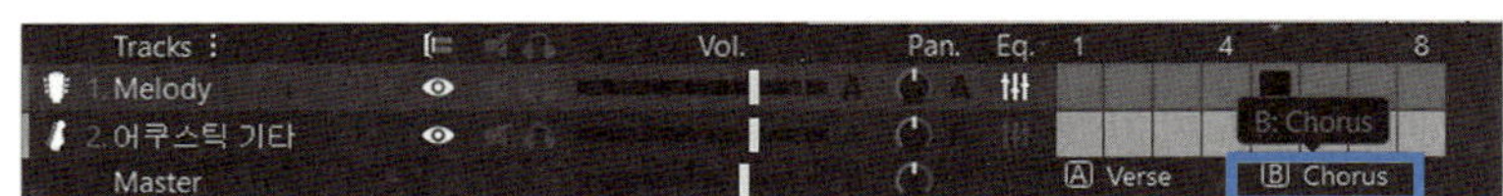

4 [Markers] 이용하기

섹션 기능을 이용해서 섹션을 만들면 그 지점에 일종의 이정표 같은 [마커]가 삽입됩니다. 이 [마커]를 활용해서 악보의 서로 다른 섹션 사이를 빠르게 이동할 수 있습니다.

- **[Edit] 메뉴 활용하기**: 메뉴 그룹에서 [Edit] ▶ [Go to...] 를 클릭하면 작은 창이 하나 나타납니다. 창 안에 있는 옵션 가운데 [Go to bar]에 체크하고, 가고자 하는 마디를 선택한 다음, [OK] 버튼을 누르면 지정한 마디로 바로 이동합니다. 한편 창 안에 있는 옵션 가운데 [Go to section]에 체크하고, 가고자 하는 섹션을 선택한 다음, [OK] 버튼을 누르면 지정한 섹션으로 바로 이동합니다.

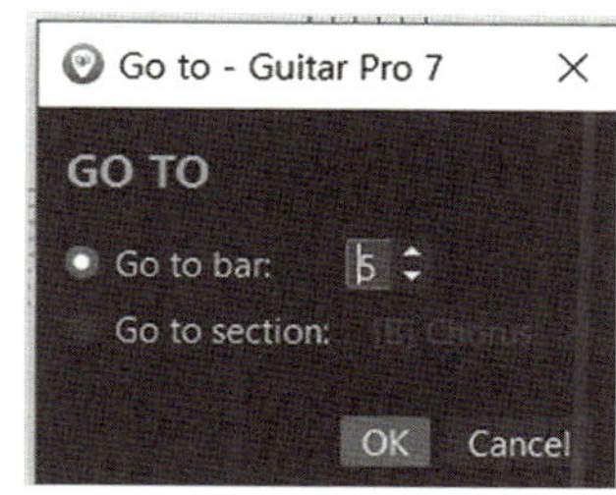

- **[Section] 메뉴 활용하기**: 메뉴 그룹에서 [Section] 탭을 클릭하면 펼침 메뉴가 뜨고, 작은 창이 하나 나타납니다. 창 안에 있는 옵션 가운데 [Go to bar]에 체크하고, 가고자 하는 마디를 선택한 다음, [OK] 버튼을 누르면 지정한 마디로 바로 이동합니다. [Go to section]에 체크하고, 가고자 하는 섹션을 선택한 다음, [OK] 버튼을 누르면 지정한 섹션으로 바로 이동합니다.

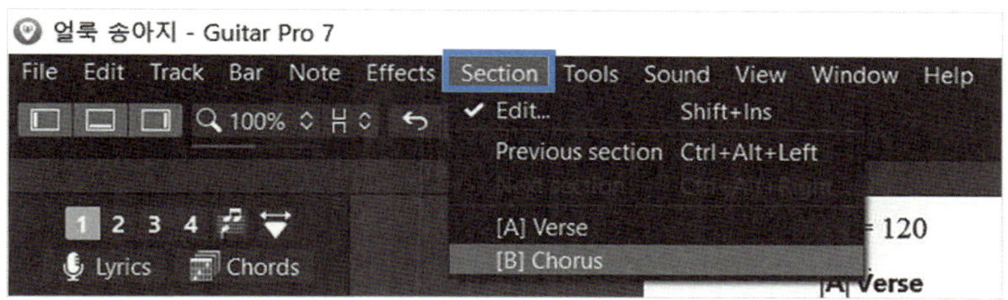

5 단축키 이용하기

키보드상에서 단축키를 사용해 음표와 음표, 마디와 마디, 트랙과 트랙 사이를 쉽게 오갈 수 있습니다. 다음은 트랙과 관련해 사용할 수 있는 단축키 목록입니다.

기능		단축키	비고(설명)
Add	추가	Ctrl + Shift + Insert	악보 트랙에서 추가 창을 연다.
Erase	삭제	Ctrl + Shift + Delete	선택한 악보 트랙을 삭제한다.
Move up	위로 이동	Ctrl + Alt + ↑	선택한 악보 트랙을 위로 이동시킨다.
Move down	아래로 이동	Ctrl + Alt + ↓	선택한 악보 트랙을 아래로 이동시킨다.
Properties	속성	F6	스트링 수, 슬래시, 표준 악보 등 설정 창이 열린다.

다음은 악보 탐색과 관련된 단축키 목록입니다.

기능		단축키	비고(설명)
Add	추가	Ctrl + Shift + Insert	악보 트랙에서 추가 창을 연다.
Erase	삭제	Ctrl + Shift + Delete	선택한 악보 트랙을 삭제한다.
Move up	위로 이동	Ctrl + Alt + ↑	선택한 악보 트랙을 위로 이동시킨다.
Move down	아래로 이동	Ctrl + Alt + ↓	선택한 악보 트랙을 아래로 이동시킨다.

참고

기타 프로 6에서 제공되던 네비게이터 기능은 기타 프로 7 버전에서는 사라졌습니다.

디스플레이 설정하기

기타 프로의 장점들을 잘 활용하려면 악보를 보는 방법인 디스플레이 옵션을 잘 선택해야 합니다. 작업 창과 위의 **[사운드 툴바]**를 제외한 모든 요소들은 사용자의 필요에 따라 감추거나 보이게 할 수 있습니다. 이를 통해 작업 창을 더 넓게 사용할 수도 있고, 특히 재생 모드에서 더 많은 악보를 한꺼번에 볼 수 있습니다.

기타 프로의 디스플레이 모드를 설정하는 방법은 작업 창 상단 툴바에 있는 아이콘을 활용하거나 메뉴 그룹의 메뉴를 활용합니다.

1 툴바 아이콘을 활용한 디스플레이 설정

기타 프로의 작업 창 상단에 있는 툴바의 왼쪽을 보면 몇 개의 아이콘이 보입니다. 각 아이콘의 뜻과 기능은 다음과 같습니다.

- **[Show/Hide edition palette([편집 팔레트] 보이기)]**: 왼쪽의 **[편집 팔레트]**를 숨기거나 보여줍니다.
- **[Show/Hide global view([글로벌 뷰] 보이기)]**: 아래쪽의 **[글로벌 뷰]**를 숨기거나 보여줍니다.
- **[Show/Hide inspector([인스펙터] 보이기)]**: 오른쪽의 **[인스펙터]** 창을 숨기거나 보여줍니다.

- **[Zoom(축소/확대)]**: 악보의 크기를 확대하거나 축소합니다.

  - **Fit to width**: 작업 창에 보이는 악보 크기를 창의 폭에 맞춥니다.

  - **Fit to page**: 작업 창에 보이는 악보 크기를 페이지 크기에 맞춥니다.

  - **배율**: 25%에서 800%까지 정해진 배율대로 축소/확대합니다.

  - **Custom...**: 이 옵션을 클릭하면 숫자 입력 창이 나타나는데 여기에 원하는 배율을 숫자로 입력(1% 단위로 지정 가능)하면 그 배율로 표시가 됩니다. 키보드 단축키는 확대(Zoom in)는 Ctrl + + , 축소(Zoom out)는 Ctrl + − 입니다. Ctrl 을 누른 상태에서 마우스 휠을 사용해 확대, 축소할 수도 있습니다

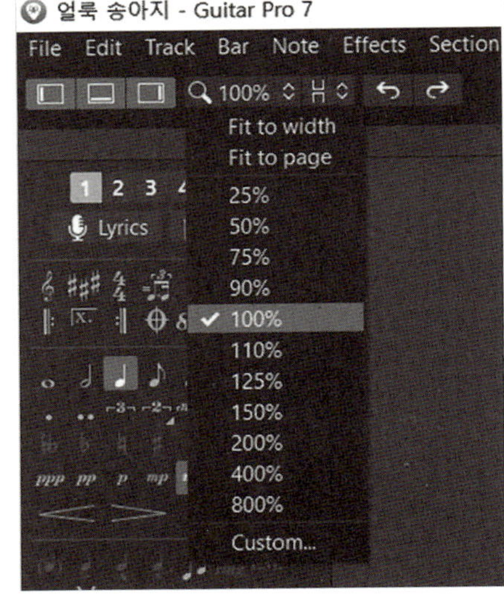

- **[View - Page(쪽 보기)]**: 스크린에 악보를 보여주는 방법을 설정합니다.

  - **Page-Vertical(쪽-수직)**: 악보를 1페이지 단위로 구분해 수직 방향으로 보여줍니다.

  - **Page-Horizontal(쪽-수평)**: 악보를 1페이지 단위로 구분해 수평 방향으로 보여줍니다.

  - **Page-Grid(쪽-격자)**: 악보 배율을 축소했을 때 여러 페이지의 악보를 격자 형태로 구분해 보여줍니다. 몇 장의 악보가 동시에 보이는가는 사용자의 컴퓨터 스크린의 크기에 따라 결정됩니다. 단, 이 모드를 선택해도 악보를 보는 배율이 커지면 수직 페이지 보기와 같은 모양으로 보입니다.

  - **Page-Parchment(쪽-양피지)**: 'Parchment'는 양피지라는 뜻으로, 두루마리 양피지에 그린 것처럼 페이지 구분 없이 하나의 용지로 연결되어 표시합니다.

  - **Screen-Vertical(화면-수직)**: 악보를 수직 방향으로 표시합니다. 이 방식을 선택하면 한 줄에 표시되는 마디 수가 자동적으로 설정됩니다.

  - **Screen-Horizontal(화면-수평)**: 악보를 수평 방향으로 표시합니다. 멀티 트랙의 악보에서 다른 파트들의 악보를 동시에 보고 싶을 때 사용합니다.

  - **Full screen mode(풀 스크린)**: 이 메뉴를 선택하면 윈도우 창과 메뉴 그룹이 숨겨

지면서 화면 전체에 악보를 표시합니다. 악보를 넓은 창에서 보고 싶을 때 사용합니다. 악보 창의 오른쪽 위에 있는 화살표 버튼을 눌러도 됩니다. 키보드 단축키는 F11 입니다. 다시 원 상태로 돌아가려면 키보드의 Esc 를 누르거나, 화면 오른쪽 위에 있는 **[화살표 표시]**를 누릅니다.

2 메뉴를 이용한 디스플레이 설정

메뉴 그룹에서 [View]를 클릭하면 펼침 메뉴가 나타나는데 여기서도 다양한 디스플레이 옵션을 설정할 수 있습니다. 각 항목의 뜻은 다음과 같습니다.

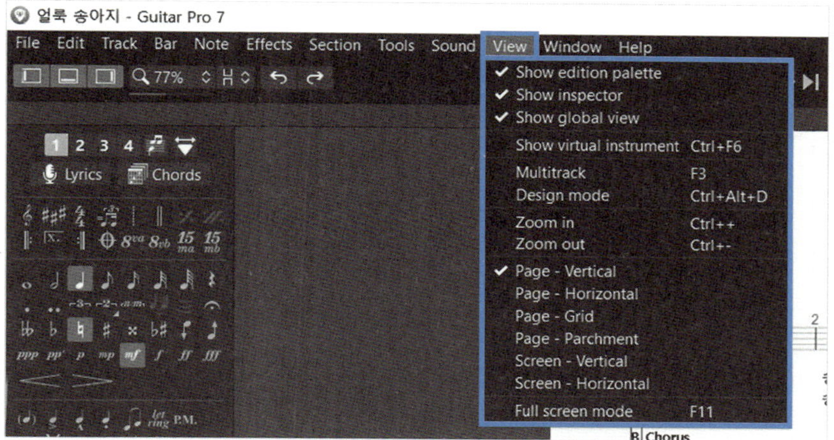

- [Show edition palette([편집 팔레트] 보이기)]: 왼쪽의 **[편집 팔레트]**를 숨기거나 보여줍니다.
- [Show inspector([인스펙터] 보이기)]: 오른쪽의 인스펙터 창을 숨기거나 보여줍니다.
- [Show global view([글로벌 뷰] 보이기)]: 아래쪽의 **[글로벌 뷰]**를 숨기거나 보여줍니다.
- [Show virtual instrument(가상 악기 보이기)]: 기타, 피아노 등의 가상 악기를 숨기거나 보여줍니다. 키보드 단축키는 Ctrl + F6 입니다.
- [Multi track(멀티 트랙)]: 한 번 클릭하면 여러 트랙을 동시에 보여주고, 다시 클릭하면 현재 커서가 위치한 한 트랙만 보여줍니다. 멀티 트랙으로 구성된 악보의 경우에는 전체 트랙을 모두 보이게 할 수도 있고, 어느 한 트랙만 보이게 할 수도 있습니다. 멀티 트랙을 보려면 작업 창 아래 툴바에서 **[멀티 트랙]** 아이콘을 누릅니다. 키보드 단축키는 F3 입니다.

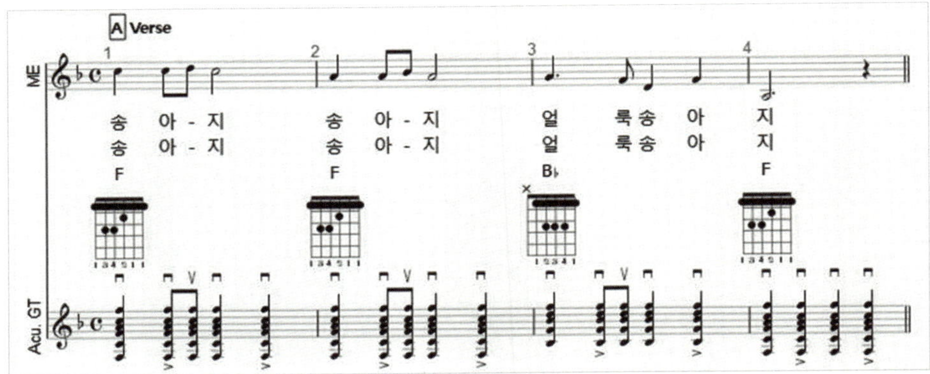

- **[Design Mode(디자인 모드)]**: 디자인 모드는 마디의 넓이를 수동으로 조절하고, 한 줄에 표시할 마디의 숫자를 설정합니다. 작업 창 아래 있는 툴바에서 **[Design Mode]** 아이콘을 클릭합니다. 악보 위 마디 사이에 마디 넓이를 조절하는 핸들이 나타나고 이 핸들을 마우스로 잡고 좌우로 움직이면 조절됩니다. 마디 오른쪽 끝에 보이는 기호들의 뜻은 다음과 같습니다. 키보드 단축키는 Ctrl + Alt + D 입니다.

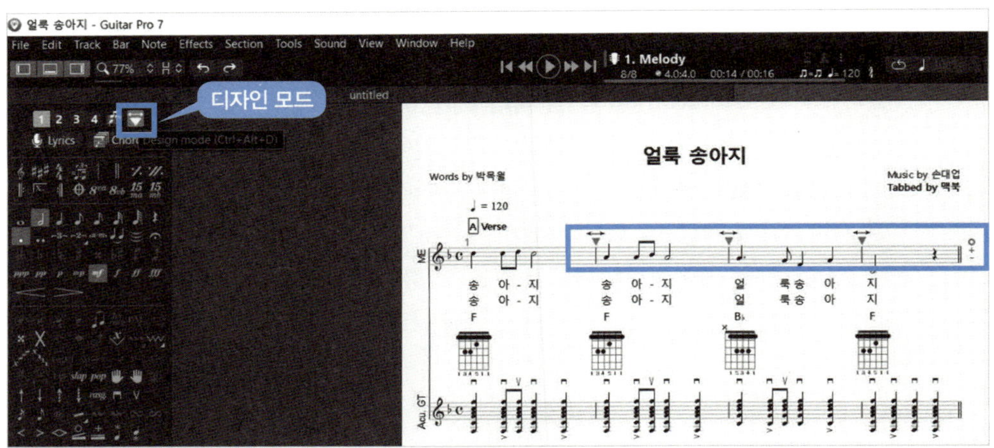

- $\boxed{+}$: 한 줄에 담는 마디 수 증가
- $\boxed{-}$: 한 줄에 담는 마디 수 축소
- [o]: 같은 줄에 있는 마디 간격 동일하게 조절

- **[Zoom in(줌인)]**: 작업 창을 줌인해 확대합니다. 키보드 단축키는 $\boxed{Ctrl}$ + $\boxed{+}$ 입니다.
- **[Zoom out(줌아웃)]**: 작업 창을 줌아웃해 축소합니다. 키보드 단축키는 $\boxed{Ctrl}$ + $\boxed{-}$ 입니다.
- **[Page-Vertical(쪽-수직)]**: 악보를 1페이지 단위로 구분해 수직 방향으로 보여줍니다.
- **[Page-Horizontal(쪽-수평)]**: 악보를 1페이지 단위로 구분해 수평 방향으로 보여줍니다.
- **[Page-Grid(쪽-격자)]**: 악보 배율을 축소했을 때 여러 페이지의 악보를 격자 형태로 구분해 보여줍니다. 몇 장의 악보가 동시에 보이는가는 사용자의 컴퓨터 스크린의 크기에 따라 결정됩니다. 단, 이 모드를 선택해도 악보를 보는 배율이 커지면 수직 페이지 보기와 같은 모양으로 보입니다.
- **[Page-Parchment(쪽-양피지)]**: 'Parchment'는 양피지라는 뜻으로, 두루마리 양피지에 그린 것처럼 페이지 구분 없이 하나의 용지로 연결되어 표시합니다.
- **[Screen-Vertical(화면-수직)]**: 악보를 수직 방향으로 표시합니다. 이 방식을 선택하면 한 줄에 표시되는 마디 수가 자동적으로 설정됩니다.
- **[Screen-Horizontal(화면-수평)]**: 악보를 수평 방향으로 표시합니다. 멀티 트랙의 악보에서 다른 파트들의 악보를 동시에 보고 싶을 때 사용합니다.
- **[Full screen mode(풀 스크린)]**: 이 메뉴를 선택하면 윈도우 창과 메뉴 그룹이 숨겨지면서 화면 전체에 악보를 표시합니다. 악보를 넓은 창에서 보고 싶을 때 사용합니다. 악보 창의 오른쪽 위에 있는 화살표 버튼을 눌러도 됩니다. 키보드 단축키는 $\boxed{F11}$ 입니다. 다시 원 상태로 돌아가려면 키보드의 $\boxed{Esc}$ 를 누르거나, 화면 오른쪽 위에 있는 **[화살표 표시]**를 누릅니다.

악보 재생하기

기타 프로는 악보를 보고 쉽게 연습할 수 있도록 다양한 재생 옵션을 제공합니다. 악보를 재생하려면 다음 중 한 가지를 사용합니다.

- **키보드**: 키보드의 Space Bar 를 누릅니다. 한 번 누르면 재생이 시작되고 다시 누르면 재생이 중지됩니다.
- **툴바**: 작업 창 위의 툴바에 있는 재생 옵션 버튼 중에서 원하는 버튼을 클릭합니다.
- **메뉴 그룹**: 메뉴 그룹에서 [Sound]를 클릭하고 펼침 메뉴에서 원하는 재생 옵션을 선택합니다.

1 재생할 트랙 선택하기

기타 프로에서는 모든 트랙을 동시에 재생할 수도 있고 특정 트랙 하나 혹은 여러 개의 트랙 가운데 원하는 몇

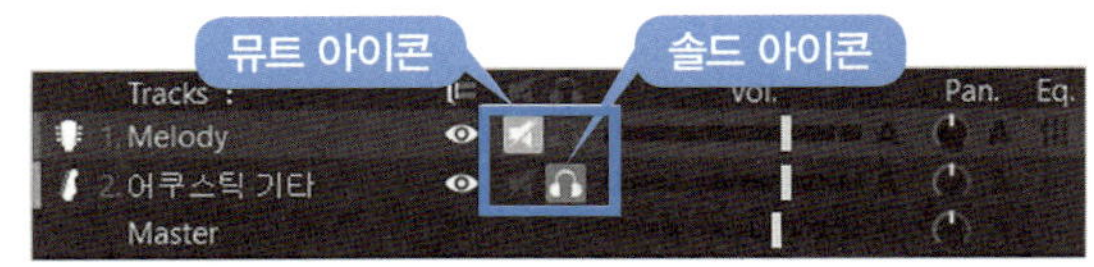

가지 트랙만 선별적으로 재생할 수도 있습니다. 재생할 트랙을 선택하려면 작업 창 아래의 **[사운드보드]**에서 해당 트랙 이름 옆에 보이는 **[스피커]** 아이콘 혹은 **[헤드폰]** 아이콘을 누릅니다.

- **[스피커] 아이콘**: 뮤트Mute 옵션으로 이 아이콘을 클릭하면 해당 트랙의 소리가 무음 처리되고 나머지 트랙의 소리만 들립니다.
- **[헤드폰] 아이콘**: 뮤트Mute 옵션과 반대 기능을 하는 싱글Single 옵션으로 이 아이콘을 클릭하면 해당 트랙만 단독으로 소리가 나고 나머지 트랙은 모두 무음 처리됩니다.

> [헤드폰] 아이콘과 [스피커] 아이콘 모두를 선택하지 않으면 기타 프로는 자동으로 모든 트랙을 동시에 재생합니다.

2 재생할 위치 정하기

악보를 재생하고 싶은 위치를 클릭해 커서를 이동시키고 재생하면 커서가 위치한 자리부터 악보의 재생이 시작됩니다. 악보의 일부만 재생하려면 범위를 마우스로 드래그한 다음, 재생시킵니다.

작업 창 아래에 있는 **[글로벌 뷰]**에서 특정 트랙의 특정 마디에 해당하는 사각형을 마우스로 클릭하면 악보상에서 커서가 그 트랙의 그 마디로 바로 이동합니다. 이동한 후에 Space Bar 나 **[사운드 툴바]** 버튼을 이용해서 악보를 재생합니다.

3 사운드 툴바 이용하기

작업 창 위에 있는 **[사운드 툴바]**의 버튼을 이용해서도 재생할 수 있습니다. **[사운드 툴바]**에 있는 버튼의 기능과 사용법은 다음과 같습니다.

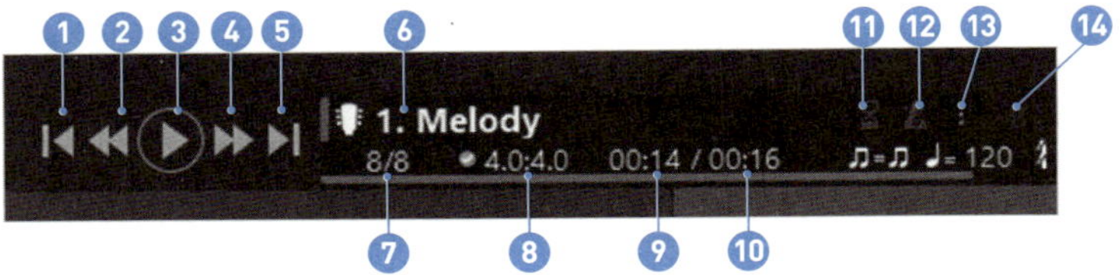

① **[Go to first bar]**: 커서를 악보의 첫 마디로 이동시킵니다.

② **[Go to previous bar]**: 커서를 이전 마디로 이동시킵니다.

③ **[Play]**: 악보의 재생을 시작합니다. 다시 누르면 재생이 중지됩니다.

④ **[Go to next bar]**: 커서를 다음 마디로 이동시킵니다.

⑤ **[Go to last bar]**: 커서를 악보의 마지막 마디로 이동시킵니다.

⑥ **[Current track]**: 현재 재생 중인 트랙의 이름을 보여줍니다. 트랙이 여러 개인 경우 이름을 클릭하면 다른 트랙들의 이름이 펼침 목록으로 나타납니다. 트랙 이름을 클릭하면 해당 트랙이 활성화됩니다.

⑦ **[Bar position]**: 현재 마디 위치와 전체 마디 수를 표시합니다.

⑧ **[Bar current duration]**: 현재 마디에 입력된 박자 수와 마디에 필요한 박자 수를 표시합니다.

⑨ **[Time]**: 현재 위치가 전체 곡 중에서 어느 지점이고, 전체 곡의 길이는 얼마인지 초 단위의 시간으로 표시합니다.

⑩ **[Time bar]**: 현재 위치가 전체 곡 중에서 어느 지점인지 시각적으로 확인할 수 있도록 시간 경과에 따라 시간 막대를 표시합니다.

⑪ **[Count-in]**: 이 버튼을 클릭하면 악보의 재생을 시작하기 전에 한 마디의 카운트 인을 삽입합니다.

⑫ **[Metronome]**: 이 버튼을 클릭하면 악보 재생 시 박자에 맞춰 메트로놈 소리를 들려줍니다.

⑬ **[Metronome & Count-in settings]**: 메트로놈과 카운트 인의 세부 설정을 할 수 있는 창을 띄웁니다.

⑭ **[Note on the curser]**: 현재 커서가 위치한 음표의 옥타브와 음이름을 표시합니다.

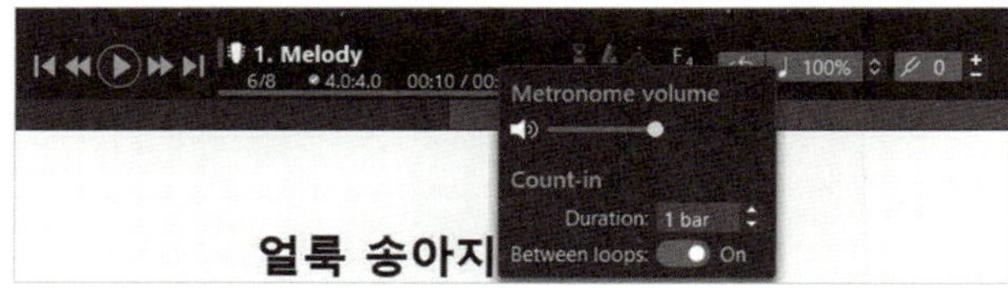

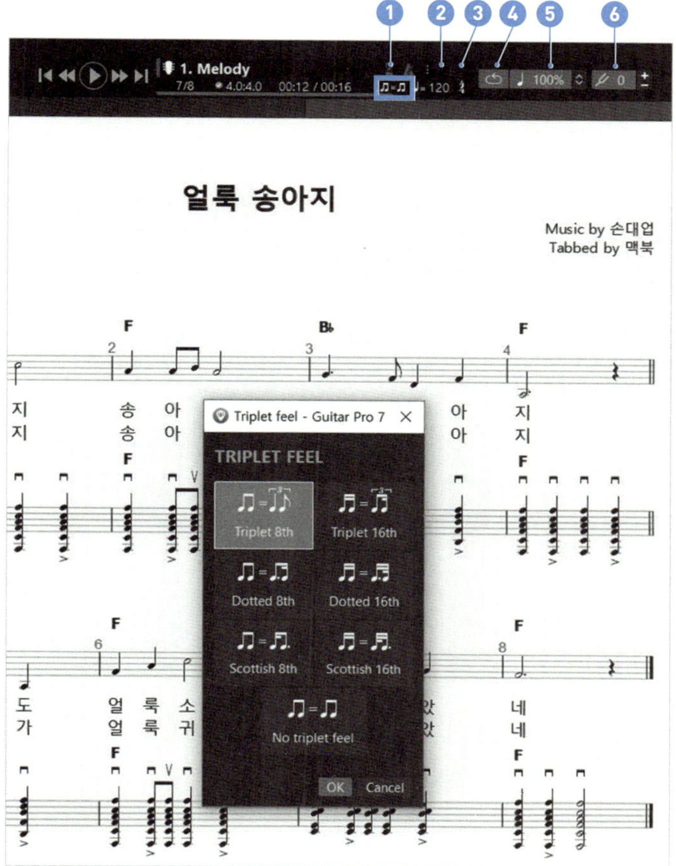

① **[Triplet feel]**: 잇단음표의 리듬을 설정합니다.

② **[Current tempo]**: 곡의 현재 빠르기를 BPM으로 표시합니다.

③ **[Time signature]**: 활성화된 트랙의 박자를 표시합니다.

④ **[Activate loop]**: 악보의 일부를 반복해 재생하려면 반복시킬 범위를 마우스로 드래그한 다음, 이 버튼을 클릭합니다. 다시 클릭하면 반복 모드가 해제됩니다.

⑤ **[Relative speed]**: 원곡 대비 어느 정도의 배율로 재생할 것인지 설정합니다.

⑥ **[Activate relative tonality]**: 악보를 재생할 때 곡에 나오는 모든 음들을 지정한 높이만큼 올리거나 내릴 때 사용합니다.

메뉴 그룹에서 [Sound] 탭을 클릭하면 펼침 메뉴가 나타나는데 필요한 항목을 클릭하면
실행됩니다.

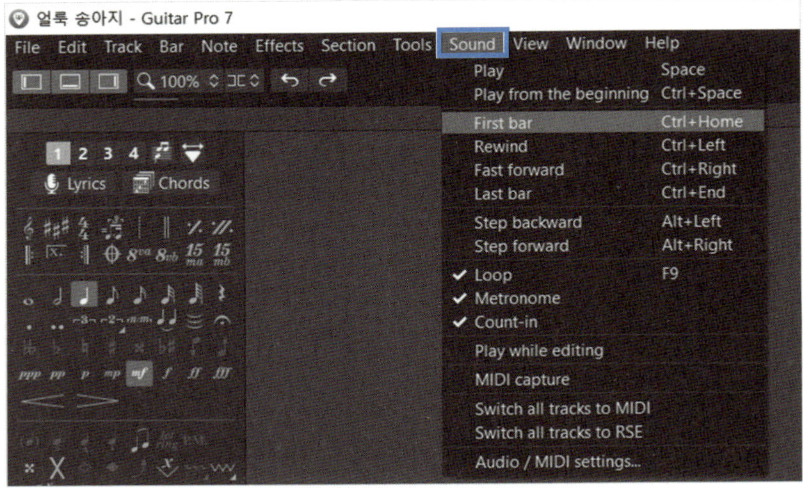

- [Play(재생)]: 현재 커서 위치에서부터 악보를 재생합니다. Space Bar
- [Play from the beginning(처음부터 재생)]: 악보의 맨 처음부터 재생합니다.
  Ctrl + Space Bar
- [First Bar(첫 마디)]: 커서를 악보의 첫 마디, 첫 박자로 이동시킵니다. Ctrl + Home
- [Rewind(되감기)]: 커서가 마디의 중간에 있을 때는 그 마디의 첫 박자로 이동시킵니다.
  커서가 마디의 첫 박자에 있을 때는 이전 마디의 첫 박자로 이동시킵니다. Ctrl + ←
- [Fast forward(빨리 감기)]: 커서를 다음 마디의 첫 박자로 이동시킵니다. Ctrl + →
- [Last Bar(마지막 마디)]: 커서를 마지막 마디의 첫 박자로 이동시킵니다. Ctrl + End
- [Step forward(한 단계 앞으로)]: 커서를 다음 음표나 쉼표 위치로 이동시킵니다.
  Alt + →
- [Step back(한 단계 뒤로)]: 커서를 이전 음표나 쉼표 위치로 이동시킵니다. Alt + ←
- [Loop(반복 재생)]: 이 항목을 선택하면 **[사운드 툴바]**에 있는 **[Activate loop]** 버튼이
  파란색으로 바뀌고, 악보가 반복 재생됩니다. 마우스로 범위를 드래그해 선택하면 해당
  범위를 반복 재생하고, 범위를 따로 설정하지 않으면 전체 악보가 반복 재생됩니다. 반
  복을 설정하는 키보드 단축키는 F9 입니다.
- [Metronome(메트로놈)]: 이 항목을 선택하면 메트로놈 메뉴 이름 옆에 체크가 만들어
  지고, 재생 시 메트로놈 소리를 계속 들려주면서 박자를 카운트해줍니다.
- [Count-in(카운트 인)]: 이 항목을 선택하면 메뉴 이름 옆에 체크가 만들어지고, 재생을
  시작하기 전에 한 마디의 카운트 인을 추가합니다.

- [Play sound while editing(편집 시 소리내기)]: 이 항목을 선택하면 [Play sound while editing] 메뉴 이름 옆에 체크가 만들어지고, 악보를 편집할 때 입력되는 음의 소리를 실시간으로 들려줍니다. 체크를 해제하면 음표를 입력할 때 아무 소리도 들려주지 않습니다.
- [Midi capture(미디 캡처)]: 미디용 마스터 건반이나 미디 기타 등의 미디 컨트롤러가 연결되어 있을 경우, 기타 프로는 사용자가 악기를 연주하는 음과 길이에 따라 악보에 음들을 입력합니다.
- [Switch all tracks to MIDI]: 모든 트랙을 미디를 이용해 재생합니다.
- [Switch all tracks to RSE]: 모든 트랙을 RSE 엔진을 이용해 재생합니다.
- [Audio/MIDI settings(오디오/미디 설정)]: 기타 프로의 재생에 사용할 오디오 디바이스와 미디 입출력MIDI Input, Output에 관한 사항들을 설정합니다.

5 재생 속도 설정하기

기타 프로는 곡을 연습하는데 도움이 되도록 곡의 원래 속도보다 느리게 혹은 빠르게 속도를 조절해 재생하는 기능을 제공합니다. 곡의 속도를 완전히 바꾸려면 곡 자체의 템포를 다시 설정하면 됩니다. 하지만 원곡의 템포는 그대로 두고 재생 속도만 바꾸려면 [Relative speed(상대 속도)] 기능을 사용합니다.

상대 속도란 원래 속도에 비해 몇 퍼센트 정도의 빠르기로 재생할 것인가를 말합니다. 악보의 재생 속도를 바꾸려면 작업 창 위에 있는 툴바에서 [♩ 100%]라고 적힌 [Relative speed(상대 속도)] 아이콘을 클릭합니다. '100%'라고 적힌 부분이 파란색으로 변하고 '100%'라는 글씨 오른쪽에 있는 아래위 화살표가 활성화됩니다.

화살표를 누르면 펼침 목록이 나타나는데 각 항목의 기능과 사용법은 다음과 같습니다.

- **[50%∼100%]**: 원래 속도와 비교해서 지정한 비율만큼 느린 속도로 재생합니다. 이 버튼은 악보의 원래 속도를 바꾸지 않은 채로 재생 속도만 일시적으로 변화시킵니다. 50%에서 100%까지 설정할 수 있습니다.
- **[70%→100%(+10% 1X)]**: 70%의 속도에서 시작해 한 번 반복할 때마다 자동으로 10%씩 빠르게 재생합니다. 빠르기가 100%에 도달하면 그 후로는 계속 100% 속도로 재생됩니다.
- **[Custom value(사용자 지정 속도)]**: 이 메뉴를 클릭하면 다음과 같은 **[Speed settings]** 설정 창이 뜹니다. 각 항목의 뜻은 다음과 같습니다.

  - **Relative speed(상대 속도)**: 상대 속도의 값을 퍼센트로 설정합니다. 슬라이더를 마우스로 잡고 조절하거나, 숫자 칸에 직접 원하는 비율을 입력하거나, 숫자 칸 옆에 있는 화살표를 클릭해서 조절합니다. 10%에서 300%까지 설정이 가능합니다.
  - **Progressive speed(점진적으로 변하는 속도)**: 프로그레시브 스피드 앞의 버튼을 클릭하면 옵션 선택 도구들이 활성화됩니다.
  - **From**: 재생을 원하는 처음 속도를 지정합니다. 10%에서 290%까지 설정이 가능합니다.
  - **To**: 재생을 원하는 마지막 속도를 지정합니다. 20%에서 300%까지 설정이 가능합니다.
  - **Steps**: 한 번 재생할 때마다 증가시킬 속도의 비율을 지정합니다. 1%에서 100%까지 설정이 가능합니다.
  - **Repeat**: 재생을 반복할 횟수를 지정합니다. 예를 들어 From: 60%, To: 100%, Steps: 5%, Repeat: 10으로 설정하면 처음 재생을 할 때 원래 속도의 60%로 시작해서 열 번을 반복 재생하는데 한 번 반복할 때마다 5%씩 속도가 증가됩니다. 100%에 도달하면 그 후로는 반복 재생을 해도 더 이상 속도가 빨라지지는 않습니다. 이런 기능을 활용하면 전주, 간주 혹은 애드리브나 기타 솔로를 연습하는데 큰 도움이 됩니다. 1에서 999회까지 설정이 가능합니다.

> **✖ 참고**
>
> 악보의 특정 구간을 반복해 연습하고 싶다면 마우스로 원하는 구간을 드래그해 선택한 다음 속도를 설정합니다.

사운드 설정하기

B

Section 63

기타 프로의 사운드 이해하기

기타 프로에서 사용자가 원하는 사운드를 만들려면 먼저 사운드가 만들어지는 방법을 이해해야 합니다. 기타 프로 7의 사운드 설정 방법은 이전 버전과 비교할 때 완전히 달라졌고, 더 정교해졌습니다.

1 사운드가 만들어지는 프로세스

기타 프로는 다음과 같은 항목들을 조합해 최종 사운드를 만들어냅니다.

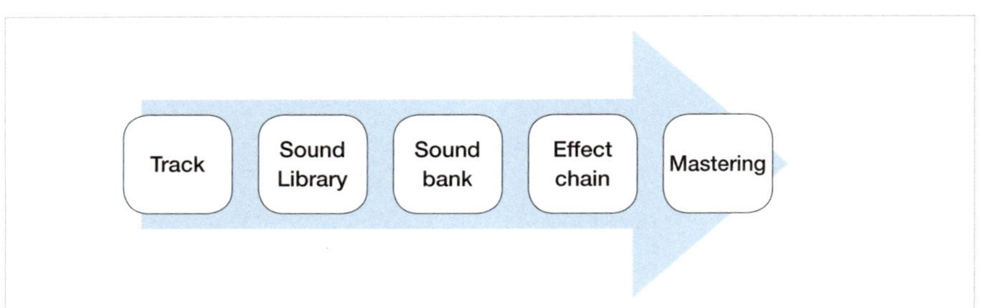

- **[Track]**: 기타 프로는 트랙을 추가할 때 그 트랙에 사용할 악기를 선택하도록 되어 있습니다. 그리고 악기를 선택하면 기타 프로가 만들어놓은 그 악기의 기본 사운드가 적용됩니다.

- [Sound Library]: 사운드 라이브러리는 트랙 인스펙터의 [SOUNDS] 섹션 맨 위에 있는 항목으로 어떤 악기로 어떤 스타일의 연주를 할 것인가를 결정하는 곳입니다. 예를 들어 쇠줄이 끼워져 있는 어쿠스틱 기타로 스트럼 연주를 하는 사운드를 적용하고 싶다면 [Sound Library]에서 [Acoustic guitar] ▶ [Steel guitar] ▶ [Strumming]을 선택합니다. 사운드 라이브러리에는 사운드뱅크와 이펙트 체인 값이 내장되어 있기 때문에 라이브러리를 바꾸면 [Soundbank]와 [Effect chain]도 함께 바뀝니다.

- [Soundbank]: 사운드뱅크는 기타 프로가 만들어놓은 연주 샘플링 데이터입니다. 기타 프로는 여섯 개의 악기 그룹별로 수백 가지의 사운드 샘플링 데이터를 제공하며, 이를 통해 사용자는 구체적으로 어떤 악기로 연주하는 사운드를 적용할지 결정할 수 있습니다. 예를 들어 [Acoustic guitar] ▶ [Steel guitar] ▶ [Strumming]이라는 사운드 라이브러리를 선택하면 기본 값으로 [Steel(Mart. Co.)]라는 사운드뱅크가 적용되는데, 이는 세계적인 어쿠스틱 기타 제조사인 미국의 마틴앤컴퍼니Martin & Company 사의 기타 소리를 샘플링해 만든 사운드뱅크입니다. 이것을 선택해 적용하면 마치 마틴 기타로 연주하는 것과 같은 사운드가 적용됩니다. 물론 사용자가 원하는 다른 사운드뱅크로 바꿀 수도 있습니다.

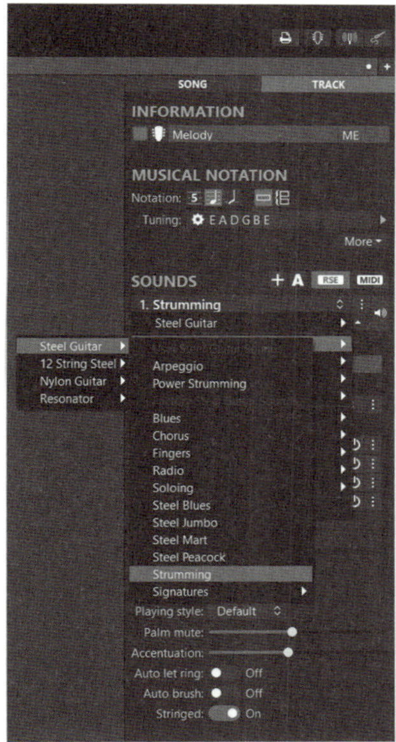

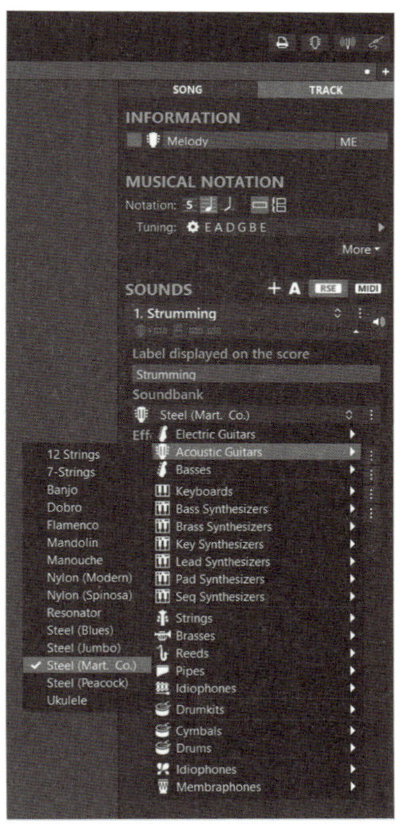

- **[Effect chain]**: 이펙트 체인은 여러 가지 이펙트를 조합해서 만드는 일종의 사운드 모음집입니다. 사운드 라이브러리를 선택하면 그 라이브러리를 구성하는 이펙트들이 여러 개의 슬롯Slot으로 나뉘어 자동으로 표시됩니다. 기타 프로는 총 6개의 슬롯을 제공하는데, 기존의 슬롯을 클릭해서 수정할 수도 있고, 비어 있는 슬롯을 클릭해 새로운 슬롯을 추가할 수도 있습니다.

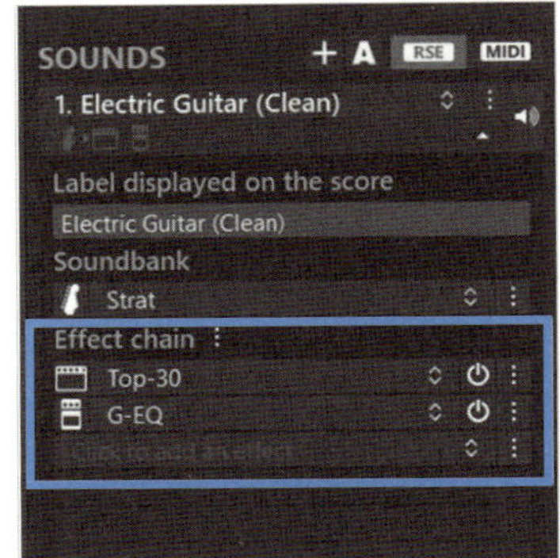

> ✂ 참고
>
> 기타 프로 6에서 만들어놓았던 이펙트 체인을 기타 프로 7에서 그대로 사용할 수 있습니다. 그렇게 하려면 다음과 같이 하십시오.
> [윈도우]
> Open your Windows file explorer and type in %APPDATA% as file path.
> Guitar Pro 6 presets: Click on the following folders Roaming 〉 Guitar Pro 6 〉 My Presets.
> Guitar Pro 7 presets: Click on the following folders Roaming 〉 Arobas Music 〉 guitarpro7 〉 My Effect Chain Presets.
> [macOS]
> Open your Finder, pull down the Go menu and hold down the Alt or Shift key on your keyboard to display the Library section.
> Guitar Pro 6 presets: Click on the following folders Application Support 〉 Guitar Pro 6 〉 My Presets.
> Guitar Pro 7 presets: Click on the following folders Application Support 〉 Arobas Music 〉 guitarpro7 〉 My Effect Chain Presets.

② 사운드 설정 방법

사운드 설정은 악보에 트랙을 추가할 때 나타나는 **[Add Track]** 창에서 설정할 수도 있고, **[Track Inspector]** 창의 **[SOUND]** 섹션에서도 설정할 수 있습니다.

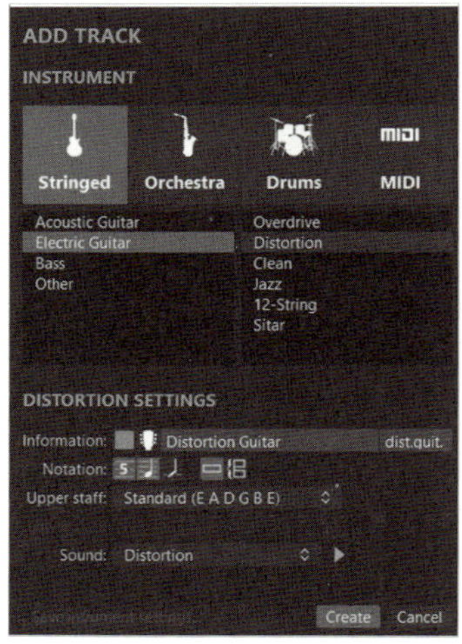

① [Add Track] 창에서 설정하는 내용

- 악기 유형 선택(Stringed, Orchestra, Drums, MIDI)
- 악기 그룹 선택
- 악기 선택
- 글로벌 뷰에서 사용할 트랙 색상 설정
- 악기 아이콘 선택

- 트랙 Full Name 설정
- 트랙 Short name 설정
- 표시할 악보 유형 선택
- 보표 선택(일반 보표/대보표)
- 튜닝 옵션 선택
- 트랙 사운드 선택

② [Track Inspector] 창에서 설정하는 내용

- 글로벌 뷰에서 사용할 트랙 색상 설정
- 악기 아이콘 선택
- 트랙 Full Name 설정
- 트랙 Short name 설정
- 표시할 악보 유형 선택
- 보표 선택(일반 보표/대보표)
- 튜닝 옵션 선택
- 이조 악기 설정
- 옥타브 설정
- 트랙 [Sound Library] 선택
- 사운드 추가 설정
- 곡 도중에 사운드 변경 설정
- 사운드 재생 옵션 선택(RSE/MIDI)
- 악보에 표시할 [Label(악기 이름)] 입력
- [Soundbank] 선택
- [Effect chain] 설정

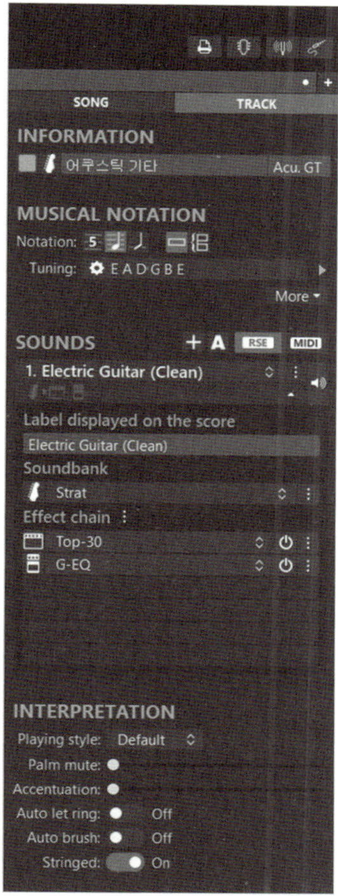

3 사운드 재생 엔진 선택하기

기타 프로는 악보를 재생할 때 RSE와 MIDI 두 가지 오
디오 기술을 사용합니다.

① RSE 방식

기타 프로에서는 악보를 재생할 때 보통 RSE 엔진을
많이 사용합니다. RSE는 기타 프로가 개발한 독창적인
재생 기술입니다. RSE 사운드 엔진은 실제로 전문 스

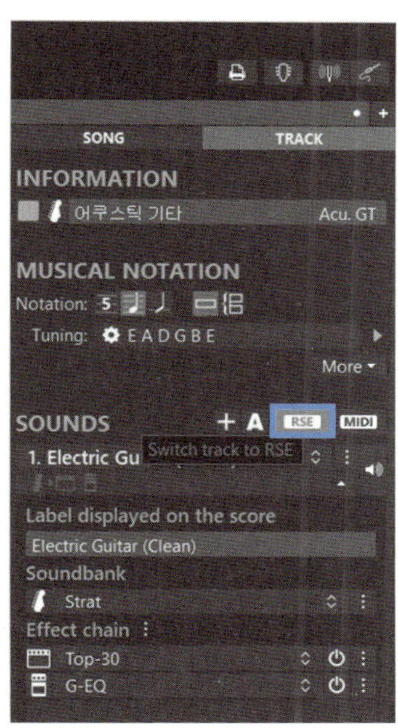

튜디오에서 녹음된 기타, 베이스, 드럼과 100여 가지 악기의 소리 샘플을 이용해서 실제 악기와 비슷한 소리로 악보를 재생해줍니다.

RSE 방식을 선택하려면 [Track Inspector] 창의 [SOUNDS] 섹션에 있는 [RSE] 아이콘을 클릭합니다.

멀티 트랙으로 구성된 악보의 경우에 모든 트랙을 RSE로 재생하려면 메뉴 그룹에서 [Sound] ▶ [Switch all tracks to RSE]를 클릭합니다.

> **✂ 참고**
>
> 기타 프로 7부터는 프로그램 안에 RSE 엔진이 포함되어 있기 때문에 따로 구매하거나 내려받을 필요가 없습니다.

② MIDI 방식

MIDI란 'Musical Instrument Digital Interface'의 약자로 디지털 신호로 만들어진 음악 정보를 컴퓨터, 신시사이저, 시퀀서 등의 디바이스에서 서로 주고받을 수 있는 공통된 언어, 즉 프로토콜입니다. MIDI 파일에 음표, 리듬, 템포, 악기 등의 정보를 담아 표현할 수 있습니다.

단, MIDI 파일을 재생할 때 컴퓨터에 장착된 사운드카드의 음질에 따라 음표, 리듬, 템포, 악기 등의 소리가 달라질 수 있습니다. 한편 미디 사운드를 실제 악기 소리처럼 변환해주는 사운드 모듈(내장/외장)을 장착하면 미디 파일의 소리를 실제 악기 소리와 같은 사운드로 변환해 들을 수 있습니다.

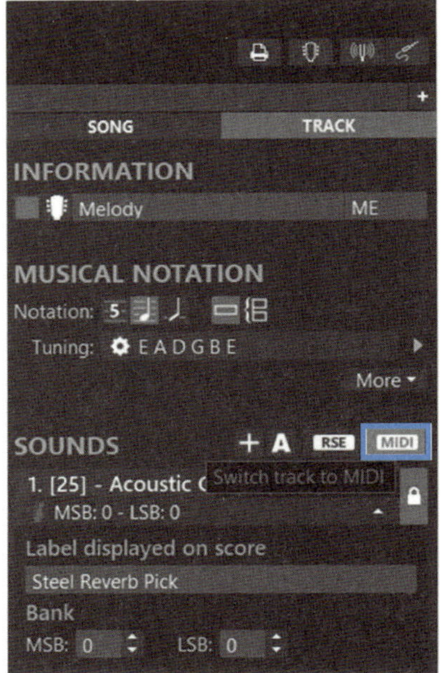

MIDI 방식을 선택하려면 [Track Inspector] 창의 [SOUNDS] 섹션에 있는 [MIDI] 아이콘을 클릭합니다.

멀티 트랙으로 구성된 악보의 경우에 모든 트랙을 MIDI로 재생하려면 메뉴 그룹에서 [Sound] ▶ [Switch all tracks to MIDI]를 클릭합니다.

미디에 관한 자세한 설명은 [32. 마디 설정하기], [58. 미디 사운드 다루기]편을 참고하세요.

사운드 설정하기

앞서 설명한 것처럼 기타 프로의 사운드는 [Track] ▶ [Sound Library] ▶ [Soundbank] ▶ [Effect chain]의 순서로 설정이 이루어집니다. 구체적인 설정 방법을 차례대로 알아보겠습니다.

1 Track 설정하기

기타 프로에서 새 파일을 만들거나, 기존 악보에 트랙을 추가하려고 하면 [Add Track] 설정 창이 나타납니다. 먼저 [Add Track] 설정 창의 [INSTRUMENT] 섹션에서 사용할 악기를 선택합니다. 예를 들어 [Steel Guitar]를 선택하면 아래에 [STEEL SETTING]과 같이 선택된 악기 이름의 섹션이 표시됩니다. 여기서 우선 다음의 사항들을 설정합니다.

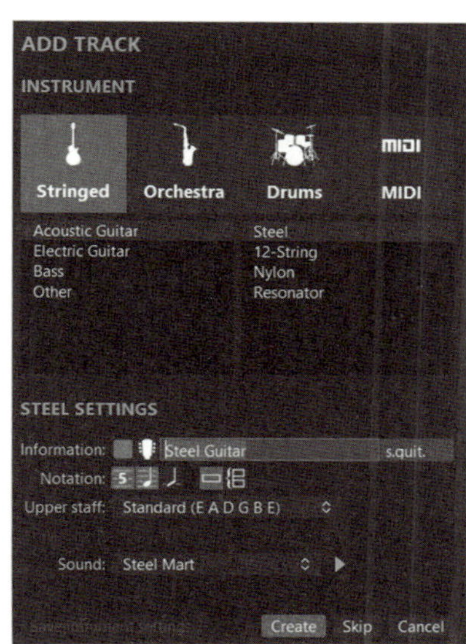

- [INFORMATION(트랙 정보)]: 트랙 표시 색상, 악기 아이콘, 트랙 이름, 줄임말 등을 지정할 수 있습니다.
- [NOTATION(기보법)]: 작업 창에 나타내고 싶은 악보의 종류와 단일 보표, 대보표의 설정, 튜닝 등을 선택합니다.

- [Tuning(튜닝)]: 정 튜닝 혹은 변칙 튜닝 등의 튜닝 옵션을 설정합니다.
- [Sound(트랙 사운드)]: 선택한 악기의 트랙에 사용할 사운드를 선택합니다.

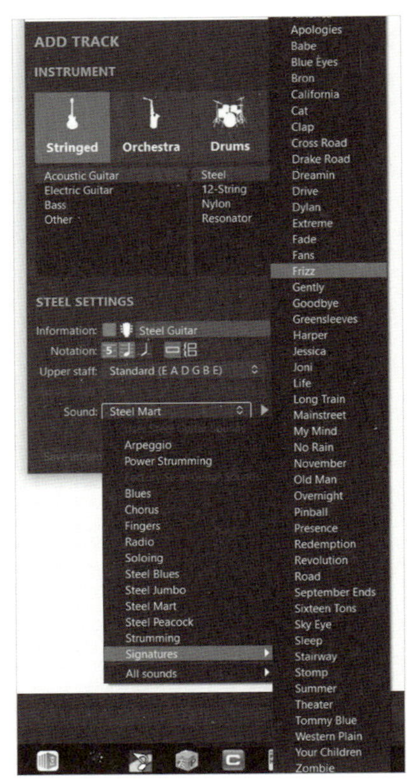

[Add Track] 창의 [INSTRUMENT] 섹션에서 사용할 악기를 선택하면 수백 가지의 사운드 옵션 중에서 각 범주의 대표적인 사운드 옵션이 자동으로 선택됩니다. 물론 사용자가 나중에 다른 사운드로 변경할 수도 있습니다.

[Signatures] 옵션을 클릭하면 전설적인 아티스트들이 사용했던 악기의 사운드 설정을 가져다 사용할 수 있습니다.

2 Sound Library 선택하기

[Add Track] 창의 [Sound] 항목에서 기본 사운드를 선택하면 [Track Inspector] 창의 [SOUNDS] 섹션에 해당 사운드가 표시되고, 해당 트랙에 그 사운드가 적용됩니다. 하지만 여기서 선택하는 사운드들은 기본 이펙트만 적용된 'Factory setting' 상태이고, 여기에 [Sound Library], [Soundbank], [Effect chain] 등을 활용해서 사용자가 원하는 여러 가지 효과들을 가미해 최종 사운드를 만들어냅니다.

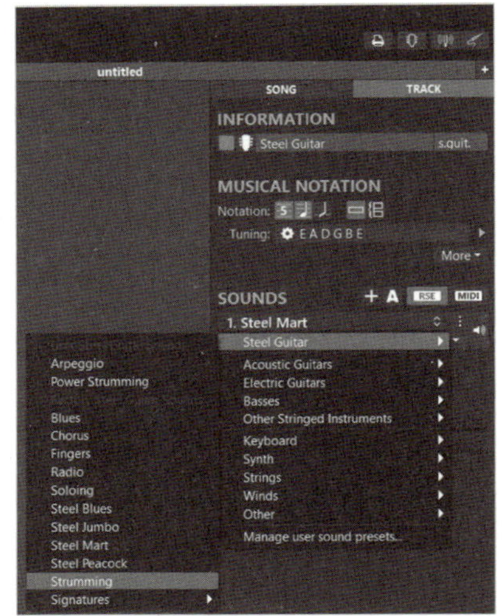

[SOUNDS] 섹션의 맨 위에 있는 칸이 [Sound Library]를 선택하는 곳입니다. 사운드 라이브러리는 어떤 악기로 어떤 스타일의 연주를 할 것인가를 결정하는 곳입니다. 예제로 [Acoustic guitar] ▶ [Steel guitar] ▶ [Strumming]을 선택해보겠습니다.

[**Sound Library**] 칸에 [**Strumming**]이라고 표시됩니다. 이름을 클릭하면 [**Sound Library**]에서 선택할 수 있는 다른 사운드 목록들이 몇 개의 그룹으로 나뉘어 펼침 목록으로 나타납니다. 다른 사운드를 원한다면 여기서 원하는 사운드 샘플을 선택합니다. 악기에 따라서는 하위 목록이 더 있을 수도 있습니다(다음 목록은 Steel guitar를 선택했을 때 나타나는 목록의 예시입니다).

- [**Steel Guitar**]: 현재 선택된 악기가 자동으로 표시됩니다.
- [**Acoustic Guitars**]: 어쿠스틱 기타를 선택합니다.
- [**Electric Guitars**]: 일렉트릭 기타를 선택합니다.
- [**Basses**]: 베이스 기타를 선택합니다.
- [**Other Stringed Instrument**]: 가터 현악기를 설정합니다.
- [**Keyboard**]: 키보드를 선택합니다.
- [**Synth**]: 신시사이저를 선택합니다.
- [**Strings**]: 현악기를 선택합니다.
- [**Winds**]: 관악기를 선택합니다.
- [**Other**]: 기타 악기를 선택합니다.
- [**Manage user sound presets...**]: 사용자 설정 사운드 프리셋을 관리합니다.

사운드 라이브러리 이름 옆에 있는 점선 모양을 클릭하면 라이브러리를 관리하는 옵션들이 펼쳐집니다.

- [**Rename**]: 사운드 이름을 바꿉니다.
- [**Remove**]: 사운드 라이브러리를 제거합니다.
- [**Copy**]: 사운드 라이브러리를 복사합니다.
- [**Paste**]: 사운드 라이브러리를 붙여넣습니다.
- [**Save as user sound preset**]: 현재의 설정을 사용자 지정 사운드 프리셋으로 저장합니다. 저장한 사운드 라이브러리는 다음에 사운드 라이브러리를 지정할 때 펼침 목록에 사용자 지정 사운드로 표시되고, 선택해 적용할 수 있습니다.

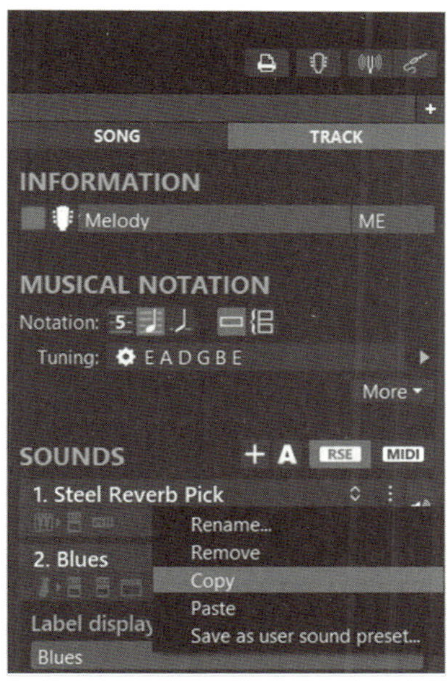

오른쪽 끝에 있는 [스피커] 아이콘을 클릭하면 아이콘이 [자물쇠] 모양으로 바뀌면서 다른 이펙트나 사운드 오토메이션과 같은 효과들이 모두 배제되고, 현재 선택한 라이브러리의 소리만 재생되도록 사운드를 잠글 수 있습니다. [자물쇠] 아이콘을 다시 누르면 잠금 해제가 됩니다.

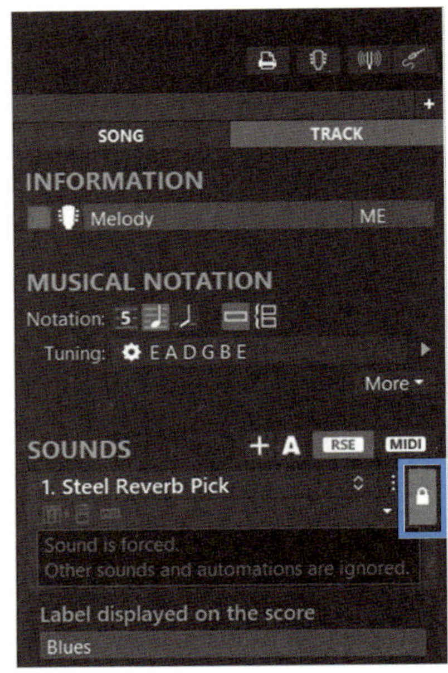

3 RSE 모드에서 사운드뱅크 선택하기

여기서부터는 사운드 모드가 RSE 모드냐 MIDI 모드냐에 따라 작업 방법이 좀 달라집니다. 먼저 RSE 모드의 경우에는, 기타 프로가 제공하는 세계적인 수준의 라이선스 사운드 샘플인 사운드뱅크를 사용할 수 있습니다. 기타 프로는 100가지가 넘는 사운드뱅크를 탑재하고 있을 뿐 아니라, 앰프, 이펙트 페달 등을 사용자가 원하는 대로 선택하고 조절할 수 있는 기능까지 제공함으로써 더 완벽한 사운드를 만들어낼 수 있습니다.

RSE 모드에서 트랙 인스펙터의 [SOUNDS] 섹션에서 사운드 이름 바로 아래 희미하게 보이는 [Show/Hide sound detail] 바를 클릭하면 각 악기의 세부적인 설정을 하는 옵션들이 나타나는데, 여기서 사운드를 정밀하게 설정할 수 있습니다.

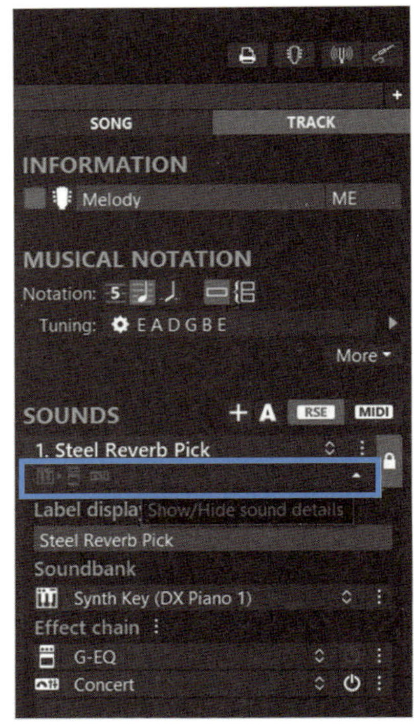

- **[Label displayed on the score(사운드 제목)]**: 사운드를 설정하면 이 칸에 자동으로 사운드 이름이 표시됩니다. 기본 값은 선택한 사운드 이름이 그대로 나타나는 것이지만 사용

자가 원하는 대로 수정할 수도 있습니다. 이 이름이 악보에 표시되므로 연주자들이 어느 지점에서 어떤 사운드로 연주해야 하는지 쉽게 확인할 수 있습니다.

- **[Soundbank(사운드뱅크)]**: 기타 프로는 일렉, 어쿠스틱, 베이스 기타는 물론, 건반악기, 신시사이저, 현악기, 관악기, 리드 악기, 파이프 악기, 체명 악기(트라이앵글, 캐스터네츠처럼 악기의 몸체를 두드려서 소리를 내는 악기), 드럼 키트, 심벌즈, 드럼, 막명 악기(북처럼 막을 두드려서 소리를 내는 악기) 등의 다양한 사운드 뱅크를 제공합니다. 다음은 기타 프로에서 제공하는 사운드뱅크의 목록입니다. 여기서 뱅크 이름을 선택하면 미리 만들어놓은 사운드 샘플을 가져다 사용할 수 있습니다. 물론 나중에 현재 적용된 뱅크 외에 다른 뱅크를 선택할 수 있습니다.

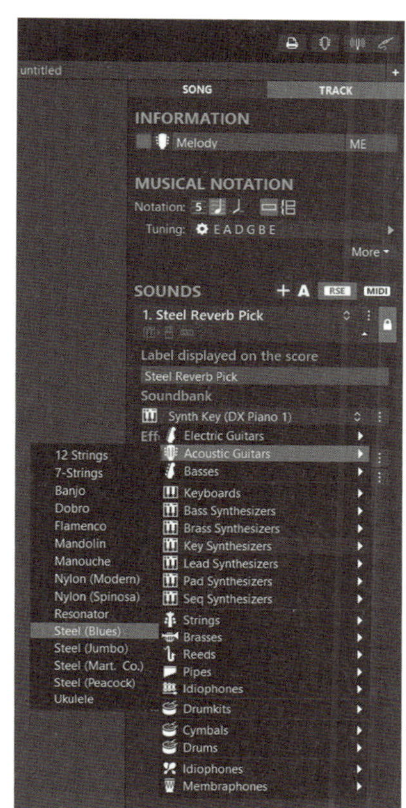

- 뱅크 이름 앞에 있는 악기 아이콘을 클릭하면 **[Settings]**이라는 창이 나타나고, 여기서 재생할 때 모노/스테레오 중 어떤 방식으로 재생할지 선택할 수 있습니다.

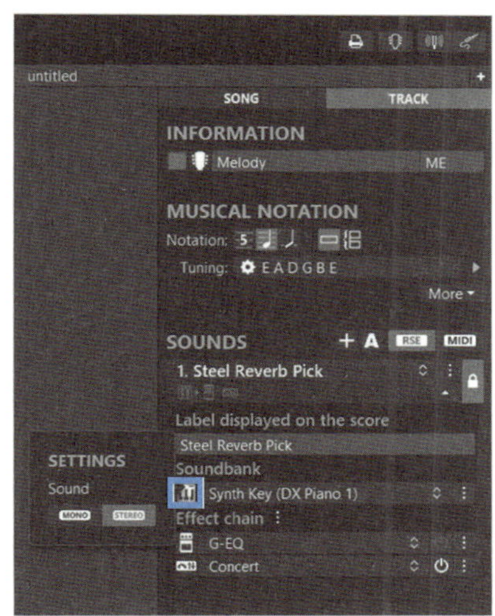

- 뱅크 이름 끝에 있는 점선 표시를 클릭하면 뱅크
를 복사하거나 붙여넣을 수 있습니다.

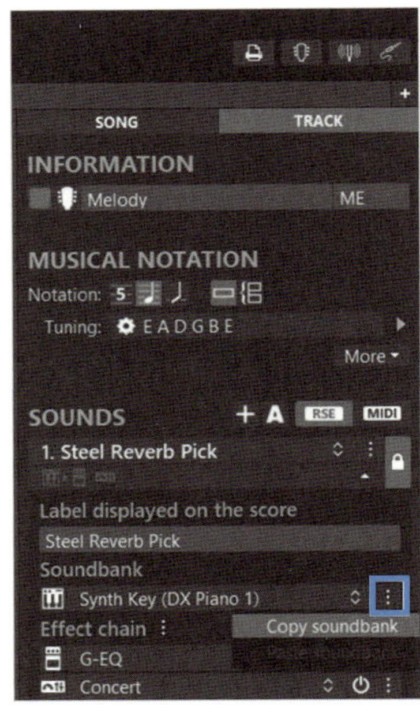

4 RSE 모드에서 이펙트 체인 설정하기

이펙트 체인Effect Chain은 여러 가지 이펙트들을 조합해서 만드는 사운드 설정입니다. 사운드 모드가 MIDI 모드일 경우에는 이 설정 창은 나타나지 않습니다. RSE 모드에서 사운드 뱅크를 선택하면 그 뱅크에 포함된 이펙트들이 여러 개의 슬롯Slot으로 나뉘어 자동으로 표시됩니다. 기타 프로는 사용자가 원하는 이펙트 체인을 자유롭게 만들 수 있도록 총 6개의 슬롯을 제공합니다. 기존의 슬롯을 클릭해서 수정할 수도 있고, 비어 있는 슬롯을 클릭해 새로운 슬롯을 추가할 수도 있습니다.

이펙트 체인 설정에 대한 자세한 설명은 **[65. 이펙트 적용하기]**편을 참고하세요.

5 MIDI 모드에서의 사운드뱅크 설정

사운드 모드가 RSE가 아니라 MIDI 모드일 때는 사운드뱅크 설정 방법이 조금 다릅니다 (MIDI를 사용하지 않는 분들은 이 부분의 설명은 보지 않으셔도 좋습니다). 우선 MIDI 모드로 전환하기 위해 **[Track Inspector]** 창의 **[SOUNDS]** 섹션에 있는 **[MIDI]** 아이콘을 클릭합니다.

MIDI 모드에서 트랙 인스펙터의 **[SOUNDS]** 섹션에서 사운드 이름 바로 아래 희미하게 보이는 **[Show/Hide sound detail]** 바를 클릭하면 MIDI 프로그래밍을 위한 MSB, LSB 설정 옵션이 나타납니다.

미디용 건반이나 신시사이저 등의 악기들은 사운드를 선택하기 위해 'Program Change'라는 미디 메시지를 사용합니다. 'Program Change'는 다른 미디 메시지들과 마찬가지로 0에서 127에 이르는 128개의 다른 사운드를 구현할 수 있습니다. 미디가 처음 개발되었을 때는 128개 정도의 사운드면 충분했지만 미디가 발전하면서 128개 이상의 사운드(패치)를 가진 기기들이 시장에 출시되기 시작했습니다. 그래서 128개가 넘는 패치를 구현하기 위해 'MIDI Program Change'라는 방법이 개발되었고, MSB와 LSB는 이럴 경우에 사용하는 옵션으로 MSB는 'Most Significant Byte', LSB는 'Least Significant Byte'를 의미합니다.

미디 건반이나 신시사이저의 매뉴얼을 보면 여러 가지 사운드들을 MSB와 LSB 값으로 표시해놓았습니다. 이 두 개의 값이 조합되어 'QWS(Quick Windows Sequencer)'라는 값을 만들어 컴퓨터로 전송하는데 QWS의 계산 공식은 다음과 같습니다.

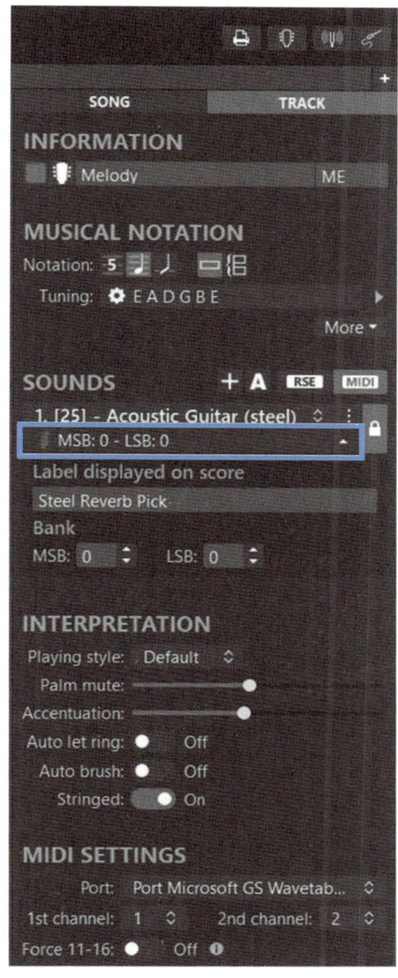

Bank = (MSB 값×128) + LSB 값

MSB와 LSB는 각각 0에서 127에 이르는 128개의 값을 가질 수 있으므로 이 두 개의 조합을 통해 128×128=16,384개의 뱅크를 표현할 수 있습니다. 또한 하나의 뱅크에 128개의 프로그램을 담을 수 있으므로 결국 (128×128=16,384뱅크)×128프로그램=2,097,152개의 프로그램을 구현할 수 있습니다.

> **참고**
>
> 어떤 미디 건반이나 신시사이저는 MSB와 LSB 두 가지 요소를 사용하지 않고 둘 중에 하나만 사용하는 경우도 있습니다. 이럴 경우에는 사용하지 않는 값은 '0'으로 간주해 QWS를 계산하면 됩니다. 예를 들어 LSB만 사용하는 신시사이저라면 MSB 값은 '0'이므로 (0×128)+0, (0×128)+1, (0×128)+2, 이런 식으로 0, 1, 2, … 126, 127의 뱅크 번호가 만들어집니다. 반대로 MSB만 사용하는 신시사이저라면 LSB 값은 '0'이므로 (128×0)+0, (128×1)+0, (128×2)+0, 이런 식으로 0, 128, 256, 384, 512, … 16128, 16256의 뱅크 번호가 만들어집니다. 자세한 사항은 해당 기기의 매뉴얼을 참고하시기 바랍니다.

Voice List

Voice No.	Bank Select		MIDI Program Change# (1-128)	Voice Name	Voice No.	Bank Select		MIDI Program Change# (1-128)	Voice Name
	MSB (0-127)	LSB (0-127)				MSB (0-127)	LSB (0-127)		
77	0	0	85	Charang Lead	107	0	0	114	Agogo
78	0	0	86	Voice Lead	108	0	0	116	Woodblock
79	0	0	87	Fifths Lead	109	0	0	117	Taiko Drum
80	0	0	88	Bass & Lead	110	0	0	118	Melodic Tom
81	0	0	89	New Age Pad	111	0	0	119	Synth Drum
82	0	0	90	Warm Pad	112	0	0	120	Reverse Cymbal
83	0	0	91	Poly Synth Pad	WORLD				
84	0	0	92	Choir Pad	113	0	0	105	Sitar
85	0	0	93	Bowed Pad	114	0	0	16	Dulcimer
86	0	0	94	Metallic Pad	115	0	0	106	Banjo
87	0	0	95	Halo Pad	116	0	0	107	Shamisen
88	0	0	96	Sweep Pad	117	0	0	108	Koto
89	0	0	97	Rain	118	0	0	109	Kalimba
90	0	0	98	Sound Track	119	0	0	110	Bagpipe
91	0	0	99	Crystal	120	0	0	111	Fiddle
92	0	0	100	Atomosphere	121	0	0	112	Shanai
93	0	0	101	Brightness	DUAL				
94	0	0	102	Goblins	122	0	112	1	Octave Piano
95	0	0	103	Echoes	123	0	112	1	Piano+Strings
96	0	0	104	Sci-Fi	124	0	112	1	Piano Pad
PERCUSSION					125	0	0	6	E.P. Pad
97	0	0	12	Vibraphone	126	0	0	49	Octave Strings
98	0	0	13	Marimba	127	0	0	62	Orchestra Tutti
99	0	0	14	Xylophone	128	0	0	49	Octave Choir
100	0	0	115	Steel Drums	129	0	0	53	Octave Brass
101	0	0	9	Celesta	130	0	0	62	Jazz Section
102	0	0	11	Music Box	131	0	0	74	Flute & Clarinet
103	0	0	15	Tubular Bells	SOUND EFFECTS				
104	0	0	48	Timpani	132	0	0	121	Fret Noise
105	0	0	10	Glockenspiel	133	0	0	122	Breath Noise
106	0	0	113	Tinkle Bell	134	0	0	123	Seashore

Voice No.	Bank Select		MIDI Program Change# (1-128)	Voice Name
	MSB (0-127)	LSB (0-127)		
135	0	0	124	Bird Tweet
136	0	0	125	Telephone Ring
137	0	0	126	Helicopter
138	0	0	127	Applause
139	0	0	128	Gunshot
DRUM KITS				
140	127	0	1	Standard Kit 1
141	127	0	2	Standard Kit 2
142	127	0	9	Room Kit
143	127	0	17	Rock Kit
144	127	0	25	Electronic Kit
145	127	0	26	Analog Kit
146	127	0	28	Dance Kit
147	127	0	33	Jazz Kit
148	127	0	41	Brush Kit
149	127	0	49	Symphony Kit
150	126	0	1	SFX Kit 1
151	126	0	2	SFX Kit 2
152	126	0	113	Sound Effect Kit
Xglite				
153	0	1	1	Grand Piano KSP
154	0	40	1	Piano Strings
155	0	41	1	Dream
156	0	1	2	Bright Piano KSP
157	0	1	3	Electric Grand Piano KSP
158	0	32	3	Detuned CP80
159	0	1	4	Honky-tonk Piano KSP
160	0	1	5	Electric Piano 1 KSP
161	0	32	5	Chorus Electric Piano 1
162	0	1	6	Electric Piano 2 KSP
163	0	32	6	Chorus Electric Piano 2
164	0	41	6	DX+Analog Electric Piano
165	0	1	7	Harpsichord KSP

Voice No.	Bank Select		MIDI Program Change# (1-128)	Voice Name
	MSB (0-127)	LSB (0-127)		
166	0	35	7	Harpsichord 2
167	0	1	8	Clavi KSP
168	0	64	11	Orger
169	0	1	12	Vibraphone KSP
170	0	1	13	Marimba KSP
171	0	64	13	Sine Marimba
172	0	97	13	Balimba
173	0	98	13	Log Drums
174	0	96	15	Church Bells
175	0	97	15	Carillon
176	0	35	16	Dulcimer 2
177	0	96	16	Cimbalom
178	0	97	16	Santur
179	0	32	17	Detuned Drawbar Organ
180	0	33	17	60's Drawbar Organ 1
181	0	34	17	60's Drawbar Organ 2
182	0	35	17	70's Drawbar Organ 1
183	0	37	17	60's Drawbar Organ 3
184	0	40	17	16+2'2/3
185	0	64	17	Organ Bass
186	0	65	17	70's Drawbar Organ 2
187	0	66	17	Cheezy Organ
188	0	67	17	Drawbar Organ 2
189	0	24	18	70's Percussive Organ
190	0	32	18	Detuned Percussive Organ
191	0	33	18	Light Organ
192	0	37	18	Percussive Organ 2
193	0	64	19	Rotary Organ
194	0	65	19	Slow Organ
195	0	66	19	Fast Organ
196	0	32	20	Church Organ 3

이펙트 적용하기

하나의 사운드는 하나의 사운드뱅크에 여러 개의 이펙트가 조합된 하나의 이펙트 체인이 가미되어 만들어집니다. 처음에는 모든 사운드뱅크에 'Factory setting'이라는 기본적인 이펙트만 적용되어 있습니다. 여기에 사용자가 여러 가지 이펙트들을 추가하고, 수정하고, 조합해 이펙트 체인을 만든 다음 이것을 트랙에 적용하면 원하는 완벽한 사운드가 만들어집니다.

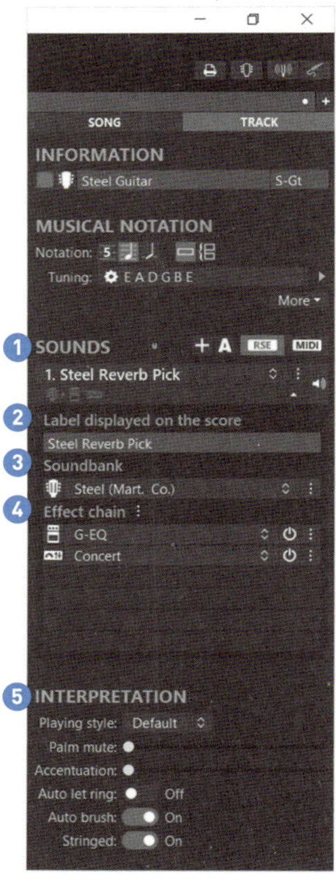

1 이펙트 설정 시작하기

어느 트랙에 이펙트를 적용하려면 **[Track Inspector]** 창에서 다음과 같은 순서로 작업합니다.

❶ **[Sound Library]** 선택
❷ **[Label]** 입력
❸ **[Soundbank]** 선택
❹ **[Effect chain]** 설정
❺ **[Interpretation]** 설정

2 **이펙터 슬롯 다루기**

① 기존 슬롯 수정하기

사운드뱅크를 선택하면 이펙트 체인 항목 아래에 여러 개
의 이펙트들이 나타나는데 이를 슬롯Slot이라고 부릅니다.
슬롯 안에는 기타 프로가 미리 만들어놓은 다양한 이펙
터, 앰프, 프로세서 등의 설정이 내장되어 있습니다. 기타
프로가 제공하는 슬롯의 설정 값을 그대로 사용할 수도
있고, 사용자가 원하는 설정으로 바꿀 수도 있습니다.
슬롯의 구성 항목에 대한 설명입니다.

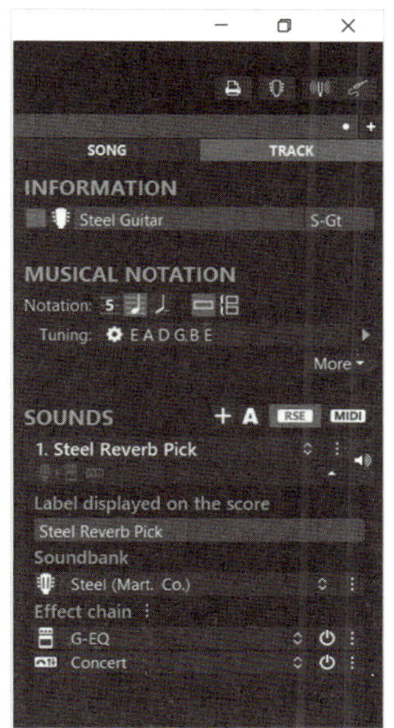

- **[Effect chain options]**: [Effect chain]이라는 글자
  옆에 있는 점선 표시를 클릭하면 이펙트 체인 설정 전
  체를 한꺼번에 복사, 붙여넣기, 삭제할 수 있습니다.

- **Copy whole effect chain**: 현재의 이펙트 체인의
  슬롯과 슬롯별로 설정된 모든 설정 값 전체를 복사합
  니다.
- **Paste whole effect chain**: 복사해온 이펙트 체인
  전체를 붙여넣습니다. 이펙트 체인 전체 붙여넣기는 같
  은 파일 안에서는 적용되지 않습니다. A 파일의 이펙트
  체인 설정을 B 파일에서 그대로 사용하고 싶을 때 사
  용합니다.
- **Clear effect chain**: 해당 이펙트 체인을 삭제합니다.
  이펙트 체인을 삭제하면 기존 슬롯들이 모두 삭제되고
  빈 슬롯만 표시됩니다.
- **Load effect chain**: 사용자가 저장해놓은 이펙트 체인 파일이 있을 경우 그것을 불러
  옵니다.

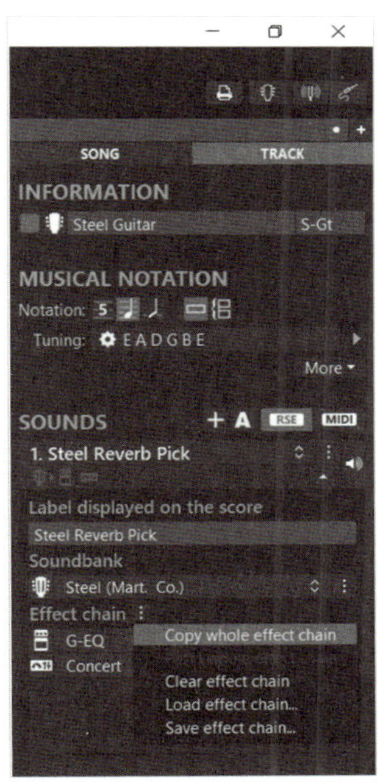

- **Save whole effect chain**: 사용자가 설정한 이펙트 체인 값들을 파일로 저장합니다. 저장한 이펙트 체인은 나중에 아무 파일에서나 다시 불러서 사용할 수 있습니다.
- **[Effect settings]**: 개별 이펙터 기기의 이름 앞에 있는 아이콘을 클릭하면 해당 이펙터 기기와 똑같은 생긴 디지털 이펙터가 팝업으로 나타나고 여기서 실제 이펙터의 설정을 조절하는 것과 같은 방법으로 설정 값을 미세하게 조절할 수 있습니다. 기기의 버튼이나 노브들은 기기에 따라 조금씩 다르지만 대략 다음과 같은 기능을 합니다.

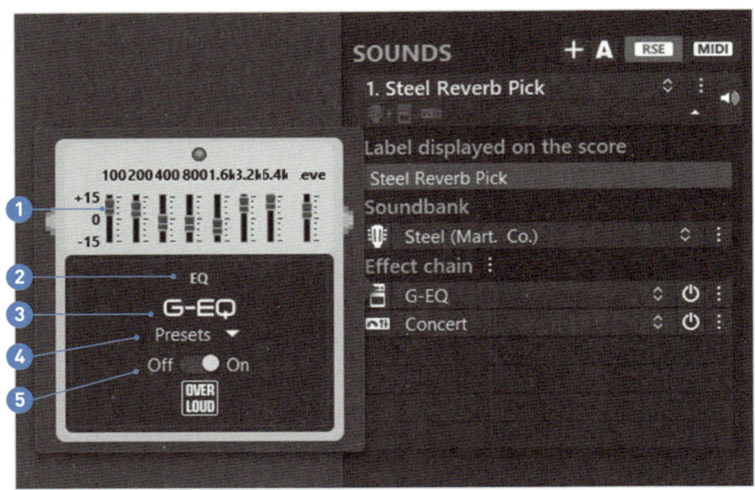

① **이펙트 노브** Effect Knob: 이펙트 값들을 미세 조절하는 노브입니다.
② **이펙트 카테고리**: 해당 이펙트가 속해 있는 범주 이름이 표시됩니다.
③ **이펙트 이름**: 해당 이펙트의 이름이 표시됩니다.
④ **프리셋**: 해당 이펙트에 대해 미리 만들어져 있는 프리셋 설정 값을 불러옵니다.
⑤ **[On/Off]**: 해당 이펙트를 적용 혹은 해제합니다.

- **[Name & Category]**: [G-EQ] 등의 이펙트 이름 위에서 왼쪽 마우스를 클릭하면 다른 이펙트 범주들이 펼침 목록으로 나타나고, 그중에서 어느 범주 이름을 다시 클릭하면 개별 이펙트 이름들이 나타납니다. 여기서 원하는 이펙트를 선택하면 해당 트랙에 그 이펙트가 적용됩니다.

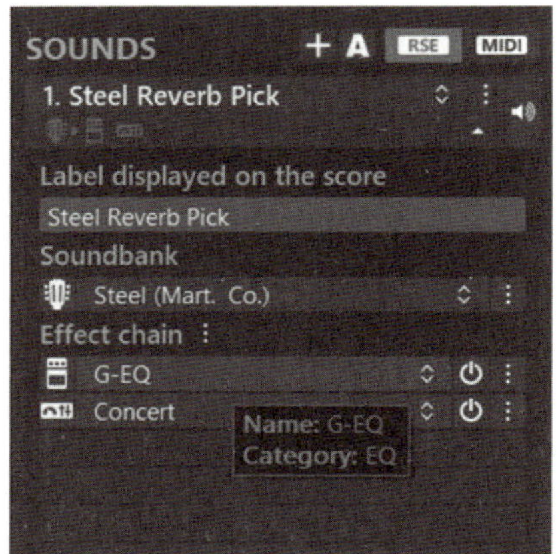

- **[Bypass]**: 이펙트 이름 오른쪽에 있는 스위치 모양의 **[Bypass]** 아이콘을 클릭하면 아이콘이 희미하게 변합니다. 이렇게 하면 설정해놓은 이펙트가 일시적으로 무력화되어 소리가 적용되지 않습니다. 다시 클릭하면 이펙트가 적용됩니다.

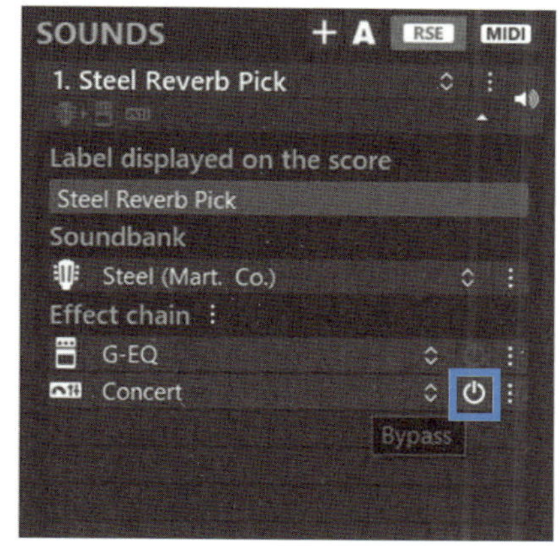

- **[Effect option]**: 이펙트 이름 오른쪽 끝에 있는 점선 표시를 클릭하면 해당 이펙트를 복사, 붙여넣기, 삭제할 수 있습니다.

  - **Copy effect**: 해당 이펙트를 복사합니다.
  - **Paste effect**: 해당 이펙트를 붙여넣습니다.
  - **Delete effect**: 해당 이펙트를 삭제합니다.
  - **Move up effect**: 해당 이펙트의 위치를 한 칸 위로 이동합니다.
  - **Move down effect**: 해당 이펙트의 위치를 한 칸 아래로 이동합니다.

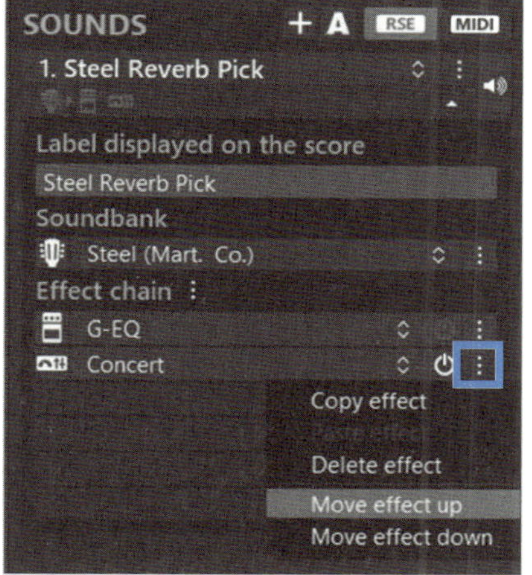

> **참고**
>
> 이펙트 체인의 이펙터 슬롯들은 서로 연결되어 있으며, 위에 있는 슬롯부터 배열 순서대로 차례로 효과가 적용되기 때문에 같은 이펙트를 사용해도 어떤 순서로 배치하느냐에 따라 소리가 달라질 수 있습니다.

 ## 새로운 슬롯 추가하기

[사운드 라이브러리]를 선택하면 [이펙트 체인]
항목 아래에 그 [사운드뱅크]를 구성하는 기본
슬롯들이 자동으로 표시됩니다. 사용자가 슬롯
을 추가하고 싶다면 기존 슬롯 아래에 있는 비
어 있는 슬롯을 클릭합니다.
빈 슬롯을 클릭하면 다음과 같이 이펙터, 앰프,
프로세서의 세 가지 그룹 14가지 효과를 선택
하는 펼침 목록이 나타납니다.

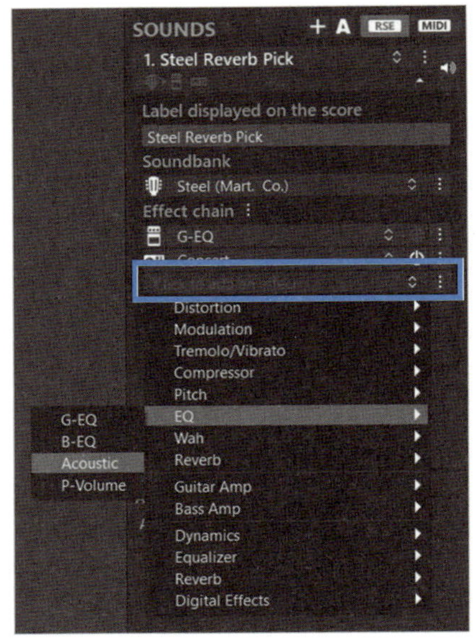

- ● 이펙터 그룹

  - Distortion

  - Modulation

  - Tremolo/Vibrato

  - Compressor

  - Pitch

  - EQ

  - Wah

  - Delay/Reverb

- ● 앰프 그룹

  - Guitar Amp

  - Bass Amp

- ● 프로세서 그룹

  - Dynamics

  - Equalizer

  - Reverb

  - Digital Effects

이 중에서 원하는 목록을 선택해 다시 클릭하면 세부 이펙트 목록이 나타납니다. 여기서
원하는 이펙트를 선택하고 슬롯 이름 앞에 있는 **[Effect settings]** 아이콘을 클릭해 세부
사운드를 조절합니다.

4　이펙트 체인 저장하기

이렇게 만든 이펙트 체인을 사운드 라이브러
리에 저장했다가 다시 사용할 수 있습니다. 이
펙트 체인의 설정 값을 저장하려면 **[Sound
Library]** 이름의 오른쪽 끝에 있는 점선 모
양의 옵션 버튼을 클릭하고, **[Save as user
soundbank preset]**을 선택합니다. **[Save as
user soundbank preset]** 창이 뜨는데 각 항
목은 다음과 같은 뜻입니다.

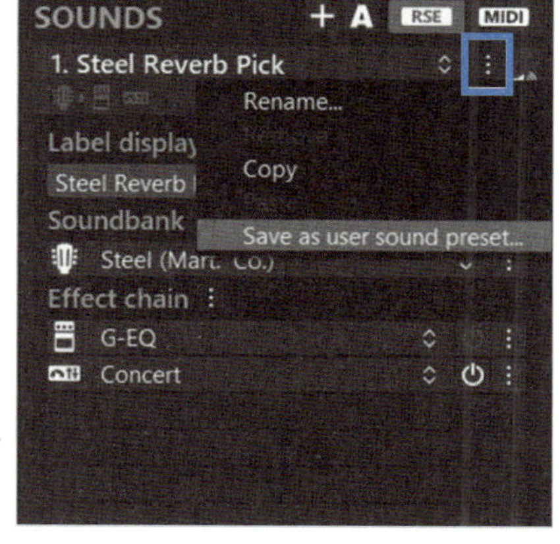

- **[Name]**: 해당 라이브러리의 이름을 입력합
  니다.
- **[Family]**: 악기가 속한 그룹(Family)을 선택합니다. 악기 그룹은 해당 트랙에 사용한 악
  기가 무엇이냐에 따라 자동으로 분류되어 나타납니다.
- **[Instrument]**: 이 사운드 라이브러리를 적용해 사용할 악기를 선택합니다.
- **[Save]**: 사운드 라이브러리를 저장합니다. 저장된 라이브러리는 나중에 라이브러리 목
  록을 열 때 **[User sound]** 항목에 따로 표시됩니다.

이렇게 저장해놓은 사운드 라이브러리를 다시 사용하려면 **[Sound Library bank]**를 클릭
하고 저장했던 악기 **[패밀리]**로 들어가서 해당 **[사운드뱅크]**를 클릭합니다.

곡 도중에 사운드 변경하기

기타 프로에서는 기본적으로 하나의 트랙에 하나의 악기, 하나의 사운드가 할당됩니다. 악보를 만들다 보면 노래 전체에서 특정 마디 몇 곳에서만 다른 사운드가 필요한 경우가 있습니다. 예를 들면 전체는 스트럼 패턴을 중심으로 악보를 만들었는데 중간중간 몇 마디에 일렉트릭 기타의 멜로디 라인이 들어 있다고 가정해보겠습니다. 물론 일렉트릭 기타를 위한 트랙을 별도로 만들어서 사용해도 되지만 그렇게 되면 몇 마디밖에 안 되는 일렉트릭 기타 악보를 만들기 위해 트랙을 하나 더 만들어야 하고 전체 악보가 크고 복잡해집니다. 이렇게 같은 트랙 안에 있는 특정 부분에서 악기나 사운드를 바꿔야 할 필요가 있을 때에는 '곡 도중에 사운드 변경하기' 옵션을 사용합니다.

1 트랙 인스펙터에서 작업하기

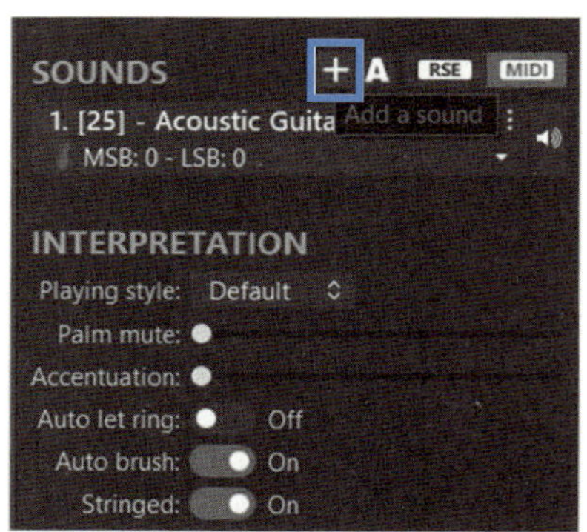

① 사운드 추가하기

같은 트랙의 어느 지점에서 다른 사운드를 사용하려면 먼저 사용할 사운드를 추가해놓아야 합니다. 트랙 인스펙터 창의 [SOUNDS] 섹션 표시 옆에 있는 플러스(+) 기호를 클릭하면 사운드 추가를 위한 팝업 메뉴가 나타납니다.

이 기능은 사운드 모드가 RSE나 MIDI나 상관없이 양쪽 모두에서 사용할 수 있습니다.

팝업 메뉴 위쪽에 희미한 글씨로 'User Track Sound'라고 보이고 그 아래에 [Copy sound from 1-(Sound name)]처럼 사용자가 그 트랙에 할당해놓은 사운드 이름이 보입니다. 이미 트랙에 사용한 사운드에서 약간의 변화만 주어 새로운 사운드를 추가하려면 이 옵션을 선택하고 이펙트 값을 조절합니다. 만약 사용자가 같은 트랙에 미리 만들어놓은 다른 사운드를 적용해놓았다면 'User Track Sound' 아래에 [Copy sound from 1-(Sound name)], [Copy sound from 2-(Sound name)]처럼 여러 개의 사운드 선택 옵션이 나타납니다. 이 중에서 원하는 사운드를 선택해 조절 작업을 합니다.

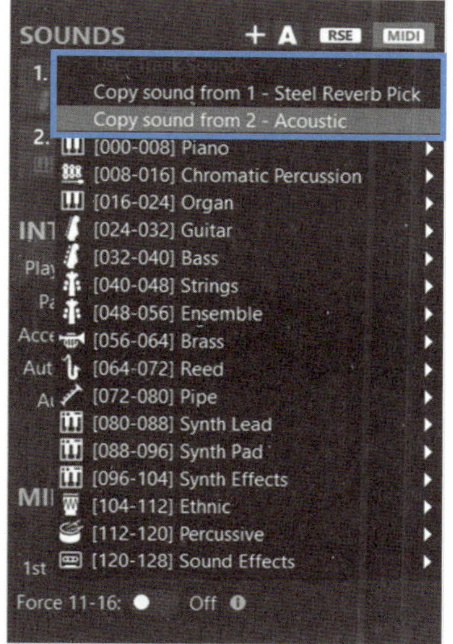

기타 프로가 제공하는 모든 사운드 중에서 선택하고 싶다면 팝업 창 아래에 있는 [All sounds] 탭을 누르고 원하는 사운드를 선택하면 됩니다. 사운드를 추가하면 기존의 사운드 아래에 새로 추가한 사운드가 표시됩니다.

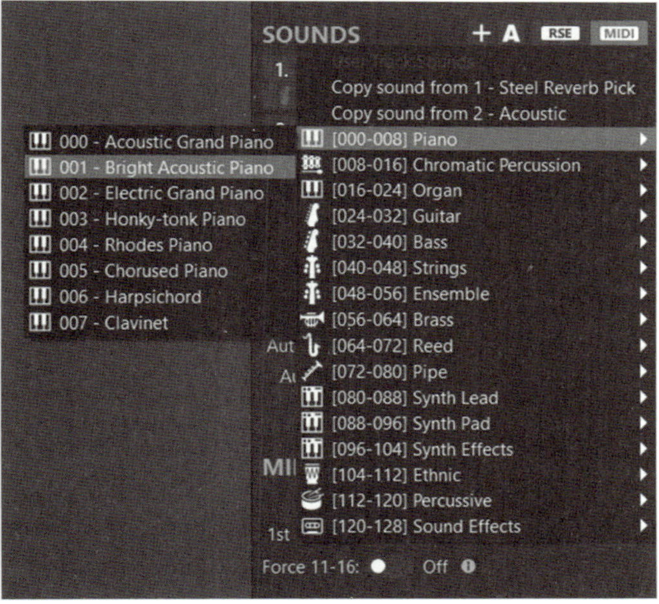

② 사운드를 바꿀 위치 지정하기

사운드 추가가 끝났으면 이제 사운드를 바꿀 위치를 지정합니다. 마우스로 사운드 변화가
시작될 위치를 클릭하면 커서가 이동하면서 위치가 지정됩니다. 마디의 시작 부분뿐 아니
라 마디 중간에서도 마우스를 클릭해 사운드 변경을 설정할 수 있습니다.

③ 사운드 변경하기

추가할 악기나 사운드를 먼저 만들어놓고 난 다음, 트랙 인스펙터 창의 [SOUNDS] 섹션
표시 옆에 있는 [A] 자(Automation) 아이콘을 클릭해서 [Sound automation] 창을 띄웁
니다. 메뉴 그룹에서는 [Edit] ▶ [Sound] ▶ [Sound automation]을 클릭합니다. 이 창의
항목들 기능은 다음과 같습니다.

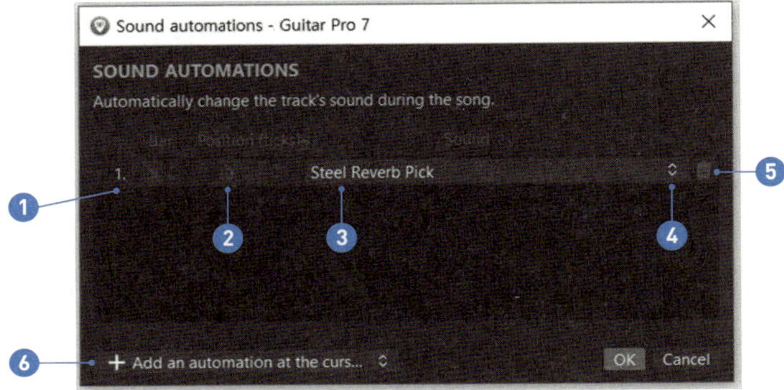

❶ [Bar(마디)]: 해당 사운드로 변화가 시작되는 마디를 지정합니다.
❷ [Position(ticks)]: 한 마디 안에서 어느 위치인가를 지정합니다. [Position]은 마디별로
   계산되며, 각 마디의 첫 음표 위치가 [Position] '0' 값으로 표시되고, 나머지 음표들은
   박자 길이별로 다음의 값으로 표시됩니다.
❸ [Sound]: 적용된 사운드의 이름이 표시됩니다.
❹ [Sound option]: 사운드 이름이 있는 부분을 클릭하면 현재 적용 가능한 사운드 옵션
   들이 펼침 목록으로 나타납니다. 원하는 사운드를 클릭해 선택합니다.
❺ [Delete]: 휴지통 모양의 아이콘을 클릭하면 해당 사운드를 삭제할 수 있습니다. 맨 위
   에 나오는 기본 사운드는 삭제할 수 없습니다.
❻ [+ Add an automation at the cursor]: 현재 커서가 위치한 자리에 사운드 오토메이
   션을 적용합니다.

특정 지점부터 새로운 사운드를 적용하려면 사운드 변경을 원하는 위치에 커서를 놓고
[Sound automation] 창에서 [+ Add an automation at the cursor]를 클릭하고 펼침
목록으로 나타나는 사운드 리스트 중에서 원하는 사운드 이름을 선택합니다.

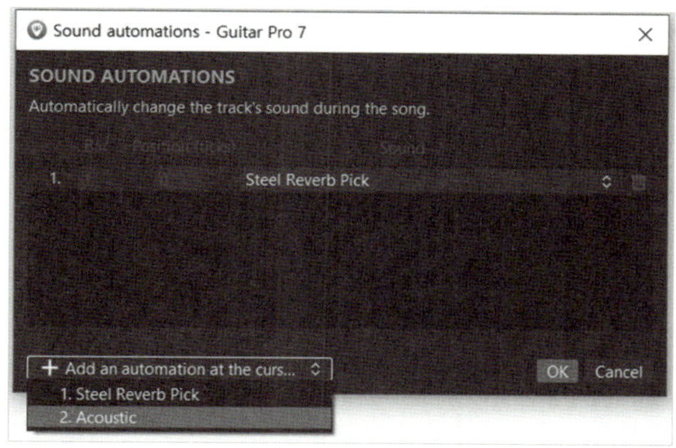

창에 방금 가져온 사운드가 추가로 표시됩니다.

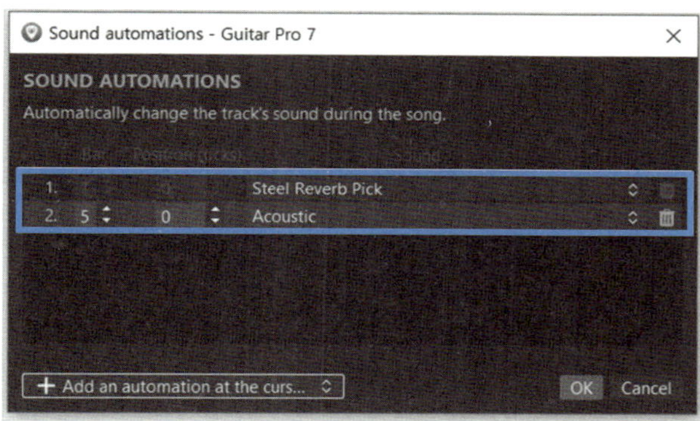

④ 사운드 변경 위치 바꾸기

사운드 변경을 설정한 후라도 변경 위치를 기존 자리가 아니라 다른 곳으로 이동할 수 있습니다. 마디를 설정하려면 **[Bar(마디)]** 항목의 숫자를 조절하고, 마디 안에서 박자를 설정하려면 **[Position(ticks)]**의 값을 조절합니다. 음표 종류별로 음표 하나(tick)는 다음과 같은 값을 가집니다.

음표 종류	음표 하나의 값
2분 음표	960
4분 음표	480
8분 음표	240
16분 음표	120
32분 음표	60
64분 음표	30

이름 옆에 있는 아래위 화살표 부분을 클릭하면 현재 트랙에 사용 가능한 사운드 리스트
가 나타나는데 여기서 사운드를 바꿀 수도 있습니다.

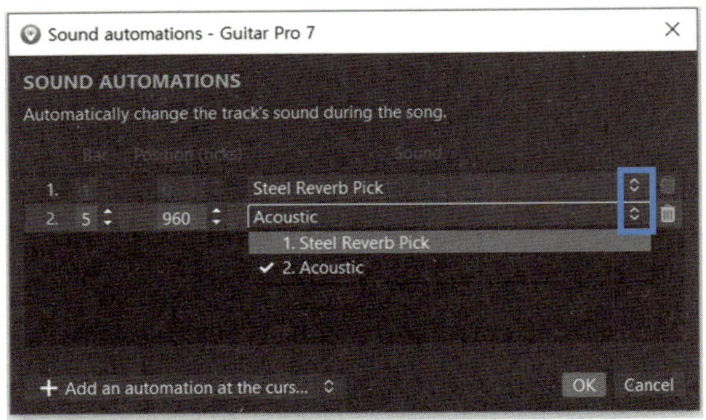

오른쪽 끝에 있는 휴지통 아이콘을 클릭하면 해당 사운드를 삭제할 수 있습니다.

 참고

사운드 라이브러리에는 적어도 하나 이상의 사운드가 있어야 하므로 [Sound automations] 설정 창에 있는 첫
번째 사운드는 삭제할 수 없습니다.

⑤ 사운드 변화 무시하고 재생하기

한 트랙 안에 오토메이션 기능을 통해 여러 개의 사운드를 적용했더라도 사용자가 원한다
면 전체를 한 가지 사운드로만 재생하도록 다른 모든 사운드를 일시적으로 무력화시킬 수
있습니다. 특정 사운드만 단독으로 재생하려면 **[트랙 인스펙터]** 창에서 단독으로 사용하려
는 사운드 이름 끝에 있는 **[Click to force this sound(스피커 모양의 아이콘)]**을 클릭합니
다. 스피커 모양이 자물쇠 모양으로 바뀌면서 그 사운드만을 사용해서 재생이 이루어집니
다. 이 경우, 이미 설정해놓았던 모든 오토메이션은 일시적으로 무력화됩니다. 다시 원래의
오토메이션을 살리려면 자물쇠 아이콘을 다시 클릭합니다.

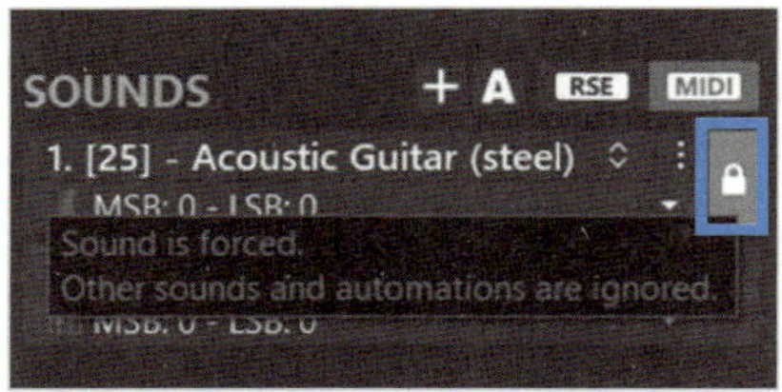

어쿠스틱 기타를 위한 사운드 설정

기타 프로에서는 사운드뱅크에 내장되어 있는 다양한 악기들을 선택할 수 있고, 이펙트 체인에서 다양한 이펙터, 앰프, 프로세서를 사용해 사운드를 만들 수 있습니다. 하지만 워낙 다양한 옵션들이 제공되기 때문에 오히려 이런 이펙터의 사용에 익숙하지 않은 사용자들은 내가 만드는 곡에 어울리는 사운드 설정에 어려움을 겪을 수도 있습니다.

물론 어떤 사운드를 만들어서 사용하느냐는 사용자의 개인적인 취향이지만 사운드 설정에 참고하실 수 있도록 예제 곡을 통해 어쿠스틱 기타에 잘 어울리는 사운드 설정 하나를 소개해드립니다. 예제 곡은 우리가 잘 알고 있고, 어쿠스틱 기타의 선율이 매우 아름다운 캔자스(Kansas)의 〈Dust in the wind〉입니다. 우선 이 설정을 따라해보시고 원한다면 자신의 취향에 맞게 수정해도 됩니다.

1 악보 만들기

우선 다음에 보는 것처럼 〈Dust in the wind〉 전주의 시작 부분 네 마디의 악보를 만듭니다. 이 파일은 **[맥북의 기타 독학교실]** 카페의 **[기타 프로 7 자료실]** 게시판에서 내려받을 수 있습니다. http://cafe.naver.com/macdoc/145383.

2 악기 선택하기

[Track Inspector] 창의 [SOUNDS] 섹션에 있는 [Sound Library] 칸을 클릭하고 [Acoustic Guitars] ▶ [Steel Guitar] ▶ [Steel Mart]를 선택합니다.

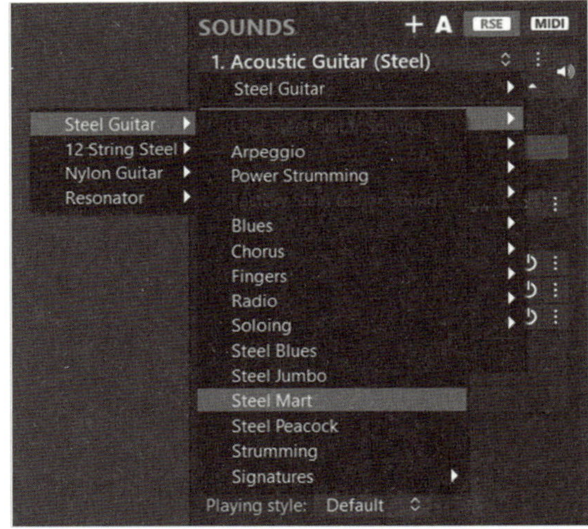

3 사운드뱅크 선택하기

[Track Inspector] 창의 [SOUNDS] 섹션에 있는 [Soundbank]에서 [Acoustic Guitars] ▶ [Steel(Mar.&co.)]을 선택합니다. 이 사운드뱅크는 세계 최고의 어쿠스틱 기타 양산 브랜드 중 하나인 미국의 마틴앤컴퍼니 사의 기타 사운드 샘플을 모델링해 사용하는 어쿠스틱 기타 전용 사운드뱅크입니다.

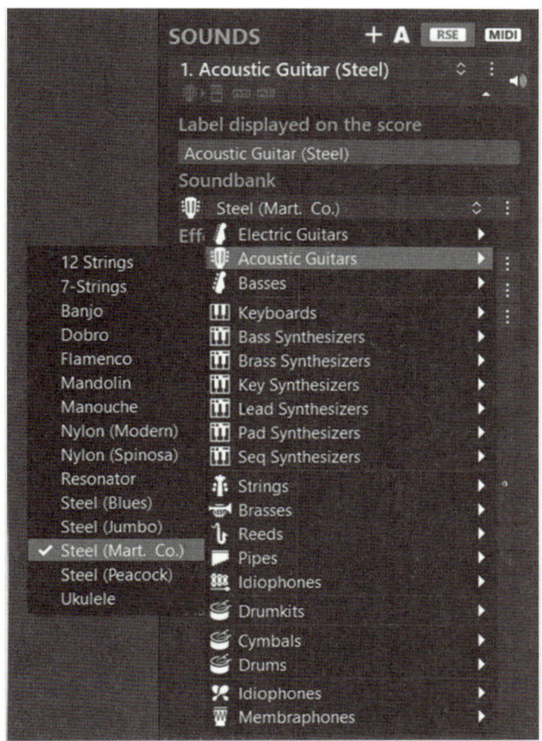

4 이펙트 체인 설정하기

[Acoustic Guitars] ▶ [Steel(Mar.&co.)]을 선택하면 자동으로 다음과 같은 세 가지 이펙트 슬롯이 나타납니다.

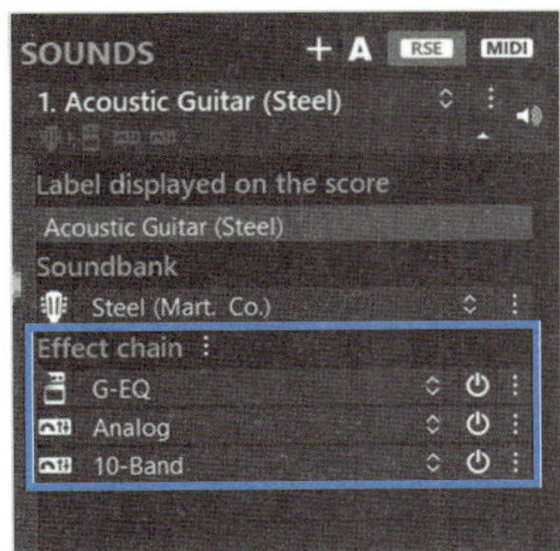

- **[G-EQ]**: 이퀄라이저 제조사로 유명한 웨이브Waves사의 G 시리즈 이퀄라이저를 모델링한 것으로 주파수 대역별로 값을 조절합니다. 이펙터 이름 앞에 있는 **[Option settings]** 아이콘을 클릭한 다음, 아래 그림과 같이 설정 값을 조절합니다.

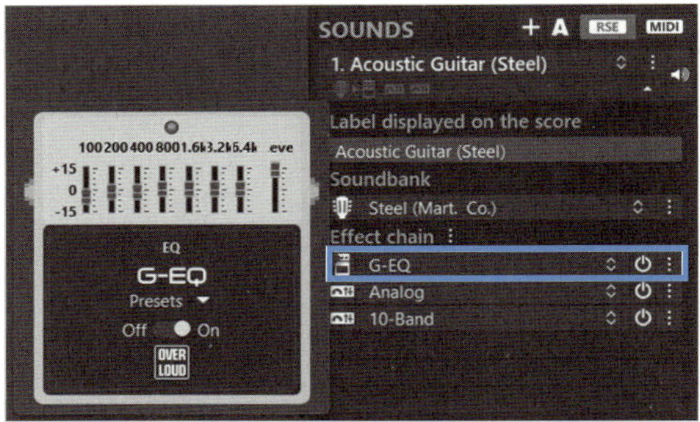

- **[Analog]**: 듣기 싫은 주파수 대역의 소리를 깎아서 편안한 소리를 만들어주는 아날로 그 다이내믹 컴프레서입니다. 이펙터 이름 앞에 있는 **[Option settings]** 아이콘을 클릭한 다음, 아래 그림과 같이 설정 값을 조절합니다.

- **[10-Band]**: 이퀄라이저 범주 안에 있는 10-Band Equalizer로 주파수를 열 개의 대역으로 나누어 각 대역별로 값을 조절할 수 있는 이퀄라이저가 들어 있습니다. 이펙터 이름 앞에 있는 **[Option settings]** 아이콘을 클릭한 다음, 아래 그림과 같이 이 설정 값을 조절합니다.

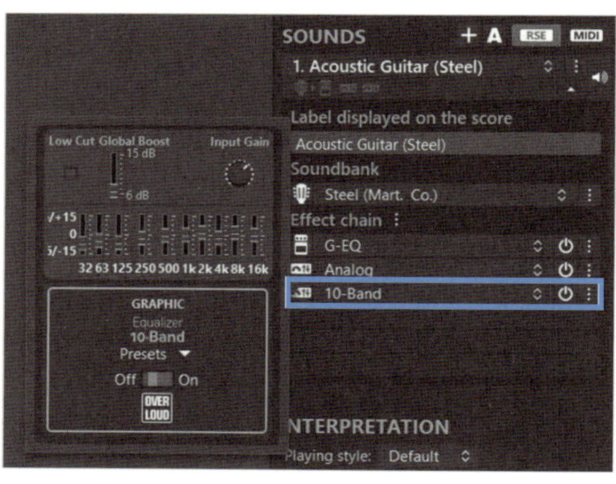

5 마스터링 설정하기

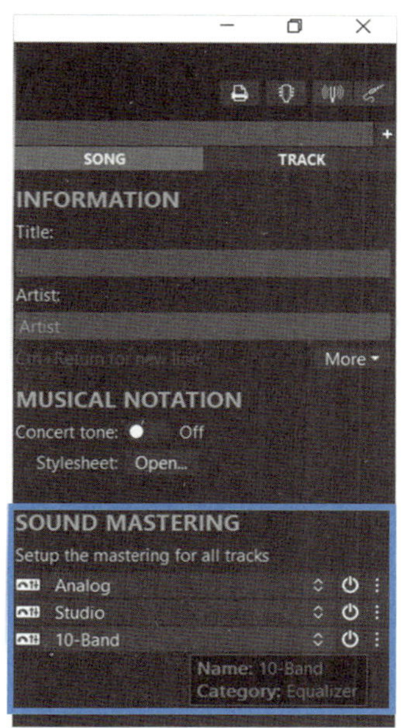

마지막으로 최종 출력되는 사운드 설정을 위해 마스터링 설정을 합니다. [Song Inspector] 창의 [SOUND MASTERING] 섹션에 있는 다음 세 가지 디바이스의 설정 값을 조절합니다.

- [Analog]: 듣기 싫은 주파수 대역의 소리를 깎아서 편안한 소리를 만들어주는 아날로그 다이내믹 컴프레서입니다. 이펙터 이름 앞에 있는 [Option settings] 아이콘을 클릭한 다음, 아래 그림과 같이 설정 값을 조절합니다.

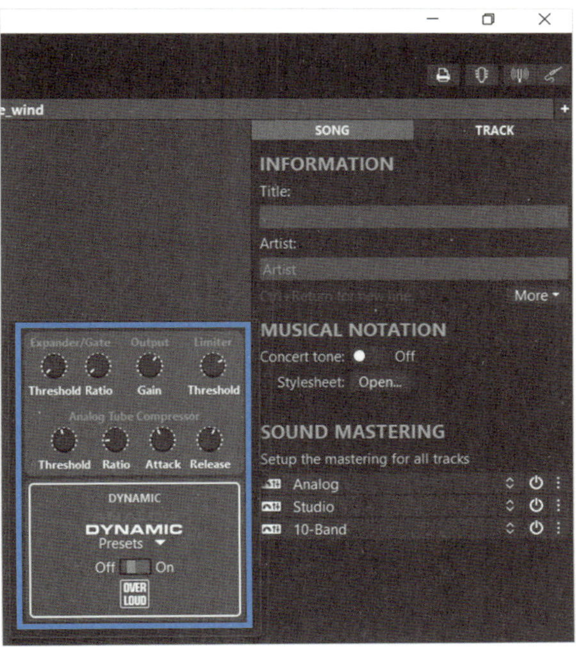

- **[Studio]**: 소리의 잔향 효과를 만들어주는 **[Reverb]** 효과 중 스튜디오에서 녹음한 것과 같은 사운드를 만들어주는 이펙터입니다. 이펙터 이름 앞에 있는 **[Option settings]** 아이콘을 클릭한 다음, 아래 그림과 같이 설정 값을 조절합니다.

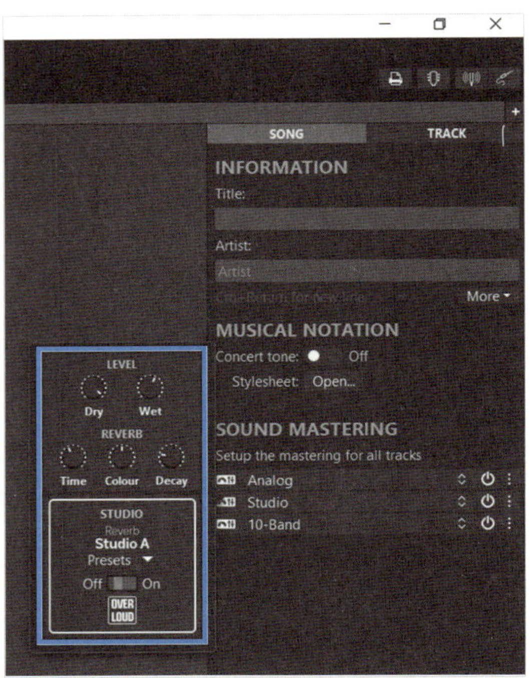

- **[10-Band]**: 이퀄라이저 범주 안에 있는 10-Band Equalizer로 주파수를 열 개의 대역으로 나누어 각 대역별로 값을 조절할 수 있는 이퀄라이저가 들어 있습니다. 이펙터 이름 앞에 있는 **[Option settings]** 아이콘을 클릭한 다음, 아래 그림과 같이 설정 값을 조절합니다.

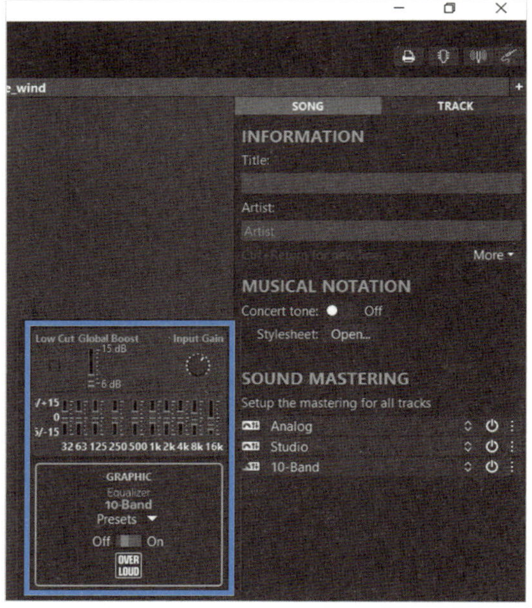

이렇게 세팅을 마친 후 악보를 재생해서 들어보십시오. 마음에 들지 않는 부분이 있다면 언제든지 설정 값을 조절해 바꿀 수 있습니다.

만들어놓은 설정 값을 저장하려면 **[Track Inspector]** 창의 **[SOUNDS]** 섹션에 있는

[Sound Library] 이름 옆에 점선 표시를 클릭합니다.
펼침 목록이 나타나는데 여기서 [Save as user sound
preset]을 선택합니다. [Save as user sound preset]
설정 창이 뜨면 Name, Family, Instrument 등을 선택
한 다음, [Save] 버튼을 눌러 사운드 라이브러리 설정
값을 저장합니다.

저장한 사운드 라이브러리는 다음에 사운드 라이브러
리를 지정할 때 펼침 목록에 사용자 지정 사운드로 표
시되고, 선택해 적용할 수 있습니다.

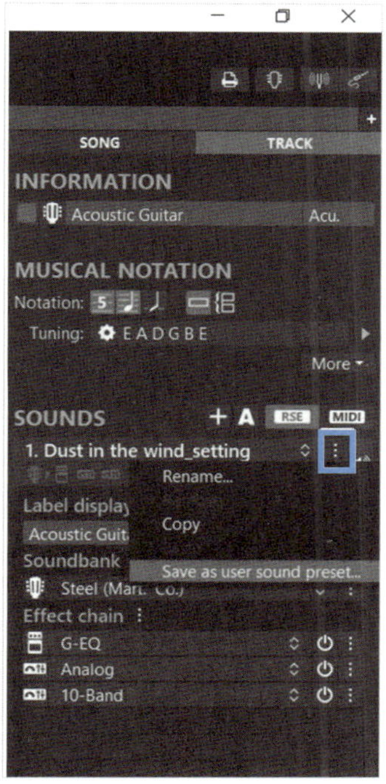

마스터링 작업하기

1 마스터링의 뜻

마스터링Mastering이란 모든 트랙에 악기를 할당하고 필요한 효과 등을 적용하고 나서 마지막으로 통합된 하나의 사운드로 만들어내는 과정을 말합니다. 이 과정에서 사운드의 퀄리티를 최상으로 끌어올리기 위해 세 가지 유형의 기기들을 이용해서 후반 보정 작업을 합니다. 마스터링 작업을 하려면 [Song Inspector] 창의 [SOUND MASTERING] 섹션에서 설정 값을 조절합니다.

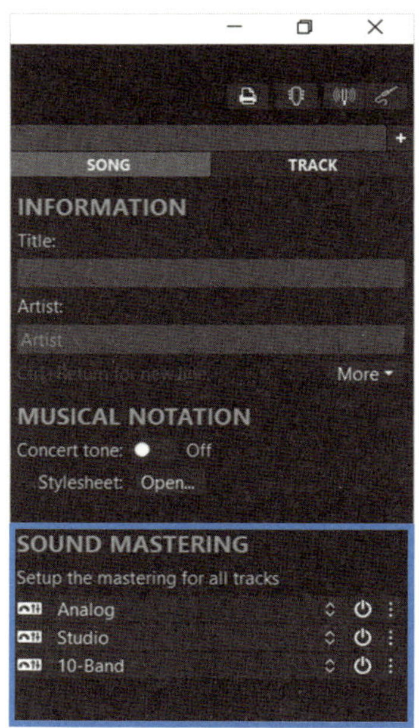

2 마스터링 섹션의 구성

마스터링 섹션에서는 사운드 라이브러리와 이펙트 체인 등을 통과해 나오는 모든 사운드 시그널에 대해 [Dynamis(압축기)], [Reverb(잔향 효과)], [EQ(이퀄라이저)] 등의 효과를 한 번 더 설정합니다.

- **[Dynamis(압축기)]**: 보컬이나 악기에서 만들어지는 가장 작은 소리와 큰 소리 사이의 범위를 다이내믹 레인지(Dynamic Range)라고 부릅니다. 다이내믹 컴프레서는 내가 정한 데시벨(db) 이상의 소리가 입력될 때 자동으로 입력 시그널의 크기를 줄여 다이내믹 레인지를 줄여주는 역할을 합니다. 기타 프로는 마스터링 작업을 위해 Analog, Classic, Limiter 세 가지 컴프레서를 제공합니다. 이 중에서 원하는 컴프레서를 선택한 다음, 이펙터 이름 앞에 있는 **[Option settings]** 아이콘을 클릭해 설정 값을 조절합니다.

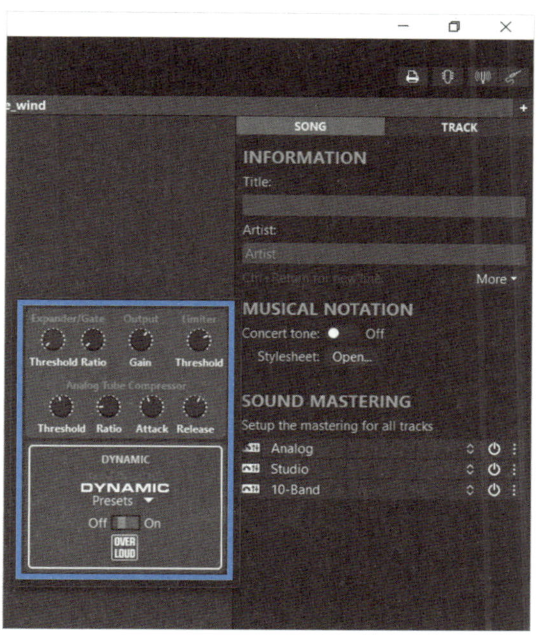

- **[Reverb(잔향 효과)]**: 리버브란 잔향(殘響)을 말하는 것으로, 소리가 벽이나 천장, 바닥 등에 부딪쳐서 반사되는 반사음(에코)과 원래 소리가 합성되어 얻어지는 효과입니다. 소리에 두께와 깊이를 더해주는 중요한 요소로 대중음악 녹음에서 필수적으로 사용됩니다. Concert(공연장 모드), Theater(극장 모드), Studio(녹음 스튜디오 모드), Ambience(공간감 강조), Percussive(타악기 모드) 등 다섯 가지 리버브 옵션 가운데 원하는 것을 선택한 다음, 이펙터 이름 앞에 있는 **[Option settings]** 아이콘을 클릭해 설정 값을 조절합니다.

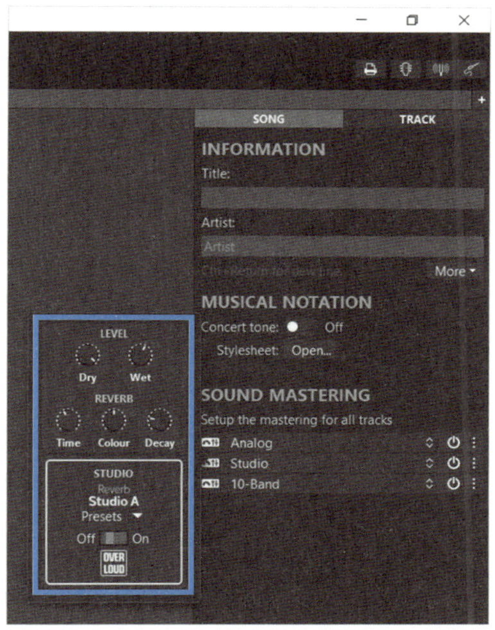

- **[EQ(이퀄라이저)]**: 사람이 귀로 들을 수 있는 가청 범위 대역 (20Hz~20kHz) 주파수를 몇 개의 밴드로 분할해 음질을 보정하는 기기입니다. 음향에서 필수적으로 사용되는 장비이며, 소리의 저음, 중음, 고음의 톤을 조절하거나, 스피커에서 하울링이나 피드백이 날 때 피드백을 일으키는 주파수를 찾아내어 그 대역을 감소시킴으로써 피드백을 감소시키는 기능을 합니다. 10-Band, 15-Band 중에서 원하는 것을 선택한 다음, 이펙터 이름 앞에 있는 **[Option settings]** 아이콘을 클릭해 설정 값을 조절합니다.

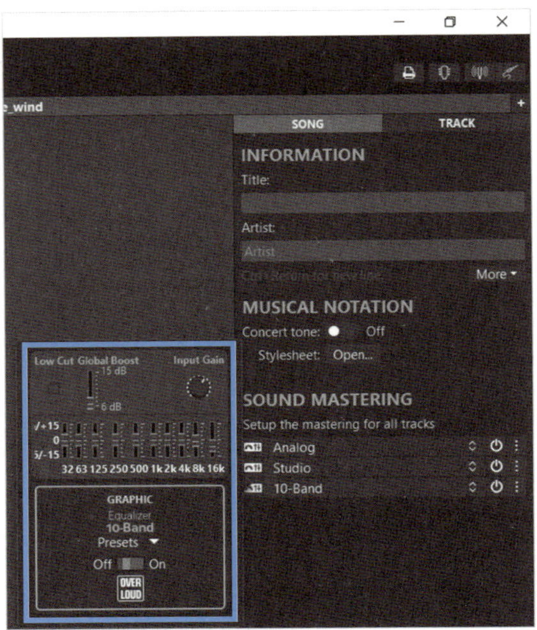

- **[Bypass]**: 이펙트 이름 오른쪽에 있는 스위치 모양의 **[Bypass]** 아이콘을 클릭하면 해당 이펙트가 무력화되어 소리가 적용되지 않습니다.

- **[Effect Option]**: 이펙트 이름 오른쪽 끝에 있는 점선 표시를 클릭하면 해당 이펙트를 복사, 붙여넣기 할 수 있습니다.

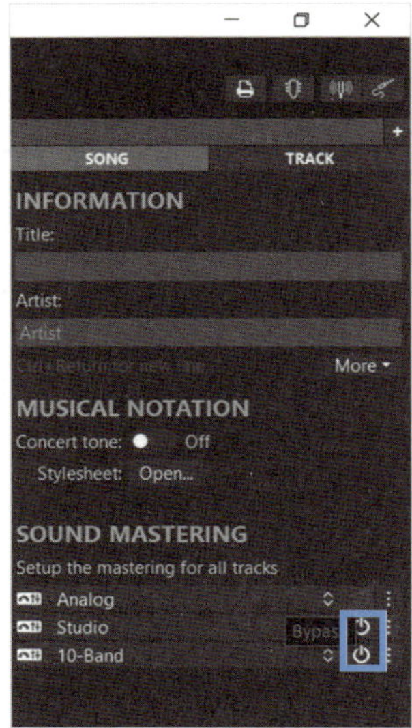
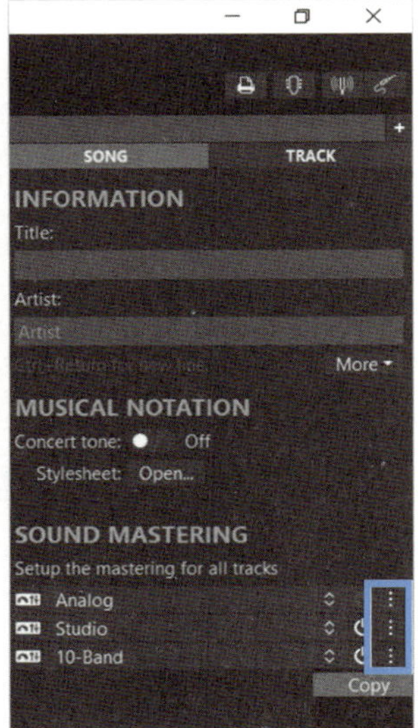

파일 다루기

다른 형식의 파일 불러오기

기타 프로에서는 *.gpx와 같은 기타 프로 악보뿐 아니라 다른 음악 파일들도 불러서 작업할 수 있습니다. 메뉴 그룹에서 **[File] ▶ [Import]**를 클릭하고 파일 유형을 선택하면 파일을 불러오는 창이 뜹니다. 여기서 가지고 있는 파일을 선택하면 해당 외부 파일을 기타 프로 파일로 자동 변환해서 열어줍니다. 기타 프로가 지원하는 외부 파일은 다음의 5가지입니다.

1 미디 파일 가져오기(MIDI Import)

① 미디 파일 불러오기

예제 파일은 〈여행을 떠나요〉의 MIDI 파일입니다. 이 파일은 **[맥북의 기타 독학교실]** 카페의 **[기타 프로 7 독학교실]** 게시판에서 내려받을 수 있습니다.

미디 파일을 불러오려면 **[File] ▶ [Import] ▶ [MIDI]**를 클릭하고 갖고 있는 미디 파일을 선택합니다. 파일을 선택하면 다음과 같이 **[MIDI Import]** 창이 뜹니다.

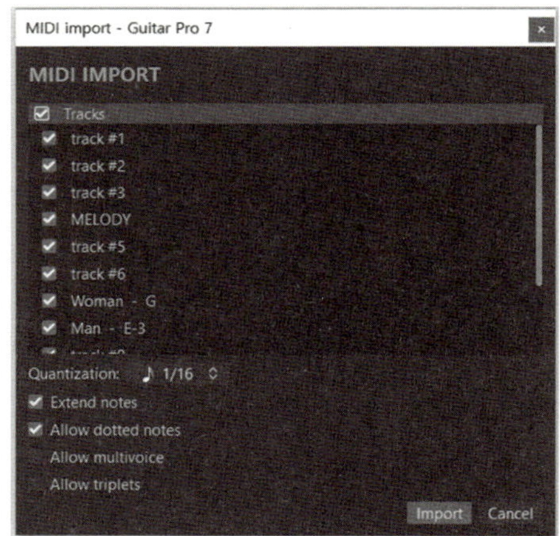

② 미디 임포트 설정하기

- **표시할 트랙 선택하기**: [MIDI Import] 창
  의 [Track] 섹션에 나타나는 트랙 중에서
  악보에 표시할 트랙을 모두 체크합니다.
  여기에서 체크하지 않은 트랙은 악보로
  변환했을 때 나타나지 않습니다.

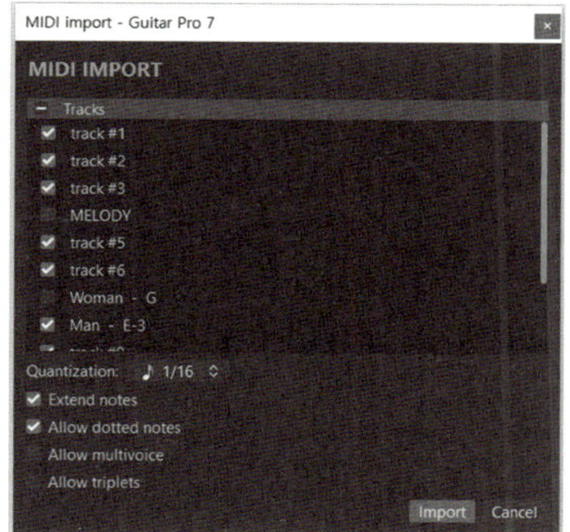

> 미디를 사용해온 오랜 관습에 따라 기타 프로는 10
> 번 포트에 있는 트랙만을 퍼커션 트랙으로 인식하니
> 주의하시기 바랍니다.

- **[Quantization(리듬 단위 설정)] 정하기**: [Quantization]은 불러온 미디 파일 음표들의
  리듬 정확도를 높이기 위해서 드럼 비트나 악기의 소리들을 얼마나 작은 리듬 단위까
  지 반영할 곳인가를 정하는 것입니다. 예를 들어 [Quantization]을 4분 음표로 설정해
  놓고 미디 파일을 불러오면 4분 음표 단위를 가장 작은 단위로 사용해 음표들을 표시
  합니다. 예를 들어 4분 음표로 [Quantization]을 정하고 한 마디에 8분 음표 8개가 들
  어 있는 미디 파일을 불러오면 기타 프로는 4분 음표 단위까지만 구분해 악보를 표시하
  므로 4분 음표 4개로 나타납니다. 반대로 [Quantization]을 16분 음표로 설정하고 실
  제 사람이 연주한 리듬을 미디 파일로 캡처한 악보를 불러온다고 가정해보겠습니다. 실
  제 사람이 연주한 리듬은 기계가 연주한 것처럼 모든 음표의 길이를 정확하게 연주하지
  못하기 때문에 기타 프로가 실제와는 다르게 악보에서 마디 안의 음표 수를 정확히 맞
  추기 위해서 불필요한 음표를 자동으로 추가할 것입니다. 이런 경우에는 오리지널 파일
  에 맞도록 미디 파일을 불러온 후에 악보를 보면서 다시 수정작업을 할 필요가 생길 수
  도 있습니다. 그렇기 때문에 사람이 연주
  한 미디 파일이나 라이브 연주를 미디 디
  바이스를 통해 캡처한 미디 파일을 불러
  올 때는 [Quantization]을 4분 음표나
  8분 음표처럼 낮게 설정하는 것이 좋습니
  다. 반대로 복잡한 리듬이 많이 포함된 미
  디 파일을 불러올 때는 16분 음표나 32분
  음표 같은 높은 [Quantization]을 적용
  하는 것이 좋습니다.

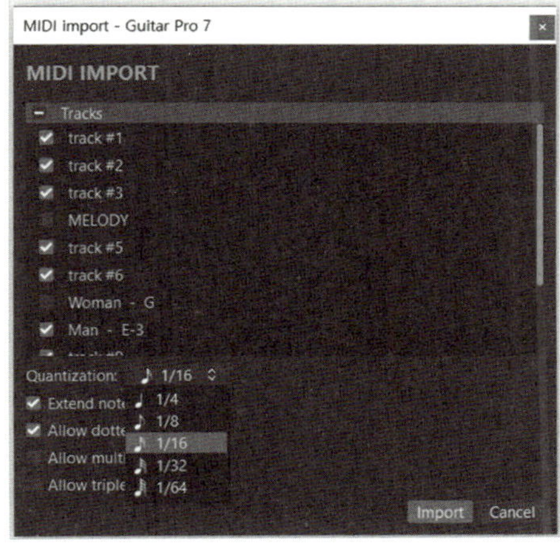

- [Extended notes(음표 확장)]: 음표와 음표 사이에 소리 없는 빈 박자가 있을 때 악보를 단순하게 만들기 위해 앞의 음표를 길게 표시하는 옵션입니다. 이 옵션을 체크하지 않으면 앞의 음표를 짧은 박자로 표시하고 나머지에 쉼표를 삽입하므로 재생할 때 음이 끊기는 것처럼 들립니다.

- [Allow dotted notes(점음표 표시)]: 붙임줄(Tie)로 연결된 음표들을 붙임줄 대신 점음표로 표기할지 여부를 선택하는 옵션입니다. 체크하면 점음표로 표시되고, 체크를 해제하면 붙임줄로 표시됩니다.

- [Allow multivoice(멀티보이스 표시)]: 같은 위치에서 몇 개의 음표가 서로 겹칠 때 하나의 음표 위에 다른 음표를 멀티보이스로 표기할지 여부를 설정하는 옵션입니다. 이렇게 설정하면 재생할 때 악보의 음들이 훨씬 부드럽게 연결됩니다.

- **[Allow triplets(셋잇단음표 표시)]**: 셋잇단음표의 표시 여부를 설정하는 옵션입니다. 체크하면 셋잇단음표로 표시되고, 체크를 해제하면 일반 음표로 표시됩니다. 참고로 사람이 연주하는 음표의 길이는 기계가 연주하는 것처럼 정확하지 않기 때문에 미디 악기를 이용해서 캡처한 미디 파일을 불러들일 때에는 이 옵션을 해제하고 불러들이는 것이 좋습니다.

설정이 모두 끝나고 **[Import]** 버튼을 클릭하면 미디 파일이 악보 파일로 변환되어 나타납니다. 이것을 기타 프로 파일로 저장할 수도 있습니다.

2 ASCII 파일 가져오기

ASCII 형식은 태블러처 악보를 텍스트로 표시한 아주 단순한 악보입니다. 외관상 그리 매력적이진 않지만 별도의 소프트웨어 없이 타브 악보를 만들 수 있는 가장 쉬운 방법입니다. 대표적인 타브 악보 공유 사이트 중 하나인 'ultimate-guitar.com(http://tabs.ultimate-guitar.com)' 등과 같이 웹상에서 타브 악보를 공유하는 사이트에서는 이런 형식의 파일이 많이 사용되는데 파일의 확장자는 .txt 또는 .tab입니다. 예제 파일을 보면서 살펴보겠습니다. 예제 파일은 스콜피온스Scorpions의 〈Always Somewhere〉 전주 부분의 ASCII 파일입니다. 이 파일은 **[맥북의 기타 독학교실]** 카페의 **[Guitar Pro 7 자료실]** 게시판에서 내려받을 수 있습니다.

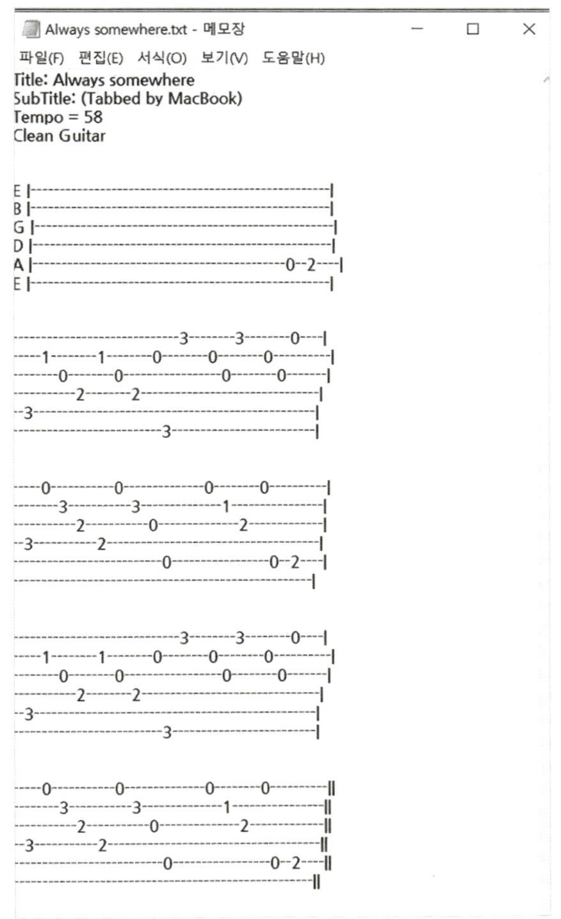

아스키 파일을 불러오려면 메뉴 그룹에서 **[File] ▶ [Import] ▶ [ASCII]**를 클릭합니다. 기타 프로는 이런 텍스트 형태의 아스키 파일에서 음악적인 정보들을 추출해 악보로 표시해줍니다. 〈Always Somewhere〉의 전주 부분을 기록한 ASCII 파일을 기타 프로에 불러온 모습니다.

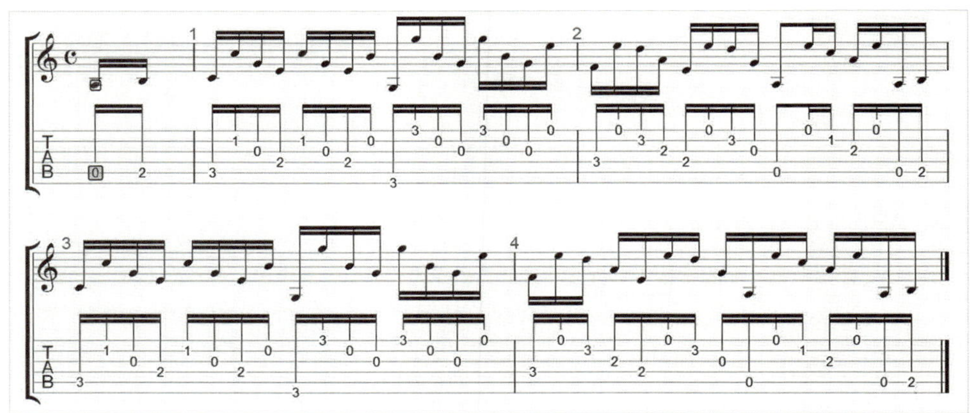

일단 악보로 불러온 다음에는 기타 프로에서 일반 오선 악보를 다룰 때처럼 악보를 재생, 수정, 저장, 출력할 수 있습니다.

기타 프로는 아스키 파일에서 음표, 리듬, 이펙트, 마디 변화 등의 정보를 불러옵니다. 이렇게 불러온 악보는 현재 활성화된 트랙에 표시됩니다. 서로 다른 악기의 정보를 담고 있는 여러 개의 아스키 파일을 연속적으로 불러와서 여러 트랙에 나누어 넣을 수 있습니다.

또한 아스키 파일에, 악보에 대한 코멘트나 기타 텍스트를 기입해놓았다면 기타 프로는 이런 정보도 악보로 전환해 보여줍니다. 다만 ASCII 파일이 정확하게 기타 프로 악보로 변환되려면 파일을 만들 때 다음과 같은 규칙을 지켜야 합니다.

- 기타의 각 줄을 나타내는 라인은 여러 개의 하이픈(-)을 사용해서 표시해야 합니다.
- 마디가 바뀌는 곳에는 세로 줄(|)을 넣어야 합니다.
- 태블러처 악보의 여섯 줄 사이에 빈 줄이 있으면 안 됩니다.
- 태블러처 악보의 라인 안에 텍스트로 된 코멘트가 있으면 안 됩니다.

하지만 대부분의 아스키 타브는 이런 원칙들을 제대로 지키지 않고 만들어지기 때문에 ASCII 파일을 기타 프로로 불러온 다음, 박자, 음표 길이, 템포 등의 구성이 완전한지 반드시 확인해봐야 합니다. 메뉴 그룹에서 **[Tool] ▶ [Check Bar Duration]**을 사용하면 간편하게 마디 구성을 확인할 수 있습니다. 만약 악보를 재생할 때 한 마디에 있어야 할 박자가 모자란다면 리듬이 제대로 재생되지 않으며, 한 마디 안에 마디 길이를 초과하는 음표가 들어 있으면 그 음표들은 재생되지 않고 무시됩니다.

[Tool] ▶ [Check Bar Duration]을 실행했을 때 마디 길이에 문제가 발견되면 다시 [Tool] ▶ [Bar Arranger] 도구를 사용해서 마디를 재구성할 수 있습니다.

3 MusicXML 가져오기(Import MusicXML)

XML(Extensible Markup Language)은 태그를 이용해 데이터의 구조를 표시하는 마크업 언어의 일종이며, XML 파일은 콘텐츠를 일정한 규칙에 따라 부호화해, 사람과 기계 모두가 읽을 수 있는 형식으로 만든 것입니다.

MusicXML은 악보를 XML 형식으로 표기하는 오픈 포맷으로 2004년 레코르다르 Recordare®사에서 개발한 형식입니다. 확장자는 .xmz이며, 기타 프로를 포함해 많은 음악 프로그램이 이 포맷을 지원하고 있고, 변환 플러그인도 많이 개발되어 있어 대부분의 음악 프로그램에서 입출력이 가능합니다. MusicXML 파일을 기타 프로로 가져오려면 메뉴 그룹에서 [File] ▶ [Import] ▶ [MusicXML]을 클릭합니다.

기타 프로는 표준 MusicXML 파일과 압축된 MusicXML 파일 모두를 읽어올 수 있습니다.

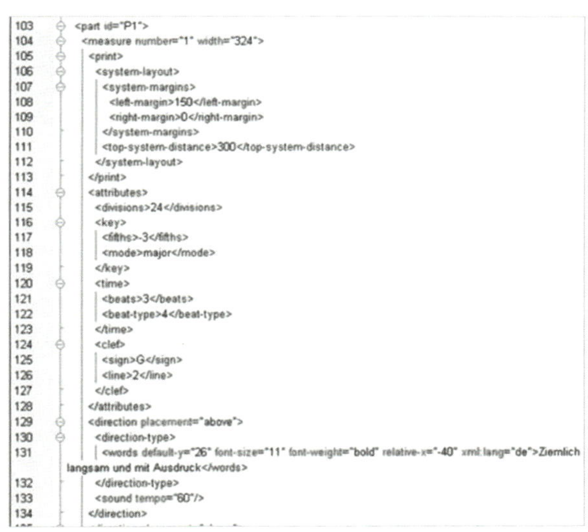

```
103      <part id="P1">
104        <measure number="1" width="324">
105         <print>
106           <system-layout>
107             <system-margins>
108               <left-margin>150</left-margin>
109               <right-margin>0</right-margin>
110             </system-margins>
111             <top-system-distance>300</top-system-distance>
112           </system-layout>
113         </print>
114         <attributes>
115           <divisions>24</divisions>
116           <key>
117             <fifths>-3</fifths>
118             <mode>major</mode>
119           </key>
120           <time>
121             <beats>3</beats>
122             <beat-type>4</beat-type>
123           </time>
124           <clef>
125             <sign>G</sign>
126             <line>2</line>
127           </clef>
128         </attributes>
129         <direction placement="above">
130           <direction-type>
131             <words default-y="26" font-size="11" font-weight="bold" relative-x="-40" xml:lang="de">Ziemlich
langsam und mit Ausdruck</words>
132           </direction-type>
133           <sound tempo="60"/>
134         </direction>
```


4 PowerTab 가져오기(Import PowerTab)

PowerTab®은 기타 프로와 비슷한 형태의 훌륭한 태블러처 에디터입니다. 파워탭 프로그램은 http://power-tab.net에서 구할 수 있습니다. PowerTab 악보를 불러오려면 메뉴 그룹에서 [File] ▶ [Import] ▶ [PowerTab]을 클릭합니다.

5 TablEdit 가져오기(Import TAblEdit)

TAblEdit®는 기타 프로와 비슷한 형태의 훌륭한 태블러처 에디터입니다. TablEdit® 프로그램은 http://power-tab.net에서 구할 수 있습니다. TAblEdit 악보(확장자 *.tef)를 불러오려면 메뉴 그룹에서 **[File]** ▶ **[Import]** ▶ **[TablEdit]**를 클릭합니다.

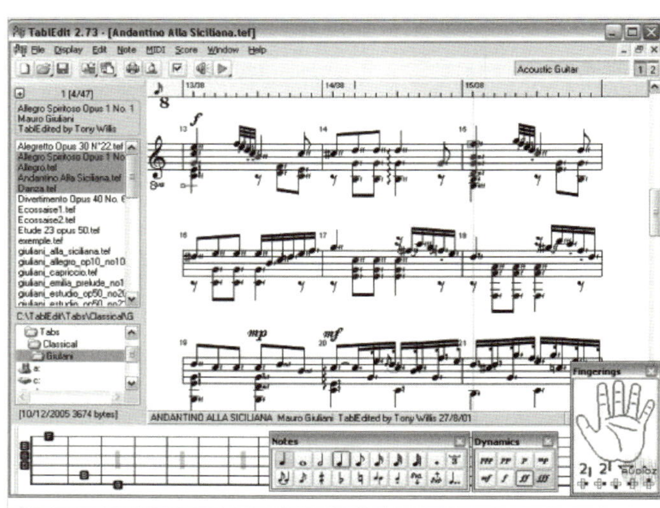

다른 형식으로 내보내기

기타 프로 7에서 작업한 악보는 기본적으로 *.gp라는 확장자를 지닌 파일로 저장되고, 이 확장자를 가진 파일은 기타 프로 7에서만 열 수 있고 하위 버전의 기타 프로에서는 사용할 수 없습니다. 그래서 기타 프로 6 버전을 사용하는 사용자에게 파일을 보내려면 기타 프로 6 버전의 확장자인 *.gpx 파일로 바꾸어 저장해 보내야 합니다.

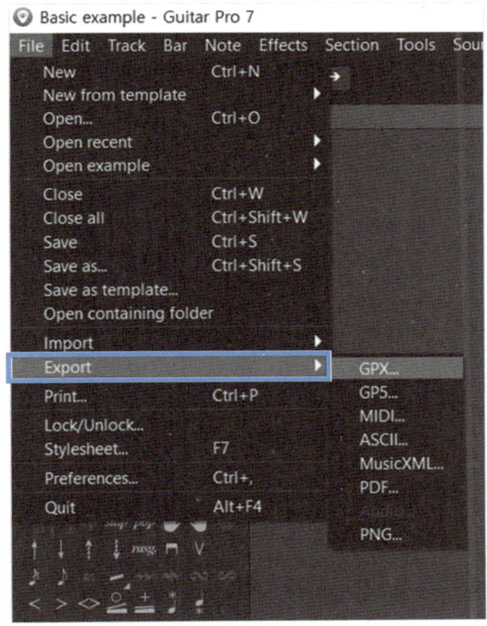

또한 작업한 기타 프로 파일을 기타 프로 파일 형식이 아닌 PDF, JPG 등과 같은 형식으로도 변환할 수 있으므로 기타 프로를 가지고 있지 않은 사람들과도 악보를 공유할 수 있습니다. 기타 프로가 지원하는 내보내기 형식은 다음의 7가지입니다.

각 파일 형식에 대한 자세한 설명은 **[69. 다른 형식의 파일 불러오기]**편을 참고하세요.

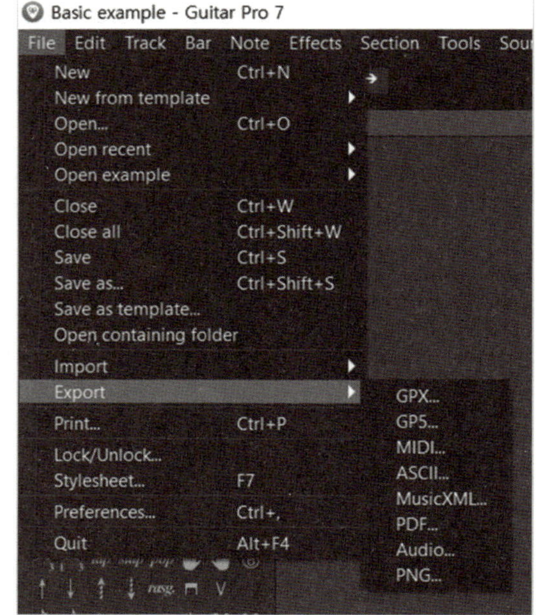

- **[GPX]**: 기타 프로 6에서 읽을 수 있는 버전으로 저장합니다.
- **[GP5]**: 기타 프로 5에서 읽을 수 있는 버전으로 저장합니다(기타 프로 4 이하 버전에서 읽을 수 있는 파일로 저장할 수는 없습니다).
- **[MIDI]**: 컴퓨터, 신시사이저, 시퀀서 등에서 사용 가능한 MIDI 1포맷의 파일로 변환되어 저장됩니다. 특정 트랙의 사운드는 제외하고 미디로 추출하려면 그 트랙을 뮤트시키고 내보내기를 합니다.

> **참고**
>
> 기타 프로는 사운드를 쉽게 수정할 수 있도록 하나의 트랙에 대해서 두 개의 채널을 사용하도록 설정할 수 있습니다. 하지만 일부 음악 소프트웨어는 이런 기능이 지원하지 않으니 만약 미디 파일을 읽어왔을 때 문제가 발생되면 한 트랙에 하나의 채널만 사용하세요.

- **[ASCII]**: 텍스트 형태의 ASCII 파일로 저장됩니다. 악보의 정보, 타브 악보에서 사용하는 기호에 대한 주석, 악보가 포함됩니다.
- **[MusicXML]**: 데이터의 구조를 표시하는 마크업 언어로 저장합니다. 이 형식은 대부분의 음악 소프트웨어에서 사용 가능합니다.
- **[PDF]**: 악보 전체를 Adobe PDF 형식으로 내보낼 수 있습니다. PDF 파일은 누구든지 무료로 제공되는 PDF Reader 프로그램을 통해 읽거나 인쇄할 수 있습니다.
- **[Audio]**: 기타 프로는 악보를 재생하는 사운드를 오디오 파일로 만들어줍니다. 과거 기

타 프로 6 버전에서는 웨이브(*.wav) 파일로만
추출이 가능했는데 기타 프로 7 버전에서 좀
더 다양한 유형으로 출력이 가능하도록 기능
이 향상되었습니다. MP3, WAV, OGG, FLAC,
AIFF 등의 형식 중에서 필요한 유형을 선택해
출력하면 됩니다. 이렇게 만든 오디오 파일들은
대부분의 오디오 플레이어에서 재생할 수 있습
니다. 또한 전체 악보에서 필요한 트랙만 선택
해 오디오 파일로 만들 수도 있고, 악보의 일부
분만 마우스로 드래그해 선택한 다음, 그 부분
만 오디오 파일로 변환할 수도 있습니다. 단, 트
랙 중에 뮤트시킨 트랙의 소리는 파일에 포함
되지 않습니다.

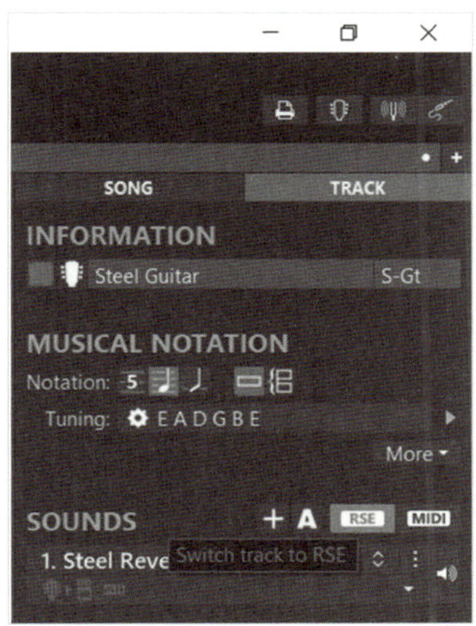

> **참고**
>
> 기타 프로 파일을 오디오 파일로 추출하려면 반드시 RSE 모드이어야 합니다. MIDI 모드에서는 이 기능이 활
> 성화되지 않습니다.

● **[PNG]**: 기타 프로에서는 악보를 그림 파일 형식으로 변환해 저장할 수 있습니다. 웹상
에 악보를 올릴 때 이 기능을 사용하면 좋습니다. 내보내기를 통해 만들어지는 이미지
는 현재 기타 프로 작업 창에서 보는 것과 완벽하게 같은 모습으로 만들어집니다. 악보
이미지의 크기는 사용자가 설정한 줌 배율에 따라 결정됩니다. 따라서 악보 이미지를
어디에 사용할 것인지에 따라 여러 가지 크기로 출력할 수 있습니다.

> **참고**
>
> png 형식은 주로 컴퓨터 스크린에서 사용할 때 적합하고, 악보 전체를 문서화해 종이로 출력하려면 PDF 형
> 식을 사용하는 것이 좋습니다. PNG 형식으로 내 보내기는 [페이지 모드]에서만 사용할 수 있습니다.

다른 형식의 파일로 저장하려면 다음과 같이 하세요.

① 먼저 메뉴 그룹에서 **[File] ▶ [Export]**를 클릭합니다.
② 펼침 메뉴가 나타나면 내보낼 파일 유형을 클릭합니다.
③ 저장할 폴더와 이름을 지정하는 창이 뜨면 폴더와 파일 이름을 입력하고 **[OK]** 버튼을
누릅니다.
④ 선택한 유형대로 악보가 변환되어서 저장됩니다.

파일 보호하기

기타 프로 7은 작업한 파일이 잘못 저장되거나 삭제되지 않도록 보호하고, 파일을 공유할 경우에 다른 사람들이 함부로 수정을 못하도록 파일을 잠글 수 있습니다.

파일 보호를 설정하려면 메뉴 그룹에서 **[File]** ▶ **[Lock/Unlock]**을 클릭합니다. **[Lock file]** 설정 창이 나타나고, 여기서 다음과 같은 옵션들을 설정할 수 있습니다.

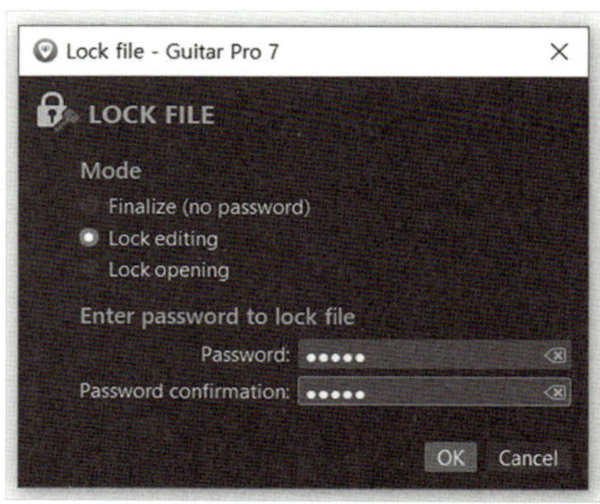

⟨Mode⟩

- **[Finalize(no password)]**: 작업을 완료했으면 의도하지 않은 수정이 일어나지 않도록 파일을 최종화시킵니다. 이 옵션을 선택하면 파일을 여는 비밀번호는 설정되지 않지만 현 상태에서 더 이상 수정이 불가능하도록 수정과 관련된 모든 기능과 아이콘이 비활성화됩니다. 최종 파일들은 파일을 열었을 때 메뉴의 **[File]** ▶ **[Lock/Unlock]** 항목에 체크가 되어 있습니다. 최종 파일을 다시 수정하려면 메뉴 그룹에서 **[File]** ▶ **[Lock/Unlock]**을 클릭해 체크를 해제시킵니다. 다시 수정 관련 아이콘과 메뉴들이 활성화됩니다.

- **[Lock editing(편집 잠그기)]**: 이 기능은 파일을 수정할 수 없도록 비밀번호를 설정해

잠급니다. 파일을 열거나 보기만 하고 함부로 수정할 수 없게 만들려면 이 기능을 사용합니다.

- **[Lock opening(파일 열기 잠그기)]**: 비밀번호를 모르면 아예 파일을 열 수 없도록 잠급니다. 웹상에서 악보를 판매하는 등 비밀번호를 아는 사람만 파일을 열 수 있도록 할 때 사용합니다.

〈Enter password to lock file〉

- **[Password]**: 비밀번호를 입력합니다.
- **[Password confirmation]**: 비밀번호 확인을 위해 입력한 비밀번호를 다시 한 번 입력합니다.

> **참고**
>
> 비밀번호를 잊어버려서 자신의 파일을 열거나 수정하지 못하는 일이 발생하지 않도록 비밀번호는 별도의 장소에 항상 메모해두세요. 또한 기타 프로가 제공하는 파일 잠금 옵션은 대단한 암호 알고리즘을 지닌 보호 수단이 아니기 때문에 완벽하게 안전하지 않을 수도 있으며, 해커들에 의해 해제될 수도 있습니다.

악보 인쇄하기

기타 프로로 만든 악보는 종이에 프린트해 볼 수 있습니다. 악보를 인쇄하려면 메뉴 그룹에서 **[File]** ▶ **[Print]**를 클릭합니다. 키보드 단축키는 Ctrl + P 입니다.

기타 프로에서 인쇄 메뉴를 실행하면 파일을 자동으로 PDF로 변환시켜서 **[Print preview]** 창에 보여줍니다. 이 창의 구성과 기능은 다음과 같습니다.

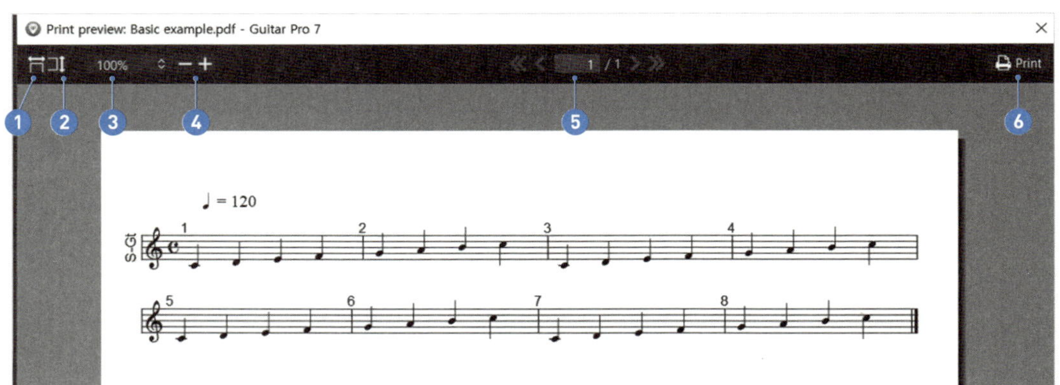

❶ **[Fit width]**: 악보를 한 페이지 폭에 맞게 조정해 보여줍니다.

❷ **[Fit page]**: 악보를 한 페이지 길이에 맞게 조정해 보여줍니다.

❸ **[악보 배율]**: 악보를 원래 크기의 어느 정도 배율로 보여줄지 선택합니다.

❹ [+, −] 버튼: 화면을 줌인, 줌아웃시킵니다.

❺ [Page numbers]: 미리보기를 원하는 페이지를 선택합니다. 미리보기 창에서 마우스 휠을 사용해 페이지를 이동할 수도 있습니다.

❻ [Print]: 이 버튼을 누르면 프린터를 선택하는 창이 뜨고 선택 후 [OK]를 누르면 악보가 인쇄됩니다.

> **참고**
>
> 인쇄할 때 용지 크기, 여백, 각종 표기 사항 등은 스타일시트에서 지정한 내용이 그대로 반영됩니다. 스타일시트에 대한 자세한 설명은 [50. 스타일시트 설정하기]편을 참고하세요.

기타 프로로 연습하기

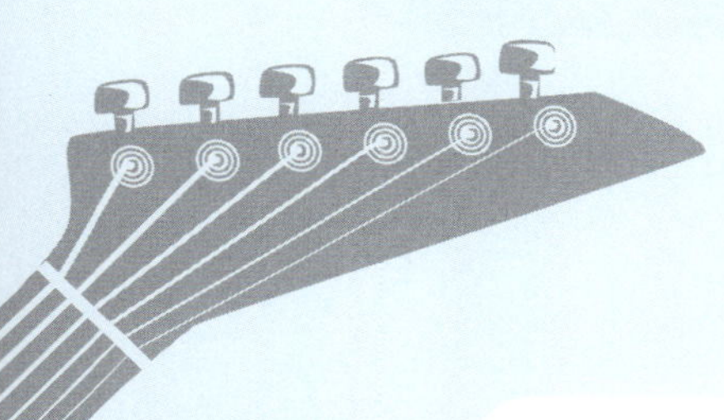

폴리포닉 튜너 사용하기

1 기타 프로에서의 튜닝

기타 프로는 폴리포닉 튜너Polyphonic tuner라는 정밀한 튜닝 도구를 제공합니다. 한 줄 한
줄 탄현해가면서 튜닝하던 과거의 튜닝 방법과 달리 여섯 줄을 한 번에 스트럼하고 화면에
나타나는 시각적인 튜닝 그래프를 보면서 각각의 줄을 한꺼번에 튜닝할 수 있습니다.

2 튜너 사용하기

① 기타 연결하기

기타 프로의 튜너를 활용하려면 먼저 기타에서 나오는 신호를 컴퓨터로 입력받을 수 있
는 사운드카드나 오디오 인터페이스 등의 장비가 필요합니다. 먼저 사운드카드나 오디오 인
터페이스의 라인 입력 단자나 악기 입력 단자에 기타를 연결합니다. 또 컴퓨터에 내장되어
있거나 연결되어 있는 마이크를 사용해서도 튜닝할 수 있습니다. 기타 소리를 라인 입력이
나 마이크 입력으로 받을 때에는 입력 음량이 충분히 강한지 확인합니다.

② 튜너 실행하기

튜너를 실행하려면 작업 창 위의 오른쪽에 있는 '소리굽쇠 모
양' 아이콘을 클릭합니다.

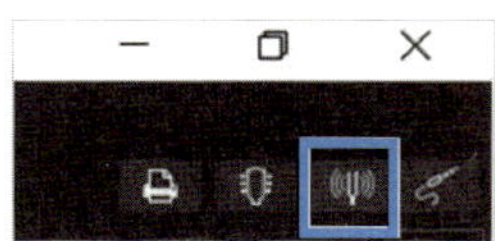

튜닝을 할 수 있는 폴리포닉 튜너가 화면에 나타납니다. 위 창은 한 줄의 튜닝 상태를 보여주고, 다음 창은 여섯 줄 모두의 튜닝 상태를 한꺼번에 보여줍니다. 기타에 장착해서 사용하는 보통의 보급형 튜너들은 ±1센트(Cent, 반음 하나의 1/100단위) 단위로 튜닝하는데 비해 기타 프로의 튜너는 ±0.1센트 단위로 튜닝하므로 보급형 튜너보다 10배 정확한 튜닝을 할 수 있습니다.

③ 위 창(한 줄 튜닝)

폴리포닉 튜너에서 위 창은 현재 줄의 튜닝 상태를 보여줍니다. 사운드카드나 오디오 인터페이스를 통해 기타와 컴퓨터를 연결한 다음, 계속 줄을 퉁기면서 바늘의 움직임을 살핍니다.

- **튜닝이 낮을 때**: 튜닝이 낮으면 줄을 탄현했을 때 붉은색 바늘이 왼쪽에 나타납니다. 이럴 땐 줄감개를 감아서 초록색 막대가 한가운데에 나타나고, 음 이름 아래에 보이는 수치가 0.0이 될 때까지 음을 높여줍니다.

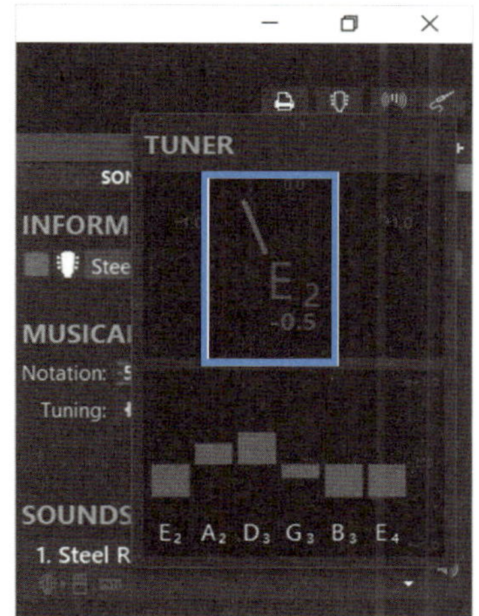

- **튜닝이 맞을 때**: 튜닝이 정확하게 맞으면 튜닝 바늘이 초록색으로 변하면서 한가운데에 수직으로 서게 되고, 음 이름 아래에 보이는 수치가 0.0을 표시합니다.

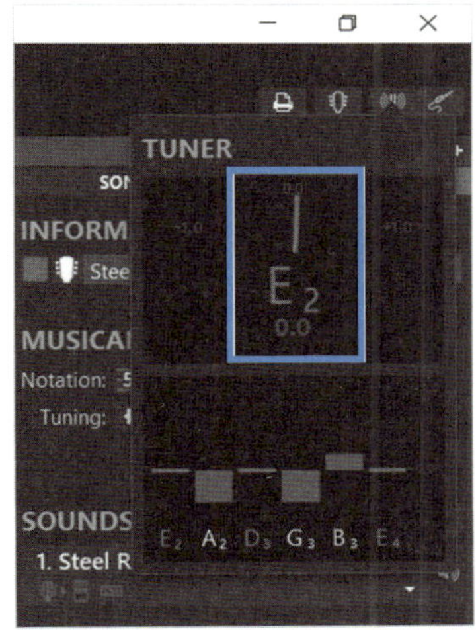

- **튜닝이 높을 때**: 튜닝이 높으면 줄을 탄현했을 때 붉은색 바늘이 오른쪽에 나타납니다. 이럴 땐 줄 감개를 풀어서 초록색 막대가 한가운데에 나타나고, 음 이름 아래에 보이는 수치가 0.0이 될 때까지 음을 낮춰줍니다.

④ 아래 창(전체 줄 모드)

폴리포닉 튜너에서 아래 창은 전체 줄의 튜닝 상태를 한꺼번에 보여줍니다. 다음에 나타나는 음 이름은 현재 설정된 튜닝 모드를 반영합니다. 만약 사용자가 변칙 튜닝을 선택했다면 자동으로 변칙 튜닝의 음들이 아래에 표시됩니다.

기타를 컴퓨터와 연결한 다음, 여섯 줄을 한 번에 강하게 스트럼합니다. 여섯 줄의 튜닝 상태가 수평 막대로 표시됩니다. 모든 줄의 튜닝이 정확하게 맞으면 0.0 위치에 6개의 초록색 수평 막대가 나타납니다.

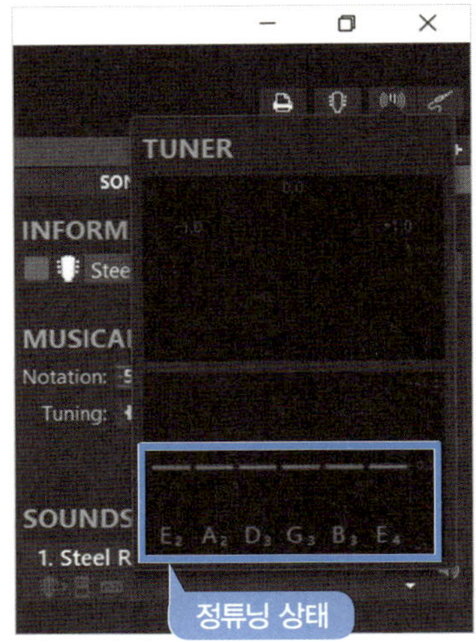

만약 어느 줄에서 0.0 위치보다 낮은 위치에 붉은색 수평 막대가 만들어지면 음이 낮은 것이니 그 줄의 줄감개를 감아서 음을 높여줍니다. 반대로 수평 막대가 0.0 위치보다 위에 있다면 그 줄의 음이 높은 것이니 줄감개를 풀어서 음을 낮춰줍니다. 음높이가 정튜닝에서 많이 어긋날수록 붉은색 막대의 높이가 크게 나타납니다.

> ✂ **참고**
>
> 만약 기타 줄을 탄현해도 폴리포닉 튜너 창의 바늘이 움직이지 않을 때는, 기타 픽업의 배터리가 방전되지 않았는지, 사운드카드의 설정이 잘못되지 않았는지, 사용하는 입력 단자가 활성화 상태인지 확인합니다.

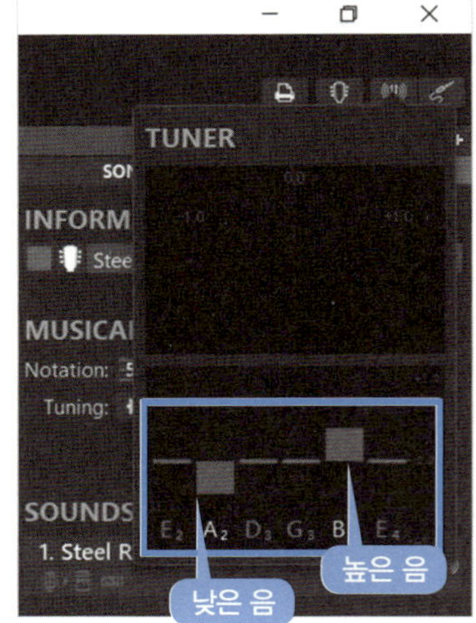

메트로놈 사용하기

1 메트로놈의 중요성

기타를 연습하는 과정에서 메트로놈Metronome 사용의 중요성은 아무리 강조해도 지나치지 않습니다. 메트로놈 없이 연습하면 박자가 틀어지기 쉽고, 이런 상태로 계속 연습을 하다 보면 나쁜 박자감이 몸에 배면서 고치기 어려워질 수도 있기 때문입니다. 그래서 기타 프로는 프로그램 내에서 메트로놈을 실행할 수 있는 기능을 제공합니다.

2 메트로놈 사용하기

기타 프로에서는 악보를 재생할 때 연주자가 빠르기를 참고할 수 있는 메트로놈 소리를 들려주도록 설정할 수 있습니다. 메뉴 그룹에서 [Sound] ▶ [Metronome]을 클릭하거나, 작업 창 위의 툴바에서 수동식 메트로놈처럼 생긴 **[Activate/Deactivate Metronome(메트로놈 활성화/비활성화)]** 아이콘을 클릭합니다.

[메트로놈] 아이콘을 클릭하면 아이콘의 색이 파란색으로 변하고, 악보를 재생할 때 메트로놈 소리가 계속 들립니다. 아이콘을 다시 클릭하면 아이콘이 검은색으로 변하면서 메트로놈 소리가 중지됩니다.

메트로놈의 속도는 사용자가 정한 템포(BPM)에 따라서 결정됩니다. 곡 중간에 오토메이션 기능을 사용해서 템포를 바꾸었다면 그 지점부터는 바뀐 속도로 메트로놈 소리가 들립니다.

[메트로놈] 아이콘 옆에 있는 점선 표시를 클릭하면 [Metronome volume]을 조절하는 슬라이더가 나타납니다. 슬라이더를 조절하면 재생 시 메트로놈의 소리를 키우거나 줄일 수 있습니다.

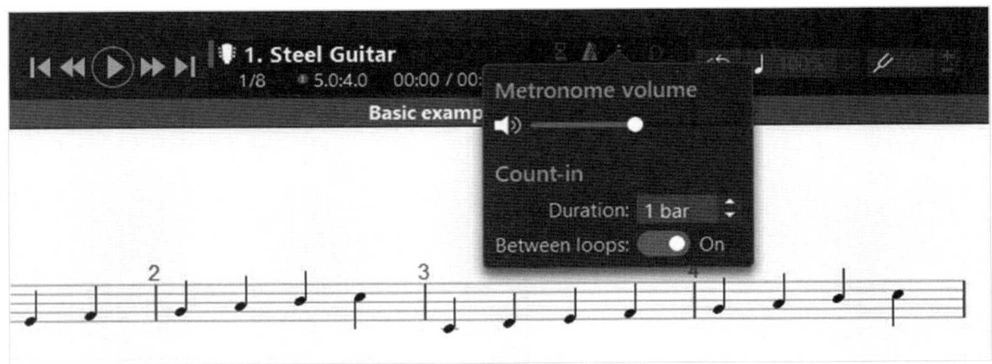

카운트 인 삽입하기

카운트 인count-in이란 연주가 시작되기 전에 연주자끼리 곡의 빠르기를 공유하고 동시에 연주를 시작할 수 있게 만들어주는 일종의 카운트다운countdown 같은 것입니다. 예를 들어 밴드가 음악을 시작할 때 모든 악기가 연주를 시작하는 타이밍을 맞추기 위해 드럼이 '칫칫칫칫' 하며 하이햇(드럼에서 오른손으로 계속 연주하는 두 장의 심벌을 포개놓은 세트)을 연주합니다. 모든 연주자들에게 이런 속도로 연주하자는 신호를 주는 것입니다. 이런 요소를 카운트 인이라고 부릅니다.

기타 프로에서 카운트 인을 사용하려면 메뉴 그룹에서는 [Sound] ▶ [Count-in]을 클릭합니다. 작업 창 위에 있는 툴바에서 모래시계 모양의 [Activate/Deactivate Count-in(카운트 인 활성화/비활성화)] 아이콘을 클릭해도 됩니다.

[카운트 인] 아이콘이 파란색으로 바뀌면 활성화된 상태이고, 검은색이면 꺼진 상태입니다. 이 아이콘을 켜놓으면 재생을 시작하기 전에 항상 '칫칫칫칫' 하는 카운트 인을 만들어서 연주의 빠르기와 연주를 시작하는 타이밍을 알려줍니다. 카운트 인의 박자와 속도는 사용자가 정한 박자와 템포에 따라 결정됩니다.

카운트 인을 삽입할 마디 수를 조절하거나, 반복 재생 시 카운트 인을 매번 넣을지 여부를
설정하려면 **[메트로놈]** 아이콘 오른쪽에 있는 점선 표시를 클릭합니다. **[카운트 인]** 설정 창
이 나타나는데 여기서 필요한 항목을 설정합니다.

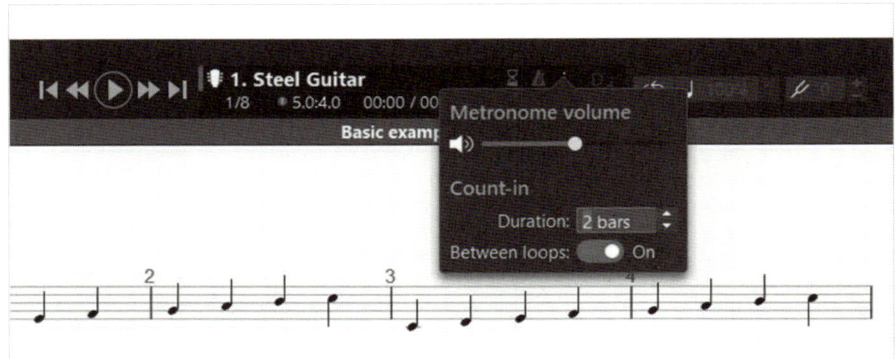

- **[Duration(카운트 인 마디 수)]**: 카운트 인을 넣을 마디 수를 지정합니다. 카운트 인은
  보통 한 마디가 삽입되는데 필요에 따라 더 많은 카운트 인 마디를 삽입할 수도 있습니
  다. 기본 값은 1마디입니다.
- **[Between loops]**: 반복 재생할 때 반복 시 매번 카운트 인을 넣을지, 아니면 처음 재생
  할 때 한 번만 넣을지 선택합니다. 이 옵션을 **[On]**으로 설정하면 매 반복 재생 시마다
  카운트 인을 삽입하고, **[Off]**로 설정하면 처음 한 번만 카운트 인이 삽입되고 나머지 반
  복 재생 시에는 카운트 인이 삽입되지 않습니다.

기타 프로에 기타 연결하기

1 라인 입력(Line In)이란?

기타 프로 7은 사운드카드나 오디오 인터페이스 등의 USB 인터페이스를 통해 사용자의 기타를 직접 플러그 인Plug in해서 사용할 수 있는 도구를 제공합니다. 기타 프로에 기타를 직접 연결하면 기타 프로가 제공하는 수많은 사운드뱅크와 오디오 프리셋, 이펙트 체인 등을 활용해 다양한 사운드를 만들어낼 수 있습니다. 또한 기타 프로 악보에서 기타 트랙만 뮤트시켜놓고 그 부분을 사용자의 연주로 대체해 채울 수도 있습니다.

2 라인 입력 사용하기

기타와 컴퓨터를 연결하려면 반드시 기타를 입력할 수 있는 입력 단자를 지닌 사운드카드나 오디오 인터페이스가 필요합니다. 또한 라인 인 기능을 충분히 활용하려면 오디오 입력과 출력이 모두 가능한 사운드카드나 오디오 인터페이스를 사용해야 합니다.

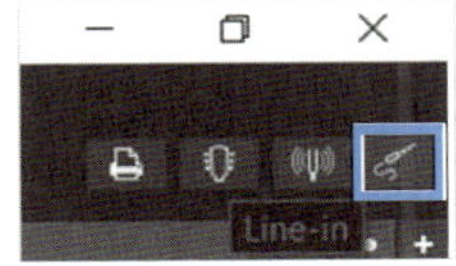

먼저 기타를 사운드카드나 오디오 인터페이스에 플러그 인해 꽂고 작업 창 위 오른쪽에 있는 [Line In(라인 입력)] 아이콘을 눌러 이 기능을 활성화시킵니다.

연결을 했는데도 기타 소리가 들리지 않을 때에는 메뉴 그룹에서 [Preferences] ▶ [Audio/MIDI]를 클릭하고 오디오 입력/출력 설정이 잘 되어 있는지 확인합니다.

일단 **[Line In(라인 입력)]** 아이콘을 클릭해 **[LINE-IN]** 설정 창을 띄웁니다.

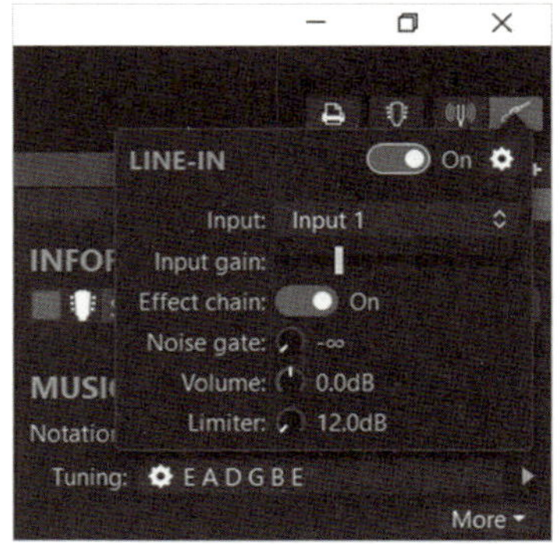

설정 창의 오른쪽 위에 있는 톱니바퀴 모양의 **[Audio settings]** 버튼을 클릭하면 **[Preference]** 설정 창이 나타나고 **[Audio/MIDI]** 관련 옵션을 설정할 수 있습니다.

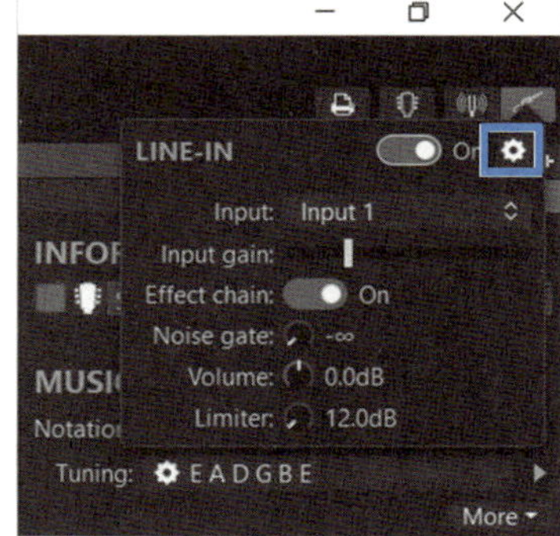

[Audio/MIDI] 설정이 정상적으로 잘 되어 있으면, 설정 창 맨 위에 보이는 **[On/Off]** 버튼을 클릭해 **[On]** 으로 설정한 다음, 아래의 항목들을 설정합니다.

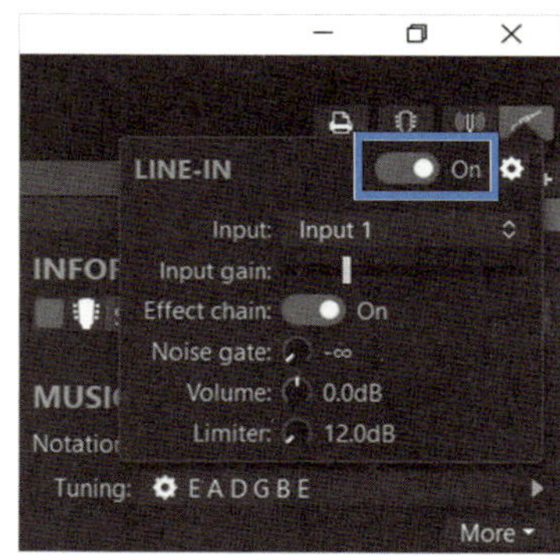

● **[Input(입력 단자)]**: [Input] 옵션을 클릭하면 내 컴퓨터에 설치된 사운드카드나 오디오 인터페이스의 입력 단자들이 펼침 목록으로 나타나는데 이 중에서 기타를 연결한 단자를 선택합니다. 이 옵션의 내용은 사운드카드나 오디오 인터페이스의 종류와 입출력 단자 수에 따라 다르게 보입니다.

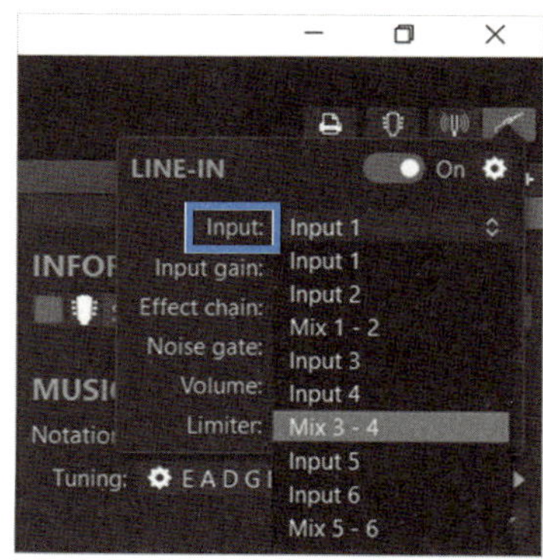

- **[Input gain(입력 게인)]**: 사운드카드나 오디오 인터페이스로부터 들어오는 입력 신호의 크기를 슬라이드 바로 조절합니다.
- **[Effects chain(이펙트 체인)]**: 해당 트랙에 적용된 기타 프로의 이펙트 체인을 사용할 것인지 아닌지 여부를 선택합니다. 예를 들어 자신의 이펙터 사용에 더 익숙한 사용자라면 기타 프로의 이펙트 체인 대신 사용자가 직접 기타에 이펙터를 연결해 연주하는 것이 더 편리할 수도 있습니다.
- **[Noise Gate(노이즈 게이트)]**: 기타를 플러그 인시킨 상태에서 연주를 하지 않을 때 배경에 있는 불필요한 잡음들을 제거하는 역할을 합니다. 기타를 연결한 상태에서 연주는 하지 않고 스피커에서 들리는 잡음들이 제거될 때까지 **[Noise Gate]** 노브를 서서히 돌려 조절합니다.
- **[Volume(음량)]**: 연결된 악기의 출력 볼륨을 설정합니다.
- **[Limiter(리미터)]**: 일정 주파수를 넘는 음역대를 차단함으로써 하울링과 같은 피드백 현상이 생기는 것을 방지합니다.

설정이 다 끝났으면 작업 창 아래의 **[사운드보드]**에서 기타 트랙의 '스피커 모양' 아이콘을 클릭해 기타 트랙의 소리를 뮤트시킨 다음, 악보를 재생합니다. 악보는 재생이 되지만 뮤트시켜놓은 기타 트랙의 소리는 들리지 않을 것입니다. 이제 사용자가 플러그 인해 연결한 자신의 기타로 기타 트랙에 해당하는 음들을 직접 연주합니다.

기타 프로는 사용자의 연주를 레이턴시(지연) 없이 즉각적으로 기타 트랙에 적용된 이펙트 체인을 반영해 연주를 들려줍니다. 만약 트랙 안의 어느 위치에 사용자가 사운드 변화를 설정해놓았다면 그것도 즉각적으로 반영됩니다.

> **참고**
>
> 라인 인 기능을 사용하지 않을 때에는 반드시 꺼두십시오.

느린 속도로 연습하기

새로운 곡을 처음 연습할 때에는 운지나 주법 등이 익숙하지 않아 원곡의 속도대로 연주하기 어려울 때가 있습니다. 이럴 때는 느린 속도로부터 차차 빠른 속도로 진행해가면서 연습하는 것이 효과적입니다. 주로 코드 변환이 빠르거나, 코드나 멜로디 운지가 어렵거나, 속주가 필요한 곡을 연습할 때 이 기능을 사용합니다. 기타 프로는 느린 속도로 연습하는 두 가지 방법을 제공합니다. [Relative speed(상대 속도)] 모드는 원곡의 재생 속도 대비 몇 퍼센트 느리게 재생할지 설정합니다. [Custom value(사용자 설정 값)] 모드는 시작 속도, 마무리 속도, 속도 증가 값, 반복 횟수 등을 사용자가 원하는 대로 임의로 설정합니다.

1 상대 속도 설정하기

스피드 설정을 사용하려면 먼저 작업 창 위에 있는 툴바에서 [♩ 100%]라고 적힌 [Relative speed(상대 속도)] 아이콘을 클릭합니다. 키보드에서 Ctrl + F9 을 누르면 상대 속도가 활성화됩니다. [♩ 100%]라고 적힌 부분이

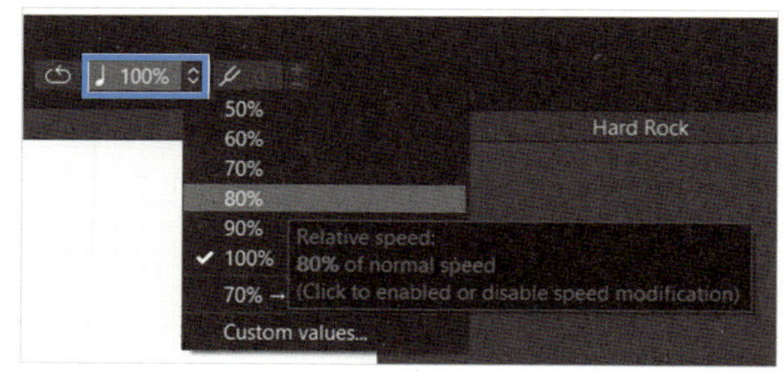

파란색으로 변하고 [♩ 100%]라는 글씨 오른쪽에 있는 아래위 화살표가 활성화됩니다.

[♩ 100%]라는 글씨 오른쪽에 있는 아래위 화살표를 클릭하면 다음과 같이 펼침 목록이 나타납니다. 각 항목의 기능과 사용법입니다.

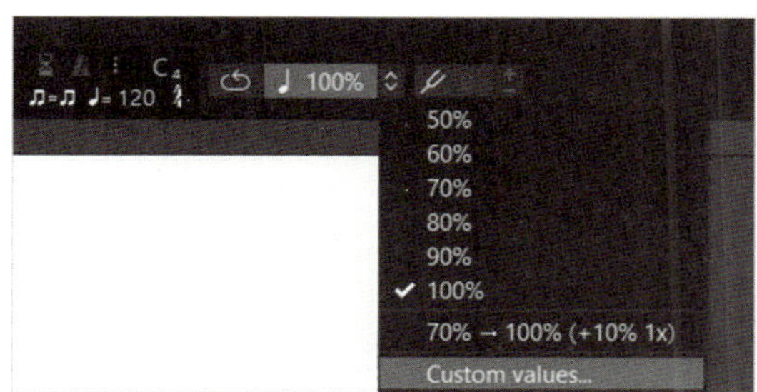

- **[재생 속도 배율]**: 원곡 속도에 비해 어느 정도의 배율로 재생할지 선택합니다. 50%에서 100%까지 10% 단위로 설정 가능합니다.
- **[70%→100% (+10% 1X)]**: 이 옵션을 선택하면 처음에는 70%의 속도로 재생하고 이후 반복할 때마다 10%씩 속도가 증가되어 100%에 도달할 때까지 자동으로 속도가 변하면서 재생됩니다. 반복하는 동안 속도 표시 창에 계속 바뀐 속도 배율이 표시됩니다. 100%에 도달하면 계속 100%의 같은 속도로 반복 재생됩니다. '1×'는 70%~100%의 반복을 1회만 실행한다는 뜻입니다.

2 사용자 설정 값으로 재생하기

재생 속도 자동변환 기능은 사용자가 원하는 속도대로 곡을 재생해주는 좋은 연습 도구입니다. 물론 일정한 배율의 느린 속도로 연습하는 것도 필요하지만 때로는 느린 속도로부터 시작해서 점진적으로 빠른 속도로 변화시켜가면서 연습하는 것이 필요할 때도 있습니다. 기타 프로는 이렇게 한 번 반복할 때마다 일정 속도씩 빨라지게 혹은 느려지게 설정할 수 있는 기능을 제공합니다. 상대 속도 모드에서는 제공하지 않는 시작 속도, 종료 속도를 설정하고 싶거나, 반복 재생할 때마다 증가되는 값, 재생 횟수 등을 임의대로 설정하고 싶으면 **[Custom value...]** 옵션을 이용합니다.

연습을 위해 사용자가 원하는 속도로부터 천천히 시작해서 사용자가 원하는 배율만큼 점진적으로 빠르게 재생하도록 만들려면 먼저 재생을 반복할 구간을 마우스로 드래그해 선택합니다. 이어서 작업 창 위에 있는 툴바에서 [♩ 100%]라고 적힌 **[Relative speed(상대 속도)]** 아이콘을 클릭합니다. [♩ 100%]라고 적힌 부분이 파란색으로 변하고 [♩ 100%]라는 글씨 오른쪽에 있는 아래위 화살표가 활성화됩니다. 다시 아래위 화살표를 클릭하면 다음

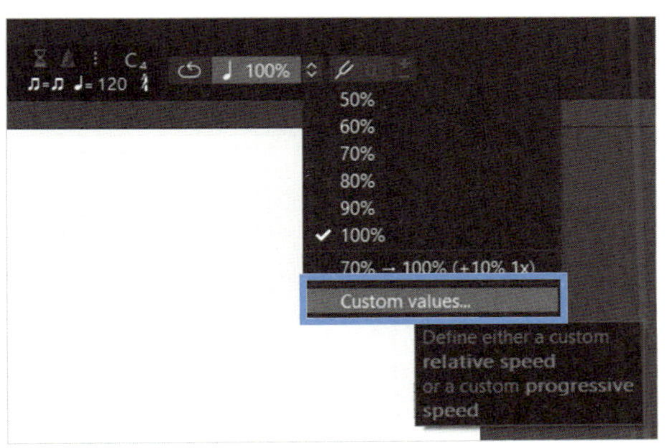

과 같이 펼침 목록이 나타나는데 여기서 [Custom values...]를 클릭해 [Speed settings] 창을 띄웁니다.

[Speed settings] 창에 있는 각 항목의 기능과 사용법은 다음과 같습니다.

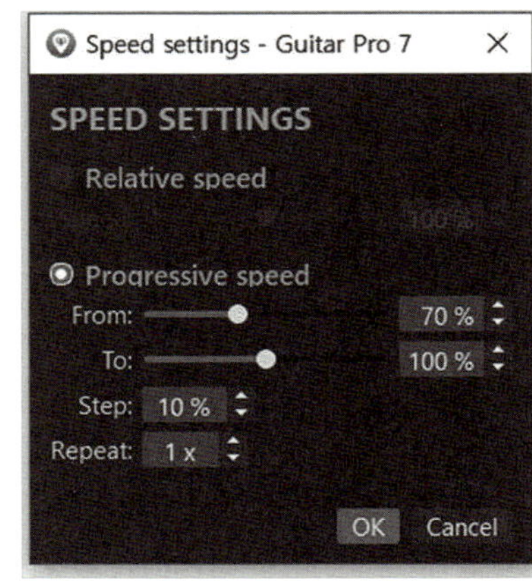

- [Relative speed]: 사용자가 원하는 재생 속도를 상대 배율로 설정합니다. 슬라이더를 움직여서 설정할 수도 있고, 숫자 칸에 직접 원하는 속도 배율을 입력하거나, 아래위 삼각형을 클릭해 설정할 수도 있습니다. 이렇게 설정해놓고 재생하면 설정한 배율대로 재생됩니다.

- [Progressive speed]: 이 옵션을 선택하면 재생할 때마다 사용자가 미리 정한 배율로 시작해서 사용자가 정한 배율만큼씩 속도가 증가하면서 사용자가 정한 마지막 속도에 도달할 때까지 자동으로 반복 재생됩니다.

  - **From(시작 속도 비율)**: 원하는 시작 속도 배율을 입력합니다. 만약 50%로 설정한다면 처음 재생 때는 원곡 속도의 50% 정도인 느린 속도로 재생한다는 것을 뜻합니다. 10%에서 233%까지 설정이 가능합니다.

  - **To(마침 속도 비율)**: 최종 재생 속도 배율을 설정합니다. 만약 100%로 설정했다면 마지막으로 재생할 때는 원곡과 같은 속도인 100%의 속도로 재생한다는 것을 뜻합니다. 100% 속도에 도달하면 그 후로는 계속 100%의 속도로 반복 재생됩니다. 77%에서 300%까지 설정이 가능합니다.

  - **Steps(속도 증가율)**: 재생이 반복될 때마다 얼마씩 속도를 증가시킬 것인지 입력합니다. 만약 이 칸에 '10%'라고 입력하면 한 번 반복할 때마다 속도가 10%씩 빨라집니다. 1%에서 100%까지 설정이 가능합니다.

- **Repeat(반복 횟수)**: [From]에서 [To]까지의 구간을 설정한 횟수만큼 자동으로 반복
재생합니다. 1에서 999회까지 설정이 가능합니다.
모든 설정을 마치고 재생시키면 설정한 값에 따라 자동으로 반복해 재생이 되고 반
복하는 동안 속도 표시 창에 계속 바뀐 속도 배율이 표시됩니다.

mySongBook 사이트

Guitar
Pro

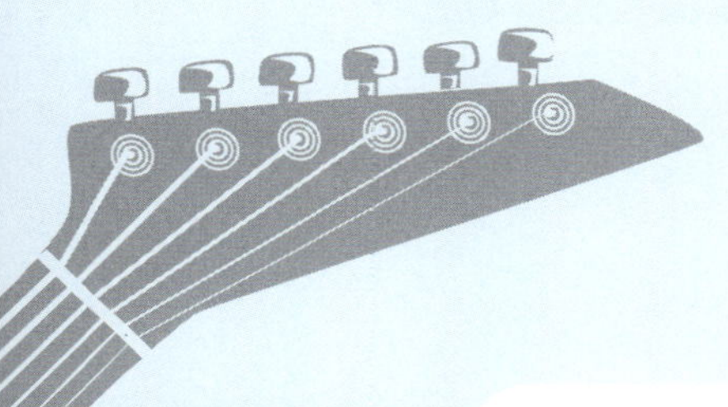

mySongBook에서 악보 받기

mySongBook은 기타 프로가 운영하는 악보 사이트입니다. 이 사이트에는 클래식에서 메탈에 이르기까지 다양한 장르의 곡들에 대한 기타 프로 악보가 제공됩니다. 이 사이트에서 제공되는 악보들은 전문 뮤지션들이 채보했기 때문에 일반적으로 인터넷에서 구하는 악보에 비해 훨씬 정확합니다. 그리고 악기의 선택, 이펙트, 마스터링 옵션 등이 거의 원곡과 같은 수준으로 설정되어 있는 고품질의 악보입니다.

1 mySongBook의 장점

mySongBook은 다음과 같은 장점을 지니고 있습니다. 인터넷상에서 구하는 악보들의 상당수는 채보의 퀄리티가 좋지 않거나, 아예 잘못된 것도 많습니다. mySongBook에서 제공하는 악보들은 100퍼센트 합법적이고, 기타 프로와 호환되며, 완벽하게 원곡과 같습니다. 그 외에도 mySongBook은 다음과 같은 장점을 지니고 있습니다.

- 기타 프로 소속의 프로 뮤지션들이 채보해 악보가 매우 정확합니다.
- 부분이 아니라 전곡의 악보를 제공합니다(인터넷 악보 중 상당수는 전체 악보가 아니라 부분 악보만 제공합니다).
- 어디에서도 찾아볼 수 없는 완벽한 사운드 설정과 편곡을 제공합니다.
- 초급(Beginner), 중급(Intermediate), 고급(Advanced) 등 수준별로 다른 악보를 제공함으로써 기타 레벨에 상관없이 누구나 효율적으로 연습할 수 있습니다. 특히 초급용

악보에는 코드표와 운지 패턴 등의 정보를 추가로 제공합니다.

- 혼자서도 연습이 가능하고 마치 밴드와 맞춰 연습하는 것처럼 기타, 베이스, 드럼, 키보드 등의 트랙 중에서 재생을 원하는 트랙과 원하지 않는 트랙을 설정한 다음, 반주에 맞춰 특정 악기를 내가 직접 연주하면서 연습할 수도 있습니다.

2 mySongBook 사이트에 접속하기

mySongBook 사이트에 접속하려면 인터넷에서 http://www.mySong Book.com으로 접속합니다. 참고로 기타 프로에서 mySongBook을 활용하려면 반드시 인터넷이 연결되어 있어야 합니다.

이미 회원가입을 한 상태라면 초기 화면의 오른쪽 위에 있는 [Sign in] 탭을 클릭해 로그인 화면을 띄우고, 가입 시 설정한 이메일 주소와 비밀번호를 입력해 사이트에 접속합니다.

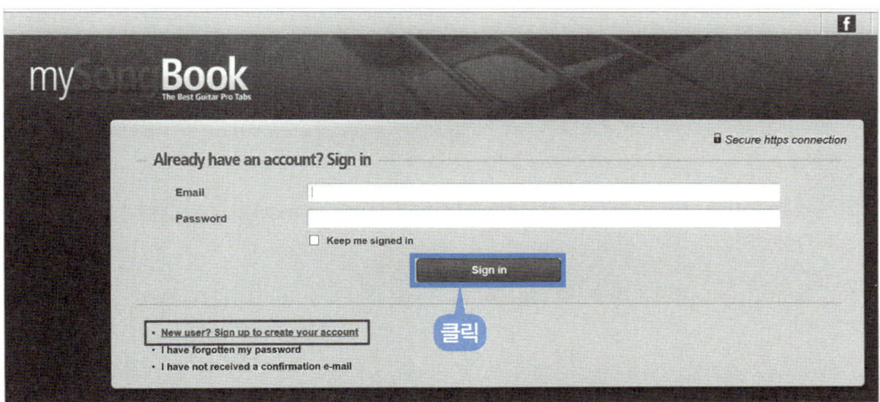

만약 회원가입이 안 된 상태라면 먼저 가입을 해야 합니다. 사이트에 가입하려면 **[Sign in]** 화면 아래에 있는 **[New user? Sign up to create your account]**를 클릭합니다. 초기 화면의 오른쪽 위에 있는 **[Create new account]** 탭을 클릭해도 됩니다.

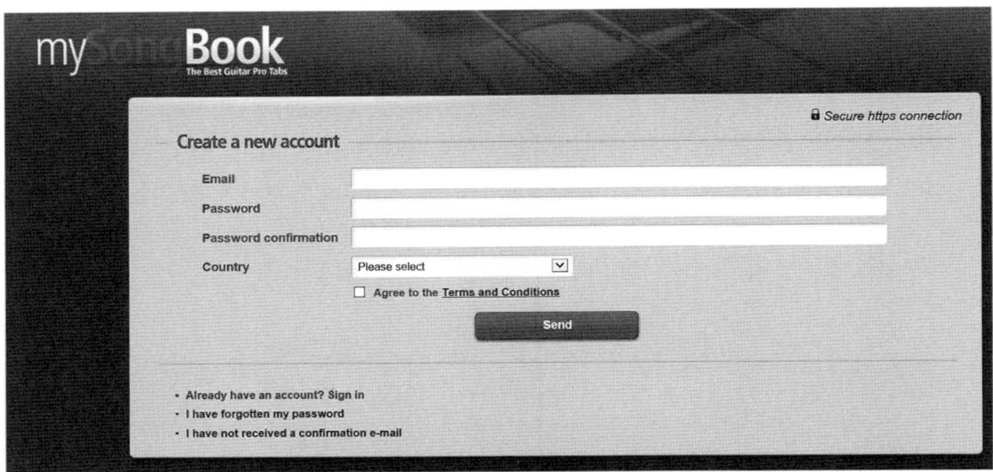

[Create a new account] 창이 나타나면 이메일, 비밀번호, 국가 등의 정보를 입력하고 **[Send]** 버튼을 눌러 회원가입을 합니다.

화면에 **[Confirm your account]** 창이 뜨고 회원가입을 인증하라는 메시지가 나타납니다. 먼저 회원가입 시 입력한 이메일에 접속해 mySongBook에서 발송된 이메일을 클릭합니다. 이메일 내용 중에 **[Confirm my account]**라는 링크를 클릭하면 가입이 인증되고 가입 절차가 마무리됩니다.

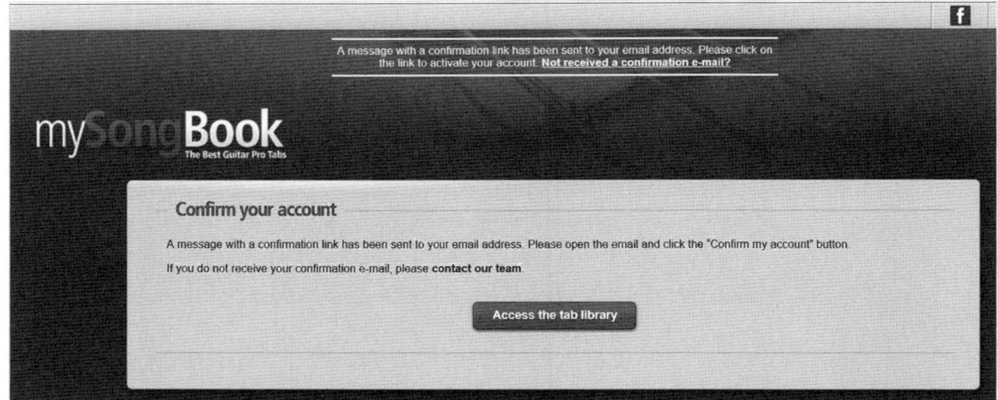

확인이 완료되면 **[Access the tab library]** 탭을 클릭해 mySongBook 사이트에 접속합니다.

 mySongBook 화면 인터페이스 소개

mySongBook 사이트에 접속하고 [Sign in] 버튼을 클릭해 로그인하면 다음과 같은 화면
이 나타납니다. 화면의 위에서부터 각 항목의 기능은 다음과 같습니다.

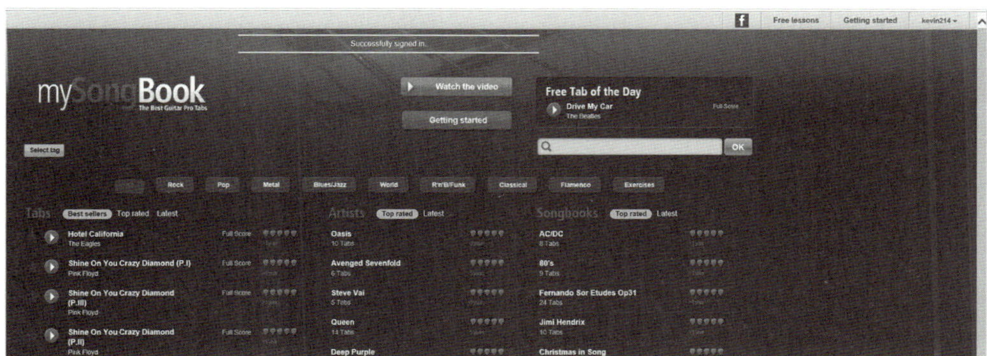

- [Facebook 연결]: mySongBook 페이스북 페이지로 연결됩니다.
- [Free lessons]: 대표적인 기타 연주곡들의 무료 레슨 비디오를 시청할 수 있습니다.
- [Getting started]: 이 버튼을 클릭하면 mySongBook 사이트의 사용 방법에 대한 안
  내 페이지로 연결됩니다.
- [My ID]: 자신의 아이디가 표시된 탭을 누르면 펼침 목록이 나타나고, 다음 네 가지의
  옵션을 선택할 수 있습니다.

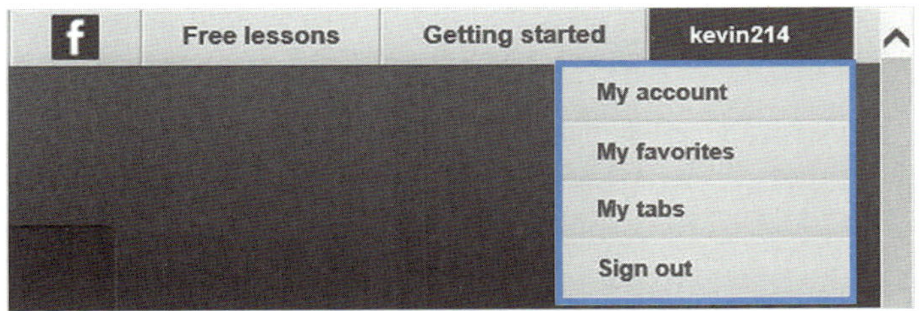

  - **My account**: 이 버튼을 클릭하면 내 계정과 관련된 네 가지 정보가 표시됩니다.
    * [Account information]: 내 계정의 정보를 표시합니다. [Edit my account] 링크를
    누르면 정보를 수정할 수 있습니다.
    * [Full access subscription]: [subscribe now!] 버튼을 클릭하면 월정액을 지불하
    고 무제한으로 악보를 볼 수 있는 구독권을 구매하는 페이지로 넘어갑니다. 여기서
    [Buy] 버튼을 클릭하면 구매가 완료되고 한 달 동안 모든 악보를 무제한으로 볼 수
    있습니다.
    * [Credit card information]: 첫 구매 때 입력한 신용카드 정보가 표시됩니다.
    [Change my debit or credit card information] 링크를 클릭하면 신용카드 정보를

수정할 수 있습니다. [Delete my debit or credit card information] 링크를 클릭하면 신용카드 정보를 삭제할 수 있습니다.

- **My favorites**: 이 버튼을 클릭하면 타브 악보 리스트에서 제일 앞에 있는 별 모양을 클릭해서 내가 좋아하는 곡으로 등록해놓은 리스트만 따로 모아서 보여줍니다.
- **My tabs**: 이 버튼을 클릭하면 내가 구매한 악보들만 모아서 보여줍니다.
- **Sign out**: 이 버튼을 클릭하면 mySongBook 사이트에서 로그아웃합니다.

- [Watch the video]: 이 버튼을 클릭하면 mySongBook 사이트의 사용 방법과 악보 구매 방법을 알려주는 비디오를 시청할 수 있습니다.
- [Getting started]: 이 버튼을 클릭하면 mySongBook 사이트의 사용 방법에 대한 안내 페이지로 연결됩니다.
- [Free tab of the day]: 기타 프로가 제공하는 무료 악보가 매일 한 곡씩 소개됩니다. 클릭하면 악보를 사용할 수 있습니다.
- [검색 창]: 찾고자 하는 악보의 곡명, 앨범명, 가수 이름 등을 입력하고 [OK] 버튼을 누르면 해당 곡들을 찾아서 보여줍니다.
- [Current tag]: 사용자가 검색을 위한 필터로 선택한 장르의 태그를 보여줍니다. 다음 그림은 기타 곡 가운데 90년대에 발표되었고 초보자들이 연주하기 적합한 곡들을 태그로 선택 필터링해 검색한 결과입니다.

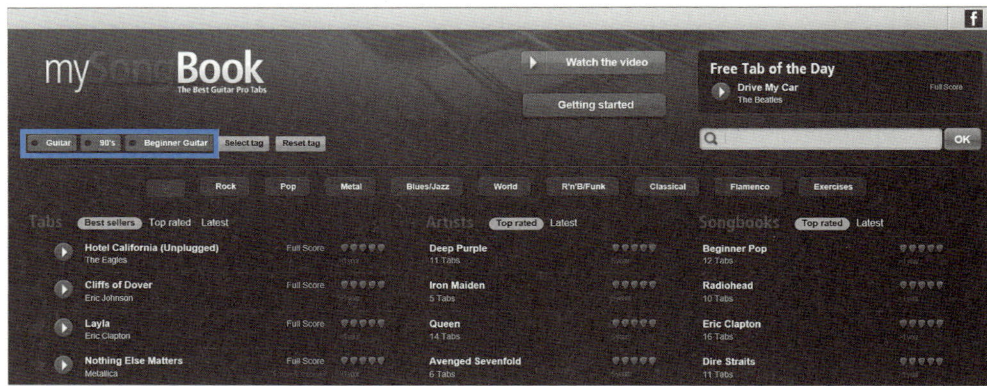

- [Select tag]: 이 버튼을 누르면 원하는 악보를 빨리 찾을 수 있도록 곡의 장르나 유형을 필터링하는 [Filter] 창이 뜹니다. 이 창에서 곡의 장르, 발표 시기, 악기, 연주 테크닉 등의 태그를 선택하면 해당 태그에 관련된 악보만 선별해 보여줍니다.

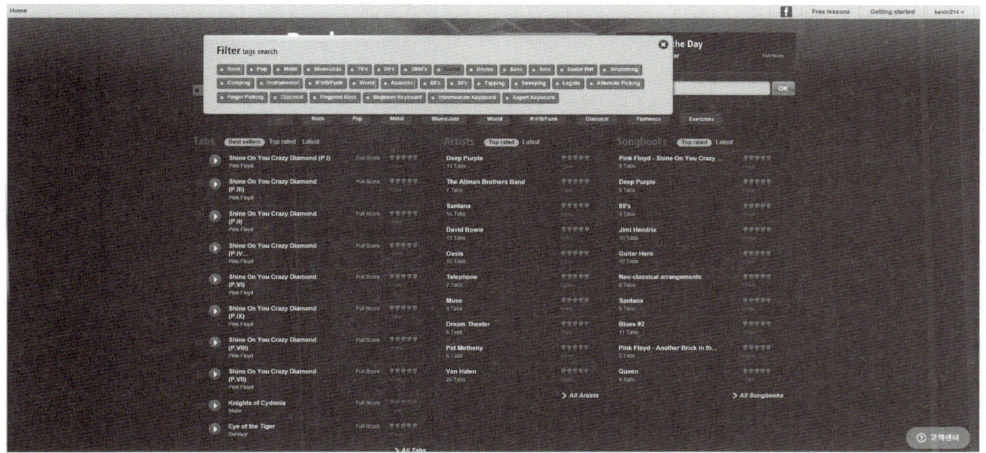

- **[Reset tag]**: 이 버튼을 누르면 선택된 태그들을 다시 초기화시킵니다.
- **[장르]**: 원하는 장르의 곡을 빨리 찾을 수 있도록 장르를 선택합니다.
- **[Tabs 섹션]**: 타브 악보별로 모아서 보여줍니다. 아래의 버튼들을 클릭하면 검색 결과를 소트해서 보여줍니다.
    - **Best Sellers(판매순)**: 판매량이 많은 순서대로 보여줍니다.
    - **Top rated(별점순)**: 별점이 높은 순서대로 보여줍니다.
    - **Latest(최신순)**: 최근에 발표된 순서대로 보여줍니다.
- **[Artist 섹션]**: 가수별로 모아서 보여줍니다.
    - **Top rated(별점순)**: 별점이 높은 순서대로 보여줍니다.
    - **Latest(최신순)**: 최근에 발표된 순서대로 보여줍니다.
- **[Songbooks 섹션]**: 가수, 연주자, 장르, 시대, 연습 주제별로 해당 곡들을 한꺼번에 묶어놓은 일종의 노래 책(Song Book) 같은 것입니다.
    - **Top rated(별점순)**: 별점이 높은 순서대로 보여줍니다.
    - **Latest(최신순)**: 최근에 발표된 순서대로 보여줍니다.
- **[아래 상태 바]**: 화면 맨 아래에 보이는 상태 바에는 Who we are(회사 소개), Transcriber team(채보자 소개), Why you will love it(mySongBook의 장점), Contact, Help(문의나 도움말), Terms and conditions(용어와 사용 조건), Legal notice(법적 고지) 등의 옵션이 들어 있고, 각 항목을 클릭하면 해당 정보를 확인할 수 있습니다.
- **[⑦고객센터]**: 화면 아래 오른쪽 끝에 있는 **[⑦고객센터]** 버튼을 클릭하면 mySongBook의 고객센터로 직접 메시지를 보낼 수 있는 **[메시지 보내기]** 창이 나타납니다. 다음과 같이 작성하고 **[보내기]** 버튼을 누르면 입력한 자신의 이메일로 답변을 받아볼 수 있습니다. 참고로 모든 질문은 영어 혹은 프랑스어로 입력해야 합니다.

4 악보 검색하기

① 검색 창 활용하기

악보를 찾으려면 mySongBook 초기 화면의 오른쪽 위에 있는 검색 창에 원하는 곡명이
나 가수 이름을 입력하고 **[OK]** 버튼을 클릭합니다. 화면에 입력한 검색어와 관련된 곡의 목
록이 나타납니다. 예를 들어 'Beatles'란 검색어로 검색하면 다음과 같은 곡들이 나타납니다.

원하는 곡의 이름을 클릭하면 곡의 악보 페이지로 이동합니다. 악보 페이지는 다음과 같이
구성되어 있습니다.

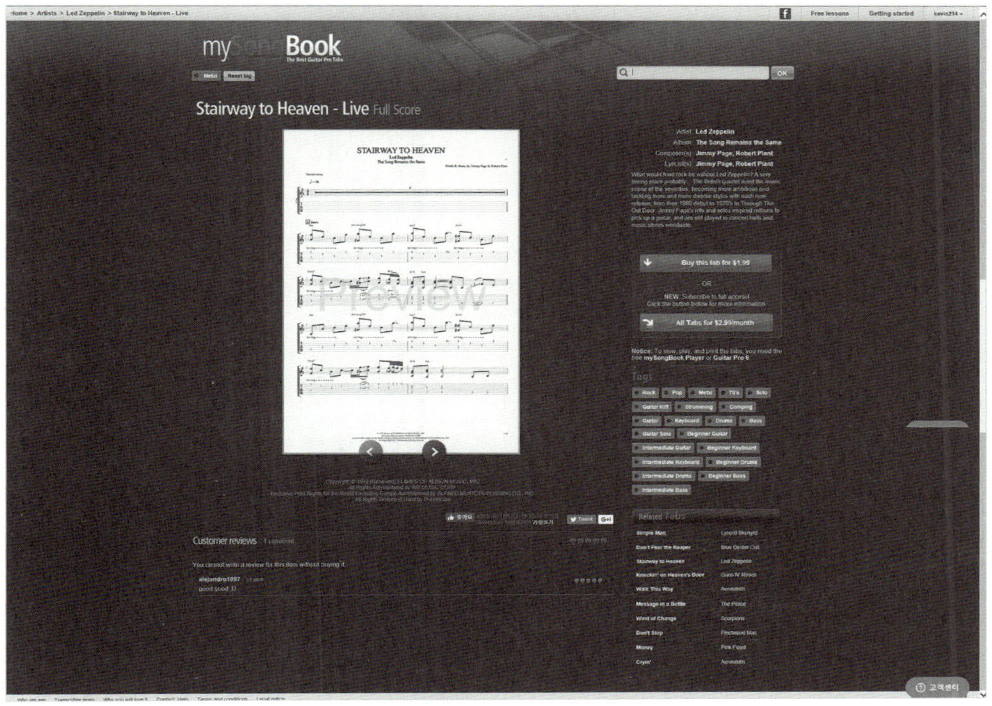

- **곡 제목**: 곡의 제목과 악보 유형을 표시합니다.
- **악보 미리보기**: 해당 곡 악보를 미리보기로 보여줍니다.
- **재생 버튼**: 곡의 악보를 재생합니다.
- **다른 트랙 악보 보기**: 멀티 트랙으로 구성된 곡의 경우에는 이 버튼을 클릭하면 다른 트
  랙의 악보를 미리보기로 표시합니다.
- **좋아요 버튼**: 버튼을 클릭하면 기타 프로 트위터에 '좋아요' 추천 횟수가 늘어납니다.
- **트위터 링크 버튼**: 이 버튼을 클릭하면 기타 프로 트위터로 연결됩니다.
- **[G+1] 버튼**: 구글 사이트에서 공개적으로 이 악보를 추천합니다.

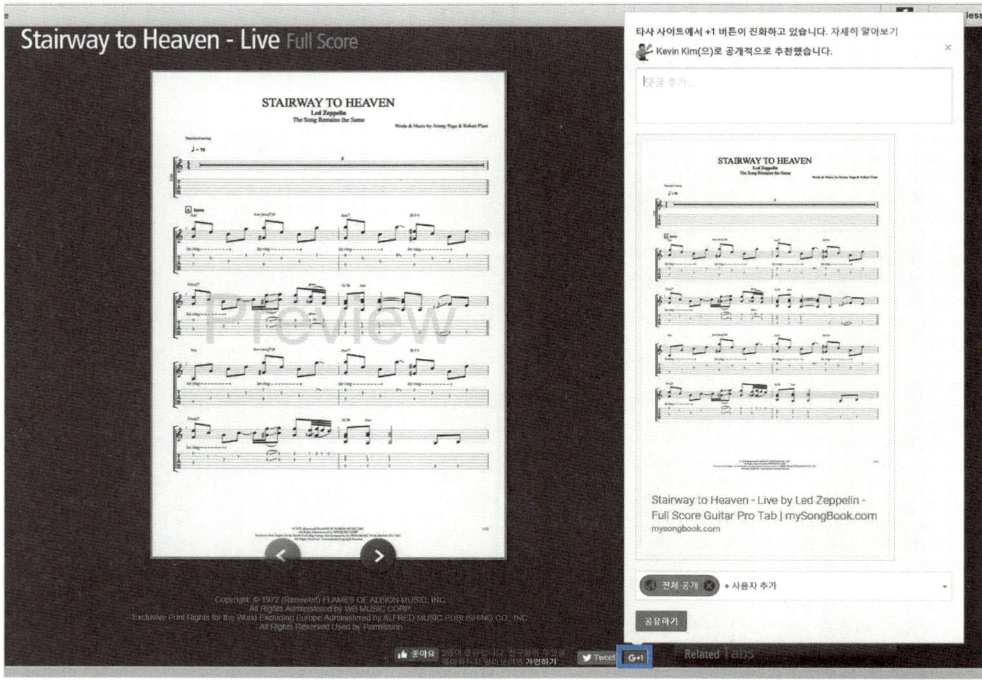

- **고객 리뷰**: 악보를 다운받은 고객들이 평가한 리뷰 글을 볼 수 있습니다.
- **곡 정보**: 가수, 앨범명, 작곡자, 작사자, 곡에 대한 기본 정보 등을 표시합니다.
- **다운로드 버튼**: 이 버튼을 클릭해 결제하면 해당 곡의 악보를 구입할 수 있습니다.
- **[All tabs for(전체 악보 구독)]**: 월정액을 지불하고 모든 악보를 한 달간 자유롭게 볼 수 있습니다.
- **[Tag(태그)]**: 이 곡과 관련된 태그를 모아서 보여줍니다.
- **[Related Tabs(관련 악보)]**: 이 곡과 관련된 악보의 목록을 보여줍니다.
- **[Related SongBook(관련 SongBook)]**: 이 곡과 관련된 SongBook 목록을 보여줍니다.
- **[⑦고객센터]**: 이 버튼을 클릭하면 메시지를 작성하는 창이 뜹니다. 여기서 mySongBook 운영자에게 직접 질문이나 의견을 전달할 수 있습니다.

② 장르별로 찾기

mySongBook은 보유하고 있는 악보를 음악 장르별로 구분해 찾을 수 있도록 분류해놓았습니다. 화면 위에 각 장르별로 곡을 찾는 버튼이 있습니다.

- [All]: 모든 장르의 곡을 모두 보여줍니다.
- [Rock]: 록 음악의 악보를 따로 모아서 보여줍니다.
- [Pop]: 팝 음악의 악보를 따로 모아서 보여줍니다.
- [Metal]: 헤비메탈 음악의 악보를 따로 모아서 보여줍니다.
- [Blues/Jazz]: 블루스와 재즈 음악의 악보를 따로 모아서 보여줍니다.
- [World]: 미국 이외 지역의 음악 악보를 따로 모아서 보여줍니다.
- [R'n'B/Funk]: 리듬 앤 블루스, 펑크 음악의 악보를 따로 모아서 보여줍니다.
- [Classical]: 고전 음악의 악보를 따로 모아서 보여줍니다.
- [Flamenco]: 플라멩코 기타 음악의 악보를 따로 모아서 보여줍니다.
- [Exercise]: 기타 연습을 위한 악보를 따로 모아서 보여줍니다.

각 장르의 버튼을 클릭하면 해당 장르의 악보가 크게 세 구역으로 나뉘어 표시됩니다. 아래 그림은 [Metal] 장르 버튼을 눌러 검색한 결과입니다.

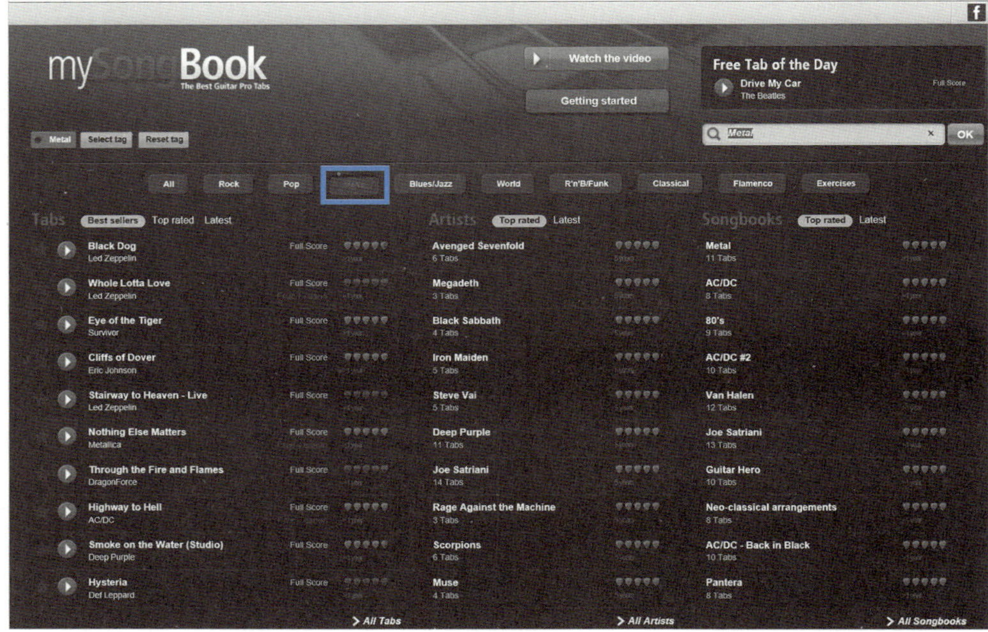

- **[Tabs 섹션]**: 타브 악보별로 모아서 보여줍니다.
  - **Best Sellers(판매순)**: 판매량이 많은 순서대로 보여줍니다.
  - **Top rated(별점순)**: 별점이 높은 순서대로 보여줍니다.
  - **Latest(최신순)**: 최근에 발표된 순서대로 보여줍니다.
- **[Artist 섹션]**: 가수별로 모아서 보여줍니다.
  - **Top rated(별점순)**: 별점이 높은 순서대로 보여줍니다.
  - **Latest(최신순)**: 최근에 발표된 순서대로 보여줍니다.
- **[Song Book 섹션]**: 가수, 연주자, 장르, 시대, 연습 주제별로 해당 곡들을 한꺼번에 묶어서 판매하는 일종의 모음집입니다.
  - **Top rated(별점순)**: 별점이 높은 순서대로 보여줍니다.
  - **Latest(최신순)**: 최근에 발표된 순서대로 보여줍니다.

[Select tag] 버튼을 누르고 검색 필터로 사용할 태그들을 선택한 다음 검색하면 해당 태그와 관련된 악보만 선별해 보여줍니다.

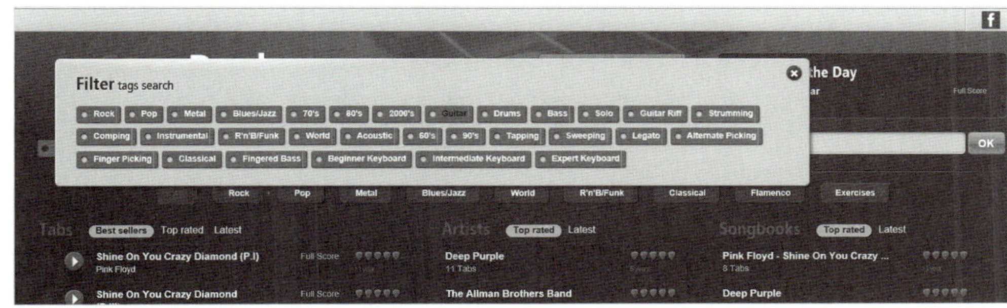

이렇게 선택된 태그는 [Selected tag] 버튼 앞에 따로 표시됩니다. 선택된 태그들을 다시 초기화시키려면 [Reset tag] 버튼을 누릅니다.

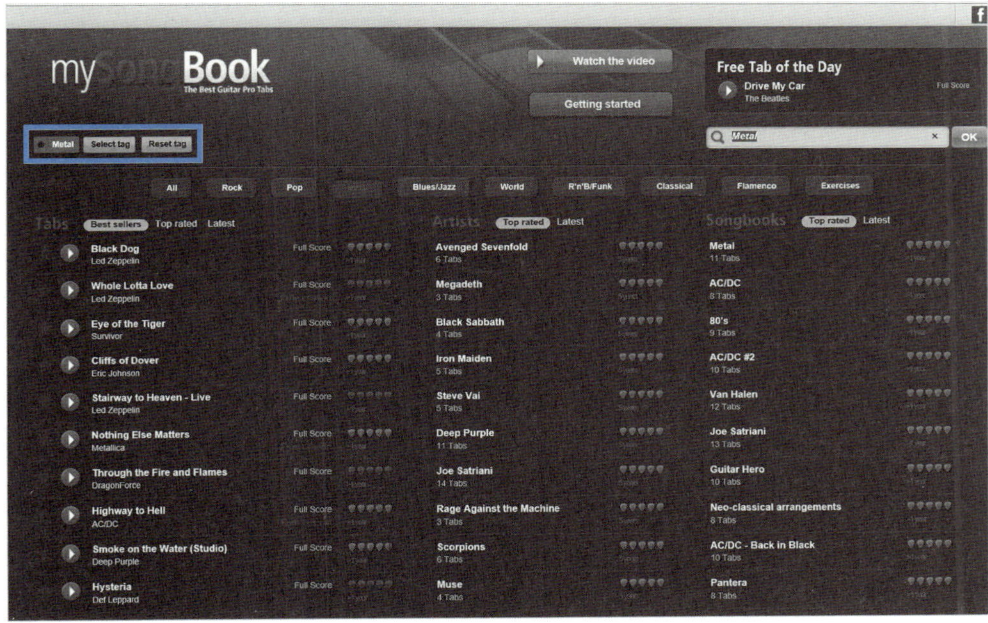

장르별로 나타난 악보 중 원하는 악보를 선택합니다. 나머지 악보 구매 과정은 검색 창으로 악보를 찾았을 때와 같습니다.

5 악보 구매하기

원하는 악보를 찾아 곡명을 클릭하면 해당 곡의 악보 페이지로 이동합니다. 악보 페이지에서 해당 곡의 악보 첫 페이지를 미리보기할 수 있고, 여러 악기로 구성된 밴드 곡의 경우에는 악보 아래에 있는 왼쪽, 오른쪽 화살표를 클릭하면 다른 악기의 악보를 볼 수 있습니다. 악보 위에 마우스를 올리면 재생 버튼이 나타나는데 이 버튼을 누르면 악보의 재생 사운드를 들어볼 수도 있습니다.

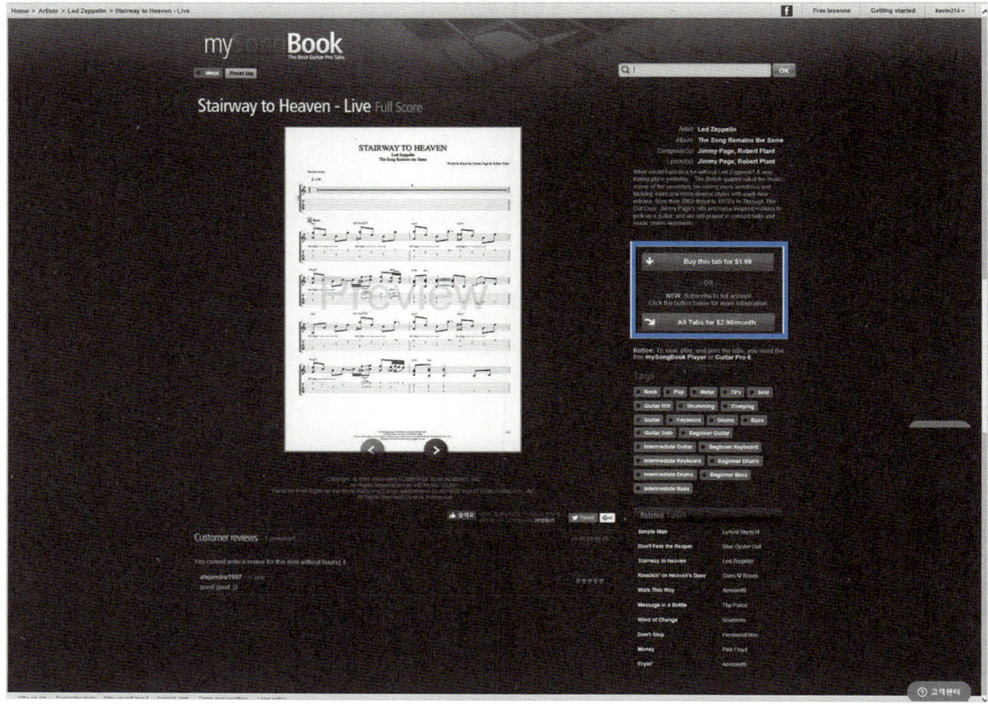

악보를 구매하려면 화면 오른쪽에서 다음 중 한 가지를 선택합니다.

- **[Buy this tab for(가격)] or [Buy all for(전체 구매 가격)]**: 이 버튼을 클릭해 결제를 하면 해당 곡의 악보 하나를 구입할 수 있습니다. 단일 곡 악보의 경우, 곡의 채보 난이도와 악보 쪽수에 따라 가격이 다르게 책정되어 있습니다. 여러 곡들을 묶음으로 판매하는 **[Songbook]**의 경우에는 구매 버튼에 'Buy all for(전체 구매 가격)'라고 표시됩니다. **[Songbook]**을 묶음으로 구매하면 단일 악보를 따로 구매할 때보다 조금 저렴합니다.
- **[All tabs for(가격)]**: 한 곡씩 구매하는 것이 아니라 월정액을 지불하고 모든 악보를 한 달간 자유롭게 보는 방식입니다.

6 구매한 악보 재생하기

악보를 결제하고 구매를 마치면 구매 버튼에 **[You have purchased this tab]**라는 문구가 표시되고, **[가격]** 버튼이 악보를 열 수 있는 **[Open it]** 버튼으로 바뀝니다.

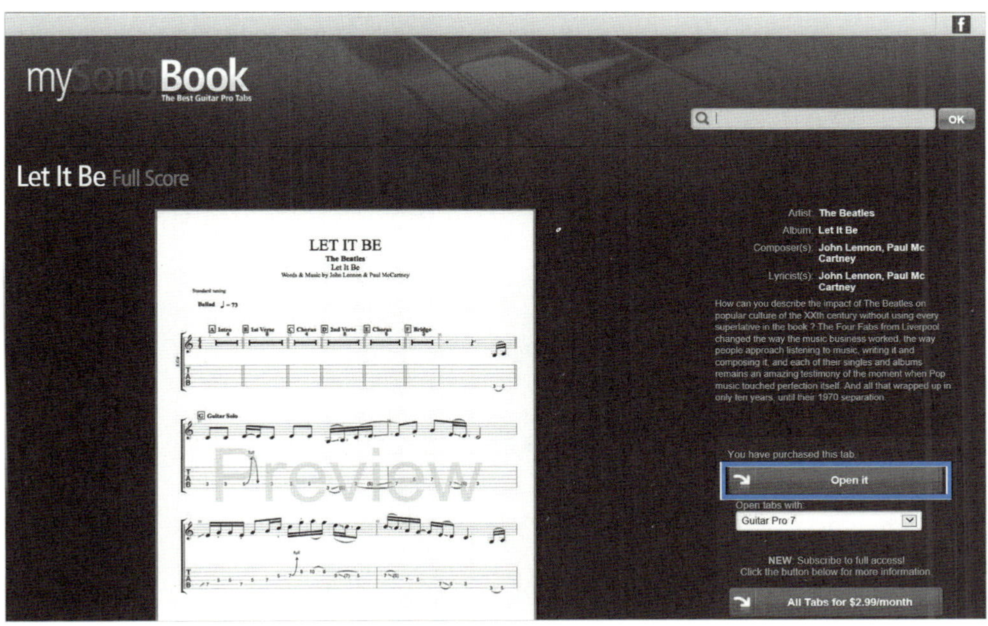

mySongBook 악보를 열려면 기타 프로 6.1 이상의 최신 버전이 설치되어 있어야 합니다. [Open it] 버튼 아래에 보이는 [Open tabs with:] 옵션에서 기타 프로 6 또는 기타 프로 7 중 하나를 선택합니다. 이제 [Open it] 버튼을 누르면 기타 프로에서 악보가 열립니다.

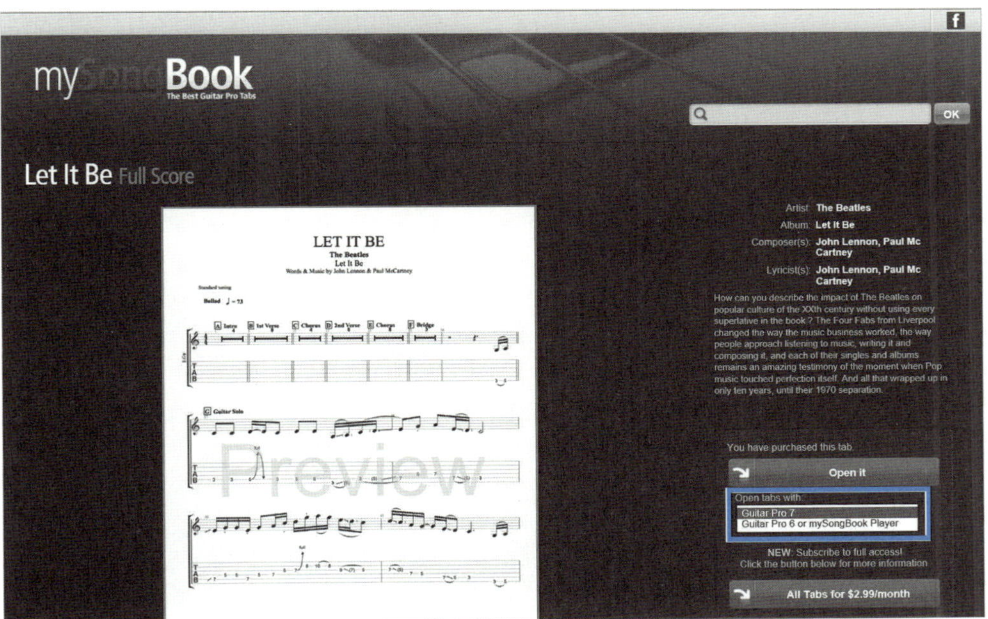

mySongBook 사이트에서 구매한 악보들은 이용권을 구매하는 것으로 기타 프로에서 파일을 열어 트랙을 선택하고, 재생 속도를 조절하고, 구간을 반복하는 등의 작업들은 자유롭게 할 수 있습니다. 하지만 저작권을 구매하는 것은 아니기 때문에 악보를 수정하거나, 설정을 변경하거나, 복사, 붙여넣기, 저장, 다른 형식으로 내보내기 등의 기능은 제한됩니다. 단, 기타 프로 파일의 사운드를 오디오 파일로 내보내기는 허용이 됩니다.

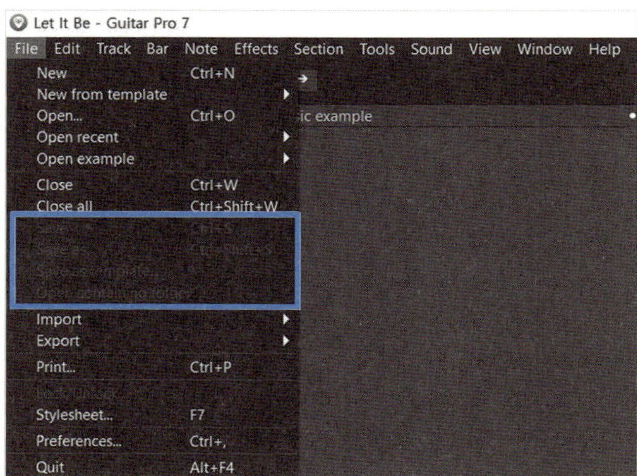

만약 기타 프로 6.1 이전 버전을 사용하고 있다면 mySongBook player를 따로 설치해야 합니다. mySongBook player에 대한 자세한 설명은 **[79. mySongBook player 활용하기]** 편을 참고하세요.

7 내 악보 모아보기

① [My Tabs]

mySongBook 사이트에서 구매한 악보들은 **[My tabs]**라는 곳에 따로 보관됩니다. **[My tabs]**를 보려면 화면 위 오른쪽에 있는 로그인 아이디를 클릭하고 펼침 목록에서 **[My tabs]**를 클릭합니다. 화면에 내가 구매한 악보들의 목록이 나타납니다.

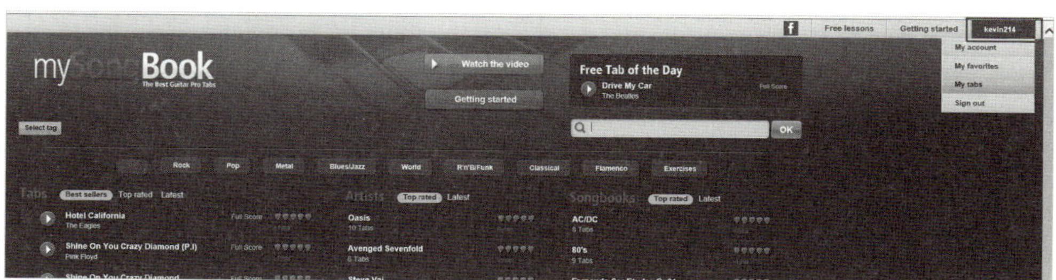

- **[Tab]**: 곡명과 악보 유형을 표시합니다.
- **[Artist]**: 연주자나 가수의 이름이 표시됩니다.
- **[Album]**: 곡이 수록된 앨범 이름을 표시합니다.
- **[Date]**: 곡이 발표된 연도를 표시합니다.
- **[Note]**: 곡에 대한 사용자의 리뷰나 별점을 표시합니다. **[Give your review]**를 클릭하면 리뷰를 작성하는 창이 뜹니다. 여기에 코멘트를 작성하고 **[Send]** 버튼을 누르면 곡에 대한 리뷰가 **[Customer reviews]**에 나타납니다. 여기서 곡에 대한 별점을 줄 수도 있습니다. 리뷰를 작성하고 나면 이 자리에 별점이 표시됩니다.
- **[Date of purchase]**: 악보를 구매한 지 얼마나 지났는지 보여줍니다. 1년 이내에 구입한 경우에는 개월 수로 표시되고, 그 후는 연 단위로 표시됩니다.

② [My Favorites]

곡명 앞에 별표 모양을 클릭하면 별이 노란색으로 표시되고 즐겨찾기 악보로 구분됩니다.

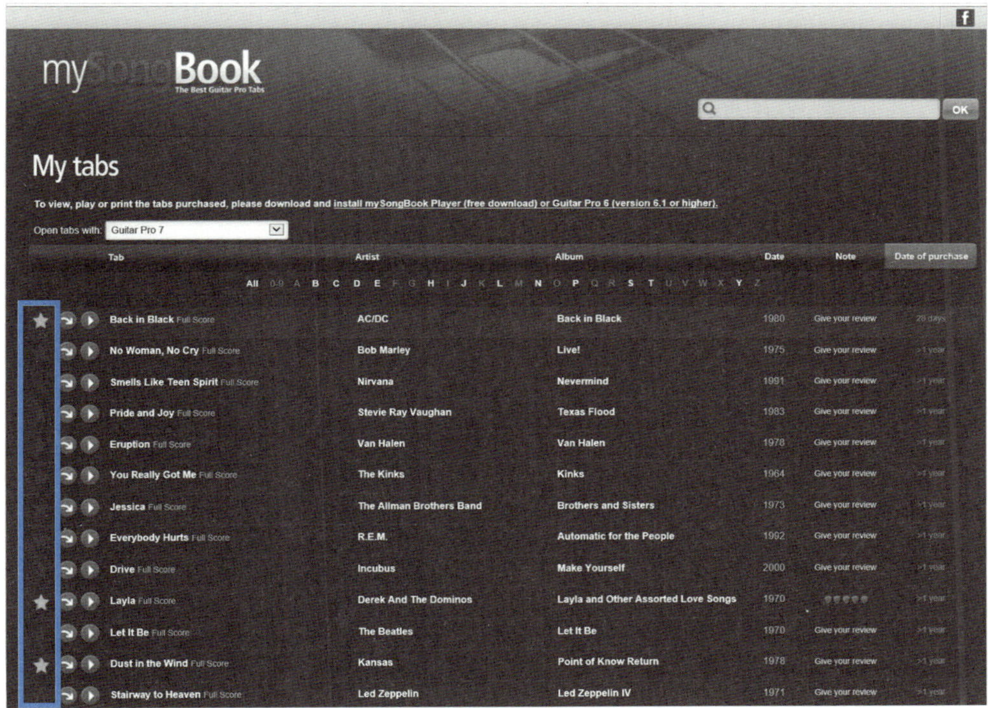

이렇게 표시한 곡들은 **[My Favorites]** 항목에 따라 분류되어 보관됩니다. **[My Favorites]**로 표시한 곡들을 따로 모아서 보려면 화면 위 오른쪽에 있는 로그인 아이디를 클릭하고 펼침 목록에서 **[My Favorites]**를 선택합니다. 화면에 별표 표시를 한 악보들의 목록이 나타납니다.

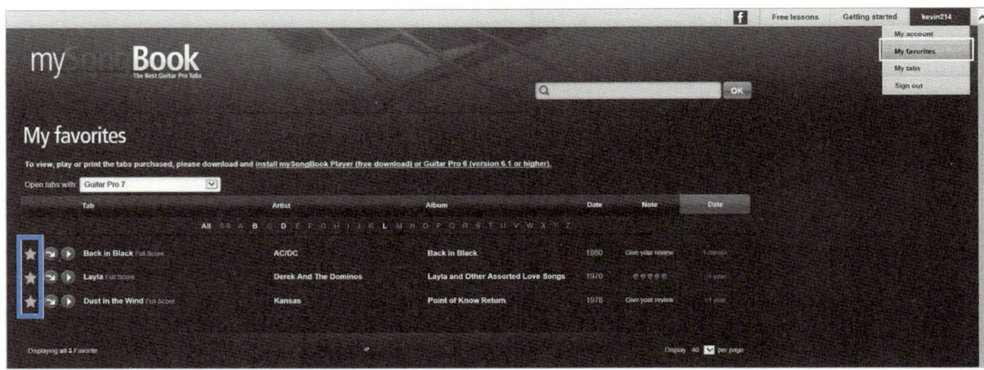

8 무료 악보 보기

mySongBook 사이트에서는 [Free tab of the day]라고 무료로 볼 수 있는 악보를 매일 한 곡씩 선별해 공개합니다. 무료 악보를 보려면 다음과 같이 하세요.

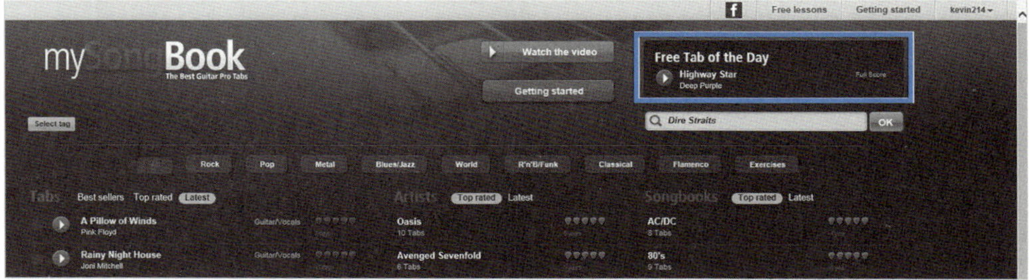

- 화면 위에 있는 [Free tab of the day] 버튼을 클릭해 악보 페이지로 이동합니다.
- 악보를 재생할 기타 프로 버전을 선택한 다음, [Open it] 버튼을 클릭합니다.
- 기타 프로에서 악보가 열립니다. 다만 구매한 악보와 달리 인쇄는 허용되지 않습니다. 인쇄 가능한 버전을 원한다면 악보를 구매해야 합니다.
- [Free tab of the day] 악보는 24시간 동안 열람이 가능합니다.

9 mySongBook 악보 저장하기

mySongBook의 악보는 저작권 문제로 인해 복사 혹은 저장과 관련된 모든 메뉴들은 활성화되지 않으며 사용자의 PC에 악보를 저장할 수도 없습니다. 또한 악보를 다른 형식으로 내보내는 [Export] 메뉴에서도 오디오 파일로 출력하는 기능 이외의 것들은 모두 활성화되지 않습니다.

하지만 아래 한글의 **[Hancom PDF]**, 이스트소프트사의 **[ALPDF]**, 마이크로소프트의 **[Microsoft print to PDF]** 등이 컴퓨터에 설치되어 있으면 악보를 내려받아 파일 형태로 저장할 수 있습니다. 악보를 파일로 저장하려면 다음과 같이 하세요.

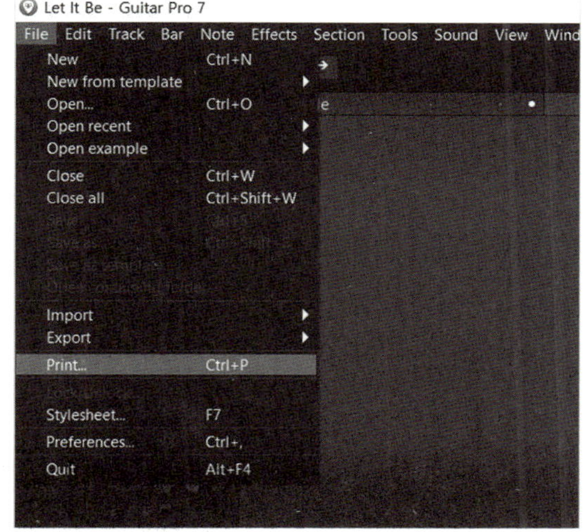

- 메뉴 그룹에서 **[File]** ▶ **[Print]**를 선택합니다.
- **[Print Preview]** 창이 나타나면 오른쪽 위에 있는 **[Print]** 버튼을 클릭합니다.
- 프린터를 설정하는 창이 나타나는데 여기서 아래 한글의 **[Hancom PDF]**, 이스트소프트사의 **[ALPDF]**, 마이크로소프트의 **[Microsoft print to PDF]** 중 하나를 선택합니다.
- 파일을 저장할 폴더를 선택하고 **[Print]** 버튼을 누릅니다.
- 파일이 PDF 버전으로 저장되고, 언제든 불러서 다시 사용할 수 있습니다.

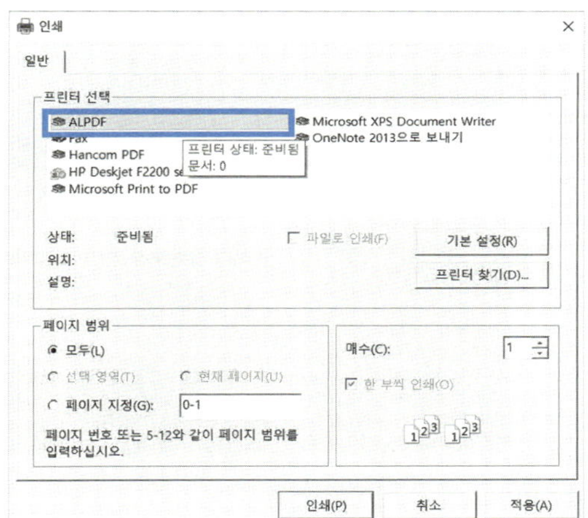

mySongBook의 악보를 파일로 저장한 뒤에 이를 인터넷상에 게시하거나 다른 사람에게 파일로 제공하면 저작권에 저촉되니 주의하시기 바랍니다.

10 온라인 무료 레슨 활용하기

mySongBook 사이트에는 대표적인 기타 연주곡 중 하이라이트 부분을 동영상으로 보여주는 무료 강좌가 있습니다. 무료 강좌를 보려면 다음과 같이 하세요.

화면 위에 있는 [Free Lessons] 탭을 클릭해 [Free Guitar Lessons] 페이지로 이동합니다. 다음과 같은 대표적인 기타 연주곡의 하이라이트 부분을 동영상으로 볼 수 있습니다.

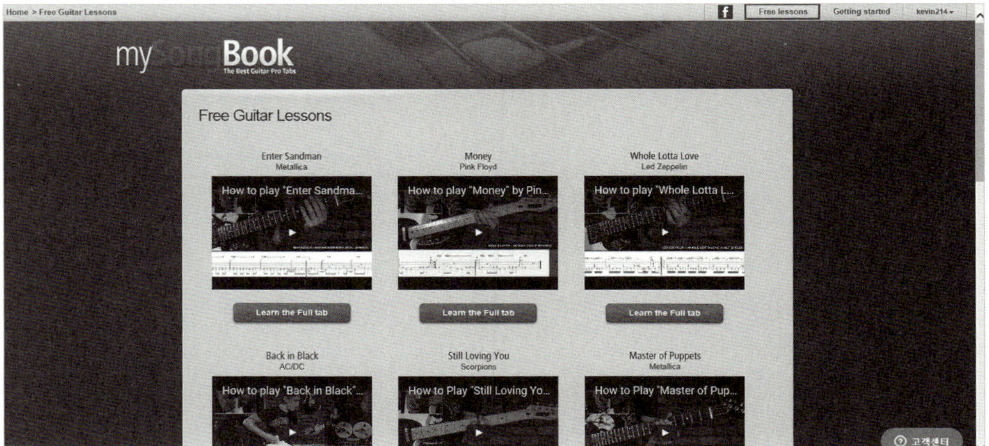

- 〈Enter Sandman〉, Metallica.
- 〈Money〉, Pink Floyd.
- 〈Whole Lotta Love〉, Led Zeppelin.
- 〈Back in Black〉, AC/DC.
- 〈Still Loving You〉, Scorpions.
- 〈Master of Puppets〉, Metallica.
- 〈Another Brick in the Wall P.2〉, Pink Floyd.
- 〈Immigrant Song〉, Led Zeppelin.
- 〈Hells Bells〉, AC/DC.
- 〈Everybody Hurts〉, R.E.M.
- 〈Fade to Black〉, Metallica.
- 〈Kashmir〉, Led Zeppelin.

- 〈Highway to Hell〉, AC/DC.
- 〈Are you Gonna Go my Way〉, Lenny Kravitz.
- 〈Nothing Else Matters〉, Metallica.

전체 악보를 보고 싶다면 [Learn the Full tab] 버튼을 클릭하고 악보를 구매합니다.

mySongBook player 활용하기

mySongBook에서 구매한 악보를 열려면 기타 프로 6.1 이상의 최신 버전이 설치되어 있어야
합니다. 만약 그 이전 버전의 기타 프로를 사용한다면 기타 프로가 제공하는 무료 프로그램인
mySongBook player라는 프로그램을 설치하면 악보를 볼 수 있습니다.

1 mySongBook player 설치하기

mySongBook player는 mySongBook 사이트에서 무료로 내려받을 수 있습니다. 다음
과 같이 따라 하세요.

- mySongBook 사이트 초기 화면 위에 있는 **[Getting started]** 버튼을 클릭합니다.

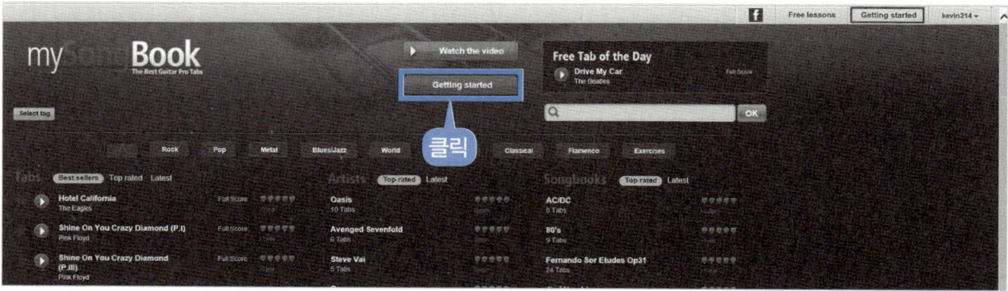

- 바뀐 화면에서 조금 아래쪽으로 화면을 스크롤하면 **[DOWNLOAD MSB PLAYER]**라는 버튼이 보입니다.

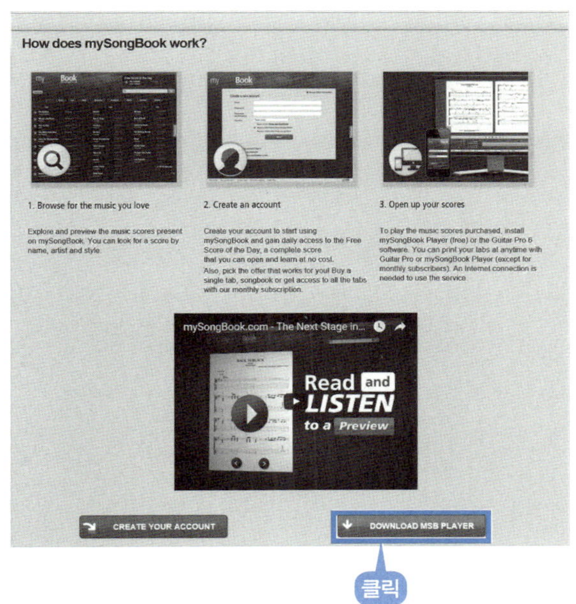

- 이 버튼을 누르면 mySongBook player는 세 가지 O/S 버전으로 제공됩니다. 자신의 컴퓨터 O/S에 맞는 버전을 선택하고 **[Download]** 버튼을 누릅니다.

  - window
  - Mac
  - Linux

- 설치 파일을 저장할 폴더를 지정한 다음 파일을 내려받습니다.
- 내려받은 'msb-player-msbplayer-win-r11682.exe' 설치 파일을 더블클릭해 설치합니다.

mySongBook player는 기타 프로의 기능 중에서 악보의 재생에 필요한 기능들만 따로 뽑아서 만든 프로그램입니다. 설치를 마친 후 프로그램을 실행하면 mySongBook 사이트와 유사한 모양의 초기 화면이 나타납니다.

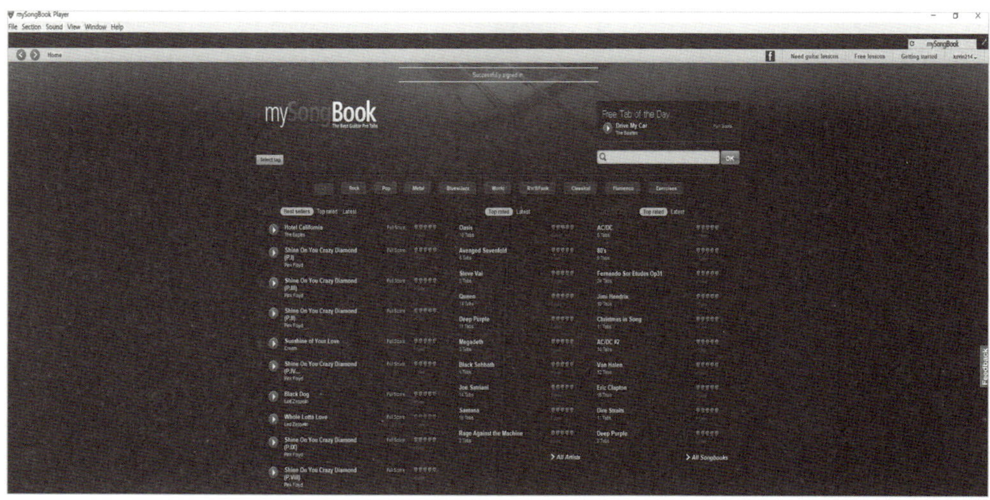

각 항목의 기능은 다음과 같습니다.

- **메뉴 그룹**: mySongBook player에서 악보를 재생하고 연습하는 데 필요한 메뉴들이 모여 있습니다.
    - **[File]**: 파일 닫기, 악보 정보, 트랙 속성, 인쇄, 인쇄 미리보기, 환경 설정, mySong Book 사이트와 연결, 사용 언어, 끝내기 등의 메뉴가 들어 있습니다.
    - **[Section]**: 특정 섹션으로 이동하기, 이전 섹션으로 가기, 다음 섹션으로 가기 등의 메뉴가 들어 있습니다.
    - **[Sound]**: 재생, 처음부터 재생, 첫 마디로 가기, 되감기, 빨리 감기, 마지막 마디로 가기, 반복 재생, 메트로놈, 카운트 인, 오디오 설정 등의 메뉴가 들어 있습니다.
    - **[View]**: 멀티 트랙 보기, 콘서트 톤, 페이지 보기 방식, 악보 브라우징, 부드러운 스크롤, 가상 악기, **[글로벌 뷰]** 보이기/숨기기, 전체 화면으로 보기 등의 메뉴가 들어 있습니다.
    - **[Window]**: 다음 악보 탭으로 가기, 이전 악보 탭으로 가기 등의 메뉴가 들어 있습니다.
    - **[Help]**: 도움말, 업데이트 확인하기, 프로그램 정보 등의 메뉴가 들어 있습니다.

mySongBook player는 mySongBook에서 구매한 악보들을 재생하기 위한 전용 플레이어이므로, 악보를 수정하거나, 설정을 변경하거나, 복사, 붙여넣기, 저장, 다른 형식으로 내보내기 등의 기능은 아예 제공하지 않습니다.

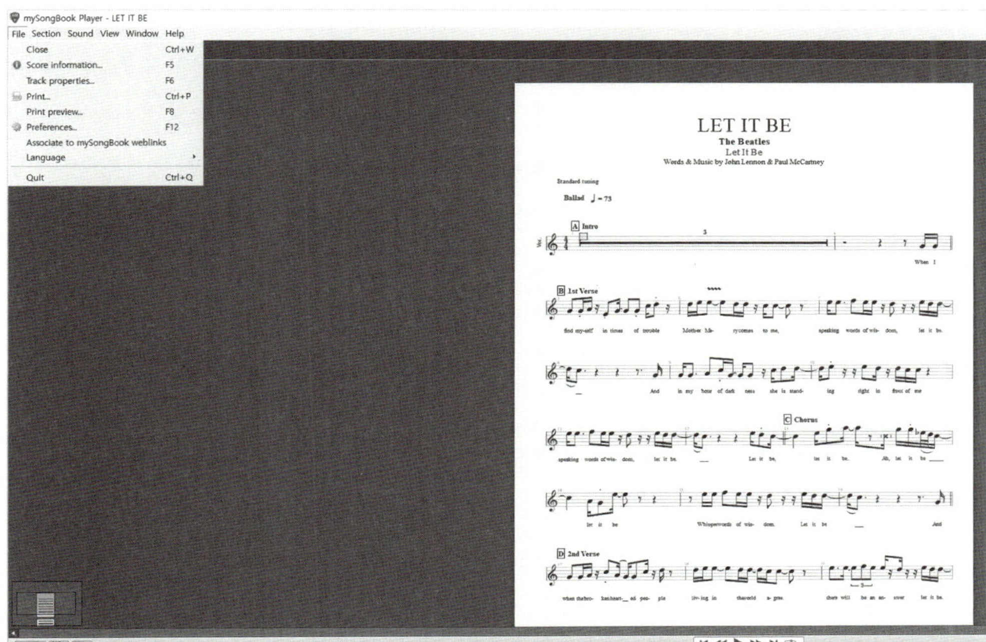

나머지 화면 인터페이스들의 구성, 사용법, 기능들은 mySongBook 사이트에서 작업하는 것과 거의 유사합니다.

mySongBook player에 대한 자세한 설명은 **[78. mySongBook에서 악보 받기]**편을 참고하세요.

여기까지 함께 오시느라 고생 많으셨습니다. 저도 오랫동안 기타 프로 프로그램을 사용해왔지만, 이번에 기타 프로 프로그램의 자세한 사용법을 담은 해설서를 집필하면서 그동안 알지 못했던 새로운 기능들을 많이 발견하게 되었습니다. 아울러 기타 프로가 다양한 장르, 다양한 음악 작업을 하는 음악인들을 위해 정말 세심한 부분까지 신경을 써서 만든 훌륭한 프로그램이라는 사실도 새삼 느끼게 되었습니다.

기타 프로는 공부하면 할수록 쓰임새가 많고, 작업자의 목적에 따라 매우 창의적으로 활용할 수 있는 매력적인 프로그램입니다. 특히 기타를 연주하는 기타리스트들에게는 없어서는 안 될 필수 프로그램 중 하나라 말할 수 있습니다. 아무쪼록 이 책이 기타와 음악을 사랑하는 모든 분들이 음악을 배우고, 새로운 곡들을 연습하고, 작곡이나 편곡을 하는 데 도움이 되는 지침서가 되기를 바랍니다.

마지막으로 제가 가장 좋아하는 기타에 관한 인용구 하나를 소개해드리며 마무리하고자 합니다.

"기타는 인간의 심장과 가장 가까운 곳에서 연주되는 악기다.
 그래서 당신의 마음속에 있는 이야기를 그대로 들려준다."

Many thanks to

jane(박미영), MonAmi(정건영), 강한친구(이선영), 귀차니스트(인치선),
그대로의사랑(방영빈), 꿈꾸는기타(김지영), 남산(남상호), 로망스(신승민),
멍이(박남영), 아키톰(조민아), 우정(김우정), 은소리(박미자)

− 이상 네이버 카페 [맥북의 기타 독학교실] 스태프 −

Special thanks to

하늘별(염선모)

맥북의 기타 프로 7 독학교실

1판 1쇄 2018년 2월 20일

지은이 김경태
펴낸이 정연금
펴낸곳 멘토르

등록 2004년 12월 30일 제302-2004-00081호
주소 서울시 광진구 능동로 331 2층
전화 02-706-0911　　**팩스** 02-706-0913
이메일 mentorbooks@naver.com

ISBN 978-89-6305-134-5 (13670)

※ 책값은 뒤표지에 있습니다.
※ 잘못된 책은 구입한 곳에서 바꾸어 드립니다.